정관정요
(貞觀政要)

崔 亨 柱 해역

자유문고

'정관정요(貞觀政要)'란 어떤 책인가?

'정관정요(貞觀政要)'는 당(唐)나라 태종(太宗)이 시행한 정치의 언행을 기록한 것 중에서, 태종이 죽은 지 약 50년이 지난 후에 오긍(吳兢)이란 역사가가 후세에 규범이 될 만한 내용을 엮어서 10권 40편으로 편찬한 책이다.

당나라 태종은 중국사 뿐 아니라, 세계사적으로 손꼽을 만한 대정치가의 한 사람이다. 그는 서양사가 암흑 시대였던 서기 600년에, 중국 대륙에서 한(漢)나라 이래 5백여 년에 걸친 혼란을 수습하여 중국을 통일하고 당나라 3백여 년의 기초를 쌓은 인물이다.

당나라가 번성했을 때는 중국 고유의 문화를 꽃피웠을 뿐만 아니라, 웅대한 세계적 대제국으로서 널리 외래 문화를 섭취하고 동화시켜 국제적인 종합 문화를 형성했다. 그래서 동양 제국의 문화 전반에 걸쳐 많은 영향을 끼쳤는데, 특히 우리 나라에는 찬란한 신라 문화에 끼친 영향이 심대하며, 일본의 경우는 나라〔奈良〕와 헤이안〔平安〕 문화의 개화에 막대한 영향을 주었다.

정관(貞觀)이란 태종의 연호(年號)로 역사적으로는 서기 627~649년에 해당한다. 이후 후세 사가들은 태종의 치세 기간을 '정관의 치〔貞觀之治〕'라는 술어로써 찬미하고 있다.

당태종은 24년간 제위(帝位)에 있었는데, 이 때가 바로 당나라의 기틀을 잡은 시기로, 그는 총명신무(聰明神武)라는 찬사를 들을 만큼 훌륭한 군주로 기록되고 있다.

수(隋)나라 말기의 혼란 속에 군웅할거하던 틈바구니에서 이를 평정한 군사적 전략의 뛰어남은 물론, 제위에 있은 동안 행한 뛰어난 관리 제도의 확립과 인재 등용 정책으로 이름이 높다. 특히 간의대부(諫議大夫 : 황제의 과오를 지적하고 정치의 득실을 따지는 직책)에 위징(魏徵)을 임명하여 역사상 많은 공적을 세운 일은 널리 알려져 있다.

위징에게 기탄없는 간언을 듣고 서슴없이 이를 수렴한 일은 당시 군주제의 절대주의 사회에서 보기 드문 지배자의 현명함이라 평가할 만하다.

태종은 신선 따위에 대한 이론이나 주장에 대해서는 부질없는 일이라 여겨 배격했다. 따라서 진시황(秦始皇)이나 한무제(漢武帝)가 이를 신봉했던 사실을 비판하면서 스스로는 철저히 유학의 통치이념에 입각해서 치국의 방침을 굳히고, 학문적 소양이 높고 정치의 본질을 아는 자가 국사를 맡도록 했다. 이런 태종의 면모를 이해할 수 있는 사건으로는 즉위 초기에 수나라의 신하로서 시역(弑逆)에 가담했던 신하를 죄인으로 다스린 일을 들 수 있다.

자신의 집권을 위해 싸웠던 상대편 나라의 임금에게 반기를 든 일은 어떤 의미에서는 우대해 주어야 한다고 볼 수 있으나, 태종은 군신의 길을 보다 튼튼히 다진다는 뜻에서 그를 벌하였다.

당태종은 초기에 학자들에게 '오경정의(五經正義)'를 제정하게 하여 학교의 교과서로 삼게 했다. 당시는 유학의 경전이었던 '오경'까지 필사본으로 나돌았기 때문에 오자나 탈자가 많아 이를 바로잡는 데 큰 힘을 기울였다.

그는 또한 궁녀 3천(역사서에 흔히 3천이란 숫자가 나오는데 이는 많다는 뜻이지 반드시 3천이란 수를 뜻하지 않는다)을 방귀(放歸)시켰을 뿐만 아니라 무고한 백성에게 벌 주는 일을 극력 금했다.

물론 태종이라고 해서 실수가 없지는 않다. 우리 나라와는 특히 고구려 정벌이라는 역사적 사건으로 만나게 되는데, 당시 그는 이 정벌의 실패로 깊은 회오에 빠지기도 했다. 이 사건으로 말미암아 그렇게도 깊이 신뢰했던 위징을 불신해서, 이미 죽은 위징의 묘비를 철거했다가 다시 세워 주었다고 전한다.

이런 사건을 통해서 나타나는 당태종의 모습은 절대 군주로서의 절대권만 휘두르는 천자의 상이 아니라 스스로 잘못된 일이라고 생각되면 언제든 고칠 줄 아는 민주적인 지도자상으로 나타난다.

태종의 모습은 위엄 있고 엄숙하며 신하에게 두려움을 주는 동시에, 항상 따뜻한 인상을 담고 있어 누구나 기탄없이 진언할 수 있도록 유인하는 분위기를 자아냈다고 전한다. 당연한 일이지만 역사적으로 유명한 군주나 지도자들처럼 당태종 역시 그 자신도 걸출했지만, 그를 보다 훌륭하게 평가하도록 만든 것은 현명한 신하를 등용하였기 때문이다.

이와 반대로 개인적으로는 훨씬 더 훌륭하고 명철하더라도 교만하고 의심이 많으며 독선적이라서 신하를 골라 등용하지 않거나 훌륭한 신하의 말을 수렴하지 못한 경우는 도리어 폭군이 되버린 예를 얼마든지 볼 수 있다.

인간은 누구나 자신에게 아첨하는 사람을 좋아하기 때문에 직간을 수렴하는 군주는 극히 드물었다. 아니 이런 풍토는 요즘처럼 평등화된 민주주의 사회에서도 마찬가지일 것이다. 크게는 국가 전체, 작게는 사회적인 지도급 인사나 작은 회사 및 조직에 이르기까지 이런 직간 기피 현상은 만연하기 쉽다. 위인이란 이런 직간 기피증을 물리칠 수 있는 능력을 갖춘 사람이 아닌가 할 만큼 남의 훌륭한 의견을 듣는다는 것은 중요하다.

이 '정관정요'는 바로 이런 당태종의 장점을 엿볼 수 있는 역사적인 명저다.

우리는 이 '정관정요'에서 무엇을 배울 수 있을까? 십 수 세기가 지나고 이미 가치관과 정치 체제와 경제 구조가 바뀐 오늘날, 봉건주의 시대의 왕정에서 우리가 찾을 수 있는 교훈은 무엇일까?

인간은 함께 살아가게 되어 있고 함께 살아가는 과정에는 필수불가결하게 서로 협동하고 조화를 이루는 일이 필요하다. 이런 목적 달성을 위해서는 어쩔 수 없이 지도 편달이 뒤따르게 된다.

어떤 이상 사회를 상정하더라도 이 사실을 부인할 수는 없다. 민주주의의 최고 극치라는 오늘의 서구 선진 사회에서도 리더쉽은 항상 정치에서 가장 중요한 문제로 등장하고 있는데, 이럴 경우 인간의 리더쉽이란 교묘하게도 봉건 사회 때의 원리와 그 근본이 조금도 바뀌지 않았음을 느낄 수 있다.

인간에게 행복과 자유와 사는 보람을 제공해 주는 것이 유사 이래 정치가 지닌 지고의 사명임은 봉건 사회나 자본주의 사회나 다를 바 없다. 물론 논자에 따라서는 봉건 사회에서 무슨 자유가 필요했으며, 어떻게 자유를 향유할 수 있었느냐는 반론이 나올 수 있지만, 봉건 사회 나름대로의 제한된 자유와 인권은 역시 존재했다고 봐야 할 것이다.

이런 관점에서 볼 때 '정관정요'는 당태종이 단순히 현명한 신하들의 의견을 수렴하기만 한 것이 아니라, 어떻게 그릇된 신하들을 바로잡아 주었으며 이를 고쳐 국가에 유용한 인재가 되도록 만들었는가도 함께 보여 준다.

당태종의 이런 여러 가지 사실들을 보면 인간은 역시 불평등하다는 생각이 든다. 인간은 법률 앞에서는 물론 평등하며, 또 그래야 하지만 인간의 능력은 그렇지 않다. 인간의 능력 자체가 불평등하기 때문에 인간이 함께 살아가는 사회는 자유와 평등이 요구되며, 이를 실현시키기 위하여 어쩔 수 없이 지도자가 나오게 되고, 지도자는 자연적으로 많은 사람들로부터 존경과 추앙을 받게 된다. 인류사에서 뛰어난 정신적 혹은 정치적 지도자상은 이래서 나타나며 그 빛은 사라지지 않는다.

'정관정요'의 위대성은 당시 민의를 골고루 수렴했다는 점에서 뿐만 아니라, 인재 등용의 비결과 등용한 인재들의 의견을 어떻게 수용하여 집행했으며, 또한 그릇된 신하들을 어떻게 올바로 잡아 나갔느냐는 지도자적 자질을 함양시키는 기능까지 겸하고 있기에 역사적인 명저로 평가받게 되었다.

이 책을 편찬한 오긍(吳兢)은 당나라 중종(中宗)·현종(玄宗) 시대의 사관(史官)으로 현종 천보(天寶) 8년(749년) 80여 세로 죽었다고 전한다. 따라서 이 책을 편찬한 시기는 당태종 시대와는 40~50년의 차이가 있는 것으로 추정된다.

그는 당나라 '사통(史通)'의 저자인 유지기(劉知幾)와 함께 당시 일류 사가로 알려져 있으며, 특히 '무후실록(武后實錄)'을 편찬할 때는 곡필아세하지 않은 자세로 널리 알려져 있다. 재상이 된 장열(張說)이 '무후실록'에서 자신의 행위를 고치라고 압력을 가했는데 거절하여 후세 사가들의 모범이 되었다.

오긍의 사가로서 갖추고 있던 면모는, 이 책에서 당태종의 장점만 아니라 단점까지 적나라하게 밝힌 점으로도 능히 알 수 있다.

그가 왜 '정관정요'를 썼는가에 대한 추측은, 당시 당나라의 국가적 위기와 이를 극복하여 나라의 기틀을 바로잡고자 하는 충정에서 이루어졌다고 보인다.

영휘(永徽) 6년(655년)에 고종의 황후가 된 측천무후(則天武后)는 왕이 만년에 중풍으로 눕게 되자 모든 정치를 결재하다가 고종이 죽자 어린 중종(中宗)과 예종(睿宗)을 번갈아 천자로 삼으며 전횡했다. 그것도 모자라 결국 모든 집권 지향적인 인간상이 그렇듯이, 사성(嗣聖) 7년(690년)에 측천무후 스스로 제위를 계승하여 나라 이름을 주(周)로 고치기에 이른다.

당나라 종실들을 차례로 살해하는 그에게 저항 세력이 잇달았으나 모두 실패하고 무씨 일족에 의한 전제 정치가 극성을 떨치기에 이르렀고, 당나라는 국가 존망의 위기를 맞게 된다. 그러나 희대의 이 여성 전제자 측천무후도 노후의 병약함은 어쩌지 못했다. 이 틈을 이용해서 재상 장간지(張柬之)가 중종을 복위시켜 당나라의 왕조를 회복시키기에 이르렀고, 사학자 오긍은 이를 다행으로 여겨 이 책을 편찬하게 되었다.

오긍은 일찍부터 사관(史館)에 들어갔기 때문에 태종이 국가의 기초와 백년의 근본을 쌓기 위해 어떻게 노력했으며, 인재 등용과 민심 수렴, 탁월한 지도자적 풍모 등에 대한 깊은 지식을 가지고 있었다. 오긍은 당나라의 부흥과 재건을 위해 그런 정치 철학이 절실하다고 믿었다. 복위한 중종을 위해 당나라의 재건과 중흥을 위한 정치 철학과 비결을 알려 주고자 만들어진 셈이다.

역사란 이론만으로 이루어지지 않는다. 이런 훌륭한 저술로 중
종에게 당나라 재건의 막중한 임무를 부여하려 했던 오긍의 의도
에도 불구하고, 중종은 지도자적 역량을 구비하지 못한 왕으로서
황후 위씨(韋氏)의 말에만 귀를 기울였고, 급기야 위씨 일족의
전횡을 가져 왔다.

이런 점에서 본다면 훌륭한 이론은 이를 실현할 수 있는 지도
자를 만나야 빛을 발한다는 역사의 교훈을 감지할 수 있다. 한 사
학자의 간절한 꿈을 저버린 중종은 그 범용함 때문에 결국 황후
일족에게 시해당하는 비극으로 끝을 맺었고, 이런 훌륭한 이론이
다시 빛을 보기 위해서는 보다 뛰어난 지도자를 기다려야만 했다.

현종(玄宗) 때에 이르러 원건요(源乾曜)와 장가정(張嘉貞)
두 관료에 의해 이 책은 재평가 받았고 다시 개편되어 왕에게 바
쳐졌다. 이래서 '정관정요'는 처음 중종에게 바쳐진 초진본(初
進本)과 현종에게 올려진 재진본(再進本)의 2가지가 있다는 추
론이 나오게 된다.

'정관정요'는 중국 대륙이 낳은 문화의 축적을 바탕삼아 당나
라 초기의 정치 철학을 중핵으로 한, 동양 문화의 한 정점인 동시
에 세계적인 정치 전략의 명저다. 역사적인 사료로서의 가치만 아
니라 지도자의 인간 형성에 필수 불가결한 교양서이기도 하다.

동양에서 정치적인 이상 세계를 그린 '서경(書經)'이나 '대학
(大學)'을 비롯한 유학 사상을 대표하는 많은 경전들은 대개 너무
간략하고 교훈 위주로 기술되어 있어 일반인이 흥미를 느끼기 어렵다.

이에 비하면 '정관정요'는 정치학 이론서라기보다 역사적이고
현실적이며 구체적인 사건을 다루고 있기 때문에 누구나 흥미와
관심을 가질 수 있다.

정치적 실천의 지침서이기도 한 이 책은 당나라 때만 해도 헌
종(憲宗)과 문종(文宗)이 애독했으며, 선종(宣宗) 때는 병풍에
써서 읽었다. 이후 송(宋)나라 인종(仁宗)과 요(遼)나라 흥종
(興宗) 등이 애독했으며, 금(金)나라 세종(世宗)은 각본으로 펴

내 권장했고, 원(元)나라 세조(世祖)가 애독했고, 명(明)나라 헌종(憲宗)이 또 간각(刊刻)했으며, 신종(神宗)도 애독했고, 청(淸)나라 고종(高宗) 역시 애독한 것으로 알려져 있다.

결국 이 책은 편찬 이후 역대 중국 왕조에서 꾸준히 애독되고 간행되어 온 유명한 통치술의 비결집이라 하겠다.

이 책은 비단 중국 역대 왕조 뿐만 아니라 일본으로 건너가서도 커다란 반향을 불러일으켰다. 예컨대 유학자들은 물론이고 덕천가강(德川家康) 같은 인물이 애독하면서 정치행사나 난제가 있을 때마다 참고한 것으로 알려져 있다. 서민 문학에까지도 침투한 이 책은 아시아 문화권 전체에 깊은 영향을 끼쳤는데, 가장 잘 활용한 사람은 덕천가강이다.

그는 1593년 이 책으로 강의를 시켰는가 하면 1,600년엔 이 책을 개방해서 널리 보급하기도 했다. 이 시기의 일본은 통일이 이루어진 시대로 덕천가강은 이런 역사적인 시점에서 학문의 보급, 그 중 특히 정치를 바로잡을 수 있는 치세의 연구가 시급함을 느껴 그렇게 했다고 풀이하고 있다.

어느 명저나 마찬가지로 '정관정요'에 대해서도 비판의 여지는 물론 있다. 아니 이 책에 대해서라기보다 당태종에 대한 비난이라 할 수 있는데, 예컨대 그가 수(隋)나라 말기에 아버지 이연(李淵)을 부추겨 반란을 일으키게 한 일이나, 형제를 죽인 일 등이 비난의 대상으로 지적된다. 당태종이 인륜을 거슬린 지도자란 비난은 바로 이런 데서 나온 결과이다.

당태종의 일화 중 재미있는 이야기도 있다. 죄수들을 시찰하던 중 사형수들이 너무 가여워서 집으로 돌려보낸 후, 다음해 가을에 돌아와 사형 집행에 응할 것을 명했다고 한다. 전국에 흩어져 있던 사형수에게 똑같은 처분을 내렸는데 당시 사형수는 총 3백 90명이었으며 이듬해 가을이 되자 한 사람도 빠짐없이 모두 돌아왔다고 한다.

백거이(白居易)는 '칠덕무(七德舞)'란 글에서 이 일화를 찬

미했는데, 반면 송(宋)나라 구양수(歐陽脩)는 '종수론(縱囚論)'에서 비록 이는 미담이긴 하나 잘못된 처사라고 비난했다.

당태종이 아버지를 부추겨 반란을 일으켰다든가 형제를 죽인 사실을 보다 긍정적으로 옹호하는 입장도 가능하다.

수양제(隋煬帝)는 남북으로 분열된 중국 대륙을 통일시킨 공로는 위대하지만, 역사상 위업을 이룬 왕들의 말로와 비슷하게 웅장하고 화려한 궁전과 누각을 짓고 이궁(離宮)과 별궁을 쌓으며 운하를 파는 대토목공사를 벌이는 등 백성의 부담을 가중시키면서도 한편으론 정벌에 전념하여 민심이 날로 흉흉해졌다.

특히 3차에 걸친 고구려 정벌은 실패로 끝났을 뿐 아니라 이를 기화로 각지에서 반란이 계속되어 걷잡을 수 없게 되었다. 반란 지도자들은 무려 1백 30여 명이나 되어 대륙 중국은 다시 분열의 위기를 맞게 되었다.

이 때 이연의 둘째아들 세민(世民)은 18세 소년이었으나 아버지가 진양(晉陽)에서 거병하도록 돕고, 각지의 반란군들을 격파하여 중국 통일에 이바지했다.

뛰어난 용병술과 출중한 지략으로 이세민은 군웅할거하던 혼란을 수습하여 일약 영웅으로 부각, 감히 필적할 상대가 없었다.

이렇게 천하통일의 대공을 세웠기 때문에, 고조(高祖 : 李淵)가 장자 건성(建成)을 당연히 황태자로 삼았음에도 불구하고 세민의 이름이 더 널리 알려졌으며 급기야 형제간의 불화로 비화되었다.

이에 하는 수 없이 그는 형과 아우를 죽이게 된다. 역사에서 가정은 필요 없지만 만약 이 때 이세민이 왕권을 잡지 못했다면 아마 중국 대륙은 다시 분열과 군웅할거의 대혼란 시대로 접어들지 않았을까 하는 해석도 가능하지 않을까?

역사란 결과에 대한 가치 평가이기 때문에 당태종이 중국 대륙을 평정하고 민중이 원하는 방향으로 정치를 바로잡아 나갔다는 사실은 그가 저지른 비인도적인 사실들을 옹호할 수 있게 해 준다.

만약 그가 집권 후 방탕과 호화로운 생활에 빠져 중국을 다시 혼란으로 몰고 갔다면 그에 대한 평가는 당연히 달라질 것이다.

역사와 정치란 실습장이 아니라 바로 냉엄한 현실 그 자차의 발전 형태이기 때문이다.

구양수의 비판 역시 어떤 의미에서는 당연한 논리이기도 하다. 왜냐하면 당태종이 사형수들을 잠시 풀어 준 것은 완전한 석방이 아니라 그 가련함 때문에 일시 인자한 마음으로 여유를 보인 것에 불과하기 때문이다.

이런 몇몇 다른 의견이 있음에도 불구하고 당태종의 위대함과 그 행적을 기록한 '정관정요'의 교훈은 폄하되지 않는다.

청(淸)나라 고종 건륭제(高宗乾隆帝)는 총명하고 배우기 좋아하며 치세에 능했는데 항상 '정관정요'를 애독하며 당태종을 칭송했다고 전한다. '독정관정요(讀貞觀政要)'란 시를 지었는가 하면 '정관정요서(貞觀政要序)'란 글도 썼을 만큼 이 책을 아꼈다. '당태종론(唐太宗論)'까지 지어 당태종의 위대성을 이해하기도 했다.

우리 나라에서는 고려의 창업을 반석 위에 올려 놓은 광종(光宗 : 제4대 왕)이 등극 초부터 '정관정요'를 옆에 놓고 상독(常讀)했다고 고려사에 기록되어 있다.

이 '정관정요'는 비록 군주의 지도자적 품성을 다듬는 것을 목적으로 정리됐지만 오늘과 같은 민주 사회에서 지도자상의 수련이나 연마에도 직결되며, 민심의 소재 파악이나 위민 정책의 근본을 이루는 데 큰 도움이 될 것이다.

나아가 인간 사회 어디서나 있을 수 있는 각종 단체나 조직, 회사 등을 이끌어가는 지도자상 연마에도 도움이 됨은 말할 필요도 없다.

'정관정요'는 자유문고에서 1986년 11월에 발췌본 256쪽으로 발행하여 2000년에 7쇄까지 발행했는데 내용이 너무 축소되어 이번에 전문 완역본으로 다시 발행하게 되었다.

2002년 8월
최 형 주

차 례

정관정요 제3권

정관정요 제4권

정관정요 제5권

정관정요 제7권

정관정요 제8권

정관정요 제10권

정관정요 제 1 권
〔貞觀政要 第一卷 : 凡二篇〕

제1편 군주의 도(道)를 논하다
(論君道第一 : 凡五章)

1. 군주는 배, 백성은 물

정관 초년(貞觀初年)에 태종이 주위 신하들에게 말했다.

"군주의 도리는 먼저 백성을 잘 보호하는 데 있다. 만약 세금을 많이 거두어들여 백성을 괴롭히면서 군주는 사치를 일삼는다면 마치 자기의 다리에서 살을 떼내어 자기 배를 채우는 것과 같다. 배가 부르게 되면 그의 몸은 쓰러지고 만다.

천하를 태평하게 하려면 먼저 군주 자신의 생활을 바르게 해야 한다. 군주가 바른데 그 그림자가 굽어 있다거나, 위정자가 나라를 잘 다스리는데 백성이 나라를 어지럽히는 일은 일찍이 없었다.

짐은 늘 이런 이치를 생각하는데, 사람이 파멸에 빠지는 원인은 외부에 있지 않으니 반드시 자신의 욕망을 채우려다 파멸의 재앙을 끌어들이는 것이다.

맛있는 음식만 찾고 음악을 즐기고 여색을 좋아한다면 그 욕망은 한없이 늘어나고, 그로 말미암아 막대한 비용이 낭비된다. 그 것은 정사를 그르치는 원인이 되며, 백성의 생활을 어지럽히는 결과가 된다. 그 위에 군주의 말 한 마디가 도리에 어긋난다면, 모든 백성은 그로 말미암아 흩어지고 군주를 원망하는 소리가 끓어올라 마침내 이반하는 자와 모반을 꾀하는 자가 생기게 된다.

짐은 항상 이런 이치를 생각해, 욕망에 따라 행동하지 않는다."

이에 간의대부(諫議大夫) 위징(魏徵)이 대답했다.

"옛날에 성군(聖君)으로 우러름을 받은 군주들은 모두 가까이 자기 자신을 성찰하고 주위에서 법도를 취했습니다. 그렇게 함으로써 멀리 모든 사물에 대해 체득(體得)할 수 있었습니다.

　옛날 초(楚)나라 임금은 섬하(詹何)를 초빙하여 나라를 다스리는 대요(大要)를 물었는데 섬하는 대답 대신, 자기 몸을 닦는 방법을 말했습니다. 초왕(楚王)이 거듭해서 나라를 다스리는 대요를 묻자 섬하(詹何)는 '지금까지 군주가 자신의 몸을 잘 닦았는데 나라가 어지러워진 예를 들은 일이 없습니다.'라고 대답했습니다. 폐하께서 밝히신 바는 옛 사람의 생각과 꼭 같습니다."

貞觀初 太宗謂侍臣曰 爲君之道 必須先存百姓 若損百姓以奉其身 猶割股1)以啖腹 腹飽而身斃 若安天下 必須先正其身 未有身正而影曲 上理2)而下亂者 朕3)每思傷其身者 不在外物 皆由嗜欲以成其禍 若耽嗜滋味 玩悅聲色 所欲旣多 所損亦大 旣妨政事 又擾生人4) 且復出一非理之言 萬姓爲之解體 怨讟5)旣作 離叛亦興 朕每思此 不敢縱逸
　諫議大夫6)魏徵7)對曰 古者聖哲之主 皆亦近取諸身 故能遠體諸物 昔楚8)聘詹何9) 問其理國之要 詹何對以 脩身之術 楚王又問 理國何如 詹何曰 未聞身理而國亂者 陛下所明 實同古義

1) 股(고)：넓적다리. 종아리 경(脛)으로 쓰인 저본도 있다.
2) 理(이)：치(治)와 같은 뜻. 당(唐)나라 고종(高宗)의 휘자(諱字：治)를 피해 '치(治)'의 대용으로 썼다. 이하 모두 같다.
3) 朕(짐)：황제(皇帝)가 스스로를 칭하는 말.
4) 生人(생인)：생민(生民)과 같은 뜻. 태종(太宗)의 휘자(諱字：世民)인 민(民)을 피하기 위해 인(人)을 썼다. 이하 모두 같다.
5) 怨讟(원독)：원망과 비방.
6) 諫議大夫(간의대부)：천자의 과실을 간(諫)하고 정치의 득실(得失)에 대하여 의견을 진술하는 관직.
7) 魏徵(위징)：간의대부(諫議大夫)로서 태종에게 많은 충간(忠諫)을 하였고, 그의 상서(上書)는 2백여 건에 달하며, 당나라 초기 정사에 공헌한 바가 큰 공신(功臣). 자세한 기록은 '임현(任賢)편'에 나온다.
8) 楚(초)：춘추(春秋) 시대에서 전국(戰國) 시대까지 이어오던 나라 이름.

9) 첨하(詹何) : 옛날의 은자(隱者). 여기서 말한 초왕(楚王)과의 문답은 '열
　자(列子)' 설부편(說符篇)에 있다.

2. 밝은 임금과 어리석은 임금

정관 2년에 태종이 위징(魏徵)에게 물었다.

"어떤 기준으로 밝은 임금이라 하고 어리석은 임금이라 하는가?"

위징이 대답했다.

"밝은 임금은 모든 것을 두루 듣고, 어리석은 임금은 한쪽 말만
믿는 것입니다.

'시경' 에 이르기를 '옛 어른들이 나무꾼에게도 물으라고 말했
다.' 라고 했습니다. 옛날 요임금이나 순임금이 다스릴 때는 '사
방의 문을 열어 놓고 사방의 눈을 밝혀 놓고 사방의 총명을 이르
게 하였다.' 라고 했습니다.

이로써 성인(聖人)은 비추지 않은 곳이 없었으니 공공(共工)
이나 곤(鯀)의 무리가 막지 못했으며 말만 잘하는 보편적인 거짓
말이 능히 유혹하지 못했습니다.

진(秦)나라의 2세 임금 호해는 자신의 몸을 숨기고, 서먹서먹
하고 천한 사람은 막고, 간신 조고(趙高)만 편벽되게 믿은 나머
지 천하가 무너지는 데 이르렀어도 그것을 듣지 못했습니다.

양(梁)나라 무제(武帝)는 주이(朱异)를 편벽되게 믿은 나머
지 후경(侯景)이 병사를 일으켜 궁궐을 향해 공격해 오는데도 그
사실을 알지 못했습니다.

수(隋)나라 양제(煬帝)는 우세기(虞世基)를 편벽되게 믿은
나머지 여러 도적들이 성을 공격하고 고을에서 노략질해도 또한
알지 못했습니다.

그러므로 임금이 두루 살펴 듣고 아랫사람의 말을 받아들이면
귀한 신하라도 앞을 가리지 못하고 아래의 실상이 반드시 임금에
게 전달되는 것입니다."

태종(太宗)이 그 말을 아주 좋다고 칭찬하였다.

貞觀二年 太宗問魏徵曰 何謂爲明君 暗君 徵曰 君之所以明者 兼聽也
其所以暗者 偏信也 詩云[1] 先人有言 詢于芻蕘 昔唐虞[2]之理 闢四門 明
四目 達四聰 是以聖無不照 故共鯀[3]之徒不能塞也 靖言庸回不能惑也
秦二世[4]則隱藏其身 捐隔疎賤 而偏信趙高[5] 及天下潰叛 不得聞也 梁武
帝[6]偏信朱异[7] 而侯景[8]擧兵向闕 竟不得知也 隋煬帝[9]偏信虞世基[10] 而
諸賊攻城剿邑 亦不得知也 是故人君兼聽納下 則貴臣不得壅蔽 而下情
必得上通也 太宗甚善其言

1) 詩云(시운): '시경' 대아(大雅) 판(板)편의 문장. 판편에는 '선인(先人)'
   이 '선민(先民)'으로 되어 있는데 당태종인 이세민(李世民)의 '민(民)'자
   를 피하여 '인(人)'으로 썼다. 추요(芻蕘)는 나무꾼.

2) 唐虞(당우): 제요(帝堯)인 도당(陶唐)씨와 제순(帝舜)인 유우(有虞)씨를
   이르는 말. 곧 태평성세의 시대를 일컫는다.

3) 共鯀(공곤): 공은 공공씨(共工氏)로 당우(唐虞) 시대에 물을 다스렸던 관
   직 이름이며 당시 그 관직을 맡았던 사람. 곤은 숭백(崇伯)의 이름이며 하우
   (夏禹)의 아버지다. 공공씨는 음탕하고 사벽했고 곤은 치수(治水)에 공로를
   이루지 못했다. 곤은 순(舜)임금에게 우산(羽山)에서 처형되고 공공은 유주
   (幽州)로 귀향갔다.

4) 秦二世(진이세): 진(秦)나라 시황제의 둘째아들로 진나라 제2대 왕인 호해
   (胡亥)를 뜻한다.

5) 趙高(조고): 진(秦)나라의 환관. 옥법(獄法)과 역사(歷史)에 능통하고 기
   운이 센 신하였다. 진시황이 죽자 승상(承相) 이사(李斯)와 짜고 조서를 고
   쳐 장자 부소를 죽게 하고 차자 호해(胡亥)를 이세(二世)로 삼아 자신이 승
   상이 되었다. 다시 이사를 죽이고 호해마저 죽여 자영을 옹립한 후 자영마저
   죽이려 하다가 자영에게 삼족을 멸문당했다.

6) 梁武帝(양무제): 성은 소(蕭). 이름은 연(衍). 양왕(梁王)으로 봉함을 받고
   제(齊)나라를 선위하여 양나라를 세웠다.

7) 朱异(주이): 양나라 무제의 신하로 산기상시(散騎常侍)가 되었다. 무제의
   이목을 가려 무제가 멸망에 이르렀다.

8) 侯景(후경): 동위(東魏)의 신하. 양무제에게 항복하여 하남왕(河南王)이
   되었다. 양무제가 주이의 말을 듣고 후경을 대장군으로 삼았는데 후경이 배

반함으로써 조정에서는 주이를 원망하였다.

9) 隋煬帝(수양제) : 수나라의 양제. 성은 양(楊) 이름은 광(廣)이다. 문제(文帝)의 아들이다.

10) 虞世基(우세기) : 수양제 시대에 내사시랑(內史侍郞)을 지냈다. 당시의 실상을 속여 수양제에게 보고했으므로 수양제가 우문화급(宇文化及)에게 죽임을 당하게 되었다.

3. 창업(創業)과 수성(守成)은 무엇이 더 어려운가

정관 10년에 태종이 주위 신하들에게 물었다.

"제왕의 사업 중 창업과 수성은 무엇이 더 어려운가."

상서좌복야(尙書左僕射) 방현령이 나서서 대답했다.

"국가 창업 당시에는 천하가 어지럽고 각각의 군웅들이 각처에 할거합니다. 그 강적들을 공격하여 쳐부수고 항복시켜서 전쟁에 이겨야만 겨우 천하를 평정할 수 있습니다. 이렇게 목숨을 거는 고통으로 말씀드린다면 창업 쪽이 더 어렵다고 생각합니다."

이어 위징이 나서서 대답했다.

"새로운 제왕이 일어날 때는 반드시 극도로 쇠퇴하고 어지러웠던 전 시대의 뒤를 이어받게 됩니다. 그리하여 저 어리석고 교활한 자들을 멸망시킵니다. 백성은 난세를 평정해 준 사람을 진심으로 즐겨 천자로 추대하고, 온 천하가 따르며 복종하게 됩니다. 제왕이 되는 일은 하늘이 내려 주고 백성에게 받는 것입니다. 그러므로 창업이 더 어려운 일이라고는 생각하지 않습니다.

일단 제왕의 지위를 얻은 뒤에는 무엇이나 자기 뜻대로 이루어지기 때문에 지향하는 바가 교만해지고 방자해집니다.

백성은 오랜 전란으로 시달리다 겨우 평화로운 세상을 만났으므로 편안하고 조용한 생활을 바라게 됩니다. 그런데 제왕은 성곽을 쌓고 궁전을 짓고 그 밖의 많은 토목 공사를 벌여, 그 공사를 위해 백성을 끌어다 일을 시킵니다. 백성은 지칠대로 지쳐 있건만 제왕의 사치스런 공사는 그칠 줄을 모릅니다.

　　나라가 쇠퇴해져 파멸의 길을 밟게 되는 원인은 언제나 이런 데서 일어나게 마련입니다. 이런 점으로 말씀드린다면, 완성된 창업을 지켜 나가는 일이 더 어렵습니다."

　　이에 태종이 말했다.

　　"방현령은 지난날 나를 따라 천하를 평정하면서 온갖 간난과 고통을 겪으며 죽을 고비에 이르렀다가 구사일생으로 목숨을 건진 일이 많았다. 그의 말은 창업의 어려움을 실제로 경험한 데서 나온 말이다.

　　위징은 나와 함께 천하를 안정시키면서 나의 마음이 교만해지고 방자해지면 반드시 나라가 위태로워져 마침내 멸망의 길을 밟지 않을까 항상 걱정하고 있다. 그는 현상을 유지하는 일이 얼마나 어려운가 잘 알고 있어서 하는 말이다.

　　지금 창업의 어려움은 이미 지난 일이다. 수성의 어려움은 마땅히 그대들과 함께 신중하게 생각해야 할 일이다."

　　貞觀十年 太宗謂侍臣曰 帝王之業 草創[1]與守成[2]孰難 尙書左僕射[3]房玄齡[4]對曰 天地草昧 群雄競起 攻破乃降 戰勝乃剋 由此言之 草創爲難 魏徵對曰 帝王之起 必承衰亂 覆彼昏狡 百姓樂推 四海歸命 天授人與 乃不爲難 然旣得之後 志趣驕逸 百姓欲靜 而徭役不休 百姓凋殘 而侈務不息 國之衰弊 恒由此起 以斯而言 守成則難 太宗曰 玄齡昔從我定天下 備嘗艱苦 出萬死而遇一生 所以見草創之難也 魏徵與我安天下 慮生驕逸之端 必踐危亡之地 所以見守成之難也 今草創之難 旣已往矣 守成之難者 當思與公等愼之

1) 草創(초창) : 창업(創業)과 같은 뜻.

2) 守成(수성) : 언제까지나 쇠퇴하지 않도록 현상을 유지한다는 뜻.

3) 尙書左僕射(상서좌복야) : 상서성(尙書省)의 장관(長官)으로 재상(宰相)의 지위이다.

4) 房玄齡(방현령) : 당(唐)나라 초기의 공신(功臣). 태종을 따라 공을 세웠고 재상(宰相)을 15년이나 지냈다. 같은 시대의 명신(名臣)인 두여회(杜如晦)와 함께 '방두(房杜)'라고 일컬어진다.

4. 10가지 생각을 간하다

정관 11년에 특진관(特進官) 위징이 상소를 올렸다.

"신은 예로부터 창업한 천자나 제위를 계승한 천자들이나 영웅들이, 다스리고 임금의 지위에 올라서 모든 백성에게 군림한 일들을 관찰했습니다.

그들은 모두 두터운 덕은 하늘과 땅에 짝하고, 높고 밝음은 해와 달에 가지런했습니다. 자손들은 백 세의 번영을 누리고 작록이 전해지는 일은 계속되었으나 끝까지 이어진 자는 적었으니, 패하고 망한 일이 서로 이어졌을 뿐입니다. 그 까닭은 무엇이겠습니까. 국가의 번영을 구하는 방법이 잘못되었기 때문입니다.

그러므로 은(殷)나라가 거울로 삼을 일이 멀리 있지 않다는 말을 얻을 수 있습니다.

옛날에 수(隋)나라가 천하를 통일했는데 군대가 강하여 30여 년 동안 그 위풍이 외국에까지 미쳤으며 위엄이 진동하여 풍속도 변화되었으나 수나라는 하루 아침에 멸망하고 남의 소유가 되었습니다. 저 수나라 양제(煬帝)가 어찌 천하가 다스려지고 편안해지는 일을 싫어하고, 국가가 오래 유지되기를 바라지 않고 일부러 포학한 정치를 행하여 멸망했겠습니까.

국력의 부강함을 믿어 뒤에 닥칠 우환을 생각지 않고 천하 백성의 물자를 모두 긁어모아 자기의 욕망을 채웠습니다. 나라 안의 미녀나 먼 곳의 진기한 물건을 구하고, 궁실과 공원을 화려하게 꾸미고 높은 누대와 정자를 웅장하게 건축했습니다. 백성의 노역은 그칠 날이 없었고, 침략을 좋아하여 밖으로 전쟁을 계속했습니다. 표면으로는 위엄을 과시했지만 마음 속으로는 의심이 많아 사악한 무리는 반드시 입신하고 충정(忠正)한 자는 생명을 보존하지 못했습니다. 위아래가 서로 다른 꿈을 꾸고 임금과 신하의 도리가 격리되고 백성은 가혹한 명령을 견딜 수 없어, 국내는 엉망으로 분열되었습니다. 드디어 지존인 천자의 몸이 보잘것 없는 필부의 손에 피살됨으로써 수나라 왕조의 자손은 끊어지고 천하의 웃음거리가 되었으니 실로 통탄할 일입니다.

우리 성철(聖哲)하신 고조(高祖)와 태종(太宗)께서 그 기회를 타서 천하의 대란을 건지고 기울어져 가던 천하를 정상으로 회복시켜 예의와 염치를 다시 세우고 먼 곳은 엄숙하고 가까운 곳은 편안하게 한 지 1년이 넘지 않았으니 '잔인함을 이겨내고 살인을 제거' 하는데 백 년을 기다릴 필요가 없었습니다.

지금 궁 안을 살펴보면 수나라 궁궐을 모두 사용하고 진귀한 보물을 다 거두어 가지고 아름다운 미녀들을 다 옆에 두고 천하의 모든 사람을 다 신하로 만드셨습니다.

수나라가 멸망한 원인을 표본으로 삼고 당나라 왕실이 천하를 얻은 이유를 잘 생각하신다면, 매일 깊이 삼가하고 사람들에게 훌륭하다는 칭송을 받더라도 우쭐하는 일이 없어야 합니다.

주(周)나라 무왕(武王)이 은(殷)나라 주왕(紂王)을 꺾고 녹대(鹿臺)의 재물을 불사른 일과 초(楚)나라 항우(項羽)가 진시황(秦始皇)이 지은 아방궁(阿房宮)을 불살라 버린 일을 거울 삼아, 높고 커다란 궁전은 위험하며 낮고 검소한 궁전이 안전하다는 사실을 생각하신다면, 귀신 같은 천자의 덕화(德化)가 저절로 백성에게 전파되어 하는 일이 없어도 천하가 다스려질 것입니다. 이것이 천자의 최상의 덕입니다.

이미 지어진 궁전을 일부러 허물 필요가 없다고 하여 있는 그대로 사용하고, 급하지 않은 일을 제거하며, 필요하지 않은 일은 없애고, 계수나무 기둥은 띠를 섞어 만들고, 옥 대신 흙덩이로 계단을 만들면 백성이 기뻐할 것이고 백성의 힘을 고갈시키지 않아도 됩니다. 항상 민중이 편안하기를 바라고 일 하는 자들의 수고로움을 생각하신다면, 수많은 사람들이 기뻐하며 자식이 부모의 집을 찾아 오듯이 귀의하고 모든 민중이 우러를 것이며 타고난 수명을 다할 것입니다. 이것은 천자의 덕에서 차선의 방법입니다.

만약 이런 생각 없이 끝마침을 삼가하지 않으면서 창업의 어려움을 잊고 천명이 언제까지나 당나라 왕실에 있을 것이라 여겨 공

순과 검소를 잃어 궁전의 조각을 아름답게 하고 터전을 넓히고 옛
것에 더하여 꾸민다면, 종류에 따라서 길게 하는 데만 이르고 만
족을 모르게 되며 백성은 천자의 덕을 보지 못하고 노역의 괴로
움만 듣게 될 것입니다. 이것은 천자로서 최하의 방법입니다.

이것을 비유하자면 나무를 짊어지고 불을 끄려는 어리석음과
같고 끓는 물을 부어 끓는 상태를 중지시키려는 행위이며, 사나
운 것으로 어지러운 것을 바꾸는 일이며 어지러운 세상과 도를 함
께하는 일로 그 결과를 예측할 수 없습니다. 폐하의 뒤를 잇는 군
주께서 무엇을 표본으로 삼겠습니까.

일을 살피지 않으면 백성이 원망하고, 백성이 원망하면 신(神)
이 노하고, 신이 노하면 재앙이 생겨나고, 재앙이 발생하면 화란
이 반드시 일어납니다. 재앙과 난리가 일어나고 나서 자신의 명
예를 온전히 보존한 자는 적었습니다.

하늘에 순종하여 혁명을 이룬 뒤 주(周)나라의 무왕(武王)은
자손을 위해 7백여 년의 사직을 일으켜서 그의 자손에게 주어 만
세에 전하고자 했습니다. 참으로 제왕의 지위는, 얻기는 어렵고
잃기는 쉬운 것이니, 잘 생각하시지 않으면 안 될 일입니다."

그 달에 위징이 또 상소하였다.

"신은 '나무가 잘 자라기를 바라는 자는 반드시 그 뿌리를 견
고하게 하고, 물이 멀리까지 흐르기를 바라는 자는 반드시 그 샘
의 근원을 깊게 하며, 나라가 편안하기를 바라는 자는 반드시 그
덕의(德義)를 쌓는다.'는 말을 들었습니다. 근원이 깊지 않은데
멀리까지 흐르기를 바라고, 뿌리가 견고하지 않은데 나무가 잘 자
라기를 구하고, 덕이 두텁지 않은데 나라가 잘 다스려지기를 생
각하는 일은, 신이 비록 어리석더라도 가능한 일이 아님을 아는
데 하물며 밝고 명철한 사람이야 어떻겠습니까?

임금은 옥새를 쥐고 무거운 중책을 짊어지고 거대한 나라의 가
운데 위치하면서 하늘과 같은 추앙을 받으며 끝없는 영광을 길이
보전하려 합니다. 그런데 편안할 때 위험을 생각해야 한다는 이
치를 염두에 두지 않고, 사치를 부려 검소함을 멀리하고 덕 쌓음

이 두텁지 않고 정(情)이 욕망을 억제하지 못한다면 이것은 뿌리를 끊어 버리면서 나무가 무성하기를 바라고 근원을 막으면서 흐름이 길기를 바라는 일입니다.

과거의 모든 군주들은, 하늘의 큰 명을 받아 천자가 된 처음에는 매우 조심해서 그 도를 세상에 나타냈는데 한번 공을 이룬 뒤에는 덕이 쇠하지 않은 적이 없습니다.

처음에 잘하는 자는 많고 끝까지 잘하는 자는 극히 드뭅니다. 어찌하여 천하를 잡기는 쉽고 천하를 지키기는 어려운 것입니까.

옛날에 천하를 취할 때는 여유가 있었으나 지금 지키는 데에는 만족하지 못하는 이유는 무엇입니까?

깊은 근심이 있으면 반드시 정성을 다해 아래를 대우하게 되고 이미 뜻을 얻으면 방자해져서 모든 일에 오만하게 됩니다.

성의를 다하면 오랑캐나 월(越)나라도 한 몸같이 되고, 모든 사물에 거만하고 뽐내면 피를 나눈 형제라도 완전히 길을 달리하게 됩니다. 민심이 멀어지면 아무리 준엄한 형벌로써 위협하고 무서운 위력으로 흔들더라도, 구차하게 피하려 하기만 하고 은혜를 품지 않으며 겉으로는 공손한 체하면서 속으로는 복종하지 않습니다. 원망은 큰것에 있지 않습니다. 참으로 두려워해야 할 대상은 백성입니다. 임금은 배고 백성은 물로서, 배를 띄우는 것이 물이지만 그 배를 전복시키는 것도 물입니다. 잘 경계하고 삼가하지 않으면 안 됩니다. 달리는 수레에 썩은 새끼줄을 쓰는 것 같이 경솔하게 할 일이겠습니까?

임금은 아래의 10가지를 생각해야 합니다.

가지고 싶은 사물이 보일 때는 넉넉함을 알아 스스로 경계할 것을 생각하고, 일을 일으키고 싶을 때는 그침을 알아 백성을 편안하게 해 줄 것을 생각하고, 매우 위험한 일을 하고 싶을 때는 겸손하여 스스로 다스릴 것을 생각하고, 차서 넘쳐 흐를 것을 두려워할 때는 강물이나 바다가 모든 개울보다 낮은 곳에 있음을 생각하고, 수렵 따위를 즐기고 싶을 때는 세 곳을 터놓고 한쪽에만 그물을 쳐 사냥하는 법도를 생각하고, 게을러질 걱정이 있을 때는 처음을 삼가하여 끝까지 조심할 것을 생각하고, 군주의 눈을 가려 어두워지게 하려는 자의 존재를 근심할 때는 마음을 비우고 신하의 말을 받아들일 것을 생각하고, 사악한 신하의 존재를 걱정할 때는 몸을 바르게 가져 악을 물리칠 것을 생각하고, 은혜를 베풀고자 할 때는 기쁨으로 인해 잘못 상을 내리는 일이 없어야 함을 생각하고, 벌을 가하고자 할 때는 홧김에 되는 대로 형벌을 주는 일이 없어야 할 것을 생각해야 합니다.

이 10가지 생각을 종합하고 사람이 마땅히 지켜야 할 9가지 덕을 넓혀, 능력 있는 사람을 가려 쓰고 선한 사람을 가려서 따르게 하면 지혜로운 자는 그 꾀를 다 쏟아내고 용맹한 자는 그 힘을 다 쏟고 어진 자는 그 은혜를 다 쏟고 믿음이 있는 자는 그 충성을 발휘하여, 문(文)과 무(武)가 함께 조화를 이루어 임금과 신하는 별로 할 일이 없을 것입니다. 이에 한 번 순찰하고 한 번 즐기는 즐거움을 다하고, 적송(赤松)이나 왕교(王喬)와 같이 장수하여 거문고를 울리며 별로 하는 일 없이 앉아 있고 명령하는 말이 없어도 저절로 세상이 평화롭게 다스려집니다. 어찌 반드시 정신을 수고롭게 하고 생각을 괴롭게 하여 하급 관리가 집무하는 것처럼 천자 자신의 총명으로 눈과 귀를 부려 무위(無爲)의 대도(大道 : 무위의 정치)를 훼손시키겠습니까?"

태종이 스스로 조서를 써서 위징에게 답하였다.

"때때로 올리는 상소를 읽으면 진실로 성의를 다함을 알겠고 그 말은 극히 적절하다. 그대의 상소를 읽으면 지루한 줄 모르겠고 매일 밤중까지 간다. 그대에게 국가를 위해 생각하는 바가 깊고 일신의 이해를 생각하지 않으며 짐을 위해 성의를 다하는 태도가 없다면 어떻게 이런 좋은 계획을 보여 주어 짐이 미치지 못하는 바를 바로잡아 줄 수 있겠는가.

짐은 진(晉)나라 무제(武帝)의 이야기를 들었다.

무제가 오(吳)나라를 평정한 후 교만하고 사치에 힘써 다시는 정치에 마음을 두지 않았다. 그의 태부(太傅) 하증(何曾)이 조정에서 퇴근하여 아들 소(劭)에게 말하기를 '내가 매일 임금을 뵙는데 국가를 경영하는 원대한 계획은 논하지 않고 다만 일상적인 이야기만 하신다. 이것은 자손에게 물려 주려는 의도가 아니니 내 몸을 보존할 수 없으리라.' 라고 말하고 모든 자손들을 가리키며 '이들은 반드시 어지러운 난리에 죽으리라.' 라고 말했다는데 그의 손자 하유(何綏)에 이르러 과연 부당한 형벌로 죽임을 당했다.

앞의 역사에서는 아름답게 여겨 앞일을 밝게 알았다고 했으나 내 생각은 그렇지 않다. '하증의 불충한 죄가 크다' 고 하겠다.

신하된 자는 마땅히 '나아가서는 충성을 다할 것을 생각하고 물러나서는 허물을 없앨 것을 생각하며 장차 아름다움을 따르고 허물을 바로잡아 구할 것' 을 한결같이 다스림으로 삼아야 한다.

하증의 지위가 대간(臺司 : 정승)에 이르고 명예와 지위가 높고 중요했으니 마땅히 곧은 말과 바른 간언으로 도를 논하고 도와야 했다. 조회에서 물러나 자식들에게 한 말은 있고 나아가 조정에서 간언한 말은 없는데 밝은 지혜로 삼는다는 것은 잘못된 일이 아닌가? 위태한데도 붙잡지 않은 자를 어찌 재상으로 등용하였는가!

그대의 말로 인해 짐은 짐의 결점을 들을 수 있었다. 이 상소를 늘 책상 위에 두고 모든 일에 완급을 조절하고 하루의 일과로 삼아 한 해가 저물기를 기약할 것이다.

'서경(書經)' 익직(益稷)편에서 '조정의 신하들이 어질면 모든 일이 편안하리.' 라고 한 말은 지난날의 아름다운 일이고, 촉(蜀)나라 유비가 제갈공명에 대해 '물이 고기를 만난 것과 같다.' 라고 한 말은 현재에 밝아졌다. 뒤늦게 아름다운 계획을 올려 임금에게 직접 하나도 숨김이 없으니 나는 장차 심지(心志 : 마음)를 비우고 그대의 좋은 말을 기다리겠다."

貞觀十一年 特進[1]魏徵上疏曰 臣觀自古 受圖膺運[2] 繼體守文[3] 控御英雄 南面臨下[4] 皆欲配厚德於天地 齊高明於日月 本支百世 傳祚無窮 然而克終者鮮 敗亡相繼 其故何哉 所以求之 失其道也 殷鑒不遠[5] 可得而言

昔在有隋 統一寰宇 甲兵彊銳 三十餘年 風行萬里 威動殊俗 一旦擧
而棄之 盡爲他人之有 彼煬帝豈惡天下之治安 不欲社稷之長久 故行桀
虐[6] 以就滅亡哉 恃其富强 不虞後患 驅天下以從欲 罄萬物而自奉 探
域中之子女 求遠方之奇異 宮苑是飾 臺榭是崇 徭役無時 干戈不戢[7] 外
示嚴重 內多險忌 讒邪者必受其福 忠正者莫保其生 上下相蒙 君臣道
隔 民不堪命 率土分崩 遂以四海之尊 殞於匹夫之手 子孫殄絶 爲天下
笑 可不痛哉 聖哲乘機 拯其危溺 八柱[8]傾而復正 四維[9]弛而更張 遠肅
邇安 不踰於期月 勝殘去殺 無待於百年

今宮觀臺榭 盡居之矣 奇珍異物 盡收之矣 姬姜淑媛 盡侍於側矣 四
海九州 盡爲臣妾矣 若能鑒彼之所以失 念我之所以得 日愼一日 雖休
勿休 焚鹿臺之寶衣 毁阿房[10]之廣殿 懼危亡於峻宇 思安處於卑宮 則神
化潛通 無爲而治 德之上也 若成功不毁 卽仍其舊 除其不急 損之又損
雜茅茨於桂棟 參玉砌以土堦 悅以使人 不竭其力 常念居之者逸 作之
者勞 億兆悅以子來 群生仰而遂性 德之次也 若惟聖罔念 不愼厥終 忘
締搆之艱難 謂天命之可恃 忽采椽之恭儉 追雕牆之靡麗 因其基以廣之
增其舊而飾之 觸類而長 不知止足 人不見德 而勞役是聞 斯爲下矣 譬
之負薪救火 揚湯止沸 以暴易亂 與亂同道 莫可測也 後嗣何觀

夫事無可觀則人怨 人怨則神怒 神怒則災害必生 災害旣生則禍亂必
作 禍亂旣作 而能以身名全者 鮮矣 順天革命之后 將隆七百之祚 貽厥
子孫 傳之萬葉 難得易失 可不念哉

是月 徵又上疏曰 臣聞求木之長者 必固其根本 欲流之遠者 必浚其
泉源 思國之安者 必積其德義 源不深而望流之遠 根不固而求木之長 德
不厚而思國之理 臣雖下愚 知其不可 而況於明哲乎 人君當神器之重 居
域中之大 將崇極天之峻 永保無疆之休 不念居安思危 戒奢以儉 德不
處其厚 情不勝其欲 斯亦伐根以求木茂 塞源而欲流長者也

凡百元首 承天景命 莫不殷憂而道著 功成而德衰 有善始者實繁 能
克終者蓋寡 豈取之易 而守之難乎 昔取之而有餘 今守之而不足 何也
夫在殷憂[11] 必竭誠以待下 旣得志 則縱情以傲物 竭誠 則胡越爲一體
傲物 則骨肉爲行路 雖董之以嚴刑 震之以威怒 終苟免而不懷仁 貌恭
而不心服 怨不在大 可畏惟人 載舟覆舟 所宜深愼 奔車朽索 其可忽乎

君人者 誠能見可欲 則思知足以自戒 將有作 則思知止以安人 念高危
則思謙沖而自牧 懼滿溢 則思江海下百川 樂盤遊[12] 則思三驅以爲度 憂
懈怠 則思愼始而敬終 慮壅蔽 則思虛心以納下 想讒邪 則思正身以黜惡
恩所加 則思無因喜以謬賞 罰所及 則思無因怒而濫刑

總此十思 弘玆九德[13] 簡能而任之 擇善而從之 則智者盡其謀 勇者竭
其力 仁者播其惠 信者効其忠 文武爭馳 君臣無事 可以盡豫遊[14]之樂 可
以養松喬[15]之壽 鳴琴垂拱 不言而化 何必勞神苦思 代下司職 役聰明之
耳目 虧無爲之大道哉

太宗手詔答曰 省頻抗表 誠極忠款 言窮切至 披覽忘倦 每達宵分 非
公體國情深 啓沃義重 豈能示以良圖 匡其不及

朕聞晉武帝[16]自平吳[17]已後 務在驕奢 不復留心治政 何曾[18]退朝謂其
子劭[19]曰 吾每見主上 不論經國遠圖 但說平生常語 此非貽厥子孫者 爾
身猶可以免 指諸孫曰 此等必遇亂死 及孫綏[20] 果爲淫刑所戮 前史美之
以爲明於先見 朕意不然 謂曾之不忠 其罪大矣 夫爲人臣 當 進思盡忠
退思補過 將順其美 匡救其惡 所以共爲理也 曾位極臺司[21] 名器崇重
當直辭正諫 論道佐時 今乃退有後言 進無廷諍 以爲明智 不亦謬乎 危
而不持 焉用彼相

公之所陳 朕聞過矣 當置之几案 事等弦韋[22] 必望收彼桑楡[23] 期之歲
暮 不使 康哉良哉[24] 獨美於往日 若魚若水 遂爽於當今 遲復嘉謀 犯而
無隱 朕將虛襟靜志 敬佇德音

1) 特進(특진) : 나라에 공적이 특히 높은 사람에게 내리는 직책.

2) 受圖膺運(수도응운) : 왕이 될 운명으로 타고난 사람.

3) 繼體守文(계체수문) : 선조를 이어서 선조의 성법(成法)을 계승하여 나라를
   다스려 백성을 편안하게 하는 일.

4) 南面臨下(남면임하) : 남쪽을 향해 앉아서 모든 백성에게 군림한다. 천자의
   지위에 오른 것을 뜻한다. 천자(임금)가 되면 남쪽을 향해 앉으므로 하는 말.

5) 殷鑒不遠(은감불원) : 은(殷)나라가 거울 삼을 일은 멀리 있지 않다. 바로 앞
   국가를 거울 삼다. 은나라 주왕은 하(夏)나라 걸왕이 포악무도한 임금이었으
   므로 망했던 사실을 경계로 삼아야 한다는 말이다.

6) 桀虐(걸학) : 하(夏)나라의 폭군 걸왕의 학정. 걸왕은 하나라의 마지막 임금

으로 지극히 포악무도했다고 한다.

7) 干戈不戢(간과불즙) : 창과 방패를 거두지 않다. 곧 계속 전쟁하다의 뜻.

8) 八柱(팔주) : 땅에는 구주(九州)와 팔주(八柱)가 있는데 곤륜산이 그 중앙
이라고 하였다.

9) 四維(사유) : 예의염치(禮義廉恥)를 사유라고 한다.

10) 阿房(아방) : 아방궁. 진시황(秦始皇)이 지었다는 궁으로 동서가 5백 보이
고 남북이 50장(丈)이며 위에는 만 명이 앉을 수 있고 아래는 5장(丈) 길이
의 기를 세울 수 있고 전각 아래에서 곧바로 남산까지 이를 수 있다고 했다.
초(楚)나라 항우(項羽)가 불살라 버렸다.

11) 殷憂(은우) : 매우 근심하다. 심각한 근심.

12) 盤遊(반유) : 사냥, 오락.

13) 九德(구덕) : '서경'에 나오는 관이율(寬而栗), 유이립(柔而立), 원이공
(原而恭), 난이경(亂而敬), 요이의(擾而毅), 직이온(直而溫), 간이렴(簡而
廉), 강이색(剛而塞), 강이의(彊而義)의 9가지 덕.

14) 豫遊(예유) : 일유일예(一遊一豫). 곧 한 번 유람하고 한 번 사냥하다.

15) 松喬(송교) : 적송(赤松)과 왕교(王喬)를 말하며 둘 다 옛날의 선인(仙人)
으로 오래 살았다고 한다.

16) 晉武帝(진무제) : 성은 사마(司馬). 이름은 담(炎). 집안이 대대로 위(魏)
나라에 벼슬했으며 진왕(晉王)으로 봉해졌고 위나라를 선양받았다.

17) 吳(오) : 손권(孫權)이 세운 나라. 무제에게 멸망했다.

18) 何曾(하증) : 자는 영고(穎考). 위(魏)나라에서 사도(司徒) 벼슬을 했는데
위나라가 진(晉)나라로 선양한 후에는 태부(太傅)가 되었다.

19) 劭(소) : 자는 경조(敬祖). 하증의 아들. 진나라에서 사도(司徒)가 되었다.

20) 綏(유) : 자는 백울(伯蔚). 진나라에서 상서(尙書)가 되었다. 뒤에 동해왕
(東海王) 월(越)에게 죽임을 당했다.

21) 臺司(대사) : 삼공(三公)과 지위가 같다.

22) 弦韋(현위) : 현은 급한 것. 위는 부드러운 것.

23) 桑楡(상유) : 해가 지는 것.

24) 康哉良哉(강재양재) : '서경' 우서(虞書)의 '股肱良哉 庶事康哉'.

5. 천하를 지키는 일은 어려운가?

정관 15년에 태종이 주위 신하들에게 물었다.

"천하를 지키는 일은 어려운가 쉬운가."

시중(侍中) 위징이 답하여 아뢰기를

"매우 어렵습니다."

하니, 태종이

"어진이와 능숙한 인재에게 맡기고 간쟁(諫諍)을 받아들인다면 어려울 것이 없지 않은가."

하고 되물었다. 이에 위징이 대답하였다.

"옛날의 제왕들을 살펴보면 나라에 근심스러운 일이 있고 나라가 위태로울 때는 어진이에게 맡기고 간언(諫言)을 받아들입니다. 그러나 안락한 세상에 이르러서는 마음이 느슨해지고 게을러집니다. 임금이 느슨하고 게을러지면 간하고자 하는 자가 두려워하게 됩니다. 그러면 날이 가고 달이 가는 동안 나라는 쇠퇴해지고 위태한 지경에 이릅니다. 성인들이 '삶이 편안할 때 위태로움을 생각하라.'고 한 까닭은 바로 이 때문입니다. 편안한 때일수록 경계해야 합니다. 어찌 어렵지 않다고 하십니까."

貞觀十五年 太宗謂侍臣曰 守天下難易 侍中[1]魏徵對曰 甚難 太宗曰 任賢能 受諫諍[2] 卽可 何謂爲難 徵曰 觀自古帝王 在於憂危之間 則任賢受諫 及至安樂 必懷寬怠[3] 言事者惟令兢懼[4] 日陵月替[5] 以至危亡 聖人所以居安思危 正爲此也 安而能懼 豈不爲難

1) 侍中(시중) : 군주의 측근에 있으면서 정무(政務)를 의논하는 관직으로 재상에 상당한 직책. 문하성시중(門下省侍中).

2) 諫諍(간쟁) : 강력한 간언(諫言).

3) 寬怠(관태) : 마음이 해이하고 나태하다.

4) 兢懼(긍구) : 공구(恐懼). 두려워하다.

5) 日陵月替(일릉월체) : 점점 쇠퇴해진다는 뜻.

제2편 통치권(統治權)을 논하다
(論政體第二 : 凡十三章)

1. 활의 좋고 나쁜 질에서 정치를 깨닫다

정관 초에 태종이 소우(蕭瑀)에게 말했다.

"짐은 어려서부터 활과 화살을 가지고 놀기 좋아했고, 스스로 그 신묘함을 다했다고 일러 왔다.

근자에 양궁(良弓 : 좋은 활) 십 수(十數) 개를 얻어, 활을 제조하는 기술자에게 보였는데 활을 제조하는 기술자의 말이 '모두 훌륭한 재질이 아닙니다.' 라고 했다. 짐이 그 까닭을 물으니, 기술자가 다시 말하기를 '나무의 심(心)이 곧지 않으면 나무의 결이 모두 바르지 못합니다. 활이 비록 굳세다고 해도 화살이 곧게 날지 못합니다. 그러므로 좋은 활이 아닙니다.' 라고 했다.

짐은 처음으로 깨달았다. 짐은 활과 화살로써 사방을 평정했고 활과 화살을 사용한 일이 많았다. 그런데도 오히려 그 이치를 체득하지 못했다. 짐은 천하를 차지한 지 얼마 되지 않고, 천하를 다스리는 방법은 본래부터 활과 화살에 미치지 못했다. 나는 미처 활과 화살의 이치도 모르고 있었는데 정치야 더 말할 나위가 있겠는가."

이로부터 수도에 있는 5품(五品) 이상의 관원에게 조서(詔書)를 내려 교대로 중서내성(中書內省)에 숙직하게 하고 매양 불러 보고는 모두에게 자리를 정해 주어 함께 이야기하고 밖의 일을 물으면서 백성을 이해하고 정치 교육의 득실을 알기에 힘썼다.

貞觀初 太宗謂蕭瑀[1]曰朕少好弓矢 自謂能盡其妙 近得良弓十數 以示

弓工 乃曰 皆非良材也 朕問其故 工曰 木心不正 則脈理皆邪 弓雖剛勁
而遣箭不直 非良弓也 朕始悟焉 朕以弧矢²⁾定四方 用弓多矣 而猶不得其
理 況朕有天下之日淺 得爲理之意固未及於弓 弓猶失之 而況於理乎
　自是詔京官³⁾五品以上 更宿中書內省⁴⁾ 每召見 皆賜坐與語 詢訪外事
務知百姓利害 政敎得失焉

1) 蕭瑀(소우) : 남조(南朝) 후양(後梁) 명제(明帝)의 아들이며 당나라 고조
　(高祖)를 섬겼다. 정관 초에 어사대부(御史大夫)로 조정 정사에 참여했다.
　자는 시문(時文). 시호는 공(恭)이었으나 태종이 정편(貞編)으로 고쳤다.
2) 弧矢(호시) : 궁시(弓矢)와 같다. 활과 화살을 말한다.
3) 京官(경관) : 수도에 있는 관원. 곧 중앙 관청에 근무하는 관원.
4) 中書內省(중서내성) : 당대(唐代)에 궁중에 있던 관아.

2. 부화뇌동 하는 자가 없게 하라

　정관 원년에 태종이 황문시랑(黃門侍郎) 왕규에게 말했다.

　"중서성(中書省)에서 발표하는 조칙은 서로 의견이 같지 않고
함께 잘못되기도 하고 혹은 서로 바른 것을 부정하기도 한다. 중
서성과 문하성(門下省)은 근본적으로 서로의 잘못을 방지하기
위해 세웠다. 사람의 의견이란 항상 같지 않으며 혹은 옳기도 하
고 그르기도 하게 마련이다.

　공적인 일을 하면서 혹 자신의 단점을 보호하려는 짧은 소견 때
문에 잘못을 듣기 꺼려하면 옳고 그름이 다 원망으로 이어진다.
혹은 구차하게 사사로운 틈을 피하려고 서로 쳐다보지도 않기 때
문에 정사(政事)가 그르다는 것을 알고도 시행하게 된다.

　이렇게 되면 한 관리가 조그마한 정을 어기지 못해 마침내 만
인(萬人)에게 폐단을 초래하게 되는데 이것은 진실로 나라를 망
치는 정사이다. 경들은 특별히 주의를 기울여야 한다.

　수(隋)나라는 날마다 안과 밖의 모든 관리가 정사를 그르치는
데 의지하여 화를 입고 어지러움에 이르렀는데도 사람들은 이러
한 이치를 깊이 생각하지 않았다.

당장은 재앙이 몸에 미치지 않는다고 하여 얼굴로 따르며 뒤로는 다른 말을 해도 근심이 되지 않는다고 생각하면 뒤에 큰 난리가 한번 일어나는데 이르러서는 집안과 나라가 함께 망하게 된다.

비록 자신은 재앙에서 벗어나 요행으로 형벌을 받지 않고 고통을 겨우 면할지라도 여론의 심한 질책을 받게 된다.

경(卿)들은 특별히 사사로움을 없애고 공적인 것을 따라 곧은 도를 견고하게 지켜서 모든 일을 서로 힘껏 상의하여 위아래가 뇌동(雷同)하는 일이 없게 하라."

貞觀元年 太宗謂黃門侍郎[1]王珪[2]曰 中書所出詔勅 頗有意見不同 或兼錯失而相正以否 元置中書[3] 門下[4] 本擬相防過誤 人之意見 每或不同 有所是非 本爲公事 或有護己之短 忌聞其失 有是有非 銜以爲怨 或有苟避私隙 相惜顔面 知非政事 遂卽施行 難違一官之小情 頓爲萬人之大弊 此實亡國之政 卿輩特須在意防也 隋日內外庶官 政以依違 而致禍亂 人多不能深思此理 當時皆謂禍不及身 面從背言[5] 不以爲患 後至大亂一起 家國俱喪 雖有脫身之人 縱不遭刑戮 皆辛苦僅免 甚爲時論所貶黜[6] 卿等特須滅私徇公 堅守直道 庶事相啓沃[7] 勿上下雷同[8]也

1) 黃門侍郞(황문시랑) : 시중(侍中)에 버금가는 관직. 곧 차관(次官). 천하의 상서(祥瑞)로운 징조를 제왕에게 알리는 직책.

2) 王珪(왕규) : 간의대부(諫議大夫)·시중(侍中) 등을 역임하였으며, 방현령(房玄齡)과 더불어 태종을 보좌하였다. 뒤에 왕규의 별도 기록이 있다.

3) 中書(중서) : 중서성(中書省). 군무, 정령(政令) 및 서적 등 비기(秘記)를 관장하는 관서.

4) 門下(문하) : 문하성(門下省). 문하성에서는 임금의 조서를 출납하며 중서성과 함께 정무를 논한다.

5) 面從背言(면종배언) : 앞에서는 복종하고 물러나서는 비난하다. '서경(書經)' 우서(虞書)편에 있는 말이다.

6) 貶黜(폄출) : 떨어뜨려 물리치다. 곧 비난받다.

7) 啓沃(계옥) : 마음을 열어 남에게 쏟다. 흉금을 털어 놓고 성의껏 인도하다.

8) 雷同(뇌동) : 아무 생각 없이 남의 생각에 찬성하는 것. 부화뇌동.

3. 학문 있는 자를 발탁하다

정관 2년에 태종이 황문시랑 왕규(王珪)에게 물었다.

"근대의 군주나 신하가 나라를 다스리는 방법이 그 전 시대(周 나라 漢나라 등을 지칭)보다 매우 졸렬한 까닭은 무엇인가."

왕규가 대답하였다.

"예전의 제왕들은 정사를 하는데 모두 그 뜻하는 바가 맑고 깨 끗한 것을 숭상하고 백성의 마음과 함께 하였습니다. 근대의 제 왕들은 백성을 괴롭혀서 오직 자신의 욕망을 채우고자 하였고, 대 신들을 임용하는 데에도 경술(經術 : 經學)로써 하지 않았습니다.

한(漢)나라 재상(宰相)은 경서(經書)에 정통하지 않은 이가 없었으므로, 만약 조정에 의혹 사건이 생기면 모두 경서를 인용 하여 결정하였습니다. 이로 말미암아 사람들은 예교(禮敎)를 알 았고 정사는 태평 시대를 이루었습니다.

근래에는 무(武)를 중요하게 여기고 유학(儒學)을 가볍게 여 기며 혹은 법률로써 백성을 엄하게 다스렸습니다. 유학의 시행은 이미 이지러졌고 순박한 풍속은 크게 깨졌습니다."

태종이 그 말을 깊이 인정하고, 그로부터 모든 관리 중에서 학 업이 우수하고 뛰어나며 아울러 정치 체제를 아는 자들의 품계를 많이 올려 주고 거듭 발탁(拔擢)하여 기용하였다.

貞觀二年 太宗問黃門侍郎王珪曰 近代[1]君臣理國 多劣於前古[2] 何也 對曰 古之帝王爲政 皆志尙淸靜 以百姓之心爲心 近代則唯損百姓 以 適其欲 所任用大臣 復非經術[3]之士 漢家宰相[4] 無不精通一經 朝廷若 有疑事 皆引經決定 由是人識禮敎 理致太平 近代重武輕儒 或參以法 律 儒行[5]旣虧 淳風大壞 太宗深然其言 自此百官中有學業優長 兼識政 體者 多進其階品[6] 累加遷擢焉

1) 近代(근대) : 6조(六朝)와 수(隋)나라를 가리킨다.
2) 前古(전고) : 주(周)나라 한(漢)나라 등을 가리킨다.

3) 經術(경술) : 유학(儒學)의 경서(經書)에 의해 체득한 정치상의 재능.

4) 漢家宰相(한가재상) : 한(漢)나라 시대의 재상. 특히 선제(宣帝) 때의 재상
위현(韋賢)이 예경(禮經)에 통달하였고, 위상(魏相)이 역경(易經)에 통달
하였음을 지칭하는 말.

5) 儒行(유행) : 유학(儒學)의 가르침에 의한 도덕적인 행위.

6) 階品(계품) : 품계(品階). 곧 관등(官等).

4. 간언하지 않음을 힐책하다

정관 3년에 태종이 주위 신하들에게 말했다.

"중서성(中書省)과 문하성(門下省)은 국가의 중요한 정무(政
務)를 관장하는 부서이므로 재능 있는 인물을 발탁하여 임무를
담당하게 했으니 그가 맡은 임무는 실로 중대하다.

만약 조칙(詔勅)이 옳지 않으면 누구나 강력하게 자기의 견해
를 주장하여 철저하게 논의하라. 근래에 그들을 보면 천자의 명령
에 무조건 순종하여 천자의 비위를 맞추는 데만 급급한 느낌이 든
다. 그저 '지당하옵니다'만 연발하며 적당히 결재하여 통과시킬
뿐, 단 한 마디도 간(諫)하는 자가 없다. 어찌 이것이 도리겠는가?

조칙에 서명이나 하고 문서를 공포하는 정도에 그친다면 그것
은 누구나 다 할 수 있는 일이다. 그런 정도의 일을 위해서라면 무
엇 때문에 많은 사람 중에서 우수한 인물을 발탁해서 중대한 정
무를 위임하는 절차를 밟을 필요가 있겠는가.

지금부터는 조칙이 온당하지 않다고 생각되면 반드시 자기 의
견을 주장하는 상신(上申)을 꺼리지 말라. 까닭 없이 두려워하거
나 꺼려서 결함을 알면서도 입을 다무는 일이 있어서는 안 된다."

貞觀三年 太宗謂侍臣曰 中書 門下 機要[1]之司[2] 擇才而居 委任實重 詔
勅如有不穩便 皆須執論[3] 比來惟覺阿旨順情 唯唯苟過[4] 遂無一言諫諍
者 豈是道理 若惟署詔勅 行文書而已 人誰不堪 何煩簡擇[5] 以相委付[6] 自
今詔勅疑有不穩便 必須執言[7] 無得妄有畏懼 知而寢默[8]

1) 機要(기요) : 국가 정치상의 중요한 일.

2) 司(사) : 관서. 중앙부서.

3) 執論(집론) : 강력하게 자기의 의견을 주장하여 의논하다.

4) 唯唯苟過(유유구과) : 유유는 '유유낙낙(唯唯諾諾)'과 같다. '지당하옵니
   다'를 연발하면서 분부대로 순종하는 모양. 구과는 적당히 넘기는 일.

5) 簡擇(간택) : 분간하여 선택하다.

6) 委付(위부) : 맡겨서 의뢰하다.

7) 執言(집언) : 자기의 의견을 주장하여 상신(上申)하다.

8) 寢默(침묵) : 침묵(沈默)과 같다.

5. 수(隋)나라 문제(文帝)는 어떤 임금인가?

정관 4년에 태종(太宗)이 소우(蕭瑀)에게 묻기를

"수(隋)나라의 문제(文帝)는 어떤 임금이었는가?"

하니, 소우가 대답하였다.

"자신의 사욕을 누르고 예절을 찾았습니다. 힘써 정사(政事)를 생각하고, 매일 일단 조정에 앉으면 해가 기울어도 5품 이상의 관리들과 논쟁을 벌이며 앉아 있고 숙직하는 관리들이 간식을 먹을 때 함께 먹었습니다. 비록 성품은 어질거나 밝지 못했지만 힘써 행동한 군주였습니다."

태종이 말하였다.

"그대는 하나만 알고 둘은 알지 못한다. 그 사람의 성품은 살피는 일에는 지극했지만 마음은 밝지 못했다. 마음이 어두우면 비춰도 통하지 않고 지극히 살피면 사물에 의심이 많아지게 된다.

고아와 과부를 속여 천하를 얻었으므로, 신하들이 속으로는 복종하지 않을 것을 항상 두려워하고 모든 관리를 신임하지 않았다. 모든 일을 스스로 결정하여 비록 정신을 수고스럽게 하고 육체를 고통스럽게 했지만 다 다스리는 데는 합당하지 않은 것들이다.

조정 신하들이 이미 그의 뜻을 알고 직언(直言)하지 않았으며 재상 이하는 오직 그가 명령하는 대로만 따랐다.

나의 뜻은 그러하지 않다.

넓은 천하의 사해(四海)에서 일어나는 민중의 천 가지 만 가지 일이 합하고 변하고 통하게 한다. 이런 일은 다 모든 관리의 재량과 재상(宰相)의 계책에 맡겨 원만하게 하고 아뢰어 행하게 하였다. 어찌 하루에 천하의 큰 정치를 얻어서 한 사람의 생각으로 독단한단 말인가?

날마다 10가지 일을 재단하면 5가지가 적중하지 않은데 적중한 것은 잘 믿을지라도 적중하지 않은 것은 어떻게 할 것인가? 날마다 일어나는 일이 달로 이어지고 여러 해 동안 쌓이게 되면 어그러지는 일들이 많아질 것이니 망하지 않고 무엇을 기다리겠는가.

널리 어진 인재를 임명하고 높은 데 임하여 깊게 관찰하고 법령을 엄숙하게 하면 누가 감히 그릇된 일을 할 수 있으랴."

말을 마치고 모든 관리에게 조칙을 널리 반포하게 하고 원만하지 못한 것이 있으면 반드시 모아서 임금에게 아뢰게 하여 임금의 뜻을 얻지 못해라도 임무를 행하는데 신하의 뜻을 다하도록 했다.

貞觀四年 太宗問蕭瑀曰 隋文帝[1]何如主也 對曰 克己復禮[2] 勤勞思政 每一坐朝 或至日昃 五品已上 引坐論事 宿衛之士[3] 傳飱[4]而食 雖性非仁明 亦是勵精之主[5]

太宗曰 公知其一 未知其二 此人性至察而心不明 夫心暗則照有不通 至察則多疑於物 又欺孤兒寡婦以得天下 恒恐群臣內懷不服 不肯信任百司 每事皆自決斷 雖則勞神苦形 未能盡合於理 朝臣旣知其意 亦不敢直言 宰相以下 惟即承順而已 朕意則不然 以天下之廣 四海之衆 千端萬緖[6] 須合變通 皆委百司商量[7] 宰相籌畫[8] 於事穩便[9] 方可奏行 豈得以一日萬機[10] 獨斷一人之慮也 且日斷十事 五條不中 中者信善 其如不中者何 以日繼月 乃至累年 乖謬旣多 不亡何待 豈如廣任賢良 高居深視 法令嚴肅 誰敢爲非 因令諸司[11] 若詔勅頒下 有未穩便者 必須執奏[12] 不得順旨便即施行 務盡臣下之意

1) 隋文帝(수문제) : 성은 양(楊)씨이고 이름은 견(堅)이며 홍농인(弘農人)이다. 후주(後周)에서 원구(元舅)가 되어 정사를 보필하다 정승의 지위에 올

라 수왕(隋王)으로 봉해졌다. 후주에서 선양받고 나라를 수(隋)라고 하였다.

2) 克己復禮(극기복례) : 자신의 사욕을 버리고 예절로 돌아간다. '논어'에서 안연(顏淵)이 공자에게 인을 물은 데 대한 공자의 대답이다.

3) 宿衛之士(숙위지사) : 궁 안에서 숙직하는 관리.

4) 傳飧(전손) : 간식을 먹으라는 명령.

5) 勵精之主(여정지주) : 힘써 행하는 군주. 노력하는 군주.

6) 千端萬緒(천단만서) : 천 가지 만 가지의 일.

7) 百司商量(백사상량) : 백사는 온갖 관리. 상량은 헤아리다. 곧 의견.

8) 宰相籌畫(재상주획) : 재상은 정승. 주획은 계책, 책략, 계획.

9) 穩便(온편) : 원만하다. 보통적인 것.

10) 萬機(만기) : 정치상의 온갖 중요한 기틀. 천하의 큰 정치.

11) 諸司(제사) : 모든 관리. 온갖 관리.

12) 執奏(집주) : 천하 백성의 의견을 모아 천자에게 아뢰는 일.

6. 나라를 다스림은 병자를 돌보는 것과 같다

정관 5년에 태종이 주위 신하들에게 말했다.

"나라를 다스리는 일과 병을 치료하는 일은 서로 다르지 않다. 병들었던 사람은 병이 치료되었을 때 더욱 정성을 기울여 요양해야 한다. 만일 병이 치료되었다고 안심하고 병중에 지키던 여러 가지 금제(禁制)를 곧바로 깨뜨린다면 반드시 목숨을 잃게 된다. 나라를 다스리는 일도 마찬가지다. 천하가 잠시 편안하게 다스려질 때일수록 더욱 두려워하고 삼가해야 한다. 만일 경솔하게 자만하고 방자하게 군다면 반드시 멸망하는데 이르게 된다.

지금 천하의 편안함과 위태로움은 짐 한 사람에게 달려 있다. 그러므로 날마다 하루하루를 조심하여, 남들이 아무리 훌륭하다고 찬미하더라도 나는 아직 스스로 훌륭하다고 생각하지 않는다. 나는 귀와 눈과 수족의 역할은 모두 경(卿)들에게 의지하고 있으니 의리로 말한다면 나와 경들과는 한 몸이다. 꼭 힘을 합치고 마음을 하나로 하지 않으면 안 된다. 만일 위태롭다고 생각되는 일이 있으면 숨김없이 극언(極言)해 주기 바란다. 만에 하나 군신간에 서로 의심하는 일이 생기고 속마음을 충분히 터놓을 수 없는 일이 생긴다면, 국가를 다스리는 데 크게 해가 될 것이다."

貞觀五年 太宗謂侍臣曰 治國與養病無異也 病人覺愈 彌須將護[1] 若有觸犯[2] 必至殞命 治國亦然 天下稍安 尤須兢愼[3] 若便驕逸 必至喪敗[4] 今天下安危 繫之於朕 故日愼一日[5] 雖休勿休[6] 然耳目股肱[7] 寄於卿輩 旣義均一體 宜協力同心 事有不安 可極言無隱 儻君臣相疑 不能備盡肝膈[8] 實爲國之大害也

1) 將護(장호) : 소중하게 지키다. 양호하다.

2) 觸犯(촉범) : 금제(禁制)를 깨뜨리다.

3) 兢愼(긍신) : 두려워하고 삼가하다.

4) 喪敗(상패) : 멸망하다.

5) 日愼一日(일신일일) : 날마다 하루를 삼가고 조심하다.

6) 雖休勿休(수휴물휴) : '휴(休)'는 '미(美)'와 같다. 훌륭하다고 찬미하더라도 스스로 훌륭하다고 생각하지 않는다는 뜻. '서경(書經)'에 있는 말.

7) 耳目股肱(이목고굉) : 귀와 눈과 팔과 다리. 곧 인간의 몸뚱이에 비유한다면, 군주는 국가의 원수(元首)이므로 머리에 해당하고, 신하들은 귀나 눈이나 팔이나 다리의 구실을 한다는 뜻이다.

8) 備盡肝膈(비진간격) : 마음 속으로 생각하고 있는 것을 충분히 밝혀 말한다는 뜻. 간격은 간과 명치로 사람의 마음 속을 뜻한다.

7. 구중 궁궐의 군주는 모든 일을 두루 알지 못한다

정관 6년에 태종이 주위 신하들에게 말했다.

"옛날의 제왕들을 관찰했을 때 흥성함이 있고 쇠퇴함이 있는 것은, 아침이 있으면 저녁이 있는 것과 같은 이치다.

그들의 쇠망은 모두 신하가 군주의 귀와 눈을 가려 백성의 어려운 사정이나 국경의 사정이나 외적의 침입 등 모든 형편에 어두워 그 얻고 잃음을 알지 못했기 때문이다. 또 충성스럽고 올바른 자는 그런 사실을 말하지 못하고, 간사하고 아첨하기 좋아하는 자들만 날이 갈수록 군주에게 접근했다. 그럼으로써 군주가 정치의 과실을 보지 못하고 지나쳐 결국은 멸망에 이르게 된 것이다.

짐은 이미 구중 궁궐 깊숙히 들어앉은 몸이 되어 천하에서 일어나는 일을 고루 보고 다 알지 못한다. 그러므로 그 임무를 경들에게 분담시켜 짐의 귀와 눈의 대신으로 삼고 있다. 지금 천하가 무사하고 세상이 편안하다고 해서 안일한 생각에 잠겨 있을 수는 없다.

'서경(書經)'에 '사랑할 것은 군주가 아닌가. 두려워할 것은 백성이 아닌가.' 라고 말했다. 천자가 훌륭한 도덕을 가지고 있으면 백성은 그를 떠받들어 군주로 삼는다. 그러나 천자가 무도하면 백성은 그를 천자의 자리에서 몰아낸다. 참으로 두려운 일이다."

이에 위징이 답하여 아뢰었다.

"예로부터 나라를 잃은 군주는 다 나라가 편안할 때는 위험했던 지난날의 일을 잊어버리고, 정사가 바로잡혔을 때는 어지러웠던 지난날의 일을 잊어버렸습니다. 그것이 국가를 장구하게 지탱하지 못한 이유입니다.

지금 폐하께서는, 그 부(富)로 말하면 천하의 모든 것을 다 지니고 나라 안팎이 다 맑고 평화로우며 안락한데도 불구하고 마음은 항상 잘 다스릴 것을 생각하십니다. 또 늘 깊은 연못에 이르러 엷게 언 얼음을 밟듯이 두려워하고 삼가하고 계시니, 우리 나라는 자연히 국위(國威)가 빛나고 장구할 것입니다.

신은 일찍이 '군주는 배요, 백성은 물이다. 물은 능히 배를 실어 띄우지만, 한편 배를 전복시킬 수도 있다.' 라는 옛말을 들었습니다. 폐하께서는 백성이야말로 두려운 존재라고 하셨는데 진실로 폐하께서 생각하고 계신 바와 같습니다."

貞觀六年 太宗謂侍臣曰 看古之帝王 有興有衰 猶朝之有暮 皆爲蔽其耳目 不知時政得失 忠正者不言 邪諂[1]者日進 旣不見過 所以至於滅亡 朕旣在九重[2] 不能盡見天下事 故布之卿等 以爲朕之耳目 莫以天下無事 四海[3]安寧 便不存意[4] 可愛非君 可畏非民[5] 天子者 有道則人推

而爲主 無道則人棄而不用 語可畏也

　魏徵對曰 自古失國之主 皆爲居安忘危 處理忘亂 所以不能長久 今
陛下富有四海 內外淸晏⁶⁾ 能留心理道 常臨深履薄⁷⁾ 國家曆數⁸⁾ 自然靈
長⁹⁾ 臣又聞古語¹⁰⁾云 君舟也 人水也 水能載舟 亦能覆舟 陛下以爲可畏
誠如聖旨¹¹⁾

1) 邪諂(사첨) : 마음이 비꼬이고 아첨을 잘하다.

2) 九重(구중) : 구중 궁궐과 같은 뜻. 겹겹이 싸인 깊숙한 대궐 안.

3) 四海(사해) : '천하'와 같은 뜻.

4) 不存意(부존의) : 마음에 두지 않다.

5) 可愛非君可畏非民(가애비군가외비민) : 사랑할 바는 임금이 아니냐, 두려워
　　할 바는 백성이 아니냐. '서경' 대우모편(大禹謨篇)을 인용. 순(舜)임금이
　　우왕(禹王)에게 고한 말. '임금이 덕으로 백성을 사랑하면 백성 또한 임금을
　　경애한다. 임금이 무도하면 백성은 이반하게 되므로 두렵지 아니한가.'의 뜻.

6) 淸晏(청안) : 맑고 안락하다.

7) 臨深履薄(임심리박) : '시경(詩經)' 소아(小雅) 소민(小旻)편의 '전전긍
　　긍(戰戰兢兢)하여 심연(深淵 : 깊은 못)에 다다른 듯하고 박빙(薄氷 : 얇게
　　언 얼음)을 밟고 건너는 듯하다.'는 말을 인용. 대단히 두려워하고 삼가하다.

8) 曆數(역수) : 제왕의 제위(帝位)를 계승하는 차례. 여기서는 당조(唐朝)가
　　존속하는 연수(年數)의 뜻.

9) 靈長(영장) : 영묘하고 오래가다.

10) 古語(고어) : '순자(荀子)' 왕제편(王制篇)에 나오는 말.

11) 聖旨(성지) : 천자의 뜻. 임금의 뜻.

8. 큰 일은 작은 일에서 비롯된다

　정관 6년에 태종이 주위 신하들에게 말했다.

　"옛 사람이 말하기를 '위험한데 지탱해 주지 않고, 넘어지는 것
을 부축하지 않으면 어찌 그를 재상으로 쓰겠는가'라고 하였다.
군주와 신하의 의리에서 충성을 다하고 바로잡아 구원하지 않음
을 얻을 것인가. 짐은 글을 읽다가 걸(桀)이 관용봉(關龍逢)을

죽이고, 한(漢)나라에서 조착(鼂錯)을 죽인 내용을 보고 일찍이 책을 덮고 탄식하지 않은 일이 없었다.

공들은 바른말을 곧바로 간하여 정교(政敎)에 보탬이 되게 하라. 군주의 안색을 살피지 않고 간하며 군주의 뜻을 거역하면서 간하더라도, 그대들을 꾸짖고 망령되게 벌 주지 않을 것이다.

짐이 요즈음 조정에 임하여 결재할 때 율령에 어긋나는 일이 있는데도 그대들은 작은 일이라 하여 지적해서 말하지 않는다.

큰 일은 모두 작은 일에서 비롯된다. 작은 일을 논하지 않으면 큰 일 또한 장차 구제할 수 없게 된다. 사직이 위태롭고 기울어지는 일은 이에 말미암지 않음이 없다. 수나라 군주는 잔인하고 포악하여 몸이 필부의 손에 죽었으되 온 나라 백성이 슬퍼 탄식하였다는 소리를 들은 일이 없다.

경들은 짐을 위해 수씨(隋氏)가 멸망한 일을 생각하고, 짐은 경들을 위해 관용봉과 조착의 죽음을 생각하여 군주와 신하가 잘 보존된다면 어찌 아름답지 않겠는가."

貞觀六年 太宗謂侍臣曰 古人云[1] 危而不持 顚而不扶 焉用彼相 君臣之義 得不盡忠匡救乎 朕嘗讀書 見桀殺關龍逢[2] 漢誅鼂錯[3] 未嘗不廢書歎息 公等但能正詞直諫 裨益政敎 終不以犯顔忤旨[4] 妄有誅責[5] 朕比來臨朝斷決 亦有乖於律令者 公等以爲小事 遂不執言 凡大事皆起於小事 小事不論 大事又將不可救 社稷[6]傾危 莫不由此 隋主[7]殘暴 身死匹夫之手[8] 率土[9]蒼生[10]罕聞嗟痛[11] 公等爲朕思隋氏滅亡之事 朕爲公等思龍逢 鼂錯之誅 君臣保全 豈不美哉

1) 古人云(고인운) : '논어(論語)' 계씨편(季氏篇)에 보이는 말로, 고인은 공자(孔子)를 이르는 말.
2) 桀殺關龍逢(걸살관용봉) : 걸은 고대 하(夏)나라 최후의 천자로서 폭군으로 유명하다. 관용봉은 하(夏)나라 최후의 왕인 걸왕(桀王)의 신하로서 임금에게 간하다가 살해(殺害)되었다.
3) 鼂錯(조착) : 한(漢)나라 경제(景帝)의 신임을 얻어 어사대부(御史大夫)가 되어 제후(諸侯)에게 잘못이 있으면 가차없이 간하여 봉지를 삭감하였다. 한

나라 황족들은 각지의 왕으로 봉해져 있었는데 황족의 세력이 커지면 중앙 조정에 위험한 일이라고 생각하여 힘써 그 세력을 억압하였다. 그 결과 왕과 제후의 반감이 폭발하여 오초(吳楚) 7개 국의 난이 일어나고 조정은 동요되었다. 경제(景帝)는 조착의 정적이었던 원앙(爰盎)의 계책에 의해 조착을 처형하는 동시에, 그 가족도 모두 죽여 반란군을 달랬다. 반란군의 중심 세력인 오왕(吳王) 비(濞)는 일찍부터 모반(謀反)을 계획하고 있었기 때문에 조착을 제거하라는 것은 구실에 불과했으므로, 병력을 거두어들이지 않다가 마침내 무력에 의해 진압되었다. 경제는 뒤에 그 사실을 알고 조정의 권력을 신장시키려 했던 충신을 죽인 데 대해 크게 후회하였다고 한다.

4) 犯顔忤旨(범안오지) : 범안은 군주가 불쾌한 낯빛을 지어도 꺼리지 않고 간하는 일. 오지는 임금의 뜻을 거스르는 일.

5) 誅責(주책) : 꾸짖어 벌하다. 처벌하다.

6) 社稷(사직) : '국가'와 같다. 원래 뜻은 토지신과 오곡의 신. 옛날의 천자와 제후는 반드시 사직단(社稷壇)을 세우고 제사를 지내 국가와 존망을 같이했으므로 뒤에 국가라는 뜻으로 쓰였다.

7) 隋主(수주) : 수나라의 군주. 곧 수양제(隋煬帝)를 가리킨다.

8) 死匹夫之手(사필부지수) : 필부의 손에 죽다. 수나라 양제가 신하인 우문화급(宇文化及)에게 죽은 일을 말한다.

9) 率土(솔토) : 나라 끝까지의 뜻. 온 국토.

10) 蒼生(창생) : 백성, 국민.

11) 嗟痛(차통) : 슬프고 아프게 생각하다.

9. 난리 뒤일수록 도의에 의한 정치를 해야 한다

정관 7년에 태종은 비서감(秘書監) 위징과 침착하면서도 여유 있는 태도로, 예로부터 행해진 정치의 득실에 대하여 논의하였다.

태종이 말하기를

"지금은 수(隋)나라 말기의 큰 난리를 치른 뒤라, 민심이 황폐해져 있으므로 당장 잘 다스려 평화로운 세상을 이루기 어렵다."

라고 하자, 위징이 대답하였다.

"그렇지 않습니다. 사람들은 위험이 닥쳐 곤혹해지면 언제 죽을지 모른다는 근심에 잠기게 되고, 죽음에 대한 근심이 생기면 잘 다스려진 평화로운 세상을 바라게 되며, 평화로운 세상을 바라면 가르치기 쉬워집니다. 큰 난리가 일어난 뒤에 백성을 다스리기 쉬운 것은 굶주린 사람이 아무 것이나 잘 먹는 것과 같습니다."

태종이 또 말했다.

"'논어(論語)'에 '선량한 사람이 다스린다면 백 년쯤 지나면 불량한 사람들의 잔학한 행위가 제압되고 살벌한 풍습이 사라진다.'라고 했다. 큰 난리 뒤에 선정(善政)으로 평화로운 세상을 이루고자 하는데 어찌 조금이라도 바랄 수 있겠는가."

위징이 대답했다.

"'논어'의 말은 평범한 사람의 경우를 말한 것이지 성인이나 현인의 경우를 말한 것이 아닙니다. 폐하같이 덕이 높고 현명한 천자께서 교화를 행하시면 위아래가 합심하게 되고, 백성이 폐하의 교화에 따르는 일은 마치 메아리가 소리에 답하듯이 신속하게 반응이 나타날 것입니다. 각별히 서두르지 않아도 만 1년쯤이면 교화하실 수 있습니다. 그렇게 어려운 일이 아닙니다. 3년만에 성공을 거두시더라도 오히려 늦다고 생각될 정도입니다."

이 말을 들은 태종은 위징의 의견이 옳다고 생각했다.

그런데 봉덕이(封德彛) 등이 이의를 제기했다.

"하(夏)나라와 은(殷)나라와 주(周)나라의 3대 이후로는 사람들의 마음이 차차 경박해져 진실된 마음이 없어졌습니다. 그러므로 진(秦)나라는 오로지 법률에만 의존하여 엄중하게 백성을 단속하였고, 한(漢)나라는 군주의 덕에 의한 왕도정치(王道政治)와 무력과 권력에 의한 패도(覇道)정치를 혼용했습니다. 그들도 모두 선정에 의한 평화로운 세상의 출현을 바랐지만, 사람들이 참된 마음을 잃었으므로 이루지 못했던 것입니다. 어찌 잘 다스려 태평성세 이루기를 바라지 않았겠습니까.

만약 세상 형편을 모르는 위징의 의견만 믿고 따르신다면 국가를 패망의 길로 이끄는 결과가 되지 않을까 두렵습니다."

이에 위징이 말했다.

"옛날의 5제(五帝)와 3왕(三王)은 선정을 베풀지 않았던 시대의 백성을 모조리 바꾸고 나라를 다스린 것이 아닙니다. 제왕의 도를 행하면 황제가 되고 왕도(王道)를 행하면 왕이 되었습니다. 그 시대의 백성을 다스리는 일은 어떻게 교화하느냐 하는 방법에 달렸을 뿐입니다. 이런 사실은 옛 서적들을 통해 잘 알 수 있습니다.

옛날 황제(黃帝)는 난을 일으킨 치우(蚩尤)와 70여 회나 싸웠을 만큼 당시의 난은 매우 심했습니다. 그러나 싸워서 이긴 뒤에는 신속하게 선정을 베풀어 태평한 세상을 만들었습니다.

구려(九黎)가 도덕을 어지럽혔으므로 전욱(顓頊)이 그를 정벌했습니다. 그러나 싸워서 이긴 뒤에 정치를 잘하여 태평한 세상을 만드는 데 실패하지 않았습니다.

하나라 걸왕(桀王)은 포악했으므로 탕왕(湯王)은 걸왕을 쫓아냈습니다. 그리고 탕왕은 왕의 지위에 있는 동안 태평성세를 이루었습니다. 은나라 주왕(紂王)이 무도했으므로 주(周)나라 무왕(武王)이 정벌했습니다. 무왕의 뒤를 이은 성왕(成王) 대에 와서 태평한 세월이 되었습니다.

봉덕이 등이 말한 바와 같이 고대부터 차츰 사람들의 인정이 경박해지고 참된 마음이 없어져 태고의 순박한 마음으로 돌아갈 수 없는 것이라면, 2천 년이 지난 지금 세상의 인간들은 반드시 도깨비나 괴물 같은 존재가 되었을 것입니다. 어찌해서 도저히 교화시킬 수 없다는 것입니까."

봉덕이 등은 위징의 조리에 닿는 의견을 논박하지 못했으나 모두 마음 속으로는 위징의 생각을 옳다고 여기지 않았다.

태종은 위징의 의견에 전적으로 공감하여 항상 인의도덕(仁義道德)으로써 정치하기를 게을리 하지 않은 결과, 몇 해 사이에 천하가 평화롭게 다스려졌으며 돌궐(突厥)족도 괴멸되었다.

이러한 연유로 여러 신하들에게

"정관 초년에 사람들은 모두 이견(異見)을 제기하여 '지금 세상에서는 반드시 제왕의 도나 왕자의 도인 도덕이나 인격을 존중

하는 정치를 행하는 방법은 옳지 않고 법률이나 권력으로써 엄하
게 다스려야 한다.'고 하였다. 그때 오직 위징 한 사람만 나에게
인의와 도덕을 근저로 하는 선정을 베풀어야 한다고 권했다. 그
의 말을 따른 결과, 몇 해가 지나지 않아 드디어 중원(中原)은 태
평해지고, 멀리 이민족은 자진해서 귀순해 오기에 이르렀다.

　그 중에서도 돌궐족은 옛부터 늘 중원의 강적이었다. 지금은 돌
궐의 추장들이 모두 칼을 허리에 차고 궁중을 지키고 있으며, 그
들 부락에서는 중원의 의관(衣冠)을 몸에 걸치고 있다. 내가 무
기를 전혀 사용하지 않고 몇 년 사이에 이와 같은 평화로운 세상
을 이룰 수 있었던 것은 모두 위징의 힘이다."

라고 말하고는, 위징을 돌아보면서 말하였다.

　"보석은 아무리 훌륭한 바탕을 지니고 있어도 돌 속에 섞여 있
어 양공(良工)에 의해 다듬어지지 않는다면 기왓장이나 잔돌과
구별할 수가 없다. 만약 양공을 만나 잘 다듬어진다면 만대에 이
르는 보물이 된다.

　짐에게 아름다운 바탕은 없지만 공(公)에 의해 다듬어졌다. 공
이 짐의 인격을 인의(仁義)로 다잡아 주었고, 도덕으로 넓혀 주
느라 애쓴 덕에 짐은 천자로서 공업을 이룰 수 있었다. 그대는 양
공(良工)으로서의 가치가 충분하다.

　貞觀七年[1] 太宗與秘書監[2] 魏徵從容[3] 論自古理政得失 因曰 當今大
亂[4]之後 造次[5]不可致理 徵曰 不然 凡人在危困 則憂死亡 憂死亡 則思
理 思理則易教 然則亂後易教 猶飢人易食也 太宗曰 善人爲邦百年 然
後勝殘去殺 大亂之後 將求致理 寧可造次而望乎 徵曰 此據常人 不在
聖哲 若聖哲施化 上下同心 人應如響[6] 不疾而速[7] 朞月[8]而可 信不爲
難 三年成功 猶謂其晚 太宗以爲然

　封德彝[9]等對曰 三代以後 人漸澆訛[10] 故秦任法律[11] 漢雜覇道[12] 皆欲
理而不能 豈能理而不欲 若信魏徵所說 恐敗亂國家 徵曰 五帝三王[13]
不易人而理 行帝道[14]則帝 行王道[15]則王 在於當時所理 化之而已 考之
載籍[16] 可得而知 昔黃帝[17]與蚩尤[18]七十餘戰 其亂甚矣 旣勝之後 便致

太平 九黎¹⁹⁾亂德 顓頊²⁰⁾征之 旣克之後 不失其理 桀爲亂虐 而湯²¹⁾放之
在湯之代 卽致太平 紂²²⁾爲無道 武王²³⁾伐之 成王²⁴⁾之代 亦致太平 若言
人漸澆訛 不及純樸 至今應悉爲鬼魅²⁵⁾ 寧可復得而敎化耶 德彝等無以
難之 然咸以爲不可

　太宗每力行不倦 數年間 海內康寧 突厥破滅 因謂群臣曰 貞觀初 人
皆異論 云當今必不可行帝道王道 惟魏徵勸我 旣從其言 不過數載 遂
得華夏²⁶⁾安寧 遠戎賓服²⁷⁾ 突厥²⁸⁾自古以來 常爲中國勍敵²⁹⁾ 今酋長竝帶
刀宿衛 部落³⁰⁾皆襲³¹⁾衣冠 使我遂至於此 皆魏徵之力也 顧謂徵曰 玉雖
有美質在於石間 不値良工琢磨³²⁾ 與瓦礫不別 若遇良工 卽爲萬代之寶
朕雖無美質 爲公所切磋³³⁾ 勞公約朕以仁義 弘朕以道德 使朕功業至此
公亦足爲良工爾

1) 七年(칠년) : '신당서위징전(新唐書魏徵傳)' '당감(唐鑑)' 등에는 4년으
　로 되어 있다.
2) 秘書監(비서감) : 궁중의 도서(圖書)를 관장하는 장관.
3) 從容(종용) : 침착하고 여유 있는 자세.
4) 大亂(대란) : 수(隋)나라 양제(煬帝) 말년에 각 처에서 호족(豪族)과 유민
　(流民)들이 반란을 일으켜 그 지도자가 1백 30여 명에 이르렀고 뒤에는 천
　하가 8분(八分)되어 서로 패권을 다투던 시기를 이르는 말.
5) 造次(조차) : 신속하게. 급하게. 곧. 잠깐사이.
6) 如響(여향) : 소리의 울림과 같다. 신속함을 형용하는 말.
7) 不疾而速(부질이속) : 각별히 서두르지 않아도 빠르다는 뜻.
8) 朞月(기월) : 만 1년의 뜻.
9) 封德彝(봉덕이) : 이름은 윤(倫). 덕이(德彝)는 자(字). 처음에 수나라에서
　벼슬하였으나 뒤에 당나라에 투항하여 태종(太宗) 때에는 상서우복야(尙書
　右僕射)가 되었다. '구당서(舊唐書)' 태종본기(太宗本記) 봉덕이전(封德
　彝傳)에는 정관 원년에 사망한 것으로 되어 있으나, 이 이야기는 정관 7년 또
　는 4년의 이야기이니 어느 쪽이든 잘못 전하고 있다.
10) 澆訛(요와) : 도덕이 퇴폐해져 인정(人情)이 경박하고 진심이 없다.
11) 秦任法律(진임법률) : 진(秦)나라 때의 정치는 오로지 형법과 율령(律令)
　에 의거하여 잔혹을 위주로 하였다.

12) 漢雜覇道(한잡패도) : 한(漢)나라 때의 정치는 왕도(王道)와 패도를 혼용
하여 순수하지 않았다.

13) 五帝三王(오제삼왕) : 오제는 중국 고대 전설상의 다섯 제왕(帝王). 여러
설이 있는데, '사기(史記)'에 의하면 황제(黃帝)·전욱(顓頊)·제곡(帝
嚳)·요(堯)·순(舜)의 다섯 임금. 삼왕은 하(夏)나라 우왕(禹王)·은(殷)나
라 탕왕(湯王)·주(周)나라 문왕(文王)과 무왕(武王)을 가리킨다. 주나라
문왕과 무왕은 하나로 본다.

14) 帝道(제도) : 요(堯)임금·순(舜)임금과 같은 제왕은 나라를 다스리는데
무위(無爲)로써 하여 백성을 편안하게 한 도리.

15) 王道(왕도) : 성군(聖君)들이 인의(仁義)로써 천하를 다스리던 도리.

16) 載籍(재적) : '서적'과 같다.

17) 黃帝(황제) : 고대 중국 전설상의 제왕.

18) 蚩尤(치우) : 고대 중국 전설상의 제후로서, 무도하여 난을 일으키기 좋아
하다가 황제(黃帝)에게 멸망당했다고 한다.

19) 九黎(구려) : 고대 중국의 제왕인 소호(少昊) 때의 제후. 도덕을 어지럽혔다.

20) 顓頊(전욱) : 고대 중국의 제왕. 고양씨(高陽氏)라 칭한다.

21) 湯(탕) : 탕왕(湯王). 고대 중국 은왕조(殷王朝)를 건국한 천자.

22) 紂(주) : 고대 중국 은왕조 최후의 천자. 하왕조 최후의 천자인 걸왕(桀王)
과 함께 포악한 천자의 대명사로 일컬어진다. 주왕조(周王朝)의 무왕(武王)
에게 정벌되었다.

23) 武王(무왕) : 주나라 문왕의 아들로 이름은 발(發). 은나라 주왕(紂王)이 몹
시 음란하고 포악해 백성의 원성이 높았으므로 제후를 이끌고 주왕을 토벌했다.

24) 成王(성왕) : 주나라 무왕의 아들. 무왕이 은나라를 멸하고 2년 뒤에 세상을
떠났으므로 어린 나이에 제위에 올라 숙부 주공단(周公旦)의 보필을 받았다.

25) 鬼魅(귀매) : 도깨비. 요괴.

26) 華夏(화하) : 옛날 중국에서 스스로 중국을 일컫던 말.

27) 遠戎賓服(원융빈복) : 원융은 멀리 있는 오랑캐. 곧 중원에서 멀리 떨어진
변방의 이민족. 빈복은 저쪽에서 스스로 찾아와 복종하다, 귀순하다.

28) 突厥(돌궐) : 남북조 시대부터 당나라 초기에 걸쳐 중국 북부에 큰 세력을
떨쳤던 한 종족.

29) 勍敵(경적) : '강적'과 같다.

30) 部落(부락) : 이민족이 모여 사는 곳. 마을. 동네.

31) 襲(습) : 착의(着衣). 옷을 입다. 돌궐족(突厥族)은 처음에 동물의 가죽을 벗겨서 그대로 몸에 걸치고 살았다.

32) 琢磨(탁마) : 옥을 쪼고 갈아 다듬는 세공. 보석을 만들기 위해 다듬는 일.

33) 切磋(절차) : 옥을 자르고 가는 일. 보석을 만들기 위해 다듬는 일.

10. 임금은 나에게 아무런 도움도 주지 않는다

정관 8년에 태종이 주위 신하들에게 말하기를

"수(隋)나라 때의 백성은 재물이 있어도 그것을 보호받을 수 없었다. 짐은 천하를 차지한 뒤로 마음을 써서 모든 백성을 어루만지고 차등을 두지 않아 모든 백성이 다 생활을 영위하고 재물을 지키게 해 주었다. 이것은 곧 짐이 하사한 것이나 다름없다. 또 예전부터 짐이 노역을 시킬 때에는 자주 재물을 주고 상도 주지만 백성은 그것을 만족스럽게 여기지 않고 있다."

라고 하자, 위징이 대답했다.

"요임금과 순임금이 다스리던 때에 백성은 '밭을 갈아서 먹고 우물을 파서 마신다.'라고 말하고, 배불리 먹고 배를 두드리면서 '임금의 어떤 도움이 그 사이에 있었느냐.'라고 했습니다.

지금 폐하께서 이와 같이 어루만져 주셨고 백성은 날마다 그 혜택을 받으면서도 알지 못한다고 말할 수 있습니다."

또 말했다.

"춘추 시대에 진(晉)나라 문공(文公)이 사냥을 나가 탕(碭)에서 짐승을 쫓다가 대택(大澤)으로 들어가 헤맸는데 나가는 길을 알지 못했습니다. 그 안에 어부가 있어 문공이 말하기를 '나는 임금인데 편안히 나갈 수 있는 길을 안내하라. 내가 나가면 후한 상금을 내리겠다.'라고 했습니다.

어부는 말하기를 '신은 원컨대 드릴 것이 있습니다.'라 했고 진문공은 대택에서 나가면 받겠다고 했습니다. 대택에서 나와 전송

할 때 문공이 말하기를 '지금 그대가 나를 가르치고자 하는 것은
무엇인가. 원컨대 받겠다.' 라고 하니, 어부가 말하기를 '기러기와
고니는 하해(河海 : 황해)가 보호하는데 그 곳이 싫어 작은 연못
으로 이사하면 화살이나 탄환의 위험이 있으며, 큰 자라와 악어는
깊은 연못이 보호해 주는데 그 곳을 싫어하여 얕은 연못으로 나
가면 반드시 낚시나 주살의 위험이 있습니다. 지금 임금께서는 궁
을 나와 짐승을 쫓아 탕까지 와 이곳까지 들어오게 되었으니 무
엇 때문에 이렇게 먼 곳까지 행차하셨습니까.' 라고 했습니다.

문공이 말하기를 '좋은 말이다.' 라 하고 시종에게 어부의 이름
을 기록하라고 했습니다. 이에 어부가 말하기를 '임금께서는 어찌
이름을 기록하라 하십니까. 임금께서 하늘을 높이고 땅을 섬기며
사직을 공경하고 사방의 나라를 보호하며 모든 사람을 자애하고
거두어들이는 것을 박하게 하고 세금을 가볍게 하면 신도 또한 함
께 혜택을 받습니다. 임금께서 하늘을 높이지 않고 땅을 섬기지 않
으며 사직을 공경하지 않고 사방의 나라를 견고하게 하지 않고 밖
으로는 제후에게 예절을 잃고 안으로는 인심을 거슬러 한 나라가
망하게 되면 어부가 비록 두터운 상을 받을지라도 얼마 보존하지
못할 것입니다.' 라고 하며 마침내 사양하여 받지 않았습니다."

태종이 말하였다.

"경(卿)의 말이 옳다."

貞觀八年 太宗謂侍臣曰 隋時百姓 縱有財物 豈得保此 自朕有天下
以來 存心撫養[1] 無有所科差[2] 人人皆得營生[3] 守其資財 即朕所賜 向
使朕科喚不已 雖數[4] 資賞賜 亦不如不得 魏徵對曰 堯舜在上 百姓亦云
耕田而食 鑿井而飮 含哺鼓腹 而云 帝何力於其間矣 今陛下如此含養
百姓可謂日用而不知 又奏稱 晉文公[5]出田[6] 逐獸於碭 入大澤 迷不知
所出 其中有漁者 文公謂曰 我若君也 道將安出 我且厚賜若 漁者曰 臣
願有獻 文公出澤而受之 於是送出澤 文公曰 今子之所欲敎寡人者 何
也 願受之 漁者曰 鴻鵠保河海 厭而徙之小澤 則有矰丸[7]之憂 黿鼉保
深淵 厭而出之淺渚 必有釣射[8]之憂 今君出獸碭入至此 何行之太遠也

文公曰 善哉 謂從者記漁者名 漁者曰 君何以名 君尊天事地 敬社稷 保
四國 慈愛萬人 薄賦斂 輕租稅 臣亦與焉 君不尊天 不事地 不敬社稷 不
固四海 外失禮於諸侯 內逆人心 一國流亡 漁者雖有厚賜 不得保也 遂
辭不受 太宗曰 卿言是也

1) 存心撫養(존심무양) : 마음에 두고 잊지 않으며 잘 어루만져 주다.

2) 科差(과차) : 차등을 두다.

3) 營生(영생) : 민중이 생활을 영위하다. 편안한 삶을 누리다.

4) 數(삭) : 자주.

5) 晉文公(진문공) : 춘추 시대(春秋時代) 진(晉)나라의 문공(文公). 이름은
   중이(重耳). 오패(五霸)의 한 사람.

6) 田(전) : 사냥하다.

7) 矰丸(증환) : 화살과 탄환.

8) 釣射(조석) : 낚시와 주살.

11. 임금이 맑으면 백성이 편안하다

정관 9년에 태종이 주위 신하들에게 말했다.

"지난날 경사(京師 : 서울, 수도)를 평정했을 때 궁중에 미녀와 진
귀한 보물이 가득 찼는데도 수나라 양제는 부족한 듯하여 거두어들
이는 일을 끝없이 행했다. 더구나 동쪽과 서쪽을 정벌하여 병사를
고통스럽게 하고 무덕(武德)을 더럽혀 백성이 그 고통을 감당하지
못하고 드디어 멸망으로 이른 일을 짐은 눈으로 직접 보았다.

그러므로 밤낮으로 힘쓰고 힘써 오직 정화시켜서 천하가 무사
하기를 빌어, 큰 공사를 일으키지 않고 해마다 곡식이 넉넉하게
쌓여 백성이 편안한 삶을 누리고 있다.

나라를 다스리는 일은 나무를 재배하는 것과 같다. 나무의 근본
이 흔들리지 않으면 가지와 잎이 무성해지고 임금이 맑고 맑으면
백성이 어찌 편안하지 못한 것이 있겠는가?"

貞觀九年 太宗謂侍臣曰 往昔初平京師[1] 宮中美女珍玩 無院不滿 煬

帝²⁾意猶不足 徵求無已 兼東西征討 窮兵黷武³⁾ 百姓不堪 遂致亡滅 此
皆朕所目見 故夙夜孜孜⁴⁾ 惟欲淸淨 使天下無事 遂得徭役⁵⁾不興 年穀
豊稔 百姓安樂 夫治國猶如栽樹 本根不搖 則枝葉茂榮 君能淸淨 百姓
何得不安樂乎

1) 京師(경사) : 장안(長安)을 가리키는 말이며 수(隋)나라 수도를 말한다.
2) 煬帝(양제) : 수나라 문제의 아들. 당(唐)나라에게 망했다.
3) 黷武(독무) : 함부로 전쟁을 일으켜 무덕(武德)을 더럽히다.
4) 孜孜(자자) : 쉬지 않고 힘쓰는 모양.
5) 徭役(요역) : 나라에 대한 의무를 대신해 시키는 노역.

12. 한 사람을 죽여서 백 사람을 경계한다

정관 16년에 태종이 주위 신하들에게 말했다.

"혹은 군주가 위에서 어지럽게 하는데 신하는 아래를 다스리고 혹은 신하는 아래 백성을 어지럽히는데 군주는 위에서 다스린다고 하자. 이런 군주와 신하가 만나는 일이 사실로 이루어진다면 어떤 상황이 더 심한 폐해를 가져 오는가."

특진관(特進官) 위징이 대답했다.

"군주의 마음이 다스려지면 아래의 잘못을 밝게 비춰볼 수 있고 한 사람의 목을 베어 백 사람을 경계할 수 있으니 누가 감히 위엄을 두려워하여 힘을 다하지 않겠습니까? 만약 군주가 어둡고 포악하면 충성스런 말이 따르지 않게 됩니다. 그리하여 비록 백리해(百里奚)나 오자서(伍子胥)가 우(虞)나라나 오(吳)나라에 있었어도 그 재앙을 구제하지 못하고 패망이 이어졌던 것입니다."

태종이 이르기를

"그대의 말과 같다면 제(齊)나라 문선왕(文宣王)은 어둡고 포악했는데도 양준언(楊遵彦)이 바른 도(道)로써 나라를 유지시켜 다스림을 얻은 것은 어찌 된 일인가."

하자, 위징이 대답했다.

"양준언이 임시변통으로 포악한 군주를 꾸며서 모든 백성을 구

제하여 다스렸으나 겨우 어지러움을 면했을 뿐이며 또한 매우 위
태로웠습니다. 군주가 밝고 엄하며 신하가 법을 두려워하며 곧은
말과 바른 간언을 하여 다 신용을 나타낸다면 같은 사람으로 말
하지 못할 것입니다."

貞觀十六年 太宗謂侍臣曰 或君亂於上 臣理於下 或臣亂於下 君理
於上 二者苟逢 何者爲甚 特進魏徵對曰 君心理 則照見下非 誅一勸百
誰敢不畏威盡力 若昏暴於上 忠諫不從 雖百里奚[1] 伍子胥[2]之在虞吳
不救其禍 敗亡亦繼.

太宗曰 必如此 齊文宣[3]昏暴 楊遵彦[4]以正道扶之 得理何也 徵曰 遵
彦彌縫暴主 救理倉生 纔得免亂 亦甚危苦 與人主嚴明 臣下畏法 直言
正諫 皆見信用 不可同年而語也

1) 百里奚(백리해) : 춘추 시대 우(虞)나라의 현신(賢臣). 진(晉)나라가 괵
(虢)나라를 침략하려고 우나라에게 길을 빌려 달라고 했다. 백리해는 진나라
가 괵나라를 차지하면 우나라도 위험하다는 사실을 알고, 우공(虞公)에게 길
을 빌려 주지 말라고 간언하려 했으나 우공이 간언을 받아들이지 않을 것을
알고 진(秦)나라로 갔는데 그뒤 우나라는 진나라에게 멸망했다.

2) 伍子胥(오자서) : 춘추 시대 초나라 사람으로 오(吳)나라의 현신. 오나라 왕
부차(夫差)가 월(越)나라를 침략하자 월나라가 화친을 청했다. 오자서가 화
평하지 말라고 간했으나 오왕은 듣지 않고 월나라와 화친했다. 다시 제(齊)
나라를 침략하려는데 오자서가 반대하자 오왕이 듣지 않고 태재비의 참소를
믿고 검을 내려 자결하게 했다. 뒤에 오나라는 월나라 왕 구천에게 멸망했다.

3) 齊文宣(제문선) : 제(齊)나라 문선왕. 성은 고(高)씨. 이름은 양(洋). 동위
(東魏)의 신하였는데 그의 아버지 환(歡)을 세습하여 제왕(齊王)에 봉해졌
다. 뒤에 위(魏)나라를 선양받아 국호를 제(齊)라고 했다. 곧 북제 신무제(神
武帝)의 둘째아들로 포악하고 음란했다.

4) 楊遵彦(양준언) : 이름은 음(愔). 제(齊 : 北齊)나라에서 상서령(尙書令)이
되었다. 문선왕이 스스로의 공업을 자랑하여 매일 술을 마시고 음일에 빠져
포악했는데 정사는 양준언에게 맡겨 잠시 나라를 잘 다스려 당시의 사람들이
'임금은 위에서 암울한데 정치는 아래서 밝게 한다.'고 했다.

13. 교만해서 망한 왕들이 수없이 많았다

정관 19년에 태종이 주위 신하들에게 말했다.

"짐이 옛부터 전해 오는 제왕들을 살펴보았을 때 교만하고 자만하여 패배한 자들이 이루 헤아릴 수 없었다. 이런 예는 먼 옛날에서 찾을 필요도 없다. 진(晉)나라 무제(武帝)가 오(吳)나라를 평정하고 수(隋)나라 문제(文帝)가 진(陳)나라를 침공한 이후 더욱 교만해지고 사치스러워져 스스로 자신을 자랑했다. 그러므로 신하들이 다시는 감히 말하지 못했고 정치의 도가 이로 인해 문란해졌다.

짐은 돌궐족을 평정하고 고려(高麗)를 격파한 이후 철륵(鐵勒)을 하나로 합치고 사막 지방을 석권하여 주(州)와 현(縣)으로 삼았다. 오랑캐족들이 멀리서 복종하고 명성과 교화가 더욱 널리 퍼졌다. 짐은 교만해지고 자만에 빠질까 두려워하여 항상 스스로 누르고 억제해서 해가 질 때 식사를 하고 앉아서 새벽을 기다렸다. 또 매일 신하들이 바른말하고 곧은 간언해 주기를 바랐으며 그것을 정치와 교육에 시행하려는 자는 마땅히 눈을 닦고 스승이나 벗으로 대접해 왔다. 이와 같이 하여 거의 세상이 편안해지고 도가 바르게 된 것이다."

貞觀十九年 太宗謂侍臣曰 朕觀古來帝王 驕矜而取敗者 不可勝數 不能遠述古昔 至如晉武平吳 隋文伐陳 已後 心逾驕奢 自矜諸己 臣下不復敢言 政道因玆施紊 朕自平定突厥 破高麗[1]已後 兼幷鐵勒[2] 席捲沙漠 以爲州縣 夷狄遠服 聲敎益廣 朕恐懷驕矜 恒自抑折 日旰而食 坐以待晨 每思臣下有讜言[3]直諫 可以施於政敎者 當拭目以師友待之 如此庶幾於時康道泰[4]爾

1) 高麗(고려) : 고구려(高句麗)를 말한다. 태종이 고구려를 침공하여 연개소문에게 대패하고 연개소문이 죽고 다시 침공하여 고구려를 멸망시켰다.
2) 鐵勒(철륵) : 흉노의 묘족(苗族). 그들은 여러 종족이 있었는데 서해(西海)

의 북쪽을 돌궐 북부라고 한다. 이곳을 평정하여 주현으로 삼았다.

3) 讜言(당언) : 곧은말. 바른말.

4) 道泰(도태) : 풍속이 바로 서고 행실이 바르게 되는 것.

14. 감옥이 항상 비어 있고 밖의 문은 닫지 않았다

태종(太宗)이 황제의 지위에 오른 처음에는 서리가 내리고 가뭄의 재앙이 있어 쌀과 곡식값이 뛰어오르고 품귀해졌다. 또 돌궐족이 침략하여 소란을 피워 주(州)와 현(縣)에 대단한 소동이 일어났다.

황제(태종)는 사람들이 다칠까 근심하는 데 뜻을 두고 마음을 단단히 하여 정사를 보살피고 근검절약을 신조로 삼아 커다란 은덕(恩德)을 베풀었다.

이 때는 경사(京師 : 서울)에서 하동(河東)이나 하남(河南)과 농우(隴右 : 梁州) 등에 기근이 더욱 심했다. 한 필의 비단값으로 겨우 쌀 한 말을 얻었는데 백성이 비록 동쪽과 서쪽으로 먹을 것을 따라 나섰으나 일찍이 한탄하거나 원망하는 말 없이 모두 편안한 마음으로 갔다.

정관 3년부터 관중(關中 : 지금의 협서성)에서 풍년이 들기 시작하여 나갔던 사람들이 고향으로 돌아왔는데 한 사람도 도망하거나 흩어지지 않았다. 태종이 인심을 얻은 것이 이와 같았다.

또 태종은 신하들이 간하는 말 따르기를 물 흐르는 것 같이 하고 우아하게 선비들의 학문을 좋아하였으며 선비를 구하는 일에 힘썼으며 관리를 가려 뽑는 데도 힘을 다하고 옛날의 폐단을 개혁하고 좋은 제도를 부흥시켰다. 이에 매일 한 가지 일로 인하여 여럿이 감동하여 좋은 일을 하게 되었다.

처음에는 식은(息隱)이나 해릉(海陵)의 무리들이 함께 모의하여 태종을 해치려 하는 자들이 수천 명이나 되었다.

일이 진정되자 좌우의 가까운 신하로 있게 하고 마음씀이 활달해서 의심하여 멀리하지 않았고 시론(時論)으로 능히 큰일들을 결단하여 제왕(帝王)의 체통을 지켰다.

관리로서 재물을 탐하고 오염된 자들을 매우 미워했으며, 법을 어기며 재물을 받은 자는 반드시 사면해 주지 않았다. 수도(首都)에서 9품 이하의 관리로서 뇌물을 받은 자들이 있으면 정보를 다 수집해서 아뢰게 하고 그것을 범한 자는 무거운 법을 적용했다. 이로부터 관리들은 많이 맑아지고 조심하여 마음대로 부릴 수 있게 되었다.

왕가의 자식이나 왕비나 공주의 집안이나 대성(大姓)의 세력가들의 집단은 다 위엄을 두려워하고 자취를 감추었으며 감히 서민들을 속이거나 침범하지 못했다. 상인이나 나그네들이 들에서 자더라도 도적으로 돌아가는 자가 없었으며 감옥이 항상 비어 있었고 소와 말이 들에 널려 있었고 밖에 문을 달지도 않았다.

자주 풍년이 들어 곡식이 쌓였으며 쌀 한 말이 3전이나 4전이 되었다. 행려인들이 수도에서 영남(嶺南)에 이르고 산동(山東)에서 창해(滄海)까지 이르렀는데 다 양식을 주지 않더라도 길에서 얻어 먹을 수 있었고 산동(山東)의 촌락에 들어가는 자나 길을 지나가는 과객들은 반드시 대접을 지극히 받았으며 혹은 출발할 때 음식을 얻어가기까지 했다.

이러한 일들은 요임금 순임금의 시대에도 있지 않았다.

太宗自卽位之始 霜旱爲災 米穀踊貴 突厥侵擾 州縣騷然 帝志在憂人 銳精爲政 崇尙節儉 大布恩德

是時 自京師及河東 河南 隴右¹⁾ 饑饉尤甚 一匹絹纔得一斗米 百姓雖東西逐食 未嘗嗟怨 莫不至安 自貞觀三年 關中²⁾豊熟 咸自歸鄕 竟無一人逃散 其得人心如此 加以從諫如流³⁾ 雅好儒術⁴⁾ 孜孜求士 務在擇官 改革舊弊 興復制度 每因一事 觸類爲善

初 息隱 海陵之黨⁵⁾ 同謀害太宗者 數百千人 事寧 復引居左右近侍 心術豁然 不有疑阻⁶⁾ 時論以爲能斷決大事 得帝王之體 深惡官吏貪濁 有枉法受財者 必無赦免 在京流外⁷⁾有犯贓者 皆遣執奏 隨其所犯 寘以重法 由是官吏多自淸謹制馭 王公妃主之家 大姓豪猾之伍⁸⁾ 皆畏威屛

跡 無敢侵欺細人[9] 商旅野次[10] 無復盜賊 囹圄[11]常空 馬牛布野 外戶不
閉 又頻致豊稔 米斗三四錢 行旅自京師至於嶺表[12] 自山東至於滄海[13]
皆不賫糧 取給於路 入山東村落 行客經過者 必厚加供待 或發時有贈
遺 此皆古昔未有也

1) 河東河南隴右(하동하남농우) : 하동은 옛날의 기주(冀州)이며 지금의 하동
   도(河東道). 하남은 연주(兗州) 지역이며 지금의 하남(河南) 땅. 농우는 옛
   날의 양주(梁州) 지역으로 지금의 협서(陝西) 등지이다.

2) 關中(관중) : 지금의 협서성(陝西省).

3) 從諫如流(종간여유) : 간하는 말 따르는 것이 물 흐르는 것 같다.

4) 儒術(유술) : 공자(孔子)의 도(道)를 공부한 선비들. 유학(儒學).

5) 息隱海陵之黨(식은해릉지당) : '식은'은 당(唐)나라 고조(高祖)의 장자
   (長子)로 태종의 형이며 이름은 건성(建成)이다. 처음부터 황태자(皇太子)
   가 되었다. '해릉'은 고조(高祖)의 제4자. 이름은 원길(元吉)이며 처음에 제
   왕(齊王)으로 봉해졌다. 태자인 건성은 주색에 빠져 사냥을 일삼고 무도했
   으며 당시 진왕(秦王 : 태종)이 공이 높은 것을 보고 원길과 함께 진왕을 해
   치기 위해 일을 꾀했는데 진왕이 먼저 알고 두 사람을 죽였다. 태종이 즉위해
   서 건성을 식왕(息王)으로 삼고 시호를 은(隱)이라 했으며 원길을 봉하여
   해릉왕으로 삼아서 시호를 자(刺)라 했다.

6) 疑阻(의조) : 의심하여 멀리하다.

7) 流外(유외) : 말단 관리. 하부. 수당(隋唐)의 관제는 위대(魏代)의 9품(九
   品) 관제를 이어받고 그 아래에 9급(九級)을 두었는데, 이것을 유외라 한다.

8) 豪猾之伍(호활지오) : 세력이 있고 교활한 집단.

9) 細人(세인) : 영세민. 힘없는 백성.

10) 野次(야차) : 들에서 잠을 자는 것.

11) 囹圄(영어) : 감옥. 유치장.

12) 嶺表(영표) : 영남(嶺南)으로 중국 오령(五嶺)의 밖이다.

13) 山東至於滄海(산동지어창해) : 산동에서 창해에 이르다. 산동은 옛 기주
    (冀州) 지역으로 지금의 제남(濟南) 등지. 창해는 동해(東海)를 말한다.

정관정요 제2권
〔貞觀政要 第二卷 : 凡三篇〕

제3편 어진 사람 임용을 논하다
(論任賢第三 : 凡八章)

I. 임치(臨淄) 사람 방현령(房玄齡)

방현령(房玄齡)은 제주(齊州)의 임치현(臨淄縣) 사람이다.

처음에는 수(隋)나라에서 벼슬살이 하여 습성위(隰城尉)가 되었는데 어떤 일에 연루되어 제명(除名)되고 윗고을로 이사했다.

이 때 태종이 위수(渭水) 북쪽을 순찰했는데 방현령이 말을 채찍질하여 군대의 진영(陣營)으로 들어와 알현했다. 태종이 한 번 보고 문득 옛날부터 아는 사이 같아 위북도행군기실참군(渭北道行軍記室參軍)으로 임명했다. 방현령도 이미 자기를 아는 사람을 만난 것처럼 온 힘을 다했다.

이 때는 도적들이 매일 평정되어 모든 사람이 다투어 금이나 보물을 구했는데 방현령은 먼저 인물(人物)을 거두어 자신의 휘하에 두었다. 또 계교 있는 신하나 용맹스런 장수들이 있으면 더불어 계속 친교를 가지고 각각 죽는 힘까지 다했다.

더하여 진왕부기실(秦王府記室)을 제수받고 겸하여 동도대행대고공랑중(東道大行臺考功郎中)도 맡았다.

진왕부에 10여 년 간 있으면서 항상 관내의 기록을 맡았다.

은태자(隱太子 : 건성)와 소자왕(巢刺王 : 원길)이 방현령과 두여회(杜如晦)가 태종에게 예절 차리는 일을 매우 미워하여 고조(高祖)에게 참소해서 두여회와 함께 쫓겨났다.

은태자가 난을 일으키려 할 때 태종이 다시 방현령과 두여회를 불러 도사(道士) 복장을 입게 하고 몰래 대궐 안의 모의(謀議)

에 들게 했다.

일이 평정되고 태종이 춘궁(春宮)에 들어가자 태자좌서자(太子左庶子)로 선발되었다.

정관 원년에 중서령(中書令)으로 옮겼다. 3년에 상서좌복야(尙書左僕射)와 감수국사(監脩國史)로 제수되고 양국공(梁國公)에 봉해졌으며 실제로 1천 3백호(戶)의 봉읍을 받았다.

모든 관리를 관장하여 밤낮으로 경건하게 국사에 임하며 정성을 다하고 절개를 다했다. 한 가지 물건이라도 그 장소를 잃지 않도록 했으며 남의 착한 일을 들으면 내가 행한 것 같이 기뻐했다. 관리의 일에 밝게 달통하여 문학으로써 장식했다. 법령을 심사해 정하는 데는 그 뜻이 너그럽고 공평했다. 사람을 구할 때 완벽함을 구하지 않았으며 자신의 장점으로 다른 사람을 시험하지 않았다.

능력에 따라서 임용했으며 소원한 사이와 천한 신분을 가리지 않았으므로 세상의 논자들은 '어진 재상' 이라고 칭찬했다.

13년에 태자소사(太子少師)의 직책도 추가로 맡았다.

방현령이 정승에 오른 지 15년이었는데 자주 자신의 의견서를 올려 직책을 사양했으나 은혜가 두터운 조서를 내려 허락하지 않았다.

16년에는 사공(司空)에 제수되었다. 이어 조정의 정사를 총괄했는데 이전의 감수국사를 빌미 삼고 현령이 다시 많은 나이를 들어 벼슬을 내놓겠다고 하자 태종이 사람을 보내 이르기를

"국가가 오래도록 정승에게 책임을 맡겼는데 하루 아침에 홀연히 '어진 정승' 이 없어진다면 나는 양손을 잃은 것과 같다. 공(公)은 근력이 쇠약하지 않았다면 번거롭게 이런 사양은 하지 말라. 스스로 쇠약해질 것을 알고 사양한다면 상주한 것을 고쳐라."

라고 했는데 현령이 드디어 사양하는 일을 중지했다.

태종이 일찍이 왕업을 이룰 때의 어려움과 자신을 도와 자신을 바르게 보좌한 사람들을 돌이켜 생각하고 이에 '위봉부(威鳳賦)'를 지어 스스로를 깨우치고 그것을 방현령에게 주었다. 태종이 현령을 칭송한 것이 이와 같았다.

房玄齡¹⁾ 齊州臨淄人也 初仕隋 爲隰城尉²⁾ 坐事 除名 徙上郡 太宗徇
地渭北³⁾ 玄齡杖策謁於軍門 太宗一見 便如舊識 署渭北道行軍記室參
軍⁴⁾ 玄齡旣遇知己 遂罄竭心力

是時 賊寇每平 衆人競求金寶 玄齡獨先收人物 致之幕府 及有謀臣猛
將 與之潛相申結 各致死力 累授秦王府記室 兼陝東道大行臺考功郞中⁵⁾
玄齡在秦府十餘年 恒典管記 隱太子巢剌王⁶⁾ 以玄齡及杜如晦爲太宗所
親禮 甚惡之 譖之高祖⁷⁾ 由是與如晦竝遭驅斥 及隱太子將有變也 太宗召
玄齡如晦 令衣道士服 潛引入閣謀議 及事平 太宗入春宮⁸⁾ 擢拜太子左庶
子⁹⁾ 貞觀元年 遷中書令 三年 拜尙書左僕射 監修國史¹⁰⁾ 封梁國公 實封
一千三百戶 旣總任百司 虔恭夙夜 盡心竭節 不欲一物失所 聞人有善 若
己有之 明達吏事 飾以文學 審定法令 意在寬平 不以求備取人 不以己長
格物 隨能收敍 無隔疎賤 論者稱爲良相焉 十三年 加太子少師¹¹⁾

玄齡自以一居端揆¹²⁾ 十有五年 頻抗表¹³⁾辭位 優詔¹⁴⁾不許 十六年 進
拜司空 仍總朝政 依舊監修國史 玄齡復以年老請致仕 太宗遣使謂曰 國
家久相任使 一朝忽無良相 如失兩手 公若筋力不衰 無煩此讓 自知衰
謝 當更奏聞 玄齡遂止

太宗又嘗追思¹⁵⁾王業之艱難 佐命之匡弼¹⁶⁾ 乃作威鳳賦以自喩 因賜
玄齡 其見稱 類如此

1) 房玄齡(방현령) : 이름은 교(喬). 자는 현(顯). 수(隋)나라에서 좌사(剌史)
   를 지냈다. 현령은 젊어서 민첩하고 경사에 통달하고 글을 잘했다.
2) 尉(위) : 현(縣)에 위를 두었다. 서무(庶務)를 맡아 현령을 보좌하는 직책.
3) 渭北(위북) : 위수(渭水)의 북쪽. 지금의 협서(陝西) 지방.
4) 渭北道行軍記室參軍(위북도행군기실참군) : 군의 부표(府表)와 문서를 관
   장하는 직책.
5) 東道大行臺考功郞中(동도대행대고공랑중) : 동도는 지금의 하남(河南). 대
   행대고공랑중은 모든 관리의 공과와 선악을 관장하는 직책.
6) 隱太子巢剌王(은태자소자왕) : 태자 이건성과 넷째왕자 이원길을 말한다.
7) 高祖(고조) : 이연(李淵)으로 당(唐)나라 고조(高祖)이며 태종의 아버지.
8) 春宮(춘궁) : 동궁(東宮). 무덕(武德) 9년에 태종이 처음 황태자가 되었다.
9) 太子左庶子(태자좌서자) : 태자궁에서 시종들을 관장하고 예의와 주청을 담

당한 직책.

10) 監脩國史(감수국사) : 사관(史館)으로 국사(國史)를 감수하는 직책으로 재상이 겸임한다.

11) 太子少師(태자소사) : 태자를 가르치는 스승. 이외 소부(少傅)와 소보(少保) 등의 삼사(三師)가 있다.

12) 端揆(단규) : 재상(宰相)을 뜻한다.

13) 抗表(항표) : 임금에게 의견서를 올리다. 표는 임금에게 올리는 의견서.

14) 優詔(우조) : 은혜로운 조서.

15) 追思(추사) : 지나간 일이나 지나간 사람들을 돌이켜 생각하는 것.

16) 匡弼(광필) : 군주를 바르게 돕다.

2. 경조(京兆) 만년(萬年) 사람 두여회(杜如晦)

두여회(杜如晦)는 경조군(京兆郡)의 만년현(萬年縣) 사람이다. 무덕(武德 : 당나라 고조의 연호) 초에 진왕부(秦王府)의 병조참군(兵曹參軍)이 되어 잠시 협주(陝州)의 총관부장사(總管府長史)로 옮겼다.

이때 부중(府中)에는 영특한 인재들이 많았는데 밖으로 나간 이들이 많아서 태종이 근심하자 기실(記室) 방현령이 아뢰었다.

"부(府)에 동료들이 떠난 자가 비록 많지만 대개 아깝지 않은 자들이며 두여회가 총명하고 지식이 달통해서 왕을 도울 재목입니다. 만약 대왕(大王)께서 변방을 지키고 단정히 계신다면 별로 쓸모가 없겠으나 반드시 천하를 경영하려 하신다면 이 사람이 아니면 할 수 없습니다."

태종이 이로부터 더욱 예절을 두텁게 하여 심복으로 삼아 드디어 부(府)에 소속시켰다.

일찍부터 참모들의 장막에서는 이 때 국가간의 전쟁에 대한 군사전략 논쟁이 많았다. 두여회는 그 논쟁의 옳고 그름을 판단하는 것이 물 흐르듯하여 당시 무리들이 깊이 복종하였다. 여러 번 천책부종사중랑(天策府從事中郞)을 제수받고 문학관학사(文

學館學士)도 겸임했다.

은태자(隱太子)가 패하게 된 원인은 두여회와 방현령의 공로가 제일이다. 태자우서자(太子右庶子)로 옮겨서 배수하였다.

잠시 병부상서(兵部尙書)로 옮겼다가 나아가 채국공(蔡國公)으로 봉해지고 1천 3백 호(戶)를 봉함 받았다.

정관 2년에 본관(本官)은 검교시중(檢校侍中)이 되었다.

3년에 상서좌복야(尙書左僕射)에 제수받고 겸하여 이부선사(吏部選事)도 맡았다.

방현령과 조정 정사를 맡아서 대각규모(臺閣規模)와 제도와 문물을 분별했는데 다 두 사람이 정한 것이다. 당시에 많은 명예를 얻었으며 이때 세상에서는 '방현령과 두여회'라고 칭송했다.

杜如晦[1] 京兆萬年人也 武德初 爲秦王府兵曹參軍[2] 俄遷陝州 總管府長史[3]

時府中多英俊 被外遷者衆 太宗患之 記室房玄齡曰 府僚去者雖多 蓋不足惜 杜如晦聰明識達 王佐才也 若大王守藩端拱[4] 無所用之 必欲經營四方 非此人莫可 太宗自此彌加禮重 寄以心腹 遂奏爲府屬 嘗參謀帷幄[5] 時軍國多事 剖斷如流 深爲時輩所服 累除天策府從事中郎[6] 兼文學館學士[7]

隱太子之敗 如晦與玄齡功第一 遷拜太子右庶子[8] 俄遷兵部尙書[9] 進封蔡國公 實封一千三百戶 貞觀二年 以本官檢校侍中[10] 三年 拜尙書右僕射 兼知吏部選事[11] 仍與房玄齡共掌朝政 至於臺閣[12]規模 典章文物 皆二人所定 甚獲當時之譽 時稱房杜焉

1) 杜如晦(두여회) : 자는 극명(克明). 경조(京兆) 만년(萬年) 사람. 어려서부터 영웅적인 기질이 있고 풍류로 자임하였으며 안으로는 절개가 있고 임기응변에 능하였다. 수(隋)나라 때 이부(吏部)에 있었는데 고효기(高孝基)가 특별하게 여겨 말하기를 '그대는 나라의 동량으로 쓰일 것이니 원컨대 좋은 덕을 가지라.' 라고 하였다.

2) 秦王府兵曹參軍(진왕부병조참군) : 태종이 진왕(秦王)으로 있을 때의 무관(武官) 벼슬로 서류와 인물의 고과, 의장 등의 일을 맡은 직책.

3) 總管府長史(총관부장사) : 변방에 총관을 두어 군사를 거느리게 했는데 장사는 두번째 직책.
4) 守藩端拱(수번단공) : 울타리가 지키고 하는 일 없이 지내다. 단공은 손을 단정히 하고 앉아 있다.
5) 帷幄(유악) : 장군의 막사.
6) 天策府從事中郎(천책부종사중랑) : 당나라 고조(高祖)가 진왕(秦王 : 태종)의 공로가 높은데 옛날의 관직으로는 호칭을 더할 수가 없다고 하여 '천책' 이라고 내렸다. 천책부의 종사중랑은 직책 이름.
7) 文學館學士(문학관학사) : 진왕부에 문학관을 두고 두여회를 학사에 임명함.
8) 太子右庶子(태자우서자) : 태자궁에서 시종들을 관장하고 주청을 올리고 선전하는 일을 맡은 관리.
9) 兵部尙書(병부상서) : 지금의 국방부장관. 모든 군대를 장악하는 직책.
10) 檢校侍中(검교시중) : 임시로 임명하는 관직.
11) 知吏部選事(지이부선사) : 이조(吏曹)와 같은 직책으로 문선(文選)과 봉훈(封勳)과 고과(考課)를 담당하는 직책. 지(知)는 주(主)와 같아 주관하다.
12) 臺閣(대각) : 내각(內閣)의 구성원.

3. 거록(鉅鹿) 땅 사람 위징(魏徵)

위징(魏徵)은 거록(鉅鹿) 사람이다.
당시에 집안이 상주(相州)의 내황(內黃)으로 이사하였다.
무덕 말년에 태자세마(太子洗馬)가 되어, 태종과 은태자가 반목하여 서로 다투어 빼앗는 것을 보고 항상 건성(建成 : 은태자)에게 빨리 처리하라고 권했다.
태종이 이미 은태자를 죽이고 위징을 불러 꾸짖기를
"너는 우리 형제를 무엇 때문에 이간시켰느냐?"
라고 하자, 사람들이 모두 두려워했다.
위징은 의분에 북받쳐 한탄하면서도 태연한 기색으로 조용하게 대답했다.
"황태자(皇太子)께서 나의 말을 따랐다면 반드시 오늘날의 재앙은 없었을 것입니다."

태종이 용모를 단정히 하고 예절을 달리하여 두텁게 하고 발탁하여 간의대부(諫議大夫)로 삼고 자주 침실로 들어오게 하여 정치의 술책을 물었다.

위징은 사람됨이 바르고 나라 일을 경영하여 처리하는 재량이 있었으며 성품이 강직하여 꺾이는 기색이 없었다.

태종이 항상 더불어 말하면 기뻐하지 않은 적이 없고, 위징 또한 자신을 알아주는 임금 만난 것을 기뻐하여 자신의 힘을 다했다.

태종이 위로하여 말했다.

"그대가 간한 앞뒤의 2백 여 가지 일들은 다 나의 뜻에 알맞아서 그대의 충성이 아니었으면 나라를 바르게 하는데 누가 이와 같이 능하겠는가?"

3년에 여러 번 비서감(秘書監)으로 옮겨 조정의 정사에 참여하니 깊은 계책과 원대한 계획은 국가에 크게 이익되는 것이 많았다.

태종이 일찍부터 말했다.

"그대의 죄는 중이의 혁대를 쏜 관중(管仲)보다 무거운데 나는 그대를 관중보다 뛰어나게 임용했으니 근대(近代)의 임금과 신하 가운데 서로 얻음이 어찌 나와 경 같은 관계가 있겠는가."

6년에 태종이 구성궁(九成宮)으로 행차하여 근신(近臣)들과 연회를 가졌다. 이때 장손무기(長孫無忌)가 말했다.

"왕규(王珪)와 위징은 지난날 식은태자를 섬겨 신이 원수같이 보았으므로 이제껏 말하지 않았는데 또 이 연회를 함께 했습니다."

태종이 말하기를

"위징은 옛날에 실제로 나의 원수였으나 그는 단지 마음을 다해 섬겼을 뿐이다. 진실로 아름다운 점이 있어 나는 그를 발탁하여 등용했는데 옛날에 사납던 것이 무슨 부끄러운 일인가. 위징은 언제나 내 뜻을 거스르면서까지 간절히 간하여 나의 허물을 허락치 않으니 내가 소중하게 여긴다."

라고 하니, 위징이 재배를 올리고 말했다.

"폐하께서 신에게 말을 하도록 인도하시니 신이 감히 말씀드리겠습니다. 만약 폐하께서 신이 올리는 말씀을 받아들이지 않으시면 신도 또한 어찌 감히 폐하의 안색을 변하게까지 하면서 꺼리는 말을 촉발하겠습니까?"

태종이 크게 기뻐하고 각각 15만 전(錢)을 하사했다.

7년에 왕규를 대신하여 시중(侍中)을 삼고 정국공(鄭國公)으로 봉했다.

위징은 얼마있지 않아 병이 들자 직책을 사양하고 산관(散官 : 일이 없는 관리)이 되기를 청했다.

태종이 말하기를

"나는 그대가 원수인데도 발탁하여 그대에게 중요한 직책을 맡겼으며 그대는 나의 잘못을 보고 일찍부터 간하지 않은 일이 없었다. 그대는 홀로 보지 못했는가. 금덩이가 금광 속에 있으면 어찌 족히 귀할 것인가? 좋은 기술자가 잘 다듬어서 기물을 만들어야 그 금을 사람이 귀하게 여기는 것이다. 내가 스스로를 금에 견준다면 그대는 좋은 기술자가 된다. 비록 병이 있더라도 늙어 쇠하지 않았는데 어찌 편안하려고 하는가?"

라고 하자, 위징이 병을 핑계로 사양하는 일을 중지했다.

뒤에 다시 굳이 사양하니 시중(侍中)에서 해직시켜 특진관(特進官)을 주고 이어서 문하성사(門下省事)를 맡게 했다.

12년에 태종은 황손(皇孫)이 탄생하자 공경(公卿)을 불러서 연회를 베풀었다.

태종이 극히 즐거워하면서 좌우 신하들에게 말했다.

"정관(貞觀) 이전에 나를 따라서 천하를 평정하고 모든 험난한 일을 함께 한 일은 방현령의 공이며, 여기에는 방현령과 더불어 함께 할 자가 없을 것이다.

정관 이후에는 나에게 마음을 다해 충성스런 말을 하고 나라를 편안케 하고 백성을 이롭게 하여 나로 하여금 오늘날의 공업을 이루게 하여 천하에서 칭찬받게 한 자는 오직 위징일 따름이다. 옛날의 이름난 신하라 하더라도 어찌 여기에 더할 수 있으랴!"

이에 친히 차고 있던 칼을 풀어 두 사람에게 주었다.

서인(庶人)인 승건(承乾)이 동궁(東宮 : 春宮)에 있으면서 덕을 닦지 않았는데 위왕(魏王) 태(泰)는 총애가 날로 융성해졌다. 안팎의 모든 관료들이 다 의심스런 의논이 있다고 하자 태종이 듣고 미워하여 좌우의 신하들에게 말했다.

"지금 조정의 신하들을 살펴볼 때 충성되고 곧음이 위징 만한 이가 없어서 내가 황태자에게 보내 스승으로 삼으니 천하의 소원을 이루도록 하라."

17년에 드디어 태자태사(太子太師)를 제수하고 문하사(門下事)의 직책을 같이 맡게 했다.

위징이 스스로 병이 있음을 진정하자 태종이 이르기를

"태자(太子)는 종사(宗社)의 근본이다. 모름지기 사부가 있어야 하는 것으로 중정한 사람을 뽑아 보필하게 하고 그대는 병을 앓을 때에는 누워서 가르치도록 하라."

라고 하여, 위징이 다시 직책에 나아갔는데 얼마있지 않아 병을 얻었다.

위징의 집안은 본래부터 제대로 갖춘 집이 없었다. 태종이 이때 조그마한 전각을 지어 주고자 하여 재목을 거두어 집을 지었는데 5일만에 나아갔다.

무명이불과 검소한 요를 보내 주어 그가 뜻하는 바를 이루도록 하였다. 그뒤 수일 후에 죽었다.

태종이 친히 왕림하여 통곡하고 사공(司空) 직책을 증직(贈職)하고 시호를 문정(文貞)이라 하고 태종이 직접 비문(碑文)을 짓고 스스로 비석문까지 썼다.

특별히 그 집에 먹을 것을 내려서 실제로 9백호를 봉해 주었다.

태종이 뒤에 항상 주위 신하들에게 이르기를

"구리로써 거울을 만들어 의관을 바르게 하고, 옛날로써 거울을 삼아 흥하고 패한 것을 알고, 사람으로써 거울을 삼아 얻고 잃는 것을 밝힌다. 나는 항상 이 3개의 거울을 보존해서 나의 허물을 방어했다. 지금 위징이 죽었으니 드디어 하나의 거울을 잃은 것이다."

라 하고 인하여 눈물을 오래도록 흘렸다.

이에 조서를 내려서 말했다.

"옛날에 위징은 항상 나의 잘못을 들췄는데 그가 떠나고나니 허물이 드러나는 일이 없다.

내 어찌 지난날에는 옳지 못한 점이 있었는데 오늘날에는 다 옳겠는가? 여러 벼슬아치들이 진실로 순종하여 나에게 접촉하기 어려운 것인가? 자기를 비워서 밖에서 구하고 자신을 드러내어 안으로 반성해야 한다. 말을 하는데 쓰이지 않음은 내가 달게 삼켜 버리는 것이지만 쓰이는데 말하지 않음은 누구의 책임인가? 이로부터 이후로는 각각 진정을 다하여 옳고 그른 것을 곧바로 아뢰어 숨기는 일이 없게 하라."

魏徵[1] 鉅鹿人也 近徙家相州之內黃[2] 武德末 爲太子洗馬[3] 見太宗與隱太子陰相傾奪 每勸建成早爲之謀 太宗旣誅隱太子 召徵 責之曰 汝離間我兄弟何也 衆皆爲之危懼 徵慷慨自若 從容對曰 皇太子若從臣言必無今日之禍 太宗爲之斂容[4] 厚加禮異 擢拜諫議大夫[5] 數引之臥內訪以政術

徵雅有經國之才[6] 性又抗直 無所屈撓 太宗每與之言 未嘗不悅 徵亦喜逢知己之主 竭其力用 又勞之曰 卿所諫前後二百餘事 皆稱朕意 非卿忠誠 奉國何能若是 三年 累遷秘書監[7] 參預朝政 深謀遠算 多所弘益 太宗嘗謂曰 卿罪重於中鉤[8] 我任卿逾於管仲[9] 近代君臣相得 寧有似我於卿者乎

六年 太宗幸九成宮[10] 宴近臣 長孫無忌[11]曰 王珪 魏徵 往事息隱 臣見之若讎 不謂今者又同此宴 太宗曰 魏徵往者 實我所讎 但其盡心所事 有足嘉者 朕能擢而用之 何慙古烈 徵每犯顏切諫 不許我爲非 我所以重之也 徵再拜曰 陛下導臣使言 臣所以敢言 若陛下不受臣言 臣亦何敢犯龍鱗 觸忌諱也 太宗大悅 各賜錢十五萬 七年 代王珪爲侍中 累封鄭國公 尋以疾乞辭所職 請爲散官[12] 太宗曰 朕拔卿於讎虜之中 任卿以樞要之職[13] 見朕之非 未嘗不諫 公獨不見金之在鑛 何足貴哉 良冶鍛而爲器 便爲人所寶 朕方自比於金 以卿爲良工 雖有疾 未爲衰老 豈得

便爾耶 徵乃止 後復固辭 聽解侍中 授以特進 仍知門下省事

十二年 太宗以誕皇孫 詔宴公卿 帝極歡 謂侍臣曰 貞觀以前 從我平定天下 周旋艱險 玄齡之功 無所與讓 貞觀之後 盡心於我 獻納忠讜 安國利人 成我今日功業 爲天下所稱者 惟魏徵而已 古之名臣何以加也 於是親解佩刀以賜二人

庶人承乾14) 在春宮不脩德業 魏王泰15)寵愛日隆 內外庶寮 咸有疑議 太宗聞而惡之 謂侍臣曰 當今朝臣 忠謇無如魏徵 我遣傅皇太子 用絶天下之望 十七年 遂授太子太師 知門下事如故 徵自陳有疾 太宗謂曰 太子 宗社之本 須有師傅 故選中正以爲輔弼 知公疹病 可臥護之 徵乃就職 尋遇疾 徵宅內先無正堂 太宗時欲營小殿 乃輟其材爲造 五日而就 遣中使賜以布被素褥 遂其所尙 後數日 薨 太宗親臨慟哭 贈司空16)諡曰 文貞 太宗親爲製碑文 復自書於石 特賜其家食 實封九百戶

太宗後嘗謂侍臣曰 夫以銅爲鏡 可以正衣冠 以古爲鏡 可以知興替 以人爲鏡 可以明得失 朕常保此三鏡 以防己過 今魏徵殂逝 遂亡一鏡矣 因泣下久之 乃詔曰 昔惟魏徵 每顯予過 自其逝也 雖過莫彰 朕豈獨有非於往時 而皆是於玆日 故亦庶僚苟順 難觸龍鱗者歟 所以虛己外求 披迷內省 言而不用 朕所甘心 用而不言 誰之責也 自斯已後 各悉乃誠 若有是非 直言無隱

1) 魏徵(위징) : 자는 현성(玄成)이며 거록(鉅鹿) 땅 사람이다. 아버지가 일찍 죽어 집안이 쓸쓸했는데도 기상이 있고 뜻이 커 생업을 일삼지 않고 출가하여 도사(道士)가 되었다. 독서를 좋아하고 더욱 종횡가의 설에 뜻을 두었다. 대업(大業) 말에 이밀(李密)이 위징의 글을 보고 불렀다. 위징이 10책(十策)을 내놓자 이밀이 기이하게 여기고 등용하지 않았다. 뒤에 은태자(隱太子)가 그의 명성을 듣고 태자세마(太子洗馬)로 삼고 매우 예우했다.

2) 相州之內黃(상주지내황) : 상주는 지금의 창덕로(彰德路) 예복(隸腹)이다. 내황은 고을 이름이며 지금의 활주(滑州)이다.

3) 太子洗馬(태자세마) : 태자궁에서 경사(經史)와 모든 도서의 발간을 담당하는 직책.

4) 斂容(염용) : 위용을 갖추고 점잖게 있다.

5) 諫議大夫(간의대부) : 임금을 간하는 벼슬 이름.

6) 經國之才(경국지재) : 국가의 일을 경영할 수 있는 재주.

7) 秘書監(비서감) : 궁중의 비밀 기록을 관장하는 벼슬.

8) 中鉤(중구) : 관중(管仲)이 소백(小白)을 죽이려고 쏜 화살이 허리띠에 맞아 살아난 일. 곧 남을 죽이려고 한 죄.

9) 管仲(관중) : 이름은 이오(夷吾)이며 춘추 시대 제(齊)나라 대부(大夫)이다. 제나라 환공(桓公)을 도와서 5패의 한 사람이 되게 했다.

10) 九成宮(구성궁) : 수(隋)나라의 인수궁(仁壽宮)을 뜻한다.

11) 長孫無忌(장손무기) : 장손은 복성, 무기는 이름이다. 자는 보기(輔機)이며 문덕황후(文德皇后)의 오빠이다. 태종을 따라서 토벌에 나서 공이 있어 비부랑중(比部郎中)으로 발탁되었다. 정관 초에는 이부상서(吏部尚書)로 옮겨지고 제국공(齊國公)에 봉해졌다. 다시 사공(司空), 태자사부(太子師傅)가 되었다. 고종(高宗) 때 무후(武后)를 세우는 것을 저지하다가 관작을 삭탈당하고 금주(黔州)에서 죽었다.

12) 散官(산관) : 직무가 없는 직책. 한가한 벼슬자리.

13) 樞要之職(추요지직) : 아주 중요한 직책.

14) 承乾(승건) : 태종 초에 장자인 승건(承乾)을 세워 세자를 삼았으나 뒤에 죄 때문에 폐하여 서인(庶人)을 삼았다.

15) 魏王泰(위왕태) : 태종의 넷째아들. 위왕에 봉해지고 선비를 좋아하고 글을 잘하였다. 뒤에 왕복(王濮)으로 폄하되었다. 시호는 공(恭)이다.

16) 司空(사공) : 삼공(三公)의 하나다. 국정의 최고 책임자의 한 사람이며 감옥 일을 책임지는 벼슬. 지금의 대법원장.

4. 태원(太原)의 기현(祁縣) 사람 왕규(王珪)

왕규(王珪)는 태원(太原)의 기현(祁縣) 사람이다.

무덕 연중에 은태자의 중윤(中允)이 되어서 이건성(李建成)에게 후한 대접을 받았다. 뒤에 이건성의 음모에 연루되어서 수주(巂州 : 지금의 사천성 명원부)로 귀양갔다.

건성이 죽은 후 태종이 즉위하여 왕규를 불러서 간의대부로 삼았다. 언제나 정성껏 추진하고 절개를 다했으므로 태종이 받아들인 계책이 많았다.

왕규가 일찍이 비밀스런 일을 올려 지극히 간하였는데 태종이 말했다.

"경(卿)이 의논한 것은 다 나의 과실에 적중한다. 옛날부터 임금으로서 사직(社稷)을 길이 편안히 하려 하지 않은 자가 없건만 얻지 못한 자들은 다만 자신의 과실을 듣지 않고 혹은 듣고도 고치지 못했기 때문이다. 지금 짐은 과실이 있으면 그대가 곧은 말로 간하고 나는 다시 잘못을 듣고 바로 고치니 어떻게 사직이 편안하지 않겠는가?"

태종이 또 일찍부터 왕규에게 이르기를

"그대가 만약 항상 간관(諫官)에 있는다면 나는 반드시 영원히 과실이 없을 것이다."

라 하고, 기다리는 것을 보고 더욱 후대했다.

정관 원년에 황문시랑(黃門侍郞), 참예정사(參預政事)로 옮기고 태자우서자(太子右庶子)도 겸했다.

2년에 시중(侍中)으로 진급되어 제수받았다.

이 때 방현령과 위징과 이정(李靖)과 온언박(溫彦博)과 대주(戴胄)와 왕규가 함께 나라의 정사를 주관했다.

어느 때 편안하게 모시고 있는데 태종이 왕규에게 이르기를

"경(卿)은 감정하여 식별하는 데 정통하고 또 담론(談論)도 아주 잘한다. 방현령부터 다 등급을 마땅하게 매기고 정평해보고 스스로 비교한다면 누가 그대보다 현명한가?"

라고 하니, 왕규가 대답하였다.

"부지런히 나라를 받들어 못할 일이 없음을 아는 데는 신(臣)이 방현령만 못하고, 매번 간하여 다투는 일로 마음을 삼아 임금이 요임금이나 순임금에 미치지 못하는 것을 부끄러워하는 데는 신이 위징만 못하고, 재주와 문과 무를 겸하여 나가서는 장수가 되고 들어와서는 정승이 되는 데는 신이 이정만 못하고, 아뢰는 데 자세하고 밝으며 들고 나는 데 오직 진실한 것은 신이 온언박만 못하고, 번거로운 일을 처리하고 어려운 일을 다스리며 여러

임무를 반드시 거용하는 데는 신이 대주만 못합니다. 그러나 탁한 것을 격동시키고 맑은 것을 들추며 악을 미워하고 선(善)을 좋아하는 데에 이르러서는 신이 여러 사람들보다 하루 정도 나은 장점이 있습니다."

태종이 그 말이 심연(深然)하다고 말했다.

여러 공(公)들도 또한 각각 자기가 마음 속에 뜻한 바를 다 표현했다고 하여 이것을 '확론(確論)'이라고 불렀다.

王珪[1] 太原祁縣人也 武德中爲隱太子中允[2] 甚爲建成所禮 後以連其陰謀事 流于嶲州[3] 建成誅後 太宗卽位 召拜諫議大夫 每推誠盡節 多所獻納 珪嘗上封事切諫 太宗謂曰 卿所論 皆中朕之失 自古人君莫不欲社稷永安 然而不得者 秖爲不聞已過 或聞而不能改故也 今朕有所失卿能直言 朕復聞過能改 何慮社稷之不安乎 太宗又嘗謂珪曰 卿若常居諫官 朕必永無過失 顧待益厚 貞觀元年 遷黃門侍郎 參預政事 兼太子右庶子 二年 進拜侍中

時房玄齡 魏徵 李靖 溫彦博 戴胄 與珪同知國政 嘗因侍宴 太宗謂珪曰 卿識鑒精通 尤善談論 自玄齡等 咸宜品藻 又可自量孰與諸子賢 對曰 孜孜奉國 知無不爲 臣不如玄齡 每以諫諍爲心 恥君不及堯舜 臣不如魏徵 才兼文武 出將入相 臣不如李靖 敷奏詳明 出納惟允 臣不如溫彦博 處繁理劇 衆務必擧 臣不如戴胄 至如激濁揚淸 嫉惡好善 臣於數子 亦有一日之長 太宗深然其言 群公亦各以爲盡己所懷 謂之確論[4]

1) 王珪(왕규) : 자는 숙개(叔玠)이고 태원의 기현 사람이다. 뜻이 넓고 바르며 가난에도 익숙하여 교제를 가리지 않았다. 개황(開皇) 말에 봉예랑(奉禮郎)이 되었고 막내숙부가 사건에 연루되어서 죽었다. 왕규도 연루되었으나 도망하여 숨었다. 10여 년을 숨어 살다가 고조(高祖)가 관(關)으로 들어갈 때 상부사록(相府司錄) 이강(李綱)이 왕규를 천거하여 말하기를 '곧고 진실하며 도량과 학식이 있다.'고 하였다. 이 때 세자부(世子府)의 자의참군(諮議參軍) 및 동궁(東宮 : 建成)의 중사인(中舍人)으로 제수되었다. 얼마 있다가 중윤(中允)으로 옮겼다.

2) 中允(중윤) : 태자궁의 관속. 시종들을 관장하고 주청의 일이나 경전, 음식을

담당했다.

3) 巂州(수주) : 지금의 건창로(建昌路).
4) 確論(확론) : 정확하고 틀림이 없는 의논.

5. 경조(京兆)의 삼원(三原) 사람 이정(李靖)

이정(李靖)은 경조(京兆)의 삼원(三原) 사람이다.

수(隋)나라 양제(煬帝)의 대업(大業) 말년에 마읍군(馬邑郡)의 승(丞 : 부군수)이 되었다.

마침 고조(高祖)가 태원유수(太原留守)가 되었는데 이정이 고조를 관찰해 보고 천하 경영에 뜻을 둔 것을 알았다. 이에 모반할 것을 알고 강도(江都)에 알리려고 장안(長安)까지 이르렀다가 길이 막혀 통하지 못하고 중지했다.

고조가 경성을 굴복시키고 이정을 잡아 죽이려 하자 이정이 큰소리로 외쳤다.

"공(公)께서 의병(義兵)을 일으킨 것은 난폭함을 제거하기 위해서입니다. 큰일을 하는 데로 나아가지 않고 사사로운 원한으로 장사(壯士)를 죽이려 합니까?"

태종이 또한 이정을 구제하는데 가세하자 고조도 그를 용서하고 놓아 주었다.

무덕 연중에 소선(蕭銑)과 보공석(輔公祏)을 평정한 공로로 양주대도독부장사(揚州大都督府長史)를 맡아 옮겼다.

태종이 제위를 잇자 불러서 형부상서(刑部尙書)를 제수하였다.

정관 2년에는 본관(本官)을 검교중서령(檢校中書令)으로 삼았다. 3년에는 병부상서로 옮겨 대주행군총관(代州行軍總管)이 되어 나아가 돌궐을 쳐부수고 정양성(定襄城)을 격파하자 돌궐의 모든 부락이 다 적북(磧北) 땅으로 달아났다. 북쪽으로는 수(隋)나라 제왕(齊王) 간(暕)의 아들 양도정(楊道政)과, 수양제(隋煬帝)의 소후(蕭后)를 사로잡아서 장안(長安 : 서울)으로 보냈다.

또 돌리가한(突利可汗)이 와서 항복하고 힐리가한(頡利可汗)

이 겨우 단신으로 도망갔다.

태종이 이르기를

"옛날에 이릉(李陵)이 보졸(步卒) 5천 명을 거느리고 가 흉노에게 항복했는데도 오히려 이름이 책에 기록되어 있다. 경은 3천 명의 기병으로 깊숙히 오랑캐의 조정까지 들어가 정양성을 회복하고 북적(北狄)을 떨게 했으니, 진실로 옛날이나 오늘날의 일에서 지난날 위수(渭水)의 역사(役事)와 맞먹는다 할 수 있다."

라고 그의 공로를 칭찬하고 대국공(代國公)에 봉했다.

이 일이 있은 뒤부터 힐리가한(頡利可汗)이 크게 두려워했다. 4년에 보철산(保鐵山)으로 퇴각하고 사신을 보내 조회에 들어 사죄하며 나라를 바쳐 들어와 살기를 청했다.

이정을 정양도행군총관(定襄道行軍總管)으로 삼아, 가서 힐리가한을 맞이하게 하였다. 힐리가한이 비록 겉으로는 항복했으나 마음 속으로는 두 마음을 품고 있었는데 조서로 홍여경(鴻臚卿) 당검(唐儉)과 호부상서(戶部尙書)를 겸한 장군 안수인(安修仁)을 파견하여 위로하여 타이르도록 했다.

이 때 이정이 부장(副將) 장공근(張公謹)에게 이르기를

"조서를 받든 사신이 저 쪽에 이르면 오랑캐들은 반드시 경계가 느슨해질 것이다. 정예의 기마부대를 뽑아서 20일 분의 식량을 주어, 이끌고 도로를 따라서 습격하라."

라고 하니, 장공근이 대답하였다.

"이미 항복한다고 했으며 조서를 받든 사자가 저 쪽에 있는데 공격하는 일은 마땅하지 않습니다."

이정이 말하였다.

"이것은 병법에서 말하는 기회이다. 때를 잃지 않아야 한다."

군사를 독려하여 빨리 진격해서 음산(陰山)에 이르러 그 척후병 천 여 군막을 만나 다 사로잡아 군사를 따르게 했다. 힐리가한은 사신을 접견하고 기뻐하느라 관병(官兵)이 이르는 사실도 헤아리지 못했다.

이정이 선봉에 서서 안개를 이용해 움직여 힐리가한의 본진에

친 장막을 7리까지 제거하자 힐리가한이 비로소 깨닫고 병사를 진열시켰으나 군진을 이루지 못했다. 혼자 말을 타고 달아나자 오랑캐 무리가 궤멸되어 흩어졌다. 1만 여 명의 머리를 베었으며 힐리가한의 아내인 수나라 의성공주(義成公主)를 죽이고 남녀 십여 만 명을 포로로 잡아, 땅의 경계를 음산(陰山)에서 대막(大漠)까지 이르게 했으며 드디어 힐리가한의 나라를 멸망시켰다.

얼마 후 힐리가한을 별부락(別部落)에서 사로잡았으며 나머지 무리도 다 항복했다.

태종이 크게 기뻐하고 좌우의 신하들을 돌아보며 말하기를

"짐이 듣건대 임금에게 우환이 있으면 신하가 욕을 먹고 임금이 치욕을 당하면 신하가 죽음을 보인다고 했다. 지난날 국가를 창업할 때 돌궐족이 강성하여 태상황(太上皇)이 백성된 까닭으로 힐리가한에게 신하로 칭했다. 짐은 일찍부터 마음이 아프고 머리가 아파 흉노를 멸망시키는 데 뜻을 두고 앉아도 편안하지 않았고 먹어도 단맛이 없었다. 이제 잠시 한쪽 군사를 일으켜 가는 데 빠르지 않음이 없어 선우(單于)가 머리를 조아렸으니 그 설욕을 씻은 것이다."

하니, 모든 신하가 다 만세를 불렀다.

얼마 있다가 이정을 광록대부상서우복야(光祿大夫尙書右僕射)로 임명하고 실제로 5백 호(戶)를 봉하여 하사했다.

또 서해도행군대총관(西海道行軍大總管)을 삼으니 토곡혼(吐谷渾)을 정벌하고 그 나라를 크게 격파했다. 그 공로로 위국공(衛國公)으로 고쳐 봉했다.

이정이 죽자 조서를 내려 무덤 제도를 허락하고, 한(漢)나라의 위청(衛靑)과 곽거병(霍去病)의 고사에 의거하여 돌궐 땅 안에 있는 연연산(燕然山)과 토곡혼 안에 있는 적석산(磧石山) 두 곳에 동상을 세워 그의 공적을 표시했다.

李靖[1] 京兆三原人也 大業[2]末 爲馬邑郡丞[3] 會高祖爲太原留守 靖觀察高祖 知有四方之志 因自鎖上變詣江都[4] 至長安 道塞不通而止 高祖

克京城 執靖 將斬之 靖大呼曰 公起義兵除暴亂 不欲就大事 而以私怨
斬壯士乎 太宗亦加救靖 高祖遂捨之

武德中 以平蕭銑輔公祏[5]功 歷遷揚州大都督府長史[6] 太宗嗣位 召拜
刑部尙書[7] 貞觀二年 以本官檢校中書令 三年 轉兵部尙書 爲代州行軍
總管[8] 進擊突厥 定襄城 破之 突厥諸部落俱走磧北[9] 北擒隋齊王暕之
子楊道政 及煬帝蕭后[10]送于長安 突利可汗[11]來降 頡利可汗[12]僅以身
遁 太宗謂曰 昔李陵[13]提步卒五千 不免身降匈奴[14] 尙得名書竹帛 卿以
三千輕騎 深入虜庭 剋復定襄 威振北狄[15] 實古今有 足報往年渭水之役
矣 以功進封代國公

此後頡利可汗大懼 四年 退保鐵山 遣使入朝謝罪 請擧國內附 又以
靖爲定襄道行軍總管 往迎頡利 頡利雖外請降 而心懷疑貳 詔遣鴻臚卿
唐儉[16]攝戶部尙書將軍安修仁[17]慰諭之 靖謂副將張公謹[18]曰 詔使到彼
虜必自寬 乃選精騎 齎二十糧 引兵自白道襲之 公謹曰 旣許其降 詔
使在彼 未宜討擊 靖曰 此兵機也 時不可失 遂督軍疾進 行至陰山 遇其
斥候千餘帳 皆俘以隨軍 頡利見使者 甚悅 不虞官兵至也 靖前鋒乘霧而
行 去其牙帳七里 頡利始覺 列兵未及成陣 單馬輕走 虜衆因而潰散 斬
萬餘級 殺其妻隋義成公主[19] 俘男女十餘萬 斥土界自陰山至于大漠[20]
遂滅其國 尋獲頡利可汗於別部落 餘衆悉降 太宗大悅 顧謂侍臣曰 朕
聞主憂臣辱 主辱臣死 往者國家草創 突厥强梁 太上皇以百姓之故 稱
臣於頡利 朕未嘗不痛心疾首 志滅匈奴 坐不安席 食不甘味 今者暫動
偏師 無往不捷 單于稽顙 恥其雪乎 群臣皆稱萬歲

尋拜靖光祿大夫尙書右僕射 賜實封五百戶 又爲西海道行軍大總管
征吐谷渾[21] 大破其國 改封衛國公 及靖身亡 有詔許墳塋制度 依漢衛霍
故事[22] 築闕象突厥內燕然山 吐谷渾內磧石二山 以旌殊績

1) 李靖(이정) : 자는 약사(藥師)이며 경조(京兆)의 삼원(三原) 땅 사람이다.
용모가 걸출하여 보통 사람과 다르고 젊어서 문장과 무용에 재주가 있었다.
매일 '대장부가 만약 임금을 만나면 반드시 일을 세우고 공로를 세워 부귀를
취하리라.'라고 했다. 명장으로 불린 그의 외삼촌 한금호(韓擒虎)와 매일 병
사를 논했는데 한금호는 항상 '손빈이나 오기같이 말한다.'고 했다. 수나라
에서 벼슬하여 장안현(長安縣)의 공조(功曹)가 되고 가부원외랑(駕部員外

郎)도 역임했다. 양소(楊素)와 우홍(牛弘)이 다 쓸만 하다고 했다. 정관 23
년에 죽었으며 사도(司徒) 벼슬을 추증(追贈)했고 시호는 경무(景武)이다.

2) 大業(대업) : 수(隋)나라 양제(煬帝)의 연호.

3) 馬邑郡丞(마읍군승) : 마읍군은 삭주로(朔州路). 승은 군의 두번째 장관.

4) 江都(강도) : 지금의 양주로(揚州路) 강도현(江都縣).

5) 蕭銑輔公祏(소선보공석) : 소선은 후량(後梁) 선제(宣帝)의 증손이다. 보
   공석은 당시 회남도행대복야(淮南道行臺僕射)을 맡고 있던 사람.

6) 揚州大都督府長史(양주대도독부장사) : 10개 주(州)를 거느려야 대도독이
   된다. 장사는 대도독부의 상좌(上佐)이다.

7) 刑部尙書(형부상서) : 율령(律令), 형법(刑法)을 관장하는 장관.

8) 代州行軍總管(대주행군총관) : 모든 병사를 거느리는 직책.

9) 突厥諸部落俱走磧北(돌궐제부락구주적북) : 돌궐 부락이 다 적북으로 도망
   갔다. 돌궐은 흉노의 별종이다. 적북은 사막의 북쪽. 색북(塞北)에 있다.

10) 蕭后(소후) : 수양제의 비.

11) 突利可汗(돌리가한) : 번왕(蕃王)을 말한다. 한나라 때에는 선우(單于)라
    칭했다. 중국의 천자와 같다. 돌리가한은 시필가한(始畢可汗)의 아들이며 이
    름은 십발필(什鉢苾).

12) 頡利可汗(힐리가한) : 처라가한(處羅可汗)의 동생이며 이름은 막하돌(莫
    賀咄)이다.

13) 李陵(이릉) : 자는 소경(少卿)이며 한(漢)나라 무제(武帝) 때 시중(侍中)
    이 되었다. 병사를 거느리고 흉노를 정벌했다가 승리하지 못하고 도리어 패
    하여 흉노에게 항복하였다.

14) 匈奴(흉노) : 몽고지방에 유목하던 터키족의 일종. 그의 임금은 선우(單于)
    라고 한다.

15) 北狄(북적) : 북쪽의 오랑캐.

16) 鴻臚卿唐儉(홍여경당검) : 홍여경은 진(秦)나라 관직인 전객(典客)이며
    한(漢)나라 무제 때 대홍여(大鴻臚)라고 이름을 고쳤다. 당검의 자는 무계
    (茂系)이며 병주(幷州) 사람이다.

17) 安修仁(안수인) : 사람 이름이다. 당시의 장군.

18) 副將張公謹(부장장공근) : 부장은 지금의 부사령관. 장공근의 자는 홍신(弘

慎)이며 위주(魏州) 사람이다. 왕세충(王世充)에게 벼슬하여 유주장사(洧
州長史)가 되었다. 성을 가지고 고조(高祖)에게 귀화했다.

19) 義成公主(의성공주) : 수(隋)나라의 공주.

20) 大漠(대막) : 북쪽 넓은 사막의 땅.

21) 吐谷渾(토곡혼) : 서역의 나라 이름. 본래는 요동선비족(遼東鮮卑族)이다.

22) 漢衛霍故事(한위곽고사) : 한(漢)나라의 무제(武帝) 때 위청장군(衛靑將
軍)과 곽거병(霍去病)장군을 말하며 흉노를 토벌하여 큰 공로가 있었다.

6. 회계(會稽)의 여요(餘姚) 사람 우세남(虞世南)

우세남(虞世南)은 회계(會稽)의 여요(餘姚) 사람이다.

정관 초에 태종이 이끌어 상객(上客)을 삼아 문관(文館)을 열
었는데 문관에서 호(號)를 '다사(多士)'라고 했다. 문관에서 모
두 우세남을 문학의 으뜸으로 추대했다. 이에 그에게 기실(記室)
을 주어 방현령과 더불어 문필(文筆)을 관장하게 했다.

'열녀전(列女傳)'을 베껴서 병풍을 장식하라고 했는데 이때 견
본이 없었다. 우세남이 외워서 썼는데 하나도 빠뜨린 것이 없었다.

정관 7년에 여러 번 비서감(秘書監)으로 옮겼다.

태종이 매일 바쁜 정무의 틈새에도 불러서 담론(談論)하고 함
께 경사(經史)를 살폈다. 우세남이 비록 용모가 나약하고 옷을
이기지 못하는 것 같았지만 뜻과 성품은 굳세고 강했다. 매번 옛
선제왕(先帝王)들이 행한 정치의 득실을 논할 때에는 반드시 정
해진 틀이 있었고 더하여 보태는 것이 많았다.

고조(高祖)가 죽자 태종이 상을 치르는데 예에 넘치고 슬픔이
지나쳐 그 모습이 초췌했으며 오래도록 여러 가지 일들이 침체되
어 문무(文武)의 모든 관료가 정사를 펼 수 없었다.

우세남이 매일 들어가 간하여 태종이 매우 아름답게 여겨 받아
들였으며 더욱 친밀해졌다.

일찍이 주위 신하들에게 일러 말했다.

"짐은 한가한 날도 매일 우세남과 함께 옛일과 지금의 일을 헤

아린다. 나에게 한 마디의 선함이 있으면 우세남이 기뻐하지 않음이 없고, 한 마디의 실수라도 있으면 또한 슬퍼하지 않음이 없다. 그 지극한 정성이 이와 같아서 나는 아름답게 여기고 있다. 모든 신하가 다 우세남과 같다면 천하가 어찌 다스려지지 않은 것을 근심하리오"

태종이 일찍부터 우세남을 칭찬하면서 5가지 뛰어난 점이 있다고 했다. 첫째가 덕행(德行)이요, 둘째가 충직(忠直)이요, 셋째가 박학(博學)이요, 넷째가 시문의 문체요, 다섯째가 문장이다.

그가 죽자 태종이 특별히 슬퍼하고 매우 애통하게 곡하고 상사를 관에서 관리하게 하고 이에 동원비기(東園秘器)를 하사하고 예부상서(禮部尙書)를 추증하고 시호를 문의(文懿)라고 했다.

태종이 손수 위왕 태(魏王泰 : 넷째아들)에게 조서를 내려 말했다.

"우세남은 나와 한 몸체와 같았다. 내 잘못을 보충하는 일을 하루에 잠시라도 잊지 않았으니 진실로 당대의 명신(名臣)이요 인륜의 법칙이었다. 나에게 조그마한 선이 있으면 반드시 따라서 이루려 하고 나에게 조그마한 잘못이라도 있으면 반드시 나의 낯을 붉힐지라도 간하였다. 그가 지금 죽었다고 한다. 석거(石渠)나 동관(東觀) 가운데서라도 이런 사람은 다시 없을 것이다. 애통함을 어찌 가히 말할 수 있으랴."

얼마 있지 않아 태종이 시 한 편을 지어 지난날의 다스리고 어지러워진 도를 돌이켜 생각하고 탄식하여 말했다.

"종자기(鍾子期)가 죽자 백아(伯牙)가 다시 거문고를 타지 않았는데 나는 이 한 편의 시를 장차 누구에게 보일 것인가?"

이어서 기거(起居) 저수량에게 그의 영전에 나아가 읽게 하고 불사르게 했다. 그의 죽음을 슬퍼하고 애도한 것이 이와 같았다.

또 방현령과 장손무기와 두여회와 이정 등 24인들의 초상화를 능연각(凌煙閣)에 그리라고 명령하였다.

虞世南[1] 會稽餘姚人也 貞觀初 太宗引爲上客 因開文館 館中號爲 多士 咸推世南爲文學之宗 授以記室 與房玄齡對掌文翰 嘗命寫列女傳[2]

以裝屛風 于時無本 世南暗書之 一無遺失 貞觀七年 累遷祕書監

太宗每機務之隙 引之談論 共觀經史 世南雖容貌懦弱 如不勝衣 而志性抗烈 每論及古先帝王爲政得失 必存規諷³⁾ 多所補益 及高祖晏駕⁴⁾ 太宗執喪過禮 哀容毁領 久替萬機 文武百寮計無所出 世南每入進諫 太宗甚嘉納之 益所親禮 嘗謂侍臣曰 朕因暇日 每與虞世南商榷古今 朕有一言之善 世南未嘗不悅 有一言之失 未嘗不悵恨 其懇誠若此 朕用嘉焉 群臣皆若世南 天下何憂不理 太宗嘗稱世南有五絶 一曰德行 二曰忠直 三曰博學 四曰詞藻⁵⁾ 五曰書翰 及卒 太宗擧哀於別次 哭之甚慟 喪事官給 仍賜以東園祕器⁶⁾ 贈禮部尙書⁷⁾ 諡曰 文懿

太宗手勅魏王泰曰 虞世南於我 猶一體也 拾遺補闕⁸⁾ 無日暫忘 實當代名臣人倫準的 吾有小善 必將順而成之 吾有小失 必犯顔而諫之 今其云亡 石渠 東觀⁹⁾之中 無復人矣 痛惜豈可言耶 未幾 太宗爲詩一篇追思往古理亂之道 旣而嘆曰 鍾子期¹⁰⁾死 伯牙¹¹⁾不復鼓琴 朕之此篇 將何所示 因令起居¹²⁾褚遂良¹³⁾詣其靈帳 讀訖 焚之 其悲悼也若此 又令與房玄齡 長孫無忌 杜如晦 李靖等二十四人 圖形於凌煙閣

1) 虞世南(우세남) : 자는 백시(伯施)이며, 회계(會稽)의 여요(餘姚) 사람이다. 성품이 고요하고 욕심이 적었으며 학문에 뜻을 두어 그의 형 우세기(虞世基)와 더불어 수(隋)나라에서 벼슬하여 함께 이름이 있었다. 여러 번 비서랑(秘書郞)과 기거사인(起居舍人)으로 옮겼다.

2) 列女傳(열녀전) : 한(漢)나라 유향(劉向)이 지은 여인 열전.

3) 規諷(규풍) : 규칙적인 법규.

4) 晏駕(안가) : 임금이 죽다.

5) 詞藻(사조) : 문장의 글귀. 시문(詩文)의 문채.

6) 東園秘器(동원비기) : 장례에 쓰는 기구.

7) 禮部尙書(예부상서) : 제사, 예의, 공납을 담당하는 관리의 장.

8) 拾遺補闕(습유보궐) : 임금의 과실을 바로잡고 도와 주는 것.

9) 石渠東觀(석거동관) : 석거와 동관은 다 서책을 보관하는 곳. 도서관.

10) 鍾子期(종자기) : 음악 감상을 잘한 사람. '열자'에 나온다.

11) 伯牙(백아) : 거문고의 명인(名人). '열자'에 나온다.

12) 起居(기거) : 문하성(門下省) 아래 기거장을 두었다. 천자의 동작과 법도

와 기타의 일들을 관장하였다.

13) 褚遂良(저수량) : 자는 등선(登善). 항주(杭州) 사람. 경사(經史)에 밝고
해서와 예서를 잘 썼다. 자주 기거장에 오르고 15년에 간의대부 기거사(起居
事)를 겸했다. 뒤에 태자빈객이 되었다. 고종(高宗) 때 복야(僕射)에 제수
되고 무후(武后)를 세우는데 저지하다. 무후가 책립되자 폄하되어 죽었다.

7. 조주(曹州)의 이호(離狐) 사람 이적(李勣)

이적(李勣)은 조주(曹州)의 이호(離狐) 사람이다. 본래 성
(姓)은 서(徐)씨이다.

처음에 이밀(李密)에게 벼슬하여 좌무후대장군(左武侯大將
軍)이 되었다. 이밀이 뒤에 왕세충(王世充)에게 패하여 무너지
자 무리를 이끌고 당나라에 귀의했다. 이 때 이적은 이밀이 거느
리던 경계 지역 10개 군(郡)의 땅을 거느리고 있었다.

무덕 2년에 장사(長史) 곽효각(郭孝恪)에게 이르기를

"위공(魏公 : 이밀)이 이미 대당(大唐)으로 갔으나 지금의 이
백성과 토지는 위공의 소유다. 내가 만약 임금에게 상소를 드려 헌
납하면 주군의 패배를 이롭게 하고 나의 공로가 되어 부귀를 맞이
하겠지만 이것은 내가 부끄럽게 여기는 일이다. 이제 주(州)와 현
(縣)과 군인과 호구(戶口)를 모두 위공에게 올려 위공이 스스로
헌납하기를 기다리면 이것은 위공의 공로이니 또한 옳지 않은가?"
라 하고 이에 사신을 이밀에게 보냈다.

사신이 처음 도착했을 때 고조에게 올리는 글은 없고 오직 이
밀에게 올리는 글만 있는 것을 매우 괴이하게 여겼다. 사신이 이
적의 뜻을 아뢰자 그 말을 듣고 고조가 크게 기뻐하며 이르기를

"서적(徐勣 : 이적)이 덕을 느껴 공로를 윗사람에게 미치게 하
니 진실한 순신(純臣)이다."
라 하고 여주총관(黎州總管)에 배수하고 이씨(李氏) 성을 내려
주었으며 황족에 부속시켜 적을 올렸다.

그의 아버지 개(蓋)를 제음왕(濟陰王)에 봉했는데 이적은 왕

작(王爵)을 굳이 사양했으므로 서국공(舒國公)으로 봉하고 산기상시(散騎常侍)를 제수했다. 얼마 있다가 이적에게 우무후대장군(右武侯大將軍)의 직책을 추가시켜 주었다.

이밀(李密)이 배반하여 죽임을 당했을 때 이적이 발상(發喪)하고 복을 입었으며 군신(君臣)의 예를 갖추고 장사를 지내겠다는 표(表)를 청하여 고조가 드디어 그 시신을 돌려 보냈다.

이에 크게 위의를 갖추고 삼군(三軍)이 흰 옷을 입고 여양산(黎陽山)에 장사 지내고 장례가 끝나자 옷을 벗고 흩어지니 조정이나 재야 인사들이 모두 의롭게 여겼다.

얼마 있다가 두건덕(竇建德)의 침공을 받아 두건덕에게 함락되었고, 스스로 뽑혀 경사로 돌아가 태종을 따라 왕세충과 두건덕을 정벌하여 평정하였다.

정관 원년에 병주도독(幷州都督)으로 제수되었는데 명령하면 그대로 행해지고 금지시키면 중지되자 사람들이 그 직책에 적합하다고 하였다.

돌궐이 매우 두려워하고 꺼려했는데 태종이 주위 신하들에게 말했다.

"수나라 양제가 어진이 뽑는 일을 게을리 하지 않고 변경의 민심을 진정시키고 오직 멀리 장성(長城)을 쌓고 장수들을 널리 주둔시켜 돌궐에 대한 방비를 갖추었는데 자신의 정에만 현혹되어 한결같이 이에 이르렀다.

나는 지금 이적에게 병주를 맡겼는데 드디어 돌궐이 위엄을 두려워하여 멀리 도망가고 변방 지역이 안정되었으니 어찌 수양제가 쌓은 수천 리 장성(長城)보다 훌륭하지 않겠는가!"

그후 병주를 대도독부(大都督府)로 고치고 이적으로 장사(長史)를 삼았으며 더하여 영국공(英國公)으로 봉했다.

병주에 있은 지 16년에 불러서 병부상서(兵部尚書)를 제수하여 정사를 주관하게 했다.

이적이 갑작스럽게 병에 걸렸을 때 처방에 '수염을 불에 태워 재로 만들어 치료해야 한다.'고 씌어 있었다. 태종이 스스로 수염

을 잘라서 약을 제조하는데 쓰게 하였는데 이적이 머리를 조아리
고 눈물을 흘리며 사죄하였다. 이에 태종이 말하기를 "우리의 사
직을 위해 한 일이니 번거롭게 깊이 사죄하지 말라."라고 했다.

17년에 고종(高宗)이 춘궁(春宮 : 태자궁)에 살 때 태자첨사
(太子詹事)로 전직시켰고 특진(特進)을 추가하고 그대로 정사
(政事)를 맡게 하였다.

태종이 일찍이 연회에서 이적을 돌아보고 말하기를

"내가 장차 외로운 자식을 맡기면서 생각해보니 경보다 나은
이가 없었다. 그대가 지난날 이밀을 버리지 않았는데 이제 어찌
나를 버리랴!"

라고 하자 이적이 눈물을 닦고 말을 올리고 손가락을 깨물어 피
를 흘렸다. 잠깐 몹시 술에 취하자 태종이 옷으로 덮어 주었는데
그에 대한 믿음을 보이는 것이 이와 같았다.

이적은 항상 군대를 행진시키면 많은 군사를 썼고 적과 대치했
을 때의 임기응변은 정확히 적중했고, 움직이면 일의 기틀에 알
맞았다. 정관(貞觀) 이래로 돌궐과 힐리가한 및 설연타(薛延陀)
와 고구려 등을 토벌하여 모두 크게 격파하였다.

태종이 일찍부터 말했다.

"이정과 이적, 두 장수는 옛날의 한신(韓信)과 백기(白起)와
같으니 위청(衛靑)과 곽거병(霍去病)이 어찌 능히 미치겠는가."

李勣[1] 曹州離狐人也 本姓徐 初仕李密[2] 爲左武侯大將軍 密後爲王
世充[3]所破 擁衆歸國 勣猶據密舊境十郡之地[4]

武德二年 謂長史郭孝恪[5]曰 魏公旣歸大唐 今此人衆土地 魏公所有
也 吾若上表獻之 則是利主之敗 自爲己功 以邀富貴 是吾所恥 今宜具
錄州縣 及軍人戶口 總啓魏公 聽公自獻 此則魏公之功也 不亦可乎 乃
遣使密 使人初至 高祖聞無表 惟有啓與密 甚怪之 使者以勣意聞奏 高
祖方大喜曰 徐勣感德推功 實純臣也 拜黎州總管 賜姓李氏 附屬籍于
宗正[6] 封其父蓋爲濟陰王 固辭王爵 乃封舒國公 授散騎常侍[7] 尋加勣
右武侯大將軍[8] 及李密反叛伏誅 勣發喪行服 備君臣之禮 表請收葬 高

祖遂歸其屍 於是大具威儀 三軍縞素[9] 葬於黎陽山 禮成 釋服而散 朝
野義之 尋爲竇建德[10]所攻 陷於建德 又自拔歸京師 從太宗征王世充 竇
建德 平之

貞觀元年 拜幷州都督 令行禁止 號爲稱職 突厥甚加畏憚 太宗謂侍
臣曰 隋煬帝不解精選賢良 鎭撫邊境 惟遠築長城 廣屯將士 以備突厥
而情識之惑 一至於此 朕今委任李勣於幷州 遂得突厥畏威遠遁 塞垣安
靜 豈不勝數千里長城耶 其後幷州改置大都督府 又以勣爲長史 累封英
國公 在幷州凡十六年 召拜兵部尙書 兼知政事

勣時遇暴疾 驗方[11]云 鬚灰可以療之 太宗自翦鬚爲其和藥[12] 勣頓首
見血 泣以陳謝 太宗曰 吾爲社稷計耳 不煩深謝 十七年 高宗居春宮 轉
太子詹事[13] 加特進 仍知政事 太宗又嘗宴 顧勣曰 朕將屬以孤幼 思之
無越卿者 公往不遺於李密 今豈負於朕哉 勣雪涕致辭 因嚙指流血 俄
沈醉 御服覆之 其見委信如此 勣每行軍用師 籌算臨敵應變 動合事機
自貞觀以來 討擊突厥頡利 及薛延陀[14] 高麗等 並大破之 太宗嘗曰 李
靖 李勣二人 古之韓白衛霍[15]豈能及也

1) 李勣(이적) : 본명은 세적(世勣)이고 자는 무공(茂功)이다. 영휘(永徽) 연
   중에 태종(太宗)의 휘(諱)를 범했다고 하여 홑이름인 적(勣)으로 했다.

2) 李密(이밀) : 자는 원수(元邃)이며 선조는 요동(遼東) 사람이다. 대업 말년
   에 위성(韋城) 사람 적양(翟讓)이 군중을 모을 때 도둑이 되어 이적이 가서
   따랐다. 밀이 처음에는 양현감(楊玄感)을 따라 병사를 일으키고 일을 꾀했
   는데 현감이 패하자 옹구(雍丘)로 망명했다. 이 때 이적이 양을 달래서 밀을
   받들어 주인으로 삼아 위공(魏公)이라 불렀다. 밀이 뒤에 양을 죽이자 인심
   이 밀을 떠났다. 무덕 초에 관(關)으로 들어와 고조(高祖)에게 귀의하여 광
   록경(光祿卿)에 제수되었는데 다시 배반하여 죽임을 당했다.

3) 王世充(왕세충) : 자는 행만(行滿)이고 본래는 서역(西域) 사람이다. 성은
   지(支)씨이다. 어려서 어머니가 왕씨(王氏)에게 시집갔는데 따라 가서 왕
   (王)씨가 되었다. 수(隋)나라에 벼슬하여 민부시랑(民部侍郎)이 되고 몰래
   호걸들과 교제하여 스스로 태위(太尉)가 되었다. 수나라 임금을 교화하여 선
   위하게 하고 동(侗)을 죽이고 스스로 일어섰다. 무덕 초에 이밀을 격파했다.
   고조가 진왕(秦王)에게 공격하라고 조서를 내려 진왕에게 사로잡혀 장안으

로 돌아와 그의 가족이 촉(蜀)으로 이사갔다.

4) 舊境十郡之地(구경십군지지) : 옛 경계의 땅. 10개의 군. 동쪽으로는 바다에
   이르고 남쪽으로는 강(江)에 이르고 서쪽으로는 여주(汝州)에 이르고 북쪽
   으로는 위군(魏郡)에 이르는데 이 때에 주인이 없어서 이적이 함께 관리했다.

5) 郭孝恪(곽효각) : 허주(許州) 사람. 처음에 이밀에게 붙어서 장사(長史)가
   되었다. 뒤에 진왕(秦王)을 만나고 두건덕을 잡아 상주국(上柱國)에 제수되
   었다. 뒤에 대총관(大總管)으로 옮겼다. 구자국(龜玆國)을 격파하다 날아오
   는 화살에 맞아 죽었다.

6) 宗正(종정) : 왕가의 종친부.

7) 散騎常侍(산기상시) : 허물과 잘못을 바로잡는 일을 관장한다.

8) 右武侯大將軍(우무후대장군) : 무위(武衛)의 직책.

9) 三軍縞素(삼군호소) : 삼군에서 입는 상복으로 흰 옷. 삼군은 상군·중군·
   하군(上軍中軍下軍)으로 전 군대를 뜻한다.

10) 竇建德(두건덕) : 패주(貝州) 사람. 대대로 농사를 지었는데 재주와 역량
    이 뛰어났다. 대업 중에 병사를 모집하여 요(遼)를 치고 대장(隊長)에 임명
    됐다. 뒤에 발해(渤海)를 거점으로 스스로 하왕(夏王)이 되고 건원(建元)에
    관리를 두었다. 무덕 초에 우문화급을 위현(魏縣)에서 사로잡고 그들의 병
    사로 이적을 공격하여 항복시키고 이적의 아비를 인질로 삼아 이적에게 여양
    (黎陽)을 지키게 했다. 3년에 이적이 빠져 나와 경사(京師)로 돌아갔다. 4년
    에 이적이 태종을 따라 건덕을 평정했는데 이 때 이적에게 잡혀서 죽었다.

11) 驗方(험방) : 경험적인 약처방. 전해오는 처방전.

12) 和藥(화약) : 약에 섞다. 약을 만들다.

13) 太子詹事(태자첨사) : 태자궁의 벼슬. 삼사(三寺)와 십율(十率)부의 정사
    를 관장한다.

14) 薛延陀(설연타) : 북쪽 오랑캐 나라 이름. 본래는 연타부(延陀部)와 설종
    (薛種)이 혼합된 것으로 호를 '설연타'라고 부른다. 정관 연중에 발작(拔灼)
    이 세웠는데 이적이 그 나라를 멸망시켜 주현(州縣)으로 만들었다.

15) 韓白衛霍(한백위곽) : 한(漢)나라 때의 장수 한신(韓信)과 진(秦)나라 때
    의 장수 백기(白起)와 한(漢)나라 때의 장수 위청(衛靑)과 곽거병(霍去病)
    을 뜻한다.

8. 박주(博州)의 시평(茌平) 사람 마주(馬周)

마주(馬周)는 박주(博州)의 시평(茌平) 사람이다.

정관 5년에 경사에 이르러 중랑장(中郞將) 상하(常何)의 집에서 머물렀다.

이 때 태종이 모든 관리에게 글을 올려 잘하고 잘못한 일을 말하라고 했다.

마주가 상하(常何)를 위해 편리하게 하는 20여 가지 일을 나열하여 아뢰게 했는데 일이 다 태종의 뜻과 합하였다.

태종이 그 능란함을 괴이하게 여겨 상하에게 물으니 상하가 대답하였다.

"이것은 신이 내놓은 의견이 아니고 신의 집에 머무는 마주의 의견입니다."

태종이 그 날로 불렀는데 도착하지 않자 그 사이 4번이나 사신을 보내 재촉하였다. 이에 알현하니 더불어 이야기해 보고 매우 기뻐하며 문하성(門下省)으로 발령하여 감찰어사(監察御史)를 제수하고 더하여 중서사인(中書舍人)을 제수했다.

마주는 임기응변이 있고 아뢰는 데 능했으며 깊이 일의 단서를 알았다. 그러므로 모든 행동이 법도에 알맞았다.

태종이 일찍이 말했다.

"나는 마주를 잠시라도 보지 못하면 문득 생각난다."

18년 중서령(中書令)을 역임하고 태자좌서자(太子左庶子)를 겸하였다. 마주는 직책이 양궁(兩宮 : 태종과 태자)을 겸하고 일을 처리하는데 공평하고 진실하여 당시 사람들에게 매우 좋은 명예를 얻었다. 본관(本官)이 이부상서(吏部尙書)까지 겸했다.

태종이 일찍이 주위 신하들에게 말했다.

"마주는 일 처리가 민첩하고 빠르며 성품이 매우 신중하고 지극하여 인물을 논하는 데 이르면 바른도로써 말한다. 짐이 친밀히 임용하여 부리는데 많이 나의 뜻에 잘 맞는다. 이미 충성을 다

하고 나에게 가까이하여 실제로 이 사람에게 의지해서 함께 그때
그때의 정사를 편안하게 하고 있다."

馬周[1] 博州在平人也 貞觀五年 至京師 舍於中郎將常何[2]之家 時太
宗令百官上書言得失 周爲何陳便宜二十餘事 令奏之 事皆合旨[3] 太宗
怪其能 問何 何對曰 此非臣所發意 乃臣家客馬周也 太宗卽日召之 未
至 間凡四度遣使催促 及謁見 與語甚悅 令直門下省 授監察御史[4] 累
除中書舍人[5]

周有機辯[6] 能敷奏 深識事端 故動無不中 太宗嘗曰 我於馬周 暫時不
見 則便思之 十八年 歷遷中書令 兼太子左庶子 周旣職兼兩宮 處事平
允 甚獲當時之譽 又以本官攝吏部尙書 太宗嘗謂侍臣曰 周見事敏速 性
甚愼至 至於論量人物 直道而言 朕比任使之 多稱朕意 旣寫忠誠 親附
於朕 實藉此人 共康時政也

1) 馬周(마주) : 자는 빈왕(賓王). 박주(博州)의 시평 땅 사람이다. 집이 가난
   한데도 학문을 즐겼으며 바탕과 뜻이 넓고 멀었다. 무덕 연중에 주조교(州助
   敎)에 임명되었는데 일이 다스려지지 않아서 떠났다. 밀주(密州)의 조인본
   (趙仁本)이 그 재주를 높이 사 두텁게 대우해서 관(關 : 서울)으로 들어가게
   했다. 변(汴) 땅에 머물면서 준의령(浚儀令) 최현(崔賢)에게 욕을 당하고
   드디어 마음이 격동하여 서쪽으로 갔다. 신풍(新豊)여관에서 머무르는데 주
   인이 돌아보지 않았다. 마주는 술을 한 말 여덟 되를 마셨는데 유연(悠然)히
   홀로 마셔 모든 사람들이 이상하게 여겼다.
2) 中郎將常何(중랑장상하) : 중랑장은 당나라 때 태자 부속이며 군대와 친척
   등의 일을 관장한다. 상은 성씨이고 하는 이름이다. 기록이 없다.
3) 合旨(합지) : 임금의 뜻에 알맞다.
4) 監察御史(감찰어사) : 모든 관료를 감찰하고 주군(州郡)을 순찰하며 옥사와
   군대와 출납 등을 살핀다.
5) 中書舍人(중서사인) : 임금을 모시고 일을 의논하고 표창하는 일을 맡는다.
6) 機辯(기변) : 임기응변의 변설.

제4편 간하는 신하를 구하다
(論求諫第四 : 凡十一章)

1. 부드럽게 하여 신하의 간언(諫言)을 구하다

태종은 위엄 있는 자세가 매우 엄숙했으므로, 어전에 배알(拜謁)하는 모든 신료들은 그 위엄에 모두 압도되어 어찌 할 바를 몰랐다. 태종은 이런 사실을 잘 알고 있었으므로 언제나 관원이 무엇인가에 대하여 상주(上奏)할 때마다 반드시 안색을 부드럽게 하여 신하의 간(諫)하는 말을 듣고 정치와 교화의 득실을 알았다.

정관 초년 어느 때 태종이 공경(公卿)에게 말하였다.

"사람은 자신의 모습을 비춰 보고자 하면 반드시 거울을 사용하고 군주는 자기의 허물을 알고자 하면 반드시 충신의 간언을 들어야 한다. 군주가 스스로 현군이라는 생각에 빠져 있으면 신하들은 군주의 잘못을 바로잡아 주려 하지 않게 된다. 그러면 국가가 위험한 지경에 빠지지 않고자 희망해도 바라는 대로 되지 않는다. 이로 말미암아 군주는 그 나라를 잃고, 신하도 또한 자기 집안의 안전을 보전할 수 없게 된다.

수나라 양제 같은 포악한 천자 밑에서 신하들은 입을 다물고 아무 말도 하지 않았다. 그래서 수양제는 최후까지 자신의 과실에 대하여 들을 수 없었고, 그 결과 나라가 멸망하게 되었다. 우세기 등 측근들도 얼마 있지 않아 살해되었다. 전 왕조(王朝)인 수(隋)나라의 일은 먼 옛 이야기가 아니다. 그대들은 세상의 사물을 관찰할 때마다 백성에게 이익되지 않은 일이 있으면 주저하지 말고 반드시 생각한 대로 충분히 말을 다하여 바르게 간해야 한다."

太宗威容儼肅 百僚進見者 皆失其擧措[1] 太宗知其若此 每見人奏事 必假顔色[2] 冀聞諫諍 知政敎得失

貞觀初 嘗謂公卿曰 人欲自照 必須明鏡 主欲知過 必藉忠臣 主若自賢 臣不匡正 欲不危敗 豈可得乎 故君失其國 臣亦不能獨全其家 至於隋煬帝暴虐 臣下鉗口[3] 卒令不聞其過 遂至滅亡 虞世基[4]等 尋亦誅死 前事不遠 公等每看事有不利於人 必須極言規諫

1) 失其擧措(실기거조) : 당황하여 동작에 실수가 있다. 거조(擧措)는 행동거지.

2) 必假顔色(필가안색) : 반드시 안색을 부드럽게 하다.

3) 鉗口(겸구) : 입을 다물고 말하지 않다.

4) 虞世基(우세기) : 수(隋)나라 양제(煬帝) 때 내사시랑(內史侍郞)으로 있으면서, 양제에게는 간언이 통하지 않음을 알고, 또 화가 자기에게 미칠 것을 두려워하여 입을 다물고 오직 양제의 비위 맞추기에 급급하다가 조정과 재야의 원망을 샀다. 우문화급(宇文化及)의 변(變)에 양제와 함께 피살되었다.

2. 어진 임금과 어진 신하의 만남

정관 원년에 태종이 주위 신하들에게 말했다.

"바른 군주가 사악한 신하를 신임하게 되면 평화로운 세상을 만들 수 없다. 바른 신하가 사악한 군주를 섬기게 될 때도 또한 선정을 베풀어 태평한 세상을 이룰 수 없다. 어진 임금과 어진 신하가 서로 만나는 일이 고기와 물이 함께하는 상황과 같아야 천하가 태평해질 것이다.

짐은 비록 밝지 못하지만 다행히 여러 공(公)들이 자주 바로잡아 주고 위험에서 건져 주고 있다. 그대들의 거리낌없는 직언과 기개 있는 강경한 의론으로 천하의 태평을 실현하고자 한다."

간의대부(諫議大夫) 왕규(王珪)가 대답했다.

"신은 듣기를 '아무리 굽은 나무라도 먹줄에 따라서 다듬으면 똑바르게 되고, 어떠한 군주라도 간(諫)하는 말에 잘 따르면 성군이 된다.'고 합니다. 옛날의 뛰어난 군주에게는 반드시 임금에게 간하는 신하가 7명씩 있었다고 합니다. 간하는 말을 임금이 받아들이지 않으면 서로 이어서 죽음으로써 간했습니다.

폐하께서는 마음을 활짝 열고 신분이 낮은 자의 의견도 받아들이십니다. 어리석은 신은 거리낌없이 직언할 수 있는 조정에 있으면서도 판단력이 흐려 바른 의견을 제대로 말씀드리기 어렵지만, 전력을 다해 폐하의 선정을 돕고자 원하옵니다."

태종은 왕규의 말을 옳다고 여겨 칭찬했다.

조칙(詔勅)을 발하여, 그 뒤로는 재상이 입궐해서 국가의 정책을 논의하고 처리할 때 반드시 간관(諫官)도 참여시켜 정사를 함께 의논하게 했다. 만약 개진하는 의견이 있으면 허심탄회하게 의견을 받아들였다.

貞觀元年 太宗謂侍臣曰 正主任邪臣 不能致理 正臣事邪主 亦不能致理 惟君臣相遇 有同魚水¹⁾ 則海內可安 朕雖不明 幸諸公數相匡救²⁾ 冀憑直言鯁議³⁾ 致天下太平 諫議大夫王珪對曰 臣聞 木從繩⁴⁾則正 后從諫則聖 是故古者聖主 必有爭臣七人⁵⁾ 言而不用 則相繼以死 陛下開聖慮⁶⁾ 納芻蕘⁷⁾ 愚臣處不諱⁸⁾之朝 實願罄其狂瞽⁹⁾ 太宗稱善 詔令 自是宰相入內 平章¹⁰⁾國計 必使諫官隨入 預聞政事 有所開說 必虛己納之

1) 魚水(어수) : 물고기와 물의 관계처럼 떨어질 수 없는 친밀한 사이를 이르는 말. 이 말은 '삼국지(三國志)' 촉지(蜀志) 제갈량전(諸葛亮傳)에 "선주(先主 : 劉備)께서 '나에게 공명(孔明)이 있음은 물고기에게 물이 있음과 같다.'고 말씀하셨다."고 한 데서 나온 말.

2) 匡救(광구) : 악한 사람을 바르게 인도하여 위험에서 구원하다.

3) 鯁議(경의) : 기개 있는 강경한 의론.

4) 木從繩(목종승) : '서경(書經)' 열명편(說命篇)에 나오는 말로, 은(殷)나라 부열(傅說)이 고종(高宗)에게 고한 말.

5) 爭臣七人(쟁신칠인) : '효경(孝經)' 간쟁장(諫諍章)에 "옛날 천자에게 쟁신(爭臣) 7명만 있으면 비록 무도(無道)하더라도 천하를 잃지 않는다고 했다."라고 한 데서 나온 말. 간쟁(諫諍)은 심하게 다투듯이 하면서 간(諫)한다는 뜻. 곧 '직언'의 뜻.

6) 聖慮(성려) : 천자의 마음. 어심(御心).

7) 芻蕘(추요) : 풀 깎고 나무 베는 일을 하는 사람. 곧 신분이 낮은 자의 뜻.

8) 不諱(불휘) : 꺼리지 않고 직언하다.

9) 狂瞽(광고) : 틀리고 엉터리다. 고(瞽)는 맹목(盲目)이고 광(狂)은 시비곡
직의 구별을 모른다는 뜻으로, 자기를 겸손하게 이르는 말.

10) 平章(평장) : 백성에게 공평하게 하고 일을 분명하게 처리하다.

3. 군주가 어둡고 신하가 아첨하면 나라는 망한다

정관 2년에 태종이 주위 신하들에게 말했다.

"현명한 군주는 자신의 단점을 생각하고 그것을 고치고자 신하
의 충언을 받아들이므로 점점 선량해지고, 어리석은 군주는 자신
의 단점을 감싸 지키기 위해 부하들의 충고를 받아들이지 않으므
로 영원히 우둔하다. 수나라 양제는 자기의 재능에 자만하여 그
단점을 감싸고 지키기 위해 신하들의 간언을 거부했으므로, 신하
가 군주의 뜻을 거스르면서 간하는 일은 대단히 어려웠다.

재상 자리에 있던 우세기가 감히 나아가 직언하지 않은 까닭은
이런 상태였으므로 큰 죄악이라고 할 수 없지 않을까. 옛날 은(殷)
나라의 기자(箕子)는 주왕(紂王)에게 간하다가 받아들여지지
않자 거짓으로 미친 체하여 자신을 보전했다. 공자(孔子)도 또한
그를 인자(仁者)라고 말했다. 양제가 신하에게 살해당할 때 우세
기도 함께 피살된 일은 합당한가, 아닌가."

이에 두여회(杜如晦)가 대답했다.

"'효경(孝經)'에 '천자에게 가차 없이 엄하게 잘못을 간하는
충신이 있으면 비록 무도한 천자라도 그 천하를 잃지 않는다.' 라
고 했고, 공자께서도 '참으로 곧구나, 사어(史魚)여. 나라에 바른
도가 행해질 때도 화살같이 곧고, 나라에 바른도가 행해지지 않
을 때도 위험을 생각지 않고 화살같이 참으로 곧다.'고 했습니다.
우세기는 어찌하여 수양제가 무도하여 간쟁(諫諍)을 받아들이지
않는다고 해서 입을 다물고 말하지 않으면서 재상이라는 무거운
지위에 앉아 안락을 구했습니까. 사직을 청할 수도 없었다는 것

은, 기자(箕子)가 거짓으로 미친 척하고 지위를 떠났던 일과 사리가 일치하지 않습니다.

옛날에 서진(西晉)의 혜제(惠帝)와 가후(賈后)가 민회태자(愍懷太子)를 폐하려 할 때 사공(司空) 장화(張華)는 간절하게 간하지 않고 아첨하여 구차하게 어려움을 피했습니다. 뒤에 조왕(趙王) 윤(倫)이 거병하여 가후를 폐하고, 사자를 보내 장화를 잡아오게 했습니다. 그 때 장화가 말하기를 '천자와 가후가 태자를 폐하려 하던 날 나는 아무 말도 안 한 것이 아니다. 당시 나의 말이 받아들여지지 않았을 뿐이다.' 라고 하자, 사자가 '그대는 삼공(三公)의 한 사람이었다. 태자가 아무런 죄 없이 폐위될 형편에 놓여 있을 때 그대의 간언이 용납되지 않는데 어찌하여 삼공의 자리에서 물러나지 않았는가.' 라고 했고, 장화는 대답할 말이 없었습니다. 결국 사자는 그의 목을 자르고 삼족을 멸했습니다.

공자가 말하기를 '군주가 위험할 때 지탱해 주지 않고 넘어지려 할 때 붙들어 주지 않는다면 어떻게 그런 사람을 재상으로 등용하겠는가.' 라고 했습니다. 훌륭한 군자는 큰 사건에 직면했을 때 위력이나 이익에 의해 그 정신을 빼앗기지 않습니다. 장화는 의지를 강직하게 하여 절개를 성취하지 못했고 말을 온순하게 하여 그 몸을 보전하지도 못했습니다. 임금의 신하된 자가 가져야 할 절의를 땅에 떨어뜨린 자입니다.

우세기 또한 재상의 지위에 있어 양제에게 간언할 수 있는 처지에 있었는데도 결국 임금을 위해 한 마디도 간쟁(諫諍)하지 못했습니다. 참으로 양제와 함께 죽어 마땅했던 인물입니다."

태종이 말했다.

"그대의 말은 옳다. 군주는 반드시 어질고 진실한 보좌관인 대신의 도움에 의해, 비로소 그 몸이 안전하고 국가의 안녕을 얻을 수 있다. 수양제에게 어찌 어질고 진실한 신하가 없었겠는가. 다만 자신의 허물을 들으려 하지 않았고 악이 쌓이고 재앙이 넘쳐서 멸망에 이른 것이다. 만약 군주의 행위가 정당하지 못한데 신하가 그 허물을 바르게 간하지 않고 구차히 군주의 뜻에 아첨하

여 군주가 하는 일은 무조건 잘한다고 치켜 세울뿐이라면, 군주
는 암주(暗主)가 되고 신하는 간신이 된다. 임금이 암주이고 신
하가 아첨이나 한다면 국가의 위태로움과 멸망은 멀지 않게 된다.

지금 짐이 바라는 바는 군신(君臣)이나 상하가 제각기 공평한
도리를 다하여 서로 도와서 갈고 닦아 좋은 정도(政道)를 이루
는 것이다.

그대들은 제각기 성의 있는 직언을 다하도록 노력하여 나의 잘
못을 바르게 고치도록 하라. 뜻에 거슬리는 직언을 한다고 하여
발끈 화를 내거나 꾸짖는 일은 하지 않겠다."

貞觀二年 太宗謂侍臣曰 明主思短而益善 暗主護短[1]而永愚 隋煬帝
好自矜誇 護短拒諫 誠亦實難犯忤[2] 虞世基不敢直言 或恐未爲深罪 昔
箕子[3]佯狂自全 孔子亦稱其仁[4] 及煬帝被殺 世基合同死否

杜如晦對曰 天子有諍臣 雖無道不失其天下 仲尼[5]稱 直哉 史魚[6] 邦
有道如矢 邦無道如矢 世基豈得以煬帝無道 不納諫諍 遂杜口無言 偸安
重位[7] 又不能辭職請退 則與箕子佯狂而去 事理不同 昔晉惠帝 賈后[8]
將廢愍懷太子[9] 司空張華[10]竟不能苦爭[11] 阿意苟免 及趙王倫[12]擧兵廢
后 遣使收華 華曰 將廢太子日 非是無言 當不被納用 其使曰 公爲三公
太子無罪被廢 言旣不從 何不引身而退 華無辭以答 遂斬之 夷其三族[13]
古人有云[14] 危而不持 顚而不扶 則將焉用彼相 故君子臨大節[15]而不可
奪也 張華旣抗直不能成節 遜言不足全身 王臣之節 固已墜矣 虞世基位
居宰輔[16] 在得言之地 竟無一言諫諍 誠亦合死

太宗曰 公言是也 人君必須忠良輔弼 乃得身安國寧 煬帝豈不以下無
忠臣 身不聞過 惡積禍盈 滅亡斯及 若人主所行不當 臣下又無匡諫 苟
在阿順[17] 事皆稱美 則君爲暗主 臣爲諛臣 君暗臣諛 危亡不遠 朕今志
在君臣上下 各盡至公 共相切磋[18] 以成理道 公等各宜務盡忠讜 匡救朕
惡 終不以直言忤意 輒相責怒

1) 暗主護短(암주호단) : 암주는 어두운 군주, 어리석은 임금. 호단은 자기의 단
   점이나 허물을 감싸다의 뜻.

2) 犯忤(범오) : 범하여 거스르다. 간쟁(諫諍)하다의 뜻.

3) 箕子(기자) : 은나라 주왕(紂王)의 백부에 해당한다. 조카인 주왕의 무도함을 보고 간하다가, 쓸데없는 짓임을 깨닫고 거짓으로 미친 체하여 노예 모습으로 지냈다.

4) 稱其仁(칭기인) : '논어(論語)' 미자편(微子篇)의 "미자(微子)는 떠났고, 기자(箕子)는 노예가 되었으며, 비간(比干)은 간하다가 죽었다. 공자가 이르기를 '은(殷)나라에는 3인(三仁)이 있다.'고 했다."라는 말을 이른 것이다.

5) 仲尼(중니) : 공자(孔子)의 자(字). 공자의 이름은 구(丘)이다. 여기의 공자 말은 '논어' 위령공편(衛靈公篇)에 보인다.

6) 史魚(사어) : 춘추 시대 위(衛)나라의 대부(大夫). 이름은 추(鰌). 위령공(衛靈公)이 현인인 거백옥(蘧伯玉)을 쓰지 않고 사신(邪臣)인 미자하(彌子瑕)를 중용하자 간하였다. 영공이 듣지 않자 사후에 정례(正禮)로써 장사 지내지 말라고 유언하여 영공이 감격하여 깨닫게 했다는 이야기가 '한시외전(韓詩外傳)'과 '공자가어(孔子家語)' 곤서편(困誓篇)에 보인다.

7) 偸安重位(투안중위) : 장래 일을 생각지 않고 한 때를 피하여 안락을 구하는 일. 중위는 무거운 지위. 우세기(虞世基)는 양제(煬帝)를 섬겨 내사시랑(內史侍郞)이 되어 조정 정사에 참여하는 중직에 있었다.

8) 晉惠帝賈后(진혜제가후) : 진혜제는 서진(西晉) 무제(武帝)의 둘째아들. 성은 사마(司馬). 이름은 충(衷). 어리석은 군주였다. 가후는 진혜제의 황후. 조왕(趙王) 윤(倫)에 의해 폐위되었다가 살해되었다.

9) 愍懷太子(민회태자) : 서진(西晉) 혜제(惠帝)의 장자로 태자에 봉해졌으나 가후(賈后)의 소생이 아니었으므로 뒤에 가후에 의해 살해되었다. 이름은 휼(遹). 조왕 윤이 후에 시호를 민회라 했다.

10) 張華(장화) : 자는 무선(茂先). 박학(博學)하고 문장에 능했다. 무제(武帝)에게 중용되었고 혜제 때는 승상이 되었다. 저서에 '박문지(博文志)'가 있다.

11) 苦爭(고쟁) : 엄숙하면서도 간절하게 간(諫)하다.

12) 趙王倫(조왕윤) : 서진(西晉) 선제(宣帝 : 司馬懿)의 아홉째아들로 자는 자이(子彝). 조서(詔書)를 고쳐 가후를 폐하고 혜제를 유폐(幽閉)하여 제위에 올랐으나 제왕(齊王) 경(冏)에게 토벌(討伐)되었다.

13) 夷其三族(이기삼족) : 한 사람의 죄에 연루되어 3족(三族)을 멸하는 일. 3족은 부족(父族) 모족(母族) 처족(妻族), 또는 부모 형제 처자(妻子).

14) 古人有云(고인유운) : '논어' 계씨편(季氏篇)에 나오는 말.

15) 大節(대절) : '논어(論語)' 태백편(泰伯篇)에 보이는 말로, 국가의 큰 사
건을 앞에 두고도 동요시킬 수 없는 인격이라는 뜻.

16) 宰輔(재보) : 천자의 보좌역.

17) 阿順(아순) : 군주의 뜻에 아부하여 따르다.

18) 切磋(절차) : 갈고 닦아서 향상을 도모하다.

4. 윗사람이 열심히 하면 아랫사람도 열심히 한다

정관 3년에 태종이 사공(司空) 배적(裴寂)에게 말했다.

"요즘에 자주 글을 올려 아뢰는 사항이 매우 많아져서 짐은 집
벽에 붙여 놓고 들나들 때마다 살펴본다.

쉬지 않고 노력하며 게을리 하지 않는 이유는 신하들의 생각을
알고자 함이다.

언제나 한결같이 다스림의 이치를 생각하느라 한밤중에 침실
에 들기도 한다. 그대들도 마음을 써서 게을리 하지 않아 짐의 뜻
을 도와 주기 바란다."

貞觀三年 太宗謂司空裴寂[1]曰 比有上書奏事 條數甚多 朕總黏[2]之屋
壁 出入觀省 所以孜孜不倦者 欲盡臣下之情 每一思政理 或三更[3]方寢
亦望公輩用心不倦 以副朕懷也

1) 裴寂(배적) : 자는 현진(玄眞)이고 포주(蒲州) 사람이다. 수(隋)나라에서
벼슬하여 진양궁부감(晉陽宮副監)이 되었다. 진왕(秦王)이 큰 계획을 세울
때 고조에게 아뢰지 못했다. 배적이 최선을 다해 고조에게 아뢰지 못한 사정
을 진정으로 고했으며 배적이 궁인과 함께 사사로이 고조를 따랐다. 무덕 초
에 복야(僕射)에 제수되고 '배감(裴監)'이라 부르고 이름을 부르지 않았다.
정관 초에 사공(司空)으로 봉해졌다. 죽은 뒤 하동공(河東公)으로 봉해졌다.

2) 總黏(총점) : 묶어서 붙인다.

3) 三更(삼경) : 한밤중. 자정의 전후.

5. 감정을 억제하고 간하는 말을 들어라

정관 5년에 태종이 방현령(房玄齡) 등에게 말했다.

"예로부터 제왕들이 많이 감정에 따라 기뻐하고 화내서, 기쁘면 공이 없어도 함부로 상을 주고, 화나면 죄가 없어도 함부로 죽였다. 천하 사람들이 죽고 어지러워진 일이 이로써 말미암지 않음이 없었다.

짐은 아침 일찍부터 밤 늦도록 일찍이 이로써 마음을 삼지 않은 적이 없다. 그대들은 항상 마음을 다하여 지극히 간언해 주기 바라며 그대들 또한 모름지기 남의 충고를 받아들여야 한다.

어찌 남의 말이 자기 뜻과 같지 않다고 해서, 자신의 단점을 감싸고 받아들이지 않을 수 있겠는가. 남의 충고를 받아들이지 못하면서 어찌 남에게 간할 수 있겠는가."

貞觀五年 太宗謂房玄齡等曰 自古帝王多任情喜怒 喜則濫賞無功 怒則濫殺無罪 是以天下喪亂[1] 莫不由此 朕今夙夜未嘗不以此爲心 恒欲公等盡情極諫[2] 公等亦須受人諫語 豈得以人言不同己意 便卽護短不納 若不能受諫 安能諫人

1) 喪亂(상란) : 사상(死喪)과 화란(禍亂).
2) 極諫(극간) : 거침없이 철저하게 간하다.

6. 임금되기도 어렵고 신하되기도 어렵다

정관 6년에 태종은 어사대부 위정(韋挺)과 중서시랑 두정륜(杜正倫)과 비서소감 우세남(虞世南)과 저작랑 요사렴(姚思廉) 등이 비밀스런 일을 올려 태종의 뜻에 맞게 한 일에 대해 불러서 말했다.

"짐은 옛날부터 신하가 충성을 다한 일을 관찰했는데 밝은 군주를 만나면 형편에 따라 정성을 다해 바르게 간했다. 관용봉이나 왕

자비간 같은 사람은 바르게 간하다 처자까지 죽임을 당했다. 이로
보건대 임금되기도 쉽지 않고 신하되기도 극히 어려운 일이다.

짐은 또 듣기를 용은 순하게 길들일 수 있지만 그 목 아래에 역
린(逆鱗)이 있다고 했다. 경들이 그 역린 건드리기를 피하지 않
고 각각 비밀스런 일 아뢰기를 항상 이와 같이 해 준다면 짐이 어
찌 종사(宗社 : 나라)가 쓰러질 것을 염려하겠는가. 매일 경들의
이러한 뜻을 생각하여 잠시도 잊지 않으므로 잔치를 베푸니 즐기
도록 하라."

이어서 비단을 하사하는데 차등을 두었다.

貞觀六年 太宗以御史大夫韋挺[1] 中書侍郎杜正倫[2] 秘書少監[3] 虞世南
著作郎姚思廉[4]等 上封事稱旨[5] 召而謂曰 朕歷觀自古人臣立忠之事 若
値明主 便宜盡誠規諫 至如龍逢 比干[6] 不免夸戮[7] 爲君不易 爲臣極難
朕又聞龍可擾而馴 然喉下有逆鱗[8] 卿等遂不避犯觸 各進封事 常能如
此 朕豈慮宗社之傾敗 每思卿等此意 不能暫忘 故設宴爲樂 仍賜絹有差

1) 御史大夫韋挺(어사대부위정) : 어사대부는 형법, 전장(典章)과 모든 관리의
   죄악을 바르게 하는 직책으로 어사대의 으뜸. 위정은 경조(京兆) 사람. 젊어
   서 은태자(隱太子)와 함께 하고 뒤에 태자궁의 신하가 되었다. 무덕 7년에
   은태자와 태자궁의 신하들이 역모를 꾸며 고조가 태자궁의 신하들을 모두 문
   책하여 수주(嶲州)로 귀향보냈다. 정관 초에 왕규가 여러 번 추천하여 어사
   대부가 되었다.

2) 中書侍郎杜正倫(중서시랑두정륜) : 중서시랑은 중서성의 두번째 높은 직책
   이며 조정의 큰 정사를 관여한다. 두정륜은 상주(相州) 사람. 수(隋)나라 때
   수재(秀才)로 알려졌다. 정관 초에 위징이 천거하여 병부원외랑(兵部員外
   郎)으로 발탁되어 기거주(起居注)로 옮기고 거듭 중서시랑을 지냈다.

3) 秘書少監(비서소감) : 비서성의 두번째 직책.

4) 著作郎姚思廉(저작랑요사렴) : 저작랑은 비서성의 관리이다. 축문, 제문, 묘
   비, 지문 등을 관장한다. 요사렴은 이름이 간(簡)이고 사렴은 자이다. 경조
   (京兆) 사람. 수나라에서 벼슬하여 하간군(河間郡) 사법(司法)이 되고 대
   왕시랑(代王侍郎)으로 옮겼다. 고조가 경사를 평정할 때 관리들이 모두 도

　　망갔는데 사람만 왕을 모시고 있었으므로 고조가 의롭게 여겨 진왕부의 문학
　　을 주었다. 태종이 즉위하여 홍문관학사로 고치고 저작랑으로 옮겼다.

5) 上封事稱旨(상봉사칭지) : 누설되지 않게 밀봉하여 임금에게 올려 임금의 마
　　음에 맞게 하다.

6) 龍逢比干(용봉비간) : 용봉은 걸왕(桀王) 때의 어진 신하인 관용봉. 비간은
　　왕자비간으로 주왕(紂王)의 숙부이며 현신. 둘 다 유명한 충신이다.

7) 拏戮(노륙) : 처자까지 모두 죽이다.

8) 逆鱗(역린) : 용의 턱밑에 거슬러 난 비늘. 아무리 순한 용이라도 이것을 건
　　드리면 노하여 건드린 사람을 죽인다고 한다. 제왕(帝王)의 분노를 일으키
　　게 하는 일의 비유.

7. 개는 그 주인만 위해 짖는다

　　태상경(太常卿) 위정(韋挺)이 일찍이 상소하여 정치의 옳고
그름을 나열했다.

　　태종이 글을 내려서 말했다.

　　"그대가 써 올린 글을 보니 지극히 합당하고 곧은 말이다. 그 말
의 조리를 볼 수 있으며 매우 나에게 위로가 된다.

　　옛날에 제(齊)나라 국경에서 공자들의 난(難)이 있을 때 관중
(管仲)은 환공(桓公)의 혁대를 활로 쏜 죄가 있었고, 진(晉)나
라 문공(文公)이 공자 시절 포성(蒲城)의 역사를 주관할 때 발
제(勃鞮)는 문공을 죽이려다 옷소매만 자른 원수였다. 그러나 환
공은 관중을 등용하여 의심하지 않았고 문공 역시 발제를 옛날에
아무 일도 없었던 것 같이 대했다. 이것이 어찌 각각 그 주인을 위
해 짖은 일이 아니겠는가. 본심에 두 마음이 없는 것이다. 그대의
깊은 정성이 이 글에 나타나 있다.

　　그대가 올린 내용처럼 완수한다면 길이 좋은 명예를 보전할 것
이다. 만약 태만하게 한다면 어찌 애석하지 않겠는가.

　　처음부터 끝까지 힘쓰고 힘써 장래의 모범이 되어 마땅히 후손
에게도 현재를 보게 하고 또한 현재는 옛날을 보는 것처럼 하는

일이 또한 아름답지 않겠는가! 짐은 요사이 나의 과실을 듣지 못했고 그 잘못도 보지 못했다. 진실한 충정을 다해 자주 아름다운 말을 진언해서 짐의 마음을 기름지게 했으니 어떻게 그것을 한 마디로 표현하겠는가."

太常卿[1]韋挺嘗上疏陳得失 太宗賜書曰 所上意見 極是讜言 辭理可觀 甚以爲慰 昔齊境之難 夷吾有射鉤之罪 蒲城之役[2] 勃鞮[3]爲斬袂之仇 而小白[4]不以爲疑 重耳[5]待之若舊 豈非各吠其主[6] 志在無二 卿之深誠 見於斯矣 若能克全此節 則永保令名 如其怠之 可不惜也 勉勵終始垂範將來 當使後之視今 亦猶今之視古 不亦美乎 朕比不聞其過 未覩其闕 賴竭忠懇 數進嘉言 用沃朕懷 一何可道

1) 太常卿(태상경) : 예악(禮樂)과 교제와 종묘와 사직의 일을 담당한다.
2) 蒲城之役(포성지역) : 춘추 시대 진(晉)나라의 헌공(獻公)이 총애하던 여희(驪姬)의 꾀에 말려들어 공자(公子) 중이(重耳)에게 포 땅에 성을 쌓으라 하고 죽이려 한 사건.
3) 勃鞮(발제) : 공자 중이(重耳 : 文公)를 죽이라고 하자 죽이지 않고 소매를 칼로 자르고 보내 주었다.
4) 小白(소백) : 제(齊)나라 환공(桓公)의 이름.
5) 重耳(중이) : 춘추 시대 진(晉)나라 문공(文公)의 이름.
6) 吠其主(폐기주) : 그 주인을 위하여 짖다. '한서(漢書)'에 "걸왕(桀王)의 개는 요(堯)임금이라도 짖는다. 요임금이 불인(不仁)해서 짖는 것이 아니라 그의 주인이 아니기 때문이다."라고 했다.

8. 매일 스스로 반성한다

정관 8년에 태종이 주위 신하들에게 말했다.

"짐은 매일 한가할 때 조용히 앉아서 스스로 반성하여 항상 위로는 하늘의 뜻에 맞지 않을까 걱정하고 아래로는 백성의 원망을 사지 않을까 두려워한다. 다만 바른 사람이 바르게 간해 주어 귀와 눈이 밖으로 통해서 아래로 원망과 정체가 없기를 바란다.

　사람이 와서 일을 아뢰는 모습을 보면 두려움에 떨어 말에 두
서가 없는 일이 많다. 평범한 일을 아뢰는데도 실상이 오히려 이
와 같거늘 하물며 간하여 다투고자 할 때는 반드시 나의 분노를
살까 두려워할 것이다.

　언제나 간하는 사람에게는 비록 짐의 마음에 합당하지 않더라
도 화내지 않겠다. 만약 곧 화내고 책망한다면 깊이 사람들이 두
려움을 품을까 걱정하겠다. 그들이 어찌 즐겨 다시 말하겠는가?"

　貞觀八年 太宗謂侍臣曰 朕每閒居靜坐 則自內省[1] 恒恐上不稱天心[2]
下爲百姓所怨 但思正人匡諫 欲令耳目外通 下無怨滯 又比見人來奏事
者 多有怖懾[3] 言語致失次第 尋常[4]奏事 情猶如此 況欲諫諍 必當畏犯
逆鱗 所以每有諫者 縱不合朕心 朕亦不以爲忤 若卽嗔責 深恐人懷戰
懼 豈肯更言

1) 內省(내성) : 안으로 반성하다.
2) 天心(천심) : 하늘의 마음. 하늘의 뜻.
3) 怖懾(포습) : 두려워 떨다. 두려워하다.
4) 尋常(심상) : 보통적, 일상적인.

9. 군주에게 직언하는 일은 지극히 어렵다

　정관 15년에 태종이 위징에게 물었다.

　"근자에는 조정 신하들이 아무런 의견을 말하지 않는데 그 까
닭이 무엇인가."

　위징이 대답했다.

　"폐하께서 허심탄회하게 마음을 터놓고 신하의 의견을 받아들
이시면 진심에서 우러나는 의견을 상주하는 사람이 있을 것입니
다. 옛 사람은 '아직 충분히 신임받지 못하면서 간하면 듣는 사람
은 자기를 헐뜯는 것으로 오해한다. 또 신임받으면서 간하지 않
는 자는 시위소찬(尸位素餐 : 국록의 도둑)이라고 이른다.' 라고
말했습니다.

사람의 재능은 서로 같지 않습니다. 나약한 사람은 충직한 마음이 있어도 말하지 못합니다. 또 친밀하지 못한 사람은 신임받지 못할 것을 두려워하여 말하지 못합니다. 벼슬자리를 소중하게 여기는 사람은 무심히 말하다가 자신의 지위가 위태로워질 것을 생각하고 말하려 하지 않습니다. 어느 경우나 다 입을 다물고 윗사람이나 모든 사람을 거스르지 않고 동조함으로써 그 날을 무사히 넘기고자 하는 행위입니다."

태종이 위징의 답을 듣고 말했다.

"참으로 그대의 말이 옳다. 짐은 언제나 이와 같은 것을 생각한다. 신하된 자는 간하고자 하나 문득 군주의 노여움을 사서 죽게 되지 않을까 두려워한다. 죄인의 몸이 되어 처형장으로 끌려가는 일이나 많은 적군 속으로 뛰어드는 일이 다를 바가 무엇인가. 그러므로 충성스럽고 곧은 신하는 성의를 다해 간하기를 꺼리지 않는데 성의를 다해 간하는 자는 지극히 얻기 어렵다.

옛날 우(禹)임금은 도리에 맞는 훌륭한 말을 들었을 때 경의를 표하여 절했다고 하니 어찌 이러한 것이 아니겠는가. 짐은 이제 가슴을 활짝 열고 신하들의 거침없는 간언을 받아들일 것이다. 그대들은 두려움에 마음을 써서 그대들이 생각한 바를 거침없이 말하지 못하는 일이 없도록 하라."

貞觀十五年 太宗問魏徵曰 比來朝臣都不論事 何也 徵對曰 陛下虛心採納 誠宜有言者 然古人云¹⁾ 未信而諫 則以爲謗己 信而不諫 則謂之尸祿²⁾ 但人之才器 各有不同 懦弱³⁾之人 懷忠直而不能言 疎遠之人 恐不信而不得言 懷祿⁴⁾之人 慮不便身而不敢言 所以相與緘默⁵⁾ 俛仰⁶⁾過日 太宗曰 誠如卿言 朕每思之 人臣欲諫 輒懼死亡之禍 與夫赴鼎鑊⁷⁾冒白刃⁸⁾亦何異哉 故忠貞之臣 非不欲竭誠 竭誠者乃是極難 所以禹拜昌言⁹⁾ 豈不爲此也 朕今開懷抱 納諫諍 卿等無勞怖懼 遂不極言

1) 古人云~(고인운~) : '논어' 자장편(子張篇)에 "자하(子夏)가 이르기를 군자는 … 신임받은 뒤에 간한다. 아직 신임받지 못하면 자기를 헐뜯는 것으로 생각한다."라는 말이 있다.

2) 尸祿(시록) : 관직에 있으면서 국록만 받아 먹을 뿐 그 직책을 다하지 못하는 자. 곧 시위소찬(尸位素餐).

3) 懦弱(나약) : 겁이 많고 힘이 없다.

4) 懷祿(회록) : 관직에 연연하여 실직을 두려워하는 사람.

5) 緘默(함묵) : 입을 다물고 말이 없다.

6) 俛仰(부앙) : 남의 뜻에 따라 거스르지 않는 일. 남의 뜻에 동조하는 일.

7) 鼎鑊(정확) : 옛날에 죄인을 삶아서 죽이던 형구.

8) 冒白刃(모백인) : 적군 속으로 뛰어들다.

9) 昌言(창언) : 도리에 합당하고 훌륭한 말. '서경' 우서(虞書)의 익직(益稷) 편에 있는 말.

10. 홀로 정치를 독단할 수 없다

정관 16년에 태종이 방현령 등에게 말했다.

"스스로 안다고 하는 자는 총명하기는 해도 신뢰하기가 어렵다. 글을 짓는 선비나 교묘한 기술이 있는 무리는 다 스스로 자신의 장점을 다른 사람들은 미치지 못한다고 말한다. 그러나 뛰어난 장인(匠人)이나 문장가가 계략으로 사물을 헤아리고 꾸짖으면 그들의 난잡한 문장이나 별볼일 없는 기술이 이런 때 나타난다.

이로 말미암아 말한다면, 임금이 오직 곧게 간하는 신하를 얻으면 자신의 허물이 드러나는 것이다.

하루에도 수없이 쏟아지는 정치상 중요한 일들을 한 사람이 다 듣고 결단한다면 비록 근심하여 애쓴다 해도 어찌 다 잘할 수 있겠는가?

항상 위징이 일에 따라 바른 의견을 제시하여 짐의 잘못을 많이 지적해 주었으니 거울에 내 형상을 비추는 것과 같아 아름답고 추함이 반드시 보였다고 생각된다."

잔을 들어서 방현령 등 여러 사람에게 내리고 더욱 힘쓰라고 격려했다.

貞觀十六年 太宗謂房玄齡等曰 自知者明 信爲難矣 如屬文[1]之士 伎
巧[2]之徒 皆自謂己長 他人不及 若名工文匠[3] 商略詆訶[4] 蕪詞拙跡[5] 於
是乃見 由是言之 人君須得匡諫之臣 擧其愆過 一日萬機 一人聽斷 雖
復憂勞 安能盡善 常念魏徵隨事諫正 多中朕失 如明鏡鑒形 美惡必見
因擧觴賜玄齡等數人 勖之

1) 屬文(속문) : 글을 짓는 사람. 문장을 만드는 사람.

2) 伎巧(기교) : 교묘한 기술. 기술자.

3) 名工文匠(명공문장) : 뛰어난 기술자와 문장가.

4) 商略詆訶(상략저가) : 상략은 꾀. 저가는 성내어 꾸짖다.

5) 蕪詞拙跡(무사졸적) : 난잡한 말과 꾀죄죄한 기술.

11. 망하는 것도 손바닥 뒤집는 것과 같다

정관 17년에 태종이 간의대부 저수량에게 물었다.

"옛날에 순임금은 칠기(漆器)를 만들었고 우임금은 그 도마에
조각했는데 당시에 간하는 사람이 10여 명 있었다고 한다. 식기
(食器)를 만드는 간단한 일에 무엇을 간절히 간한단 말인가?"

저수량이 대답했다.

"옥(玉)을 쪼고 새기는 일은 농사를 해치고, 좋은 허리띠를 짜
게 하는 일은 여공(女工)들을 상하게 하며, 머리 속에 사치와 음
란한 생각이 나타나게 되면 위태롭고 망하는 길로 접어들게 됩니
다. 칠기가 중지되지 않으면 반드시 금(金)그릇으로 하게 되고 금
그릇이 중지되지 않으면 반드시 옥(玉)그릇으로 하게 됩니다. 이
로써 간하는 신하는 반드시 그 차츰 이루어지는 출발점에서 간하
고 그 가득 차는 데 이르면 다시 간하는 일이 없습니다."

태종이 이에 말했다.

"경(卿)의 말이 옳다. 짐이 하는 일에 만약 적합하지 않음이 있
으면 혹 차츰 시작되는 데 있거나 혹은 이미 끝마침에 도달했더
라도 다 마땅히 간하도록 하라. 앞의 역사를 보면 신하가 간하면
대답하여 이르기를 '이미 했다.' 라고 하거나 혹은 '이미 허락했

다.' 라고 하여, 끝내 중지시키고 고치려 하지 않았다. 이것은 멸 망의 재앙이 손바닥 뒤집기를 기다리고 있는 것과 같으리라."

貞觀十七年 太宗問諫議大夫褚遂良曰 昔舜[1]造漆器 禹[2]雕其俎 當時 諫者十有餘人 食器之間 何須苦諫 遂良對曰 雕琢害農事 纂組傷女工 首創奢淫 危亡之漸 漆器不已 必金爲之 金器不已 必玉爲之 所以諍臣 必諫其漸 及其滿盈 無所復諫 太宗曰 卿言是矣 朕所爲事 若有不當 或 在其漸 或已將終 皆宜進諫 比見前史 或有人臣諫事 遂答云 業已[3]爲 之 或道業已許之 竟不爲停改 此則危亡之禍可反手[4]而待也

1) 舜(순) : 이름은 중화(重華)이고 유우(有虞)씨이다. 요(堯)임금에게 제위를 물려받아 천하를 잘 다스리다 제위를 다시 하(夏)나라 우(禹)임금에게 물려 주었다.

2) 禹(우) : 곤(鯀)의 아들. 하(夏)나라 시조 순(舜)임금의 명령으로 홍수를 잘 다스려 순임금에게 제위를 선양받았다.

3) 業已(업이) : 사업이 이미 진행되다.

4) 反手(반수) : 손바닥을 뒤집다. 아주 쉽다는 말.

제5편 바른말을 받아들이다
(論納諫第五 : 凡十章)

1. 악(惡)을 알기는 쉬우나 고치기는 어렵다

정관 초년에 태종이 황문시랑(黃門侍郎) 왕규와 한가로운 시간에 이야기를 나누었다.

그 때 곁에서 한 미인이 태종을 모시고 있었다. 이 미인은 원래 여강왕(廬江王) 원(瑗)이 아끼던 후궁인데 원이 반역하여 죽은 뒤에 관부(官府)에 몰수되어 궁중으로 들어온 여자였다.

태종은 그 미인을 가리키며 왕규에게 말했다.

"여강왕은 무도한 사람이다. 이 여자의 무도한 남편을 죽이고 내가 받아들였다. 그는 몹시 포학했으니 어찌 멸망하지 않을 수 있었겠는가."

이 말을 듣고 왕규는 자리에서 물러 앉으며 되물었다.

"폐하께서는 여강왕이 남의 아내를 빼앗은 일이 옳다고 생각하십니까, 옳지 않다고 생각하십니까."

이에 태종이 말했다.

"어찌 남편을 죽이고 그 아내를 빼앗는 일이 있을 수 있겠는가. 나쁘다는 것은 정한 이치인데 경이 짐에게 그 옳고 그름을 묻는 까닭이 무엇인가."

왕규가 대답했다.

"신은 '관자(管子)'라는 책에 이런 이야기가 있다고 들었습니다. 제나라 환공이 멸망한 곽국(郭國)에 가서 그곳의 부로(父老 : 그 고장에서 우러르는 어른)에게 묻기를 '곽국은 무슨 까닭으

로 망했습니까.' 하자, 부로가 '곽국 임금은 선을 좋아하고 악을
싫어했기 때문입니다.' 라고 대답했습니다. 이 말을 들은 환공이
의아해서 '말씀대로라면 곽국 임금은 현군이었는데 어찌 멸망했
습니까.' 했더니, 부로는 '그렇지 않습니다. 곽국 임금은 선이 좋
은 줄은 알았지만 그 선을 활용할 줄 몰랐고, 악이 나쁜 줄은 알
았지만 그 악을 제거할 줄 몰랐습니다. 그것이 멸망하게 된 이유
입니다.' 라고 대답했습니다.

　지금, 이 여인은 폐하의 곁에서 폐하를 모시고 있습니다. 외람
된 말씀이오나 신은 남편을 죽이고 그 아내를 빼앗는 행위를 폐
하께서 은근히 시인하시지 않나 생각했습니다. 만약 폐하께서 그
것을 그르고 생각하셨다면 소위 악한 일인줄 알면서도 제거하지
못하시는 일입니다."

　태종은 대단히 기뻐하며 지극히 좋은 말이라고 칭찬했다. 그리
고 서둘러 미인을 그의 친족(親族)에게 돌려보냈다.

　貞觀初　太宗與黃門侍郎王珪宴語[1]　時有美人[2]侍側　本廬江王瑗[3]之
姬也　瑗敗籍沒[4]入官　太宗指示珪曰　廬江不道　賊殺其夫　而納其室[5]　暴
虐之甚　何有不亡者乎　珪避席曰　陛下以廬江取之爲是邪　爲非邪　太宗
曰　安有殺人而取其妻　卿乃問朕是非　何也　珪對曰　臣聞於管子[6]曰　齊
桓公[7]之郭國　問其父老曰　郭何故亡　父老曰　以其善善而惡惡也　桓公曰
若子之言　乃賢君也　何至於亡　父老曰　不然　郭君善善而不能用　惡惡而
不能去　所以亡也　今此婦人尙在左右　臣竊以爲聖心是之　陛下若以爲非
所謂知惡而不去也　太宗大悅　稱爲至善　遂令以美人還其親族

1) 宴語(연어) : 한가한 시간. 대화를 나눌 수 있는 시간.
2) 美人(미인) : 궁녀를 이르는 말.
3) 廬江王瑗(여강왕원) : 당나라 태조(太祖)의 증손. 여강왕(廬江王)에 봉해
　　졌으나 왕군곽(王君廓)의 꾀임에 빠져 반란을 일으켰다가 왕군곽에 의해 살
　　해되었다. 태조가 울(蔚)을 낳고 울이 철(哲)을 낳고 철이 원(瑗)을 낳았다.
4) 籍沒(적몰) : 역적이나 중죄인의 가산을 몰수하다.
5) 室(실) : '처(妻)'와 같다.

6) 管子(관자) : 책 이름. 춘추 시대 제(齊)나라 관중(管仲)의 저서이며 총 18편
   으로 되어 있다.
7) 齊桓公(제환공) : 춘추 시대 제(齊)나라의 제후. 관중을 재상으로 삼고 제후
   의 패자(覇者)가 되었다. 춘추 오패(春秋五覇)의 하나. 오패(五覇)는 제
   (齊)나라 환공(桓公), 진(晉)나라 문공(文公), 진(秦)나라 목공(穆公), 송
   (宋)나라 양공(襄公), 초(楚)나라 장왕(莊王).

2. 낙양의 건원전을 수리하지 말라고 간하다

정관 4년에 조서를 내려 낙양(洛陽)의 건원전(乾元殿)을 수리
하여 제후·나라를 순찰할 때 사용할 수 있도록 준비하게 했다.

이때 급사중(給事中) 장현소(張玄素)가 상서를 올려 간했다.

"폐하의 지혜는 두루 만물에 미치고 천하는 한 주머니 안에 있
습니다. 명령을 내리면 어찌 응하지 않는 곳이 있겠습니까. 마음
으로 하고자 하는 것이 있으면 무슨 일이든 따르지 않겠습니까.

미천한 신은 진시황(秦始皇)이 임금될 수 있었던 원인을 생각
했습니다. 주(周)나라 말기에 의지하여 강성한 여섯 나라를 병합
해 그 힘으로 장차 만대(萬代)까지 끼칠 것 같더니 그 아들 대에
이르러 망했습니다. 그것은 진실로 마음껏 즐기고 욕심만 채워서
하늘을 거스르고 사람을 해쳤기 때문입니다.

잘 아시다시피 천하는 힘만 가지고 이기지 못하고 귀신은 가까이
믿을 것이 못됩니다. 오직 크게 검약하고 세금을 적게 거두며 시작
과 끝을 신중하게 하면 오랫동안 확고하게 할 수 있습니다.

지금은 많은 왕들의 말기를 계승했고 또 시들고 해진 나머지에
속해 있습니다. 반드시 절제를 예절로 만들려 하신다면 폐하께서
몸소 먼저 실행하셔야 합니다.

동도(東都 : 동쪽 수도, 낙양)로 거동할 기일이 정해지지 않았는
데 건원전을 보수하도록 명령하셨습니다. 모든 왕(王)은 지금 다
변경에 나가 있는데 건원전을 경영하기 위해 수많은 사람을 일으
키는 일이 어찌 저 피로한 사람들이 바라는 일이겠습니까? 이것

이 할 수 없는 첫번째 이유입니다.

폐하께서 처음에 동도(東都)를 평정할 때 층층으로 된 누각과 넓은 전각을 다 철거하라 명령하시어 천하가 흡족하게 생각했고 마음을 함께하고 고개를 끄덕였습니다. 어찌 처음에는 사치를 미워하고 지금은 그보다 더 아름답게 꾸미려 하십니까? 이것이 할 수 없는 두번째 이유입니다.

매일 말씀과 뜻을 받들더라도 바로 순행하지 않을 것이라면 이 일은 급하지 않은 일입니다. 허비하는 수고로움 때문에 나라는 누적되는 저축이 없는데 무엇으로 두 곳의 수도(서울)를 아름답게 꾸미는데 쓰겠습니까. 또 노역이 지나치면 원망하는 소리가 장차 일어날 것입니다. 이것이 할 수 없는 세번째 이유입니다.

백성은 난리 뒤를 이어서 재력이 고갈되었지만 하늘의 보살핌으로 겨우 존립하고 있습니다. 굶주림과 헐벗음이 절박해지고 생계가 편안하지 못한 것이 15년 동안이나 지속되도 복구하지 못했는데 어찌 가지도 않을 도읍지를 경영하게 하여 피로한 백성의 힘을 빼앗으려 하십니까. 이것이 할 수 없는 네번째 이유입니다.

옛날에 한(漢)나라 고조(高祖)가 장차 낙양(洛陽)으로 도읍을 정하려 할 때 누경(婁敬)의 한 마디를 듣고 그 날로 서쪽으로 수레를 돌렸습니다. 어찌 그 땅이 오직 천하의 중심지며 공물과 세금이 고르다는 것을 알지 못했겠습니까. 다만 지세가 관내(關內)보다 뛰어나지 못하다는 이유뿐이었습니다. 엎드려 생각건대 폐하께서는 피곤한 사람을 변화시키고 인정이 박한 풍속을 고치는 데도 오히려 날짜가 없어서 순화시키지 못하고 계십니다. 일의 마땅함을 헤아려 보건대 어찌 동도(東都)로 가려 하십니까? 이것이 할 수 없는 다섯번째 이유입니다.

신이 일찍부터 보아 오건대, 수나라가 처음 이 궁전을 지을 때 기둥과 마룻대가 굉장하여 큰 나무는 가까운 곳에서 가져 오지 않고 다 먼 예장(豫章) 지방에서 베어왔습니다. 2천 명이 하나의 기둥을 끌었는데 그 아래는 수레에 올려 놓았습니다. 수레는 다 생철(生鐵)로 만들고 중간에는 혹 나무 수레를 사용하여 움직이면

불이 나왔습니다. 대략 계산하면 하나의 기둥에 이미 수십 만금을
사용했는데 그 나머지 비용은 또 이보다 몇 갑절에 해당합니다.

신은 듣기를 '아방궁(阿房宮)이 이루어지자 진(秦)나라 사람
들이 흩어졌고 장화대(章華臺)가 이루어지자 초(楚)나라 대중
이 떠나갔고 건원전(乾元殿)의 공사가 끝나자 수(隋)나라 사람
들이 해체되었다.'라고 했습니다.

폐하께서는 오늘날의 공력(功力)으로 어찌하여 수나라가 망해
간 뒤를 이어서 전쟁이나 반란 등으로 수없이 손해를 입은 백성
을 수고스럽게 하고 억만 사람의 공로를 소비시키고 모든 왕(王)
의 폐단을 되풀이하려 하십니까? 이러한 것들로 말씀드리면 수나
라 양제보다 심하다고 할까 두렵습니다. 깊이 살펴 유여(由余)의
웃음거리가 되지 않으신다면 천하는 매우 다행한 일일 것입니다."

상소를 보고 태종이 장현소에게 이르기를

"경(卿)이 나를 양제(煬帝)보다 못하다 했는데 걸(桀)왕이나
주(紂)왕과는 어떠한가?"

라고 하자, 장현소가 대답했다.

"이와 같은 궁전이 마침내 이루어지면 함께 어지러움에 빠진
것과 같습니다."

태종이 탄식하기를

"내가 그 수량을 헤아리지 못해서 드디어 여기에 이르렀다."
라고 말하고, 돌아보면서 방현령에게 말했다.

"지금 장현소가 올린 상소를 보니 낙양의 건원전을 수리하는
일은 마땅치 못한 것 같다. 나중에 반드시 일이 있어 가게 된다면
길거리에 함께 앉아 있더라도 또 무슨 괴로움이 돌아오겠는가. 일
을 시작했더라도 곧 중지하라. 낮은 사람이 높은 사람을 구제하
기를 옛날부터 쉽지 않은 일이다. 그의 충직이 아니었으면 어찌
이와 같이 되었겠는가. 모든 사람이 즐겨 따르는 일이 한 선비의
곧은 말보다 못하다. 비단 5백 필을 상으로 하사하노라."

위징이 감탄하여 말했다.

"장현소는 하늘의 마음을 돌리는 힘이 있다. 가히 '어진 사람

의 말은 그 이로움이 넓고 넓다!' 는 말과 같다."

貞觀四年 詔發卒修洛陽之乾元殿¹⁾ 以備巡狩²⁾ 給事中³⁾張玄素⁴⁾上書諫曰 陛下智周萬物 囊括四海 令之所行 何往不應 志之所欲 何事不從 微臣竊思秦始皇⁵⁾之爲君也 藉周室⁶⁾之餘 因六國⁷⁾之盛 將貽之萬葉 及其于而亡 諒由逞嗜奔慾 逆天害人者也 是知 天下不可以力勝 神祇不可以親恃 惟當弘儉約 薄賦斂 愼終始 可以永固

方今承百王⁸⁾之末 屬凋弊之餘 必欲節之以禮制 陛下宜以身爲先 東都⁹⁾未有幸期 卽令補葺 諸王今竝出藩 又須營構 興發數多 豈疲人之所望 其不可一也 陛下初平東都之始 層樓廣殿 皆令撤毀 天下翕然 同心傾仰 豈有初則惡其侈靡 今乃襲其雕麗 其不可二也 每承音旨 未卽巡幸¹⁰⁾ 此乃事不急之務 成虛費之勞 國無兼年之積 何用兩都¹¹⁾之好 勞役過度 怨讟將起 其不可三也 百姓承亂離之後 財力凋盡 天恩含育 粗見存立 飢寒猶切 生計未安 三五年間 未能復舊 奈何營未幸之都 而奪疲人之力 其不可四也 昔漢高祖¹²⁾將都洛陽 婁敬¹³⁾一言 卽日西駕¹⁴⁾ 豈不知地惟土中 貢賦所均 但以形勝不如關內也 伏惟陛下 化凋弊之人 革澆漓之俗¹⁵⁾ 爲日尙淺 未甚淳和 斟酌事宜 詎可東幸 其不可五也

臣嘗見隋室初造此殿 楹棟宏壯 大木非近道所有 多自豫章¹⁶⁾採來 二千人拽一柱 其下施轂 皆以生鐵爲之 中間若用木輪 動卽火出 略計一柱 已用數十萬 則餘費又過倍於此 且聞 阿房成 秦人散 章華¹⁷⁾就 楚衆離 乾元畢工 隋人解體 且以陛下今時功力 何如隋日承凋殘之後 役瘡痍之人¹⁸⁾ 費億萬之功 襲百王之弊 以此言之 恐甚於煬帝遠矣 深願陛下思之 無爲由余¹⁹⁾所笑 則天下幸甚矣

太宗謂玄素曰 卿以我不如煬帝 何如桀紂 一對曰 若此殿卒興 所謂同歸於亂 太宗嘆曰 我不思量 遂至於此 顧謂房玄齡曰 今玄素上表 洛陽實亦未宜修造 後必事理須行 露坐亦復何苦 所有作役 宜卽停之 然以卑干尊 古來不易 非其忠直 安能如此 且衆人之唯唯²⁰⁾ 不如一士之諤諤²¹⁾ 可賜絹五百匹 魏徵嘆曰 張公遂有回天之力²²⁾ 可謂仁人²³⁾之言 其利博哉

1) 乾元殿(건원전) : 수(隋)나라가 건립한 낙양(洛陽)에 있는 궁전. 옛날 주(周)나라 땅.

2) 巡狩(순수) : 천자가 제후의 나라를 순회하며 시찰하다.

3) 給事中(급사중) : 천자를 모시고 좌우에서 일을 살피는 벼슬 이름. 홍문관의
   일을 살핀다.

4) 張玄素(장현소) : 포주(蒲州) 사람. 수(隋)나라에서 벼슬하여 경성현호조
   (景城縣戶曹)가 되었다. 두건덕이 경성을 함락시킬 때 죽이려고 하자 읍내
   사람들이 호소하여 말하기를 '이 사람은 청백리이다. 죽이면 하늘이 없는 것
   이다.'라고 하여 놓아 주었다.

5) 秦始皇(진시황) : 진(秦)나라 시황제. 이름은 정(政). 6국을 멸망시키고 천
   하를 통일하여 봉건제를 고쳐서 천하를 군현으로 나누고 만리장성을 쌓았다.

6) 周室(주실) : 주나라 왕실.

7) 六國(육국) : 전국 시대(戰國時代)에 자웅을 다투던 제(齊)·초(楚)·연
   (燕)·한(韓)·조(趙)·위(魏)의 여섯 나라.

8) 百王(백왕) : 모든 왕을 말한다.

9) 東都(동도) : 낙양(洛陽)을 이른다.

10) 巡幸(순행) : 순행(巡行). 제후의 나라를 순찰하다.

11) 兩都(양도) : 2개의 서울. 곧 낙양(洛陽)과 장안(長安)을 뜻한다.

12) 漢高祖(한고조) : 한(漢)나라를 창업한 유방(劉邦).

13) 婁敬(누경) : 제(齊)나라 사람. 한나라 고조가 낙양(洛陽)에 있을 때 누경
   이 말하기를 '폐하께서 천하를 취하려면 주(周)나라와 다르게 하여 마땅히
   관(關)내로 들어가 도읍을 삼으십시오'라고 했다. 진(秦)나라의 일을 살피
   며 위에서 결정하지 못하고 있는데 장량(張良)이 관(關)으로 들어가는 것이
   더 편리하다고 하자 그 날로 서도(西都)인 장안으로 수레를 돌렸다. 누경에
   게는 유씨의 성을 하사하고 낭중(郎中)으로 제수하였다.

14) 西駕(서가) : 서쪽 수도인 장안(長安)으로 수레를 돌리다.

15) 澆漓之俗(요리지속) : 인정이 야박한 풍속.

16) 豫章(예장) : 군(郡) 이름. 지금의 용흥로(龍興路) 예강(隷江) 서쪽.

17) 章華(장화) : 초(楚)나라 영왕(靈王)이 장화대(章華臺)를 만들었다.

18) 瘡痍之人(창이지인) : 전쟁이나 반란 등을 겪으며 백성이 감수한 질곡(상처).

19) 由余(유여) : 서융인(西戎人). 융왕(戎王)의 사신. 유여의 이야기는 '사기
   (史記)'에 자세히 나온다.

20) 唯唯(유유) : 유유낙낙하는 것. 즐겨 따르다.

21) 諤諤(악악) : 곧은 말을 하는 모양.

22) 回天之力(회천지력) : 하늘을 돌릴 수 있는 힘. 대단한 힘.

23) 仁人(인인) : 어진 사람. 사람으로써의 도리를 완전히 갖춘 사람.

3. 황후(皇后)가 마음을 열어 나를 깨우쳤다

태종에게 잘 달리는 말 한 필이 있었는데 그 말을 특별히 사랑하여 궁중의 관리사에게 잘 관리하게 하였다.

어느날 그 말이 아무 병이 없는데 갑자기 죽어 태종이 노하여 말을 돌보던 관리사를 죽이려 하자 황후가 간하여 말하기를

"옛날에 제(齊)나라 경공(景公)이 아끼던 말이 죽자 말을 돌보던 사람을 죽이려 했습니다. 이에 안자(晏子)가 여러 가지 죄를 청하기를 '네가 말을 돌보다 죽였으니 너의 죄가 그 하나요, 공(公)으로 하여금 말 때문에 사람을 죽이게 하여 백성이 그 말을 들으면 반드시 우리 임금을 원망할 것이니 너의 두번째 죄요, 제후들이 들으면 반드시 우리 나라를 가볍게 여길 것이니 너의 세번째 죄다.'라고 말했습니다. 이에 경공이 용서하고 풀어 주었습니다. 폐하께서는 글을 읽을 때 이런 내용을 보고 어찌 잊으셨습니까?"

라고 하니, 태종이 죽이려는 마음을 풀었다.

그런 다음 방현령에게 말했다.

"황후가 여러 가지 일로 자기의 마음 속을 열어서 나를 깨우쳐 주어 지극한 유익함이 있었다."

太宗有一駿馬[1] 特愛之 恒於宮中養飼 無病而暴死 太宗怒養馬宮人 將殺之 皇后[2]諫曰 昔齊景公[3]以馬死殺人 晏子[4]請數其罪云 爾養馬而 死 爾罪一也 使公以馬殺人 百姓聞之 必怨吾君 爾罪二也 諸侯聞之 必 輕吾國 爾罪三也 公乃釋罪 陛下嘗讀書 見此事 豈忘之邪 太宗意乃解 又謂房玄齡曰 皇后庶事相啓沃[5] 極有利益爾

1) 駿馬(준마) : 아주 잘 달리는 좋은 말.

2) 皇后(황후) : 당시의 장손(長孫)황후를 말한다.

3) 齊景公(제경공) : 춘추 시대 제나라의 경공. 이름은 저구(杵臼)이다.

4) 晏子(안자) : 제(齊)나라 경공 시대의 재상. 이름은 영(嬰). 자는 평중(平仲).

5) 啓沃(계옥) : 자기의 마음 속을 열어서 보여 주다.

4. 유람하는 일을 성군은 행하지 않았습니다

정관 7년에 태종이 구성궁(九成宮)으로 행차하려 하였다. 이 때 산기상시(散騎常侍) 요사렴이 간언했다.

"폐하께서는 높은 궁궐에 살면서 모든 백성을 편안하게 해 주셔야 합니다. 욕망이 백성을 따르게 해야지 백성이 욕망을 따르게 해서는 안 됩니다. 궁을 떠나 유람하는 일은 진시황이나 한나라 무제(武帝)가 행한 일이고, 요임금이나 순임금이나 우임금이나 탕임금들이 행한 바가 아닙니다."

그의 말이 매우 간절했다.

태종이 깨달아서 말하기를

"내가 기질(氣疾)이 있어 열이 갑자기 심해졌으므로 정이 아니게 유람을 좋아했다. 경의 뜻을 매우 아름답게 여기노라."

라 하고는 비단 50단(段)을 하사하였다.

貞觀七年 太宗將幸九成宮[1] 散騎常侍姚思廉進諫曰 陛下高居紫極[2] 寧濟蒼生[3] 應須以欲從人 不可以人從欲 然則離宮遊幸 此秦皇 漢武之事[4] 故非堯舜禹湯[5]之所爲也 言甚切至 太宗諭之曰 朕有氣疾 熱便頓劇[6] 故非情好遊幸 甚嘉卿意 因賜帛五十段

1) 九成宮(구성궁) : 수(隋)나라의 인수궁(仁壽宮)을 뜻한다.

2) 紫極(자극) : 궁궐. 대궐.

3) 寧濟蒼生(영제창생) : 모든 백성을 편안하게 구제하다.

4) 秦皇漢武之事(진황한무지사) : 진시황과 한나라 무제의 일.

5) 堯舜禹湯(요순우탕) : 요임금, 순임금, 우임금, 탕임금. 모두 성군(聖君)들.

6) 頓劇(돈극) : 갑자기 심하다.

5. 지방 장관의 간언을 포상하다

정관 3년에 이대량(李大亮)은 양주(凉州) 도독이 되었다. 언젠가 대사(臺使 : 조정의 사자)가 주(州)의 경계에 이르렀다가 명응(名鷹 : 사냥에 쓰는 좋은 매)을 보고, 대량에게 이것을 헌상함이 어떠냐고 떠보았다.

이에 대량이 은밀히 표(表)를 올려 말하기를

"폐하께서 전렵(畋獵 : 사냥)을 끊은 지 오래되었는데 파견나온 대사(臺使)가 매를 구합니다. 만약 이것이 폐하의 뜻이라면 깊이 옛날의 뜻에 어긋납니다. 만일 그것이 대사가 마음대로 한 일이라면 사자로서 적임자가 아닙니다."

하자, 태종이 그에게 칙서를 내려 말했다.

"경은 문무를 아울러 갖추고 뜻이 곧고 확고함을 품었으므로 번목(藩牧 : 지방 장관)을 맡겨 중요한 임무를 수행하게 했는데 근자에 양주의 훌륭한 공적이 멀리까지 빛난다. 경의 충성스럽고 부지런함을 어찌 자나깨나 잊겠는가! 사자가 매를 헌상하라 했는데 끝내 곡순(曲順 : 소신을 굽혀 남을 따름)하지 않았다. 현재의 것을 논하고 옛 것을 인용하여 멀리 직언을 올려 속마음을 피력함이 보통을 넘어 간절함에 이르렀으니 아름답게 여기고 칭찬을 그치지 않을 뿐이다. 그대같은 신하가 있는데 짐이 다시 무엇을 근심하겠는가. 마땅히 이런 정성을 잘 지켜 처음과 끝을 한결같이 하라.

시에 이르기를 '그대 자리 삼가 받들어 이 곧은 이를 항상 좋아하면 신령께서도 이를 알아 너에게 큰 복을 주시리라.' 라고 했다. 또 옛 사람이 말하기를 '한 마디의 무게 천금과 같다.' 고도 했다. 경이 올린 말은 매우 귀하게 여길 만하다.

지금 경에게 금술잔과 금주발을 각각 한 개씩 하사하는데 비록 천일(千鎰)의 무게는 없다 하더라도 짐이 직접 쓰던 물건이다. 경은 뜻을 세우는 것이 곧고 절개를 다하는 것이 지극히 공정하여, 직무에 처하여 관직을 감당하고 매양 맡은 바에 부응한다. 장차 큰 임무를 맡겨 그대의 중대한 책임을 펴게 할 것이다. 공사(公事)를 보는 사이사이에도 마땅히 전적을 보아야 하니 아울러 경에게 순열(荀悅)이 지은 '한기(漢紀)' 한 부를 보낸다. 이 책은 서술이 극진하고 간단하게 요약되어 의론이 깊고 넓으며 정사를 체득함이 지극하고 군신의 의를 다하고 있다. 이제 경에게 하사하니 마땅히 깊이 연구하고 관찰하기 바란다."

貞觀三年 李大亮¹⁾爲凉州都督²⁾ 嘗有臺使至州境 見有名鷹 諷³⁾大亮獻之 大亮密表曰 陛下久絶畋獵⁴⁾ 而使者求鷹 若是陛下之意 深乖昔旨⁵⁾ 如其自擅 便是使非其人

太宗下書⁶⁾曰 以卿兼資文武 志懷貞確 故委藩牧⁷⁾ 當茲重寄 比在州鎭⁸⁾ 聲績遠彰 念此忠勤 豈忘寤寐 使遣獻鷹 遂不曲順 論今引古 遠獻直言 披露腹心 非常懇到 覽用嘉歎 不能已已 有臣若此 朕復何憂 宜守此誠 終始若一 詩云⁹⁾ 靖恭爾位 好是正直 神之聽之 介爾景福 古人稱¹⁰⁾一言之重 侔於千金 卿之所言 深足貴矣 今賜卿金壺缾¹¹⁾ 金椀各一枚 雖無千鎰¹²⁾之重 是朕自用之物 卿立志方直 竭節至公 處職當官 每副所委 方大任使 以申重寄 公事之間 宜觀典籍 兼賜卿荀悅 漢紀¹³⁾一部 此書敍致簡要 論議深博 極爲政之體 盡君臣之義 今以賜卿 宜加尋閱¹⁴⁾

1) 李大亮(이대량) : 문무에 다 재능이 있어 정관 초년에 태부경(太府卿)이 되었다가 양주(凉州) 도독이 되었다. 토곡혼(吐谷渾)을 토벌한 공로로 우위장군(右衛將軍)이 되었다. 죽음에 임하여 요동(遼東) 전쟁의 중지를 간했다.

2) 凉州都督(양주도독) : 양주는 감숙성(甘肅省)에 속하는 주 이름. 중국 서북부의 국경 지방. 도독은 당대(唐代)에 각 주에 두었던, 군사를 총괄하던 무관.

3) 諷(풍) : 멀리 돌려서 뜻을 떠보다.

4) 畋獵(전렵) : '수렵(狩獵)'과 같다. 사냥.

5) 昔旨(석지) : 예전, 이전의 뜻.

6) 下書(하서) : 그에게 칙서를 내리다.

7) 藩牧(반목) : 지방의 장관. 여기서는 주(州)의 도독(都督)을 뜻한다.

8) 州鎭(주진) : 주의 장관.

9) 詩云(시운) : '시경(詩經)' 소아(小雅) 소명편(小明篇)에 있는 말.

10) 古人稱(고인칭) : '월절서(越絶書)' 월절외전기책고(越絶外傳紀策考)에 '어자일언 천금귀언(漁者一言千金歸焉)' 이라는 말이 있다.

11) 壺鉼(호병) : 술그릇. 곧 술잔.

12) 千鎰(천일) : 일(鎰)은 옛날에 금을 다는 중량의 단위. 20냥, 24냥, 30냥 등의 설이 있다. 주대(周代)의 1냥은 약 16g.

13) 荀悅漢紀(순열한기) : 후한(後漢) 때 순열(荀悅)이 지은 한기(漢紀). 30권으로, 반고(班固)의 '한서(漢書)'에서 번잡한 부분을 깎고 '좌전(左傳)'의 체제를 따랐다. 순열의 자는 중예(仲豫). 영천(潁川) 사람. 비서감을 지냈다.

14) 尋閱(심열) : 연구하고 관찰하다.

6. 과격하고 절실해야 임금의 마음을 일으킨다

정관 8년에 섬현(陜縣)의 보좌관 황보덕삼(皇甫德參)이 올린 글이 태종의 마음을 상하게 했다.

태종은 황보덕삼이 자신을 헐뜯는 것으로 여겼는데 시중(侍中) 위징이 나아가 아뢰었다.

"옛날에 가의(賈誼)가 한문제(漢文帝)에게 글을 올렸는데 그 내용에 '가히 통곡할 것이 하나이고 가히 길이 탄식할 것이 여섯' 이라고 했습니다. 옛날부터 상서의 내용은 대개 과격하고 절실한 부분이 많습니다. 만약 과격하고 절실하지 않다면 임금의 마음을 일으키지 못합니다. 과격하고 절실한 말은 곧 헐뜯는 것 같이 보입니다. 폐하께서는 오직 그 옳고 그름만 상세하게 하십시오"

이에 태종이 말하기를

"공(公 : 그대)이 아니면 이런 말을 지적할 자가 없다."

하고 영을 내려 황보덕삼에게 비단 20단(段)을 하사하였다.

貞觀八年 陜縣丞皇甫德參[1] 上書忤旨 太宗以爲訕謗[2] 侍中魏徵進言曰 昔賈誼[3]當漢文帝[4] 上書云云 可爲痛哭者一 可爲長歎息者六 自古上書 率多激切[5] 若不激切 則不能起人主之心 激切卽似訕謗 惟陛下詳其可否 太宗曰 非公無能道此者 令賜德參帛二十段

1) 陝縣丞皇甫德參(섬현승황보덕삼) : 섬현은 지금의 섬주(陝州). 승은 군수
   를 보좌하는 벼슬. 황보는 성(姓)이고 덕삼은 이름이다.
2) 訕謗(산방) : 헐뜯음. 비방함. 꾸짖음.
3) 賈誼(가의) : 전한(前漢) 문제(文帝) 때의 문신. 낙양(洛陽) 사람. '치안책'
   '과진론(過秦論)' 등의 글이 유명하다.
4) 漢文帝(한문제) : 전한의 임금으로 제5대 임금. 한고조(漢高祖)의 둘째아들.
   이름은 항(恒). 재위 23년. 인자하고 공겸하기로 이름난 임금.
5) 激切(격절) : 과격하고 절실한 언어.

7. 구해서 얻은 물건은 귀한 것이 아니다

정관 15년에 사신을 서역에 파견하여 섭호가한(葉護可汗)을
세우도록 하였는데 그 사신이 아직 돌아오지 않았다. 그런데 또
사람을 시켜 많은 금과 비단을 가지고 가 서역의 여러 나라에서
말을 사오도록 하여 말시장을 교란시키려 했다.

이에 위징이 간언을 올렸다.

"지금 섭호가한을 세운다는 명분으로 사신을 보냈습니다. 아직
섭호가한이 확고하게 서지 않았는데 곧바로 여러 나라의 말시장에
사람이 이르면 저들은 반드시 우리 의도가 말을 사는 데 있지, 오
로지 섭호가한을 세우는 데 있지 않다고 생각할 것입니다. 그러면
섭호가한이 지위를 얻더라도 은혜를 크게 생각하지 않을 것이고
지위를 얻지 못하면 깊은 원망이 생길 것입니다. 또 모든 변방에서
이런 이야기를 듣고 우리 중국을 가볍게 여길 것입니다. 나라가 편
안하면 모든 나라의 말은 구하지 않아도 스스로 이를 것입니다.

옛날에 한나라 문제(文帝)에게 천리마를 헌납하는 자가 있었
는데 문제가 말하기를 '나는 지방 순찰을 위해 움직이는 때가 30
번이고 군사적인 일로 다니는 때가 50번이다. 그럴 때면 내가 타
는 수레는 앞에 있고 따르는 수레는 뒤에 있게 되는데 나 홀로 천
리마를 타면 편안하겠느냐?' 라고 했습니다. 이에 천리마를 가져
온 비용을 계산해서 주고 돌려보냈습니다. 또 광무제에게 천리마

와 보검을 헌상한 자가 있었는데 말은 기마병에게 주고 칼은 기사(騎士)에게 주었습니다.

지금 폐하께서 베푸신 은혜는 다 멀리 삼왕(三王)을 넘어서는데 어찌하여 한나라 효문제와 광무제의 아래에 이르고자 하십니까?

또 위(魏)나라 문제가 시장에 나가 서역(西域)에서 온 큰 구슬을 구하려 하자 소칙(蘇則)이 이르기를 '만약 폐하의 은혜가 온 천하에 미치면 구하지 않아도 스스로 오게 될 것입니다. 구해서 얻은 것은 귀한 것이 아닙니다.' 라고 했습니다.

폐하께서 비록 한나라 문제의 높은 행동을 사모하지 않더라도 소칙(蘇則)의 바른말은 꺼리지 마시옵소서."

태종이 곧 명령을 내려 중지시켰다.

貞觀十五年 遣使詣西域[1] 立葉護可汗[2] 未還 又令人多賚金帛 歷諸國市馬 魏徵諫曰 今發使以立可汗爲名 可汗未定立 卽詣諸國市馬 彼必以爲意在市馬 不爲專立可汗 可汗得立 則不甚懷恩 不得立 則生深怨諸蕃[3]聞之 且不重中國 但使彼國安寧 則諸國之馬不求自至 昔漢文帝有獻千里馬者曰 吾吉行[4]日三十 凶行[5]日五十 鸞輿[6]在前 屬車在後 吾獨乘千里馬將安之乎 乃償其道里所費而返之 又光武[7]有獻千里馬及寶劍者 馬以駕鼓車 劍以賜騎士 今陛下凡所施爲 皆邈過三王之上 奈何至此欲爲孝文 光武之下乎 又魏文帝[8]求市西域大珠 蘇則[9]曰 若陛下惠及四海 則不求自至 求而得之 不足貴也 陛下縱不能慕漢文之高行 可不畏蘇則之正言耶 太宗遽令止之

1) 西域(서역) : 지금의 유럽쪽 지방. 중국에서는 서쪽 오랑캐라 했다.
2) 葉護可汗(섭호가한) : 돌궐족(突厥族) 대신의 이름. 본명은 섭호통(葉護統).
3) 諸蕃(제번) : 모든 변방 지역. 각 지역 오랑캐의 나라들.
4) 吉行(길행) : 좋은 일로 다니는 임금의 거동. 곧 순시.
5) 凶行(흉행) : 흉한 일로 나다니는 임금의 행동. 곧 군사적인 일.
6) 鸞輿(난여) : 임금이 타고 다니는 수레.
7) 光武(광무) : 후한(後漢)의 창업왕. 곧 광무제. 한(漢)나라 중흥의 왕으로 이름은 수(秀).

8) 魏文帝(위문제) : 성은 조씨(曹氏). 이름은 비(丕). 조조(曹操)의 아들이다.
9) 蘇則(소칙) : 자는 문사(文師)이고 부풍(扶風) 사람. 위(魏)나라 문제 때 시
중(侍中)이 되었다.

8. 약돌 같은 말이라 약돌로써 갚는다

정관 17년에 태자우서자(太子右庶子)인 고계보(高季輔)가
상소하여 정치에서 잘한 일과 잘못한 일을 나열했다.
태종이 특별히 종유(鍾乳) 한 제를 하사하고 말했다.
"경(卿)이 약석(藥石 : 약돌)과 같은 말을 올렸으므로 약돌로
써 그것을 갚는다."

貞觀十七年 太子右庶子高季輔[1]上疏陳得失 特賜鍾乳[2]一劑謂曰 卿
進藥石[3]之言 故以藥石相報

1) 高季輔(고계보) : 이름은 풍(馮)이고 자(字)로 행세하였으며 덕주(德州) 사
람이다. 효자로 알려져 있다. 정관 초에 감찰어사에 제수되어 권력자를 봐주
지 않았다. 여러 번 중서사인(中書舍人)이 되었고 뒤에는 이부시랑(吏部侍
郞)으로 옮겼다. 죽자 시호를 헌(憲)으로 하였다.
2) 鍾乳(종유) : 돌에서 나오는데 먹으면 기를 통하게 하고 위를 건강하게 한다.
3) 藥石(약석) : 약돌. 그 말이 나라에 이익이 되기 때문에, 병을 낫게 하는 약돌
과 같다는 뜻이다.

9. 숨김없이 군주의 잘못를 말하다

정관 18년에 태종이 장손무기(長孫無忌) 등에게 말했다.
"신하들이 제왕을 대면하면 주로 순종하기만 하고 거역하지 않
으며 좋은 말만 골라서 하여 용모만 갖추려 한다. 짐이 지금부터 하
는 질문에 대해 그대들은 숨김없이 차례로 짐의 과실을 말하라."
이에 장손무기와 당검(唐儉) 등이 다 말했다.
"폐하의 성스런 교화가 태평한 세월에 이르게 하였습니다. 신

이 살펴보았을 때 그 잘못은 보지 못했습니다."

황문시랑(黃門侍郞) 유계(劉洎)가 대답했다.

"폐하께서는 난리를 평정하고 창업하여 그 공로가 만고(萬古)에 높아 진실로 장손무기 등의 말과 같습니다. 그런데 근래에 어떤 사람이 글을 올렸는데 사리가 맞지 않는다 하여 대면하고 궁색하게 힐책하시어 부끄러워 물러갔습니다. 앞으로 의견 아뢰는 일을 장려하지 못할까 두렵습니다."

태종이 이 말을 듣고 말했다.

"그대 말이 옳다. 마땅히 경(卿)을 위하여 고치겠다."

貞觀十八年 太宗謂長孫無忌等曰 夫人臣之對帝王 多順從而不逆 甘言以取容 朕今發問 不得有隱 宜以次言朕過失 長孫無忌 唐儉等皆曰 陛下聖化 道致太平 以臣觀之 不見其失 黃門侍郎劉洎[1]對曰 陛下撥亂創業 實功高萬古 誠如無忌等言 然頃有人上書 辭理不稱者 或對面窮詰 無不慚退 恐非獎進言者 太宗曰 此言是也 當爲卿改之

1) 劉洎(유계) : 자는 사도(思道)이며 형주(荊州) 사람이다. 정관 7년에 우승(右丞)으로 옮겼으며 직책으로 일컬었다. 17년에 시중(侍中)으로 옮겼다. 태종이 요동을 정벌할 때 태자감국을 보좌했는데 태종에게 '우환이 없기를 원하옵니다. 대신에게 죄가 있으면 마땅히 법에 따라 죽이십시오.' 하여 태종이 괴이하게 여겼다. 돌아와 저수량과 결탁하여 죽임을 당했다.

10. 고종(高宗)이 태종의 화를 풀게 했다

태종이 일찍이 화가 나서 원서감(苑西監) 목유(穆裕)를 조정에 명하여 죽이라고 했다. 이 때 고종(高宗 : 태종의 아들)이 황태자가 되었는데, 당황하여 태종이 싫어하는 기색이 있는데도 간언을 올려 태종의 뜻이 풀어졌다.

사도(司徒) 장손무기가 아뢰기를

"예로부터 태자는 혹 틈을 보아 조용하게 간하는 것이 예입니다. 지금 폐하께서는 하늘의 위엄으로 화를 내셨는데 태자는 폐

하께서 싫어하는 기색이 있는데도 간언을 아뢰었으니 진실로 옛
날이나 지금에도 있지 않았습니다."
하니, 태종이 말했다.

"사람은 오래도록 서로 함께 지내면 자연스럽게 물들게 된다. 짐
이 천하를 다스리면서 마음을 비우고 바른말을 받아들였는데 그
것은 위징이 아침 저녁으로 간언했기 때문이다. 위징이 죽은 뒤부
터는 유계, 잠문본, 마주, 저수량 등이 계속 이었다. 황태자는 어려
서부터 짐의 무릎 앞에 있으면서 매일 짐이 간언을 즐기는 모습을
보고 습관적으로 성품이 이루어져 오늘날의 간언이 있는 것이다."

太宗嘗怒苑西監穆裕[1] 命於朝堂斬之 時高宗[2]爲皇太子 遽犯顏進諫
太宗意乃解 司徒長孫無忌曰 自古太子之諫 或乘間從容而言 今陛下發
天威之怒 太子申犯顏之諫 誠古今未有 太宗曰 夫人久相與處 自然染
習 自朕御天下 虛心正直 卽有魏徵朝夕進諫 自徵云亡 劉洎 岑文本[3]
馬周 褚遂良等繼之 皇太子幼在朕膝前 每見朕心說諫者 因染以成性
故有今日之諫

1) 苑西監穆裕(원서감목유) : 원서감은 궁 안을 관리하는 관리. 목유는 관리의
   이름.
2) 高宗(고종) : 이름은 치(治). 처음에는 진왕(晉王)으로 봉해지고 정관 17년
   에 황태자로 책립되었다. 당(唐)나라 제3대 황제. 장손무기의 도움으로 황제
   가 되었다.
3) 岑文本(잠문본) : 자는 경인(景仁). 등주(鄧州) 사람. 정관 초년에 비서랑
   (秘書郎)이 되고 '적전송(籍田頌)'을 아뢰어 중서사인(中書舍人)에 발탁
   되어 직무를 잘 처리하여 시랑(侍郎)이 되었다. 17년에 동궁(東宮)에 소속
   된 벼슬을 겸하지 않자 5일마다 한 번씩 동궁으로 가라는 조서를 내렸다. 뒤
   에 중서령(中書令)이 되었다가 죽었다.

5편의 부록 : 곧은말로 기탄없이 간하다(直諫附 : 凡十章)
※ '제5편 간언을 받아들이다'의 별도 부록편.

1. 궁중으로 들이는 일을 중지하다

정관 2년에 수나라의 통사사인(通事舍人)을 지낸 정인기(鄭仁基)의 딸은, 나이 열예닐곱 살이었는데 그 용모가 절세미인으로 당시 그 용모를 당할 사람이 없었다.

문덕황후(文德皇后)가 찾아가 그 여인을 데리고 와, 빈어(嬪御)로 맞도록 청했다. 태종은 이에 불러 충화(充華)로 삼는다는 조서를 이미 내렸고, 책사(策使)는 아직 가지 않은 상태였다.

위징이 그 여인의 부친이 이미 육씨(陸氏) 집안에 허가(許嫁 : 허혼)하였다는 말을 듣고 급히 나아가 말했다.

"폐하께서는 백성의 부모가 되십니다. 만백성을 위로하고 사랑하여 마땅히 그 근심하는 바를 근심하고 그 즐거워하는 바를 즐거워하셔야 합니다.

예로부터 도덕이 있는 군주는 백성의 마음으로써 자신의 마음을 삼았습니다. 그러므로 군주는 대사(臺榭)에 처하면 백성에게 동우(棟宇)의 편안함이 있기를 바라고, 좋은 음식을 먹으면 백성에게 굶주림과 추위의 근심이 없기를 바라고, 궁녀를 생각하면 백성에게 실가지환(室家之歡 : 부부 생활의 즐거움)이 있기를 바랐습니다. 이것이 백성의 군주된 떳떳한 도리입니다.

지금 정씨 딸은 이미 남에게 허혼했다는데 폐하께서 이 여인을 취하면서 의심하지 않고 돌아보아 묻는 바가 없어, 이 소문이 천하에 퍼지면 어찌 백성의 부모된 도리라 하겠습니까. 신이 전해 들은 말이 혹 확실하지 않더라도 성덕을 훼손시킬까 두려워 뜻을 감히 숨기지 못하겠습니다. '군주의 거동은 반드시 기록한다.'고 하는데, 원컨대 신려(神慮 : 천자의 마음)를 보류하시기 바랍니다."

태종이 이 말을 듣고 크게 놀라 손수 조서로 이에 답하고 스스로를 강하게 꾸짖었다. 드디어 책사 보내는 일을 정지하고 처녀를 구부(舊夫 : 약혼한 남자)에게 돌려보내라고 명령했다.

좌복야(左僕射) 방현령과 중서령(中書令) 온언박과 예부상서(禮部尚書) 왕규와 어사대부(御史大夫) 위정 등이 모두 말했다.

"처녀를 육씨에게 출가시키기로 했다는 말은 분명히 드러난 상태가 없고, 대례(大禮)는 이미 행해졌으므로 중지하심은 옳지 않습니다."

또 육씨가 항표(抗表)하여 말했다.

"저의 부친 강(康)이 살아 있을 때, 정씨 집과 왕래하고 때로는 재물을 서로 보내기도 했지만 처음부터 혼인으로 인한 친척관계의 교섭은 없었습니다."

아울러 친척 모두가 말했다.

"외부 사람들이 제대로 알지 못하면서 망령되게 이런 말을 하고 있습니다."

대신들도 모두 권하자 태종이 매우 의심하며 위징에게 묻기를

"모든 신하는 혹 짐의 뜻에 따를 수 있다지만, 육씨는 왜 지나치게 분소(分疏 : 변명)하는가."

하자, 위징이 대답했다.

"신이 헤아릴 때 그 뜻을 알 만합니다. 폐하를 태상황(太上皇)과 같게 생각하는 것입니다."

"그게 무슨 소리인가."

"태상황이 처음에 경성(京城 : 서울)을 평정하고 신처검(辛處儉)의 아내를 얻어 잠깐 총애하셨습니다. 처검은 그 때 태자의 사인(舍人)이었는데 태상황께서 듣고 기뻐하지 않아, 동궁에 명령하여 만년현(萬年縣)의 영으로 내보내셨습니다. 신처검은 언제나 두려워 떨며 항상 머리가 온전하지 않을 것을 두려워 하였습니다. 육상(陸爽)은 폐하께서 지금은 비록 자신을 용납하시지만 나중에 음으로 견책하지 않을까 두려워하는 것입니다. 반복해서 스스로 개진하는 뜻이 여기에 있으니 괴이하게 여기실 일이 못됩니다."

태종이 웃으면서 말하기를

"외부 사람들의 의견은 마땅히 그럴 수도 있다. 그렇다면 짐의 말이 아직 사람들에게 반드시 믿게 하지 못한다는 말인가."

하고는, 이에 칙서를 내렸다.

"지금 들으니, 정씨 딸은 이미 남의 예빙(禮聘)을 받았다고 한다. 먼저 문서를 낸 날, 일을 상세히 살피지 않은 일은 짐의 잘못이고, 또한 유사(有司 : 담당 관원)의 잘못이다. 충화(充華)라는 칭호를 준 일을 중지시킨다."

이런 조서가 내려지자 성스럽고 밝은 군주라고 칭송하지 않은 이가 없었다.

貞觀二年 隋通事舍人¹⁾鄭仁基女年十六七 容色絶姝 當時莫及 文德皇后²⁾訪求得之 請備嬪御³⁾ 太宗乃聘爲充華⁴⁾ 詔書已出 策使⁵⁾未發 魏徵聞其已許嫁陸氏 方遽進而言曰 陛下爲人父母 撫愛百姓 當憂其所憂 樂其所樂 自古有道之主 以百姓之心爲心 故君處臺榭⁶⁾ 則欲民有棟宇⁷⁾之安 食膏粱⁸⁾ 則欲民無飢寒之患 顧嬪御 則欲民有室家之歡 此人主之常道也 今鄭氏之女久已許人 陛下取之不疑 無所顧問 播之四海 豈爲民父母之道乎 臣傳聞雖或未的 然恐虧損聖德 情不敢隱 君擧必書 所願特留神慮

太宗聞之大驚 手詔答之 深自克責⁹⁾ 遂停策使 乃令女還舊夫¹⁰⁾ 左僕射¹¹⁾房玄齡 中書令溫彦博¹²⁾ 禮部尙書王珪 御史大夫韋挺等云 女適陸氏 無顯然之狀 大禮旣行¹³⁾ 不可止 又陸氏抗表云 某父康在日 與鄭家往還 時相贈遺資財 初無婚姻 交涉親戚 並云 外人不知 妄有此說 大臣又勸進 太宗於是頗以爲疑 問徵曰 群臣或順旨 陸氏何爲過爾分疎¹⁴⁾

徵曰 以臣度之 其意可識 將以陛下同於太上皇¹⁵⁾ 太宗曰 何也 徵曰 太上皇初平京城 得辛處儉婦 稍蒙寵遇¹⁶⁾ 處儉時爲太子舍人¹⁷⁾ 太上皇聞之不悅 遂令出東宮 爲萬年縣 每懷戰懼 常恐不全首領¹⁸⁾ 陸爽¹⁹⁾以爲陛下今雖容之 恐後陰加譴謫 所以反覆自陳 意在於此 不足爲怪

太宗笑曰 外人意見 或當如此 然朕之所言 未能使人必信 乃出勅曰 今聞鄭氏之女 先已受人禮聘²⁰⁾ 前出文書之日 事不詳審 此乃朕之不是 亦爲有司之過 授充華者宜停 時莫不稱嘆

1) 通事舍人(통사사인) : 수나라 제도. 중서성(中書省)에 속하는 궁중의 연락관.
2) 文德皇后(문덕황후) : 당태종의 황후. 학문을 즐기고 예법을 존중하고 성정이 약소(約素)가 있고 저서로 '여칙(女則)' 10편이 있다. 외척을 억제하여 정치에 관여시키지 않았다.
3) 嬪御(빈어) : 군주 측근에서 섬기는 궁녀. 옛날에는 정실 부인 외에 많은 여자를 거느렸고 여성은 질투하지 않는 것을 미덕으로 여겼다. 그래서 황후가 직접 미녀를 찾아내 천자에게 권하는 일이 행해졌다.
4) 充華(충화) : 궁녀의 칭호. 구빈(九嬪)의 제일.
5) 策使(책사) : 천자의 명령을 전달하는 사자(使者). '칙사'와 같다.
6) 臺榭(대사) : 높은 건축물. 흙을 높이 쌓아올린 것이 대(臺), 대(臺)에 지붕을 만들어 세운 건물이 사(榭)이다.
7) 棟宇(동우) : 가옥을 이르는 말. 당시 일반 서민의 주거는 극히 보잘것 없었고 심지어는 움집 생활을 한 것으로 생각된다.
8) 膏粱(고량) : 고(膏)는 기름기 많은 맛있는 고기, 양(粱)은 좋은 쌀밥. 곧 잘 차린 음식이라는 뜻.
9) 克責(극책) : 강하게 책망하다.
10) 舊夫(구부) : 본래의 남편. 아직 정식 결혼을 하지 않았으나, 허혼(許婚)한 상태이므로 이르는 말.
11) 左僕射(좌복야) : 상서성(尙書省)의 장관으로 재상의 자리.
12) 溫彦博(온언박) : 성질이 주밀신중(周密愼重)하며, 정사에 이해를 진언하여 태종에게 중용(重用)되었다.
13) 大禮旣行(대례기행) : 태종이 정씨(鄭氏)의 딸로 충화(充華)를 삼는다는 조서가 이미 공포된 사실을 두고 이르는 말.
14) 分疎(분소) : 변명(辨明)과 같다.
15) 太上皇(태상황) : 천자의 아버지에 대한 존칭. 당고조(唐高祖)를 가리킨다.
16) 寵遇(총우) : 특별히 두터운 귀여움을 받다. '총애'와 같다.
17) 舍人(사인) : 귀인의 측근에서 시중드는 사람.
18) 首領(수령) : 우두머리. 여기서는 '목'의 뜻.
19) 陸爽(육상) : 정씨 딸과 약혼한 남자.
20) 禮聘(예빙) : 예를 갖추어 아내로 맞이하다.

2. 나라의 세금을 2년 동안 면제시키다

정관 3년에 조서를 내려 관중(關中 : 지금의 섬서성) 지방은 2년간 조세(租稅)를 면제시키고 관동(關東 : 함곡관) 지방은 조세와 부역을 1년간 면제시켰다.

또 얼마 있다가 칙서를 내려 이미 부역이 할당되고 조세가 통고된 사람들에게는 일단 조세를 모두 받아들이고 다음 해에 모두 깎아서 고르게 하라고 했다.

급사중(給事中) 위징이 글을 올려 말했다.

"굽어 살펴보니 지난 8월 9일 조서에서는 온 국토에서 다 1년 동안 조세와 부역을 면제하시어 늙은이와 어린이가 서로 권장하여 기뻐하며 노래하고 춤추었습니다.

또 듣기를 칙서가 내려져 정사(丁巳)년에 분배한 사역은 끝날 때까지 마치고 이미 발급된 조세는 완납한 후 다음 해를 기다려 모두 통합하여 고르게 하겠다고 하셨다니, 그 말씀을 듣고 길가는 사람들이 다 실망하는 바입니다.

백성에게 골고루 분배하기를 일곱 아들에게 고르게 하는 것과 같게 하셔야 합니다. 백성은 처음을 꾀하기가 어려워서 날마다 쓰는 생필품이 부족하게 되면 모두 '국가가 앞의 말을 뒤에 후회하고 이랬다 저랬다 한다.'고 말하게 됩니다.

신은 은근히 들었습니다. 하늘이 돕는 것을 인(仁)이라 하고 사람이 돕는 것을 믿음이라 합니다.

지금 폐하께서는 처음 천자의 지위를 받고 모든 백성의 덕을 관찰하여 비로소 큰 호령을 발하셨는데 문득 두 말씀을 하시니 사방팔방에서 의심하는 마음이 생기고 네 계절의 큰 믿음을 잃으셨습니다. 비록 국가가 무너지는 위급한 상황에 있더라도 옳지 않은데 태산같이 편안한 상태에서 이런 일을 행하셨습니다.

폐하를 위해 이 계획을 세운 자는 재물에 작은 보탬이 되는 이익은 있을지 모르지만 덕이나 의에는 크게 손해를 끼쳤습니다.

신은 진실로 지혜와 지식이 엷고 짧아서 그런지 간절히 폐하를 위하여 애석하게 여깁니다. 엎드려 바랍니다. 조금이나마 신의 말을 살펴 자세히 이익을 가리시기를 바람과 동시에 함부로 말한 죄가 있다면 신은 달게 받겠습니다."

간점사(簡點使) 우복야(右僕射) 봉덕이 등이 다 중남(中男)인 18세 이상을 점고하여 군에 입대시키려고 칙서를 서너번이나 내렸는데 위징이 고집스럽게 옳지 않다고 아뢰었다.

봉덕이가 다시 아뢰어 말했다.

"지금 점고하려는 자는 차남(次男) 가운데 크고 건장한 장정이 있어서입니다."

태종이 화내며 조서를 내렸다.

"중남(中男) 이상은 18세가 되지 않았어도 신체가 건장한 자는 입대시키라."

위징이 또 따르지 않고 즐겨 조서에 서명하지 않았다.

태종이 위징과 왕규를 불러 불쾌한 안색으로 기다리다가

"중남으로서 실제로 왜소하면 점고하여 입대시키지 않고 실제로 크다면 가려서 입대시킬 것이다. 그대는 어떤 혐의로 허물을 만들어 이같이 고집 부리는가. 짐은 그대의 뜻을 이해하지 못하겠다." 라고 말하자, 위징이 낯빛을 바르게 하고 말했다.

"신이 들으니 '연못을 마르게 하여 물고기를 잡으면 물고기를 얻지 못할 일이 없지만 내년에 물고기가 없을 것을 두려워하여 행하지 않는다. 숲을 불사르고 사냥한다면 짐승을 얻지 못할 일이 없지만 내년에 짐승이 없을 것을 두려워하여 행하지 않는다.' 라고 합니다.

만약 차남 이상이 모두 점고를 거쳐 군대에 들어간다면 조세나 그밖의 잡다한 사역을 행할 장정은 장차 어디에서 취하여 자급할 것입니까? 근년에 국가 병사들이 싸움을 감당하지 못하는 이유가 어찌 수가 적어서이겠습니까? 대우가 소홀해 사람들에게 싸울 마음이 없어서입니다. 점검을 많이 해서 사람을 뽑으면 돌려보내고 보충하는 일만 어수선해지고 그 숫자가 비록 많더라도 마침내는 쓸모가 없게 됩니다. 만약 씩씩한 장정들을 정성들여 뽑아서 예로써 대접한다면 한 사람마다 그 용맹이 100명을 대적할 테니 어찌 반드시 많은 사람이 필요하겠습니까.

폐하께서 언제나 말씀하시기를 '짐은 임금이 되어 정성과 믿음으로써 사물을 대할 것이니 관리나 백성은 교만하고 속이는 마음이 없기를 바란다.'라고 하셨습니다. 등극한 이래로 큰일 3가지를 해결하면서 다 믿음을 주지 못하셨는데 다시 무엇으로 사람들의 믿음을 취할 수 있겠습니까?"

태종이 몹시 놀라서 말하기를

"그대가 말하는 믿음을 주지 못한 일이 무엇무엇인가?"

라고 하자, 위징이 말했다.

"폐하께서 처음 즉위하여 조서에 이르기를 '사사로운 묵은 부채를 포탈하고 관물(官物)을 부족하게 한 일을 다 면제시킨다.'고 담당 관리에게 명령하여 일의 조목을 나열하게 하셨습니다.

진왕부(秦王府)의 국사(國司) 또한 관물(官物)이 아닙니까? 폐하께서 진왕(秦王)으로 계시다 천자가 되어 국사(國司)를 관물로 삼지 않으시면 나머지 물건은 어디에 소속시켜야 하겠습니까?

또 관중(關中) 지방은 2년 동안 조세를 면제하고 관외(關外) 지방은 1년을 면제하여 백성이 천자의 은혜를 입고 기뻐하지 않음이 없는데 다시 칙서가 있어 금년에 부역을 마친 일을 따라서 방면시킨다고 하여 국가의 은혜를 헛되게 하셨습니다.

만약 이미 깎고 이미 통보한 것은 모두 받아들여 취하고 면제시키는 일은 다 내년에 흩어서 반환시킨다면 후방에서 다시 징수하게 되니 백성이 괴이하게 여기게 됩니다. 이미 징수하여 물건을 얻고 곧바로 점검하여 입대하게 하고는 내년에 세금과 부역의 면제를 시작한다면 무엇으로 믿음을 얻겠습니까?

또 함께 다스리는 자사(刺史)나 현령(縣令)에게 일을 맡기고 해마다 세금 징수하는 일도 다 위임하십니다. 그러나 점고하는 일은 속일 것을 의심하신다면 아랫사람들이 진실되고 믿음 있기를 바라는 일 또한 어렵지 않겠습니까?"

태종이 말하였다.

"짐은 그대가 끝까지 고집하는 태도를 보고 그대가 이러한 일을 은폐하려 한다고 의심했다. 지금 나라가 믿음을 주지 못하면 인정이 통하지 않음을 의논했다.

짐이 깊이 살피지 않아서 과실이 또한 깊어졌다. 일을 행할 때면 이따금씩 이와 같이 잘못 다스릴 때가 있다."

이에 중남(中男)의 점고를 중지시키고, 위징에게 금항아리 한 개와 규(珪)와 비단 50필을 하사하였다.

貞觀三年 詔關中¹⁾免二年租稅 關東給復²⁾一年 尋有勅 已役已納 並遣
輸納 明年 總爲準折 給事中魏徵上書曰 伏見八月九日詔書 率土皆給
復一年 老幼相勸 或歌且舞 又聞有勅 丁已配役 卽令役滿 折造餘物 亦
遣輸了 待明年總爲準折 道路之人 咸失所望 此誠平分百姓 均同七子
但下民難與圖始 日用不足 皆以國家追悔前言 二三其德³⁾ 臣竊聞之 天
之所輔者仁 人之所助者信 今陛下初膺大寶⁴⁾ 億兆觀德 始發大號 便有
二言 生八表⁵⁾之疑心 失四時之大信 縱國家有倒懸之急 猶必不可 況以
泰山之安 而輒行此事 爲陛下爲此計者 於財利小益 於德義大損 臣誠
智識淺短 竊爲陛下惜之 伏願少覽臣言 詳擇利益 冒昧⁶⁾之罪 臣所甘心
簡點使⁷⁾右僕射封德彝等 並欲中男⁸⁾十八已上 簡點入軍 勅三四出 徵
執奏以爲不可 德彝重奏 今見簡點者云 次男內大有壯者 太宗怒 乃出
勅 中男已上 雖未十八 身形壯大 亦取 徵又不從 不肯署勅 太宗召徵及
王珪 作色而待之曰 中男若實小 自不點入軍 若實大 亦可簡取 於君何
嫌過作 如此固執 朕不解公意
徵正色曰 臣聞竭澤取魚 非不得魚 明年無魚 焚林而畋 非不獲獸 明
年無獸 若次男已上 盡點入軍 租賦雜徭 將何取給 且比年國家衛士⁹⁾不
堪攻戰 豈爲其少 但爲禮遇失所 遂使人無鬪心 若多點取人 還充雜使
其數雖衆 終是無用 若精簡壯健 遇之以禮 人百其勇¹⁰⁾ 何必在多 陛下
每云 我之爲君 以誠信待物 欲使官人百姓 並無矯僞之心 自登極已來
大事三數件 皆是不信 復何以取信於人 太宗愕然¹¹⁾曰 所云不信 是何等
也 徵曰 陛下初卽位 詔書曰 逋私宿債 欠負官物 並悉原免 卽令所司列

爲事條 秦府國司 亦非官物 陛下自秦王爲天子 國司不爲官物 其餘物
復何所有 又關中免二年租調 關外給復一年 百姓蒙恩 無不歡悅 更有
勅旨 今年白丁多已役訖 若從此放免 竝是虛荷國恩 若已折已輸 令總
納取了 所免者 皆以年來爲始散還之 後方更徵收 百姓之心 不能無怪
已徵得物 便點入軍 來年爲始 何以取信 又共理所寄 在於刺史縣令[12]
常年貌稅 竝悉委之 至於簡點 卽疑其詐僞 望下誠信 不亦難乎

太宗曰 我見君固執不已 疑君敢此事 今論國家不信 乃人情不通 我
不尋思 過亦深矣 行事往往如此錯失 若爲致理 乃停中男 賜金甕一口
賜珪絹五十匹

1) 關中(관중) : 지금의 섬서성(陝西省) 지방.
2) 關東給復(관동급복) : 관동은 지금의 함곡관(函谷關) 이동(以東)의 땅. 급
   복은 조세나 부역을 면제하다.
3) 二三其德(이삼기덕) : 절개를 자주 바꾸다. 곧 이랬다 저랬다 하다.
4) 大寶(대보) : 천자의 지위. 왕의 자리.
5) 八表(팔표) : 팔방(八方).
6) 冒昧(모매) : 버릇없이 함부로 하다.
7) 簡點使(간점사) : 선발하는 관리.
8) 中男(중남) : 당(唐)나라 시대에 17세에서 29세 사이의 남자를 이른다.
9) 衛士(위사) : 국가를 지키는 무사. 궁중의 무사.
10) 人百其勇(인백기용) : 한 사람이 100명을 당해내다.
11) 愕然(악연) : 깜짝 놀라다.
12) 刺史縣令(자사현령) : 당나라 때 군(郡) 대신 주(州)를 세웠는데 그 태수(太
    守)가 자사다. 현령은 현(縣)에 영(令)을 두어 풍속과 현의 정치를 맡겼다.

3. 고자질하고 모함하는 두 신하를 내치다

정관 5년에 지서시어사(持書侍御史) 권만기(權萬紀)와 시어
사(侍御史) 이인발(李仁發)이 함께 남을 헐뜯고 없는 죄를 고하
였다. 그들은 자주 부름받는 은혜를 입었는데 옳고 그름을 마음
대로 지적하고 제멋대로 속였으며 그 말을 믿은 태종이 진노(震

怒)하게 되어 신하들이 편안하지 못했다. 안팎으로 그것이 옳지 못함을 알면서도 감히 나서서 간할 사람이 없었다.

급사중(給事中) 위징이 정색하고 아뢰어 말했다.

"권만기와 이인발은 다 소인배입니다. 그들은 대체(大體)를 알지도 못하면서 남을 모함하는 일로 옳음을 삼고 남의 나쁜 점 들춰내는 일로 곧음을 삼습니다. 그들이 옳고 그름을 지적한다고 해서 다 죄가 있는 것은 아닙니다.

폐하께서는 그들의 단점을 가리고 그들의 일체를 거두어 그들의 간악한 계교를 펴게 하셨습니다. 그리하여 아래에 붙어서 위를 속여 많은 무례한 짓을 행하고 강직하다는 이름도 얻었습니다.

방현령을 무고하고 장량(張亮)을 쫓겨나게 했어도 경계하지 않아서 천자의 고명한 덕을 손상시켜 길 가는 사람들이 다 비방하는 의견을 일으키고 있습니다. 신이 엎드려 폐하의 마음을 헤아려 보았습니다. 반드시 그들의 꾀가 깊고 길어 국가의 중요한 임무를 맡길 만해서가 아니라 그들의 거침없는 행동으로 신하들을 경계시키려 하시는 것입니다. 만약 간사함을 가까이한다면 오히려 작은 일 때문에 큰 일을 꾀하지 못하실 것입니다.

모든 신하가 본래 교만하고 거짓됨이 없는데도 헛되이 신하들의 마음을 떠나게 하신다면, 방현령이나 장량의 무리들도 오히려 굽고 곧은 실상을 펼쳐 보이지 못했는데 그 나머지의 멀고 천한 사람들은, 누가 능히 그들이 속이는 것을 면하겠습니까?

엎드려 바라오니, 폐하께서는 마음에 새겨 다시 생각해 보아 스스로 두 사람을 부린 이래로 하나라도 큰 이익이 있었다고 믿으신다면 신은 큰도끼를 달게 받아 불충(不忠)의 벌을 받겠습니다.

폐하께서는 선한 사람을 거용하여 덕을 높이지는 못할망정 어찌 간악한 자를 불러들여 스스로 덕을 손상시키십니까?"

이에 태종이 기쁜 마음으로 받아들이고 위징에게 비단 50필을 하사했다. 또 권만기는 그의 간악한 죄상이 점점 드러났고 이인발도 또한 해임되어 쫓겨났다. 권만기는 건주(建州)의 사마(司馬)로 좌천되었으며 조정이 모두 서로 위징에게 경하(慶賀)하였다.

貞觀五年 持書侍御史權萬紀[1] 侍御史李仁發[2] 俱以告訐譖毀[3] 數蒙
引見[4] 任心彈射[5] 肆其欺罔 令在上震怒 臣下無以自安 內外知其不可
而莫能論諍

給事中魏徵正色而奏之曰 權萬紀 李仁發 竝是小人 不識大體 以譖
毀爲是 告訐爲直 凡所彈射 皆非有罪 陛下掩其所短 收其一切 乃騁其
姦計 附下罔上 多行無禮 以取强直之名 誣房玄齡 斥退張亮[6] 無所蕭
屬 徒損聖明 道路之人 皆興謗議 臣伏度聖心 必不以爲謀慮深長 可委
以棟梁之任 將以其無所避忌 欲以警屬群臣 若信狚回邪 猶不可以小謀
大 群臣素無矯僞 空使臣下離心 以玄齡 亮之徒 猶不可得伸其枉直[7] 其
餘疎賤 孰能免其欺罔 伏願陛下留意再思 自驅使二人以來 有一弘益臣
卽甘心斧鉞 受不忠之罪 陛下縱未能擧善以崇德 豈可進姦而自損乎

太宗欣然納之 賜徵絹五百匹 其萬紀又姦狀漸露 仁發亦解黜 萬紀貶
建州司馬[8] 朝廷咸相慶賀焉

1) 權萬紀(권만기) : 경조(京兆) 사람. 발끈하는 성질이 있었다. 치서시어사(治
    書侍御史)가 되었는데 위징이 간하여 쫓아냈다. 수년 후에 다시 복직되었다.
2) 李仁發(이인발) : 기록이 없다.
3) 告訐譖毀(고알참훼) : 남의 나쁜 점을 들춰내고 간악한 말로 남을 헐뜯어 없
    는 죄도 있는 것처럼 만들어내다.
4) 數蒙引見(삭몽인견) : 자주 불러서 보다. 임금이 자주 부리다.
5) 彈射(탄사) : 총알을 쏘다. 여기서는 시비를 지적하다의 뜻.
6) 張亮(장량) : 정주(鄭州) 사람. 처음에 방현령의 추천으로 거기장군(車騎將
    軍)이 되었다. 공평편(公平篇)에 자세히 나온다.
7) 枉直(왕직) : 굽고 곧음. 시비(是非)와 같다.
8) 司馬(사마) : 주(州)의 낮은 벼슬아치. 곧 요좌(僚佐).

4. 양신(良臣)과 충신(忠臣)은 어떻게 다른가

　　정관 6년에 어떤 사람이 상서우승(尙書右丞) 위징에 대해, 그
가 자기의 친척을 위해 불공평하게 일을 처리한다고 고해 바쳤다.
이에 태종은 어사대부(御史大夫) 온언박에게 명하여 그 사실을

조사하게 하였다. 조사 결과 사실이 아님이 밝혀졌다.

그 때 온언박이 아뢰기를

"위징은 인신(人臣)으로서 한 말이 비록 심정에 사심이 없었다 해도 일이 이렇게 잘못 알려지게 된 책임이 또한 그에게 있습니다." 하니, 태종은 온언박을 통하여 위징에게 영을 전하게 했다.

"그대가 나를 간하여 바로잡아 준 일이 지금껏 수백 건에 이르니 어찌 사소한 일로 문득 그대의 훌륭한 많은 일을 손상시킬 수 있겠는가. 앞으로는 본심을 분명하게 밝혀 언동을 확실하게 하라."

며칠 뒤 태종이 위징에게 묻기를

"요즘 외부에서 무엇인가 옳지 않은 일을 들은 일이 없는가." 하니, 위징이 정색하며 대답했다.

"지난번 온언박에게 명하여 신에게 조서를 내리며 하신 말씀 중에 '무슨 까닭으로 본심을 분명히 밝혀 남에게 혐의를 받지 않도록 하지 못하는가.' 하셨는데, 이 말씀이 매우 옳지 않았습니다. 신이 듣기로는 '군신(君臣)은 그 뜻이 같으면 의가 고르게 되어 일심동체가 된다.' 고 했습니다. 신은 아직 바른 도리에 마음 쓰지 않고 외적인 행동만 마음 쓴다는 말을 들은 적이 없습니다. 만약 군신이나 상하가 모두 남의 평판만 생각하는 길을 따른다면, 나라가 흥할지 멸망할지 분간할 수 없습니다."

이 말을 들은 태종은 깜짝 놀라 자세를 바로잡으면서 말하였다.

"내가 앞서 '의심받을 행동을 하지 말라.' 는 말을 한 뒤에 곧 그것을 후회했다. 참으로 대단히 옳지 않은 말을 했다. 그대는 이런 일 때문에 숨기거나 꺼리는 마음을 갖지 말고 전과 다름없이 대해 주기 바란다."

위징이 이에 정중하게 배례(拜禮)하고 말했다.

"신은 어디까지나 나라에 목숨을 바쳐 바른길을 행하고자 하므로 결코 폐하를 속이거나 배반하는 짓을 하지 않을 것입니다. 다만 폐하께서 신을 양신(良臣)으로 만들어 주기를 바랄뿐, 충신으로 만들지 말아 주시기를 바라고 있습니다."

"충신과 양신은 어떻게 다른가?"

　　"양신은, 자신은 후세에 추앙받는 훌륭한 이름을 얻고 군주에
게는 성천자라는 훌륭한 칭호를 받게 하며, 자손대대로 그 가계
(家系)가 이어져 복록이 한량 없습니다. 충신은, 자신은 물론 일
족이 모두 몰살당하고 그 군주는 폭군으로 떨어져 국가도 가문도
다 멸망하는데, 다만 충신이었다는 이름만 후세에 남습니다. 이런
점으로 말씀드리면 양신과 충신은 엄청나게 다른 것입니다."
　　이 말을 듣고 태종은
　　"그대는 다만 이 말에 어긋나지 않게 하라. 나는 반드시 국가를
바르게 다스릴 계획을 잊지 않겠다."
하고는 위징에게 포상으로 비단 2백 필을 하사하였다.

　　貞觀六年 有人告尙書右丞[1]魏徵 言其阿黨[2]親戚 太宗使御史大夫溫
彦博案驗[3]其事 乃言者不直 彦博奏稱 徵旣爲人所道 雖在無私 亦有可
責 遂令彦博謂徵曰 爾諫正我數百條 豈以此小事便損衆美 自今已後 不
得不存形迹[4]
　　居數日 太宗問徵曰 昨來在外聞有何不是事 徵曰 前日令彦博宣勅語
臣云 何不存形迹 此言大不是 臣聞君臣同氣 義均一體 未聞不存公道
惟事形迹 若君臣上下 同遵此路 則邦國之興喪 或未可知 太宗矍然[5]改
容曰 前發此語 尋已悔之 實大不是 公亦不得遂懷隱避 徵乃拜而言曰
臣以身許國 直道而行 必不敢有所欺負[6] 但願陛下使臣爲良臣[7] 勿使臣
爲忠臣[8] 太宗曰 忠良有異乎 徵曰 良臣使身獲美名 君受顯號[9] 子孫傳
世 福祿無疆 忠臣身受誅夷[10] 君陷大惡 家國並喪 獨有其名 以此而言
相去遠矣 太宗曰 君但莫違此言 我必不忘社稷之計 乃賜絹二百匹

1) 尙書右丞(상서우승) : 상서성(尙書省)의 차관(次官).

2) 阿黨(아당) : 아첨하여 편들다.

3) 案驗(안험) : 증거에 의해 조사하다.

4) 存形迹(존형적) : 본심을 밖으로 분명하게 나타내 혐의받을 틈을 남기지 않는다.

5) 矍然(확연) : 깜짝 놀라는 모양.

6) 欺負(기부) : 속이고 배반하다.

7) 良臣(양신) : 순임금의 신하였던 직(稷)이나 설(契)이나 고요(皐陶) 등을

양신이라 할 수 있다.

8) 忠臣(충신) : 하나라 걸왕의 신하였던 관용봉이나 은나라 주왕 때의 왕자비
  간 등을 충신이라 할 수 있다.

9) 顯號(현호) : 훌륭한 명호(名號). 세상에 뚜렷이 나타난 명예.

10) 誅夷(주이) : 모조리 다 죽이다. 몰살시키다.

5. 공적비 세우는 일을 중지시키다

정관 6년에 흉노(匈奴)를 완전히 평정하자 멀리 있는 오랑캐
가 조공(朝貢)을 바치고 상서로운 징조가 날마다 나타나고 해마
다 곡식이 풍년이 들었다. 악목(岳牧) 등의 무리가 단을 만들어
하늘과 땅에 제사 지내자고 여러 번 청하고, 모든 신하가 또 임금
의 공덕을 칭송하여 '때를 잃지 말아야 하고 하늘은 거스르지 못
하니 지금에야 행하는 것도 우리 신하들은 오히려 늦다고 생각합
니다.' 라고 했다.

오직 위징만은 옳지 않다고 했다.

태종이 말했다.

"짐은 경(卿)의 바른말을 얻고자 한다. 숨기지 말고 말하라. 짐
의 공로가 높지 아니한가?"

위징이 대답했다.

"높습니다."

"덕이 두텁지 아니한가?"

"두텁습니다."

"중국이 편안하지 아니한가?"

"편안합니다."

"멀리 있는 오랑캐가 사모하지 아니하는가?"

"사모합니다."

"상서로운 징조가 이르지 않았는가?"

"이르렀습니다."

"해마다 곡식이 풍년 들지 않았는가?"

"풍년 들었습니다."

"그렇다면 어찌하여 옳지 않다고 하는가?"

"폐하의 공덕이 높지만 백성에게 은혜를 품게 하지는 못했습니다. 폐하의 덕이 두텁지만 그 혜택이 널리 흐르지는 못했습니다. 중국이 편안하기는 하지만 일을 받들기에는 부족합니다. 멀리 있는 오랑캐가 사모하지만 구하는 것에 보답하지는 않습니다. 상서로운 징조가 이르기는 했으나 새잡는 그물은 오히려 빽빽합니다. 해마다 곡식이 풍년 들어 쌓이기는 하지만 창고는 오히려 비어 있습니다.

이것이 신이 간절하게 옳지 않다고 하는 이유입니다. 신은 멀리 비교하지 않고 가까이 있는 사람에게 비유하겠습니다.

어떤 사람이 오래도록 신경통을 앓고 있었는데 누구에게 맡기지 않았는데도 치료가 되어 겨우 나았으나 뼈만 앙상하게 남았습니다. 이런 사람에게 쌀 한 섬을 짊어지고 날마다 100리 길을 가게 한다면 반드시 성공할 수가 없습니다.

수(隋)나라의 난이 10년 동안이나 그치지 않았는데 폐하께서 어진 의원이 되어 그 고통을 제거하여 이제 겨우 다스려지고 편안해졌으나 매우 충실하지는 못합니다. 그런데 하늘과 땅에 고하신다니 신은 그윽이 의심스럽습니다.

폐하께서 동쪽으로 태산(泰山)에 봉토를 만든다면 모든 나라가 모일 것이고 남쪽 오랑캐의 밖에서도 달려오지 않을 수 없을 것입니다.

지금 이락(伊洛 : 이수와 낙수)의 동쪽으로부터 태산까지 미치는 곳은 환망(萑莽)의 거택(巨澤)으로 멀고 먼 천 리인데 사람의 기척이 단절되고 닭이나 개의 울음소리가 들리지 않고 도로가 쓸쓸하며 나아가고 물러나는 곳이 막혀 있습니다. 어찌하여 저 사방의 오랑캐들을 이끌어 우리의 허약함을 보여주려 하십니까.

재물을 다하여 상을 준다해도 멀리 있는 사람들의 바람은 마음에 차지 않을 것입니다. 해마다 더하여 세금과 부역을 면제해 주어도 백성의 수고로움은 보상되지 않습니다. 혹 가뭄의 재앙이나 태풍과 폭풍의 천재를 만나면 보통 사람들은 사특한 생각을 뉘우치기는 해도 뒤따르지는 않습니다.

　어찌 홀로 신하의 간절한 소망이겠습니까. 또한 뭇 사람의 의논일 것입니다.”

　태종이 좋다고 칭찬하고 이에 중지하였다.

　貞觀六年 匈奴克平遠夷入貢 符瑞¹⁾日至 年穀頻登 岳牧²⁾等屢請封禪³⁾群臣等又稱述功德 以爲時不可失 天不可違 今行之 臣等猶謂其晚 惟魏徵以爲不可

　太宗曰 朕欲得卿直言之 勿有所隱 朕功不高耶 曰高矣 德未厚耶 曰厚矣 華夏⁴⁾未安耶 曰安矣 遠夷未慕耶 曰慕矣 符瑞未至耶 曰至矣 年穀未登耶 曰登矣 然則何爲不可 對曰 陛下功高矣 民未懷惠 德厚矣 澤未旁流 華夏安矣 未足以供事 遠夷慕矣 無以供其求 符瑞雖臻 而罻羅猶密 積歲豊稔 而倉廩尙虛 此臣所以切謂未可 臣未能遠譬 且借近喩於人 有人長患疼痛⁵⁾ 不能任持 療理且愈 皮骨僅存 便欲負一石米 日行百里 必不可得 隋氏之亂 非止十年 陛下爲之良醫 除其疾苦 雖已乂安 未甚充實 告成天地 臣竊有疑 且陛下東封⁶⁾ 萬國咸萃 要荒⁷⁾之外 莫不奔馳 今自伊洛之東 暨乎海岱⁸⁾ 崔莽巨澤⁹⁾ 茫茫千里 人煙斷絶 雞犬不聞 道路蕭條 進退艱阻 寧可引彼戎狄 示以虛弱 竭財以賞 未厭遠人之望 加年給復 不償百姓之勞 或遇水旱之災 風雨之變 庸夫邪議 悔不可追 豈獨臣之誠懇 亦有輿人¹⁰⁾之論 太宗稱善 於是乃止

1) 符瑞(부서) : 상서로운 징조.

2) 岳牧(악목) : 신하 이름인데 누구인지 자세하지 않다.

3) 封禪(봉선) : 흙을 쌓아올려 하늘에 제사 지내고, 땅을 깨끗하게 하여 산천에 제사 지내는 일.

4) 華夏(화하) : 중국 사람들이 중국 대륙을 칭하는 말.

5) 疼痛(동통) : 신경통이 있어서 몸이 쑤시고 아픈 상태.

6) 東封(동봉) : 동쪽에 있는 태산(泰山)을 봉하다. 태산에서 천제(天祭)를 지내다의 뜻.

7) 要荒(요황) : 오랑캐의 땅을 일컫는다. 이민족의 땅.

8) 海岱(해대) : 동해(東海)에 있는 태산(泰山)을 일컫는다.

9) 萑莽巨澤(환망거택) : 늪지대로 억새풀이 깔려 있는 거대한 연못. 곧 변방의
지역을 뜻한다.

10) 輿人(여인) : 뭇 사람. 시중의 사람들.

6. 세도 있는 집안은 다스리기 어렵다

정관 7년에 촉왕(蜀王) 왕비의 아버지 양예(楊譽)가 성중(省中)에 있으면서 종들과 다투었는데 도관랑중(都官郎中) 설인방(薛仁方)이 몸을 억류시키고 심문했다. 아직 상벌이 행해지지 않았을 때 양예의 아들이 천우(千牛)가 되어 궁정에서 하소연했다.

"5품 이상은 반역죄가 아니면 신체를 구류하는 일이 합당하지 않습니다. 이로써 나라의 친척은 옛부터 조목을 만들어 빨리 결단하였고 세월을 묵히지 않았습니다."

태종이 이런 이야기를 듣고 화내며 말했다.

"이것은 나의 친척인 줄 알고 일부러 어렵게 한 것이다."

설인방에게 곤장 100대를 치고 관직에서 해임시키라고 명령했다.

이 때 위징이 태종에게 나아가 말하기를

"성 안의 여우나 사당 안의 쥐는 다 하찮은 동물이지만 믿고 의지하는 것이 있어서 제거하기가 쉽지 않습니다. 세도 있는 집안이나 귀한 친척은 옛날부터 다스리기 어렵다고 하였으며 한(漢)나라에서 진(晉)나라 이래로 능히 금지하여 막지 못했습니다.

무덕(武德) 연중에는 교만하고 방종함이 많았으나 폐하께서 등극하신 뒤로는 비로소 잠잠해졌습니다.

설인방은 이것을 맡은 관리로서 국가의 법을 지켜서 한 일일 것입니다. 어찌 형벌을 편의대로 가하여 외척에 사사롭게 적용했겠습니까? 이런 근원은 한 번 열리면 만 가지가 다투어 일어나는 단서가 되어 뒤에 반드시 후회해도 어떻게 해 볼 도리가 없을 것입니다.

예로부터 이러한 일을 단호하게 금지시킨 사람은 오직 폐하 한 사람뿐입니다. 미리 예방하면 근심이 없을 것이니 나라를 다스리는 떳떳한 도리입니다. 물이 옆으로 흐르지 못하게 해야 하는데

어찌 스스로 제방을 허물고자 하십니까? 신은 간절히 헤아려 보
았는데 처리하신 일이 옳지 못한 것 같습니다."
하니, 태종이 말했다.

"진실로 그대의 말과 같다. 아까는 생각지 못했다. 그러나 설인
방은 대수롭지 않게 생각해 말하지 않은 죄를 범했으니 자못 권
력을 전횡했다 할 수 있다. 비록 무거운 죄에 합당하지는 않더라
도 마땅히 조금이나마 징계를 가해야 한다."

이에 곤장 20대를 치고 사면하였다.

貞觀七年 蜀王[1]妃父楊譽 在省競婢 都官郎中[2]薛仁方留身勘問 未及
予奪 其子爲千牛[3] 於殿庭陳訴云 五品以上 非反逆不合留身 以是國親
故生節目 不肯決斷 淹留[4]歲月

太宗聞之 怒曰 知是我親戚 故作如此艱難 卽令杖仁方一百 解所任
官 魏徵進曰 城狐社鼠[5]皆微物 爲其有所憑恃 故除之猶不易 況世家貴
戚 舊號難理 漢晉以來 不能禁禦 武德之中 以多驕縱 陛下登極 方始蕭
條 仁方旣是職司 能爲國家守法 豈可枉加刑罰 以成外戚之私乎 此源
一開 萬端爭起 後必悔之 將無所及 自古能禁斷此事 惟陛下一人 備豫
不虞 爲國常道 豈可以水未橫流 便欲自毀隄防 臣竊思度 未見其可 太
宗曰 誠如公言 嚮者不思 然仁方輒禁不言 頗是專權 雖不合重罪 宜少
加懲肅 乃令杖二十而赦之

1) 蜀王(촉왕) : 이름은 음(愔). 태종의 여섯째아들이다.
2) 都官郎中(도관랑중) : 형부(刑部)의 관리로 종의 배속과 죄수의 기록, 의복
   과 약재를 담당하고 민중의 고충을 처리하며 공사(公私)의 양천(良賤)을 두
   루 관장하고 반역 집안을 연좌시켜 그 집안의 재산이나 노비를 몰수하는 직책.
3) 千牛(천우) : 후위(後魏) 때의 관직. 수(隋)나라에는 천우도(千牛刀)가 있
   었는데 임금의 몸을 방어하는 칼로 본래 임금의 칼을 담당하는 직책이다. 당
   나라 때 좌우천우위장군(左右千牛衛將軍)이 있었으며 궁중의 시중 및 임금
   의 의장이나 활집과 야간 순찰을 담당한 관리.
4) 淹留(엄류) : 묵혀 두다.
5) 城狐社鼠(성호사서) : 성 안의 여우나 사당 안의 쥐. 권력에 빌붙어 있는 신하.

7. 재상의 직분을 밝히고 태종의 잘못을 간하다

정관 8년에 재상인 좌복야 방현령과 우복야 고사렴이, 길에서 소부감(少府監) 두덕소(竇德素)를 만났을 때 "북문(北門 : 內廷)에서는 요즘 새로 무슨 공사를 하고 있는가."라고 물었다.

두덕소가 이 사실을 태종에게 아뢰었다. 이에 태종이 방현령 등에게 말하기를

"그대들은 다만 재상의 관아인 남아(南衙)의 일만 알고 있으면 된다. 내가 북문에 약간의 공사를 한다고 해서 그것이 그대들의 일과 무슨 관계가 있는가."

하니, 현령 등은 황공해서 사과해 마지 않았다.

이 때 위징이 진언하여 말했다.

"신은 폐하께서 현령 등을 꾸짖으시는 까닭을 이해할 수 없으며, 또 현령과 사렴(士廉) 등이 사죄하는 뜻도 이해할 수 없습니다. 방현령은 일찍부터 대신으로 임명되어 폐하의 손발과 이목에 상당하는 사람입니다. 궁정 안에서 공사가 있다면 어찌 모르고 지낼 수 있겠습니까. 방현령이 담당 책임자에게 물었다고 해서 꾸짖으시는 일을 신은 이해할 수 없습니다.

공사가 있으면 이로움과 해로움이 있고, 공사하는 사람을 쓰는 데에도 많고 적음이 있습니다. 폐하께서 하시는 일이 정당하다면 당연히 폐하를 도와 완성되게 해야 합니다. 만약 하시는 일이 정당하지 않다면 이미 공사가 착수되었다 해도 당연히 폐하께 말씀드려서 중지시켜야 합니다. 이것이 군주가 신하를 부리고, 신하가 군주를 섬기는 정당한 도리입니다.

방현령 등이 공사를 담당한 관원에게 물은 일은 본래부터 죄가 되지 않는데 폐하께서 그것을 꾸짖는 일이 신은 이해되지 않습니다. 현령 등은 자신이 지킬 바 정당한 직분을 분별하지 못하고, 다만 꾸지람을 받아들여 사죄하는 태도만 알고 있을 뿐이니 신은 또한 이해할 수 없습니다."

위징의 간언을 듣고 태종은 자신을 매우 부끄럽게 여겼다.

貞觀八年 左僕射[1]房玄齡 右僕射高士廉於路逢少府監[2]竇德素 問 北門[3]近來更何營造 德素以聞 太宗乃謂玄齡曰 君但知南衙[4]事 我北門少有營造 何預君事 玄齡等拜謝

魏徵進曰 臣不解陛下責 亦不解玄齡 士廉拜謝 玄齡旣任大臣 卽陛下股肱耳目[5] 有所營造 何容不知 責其訪問官司[6] 臣所不解 且有利害 彼工多少 陛下所爲善 當助陛下成之 所爲不是 雖營造 當奏陛下罷之 此乃君使臣 臣事君之道[7] 玄齡等問旣無罪 而陛下責之 臣所不解 玄齡等不識所守 但知拜謝 臣亦不解 太宗深愧之

1) 左僕射(좌복야) : 상서성(尙書省)의 장관. 우복야(右僕射)와 함께 재상의 소임으로서 천자를 보좌하며 정사를 담당했다.
2) 少府監(소부감) : 당대(唐代)에 백공(百工)과 영선(營繕 : 집을 새로 건축하거나 수리함)의 일을 관장하던 관서의 관리. 건축 공사를 맡아본다.
3) 北門(북문) : 남아(南衙)가 재상(宰相)의 관아인 데 대하여, 북문은 천자를 호위하는 근위병(近衛兵)의 관아. 여기서는 궁중의 내정을 가리킨다.
4) 南衙(남아) : 재상의 관아.
5) 股肱耳目(고굉이목) : 다리와 팔과 귀와 눈. 팔과 다리와 귀와 눈은 사람이 가장 의지하는 것으로 가장 믿을 만한 보좌역이라는 뜻.
6) 官司(관사) : 담당 관원. '관리'와 같다.
7) 君使臣臣事君之道(군사신신사군지도) : '논어' 팔일편(八佾篇)에 "임금이 신하를 부림에는 예로써 하고, 신하가 임금을 섬김에는 충성으로써 한다."고 한 말에 기초를 둔 말.

8. 대신들이 왜 왕자를 경멸하는가?

정관 10년의 일이다.

월왕(越王)은 장손황후(長孫皇后)의 소생으로 태자들 중에서 가장 총명하고 매우 뛰어나 태종의 특별한 총애를 받았다.

어떤 사람이 말하기를 3품 이상의 신료들이 다 왕자를 경멸한다고 했는데 그가 의도한 바는 시중(侍中)인 위징 등을 헐뜯기 위한 것이었다. 그 사람의 말을 듣고 태종이 대단히 화가 났다.

태종이 제정전(齊政殿)으로 나아가 3품 이상의 관리들을 들어오라 하여 좌정(坐定)시키고 크게 노한 얼굴빛으로 말했다.

"내가 한 마디 말로 그대들에게 이르는데 지난 시대의 천자는 옳은 천자이고 현재의 천자는 그른 천자인가. 지난날의 천자의 아들은 옳은 천자의 아들이고, 현재의 천자의 아들은 잘못된 천자의 아들인가? 내가 수(隋)나라의 여러 왕자를 살펴볼 때 높은 벼슬아치들을 포함한 그 아래가 다 힘을 쓰지 못했다. 나의 아들들은 스스로 그 자유로움을 누리지 못하고 그대들이 쉽게 지나치고 있으니 그대들이 서로 함께 경멸하는 것이다. 내가 만약 그냥 놓아두면 어찌 그대들이 넘어뜨리지 않겠는가?"

이에 방현령 등이 두려워서 떨고 다 삼가 사례하였다.

그러나 위징은 정색하고 간했다.

"현재의 모든 신하 가운데 월왕을 경멸한 자는 분명히 없습니다. 예절에서 신하와 아들에 대한 한 가지 실례가 있으니, 전하는 말에 '왕가의 사람들은 비록 미천하더라도 제후의 위에 반열한다. 제후를 등용하여 공(公)으로 삼으면 곧 공(公)이 되고 등용하여 경(卿)으로 삼으면 곧 경(卿)이 된다. 만약 공(公)이나 경(卿)으로 삼지 않으면 곧 제후의 하사(下士)이다.'라고 했습니다. 지금 3품 이상은 반열이 공(公)이나 경(卿)이 되고 천자의 대신(大臣)이며 폐하가 공경하고 특별히 대우하십니다. 비록 조금의 옳지 않은 점이 있을지라도 월왕에게 무엇을 얻겠다고 문득 기를 꺾어서 욕보이는 짓을 하겠습니까? 만약 국가의 기강이 무너져 신이 알지 못하는 일이 있으면 몰라도 지금 같은 밝은 시대에 월왕에게 어찌 이와 같이 하겠습니까? 수나라 고조(高祖)는 예의를 알지 못하면서 모든 왕(王)들만 총애하였습니다. 그 결과 무례한 행동을 하게 하였고 얼마 있지 않아 죄를 짓고 쫓겨났으니 본받을 것이 못 되는데 어찌 거론하겠습니까."

태종이 말을 듣고 기쁜 낯빛으로 모든 신하에게 일러 말했다.

"사람들의 말은 이치가 주도면밀하여 복종하지 않을 수 없다. 짐의 말은 사사로운 사람에 의한 것이고 위징이 이야기한 것은 국가의 대법이다. 짐이 방금 분노한 일은 스스로 다스림을 의심치 않아서 이른 것인데 위징의 말을 듣고 비로소 크게 도리가 아님을 깨달았다. 사람의 임금된 자가 어찌 언어를 가벼이 할 것인가?"

이에 방현령 등을 불러 간절하게 꾸짖고 위징에게는 비단 1천필을 하사하였다.

貞觀十年 越王[1] 長孫皇后所生 太子介弟[2] 聰敏絶倫 太宗特所寵異 或言三品[3]以上 皆輕蔑王者 意在譖侍中魏徵等 以激上怒

上御齊政殿 引三品以上入 坐定 大怒作色而言曰 我有一言向公等道 往前天子卽是天子 今時 天子非天子耶 往年天子兒是天子兒 今日 天子兒非天子兒耶 我見隋家諸王 達官[4]已下 皆不免被其躓頓[5] 我之兒子 自不許其縱橫 公等所容易過 得相共輕蔑 我若縱之 豈不能躓頓公等 玄齡等戰慄 皆拜謝 徵正色而諫曰 當今群臣必無輕蔑越王者 然在禮 臣子一例 傳稱 王人雖微 列於諸侯之上 諸侯用之爲公 卽是公 用之爲卿 卽是卿 若不爲公卿 卽下士於諸侯也 今三品已上 列爲公卿 並天子大臣 陛下所加敬異[6] 縱其小有不是 越王何得輒加折辱[7] 若國家紀綱廢壞 臣所不知 以當今神明之時 越王豈得如此 且隋高祖不知禮義 寵樹諸王 使行無禮 尋出罪黜 不可爲法 亦何足道

太宗聞其言 喜形於色 謂群臣曰 凡人言語 理到不可不伏 朕之所言 當身私愛 魏徵所論國家大法 朕曩者忿怒 自謂理在不疑 及見魏徵所論 始覺大非道理 爲人君言 何可容易 召玄齡等而切責之 賜徵絹一千匹

1) 越王(월왕) : 태종의 여덟째아들이며 이름은 정(貞)이다.
2) 介弟(개제) : 남의 아들에 대한 존칭. 곧 태자의 존칭어.
3) 三品(삼품) : 조정의 고관들을 뜻한다. 대신들.
4) 達官(달관) : 고위 공직자. 곧 높은 벼슬아치들.
5) 躓頓(질돈) : 넘어지다.
6) 敬異(경이) : 공경하고 특별히 대우하다.
7) 折辱(절욕) : 기를 꺾어 욕을 보이다.

9. 사람의 장점만 쓰십시오

정관 11년에 관아에서 능경(凌敬)이 걸빈(乞貧 : 구걸하는 생활)하는 상황을 아뢰자 태종이 시중 위징 등에게 함부로 사람을 천거한 일을 질책했다.

이에 위징이 말했다.

"신들은 의견을 물으실 때면 항상 장점과 단점을 함께 말씀드렸습니다. 학식 있고 굳세게 간하여 다투는 것이 그의 장점입니다. 생활을 아끼고 경영을 좋아하는 것이 그의 단점입니다. 능경이 비문(碑文)을 지어 주고 사람을 가르치되 한서(漢書)를 읽게 해서 천거하였습니다. 사신으로 가서 물건을 바꾸어 이익을 구하는 일은 신들이 올린 말과 동일하지 않습니다. 폐하께서 그 장점을 쓰지 않고 오직 단점만 보고 신들에게 속였다고 하신다면 실상 마음으로 복종하지 못하겠습니다."

태종이 이 말을 받아들였다.

貞觀十一年 所司奏凌敬[1]乞貧之狀 太宗責侍中魏徵等濫進人[2] 徵曰
臣等每蒙顧問 常具言其長短 有學識 强諫諍 是其所長 愛生活 好經營
是其所短 今凌敬爲人作碑文 敎人讀漢書 因玆附托 回易[3]求利 與臣等
所說不同 陛下未用其長 惟見其短 以爲臣等欺罔 實不敢心伏 太宗納之

1) 凌敬(능경) : 능이 성(姓)이고 경(敬)은 이름이다. 처음에 두건덕(竇建德)
   에게 벼슬하여 좨주(祭酒 : 學政의 장관)가 되었다.
2) 濫進人(남진인) : 쓸데없이 사람을 천거하다.
3) 回易(회역) : 사신으로 가 선물을 바치고 올 때 많은 물건을 가지고 오는 일.

10. 근대에 정치의 득실이 어떠한가?

정관 12년에 태종이 위징에게 말했다.

"근래에 시행한 정책의 득실은 지난날과 비교했을 때 어떠한가?"

위징이 대답했다.

"은혜로운 위엄이 더해져 먼 곳의 오랑캐도 조공을 바치기는 하지만 정관(貞觀)의 처음과 비교한다면 등급으로 말할 수 없습니다. 덕의가 몰래 통하고 백성이 마음 속으로 기뻐하여 감복하는 일은 정관의 처음과 비교했을 때 매우 멀어졌습니다."

태종이 말했다.

"멀리 있는 오랑캐가 와서 복종하고 덕의(德義)로써 더한 것들이 있는데 무엇이 지난날의 공업과 그 격차가 더욱 큰가?"

위징이 대답했다.

"지난날에는 사방이 평정되지 않아서 항상 덕과 의로써 마음을 삼고 빠르게 나라 안에 근심이 없게 하셨습니다. 그 뒤로는 점점 교만하고 사치를 더하여 스스로 넘쳐서 공업이 비록 왕성했으나 지난날의 처음과 같지는 못합니다."

태종이 또 말하였다.

"시행한 일들이 지난날에 비하여 무엇이 다른가?"

위징이 대답하였다.

"정관의 처음에는 사람이 말하지 않을까 두려워하며 인도하여 간언하게 하셨습니다. 3년 이후에는 사람들이 간하는 것을 보고 기뻐하여 따르셨습니다. 요즘 I, 2년 이래는 사람들이 간하면 기뻐하지 않고 마지못해 듣기는 하지만 마음이 편안하지 못하시니 어려움이 있습니다."

"어떠한 일이 이와 같은가?"

"즉위한 처음에 원율사(元律師)를 사형에 처하려 하자 손복가(孫伏伽)가 간하기를 '법에 따라 행하면 사형까지는 이르지 않습니다. 권력을 남용하여 가혹한 형벌을 더하지 마십시오.'라고 하니, 드디어 난릉공주(蘭陵公主)의 정원을 하사하셨는데 그것은 돈으로 치면 I만 냥이나 됩니다. 어떤 사람이 말하기를 '말한 것은 평범하였는데 상을 주는 일은 너무 후하다.'고 하자 대답하시기를 '내가 즉위한 이래로 간하는 자가 있지 않아서 상을 준 것이다.'라고 하신 일은 사람들을 간하도록 인도하신 것입니다.

서주(徐州)의 사호(司戶) 유웅(柳雄)이 수나라의 자산으로 망령되게 계급을 더하여 봉급을 주자 어떤 사람이 고발하였습니다. 폐하께서 그에게 자수하라고 명령했는데 그는 죄를 수긍하지 않고 더욱 굳게 죄가 없다고 주장하여 끝까지 긍정하지 않았습니다. 사법관이 그 거짓을 밝혀내 유웅을 사형에 처하려 할 때 소경(少卿:젊은 관리)인 대주(戴胄)가 아뢰기를 '법으로는 도(徒)의 형벌이 합당합니다.'라고 하자 폐하께서는 '나는 이미 단호한 형벌을 내리기로 했으니 마땅히 죽여야겠다.'라고 말씀하셨습니다. 대주가 다시 '폐하께서 이미 그렇지 않다고 하시어 신이 법을 맡은 관리에게 부탁하니 죄가 죽음에 합당하지 않다고 하는데 너무 가혹한 형벌이 아니겠습니까?'라고 말하자, 폐하께서 얼굴빛을 바꾸어 죽이라 하고 대주가 고집스럽게 간언을 중지하지 않기를 네번 다섯번에 이른 연후에야 유웅을 사면시켜 주셨습니다. 이에 사법관에게 이르기를 '다만 나를 위해 이와 같이 법을 지키니 어찌 외람되게 사람을 죽일 수 있겠는가?'라고 하셨습니다. 이것은 기뻐하여 간언을 따르신 것입니다.

지난날 섬현승(陝縣丞) 황보덕삼이 상서하여 크게 폐하의 마음을 거슬렸을 때 폐하께서 헐뜯는 것으로 생각하시어 신이 아뢰기를 '상서란 과격하지 않으면 사람의 주의를 끌지 못합니다. 과격하면 헐뜯는 것 같이 보입니다.'라고 했습니다. 그 때 비록 신의 말씀을 따랐으나 상으로 비단 20단을 내려 뜻이 매우 편안치 않음을 나타냈고 간언 받아들이기가 매우 어려우셨습니다"

태종이 말했다.

"진실로 그대의 말과 같다. 그대가 아니면 이런 말을 할 자가 없다. 사람들은 다 괴로움을 스스로 깨닫지 못한다. 그대가 방금 시기를 지적하지 않았다면 스스로 시행하는 데 변함이 없었을 것이다. 그대의 논설을 듣고 나의 과실에 깜짝 놀랐다. 그대는 다만 이런 마음을 보존하라. 나는 끝까지 그대의 말을 어기지 않겠다."

貞觀十二年 太宗謂魏徵曰 比來[1]所行得失政化 何如往前 對曰 若恩

威所加 遠夷朝貢 比於貞觀之始 不可等級而言 若德義潛通 民心悅服
比於貞觀之初 相去又甚遠 太宗曰 遠夷來服 應由德義所加 往前功業
何因益大 徵曰 昔者匹方未定 常以德義爲心 旋以海內無虞 漸加驕奢
自溢 所以功業雖盛 終不如往初

太宗又曰 所行比往前何爲異 徵曰 貞觀之初 恐人不言 導之使諫 三
年已後 見人諫 悅而從之 一二年來 不悅人諫 雖黽勉聽受 而意終不平
有難也 太宗曰 於何事如此 對曰 卽位之初 處元律師²⁾死罪 孫伏伽³⁾諫
曰 法不至死 無容濫加酷罰 遂賜以蘭陵公主園⁴⁾ 直錢百萬 人或曰 所
言乃常事 而所賞太厚 答曰 我卽位來 未有諫者 所以賞之 此導之使言
也 徐州司戶柳雄⁵⁾於隋資妄加階級 人有告之者 陛下令其自首 不首與
罪 遂固言是實 竟不肯首 大理⁶⁾推得其僞 將處雄死罪 少卿⁷⁾戴胄奏 法
止合徒⁸⁾ 陛下曰 我已與其斷當訖 但當與死罪 胄曰 陛下旣不然 卽付
臣法司 罪不合死 不可酷濫 陛下作色遣殺 胄執之不已 至於四五 然後
赦之 乃謂法司曰 但能爲我如此守法 豈畏濫有誅夷⁹⁾ 此則悅以從諫也
往年陝縣丞皇甫德參上書 大忤聖旨 陛下以爲訕謗 臣奏稱上書不激切
不能起人主意 激切卽似訕謗 于時雖從臣言 賞物二十段 意甚不平 難
於受諫也 太宗曰 誠如公言 非公無能道此者 人皆苦不自覺 公向未道
時 都自謂所行不變 及見公論說 過失堪驚 公但存此心 朕終不違公語

1) 比來(비래) : 요사이. 근래.
2) 元律師(원율사) : 사람 이름. 누구인지 자세하지 않다.
3) 孫伏伽(손복가) : 패주(貝州) 사람. 무덕(武德) 연중에 3가지 일을 올렸다.
   정관 연중에 어사(御史)에 제수되고 대리경(大理卿)으로 옮겼다.
4) 蘭陵公主園(난릉공주원) : 태종의 딸인 난릉공주의 정원.
5) 司戶柳雄(사호유웅) : 서주의 사호벼슬을 담당한 유웅. 사호는 주(州)의 호
   조(戶曹). 유웅은 사람 이름으로 자세한 기록이 없다.
6) 大理(대리) : 사법의 말단 관리.
7) 少卿(소경) : 유능한 젊은 관리. 곧 지금의 차관급.
8) 徒(도) : 형벌의 이름. 다섯 가지 형벌중 3번째 형벌. 형기는 1년~3년 정도
9) 誅夷(주이) : 토벌하다. 죽여서 씨를 없애다.

정관정요 제3권
〔貞觀政要 第三卷 : 凡三篇〕

제6편 군주와 신하의 귀감(龜鑑)
(論君臣鑒戒第六 : 凡七章)

1. 임금이 없으면 신하도 없다

정관 3년에 태종이 주위 신하들에게 말했다.

"임금과 신하는 근본적으로 다스림과 어지러움을 함께하고 편안함과 위태로움을 함께한다. 임금이 충성스런 간언을 받아들이고 신하가 곧은말을 진언하여 신하와 임금이 정을 두텁게 하였으니 옛날부터 소중하게 여겨 온 일이다. 임금이 현명해도 신하가 바른말로 바로잡지 않으면 망하지 않으려 해도 망하게 되어 있다.

임금이 그 나라를 잃으면 신하 또한 홀로 그 집안을 온전히 보존하지 못한다. 수나라 양제가 포학한 데 이르자 모든 신하가 입을 다물어 마침내 그 자신이 허물을 듣지 못하고 드디어 멸망하는 데 이르렀으며 우세기의 무리도 곧 죽음을 당했다.

앞 시대의 일들이 멀지 않다. 짐과 더불어 경들은 조심하지 않아서 후일에 세상의 웃음거리가 되는 일은 없어야 한다."

貞觀三年 太宗謂侍臣曰 君臣本同治亂 共安危 若主納忠諫 臣進直言 斯故君臣合契[1] 古來所重 若君自賢 臣不匡正 欲不危亡 不可得也 君失其國 臣亦不能獨全其家 至如隋煬帝暴虐 臣下鉗口 卒令不聞其過 遂至滅亡 虞世基等尋亦誅死 前事[2]不遠 朕與卿等 可得不愼 無爲後所嗤[3]

1) 合契(합계) : 서로 정의를 두텁게 하기로 맹세하다.

2) 前事(전사) : 앞의 일. 수양제가 망한 일.

3) 嗤(치) : 웃음거리. 세상의 웃음거리.

2. 수나라의 가혹한 형벌을 말하다

정관 4년에 태종은 수나라가 가혹하게 죄인을 감금한 일에 대하여 이야기했는데 위징이 답했다.

"신이 이전에 수나라 조정에 있을 때의 이야기입니다. 어느 때 도둑이 생겼다는 말을 들었습니다. 그 때 양제(煬帝)는 어사징(於士澄)에게 명하여 도둑을 잡게 했는데 조금이라도 의심스러우면 모조리 잡아들이게 하여 지독한 고문을 가했습니다. 그래서 죄 없이 죄인이 된 자가 2천여 명이나 되었고, 모두 그 날로 참수형(斬首刑)에 처하라는 명령이 내려졌습니다.

대리승(大理丞) 장원제(張元濟)가 이상하게 여겨 시험삼아 실상을 조사했습니다. 그중 6~7명은 도둑이 일어난 날, 그 이전의 어떤 사건으로 다른 곳에 잡혀 있다가 겨우 풀려나오자마자 또 이 사건의 혐의를 받고 잡혀 와서, 고문에 못이겨 알지도 못하는 일이면서도 자기들이 도둑질했노라고 자백했던 것입니다.

장원제는 이 사실을 안 뒤로 더욱 철저하게 조사해, 2천 명 중 9명만 그 날의 행동이 분명하지 않음을 밝혀냈고 관원 가운데 그 사람을 잘 아는 자가 있어 9명 중 4명은 도둑이 아니라는 사실을 밝혀냈습니다. 그런데도 관원들은 수양제가 참수형에 처하라고 명했으므로 끝내 그 사실을 상신하지 않고 2천 명 모두 죽였습니다."

이 말을 듣고 태종이 말했다.

"그것은 양제가 무도했을 뿐만 아니라, 신하들 또한 성의를 다하지 않은 것이다. 무슨 일이 있더라도 바른 도리로써 간하여, 천자의 노여움을 사서 죽음을 당하는 경우가 있더라도 피해서는 안 될 일이다. 어찌 다만 아첨만 일삼아 군주를 기쁘게 하고 군주의 창찬받는 것만 좋게 생각할 수 있겠는가. 군주와 신하가 이와 같고서 어찌 국가가 패망하지 않을 수 있단 말인가.

짐은 그대들이 다 함께 도운 덕으로 드디어 죄인이 없어 감옥이 텅 비어 있을 정도로 좋은 세상을 만들 수 있게 되었다. 아무쪼록 그대들은 처음부터 끝까지 훌륭히 해서 언제까지나 오늘과 같은 상태가 되게 해 주기 바란다."

貞觀四年 太宗論隋曰[1] 魏徵對曰 臣往在隋朝 曾聞有盜發 煬帝令於士澄[2]捕逐 但有疑似 苦加拷掠[3] 枉[4]承賊者二千餘人 竝令同日斬決[5] 大理丞[6]張元濟怪之 試尋其狀 乃有六七人盜發之日先禁[7]他所 被放縱出 亦遭推勘[8] 不勝苦痛 自誣行盜 元濟因此更事究尋[9] 二千人內 惟九人逗遛[10]不明 官人有諳識[11]者 就九人內 四人非賊 有司以煬帝已令斬決 遂不執奏[12] 竝殺之

太宗曰 非是煬帝無道 臣下亦不盡心 須相匡諫 不避誅戮 豈得惟行諂佞 苟求悅譽 君臣如此 何得不敗 朕賴公等共相輔佐 遂令囹圄空虛 願公等善始克終 恒如今日

1) 隋日(수일) : 수(隋)나라 때. 수대(隋代).

2) 於士澄(어사징) : 수나라 장수로서, 뒤에 당(唐)나라에 항복하였다.

3) 拷掠(고략) : 범죄의 의심이 가는 자에게 육체적으로 괴로움을 주어 자백(自白)을 강요하는 일. 고문과 같다.

4) 枉(왕) : 죄 없이 죄인이 되다. 죄를 뒤집어 쓰다.

5) 斬決(참결) : 참수형(斬首刑 : 죄인의 목을 베는 형벌)을 집행하다.

6) 大理丞(대리승) : 옥관(獄官 : 형옥을 다스리는 관직)의 차관(次官).

7) 禁(금) : 수금(囚禁)됨. 구속됨.

8) 推勘(추감) : 죄상을 신문하다.

9) 究尋(구심) : 철저하게 조사하다.

10) 逗遛(두류) : 머물러 있다.

11) 諳識(암식) : 내부적으로 자세히 알다.

12) 執奏(집주) : 잡고 늘어져 상주(上奏)하다. 끈덕지게 상주하다.

3. 선을 행하면 번영하고 악을 행하면 멸망한다

정관 6년에 태종이 주위 신하들에게 말했다.

"짐이 듣기로는, 주왕조(周王朝)나 진(秦)나라가 처음에 일어

나서 천하를 얻은 사실에는 별다른 점이 없다. 그런데 주나라는
선을 행하고자 노력하여 공덕을 거듭 쌓아서 8백 년 동안 왕조를
이어간 기초가 되었다. 진나라는 지나치게 사치하고 음란한 짓을
하며, 형벌로 다스리기를 좋아하여 겨우 2세(二世)를 견디지 못
하고 멸망하였다. 어찌 선을 행한 자는 그 복을 누리는 기간이 길
고, 악을 행한 자는 그 수명이 짧은 것이 아니겠는가.

　짐은 또 이런 말도 들었다. 걸왕(桀王)이나 주왕(紂王)은 제왕
(帝王)이었는데도, 신분이 미천한 사람도 '걸주(桀紂) 같은 놈'
이라고 하면 그것을 크게 치욕으로 생각한다. 반대로 안연(顏淵)
이나 민자건(閔子騫) 같은 이는 지위도 없고 신분도 신통치 않
은 사람들이건만 제왕에게 '안자(顏子)나 민자건 같다.'고 하면
그것을 영예롭게 생각한다.

　이런 이야기는 제왕된 자로서 깊이 부끄럽게 여겨야 할 일이다.
짐은 항상 이런 일로써 거울 삼고 경계하는데 언제나 성군들에게
미치지 못하고 세상 사람들의 웃음거리나 되지 않을까 걱정이다."

　이에 위징이 대답했다.

　"신은 이러한 이야기를 들었습니다. 춘추 시대 노(魯)나라 애
공(哀公)이 공자(孔子)에게 말하기를 '세상에는 심하게 잊어버
리기를 잘하는 사람이 있는데, 집을 이사할 때 자기 아내를 잊고
데려가지 않은 사람이 있다고 합니다.'고 하니, 공자께서 '세상
에서 잘 잊어버리기로는 그보다 훨씬 더 심한 사람이 있습니다.
옛날의 걸(桀)이나 주(紂)라는 군주를 보건대 그들은 자기 자신
을 잊어버렸습니다.'라고 말했습니다. 아무쪼록 폐하께서 언제나
이런 이야기가 있다는 것을 명심하신다면, 아마 후세 사람들에게
비웃음을 사는 일은 면할 것입니다."

　貞觀六年 太宗謂侍臣曰 朕聞周秦初得天下 其事不異 然周則惟善是
務 積功累德 所以能保八百之基 秦乃恣其奢淫 好行刑罰 不過二世而
滅 豈非爲善者福祚[1]延長 爲惡者降年[2]不永 朕又聞桀紂 帝王也 以匹
夫[3]比之 則以爲辱 顏閔[4] 匹夫也 以帝王比之 則以爲榮 此亦帝王深恥

也 朕每將此事以爲鑒戒[5] 常恐不逮 爲人所笑

　魏徵對曰 臣聞魯哀公[6]謂孔子曰 有人好忘者 移宅乃忘其妻 孔子曰 又有好忘甚於此者 丘[7]見桀紂之君 乃忘其身 願陛下每以此爲慮 庶免後人笑爾

1) 福祚(복조) : '행복'과 같다.

2) 降年(강년) : 하늘에서 받은 수명.

3) 匹夫(필부) : 지위도 신분도 없는 남자. 평범한 사람.

4) 顔閔(안민) : 안회(顔回)와 민손(閔損). 둘 다 공자(孔子)의 제자인데 덕행으로써 알려졌다. 안회의 자는 자연(子淵)이며 높여서 안자(顔子)라고도 한다. 민손의 자는 자건(子騫)이다. 덕행이 뛰어났다고 일컬어진다.

5) 鑒戒(감계) : 모범으로 삼고 계율로 삼다. 거울삼다.

6) 魯哀公(노애공) : 애공은 춘추 시대 노(魯)나라 제후. 이 이야기는 '공자가어(孔子家語)' 현군편(賢君篇)과 '설원(說苑)' 경신편(敬愼篇)에 있다.

7) 丘(구) : 공자(孔子)의 이름.

4. 임금과 신하는 다 같이 교만을 경계해야 한다

정관 14년에 태종이 고창국(高昌國)을 평정하고 측근 신하들을 양의전(兩儀殿)으로 불러 연회를 베풀었다.

그 자리에서 태종이 방현령에게 말했다.

"고창국이 만약 우리에게 신하로서의 예의를 잃지 않았다면 어찌 멸망하는 지경까지 이르렀겠는가. 짐은 이 한 나라를 평정하고 마음이 더욱 불안하고 두렵다. 오직 만족해서 뽐내고 방자하게 구는 행위를 경계하여 스스로 대비하고, 충직한 말을 받아들여 자신을 바르게 하겠다. 사특하고 아첨하는 자를 물리치고 현명하고 바른 자를 임용하여, 소인들의 말에 따라 군자에 대해 쓸데없이 거론하는 일을 하지 않겠다. 이것을 계율로 지켜 행한다면 거의 국가의 평화를 유지해 나갈 수 있지 않겠는가."

위징이 나아가 아뢰었다.

"신은 옛 제왕의 사적(事蹟)을 관찰했습니다. 난세를 다스려

창업할 때는 반드시 스스로 경계하고 삼가하여 신분이 미천한 자의 의견도 받아들이고 성의 있는 바른말에 따릅니다. 일단 천하가 안정되면 정욕(情欲)에 빠지고 욕심을 부려 아첨하는 소리 듣기를 즐기며 바른 간언 듣기를 싫어합니다.

장자방(張子房 : 張良)은 한(漢)나라 고조(高祖)의 모신(謨臣)이었습니다. 고조가 천자가 된 뒤에 적자인 장자를 폐하고 서자를 태자로 세우려 할 때 장자방이 '오늘의 일은 입으로 변론하여 성사시킬 수 없습니다.' 라고 말하고 태자 바꾸는 일을 끝까지 다시 말하지 않고 나중에 깨우치게 했습니다. 지금 폐하의 성한 공덕은 한나라 고조와 비교할 때 고조 같은 이는 본받을 만하지 못합니다.

폐하께서 천자의 위에 오르신 지 15년이 되었고 폐하의 성덕이 천하에 널리 퍼졌습니다. 더구나 고창을 평정하시고도 자주 국가의 안위에 마음을 써 충량(忠良)한 신하를 불러 쓰고, 신하가 천자에게 직언할 수 있는 길을 열어 놓으셨으니 천하를 위해 그 이상 좋은 일은 없습니다.

옛날에 제(齊)나라 환공(桓公)이 관중(管仲)과 포숙아(鮑叔牙)와 영척(寗戚)을 불러 주연을 베풀었습니다. 환공이 포숙아에게 '왜 과인을 위해 장수를 빌지 않는가.' 하자, 포숙아가 술잔을 받쳐 들고 일어나 '아무쪼록 공께서는 내란이 일어나 국외로 망명하여 거(莒) 땅에서 고생하던 때를 잊지 않으시기 바랍니다. 관중은 싸움에 져서 노나라에 잡혀가 죽음을 눈앞에 두었던 때를 잊지 않기 바라며, 영척은 벼슬하기 전 수레 밑에서 소에게 여물 먹이던 때를 잊지 않기 바랍니다.' 라고 했습니다. 이 말을 듣고 환공은 자리에서 물러나 두 번 절하며 '과인과 두 대부(大夫)가 그대의 말을 잊지 않는다면 국가에 위험이 없을 것이다.' 라고 했다 합니다."

이에 태종이 위징에게 말했다.

"짐은 반드시 천자가 되기 전, 신분이 낮았던 때의 일을 잊지 않겠다. 그대들도 포숙아(鮑叔牙)의 사람됨을 잊지 않기 바란다."

貞觀十四年 太宗以高昌[1]平 召侍臣賜宴於兩儀殿 謂房玄齡曰 高昌若

不失臣禮 豈至滅亡 朕平此一國 甚懷危懼 惟當戒驕逸以自防 納忠謇[2]以
自正 黜邪佞[3] 用賢良 不以小人之言而議君子 以此愼守 庶幾於獲安也

魏徵進曰 臣觀古來帝王撥亂創業[4] 必自戒愼 探芻蕘之議 從忠謹之言
天下旣安 則恣情肆欲 甘樂諂諛 惡聞正諫 張子房[5] 漢王計畫之臣[6] 及高
祖爲天子 將廢嫡立庶[7] 子房曰 今日之事 非口舌所能爭也 終不敢復有開
說 況陛下功德之盛 以漢祖方之 彼不足準 卽位十有五年 聖德光被 今又
平殄高昌 屢以安危繫意 方欲納用忠良 開直言之路 天下幸甚 昔齊桓公
與管仲 鮑叔牙 甯戚[8]四人飮 桓公謂叔牙曰 盍起爲寡人壽[9]乎 叔牙奉觴
而起曰 願公無忘出在莒時[10] 使管仲無忘束縛於魯時[11] 使甯戚無忘飯牛
車下時[12] 桓公避席而謝曰 寡人與二大夫能無忘夫子之言 則社稷不危矣

太宗謂徵曰 朕必不敢忘布衣時[13] 公不得忘叔牙之爲人也

1) 高昌(고창) : 중앙 아시아 돌판 분지(盆地)에 있던 중국인의 식민 국가. 고
   창왕(高昌王) 국문태(麴文泰)가 당나라와 서역(西域)의 교통을 방해하다
   가 마침내 당나라에게 멸망당했다.

2) 忠謇(충건) : 충직한 말.

3) 邪佞(사녕) : 마음이 비꼬이고 남에게 아첨하다.

4) 撥亂創業(발란창업) : 난세를 다스리고 왕업을 시작하다.

5) 張子房(장자방) : 한(漢)나라 고조 유방(劉邦)의 모신(謨臣) 장량(張良).

6) 漢王計畫之臣(한왕계획지신) : 한왕은 한(漢)나라 고조(高祖 : 劉邦)를 가
   리키는 말. 계획지신은 지혜롭고 꾀가 많은 뛰어난 신하.

7) 廢嫡立庶(폐적입서) : 적자(嫡子)를 폐하고 서자를 세우다. 한(漢)나라 고
   조(高祖)가 태자인 장자 영(盈)을 폐하고 애희(愛姬) 소생인 조왕(趙王) 여
   의(如意)를 세우고자 했다. 그 때 여후(呂后 : 고조의 정궁)가 장량에게 그
   것을 막을 계책을 물으니 장량은 "이 문제는 입으로 간해서 처리될 일이 아
   닙니다."라고 말하고 사호(四皓)로 하여금 태자를 보좌하게 하였는데, 그 결
   과 태자는 폐위를 모면하였다.

8) 管仲鮑叔牙甯戚(관중·포숙아·영척) : 세 사람 다 환공(桓公)을 섬긴 제
   (齊)나라의 대신이다.

9) 壽(수) : 윗사람에게 술잔을 들어 올리면서 건강을 빌다. 헌수(獻壽)와 같다.

10) 出在莒時(출재거시) : 망명하여 거 땅에 있을 때. 제나라 환공은 형 양공(襄

公)이 무도하여 신변에 위험이 닥쳤을 때 거(莒)로 몸을 피했었는데, 그 때 포숙아가 따랐다.

11) 束縛於魯時(속박어노시) : 관중(管仲)은 소백(小白 : 환공의 이름)의 아우 규(糾)를 따라 노(魯)나라로 피해 있었다. 양공이 죽자 소백과 규 사이에 왕위 다툼이 생겼다. 관중은 규를 위해 소백을 죽이기 위해 활을 쏘았으나 혁대만 맞혔다. 소백이 먼저 제나라에 들어가 왕위에 올라 노나라에게 관중을 잡아서 제나라로 보내게 했다. 포숙아가 환공에게 권하여 목숨을 건지고 환공에게 등용되어 환공을 보좌했다.

12) 飯牛車下時(반우거하시) : 영척(甯戚)이 아직 벼슬하지 않았던 시절에 수레를 끌고 제(齊)나라에 가서 소에게 여물을 먹이면서 노래를 불렀는데, 그 노래를 들은 환공에게 인정을 받아 등용되어 대신이 되었다.

13) 布衣時(포의시) : 관직(官職)이 없는 서민일 때. 천자가 되기 전을 말한다.

5. 임금과 신하는, 머리와 팔 다리의 관계와 같다

정관 14년에 특진관 위징이 상소를 올렸다.

"신은 들었습니다. 임금은 으뜸의 머리가 되고 신하는 팔과 다리가 되어서 서로 마음을 함께하고 하나가 되어 육체를 이룹니다. 육체가 갖추어지지 않고 사람이 된 경우는 없습니다. 그렇다면 머리가 비록 지극히 높더라도 반드시 손과 발의 도움을 얻어서 형체를 이룹니다. 임금이 비록 밝고 뛰어나더라도 반드시 신하의 도움을 받아서 다스림을 이루는 것입니다.

'예기'에 이르기를 '백성은 임금으로써 마음을 삼고 임금은 백성으로써 몸을 삼는다. 마음이 씩씩하면 몸이 부드럽고 마음이 엄숙하면 용모가 공경스럽다.'고 했습니다.

'서경(書經)'에는 '천자께서 현명하면 고굉의 신하들도 훌륭하고 모든 일이 편안해지리라. 천자께서 번거롭고 졸렬하면 고굉의 신하들도 게을러져 모든 일이 실패하리라.'라고 했습니다.

팔과 다리를 버리고 홀로 가슴에만 맡겨서 형체를 갖추고 다스림을 이루었다는 말은 듣지 못했습니다.

군주와 신하가 서로 제대로 만나기는 옛날부터 어려웠습니다.
돌을 물에 던지면 쌓이고 쌓여서 천 년에 한 번 합치되고 물이
돌에 떨어지는 일은 때마다 계속됩니다.

지극히 공정한 도(道)를 열고 천하의 쓰임을 펴며 안으로 마음
과 힘을 다하고 밖으로 팔과 다리의 힘을 다하고 화합하는 것이
조미료와 같고 굳음이 쇠와 돌 같은 자는, 높은 지위와 두터운 봉
급을 주거나 예우를 지극히 해야 합니다.

옛날에 주(周)나라 문왕이 봉황의 언덕에서 유람할 때 버선끈
이 풀어졌는데 좌우를 둘러보니 부릴 만한 사람이 없어 스스로 버
선끈을 맸습니다. 어찌 주나라 문왕의 조정에만 뛰어난 인재가 있
고 지금 고명한 천자의 시대에는 유독 군자(君子)가 없겠습니까?
다만 알아보고 알아보지 못하는 견해와 대우할 줄 알고 대우하지
못하는 태도가 있을 뿐입니다.

은(殷)나라 이윤(伊尹)은 유신(有莘)씨의 잉신(媵臣 : 신부
를 따라가는 천한 남자)이었고, 한(漢)나라의 한신(韓信)은 항우
(項羽)를 떠나 망명한 사람입니다.

은나라 탕왕은 예의를 다하여 왕업을 남소(南巢) 땅에서 정했
고 한나라 고조는 단(壇)에 올라 왕업을 해하(垓下) 땅에서 성
취했습니다.

만약 하(夏)나라 걸(桀)이 이윤을 버리지 않고 초(楚)나라 항
우가 한신에게 은혜를 베풀었다면 어찌 이미 이룬 나라를 패망시
켰겠으며 멸망을 근심했겠습니까?

또 미자(微子)는 골육(骨肉)의 친척이었습니다만 송(宋)나라
에 봉함을 받았습니다. 기자(箕子)는 어진 신하였습니다만 홍범
(洪範)을 주(周)나라에 설명하였습니다.

공자께서는 그것을 인(仁)이라고 말했습니다만 그것을 그르다
고 한 자가 없었습니다.

'예기'에 일컫기를 '노(魯)나라 목공(穆公)이 자사(子思)에
게 묻기를 '옛 임금을 위하여 추방되었던 신하가 돌아와 복을 입
는 일이 옛날의 예입니까?' 라고 하자 자사가 '옛날의 군자(君

子 : 군주)는 사람을 등용할 때 예로써 하고 사퇴시킬 때도 예로써 하였기 때문에 본래 옛 임금을 위하여 돌아와 복을 입는 예도 있었습니다. 지금의 군자는 사람을 등용할 때 무릎을 마주 대하듯이 환영하다가 사퇴시킬 때는 연못에 떨어뜨리듯이 하여 그들이 도적의 괴수가 되지 않는 일만 해도 착한 일이 아니겠습니까? 이런데 어찌 돌아와 복을 입는 예절이 있겠습니까?' 라고 했습니다.

제(齊)나라 경공(景公)이 안자(晏子)에게 묻기를 '충신이 임금 섬기는 태도는 어떻습니까?' 라고 하자, 안자가 대답하기를 '어려움이 있어도 죽지 않고 도망해도 송별하지 않습니다.' 라고 했고, 경공이 다시 말하기를 '땅을 분할하여 봉하고 관직을 나누어 대우하며 어려움이 있어도 죽지 않고 도망해도 전송하지 않는다는 말은 무슨 뜻입니까?' 라고 하자, 안자가 대답하기를 '말을 올리면 실행되어 몸이 마치도록 어지러움이 없는데 신하가 어찌 죽을 일이 있으며 간하면 받아들여 몸이 마치도록 도망할 일이 없는데 신하가 어찌 송별할 일이 있겠습니까? 말을 하면 쓰지 못하고 어려움이 있으면 죽임을 당하는 일은 망령되게 죽는 것이며 간하는데 받아들이지 않고 달아나는데 이별하는 일은 거짓 충성입니다.' 라고 했습니다.

'춘추좌씨전(春秋左氏傳)'에 '최저(崔杼)가 제장공(齊莊公)을 죽였는데 안자(晏子)가 최씨 집 문밖에 서 있었다. 최저의 부하들이 〈같이 죽겠는가?〉라고 말하자, 안자가 〈내가 임금이냐. 내가 왜 죽느냐?〉라 하고, 〈떠나겠는가?〉라고 하자, 안자가 〈내가 죄를 지었느냐? 내가 왜 도망해!〉라고 말했다.' 고 했습니다.

임금이 사직(社稷)을 위해 죽으면 신하도 죽고 사직을 위해 도망하면 신하도 도망합니다. 만약 군주가 자신만 위하여 죽고 자신만 위하여 도망하면 사사로이 친한 사람이 아니라면 누가 감히 맡기겠습니까? 문이 열리면 들어가 군주의 시체를 침상에 올리고 곡하고 일어나 3번 뛰는 예를 다하고 나가는 것입니다.

'맹자(孟子)'에 이르기를 '임금이 신하 보기를 손과 발같이 여기면 신하는 임금 보기를 배와 가슴같이 여기며, 임금이 신하 보기를 개와 돼지같이 여기면 신하는 임금 보기를 길 가는 사람같이 여기며, 임금이 신하 보기를 더러운 흙같이 여기면 신하는 임금 보기를 원수같이 여긴다.'라고 했습니다.

신하가 임금을 섬기는데 배반할 뜻을 가지지 않지만 떠나고 나아갈 때 은혜의 두텁고 박함에 따라 달라집니다. 임금이 되어 어찌 아래에게 무례하게 하겠습니까?

간절히 살펴보니 조정에 있는 모든 신하들 가운데 중요한 정무를 맡은 자들은, 혹은 지역이 진(秦)나라나 진(晉)나라에 이웃하고 혹은 공업과 경륜에서 함께 일을 세우고 함께 공을 세워 모두 같은 시기에 선발된 사람들로, 중요한 직책에 쓰여져 중요한 임무를 맡았습니다.

임무가 비록 중요하더라도 믿음이 돈독하지 못하면 사람들이 스스로 의심합니다. 사람들이 스스로 의심하게 되면 마음 속이 구차해지고 마음이 구차해지면 절개와 의리가 세워지지 않습니다. 절개와 의리가 세워지지 않으면 명분을 세우는 도덕이 발흥하지 않습니다. 명분을 세우는 도덕이 발흥하지 않으면 태평의 기초를 든든하게 하고 7백 년 복조(福祚)를 보호하는 일도 있을 수 없습니다.

또 듣기를 국가에서 공신들을 소중하게 아끼고 예전 과오를 허물하지 않고 앞서간 성인을 본받는다면 중단되는 일이 하나도 없다고 합니다. 큰 일은 너그럽게 대하고 작은 죄는 급하게 처리하며 때마다 꾸짖고 화를 내 사랑하고 미워하는 마음을 벗어나지 못한다면 정치를 할 수 없습니다.

임금이 금법을 엄하게 해도 신하 중에는 혹 범하는 자가 있는데 위에서 그 근원을 열어두면 아래에서는 반드시 그보다 심하게 됩니다.

시냇물이 막히면 둑이 무너지고 훼손되는 일이 반드시 많아질 것이니 많은 백성이 어디에 그 손과 발을 놓아야 하겠습니까?

임금이 한 가지 근원을 열어놓으면 아래에서는 백 가지 단서의 변화가 발생하여 어지럽지 않음이 없을 것입니다.

'예기'에 이르기를 '사랑하되 그의 나쁜 점을 알고 미워하되 그의 좋은 점을 안다.'고 했습니다. 만약 미워만 하고 그 좋은 점을 알지 못하면 좋은 일을 하는 자는 반드시 두려워할 것입니다. 사랑하면서도 그의 나쁜 점을 알지 못하면 나쁜 짓을 하는 사람이 번성할 것입니다.

'시경'에 이르기를 '군자(君子)께서 노하시면 난(亂)은 빨리 그칠 것이다.'라고 했습니다. 그러므로 옛 사람들이 진노(震怒)하여 악을 징계했던 것입니다. 현재의 위엄이나 형벌은 간악함을 조장하고 있습니다. 이것은 요임금이나 순임금의 마음이 아니며 우(禹)임금이나 탕(湯)임금의 일도 아닙니다.

'서경'에 이르기를 '나를 어루만지는 이는 임금님이요, 나를 학대하는 자는 원수다.'라고 했습니다. 또 순경자(荀卿子 : 순자)가 말하기를 '임금은 배고 백성은 물이다. 물은 배를 띄울 수 있으며 또한 배를 전복시킬 수도 있다.'고 했습니다.

공자께서 '물고기는 물을 잃으면 죽지만 물은 물고기를 잃어도 또한 물이다.'라고 말했습니다.

이러한 연유로 요임금이나 순임금이 전전긍긍하고 날마다 하루 하루를 조심하였는데 어찌 깊이 생각하지 않겠으며 어찌 심사숙고하지 않겠습니까?

대신(大臣)에게는 큰일을 맡기고 말단 관리에게는 작은일을 맡기는 것이 나라를 위한 떳떳한 일이고 다스리는 도리입니다.

지금 직책으로 맡긴 일은 대신은 무겁게 하고 말단 관리는 가볍게 하고 일이 있는 데 이르러서는 말단 관리는 신임하고 높은 벼슬아치는 의심하십니다. 가벼운 자를 신임하고 중요한 자를 의심한다면 지극한 다스림을 어떻게 얻겠습니까?

정치의 귀중함은 떳떳한 데 있고, 자주 바꾸는 데 있지 않습니다. 지금 혹 말단 관리를 꾸짖는데 큰일로써 하고 높은 벼슬아치를 꾸짖는데 작은일로써 하십니다. 말단 관리가 관여할 바가 아닌 것을 계기로 하여 높은 벼슬아치가 지켜야 할 도를 잃었습니다. 높은 벼슬아치는 혹 작은 과실로써 죄를 얻고 말단 관리는 혹 큰 일로써 벌을 받는다면 직책은 그의 자리가 아니고 벌은 그의 죄가 아니어서, 그 사사로움을 없애기 위해 있는 힘을 다 쓰더라도 또한 어렵지 않겠습니까.

말단 관리에게 큰일을 맡기지 않고 높은 벼슬아치의 작은 죄는 꾸중하지 않아야 합니다.

높은 벼슬자리에 앉혀 놓고 조그마한 과실을 구한다면 하급 관리가 자신의 뜻대로 붓을 휘갈겨, 법을 희롱하고 마음대로 죄를 왜곡할 것입니다. 스스로 변명을 늘어놓으면 마음 속으로 죄에 굴복하지 않는다 하고, 말하지 않으면 다 진실이라고 생각하실 것입니다. 그러면 나아가고 물러나는 일이 다 죄가 될 테니 스스로 결백을 밝히지 못하면 구차하게 재앙을 면하려 할 뿐입니다.

높은 관리가 구차하게 면하려고 하면 거짓이 싹트게 됩니다. 거짓이 싹트기 시작하면 속여 꾸미는 일이 일반화됩니다. 속여 꾸미는 일이 일반화되면 지극한 다스림에 이르지 못합니다. 높은 관리에게 맡겨서 그 힘을 다하게 하려 해도 항상 관리들이 꺼리는 것이 있어 말하지 않으면 다하지 못하게 됩니다.

등용하여 적합한 사람을 얻었다면 무슨 이유로 옛일에 혐의를 두겠습니까. 등용하여 임무를 맡기지 않았다면 무엇 때문에 소원한 사람을 귀하게 여기겠습니까? 대우하는 데 정성과 믿음을 다하지 않았다면 무엇으로써 그 충성을 책망하겠습니까. 신하는 혹 실수하는 일이 있을 수 있고 임금 또한 옳지 않을 수도 있습니다.

위에서 아래를 믿지 않으면 반드시 아래에서도 믿음이 없습니다. 만약 아래에서 믿는 것이 없다면 위에서는 의심만 있게 됩니다.

'예기' 에 이르기를 '윗사람이 의심하면 백성이 의심하게 되고 아래에서 알기 어려우면 윗사람이 수고롭다.' 라고 했습니다. 위와 아래가 서로 의심하면 지극한 다스림을 말하지 못합니다.

현재 여러 신하 가운데 누군가가 멀리 한 변방에 있는데 유언비어가 3번이나 이른다면 증삼(曾參)의 어머니처럼 베틀의 북을 던지지 않을 자가 있겠습니까. 신이 간절히 생각해 보아도 그런 사람을 보지 못했습니다.

온 천하의 넓은 곳에 선비나 백성이 많은데 어찌 한두번 믿을 사람이 없겠습니까? 믿으면 옳지 않은 것이 없고 의심하면 믿을 것이 없는 일이 어찌 유독 신의 허물이겠습니까?

하나의 보통 사람이라도 서로 맺으면 벗으로 사귀고 몸으로 서로 허락하면 죽어도 변치 않습니다. 하물며 임금과 신하가 꼭 들어 맞아 하나가 된다면 고기와 물이 함께 의지하는 일과 같습니다. 만약 임금이 요임금과 순임금이 되고 신하가 직(稷)이나 설(契)이 된다면 어찌 작은 일을 만나서 뜻이 변할 것이며 작은 이익을 보고 마음을 바꾸겠습니까? 아래에서 충성을 세워 밝게 나타나지 않는 일은 위에서 불신을 품어 대우가 지나치게 엷은 데서 이루어집니다. 어찌 임금이 신하를 부리는 데 예로써 하고 신하가 임금을 섬기는 데 충성으로써 하는 것이겠습니까?

폐하의 밝음과 오늘날의 공업으로써 진실로 때에 알맞은 인재를 널리 구하고 위아래가 마음을 함께하면 삼황(三皇)에 추가하여 사황(四皇)이라 하고, 오제(五帝)에 더하여 우러러 육제(六帝)라 할 것입니다. 하(夏)나라나 은(殷)나라나 주(周)나라나 한(漢)나라에서 무엇을 더 헤아리겠습니까?"

태종이 깊게 그의 말을 새겨듣고 받아들였다.

貞觀十四年 特進魏徵上疏曰 臣聞君爲元首[1] 臣作股肱 齊契同心 合而成體 體或不備 未有成人 然則首雖尊高 必資手足以成體 君雖明哲 必藉股肱以致理 禮云[2] 人以君爲心 君以人爲體 心莊則體舒 心肅則容敬 書云[3] 元首明哉 股肱良哉 庶事康哉 元首叢脞哉 股肱惰哉 萬事墮哉 然則委棄股肱 獨任胸臆 具體成理 非所聞也

夫君臣相遇 自古爲難 以石投水[4] 千載一合 以水投石 無時不有 其能開至公之道 申天下之用 內盡心膂 外竭股肱 和若鹽梅[5] 固同金石者 非惟高位厚秩 在於禮之而已 昔周文王[6] 遊於鳳凰之墟 韈糸解 顧左右 莫可使者 乃自結之 豈周文之朝 盡爲俊乂 聖明之代 獨無君子者哉 但知與不知 禮與不禮耳 是以伊尹 有莘之媵臣 韓信[7] 項氏[8]之亡命 殷湯致禮 定王業於南巢[9] 漢祖登壇 成帝功於垓下[10] 若夏桀不棄於伊尹 項羽垂恩於韓信 寧肯敗已成之國 爲滅亡之虜乎 又微子 骨肉也 受茅土[11]於宋 箕

子 良臣也 陳洪範[12]於周 仲尼稱其仁 莫有非之者 禮記稱[13] 魯穆公問於
子思[14]曰 爲舊君反服古歟 子思曰 古之君子 進人以禮 退人以禮 故有舊
君反服之禮也 今之君子 進人若將加諸膝 退人若將隊諸泉 毋爲戎首[15]
不亦善乎 又何反服之禮之有 齊景公[16]問於晏子[17]曰 忠臣之事君如之何
晏子對曰 有難不死 出亡不送 公曰 裂地以封之 疏爵而待之 有難不死
其亡不送 何也 晏子曰 言而見用 終身無難 臣何死焉 諫而見納 終身不
亡 臣何送焉 若言不見用 有難而死 是妄死也 諫不見納 出亡而送 是詐
忠也 春秋左氏傳[18]曰 崔杼[19]弑齊莊公[20] 晏子立於崔氏之門外 其人曰 死
乎 曰 獨吾君也乎哉 吾死也 曰 行乎 曰 吾罪也乎哉 吾亡也 故君爲社稷
死 則死之 爲社稷亡 則亡之 若爲己死 爲己亡 非其親暱 誰敢任之 門啓
而入 枕尸股而哭 興三踊而出 孟子[21]曰 君視臣如手足 臣視君如腹心 君
視臣如犬馬 臣視君如國人 君視臣如糞土 臣視君如寇讎 雖臣之事君無
二志 至於去就之節 當緣恩之厚薄 然則爲人主者 安可以無禮於下哉

　竊觀在朝群臣 當主樞機[22]之寄者 或地隣秦晉 或業與經綸 竝立事立
功 皆一時之選 處之衡軸 爲任重矣 任之雖重 信之未篤 則人或自疑 人
或自疑 則心懷苟且 心懷苟且 則節義不立 節義不立 則名教不興 名教
不興 而可與固太平之基 保七百之祚 未之有也 又聞國家重惜功臣 不
念舊惡 方之前聖 一無所間 然但寬於大事 急於小罪 臨時責怒 未免愛
憎之心 不可以爲政 君嚴其禁 臣或犯之 況上啓其源 下必有甚 川塞而
潰 其傷必多 欲使凡百黎元[23]何所措其手足 此則君開一源 下生百端之
變 無不亂者也 禮記[24]曰 愛而知其惡 憎而知其善 若憎而不知其善 則
爲善者必懼 愛而不知其惡 則爲惡者實繁 詩曰[25] 君子如怒 亂庶遄沮
然則古人之震怒 將以懲惡 當今之威罰 所以長姦 此非唐虞之心也 非
禹湯之事也 書曰[26] 撫我則后 虐我則讎 苟卿子[27]曰 君舟也 人水也 水
所以載舟 亦所以覆舟 故孔子曰 魚失水則死 水失魚猶爲水也 故唐虞
戰戰慄慄 日愼一日 安可不深思之乎 安可不熟慮之乎

　夫委大臣以大體 責小臣以小事 爲國之常也 爲理之道也 今委之以職
則重大臣而輕小臣 至於有事 則信小臣而疑大臣 信其所輕 疑其所重 將
求至理 豈可得乎 又政貴有恒 不求屢易 今或責小臣以大體 或責大臣
以小事 小臣乘非所據 大臣失其所守 大臣或以小過獲罪 小臣或以大體

受罰 職非其位 罰非其辜 欲其無私 求其盡力 不亦難乎 小臣不可委以
大事 大臣不可責以小罪 任以大官 求其細過 刀筆之吏²⁸⁾ 順旨承風 舞
文弄法 曲成其罪 自陳也 則以爲心不伏辜 不言也 則以爲所犯皆實 進
退惟咎 莫能自明 則苟求免禍 大臣苟免 則譎詐萌生 譎詐萌生 則矯僞
成俗 矯僞成俗 則不可以臻至理矣 又委任大臣 欲盡其力 每官有所避
忌不言 則爲不盡 若擧得其人 何嫌於故舊 若擧非其任 何貴於疎遠 待
之不盡誠信 何以責其忠恕哉 臣雖或有失之 君亦未爲得也

夫上之不信於下 必以爲下無可信矣 若必以下無可信 則上亦有可疑矣
禮曰²⁹⁾ 上人疑 則百姓惑 下難知 則君長勞 上下相疑 則不可以言至理
矣 當今群臣之內 遠在一方 流言三至而不投杼者³⁰⁾ 臣竊思度 未見其人
夫以四海之廣 士庶之衆 豈無一二可信之人哉 蓋信之則無不可 疑之則
無可信者 豈獨臣之過乎 夫以一介庸夫 結爲交友 以身相許 死且不渝
況君臣契合 寄同魚水 若君爲堯舜 臣爲稷契³¹⁾ 豈有遇小事則變志 見小
利則易心哉 此雖下之立忠未有明著 亦由上懷不信待之過薄之所致也
豈君使臣以禮 臣事君以忠乎

以陛下之聖明 以當今之功業 誠能博求時俊 上下同心 則三皇³²⁾可追
而四 五帝³³⁾可俯而六矣 夏殷周漢 夫何足數

太宗深嘉納之

1) 元首(원수) : 몸에서 제일 위에 있는 머리. 우두머리. 천자의 뜻.
2) 禮云(예운) : '예기' 치의(緇衣)편의 일부 문장.
3) 書云(서운) : '서경' 우서(虞書) 익직(益稷)편의 문장.
4) 以石投水(이석투수) : 흔적이 반드시 남다. 간하는 말을 잘 받아들이다.
5) 鹽梅(염매) : 음식의 간을 맞추는 조미료.
6) 周文王(주문왕) : 주(周)나라 왕으로 이름은 창(昌)이고 은나라 주왕의 서
   백(西伯)이었다. 은나라 주왕을 토벌하고 주나라를 창업한 무왕(武王)의 아
   버지로 무왕이 문왕으로 추증했다.
7) 韓信(한신) : 한(漢)나라 고조(高祖)의 공신. 한(韓)나라 공족(公族) 출신
   으로 소하(蕭何)와 장량(張良)과 더불어 3걸이라 일컫는다.
8) 項氏(항씨) : 초패왕(楚覇王)인 항우(項羽)를 말한다. 이름은 적(籍).
9) 南巢(남소) : 땅 이름.

10) 垓下(해하) : 땅 이름. 지금의 안휘성 안에 있다. 항우가 유방에게 포위되어 패한 곳이다.

11) 茅土(모토) : 제후 책봉 때 오색의 흙을 백모(白茅)에 싸서 하사하는 것.

12) 洪範(홍범) : 하(夏)나라 우(禹)임금 때 낙수(洛水)에서 거북이가 등에 9장(九章)의 무늬를 지고 나왔는데 이것을 기초로 하여 천하를 다스리는 대법으로 삼은 이론.

13) 禮記稱(예기칭) : '예기' 단궁(壇弓)편에 있는 문장.

14) 魯穆公問於子思(노목공문어자사) : 노나라 목공이 자사에게 묻다. 목공은 노나라 임금이며 이름은 현(顯). 자사(子思)는 공자의 손자로 이름은 급(伋).

15) 戎首(융수) : 역적. 반란의 수괴들.

16) 齊景公(제경공) : 춘추 시대의 제(齊)나라 경공(景公).

17) 晏子(안자) : 춘추 시대 제나라의 재상. 이름은 영(嬰). 자는 평중(平仲). 저서에 '안자춘추' 가 있다.

18) 春秋左氏傳(춘추좌씨전) : 공자가 지었고 좌구명(左丘明)이 전(傳)을 달았다. '춘추좌씨전' 양공(襄公) 25년에 나와 있다.

19) 崔杼(최저) : 춘추 시대 제(齊)나라 권신(權臣)인 최무자(崔武子)이다.

20) 莊公(장공) : 춘추 시대 제(齊)나라 임금. 이름은 광(光)이다.

21) 孟子(맹자) : 이름은 가(軻)이고 저서에 '맹자' 가 있다. 맹자가 제선왕(齊先王)에게 고한 말이다.

22) 樞機(추기) : 중요한 정무, 정사. 중요한 기틀.

23) 百黎元(백려원) : 모든 일반 백성.

24) 禮記(예기) : '예기' 곡례(曲禮)에 나와 있다.

25) 詩曰(시왈) : '시경' 소아(小雅) 교언(巧言)편의 문장이다.

26) 書曰(서왈) : '서경' 주서(周書) 무왕서사(武王誓師)의 말.

27) 荀卿子(순경자) : 순자의 존칭어. 이름은 황(況)이고 조(趙)나라 사람. 저서에 '순자' 가 있다. 공자가어(孔子家語)에 있는 말인데 순자가 인용했다.

28) 刀筆之吏(도필지리) : 말단 관리.

29) 禮曰(예왈) : '예기' 치의편의 문장.

30) 不投杼者(불투저자) : 베 짜는 북을 던지지 않을 자. 증자는 공자의 제자며 효자로 유명했다. 그 증자의 어머니가 어느날 베를 짜고 있는데 어떤 사람이

와서 증자가 살인을 했다고 고했다. 처음에는 증자를 믿던 어머니도 3번이나 서로 다른 사람이 계속해서 고하자 베 짜던 북을 던지고 달아났다는 고사. 유언비어도 계속되면 믿음으로 변한다는 뜻.

31) 稷契(직계) : 직은 농관(農官)으로 후직(后稷)을 말하고 설(契)은 법을 관장한 고대의 관리. 두 사람 다 순임금 시대의 어진 신하다.

32) 三皇(삼황) : '사기'에는 포희씨(包犧氏 : 복희씨), 여와씨(女媧氏), 신농씨(神農氏)를 삼황이라 했다. 공안국(孔安國)은 복희씨, 신농씨, 황제(黃帝)씨를 삼황이라 하고 일설에는 천황, 지황, 인황이라는 설도 있다.

33) 五帝(오제) : 소호(少昊), 전욱(顓頊), 제곡(帝嚳), 요(堯), 순(舜). 또는 황제(黃帝), 전욱, 제곡, 요, 순을 말한다.

6. 정치에서 무엇이 좋고 나쁜지 알지 못하겠다

정관 16년에 태종이 특진관 위징에게 물었다.

"짐은 사심없이 정치를 돌보고 선대의 공적을 우러러보며, 덕을 쌓고 인(仁)을 보태고 공(功)을 풍성하게 하고 이익을 두텁게 하는데 이르고자 한다. 이 4가지를 항상 제일로 삼고 이것을 다 이루고자 힘쓴다. 사람은 고통을 스스로 보지 못한다는데 짐의 행동에서 무엇이 좋고 무엇이 잘못인지 잘 알지 못하겠다."

위징이 대답했다.

"덕(德)이나 인(仁)이나 공(功)이나 이(利)는 폐하께서 겸하여 행하시는 것입니다. 안으로는 화란(禍亂)이 평정되고 밖으로는 오랑캐들이 제거된 일은 폐하의 공로입니다. 모든 백성을 편안하게 하고 각각 생업(生業)이 있게 한 일은 폐하의 이익입니다. 이러한 것으로 말한다면 공(功)과 이(利)가 대부분입니다.

덕(德)이나 인(仁)은 원컨대 폐하께서 스스로 힘쓰고 쉬지 않으셔야 반드시 이루어질 것입니다."

貞觀十六年 太宗問特進魏徵曰 朕克己爲政 仰企前烈[1] 至於積德累仁 豊功厚利 四者常以爲稱首[2] 朕皆庶幾自勉 人苦不能自見 不知朕之

所行 何等優劣 徵對曰 德仁功利 陛下兼而行之 然則內平禍亂 外除戎
狄 是陛下之功 安諸黎元 各有生業 是陛下之利 由此言之 功利居多 惟
德與仁 願陛下自彊不息³⁾ 必可致也

1) 前烈(전렬) : 선대의 공적.
2) 稱首(칭수) : 제일로 일컬어지는 것. 최고 우두머리.
3) 自彊不息(자강불식) : 스스로 힘쓰고 쉬지 않다.

7. 수성(守城)의 군주는 정치가 많이 어지러웠다

정관 17년에 태종이 주위 신하에게 말했다.

"예로부터 창업을 한 군주의 자손대에 이르러서는 어지러움이
많았는데 그 이유가 무엇인가."

사공(司空) 방현령이 말했다.

"어린 군주는 깊은 궁중에서 출생하고 성장하여, 어려서부터 부
하고 귀한 곳에 있었으므로 일찍이 인간의 진실이나 거짓과 나라
를 다스리는 데 있어 편안하고 위태로움을 알지 못합니다. 이것
이 정사를 하는데 어지러움이 많은 까닭입니다."

태종이 말했다.

"공의 뜻은 허물을 군주에게 미루는데 짐은 죄를 신하에게 돌
리겠다. 공신의 자제는 재능과 품행이 없어도 부조(父祖)의 음덕
에 힘입어 높은 벼슬자리에 앉게 되는 일이 많은데 덕의를 닦지
않고 사치와 방종을 즐긴다. 군주는 유약하고 신하는 다 재주가
없으니 넘어지면 부축하지 못한다. 어찌 어지러움이 없겠는가.

수나라 양제는 우문술(宇文述)이 번국(藩國)에 있을 때의 공
로로 우문화급(宇文化及)을 높은 지위에 발탁했다. 우문화급은
은혜에 보답할 생각은 하지 않고 도리어 시해하는 반역을 행했다.
이것이 어찌 신하가 아래에서 잘못한 허물이 아니겠는가. 짐이 이
말을 하는 이유는 공들이 자제를 훈계하고 격려하여 그들에게 잘
못이 없도록 해주기 바라서이다. 이것이 곧 국가의 경사가 된다."

태종이 또 말했다.

"우문화급과 양현감(楊玄感)은 수나라 대신으로서 은혜받음
이 깊었는데 그 자손이 다 배반한 까닭은 무엇인가."

잠문본이 대답했다.

"군자는 능히 덕을 생각하고 은혜를 떠받듭니다. 양현감이나 화
급의 무리는 모두 소인들이었습니다. 그렇기 때문에 옛 사람들이
군자를 귀하게 여기고 소인을 천하게 여겼던 것입니다."

태종이 '그렇다'고 하였다.

貞觀十七年 太宗謂侍臣曰 自古草創之主 至于子孫多亂 何也 司空房
玄齡曰 此爲幼主生長深宮 少居富貴 未嘗識人間情僞[1] 理國[2]安危 所以
爲政多亂 太宗曰 公意推過於主 朕則歸咎於臣 夫功臣子弟 多無才行 藉
祖父資蔭[3] 遂處大官 德義不修 奢縱是好 主旣幼弱 臣又不才 顚而不扶
豈能無亂 隋煬帝錄宇文述[4]在藩之功 擢化及[5]於高位 不思報效[6] 翻行弑
逆 此非臣下之過歟 朕發此言 欲公等戒勗子弟 使無愆過 卽家國之慶也

太宗又曰 化及與玄感[7] 卽隋大臣受恩深者 子孫皆反 其故何也 岑文
本對曰 君子乃能懷德荷恩 玄感化及之徒 並小人也 古人所以貴君子而
賤小人 太宗曰 然

1) 情僞(정위) : 진실과 허위.
2) 理國(이국) : 나라를 다스리다. '치국(治國)'과 같다.
3) 藉祖父資蔭(자조부자음) : 부조(父祖)가 세운 훈공의 음덕(陰德)으로 자손
   이 관직을 얻는 일.
4) 宇文述(우문술) : 진(陳)나라를 평정한 공이 있으며, 양제(煬帝) 때 조정 정
   사에 참여하였다.
5) 化及(화급) : 우문술의 아들 우문화급(宇文化及). 무덕 초에 수양제를 따라
   강도(江都)에 있었는데, 북방에서 반란이 일어나자 양제를 시해하고 진왕(秦
   王) 호(浩)를 세워 스스로 대승상이 되었다. 뒤에 호마저 살해하고 자립하여
   허제(許帝)라 칭했으나, 당나라 무덕 2년에 두건덕에게 패하여 피살되었다.
6) 報效(보효) : 은혜를 갚기 위해 힘을 다하다.
7) 玄感(현감) : 수나라 재상 양소(楊素)의 아들. 부친의 군공(軍功)에 의해 예부
   상서(禮部尙書)가 됨. 수양제가 요동을 정벌할 때 모반했다가 패하여 죽었다.

제7편 관리 선택에 대해 논하다
(論擇官第七 : 凡十一章)

1. 모든 관직을 살피고 마땅한 인재를 정하라

정관 원년에 태종이 방현령 등에게 말하였다.

"다스림을 이루는 근본은 오직 살피는 데 있으니 재주를 헤아려 직책을 주며 관원들을 힘써 살펴야 한다. '서경'에 '관리를 임명할 때는 오직 어진 인재로 해야 한다.'라고 일컬었고, 또 '관직은 반드시 갖추어지지 않아도 되지만 오직 사람은 있어야 한다.'고 말했다.

만약 어진 사람을 얻으면 비록 수가 적더라도 족할 것이다. 선하지 않은 자는 비록 많다고 하더라도 또한 어디에 쓸 것인가?

옛 사람들은 관리를 구하는데 그 직책에 적당한 인재를 얻지 못하면 땅에다 떡을 그려놓아 먹지 못하는 것에 비교하였다.

'시경'에 이르기를 '계획하는 사람이 너무 많아서 이 쓰임이 잘 되지 않네.'라고 했다. 공자께서는 '관청 일을 겸하지 못하게 했는데 어찌 검소하다 하겠습니까.'라고 말하고, 또 '양 천 마리의 가죽이 여우 한 마리의 겨드랑이가죽만 못하다.'라고 말했다.

이런 말들은 다 경전에 쓰여 있으므로 함께 말하지는 않겠다. 다시 관리들을 함께 살펴서 각각 마땅한 임무를 맡게 하면 아무런 하는 일이 없어도 다스려지리라. 경들은 이런 이치를 잘 생각하여 모든 관리의 자리를 정확하게 정하라."

방현령 등이 이로써 문무(文武)의 관리 총 640명을 확정하자 태종이 그대로 따르며 방현령에게 말했다.

　　"앞으로는 혹시 악공(樂工)이나 잡류(雜類)에서 가령 지위가
비슷하면서 기술이 뛰어난 자가 있으면 특별히 돈과 비단을 하사
하여 그 능한 것을 포상하라. 반드시 뛰어넘어 관작을 주지는 못
하지만 조정의 어진 군자(君子)들과 어깨를 나란히 하여 서게 하
고 자리를 함께하여 먹게 하며 모든 옷과 관복을 보내 조정의 신
하들이 부끄러움을 느끼게 하라."

　　貞觀元年 太宗謂房玄齡等曰 致理之本 惟在於審 量才授職 務省官
員 故書稱[1] 任官惟賢才 又云 官不必備 惟其人 若得其善者 雖少亦足
矣 其不善者 縱多亦奚爲 古人亦以官不得其才 比於畫地作餠 不可食
也 詩曰[2] 謀夫孔多 是用不就 又孔子曰[3] 官事不攝 焉得儉 且 千羊之
皮 不如一狐之腋[4] 此皆載在經典 不能具道 當須更併省官員 使得各當
所任 則無爲而理矣 卿宜詳思此理 量定庶官員位
　　玄齡等由是所置文武總六百四十員 太宗從之 因謂玄齡曰 自此儻有
樂工雜類 假使術逾儕輩者[5] 只可特賜錢帛 以賞其能 必不可超授官爵
與夫朝賢君子比肩而立 同坐而食 遣諸衣冠 以爲恥累

1) 書稱(서칭) : '서경' 주서(周書) 주관(周官)편의 문장.
2) 詩曰(시왈) : '시경' 소아(小雅) 소민(小旻)편의 문장.
3) 孔子曰(공자왈) : '논어' 팔일(八佾)편에 나와 있다.
4) 千羊之皮不如一狐之腋(천양지피불여일호지액) : 양 천 마리의 가죽이 여우
　한 마리의 겨드랑이가죽만 못하다. 쓸모 없는 천 사람은 쓸모 있는 한 사람만
　도 못하다는 뜻.
5) 儕輩者(제배자) : 나이, 신분이 서로 비슷한 사람.

2. 복야(僕射)에서는 큰 일만 맡으라

　　정관 2년에 태종이 방현령과 두여회에게 말했다.
　　"그대들은 복야(僕射)이니 짐의 근심과 수고로움을 돕고 귀와
눈을 널리 열어서 어질고 현명한 사람을 구하여 찾으라.
　　요즘 들으니 그대들은 사(辭)나 송사를 들어 주는 일이 하루에

도 수백 건에 달하고 이에 대한 증거서류를 읽느라 틈이 없다하
니, 어찌 능히 짐을 도와 어진 인재를 구할 수 있겠는가!"
하고는 상서성(尙書省)에 칙서를 내려 잡다한 업무는 다 좌우승
(左右丞)이 맡게 하고, 오직 원통하게 막힌 큰 일이나 듣고 아뢰
는 이치가 합당한 사건만 복야가 관여하게 하였다.

貞觀二年 太宗謂房玄齡 杜如晦曰 公爲僕射¹⁾ 當助朕憂勞 廣開耳目
求訪賢哲 比聞公等 聽受辭訟 日有數百 此則讀符牒²⁾不暇 安能助朕求
賢哉 因勅尙書省³⁾細碎務⁴⁾皆付左右丞⁵⁾惟冤滯大事 合聞奏者 關於僕射

1) 僕射(복야) : 상서성(尙書省)의 장관.
2) 符牒(부첩) : 증거가 되는 서류.
3) 尙書省(상서성) : 당나라 때 상서를 도성(都省)이라 했다. 한 사람의 영을 두
   고, 그 밑에 좌우복야 두 사람과 좌우승 두 사람을 두고 그 밑에 6부를 두었다.
4) 細碎務(세쇄무) : 잡다한 업무.
5) 左右丞(좌우승) : 상서성의 복야 밑에 있는 직책.

3. 지방관일수록 좋은 인물이 필요하다

정관 2년에 태종이 주위 신하들에게 말했다.
"짐은 매일 밤, 언제나 백성에 대한 생각을 하는데 때로는 밤이
깊도록 잠을 이루지 못하는 일이 있다. 오직 지방을 다스리는 도
독(都督)이나 자사(刺史)들이 백성을 잘 다스릴 능력이 있는가
없는가에 대해 신경 쓰고 두려워하고 있다.

병풍에 그들 지방관의 성명을 적어 두고 눕거나 일어날 때마다
언제나 들여다본다. 그들이 지방관으로 있으면서 혹 선정을 베푼
일이 있으면, 그 사실을 상세하게 성명 밑에다 기입해 둔다.

짐은 깊숙한 궁중에 들어앉아 있으므로, 먼 변방 곳곳에서 행해
지는 지방관의 정사에 대해 일일이 볼 수도 들을 수도 없다. 먼 지
방의 정사를 위임할 자는 오직 도독과 자사들인데, 이들은 진실
로 국가가 다스려지고 어지러워지는 중요한 직책에 관계되어 있

다. 꼭 그 일에 적합한 인물을 구하지 않으면 안 된다."

貞觀二年 太宗謂侍臣曰 朕每夜恒思百姓間事 或至夜半不寐 惟恐都
督[1] 刺史[2]堪養百姓以否 故於屛風上錄其姓名 坐臥恒看 在官如有善事
亦具列於名下 朕居深宮之中 視聽不能及遠 所委者惟都督 刺史 此輩
實理亂所繫 尤須得人

1) 都督(도독) : 당(唐)나라 시대에 각 주(州)에 두어 군사(軍事)를 통괄했다.
2) 刺史(자사) : 당나라 시대에 각 주를 다스리던 장관.

4. 어느 시대나 현명한 사람이 있다

정관 2년에 태종이 상서우복야(尙書右僕射) 봉덕이에게 말했다.
"평화로운 국가를 이루는 근본은 오직 훌륭한 인재를 얻는 데
있다. 근래에 그대에게 현명한 인재를 천거하라고 명했는데 아직
단 한 사람도 추천한 일이 없다. 천하를 다스리는 일은 지극히 중
대하다. 그대는 짐의 근심과 노력을 분담해야 함에도 불구하고 어
진 인재를 천거하지 않으니 짐은 장차 누구를 의지해야 하는가."
이에 봉덕이가 대답했다.
"신은 어리석은 자입니다만, 어찌 온 마음과 정성을 다하지 않
겠습니까. 다만 오늘의 세상을 보건대, 대중 속에서 각별히 뛰어
나고 특이한 재능이 있는 자가 눈에 띄지 않습니다."
이에 태종이 말했다.
"전 시대의 밝은 군주들은 신하를 쓰는 데 각자의 기량에 따라
서 했다. 모든 인재를 그 나라 그 시대의 사람들 중에서 등용한 것
이지 어디 다른 세상이나 다른 시대에서 빌려다 쓰지 않았다.
어찌 은나라 고종(高宗)이 부열(傅說)을 꿈에 보고, 주나라 문
왕이 여상(呂尙)을 만난 일 같은 기적이 일어나기를 기다려 정치
하자는 말인가. 어느 시대고 현명한 사람이 없겠는가. 다만 쓸 만
한 인재를 발견하지 못해 모르고 넘어가는 일이 우려될 뿐이다."
이 말을 듣고 봉덕이는 부끄러워 얼굴을 붉히고 물러났다.

貞觀二年 太宗謂右僕射[1]封德彝曰 致安之本 惟在得人 比來命卿擧
賢 未嘗有所推薦 天下事重 卿宜分朕憂勞 卿旣不言 朕將安寄 對曰 臣
愚 豈敢不盡情 但今未見有奇才異能 太宗曰 前代明王使人如器[2] 皆取
士於當時 不借才於異代[3] 豈得待夢傅說[4] 逢呂尙[5] 然後爲政乎 且何代
無賢 但患遺而不知耳 德彝慚赧而退

1) 右僕射(우복야) : 상서성의 차관.
2) 使人如器(사인여기) : 기량에 맞춰 사람을 쓴다. '논어' 자로편(子路篇)의 말.
3) 異代(이대) : 다른 시대.
4) 傅說(부열) : 은(殷)나라 고종(高宗) 때의 어진 재상. 고종이 꿈에 이 사람
   을 보고, 도로 공사장에서 일하는 인부 중에서 발견하여 발탁하였다 한다.
5) 呂尙(여상) : 태공망(太公望)을 이르는 말. 주(周)나라 문왕이 위수(渭水)
   가에서 낚시를 드리우고 있는 여상을 만나, 스승으로 삼았다고 한다.

5. 잘못된, 사람 선택 방법

정관 3년에 태종이 이부상서(吏部尙書) 두여회에게 말했다.

"요사이 보면 이부(吏部)에서 사람을 선택할 때 오직 그 말씨
와 서기의 사무에 능한 것만 취하고 그의 우러러 볼 수 있는 행실
은 구비하지 않는다. 수년 뒤에는 그 나쁜 자취가 드러날 것이고
그 때 그들에게 형벌을 가하더라도 백성이 그 피해를 입을 텐데
어떻게 해야 좋은 사람을 얻을 수 있는가?"

두여회가 대답했다.

"동한(東漢)이나 서한(西漢)에서 사람을 선택할 때, 다 고을
에서 드러난 행적을 적어서 주(州)나 군(郡)에 바치게 한 연후
에 데려다 썼으므로 당시에는 부르기를 다사(多士 : 다수의 인재)
라고 했습니다. 지금은 매년마다 모집하여 뽑는데 이전부터 수천
명이 모여들어 후덕해 보이는 외모와 화려하게 꾸민 말만으로 자
세히 알지 못하고 관리를 뽑아서 벼슬의 등급과 차례에 짝할 따
름입니다. 전형하고 선발하는 이치가 실상은 정밀하지 못하고 능
히 재주 있는 사람도 얻지 못하는 것입니다."

태종이 이에 한나라의 법령을 따라, 임관시킬 자는 본주(本州)에서부터 부르기로 하고 공신들을 모아 장차 대대로 봉하는 일을 시행하겠다고 천명했다. 모집하여 선발하는 일은 드디어 중지되었다.

貞觀三年 太宗謂吏部尙書杜如晦曰 比見吏部擇人 惟取其言詞 刀筆[1] 不悉其景行[2] 數年之後 惡跡始彰 雖加刑戮 而百姓已受其弊 如何可獲善人 如晦對曰 兩漢[3]取人 皆行著鄕閭 州郡貢之 然後入用 故當時號爲多士 今每年選集 向數千人 厚貌飾詞 不可知悉 選司但配其階品而已 銓簡[4]之理 實所未精 所以不能得才 太宗乃將依漢時法令 本州辟召[5] 會功臣等將行世封 事遂止

1) 言詞刀筆(언사도필) : 언사는 말. 도필은 기록만 하는 것. 말단 관리의 일.
2) 景行(경행) : 우러러볼 수 있는 행동.
3) 兩漢(양한) : 한(漢)과 동한(東漢). 한은 유방이 건국한 나라고, 동한은 유수(劉秀 : 광무제)가 다시 부흥시킨 나라. 동한은 후한(後漢)이라고도 한다.
4) 銓簡(전간) : 전형하여 선별하다.
5) 辟召(벽소) : 임관시키기 위하여 부르다.

6. 사람을 등용하는 일은 신중해야 한다

정관 6년에 태종이 위징에게 말했다.

"옛 사람이 이르기를 '왕자(王者)는 관리로 쓰기 위해 사람을 선발할 때 갑자기 등용하지 않았다.'고 한다. 짐은 지금 한 가지 일을 행하면 천하가 주시하는 바가 되고, 말 한 마디를 하면 천하에서 듣는 바가 된다. 바른 사람을 얻어 등용하면 선한 자는 다 따르게 되고 악인(惡人)을 잘못 쓰면 불선(不善)한 자가 다투어 진출하게 될 것이다.

상이 그 수고로움에 마땅하면 공로가 없는 자는 스스로 물러갈 것이며, 벌이 그 죄에 마땅하면 나쁜 짓하는 자는 조심하고 두려워할 것이다. 상과 벌을 잘 알아서 가볍게 행하지 않으면 사람을 등용하는 일도 더욱 신중하게 선택할 것이다."

위징이 대답했다.

"사람의 일을 알기란 옛날부터 아주 어려운 것입니다. '고적출척(考績黜陟)'하여 그의 좋고 나쁜 점을 살펴야 합니다. 사람을 구할 때는 반드시 그 행동을 살피고 그 선함을 안 연후에 등용해야 합니다. 가령 이 사람이 능히 일을 처리하지 못한다면 이것은 다만 재능이 미치지 못할 뿐 큰 재앙은 되지 않습니다. 그러나 잘못해서 악인을 등용하면 억지로 강행하여 지극히 피해가 많아집니다.

다만 어지러운 시대에는 오직 그 재능 있음을 구하고 그 행동을 되돌아보지 않습니다. 그러나 태평한 시대에는 반드시 재주와 행동을 함께 갖춘 인재를 등용해야 합니다."

貞觀六年 太宗謂魏徵曰 古人云 王者須爲官擇人 不可造次卽用 朕今行一事 則爲天下所觀 出一言 則爲天下所聽 用得正人 爲善者皆勸 誤用惡人 不善者競進 賞當其勞 無功者自退 罰當其罪 爲惡者戒懼 故知賞罰不可輕行 用人彌須愼擇

徵對曰 知人之事 自古爲難 故考績黜陟[1] 察其善惡 今欲求人 必須審訪其行 若知其善 然後用之 設令此人不能濟事 只是才力不及 不爲大害 誤用惡人 假令强幹[2] 爲害極多 但亂代[3]惟求其才 不顧其行 太平之時 必須才行俱兼 始可任用

1) 考績黜陟(고적출척): '서경' 우서(虞書)의 순전(舜典)에 '삼재고적삼고 출척유명(三載考績三考黜陟幽明)'이라고 했다. 곧 '3년마다 성적을 평가하여 3번 살펴 성적이 나쁘면 내보내고 성적이 좋으면 등용한다.'는 뜻이다.
2) 强幹(강간): 억지로 진행하다.
3) 亂代(난대): 어려운 시대. 곧 혼란스러운 시대.

7. 자사나 군수가 잘해야 나라가 다스려진다

정관 11년에 시어사(侍御史) 마주가 상소하였다.

"천하를 다스리는 일은 사람을 근본으로 삼습니다. 백성에게 안락을 주고자 하신다면 그 일은 오직 자사(刺史)나 현령(縣令)에게 달려 있습니다. 현령은 이미 많지만 다 현명하지는 못합니다. 만약 각 주(州)의 자사를 현명한 사람으로 선발하신다면 지역이 합해지고 다시 살아날 수 있습니다.

천하의 자사들이 다 천자의 마음을 따른다면 폐하께서 궁전 안에 단정히 앉아 계셔도 백성은 불안해 하지 않을 것입니다.

옛부터 군수(郡守)나 현령은 다 어질고 덕 있는 이를 골라서 등용했고, 그들을 장군이나 정승으로 옮겨 뽑으려면 반드시 먼저 시험을 거쳐 백성 앞에 나아가게 했습니다. 혹은 2천석(二千石 : 군수)을 거쳐서 들어와 승상이나 사도(司徒)나 태위(太尉)가 된 자도 있습니다. 조정에서 내신(內臣)만 중요하게 여기지 마십시오 밖으로 자사와 현령을 선발하는 일을 하찮게 여긴다면 백성은 불안해 할 것입니다. 위태로움은 거의 이와 같은 데서 연유합니다."

태종이 이 말을 듣고 주위 신하들에게 말했다.

"자사는 짐이 직접 간택하겠다. 현령은 조정에 있는 5품 이상의 관리가 각각 한 명씩 천거하라."

貞觀十一年 侍御史馬周上疏曰 理天下者 以人爲本 欲令百姓安樂 惟在刺史縣令 縣令旣衆 不可皆賢 若每州得良刺史 則合境蘇息 天下刺史悉稱聖意 則陛下可端拱巖廊之上[1] 百姓不慮不安 自古郡守縣令 皆妙選賢德 欲有遷擢爲將相 必先試以臨人 或從二千石[2]入爲丞相及司徒太尉者 朝廷必不可獨重內臣 外刺史縣令 遂輕其選 所以百姓未安 殆由於此
太宗因謂侍臣曰 刺史 朕當自簡擇 縣令 詔京官五品已上各擧一人

1) 端拱巖廊之上(단공암랑지상) : 손을 단정히 하고 높은 궁궐의 위에 앉아서의 뜻. 곧 하는 일 없이 앉아 있다는 뜻.
2) 二千石(이천석) : 군수를 뜻함. 한나라 때 2천 석(石)은 군수(郡守)의 녹봉.

8. 인재 선택은 신중을 기해야 합니다
정관 11년에 치서시어사(治書侍御史) 유계(劉洎)가 좌우승(左右丞)은 특별히 정성들여 선발해야 한다고 상소하였다.

"신은 듣기를 상서성(尙書省)의 중요한 정사는 정치의 근본이 된다고 합니다. 삼가 살피건대 인재를 선발하여 임무를 맡기고 그에 맞는 직위를 준다는 일은 진실로 어렵습니다. 이로써 팔좌(八座)는 문창성(文昌星)에 비교하였고 이승(二丞 : 左右丞)은 관할(管轄 : 굴대 빗장, 중추)을 본받았습니다. 이에 조랑(曹郎 : 여러 낭관)에 이르기까지 위로는 28수(二十八宿)에 응합니다. 구차하게 그 직책에 적합하지 않다면 지위를 사사로이 이용한 것이니 비난만 일어날 것입니다. 엎드려 살펴보았는데 요사이 상서성에서는 조칙이 책상 위에 머물러 있고 문안들이 지체되어 있습니다. 신은 본래 용렬하지만 그 근본 원인을 기술해 보겠습니다.

정관 초에는 상서령(尙書令)이나 복야(僕射)가 있지 않았습니다. 어느때부터 상서성의 업무가 번잡해지고 업무량도 갑절이나 많아졌지만 좌승(左丞) 대주(戴胄)와 우승(右丞) 위징이 함께 이부(吏部)의 일을 훤히 알고 있었고 그들의 본성이 공평하고 올곧아 일에 따라서 규탄하기를 회피하는 바가 없었습니다. 폐하께서는 또 인자한 은혜를 빌려 주시어 자연적으로 사물들이 엄숙해지고 모든 관료가 게으름 피우지 않았는데 이와 같은 것이 그 이유였습니다. 그리고 두정륜(杜正倫)이 이어서 우승(右丞)을 맡았을 때는 자못 아래에 엄격했습니다.

근래에는 법도가 지켜지지 않고 공로 있는 친척들이 자리에 있으면서 그 도량이 직책에 맞지 않고 공로와 세력이 서로 기울어져 있습니다. 관료로 있으면서 공도(公道)를 따르지 않고 스스로 힘쓰려 하지만 먼저 소란스러워지고 떠들썩해질까 두려워합니다.

낭중(郎中)의 직책은 상벌을 내리는 직책인데 일에 대한 자문을 구하면 상서(尙書)는 마음을 정하지 못하고 어그러져 능히 결단하지 못합니다.

규탄하는 상주문을 들으면 일을 지연시키고 사안이 사리에 궁색해지면 다시 서류함에 넣어놓고 무한정 묵혔다가 다시 올려도 지체에 대한 꾸지람이 없습니다. 하나의 법안이 그들의 손에서 나오려면 얼마의 세월이 지나야 합니다. 혹은 남의 뜻에 영합하여

그 진실을 잃고 혹은 혐의를 피하고 이치를 억눌러, 관직을 맡은
이가 직책에 따라 적당히 문안을 작성해서 마칠뿐 옳고 그름을 구
명하지 않습니다.

　상서(尙書)에서는 편벽된 자를 등용하여 공공적인 일을 받들
도록 하고 여론의 옳고 그름을 논하지 않고 서로서로 우선 당장
편안한 것만 취하고 오직 일을 임시변통으로 꾸려갑니다.

　여러 사람 가운데서 선택하여 능력 있는 이에게 직책을 수여하
고 재주가 없으면 등용하지 않아야 합니다. 하늘의 일을 사람이 대
신하는데 무엇 때문에 망령된 행동을 보태겠습니까. 황실의 외척
이나 큰 공신들은 다만 예우와 녹봉을 넉넉하게 해 주십시오 혹
나이가 많고 또 7, 80세에 이르거나 혹은 병이 들고 지혜가 어두워
지면 이미 시대의 사정에 도움이 되지 않을 것이니 마땅히 한가한
곳에 편안하게 있게 해야 합니다. 이러한 사람이 오래도록 관직에
있으면 어진이의 앞길에 방해가 되므로 특히 옳지 않습니다.

　장차 이런 폐단을 없애고 상서와 좌우승(左右丞) 및 좌우낭중
(左右郞中)은 그 직책에 적당한 인재를 등용하면 자연히 법도가
빠짐 없이 갖추어질 것입니다. 이들은 잘못을 바로잡고 서로 경
쟁할텐데 어찌 처리할 일이 밀려 중지되는 일이 있겠습니까?"

　상소가 올려진 지 얼마 있다가 유계를 상서좌승(尙書左丞)으
로 삼았다.

　　貞觀十一年 治書侍御史劉洎以爲左右丞宜特加精簡[1] 上疏曰
　　臣聞尙書萬機[2] 寔爲政本 伏尋此選授任誠難 是以八座比於文昌[3] 二
丞方於管轄[4] 爰至曹郞[5] 上應列宿[6] 苟非稱職 竊位興譏 伏見比來 尙書
省詔勅稽停 文案壅滯 臣誠庸劣 請述其源
　　貞觀之初 未有令僕[7] 于時省務繁雜 倍多於今 而左丞戴冑 右丞魏徵
竝曉達吏方 質性平直 事應彈擧 無所廻避 陛下又假以恩慈 自然肅物
百司匪懈 抑此之由 及杜正倫續任右丞 頗亦屬下 比者綱維不擧 竝爲
勳親在位 器非其任 功勢相傾 凡在官寮 未循公道 雖欲自强 先懼囂謗
所以郞中予奪 惟事諮稟[8] 尙書依違[9] 不能斷決 或糾彈聞奏 故事稽延

案雖理窮 仍更盤下 去無程限 來不責遲 一經出手 便涉年載 或希旨失
情[10] 或避嫌抑理 句司以案成爲了 不究是非 尙書用便僻爲奉公 莫論當
否 互相姑息 惟事彌縫

　　且選衆授能 非才莫擧 天工人代 焉可妄加 至於懿戚元勳[11] 但宜優其
禮秩 或年高及耄[12] 或積病智昏 旣無益於時宜 當置之以閒逸 久妨賢路
殊爲不可 將救玆弊 且宜精簡尙書 左右丞及左右郎中 如竝得人 自然
綱維備擧 亦當矯正趨競 豈惟息其稽滯哉

　　疏奏 尋以泊爲尙書左丞

1) 精簡(정간) : 정성을 다하여 최상을 선택하다.
2) 萬機(만기) : 정치상의 중요한 기틀. 중요한 정사.
3) 八座比於文昌(팔좌비어문창) : 팔좌는 상서성의 좌우복야 및 여섯 부서를
   가리킨다. 이것을 '한지(漢志)'에서는 문창천부(文昌天府)라고 했다.
4) 二丞方於管轄(이승방어관할) : 이승은 좌우승(左右丞)을 말하고 '육전(六
   典)'에는 '모든 성(省)의 일을 맡아 관장한다'고 했다. 관할은 굴대빗장(지
   도리)으로 중추라는 뜻으로 쓰인다.
5) 郎(낭) : 낭중(郎中) 벼슬을 말한다.
6) 宿(수) : 하늘에 있는 28수를 뜻한다.
7) 令僕(영복) : 상서령(尙書令)과 복야(僕射)를 가리킨다.
8) 諮稟(자품) : 일을 물어서 명을 받다. 자문을 듣다.
9) 依違(의위) : 마음으로 확정하지 않다.
10) 希旨失情(희지실정) : 남의 뜻에 영합하여 뜻을 맞추어 정신을 잃다.
11) 懿戚元勳(의척원훈) : 의척은 황실의 외척. 원훈은 공신들.
12) 耄(모) : 7, 80세의 늙은이를 뜻한다.

9. 태평한 뒤에는 반드시 혼란이 옵니다

　정관 13년에 태종이 주위 신하에게 말했다.
　"짐이 들으니 태평한 뒤에는 반드시 큰 난리가 있고 큰 난리가
일어난 뒤에는 반드시 태평한 세상이 있다고 했다. 큰 난리가 있
은 뒤이니 곧 태평한 세상이 올 운세이다.

천하를 편안하게 하는 일은 오직 어진 인재를 얻어 등용하는 데
있다. 그대들은 어진이를 알지 못하고 짐도 또한 두루 알지 못하
여 날마다 하루하루를 그저 보내면서 사람을 얻어 다스리는 일이
없다. 이제부터는 사람들에게 스스로 천거하게 하려 하는데 어떻
겠는가?"

위징이 대답했다.

"사람을 아는 것은 지혜이고 스스로 아는 것은 밝음입니다. 사
람을 알기란 어려운 일이고, 스스로 알기란 또한 쉽지 않습니다.
어리석고 어두운 사람은 다 능함을 자랑하고 선함을 자랑하니, 서
로 다투는 경박한 풍속이 자라날까 두렵습니다. 스스로 천거하라
는 영은 내리지 마십시오"

貞觀十三年 太宗謂侍臣曰 朕聞太平後必有大亂 大亂後必有太平 大
亂之後 卽是太平之運也 能安天下者 惟在用得賢才 公等旣不知賢 朕
又不可徧識 日復一日 無得人之理 今欲令人自擧 於事何如 魏徵對曰
知人者智 自知者明 知人旣以爲難 自知誠亦不易 且愚暗之人 皆矜能
伐善[1] 恐長澆競之風[2] 不可令其自擧
1) 矜能伐善(긍능벌선) : 장기를 자랑하고 좋은 것을 자랑하다. 자화자찬하다.
2) 澆競之風(요경지풍) : 서로 잘났다고 겨루는 풍속.

IO. 신하를 아는 사람은 임금이 제일이다

정관 14년에 특진관 위징이 상소를 올렸다.

"신이 듣기로는 신하를 아는 이는 임금 만한 이가 없고 자식을
아는 이는 아비 만한 이가 없다고 했습니다.

아비가 그 자식을 알지 못하면 한 가정을 화목하게 하지 못하
고 임금이 그 신하를 알지 못하면 여러 나라를 다스릴 수 없습니
다. 모든 나라가 다 편안하면 한 사람에게 경사스러운 일이 있으
니 충성스럽고 어진 신하가 보필하고 현명한 사람들이 관청에 있
으면 모든 공적이 쌓여서 하는 일이 없어도 교화될 것입니다.

요임금과 순임금과 문왕과 무왕은 앞 시대에 실려 칭송되는데
다 사람을 아는 슬기가 있다고 하여 많은 인재가 조정에 가득했
습니다. 팔원(八元)과 팔개(八凱)가 높고 높은 공로로 날개가 되
었고 주공(周公)과 소공(召公)이 아름다움을 빛냈습니다.

사악(四岳)이나 구관(九官)이나 오신(五臣)이나 십란(十亂)
은 어찌 오직 지난 시대에만 태어나고 유독 오늘날에는 없겠습니
까? 그것은 구하고 구하지 않는 것과 좋아하고 좋아하지 않는 데
에 있을 뿐입니다.

무엇으로 말하겠습니까? 아름다운 옥이나 좋은 구슬, 비취나 코
뿔소와 코끼리의 상아, 대완(大宛)의 말이나 서역 지방의 맹견은
풍족하지 않고 희귀하지만 팔방 멀리 만 리나 되는 밖에서 생산
되어 여러 번 통역을 거쳐 조공으로 들어오는데 도로가 두절되지
않는 까닭은 무엇입니까? 중국에서 좋아하기 때문입니다.

벼슬에 종사하는 사람은 군주가 번영하기를 바라고 임금의 녹
봉을 먹으며 의로써 따르는데 장차 어디인들 이르지 못하겠습니
까? 신하가 되기 위해서라면 말입니다.

더불어 효도를 위해서라면 증삼이나 민자건 같이 만들 수 있습
니다. 더불어 충성을 위해서라면 관용봉이나 왕자비간과 같이 만
들 수 있습니다. 더불어 믿음을 위해서라면 미생(尾生)이나 전금
(展禽) 같이 만들 수 있습니다. 더불어 청렴하기 위해서라면 백
이(伯夷)와 숙제(叔齊) 같이 만들 수 있습니다.

지금의 신하들 중에 지조가 굳고 보통 사람보다 뛰어난 재능을
가진 자가 드문 현실은 대개 구하는 일을 간절히 하지 않고 힘쓰
는 데 정성을 들이지 않기 때문입니다.

공정하고 충실한 것으로 힘쓰고 원대한 것을 기약하여 각자 직
분을 주어서 그 도를 행하여 얻게 해야 합니다.

귀하면 그 행동을 관찰하고 부유하면 그 기르는 것을 관찰하고
사는 데는 그 좋아하는 것을 관찰하고 습관에는 그 말하는 것을
관찰하고 궁핍할 때는 그 받지 않는 것을 관찰하고 천할 때는 그
하지 않는 것을 관찰하십시오 그 재질에 따라 취하고 능한 것을

살펴 임명하며 그 장점을 쓰고 단점을 가려 주어 육정(六正)으로 나아가게 하고 육사(六邪)로써 경계하시면, 엄격하게 하지 않아도 스스로 힘쓰고 권장하지 않아도 스스로 열심히 할 것입니다.

그러므로 '설원(說苑)'에 '신하의 행동에는 육정(六正)과 육사(六邪)가 있어서 육정(六正)을 행하면 영화롭고 육사(六邪)를 행하면 치욕스럽다.'고 했습니다.

무엇을 육정(六正)이라고 이르는지 말씀드리겠습니다.

첫째, 싹트지 않고 조짐이 나타나지 않았을 때 밝게 존망(存亡)의 기틀과 득실(得失)의 요점을 보고 그런 일이 생기기 전에 미리 차단해서 군주가 초연(超然)히 입신하여 번영하는 경지에 서도록 합니다. 이와 같은 자는 성신(聖臣 : 성스런 신하)이라고 합니다.

둘째, 마음을 비우고 뜻을 다하여 날마다 착한 길로 나아가고 군주가 예의에 힘쓰게 하며 장구한 계책으로 군주를 깨우쳐 장차 그 아름다움을 따라서 나쁜 점을 바로잡아 구제합니다. 이와 같은 신하를 양신(良臣)이라고 합니다.

셋째, 늦게 자고 일찍 일어나며 어진이를 나아가게 하는데 게으르지 않고 자주 지나간 행사를 거론하여 군주의 뜻을 격려합니다. 이와 같은 신하를 충신(忠臣)이라고 합니다.

넷째, 성공과 실패를 밝게 살피고 일찍 방어하여 구제하고 이간을 막고 근원을 끊어서 전화위복하게 하고 군주에게 끝까지 근심이 없게 합니다. 이와 같은 신하를 지신(智臣 : 지혜로운 신하)이라고 합니다.

다섯째, 선대의 성법(成法)을 지키고 법을 받들어 관리를 임명하고 일을 맡아 뇌물이나 선물을 받지 않고 녹봉을 사양하고 하사품을 사양하며 음식을 검소하게 하고 절약합니다. 이와 같은 신하를 정신(貞臣)이라고 합니다.

여섯째, 국가가 혼란하되 아첨하지 않고 감히 군주의 엄숙한 얼굴을 범하고 마주하여 임금의 잘못을 말하는데 이와 같은 신하를 직신(直臣)이라고 합니다.

이와 같은 여섯 가지 부류의 신하를 육정(六正)이라고 합니다.

　무엇을 육사(六邪)라 하는지 말씀드리겠습니다.

　첫째, 관직에 편안해 하고 녹봉을 탐하며 공사(公事)를 힘쓰지 않고 대대로 더불어 세속에 따르고 좌우를 관망합니다. 이와 같은 신하를 구신(具臣)이라고 합니다.

　둘째, 군주가 하는 말은 다 좋다고 하고 군주가 하는 일은 다 옳다고 하고 숨어서는 군주가 좋아하는 것을 구하고 나아가서는 군주의 이목을 즐겁게 합니다. 도둑질하여 합하고 구차하게 용납하여 군주와 더불어 즐기기를 일삼아 그 뒤에 올 폐해를 돌아보지 않습니다. 이와 같은 신하를 유신(諛臣)이라고 합니다.

　셋째, 안으로는 교활하고 음흉하며 밖으로는 소심한 척하고 남의 환심을 사기 위해 얼굴빛을 꾸미며 착한 이를 미워하고 어진 이를 시기합니다. 나아가게 하고자 할 때는 그 아름다움을 밝히고 나쁜 것을 숨깁니다. 물러나게 하고자 할 때는 그 잘못을 밝히고 아름다움을 숨깁니다. 군주가 내리는 상과 벌이 마땅하지 않게 만들고 호령이 행해지지 않게 합니다. 이와 같은 신하를 간신(奸臣)이라고 합니다.

　넷째, 지혜는 족히 그른 것을 꾸미고 변론은 족히 남을 유혹하며 안으로는 골육의 친함도 떠나고 밖으로는 조정의 어지러움도 끌어당깁니다. 이와 같은 신하를 참신(讒臣)이라고 합니다.

　다섯째, 권력을 전횡하고 세도를 부려 가벼운 것으로 무거운 것을 삼습니다. 사사로이 집안으로 무리를 이루어 그의 집안을 부유하게 하고 군주의 명령을 마음대로 고쳐서 스스로 귀하게 나타냅니다. 이와 같은 신하를 적신(賊臣)이라고 합니다.

　여섯째, 군주에게 아당하고 사특한 것으로 아첨하여 군주를 불의에 빠지게 합니다. 붕당을 지어 서로 친밀하여 군주의 밝음을 가려서 백과 흑을 구별하지 못하게 하고 옳고 그름의 틈이 없게 하며 군주의 허물을 국내에 퍼뜨려 사방으로 퍼져 나가게 합니다. 이와 같은 신하를 망국지신(亡國之臣)이라고 합니다.

　이상과 같은 여섯 가지 부류의 신하를 육사(六邪)라 이릅니다.

　어진 신하가 육정(六正)의 도(道)에 처하고 나라에 육사(六

邪)의 술이 행해지지 않게 하여 위가 편안하고 아래가 다스려져 살아 있을 때는 즐거움을 보고 죽어서는 생각나게 하는 이것이 신하된 사람이 행해야 할 기술입니다.

‘예기’에 이르기를 ‘저울대와 저울추가 정확하게 무게를 달면 가볍고 무거움을 속이지 못하고, 먹줄이 잘 펼쳐져 있으면 굽고 곧은 것을 속이지 못하며, 곡자와 그림쇠가 잘 세워져 있으면 둥글고 모난 것을 속이지 못하며, 군자가 예절을 잘 살피면 간사한 것으로써 속이지 못한다.’고 했습니다.

신하의 진심이나 거짓은 알기 어려운 일이 아닙니다.

예로써 대접하고 법으로써 방어하며 선한 자에게는 상을 주고 악한 자에게는 벌을 주면 어찌 감히 도모하지 못하겠으며 어찌 감히 힘을 다하지 않겠습니까?

나라에, 충성스럽고 어진이가 진출하기를 바라고 모자란 이는 물러나기를 생각한 지 10여 년입니다. 맹목적으로 그 말만 듣고 그 사람을 보지 못한 이유는 무엇입니까? 대개 말은 옳았으나 행동은 옳지 못했기 때문입니다.

말의 옳음은 공공적인 도에서 나오고 행동의 그름은 사특한 샛길로 건너는 것입니다. 옳고 그름이 서로 어지럽고 좋고 나쁜 것이 서로 공격하여, 사랑하면 비록 죄가 있으나 형벌이 이르지 않고 미워하면 비록 죄가 없어도 벌을 면하지 못합니다. 이것이 이른바 ‘사랑하면 살리고자 하고 미워하면 죽이고자 하는 것’입니다.

혹은 조그마한 나쁜 짓으로 커다란 선을 저버리고 혹은 조그마한 과실로써 커다란 공로를 망각하는 것은 이른바 ‘군주의 상은 공로를 구하는 것에 지나지 않고 군주의 벌은 죄를 면하는데 있지 않다.’는 것입니다.

상으로써 선을 권하지 못하고 벌로써 악을 징계하지 못하는데 사특하고 바른 것이 의혹되지 않기를 바란다면 얻을 수 있겠습니까.

만약 상이 소원한 사이를 버리지 않고 벌이 친하고 귀한 것에 따르지 않아 공평으로써 법도를 삼고 인의로써 법칙을 삼아, 일을 상고하는 데 그 이름을 바르게 하고 이름을 따르는 데 그 실상

을 구한다면 사특한 것과 바른 것이 숨겨지는 일이 없고 선과 악
이 스스로 분명해집니다.

이런 뒤에 그 실상을 취하고 화려한 겉치레를 숭상하지 않으며
그 두터운 것에 처하고 박한 것에 거하지 않으면 말하지 않아도
교화되어 한 달이면 그 결과를 알 수 있습니다.

사람들이 무턱대고 아름다운 비단만 좋아하여 벼슬을 선택하
는 것은 아닙니다. 지극히 공정한 말은 있으나 지극히 공정한 실
상은 없는 것입니다.

사랑하면 그 나쁜 것을 알지 못하게 되고 미워하면 그 착한 것
을 잊게 됩니다. 사사로운 정을 따르면 사특하고 망령된 자가 가
까이 있게 되고 공도(公道)를 배반하게 되며 충성스럽고 어진이
는 멀어지게 됩니다.

이러한 상황에서는 비록 이른 아침부터 밤늦게까지 노력한다
해도 정신만 피로하고 마음만 괴로울 뿐 지극한 다스림을 구해도
얻지 못할 것입니다.”

상소문이 아뢰어지자 태종이 매우 아름답게 여겨 받아들였다.

貞觀十四年 特進魏徵上疏日
臣聞知臣莫若君 知子莫若父 父不能知其子 則無以睦一家 君不能知
其臣 則無以齊萬國 萬國咸寧 一人有慶 必藉忠良作弼 俊乂在官 則庶
續其凝 無爲而化矣

故堯舜文武 見稱前載 咸以知人則哲 多士盈朝 元凱[1]翼巍巍[2]之功 周
召[3]光煥乎之美 然則四岳 九官 五臣 十亂[4] 豈惟生之於曩代 而獨無於
當今者哉 在乎求與不求 好與不好耳 何以言之 夫美玉明珠 孔翠犀象 大
宛[5]之馬 西旅[6]之獒 或無足也 或無情也 生於八荒之表 塗遙萬里之外
重譯入貢 道路不絶者何哉 蓋由乎中國之所好也 況從仕者 懷君之榮 食
君之祿 率之以義 將何往而不至哉 臣以爲 與之爲孝 則可使同乎曾參
子騫矣 與之爲忠 則可使同乎龍逢比干矣 與之爲信 則可使同乎尾生展
禽[7]矣 與之爲廉 則可使同乎伯夷叔齊[8]矣 然而今之群臣 罕能貞白卓異
者[9] 蓋求之不切 勵之未精故也 若勖之以公忠 期之以遠大 各有職分 得

行其道 貴則觀其所擧 富則觀其所養 居則觀其所好 習則觀其所言 窮則
觀其所不受 賤則觀其所不爲 因其材以取之 審其能以任之 用其所長 揜
其所短 進之以六正 戒之以六邪 則不嚴而自勵 不勸而自勉矣

故說苑[10]曰 人臣之行 有六正六邪 行六正則榮 犯六邪則辱 何謂六正
一曰 萌芽未動 形兆未見 昭然獨見存亡之機 得失之要 預禁乎未然之前
使主超然立乎顯榮之處 如此者 聖臣也 二曰 虛心盡意 日進善道 勉主以
禮義 諭主以長策 將順其美 匡救其惡 如此者 良臣也 三曰 夙興夜寐 進
賢不懈 數稱往古之行事 以勵主意 如此者 忠臣也 四曰 明察成敗 早防
而救之 塞其間 絶其源 轉禍以爲福 使君終以無憂 如此者 智臣也 五曰
守文奉法 任官職事 不受贈遺 辭祿讓賜 飮食節儉 如此者 貞臣也 六曰
家國昏亂 所爲不諛 敢犯主之嚴顏 面言主之過失 如此者 直臣也 是謂六
正 何謂六邪 一曰 安官貪祿 不務公事 與代浮沈 左右觀望 如此者 具臣
也 二曰 主所言皆曰善 主所爲皆曰可 隱而求主之所好 而進之以快主之
耳目 偸合苟容 與主爲樂 不顧其後害 如此者 諛臣也 三曰 內實險詖 外
貌小謹 巧言令色[11] 妬善嫉賢 所欲進 則明其美 隱其惡 所欲退 則明其
過 匿其美 使主賞罰不當 號令不行 如此者 奸臣也 四曰 智足以飾非 辯
足以行說 內離骨肉之親 外搆朝廷之亂 如此者 讒臣也 五曰 專權擅勢
以輕爲重 私門成黨 以富其家 擅矯主命 以自貴顯 如此者 賊臣也 六曰
諂主以佞邪 陷主於不義 朋黨比周 以蔽主明 使白黑無別 是非無間 使主
惡布於境內 聞於四隣 如此者 亡國之臣也 是謂六邪 賢臣處六正之道 不
行六邪之術 故上安而下理 生則見樂 死則見思 此人臣之術也

禮記[12]曰 權衡誠懸 不可欺以輕重 繩墨誠陳 不可欺以曲直 規矩誠設
不可欺以方圓 君子審禮 不可誣以姦詐 然則臣之情僞 知之不難矣 又
設禮以待之 執法以馭之 爲善者蒙賞 爲惡者受罰 安敢不企及乎 安敢
不盡力乎

國家思欲進忠良 退不肖 十有餘載矣 徒聞其語 不見其人 何哉 蓋言
之是也 行之非也 言之是 則出乎公道 行之非 則涉乎邪徑 是非相亂 好
惡相攻 所愛雖有罪 不及於刑 所惡雖無辜 不免於罰 此所謂愛之欲其生
惡之欲其死者也 或以小惡棄大善 或以小過忘大功 此所謂君之賞 不可
以無功求 君之罰 不可以有罪免者也 賞不以勸善 罰不以懲惡 而望邪正

不惑 其可得乎 若賞不遺疎遠 罰不阿親貴 以公平爲規矩 以仁義爲準繩
考事以正其名 循名以求其實 則邪正莫隱 善惡自分 然後取其實 不尙其
華 處其厚 不居其薄 則不言而化 朞月而可知矣 若徒愛美錦 而不爲人
擇官 有至公之言 無至公之實 愛而不知其惡 憎而遂忘其善 徇私情以近
邪佞 背公道而遠忠良 則雖夙夜不怠 勞神苦思 將求至理 不可得也
　　書奏 甚嘉納之

1) 元凱(원개) : 순임금이 팔개(八凱)를 등용하여 사직과 모든 관리와 시절을
　　다스리고 팔원(八元)을 등용하여 교육과 내치를 이룩하고 외치도 이룩했다.
2) 巍巍(외외) : 산이 높은 모양. 독립한 모양.
3) 周召(주소) : 주공단(周公旦)과 소공석(召公奭). 둘 다 주(周)나라 무왕(武
　　王)의 동생으로 무왕의 아들 성왕(成王)을 도와 주왕실의 기초를 닦았다.
4) 四岳九官五臣十亂(사악구관오신십란) : ‘사악’은 당우(唐虞) 시대의 관직
　　이름. 제후의 일을 관장했다. ‘구관’은 순임금 시대의 아홉 관직. 우(禹)가 사
　　공(司空)을 맡고 직(稷)이 백곡을 파종하고 설(契)이 사도(司徒)가 되고 고
　　요(皐陶)가 사(士)가 되고 수(垂)가 공공(共工)이 되고 익(益)이 산택(山
　　澤)을 관장하고 백이(伯夷)가 질종(秩宗)이 되고 기(夔)가 전악(典樂)이
　　되고 용(龍)이 납언(納言)이 된 일. ‘오신’은 우(禹), 직(稷), 설(契), 고요
　　(皐陶), 백익(伯益)을 뜻한다. ‘십란’은 주공단(周公旦), 소공석(召公奭),
　　태공망(太公望), 필공(畢公), 영공(榮公), 대전(大顚), 굉요(閎夭), 산의생
　　(散宜生), 남궁괄(南宮适), 문왕모(文王母)의 열 사람. 난은 치(治)와 같다.
5) 大宛(대완) : 서역의 나라 이름. 말이 많이 나는 나라.
6) 西旅(서여) : 서쪽의 오랑캐 나라. 큰개가 나는데 높이가 8척이나 된다.
7) 尾生展禽(미생전금) : 미생은 ‘장자(莊子)’에 “미생이 여자와 다리 밑에서
　　약속을 했다. 여자는 오지 않고 물은 불어나 차오르는데도 약속 때문에 가지
　　않고 다리를 끌어안고 죽었다.”는 이야기가 있다. 전금은 노(魯)나라 대부 전
　　획(展獲)으로 이름은 금(禽)이다. 유하(柳下)를 식읍(食邑)으로 받고 시호
　　는 혜(惠)라고 한다.
8) 伯夷叔齊(백이숙제) : 고죽국군(孤竹國君)의 두 아들. 둘 다 동생에게 나라
　　를 사양하고 도망했는데 무왕이 주(紂)왕을 정벌하려 하자 제후국이 천자국
　　을 정벌하는 일은 도리가 아니라고 간했다가 무왕이 듣지 않자 주나라 곡식

을 먹지 않겠다고 수양산으로 들어가 고사리를 캐 먹고 살다 굶어 죽었다.

9) 貞白卓異者(정백탁이자) : 지조가 높고 보통 사람보다 뛰어나다.

10) 說苑(설원) : 유향(劉向)이 지은 저서 이름. 유향의 자는 자정(子政). 초원
    왕(楚元王) 교(交)의 후예. 전한(前漢)의 광록대부를 지냈다.

11) 巧言令色(교언영색) : 말을 교묘하게 잘하고 낯빛을 좋게 하여 아첨하는 것.

12) 禮記(예기) : 이 문장은 '예기' 경해(經解)편의 말.

11. 이위의 수염이 대단하구나

정관 21년에 태종이 취미궁(翠微宮)에서, 사농경(司農卿) 이
위(李緯)를 호부상서(戶部尙書)에 제수하였다.

방현령은 이때 유수(留守)로서 경성(京城)을 지키고 있었다.

마침 경사(京師 : 경성)에서 온 사람이 있어 태종이 물었다.

"방현령이 이위를 상서(尙書)에 제수했다는 소식을 듣고 무엇
이라 하더냐?"

경성에서 온 사람이 대답하였다.

"다만 이르기를 '이위의 수염이 대단하구나.'라고만 하고 다른
말은 없었습니다."

이 소리를 들은 태종은 이위를 낙주자사(洛州刺史)로 바꿔 임
명하였다.

貞觀二十一年 太宗在翠微宮[1]授司農卿[2]李緯 戶部尙書 房玄齡是時
留守京城 會有自京師來者 太宗問曰 玄齡聞李緯拜尙書 如何 對曰 但
云 李緯大好髭鬚 更無他語 由是改授洛州[3]刺史

1) 翠微宮(취미궁) : 무덕(武德) 8년에 지어 장안현(長安縣)에 있다가 정관 8
   년에 폐지하였는데 21년에 다시 세워서 완성되었다.

2) 司農卿(사농경) : 창고의 식량 비축을 담당하는 관리.

3) 洛州(낙주) : 지금의 하남부로(河南府路).

제8편 제후를 봉하는 일을 논하다
(論封建第八 : 凡二章)

1. 친척이라도 특별히 하지 않았다

정관 원년에 중서령 방현령을 봉하여 한국공(邗國公)으로 삼고, 병부상서 두여회를 봉하여 채국공(蔡國公)으로 삼고, 이부상서 장손무기를 봉하여 제국공(齊國公)으로 삼았다. 아울러 일등공신으로 삼아 식읍(食邑) 1천 3백 호(戶)를 실봉(實封)하였다.

황제의 종부(從父 : 叔父)인 회안왕(淮安王) 신통(神通)이 상언(上言)하여 말했다.

"의기(義旗 : 의로운 깃발)가 처음 일어났을 때 신은 병졸을 이끌고 선두로 이르렀습니다. 이제 방현령과 두여회 등 도필지인(刀筆之人 : 하급 관리)의 공을 일등이라 하십니다. 신은 마음 속으로 승복하지 못하겠습니다."

태종이 말했다.

"국가의 대사는 오직 상과 벌 뿐입니다. 만약 상이 그의 공로에 마땅하면 공 없는 자는 스스로 물러나고, 벌이 그 죄에 마땅하면 악을 행하는 자가 모두 두려워합니다. 상벌을 가볍게 행할 수 없음을 알 것입니다. 지금 훈공을 헤아려 행상(行賞)함에 있어, 방현령 등은 본진에서 책략을 꾸며 사직을 확실하게 정한 공이 있습니다.

한(漢)나라의 소하(蕭何)가 비록 말을 달리면서 땀을 흘린 일은 없으나 작전을 세워 지시하고 한고조를 도와서 제왕에 추대하였으므로 일등공신이 된 예와 같습니다. 숙부는 나라의 지친(至親)입니다. 진실로 아낄 바가 없습니다만, 사사로운 것으로 인연해서 함부로 훈신(勳臣)과 더불어 상을 한 가지로 할 수 없습니다."

이로 말미암아 여러 공신이 서로 말했다.

"폐하께서는 지극히 공정하게 논공행상하여 친척조차 사사롭게 하지 않으신다. 우리가 어찌 망령되게 호소할 수 있겠는가."

처음에 고조(高祖)가 종정시(宗正寺)의 명부를 만들어 아우나 조카나 재종(再從)이나 삼종(三從)의 젖먹이까지 왕으로 봉하여 수십 명이었다. 이 날에 이르러 태종이 여러 신하에게 말했다.

"양한(兩漢 : 前漢과 後漢) 이래로 오직 아들과 형제만 봉하고, 촌수가 먼 일가는 큰공 세우기를 한(漢)나라 유가(劉賈)나 유택(劉澤) 같은 이가 아니면 봉하지 않았다. 만약 모든 친척을 왕으로 봉해 많은 노동력을 그들에게 준다면, 만백성을 괴롭혀 자기의 친족(親族)을 부양하는 일이 된다."

이에 먼저 군왕(郡王)에 봉해진 종실(宗室)들 가운데 그 사이 공로가 없는 자는 모두 현공(縣公)으로 강등하였다.

貞觀元年 封中書令房玄齡爲邗國公 兵部尙書杜如晦爲蔡國公 吏部尙書長孫無忌爲齊國公 並爲第一等 食邑實封一千三百戶

皇從父淮安王神通[1]上言 義旗[2]初起 臣率兵先至 今玄齡等刀筆之人 功居第一 臣竊不服

太宗曰 國家大事 惟賞與罰 賞當其勞 無功者自退 罪當其罪 爲惡者咸懼 則知賞罰不可輕行也 今計勳行賞 玄齡等有籌謀帷幄[3] 畫定社稷之功 所以漢之蕭何 雖無汗馬[4] 指蹤[5]推轂[6] 故得功居第一 叔父於國至親 誠無愛惜 但以不可緣私 濫與勳臣同賞矣 由是諸功臣自相謂曰 陛下以至公賞不私其親 吾屬何可妄訴 初高祖擧宗正[7]籍 弟姪再從三從[8] 孩童[9]已上封王者數十人 至是太宗謂群臣曰 自兩漢已降 惟封子及兄弟 其疏遠者[10] 非有大功 如漢之賈澤[11] 並不得受封 若一切封王 多給力役 乃至勞苦萬姓[12] 以養己之親屬

於是宗室先封郡王其間無功者皆降爲縣公[13]

1) 神通(신통) : 고조(高祖)의 종제(從弟)로서 고조를 따라 장안(長安)을 평정하고 회안왕(淮安王)에 봉해졌다.

2) 義旗(의기) : 의병의 기치. 수나라 말기에 고조(高祖)가 태원(太原)에서 거
병하여 의사(義師)라 칭하고, 신통(神通)이 이에 호응하여 장안(長安)에서
거병한 일을 말한다.

3) 籌謀帷幄(주모유악) : 주모는 계략을 세우는 곳. 유악은 대장의 본진으로서
전략을 세우는 곳.

4) 汗馬(한마) : 싸움터에서 말을 달리면서 세우는 공로.

5) 指蹤(지종) : 사냥할 때 짐승의 발자국을 가리키면서 사냥개에게 뒤쫓게 하
는 일. 한(漢)나라 고조(高祖)가 항우(項羽)를 무찔러 천하를 통일하고 황
제가 된 뒤, 논공행상을 할 때 공신들 중 소하(蕭何)의 식읍(食邑)이 가장 많
았다. 모든 공신이 이에 승복하지 않았는데, 이 때 공신들의 불평과 고조의 말
이 사서(史書)에 기록되어 전하니 다음과 같다. "소하의 식읍이 홀로 많았다.
공신들이 불평하여 말하기를 '신(臣) 등은 직접 전투에 임하여 많은 자는 백
여전(百餘戰), 적은 자는 수십합(數十合)이었습니다. 소하는 일찍이 한마
(汗馬)의 노(勞)가 없이 다만 문서를 다루었을 뿐입니다. 그럼에도 불구하
고 오히려 신들의 위에 놓으시니 어찌 된 까닭입니까.' 하였다. 이에 고조가
말하기를 '그대들은 수렵에 대해 아는가. 짐승을 쫓아가서 잡는 것은 엽견(獵
犬)이다. 그것을 쫓아가 잡도록 지시하는 것은 사냥꾼이다. 그대들은 다만 짐
승을 잘 따라가 잡았을 뿐이므로 그대들의 공로는 엽견의 공로일 뿐이다. 소
하는 사냥꾼의 공로와 같다. 모든 신하는 감히 말하지 말라.' 고 하였다."

6) 推轂(추곡) : 곡은 수레의 바퀴통이라는 뜻이나 여기서는 다만 '수레'의 뜻.
수레를 밀어 나가게 하는 일은 남의 사업을 도와서 완성시킨다는 뜻.

7) 宗正(종정) : 관아의 이름. 당나라에서는 종정시(宗正寺)를 두고 황족의 족
적(族籍)을 관장하게 하였다.

8) 再從三從(재종삼종) : 재종은 6촌 형제. 증조부가 같다. 삼종은 8촌 형제. 고
조부가 같다.

9) 孩童(해동) : 웃기 시작하는 젖먹이.

10) 疏遠者(소원자) : 소원한 사람. 촌수가 먼 일가를 말한다.

11) 賈澤(가택) : 가는 한고조(漢高祖)의 종형제(4촌)고, 택은 한고조의 재종
(再從 : 6촌)이었다. 가에게는 형왕(荊王)을 봉했고, 택에게는 연왕(燕王)
을 봉했는데, 다 장군으로서 공로가 컸다.

12) 萬姓(만성) : '만민'과 같다. 천하의 모든 백성.

13) 縣公(현공) : '구당서(舊唐書)'나 '자치통감(資治通鑑)'에 의하면 군공 (郡公)으로 되어 있는데, 현공(縣公)이 적절할 것 같다.

2. 자사(刺史)를 세습하는 제도를 폐지하다

정관 11년에 태종이 말했다.

"주(周)나라에서는 자제들을 봉하여 8백여 년을 이었다. 진 (秦)나라에서는 제후들을 없앴는데 2대(二代)에 멸망하였다.

한(漢)나라 여후(呂后)는 유씨(劉氏)를 위태롭게 하려 했으 나 마침내 종실(宗室)에서 편안함을 얻었다. 친척 중에 어진이를 봉하여 세우는 일은 이 자손들을 오래도록 보존하는 도를 당연하 게 하는 것이다."

이에 그 제도를 제정하였다.

아들이나 아우로서 형주도독(荆州都督) 겸 형왕(荆王)인 원 경(元景)과 안주도독(安州都督) 겸 오왕(吳王)인 각(恪) 등 21 인과, 공신으로 사공(司空) 겸 조주자사(趙州刺史)인 장손무기 와 상서좌복야(尙書左僕射) 겸 송주자사(宋州刺史)인 방현령 등 14명을 모두 세습자사(世襲刺史)로 삼았다.

예부시랑(禮部侍郎) 이백약(李百藥)이, 세습제로써 봉한 일 을 논박하여 아뢰었다.

"신은 들었습니다. 나라를 다스리고 백성을 어루만지는 일은 왕 자의 떳떳한 제도입니다. 군주를 높이고 위를 편안하게 하는 일 은 인정의 큰 지략입니다. 생각하고 듣고 다스리고 정하는 법규 는 오래도록 대를 잇는 업을 넓히는 일로 만고에도 바뀌지 않을 진리로 모든 이의 생각이 똑같습니다.

하늘의 명은 더디고 빠른 차이가 있고 국가는 다스려지고 어지 러운 차이가 있는 것은, 오래된 고전을 보면 자세하게 논의되어 있습니다.

책 속에 이르기를 '주(周)나라는 그 수(數)를 지났으나 진(秦)

나라는 기약에 미치지 못했다. 존재하고 망하는 이치가 군국(郡國)에 있다.'고 했습니다.

주나라는 하(夏)나라와 은(殷)나라의 오랜 세월을 거울 삼아 천자가 건립할 때 세운 도를 함께 따랐습니다. 성(城)은 반석이 되어 뿌리가 깊고 근본이 견고하여 비록 왕의 기강이 쇠퇴해서 행해지지 않았으나 가지와 줄기가 서로 의지했으므로 배반하는 사람이 생기지 않아서 종사가 단절되지 않았습니다.

진(秦)나라는 옛날의 교훈을 스승으로 삼지 않고 선왕의 도를 저버렸습니다. 화산(華山)을 절단하여 성을 쌓고 그 험난함을 믿어 제후들을 없애고 지키는 사람만 두었기에 자제들은 한 자의 땅을 둔 고을도 받지 못했고 많은 백성은 함께 다스린다는 근심이 드물었습니다. 그러므로 한 지아비가 부르짖었는데도 천자의 7묘(七廟 : 사당, 사직)가 쉽게 무너졌습니다.

신은 예로부터 천자가 되어 이 세상에 군림하려면 하늘의 명을 받지 않음이 없다고 들었습니다. 그 책 이름은 '제록(帝錄)'인데 그 속에는 체결해 놓은 왕업을 일으킬 운수를 만나게 되면 깊이 근심하며 이때가 성(聖)을 여는 시기라고 합니다. 비록 위(魏)나라 무제(武帝)가 양자(養子)로서 이어진 자질이고 한(漢)나라 고조(高祖)가 부역한 미천한 출신이었으나 뜻에만 머무르고 분수에 넘치는 일에 소망을 두지 않았다면 그를 밀어 주어도 나아가지 못했을 것입니다.

만약 송사하는 사람들이 순임금에게 귀의하지 않고 화려한 덕이 이미 다했다면 비록 요임금의 공업이 널리 사방으로 빛나고 순임금의 업적이 위로 해와 달과 오성(五星)을 바로잡았다 할지라도 정(情)에만 머무르고 읍하고 사양하는 일이 존재하지 않았을 것이며 지키는 일 또한 어려웠을 것입니다.

요임금과 순임금의 덕으로도 그 후손들을 지극히 성대하게 하지 못했습니다. 이에 복록의 길고 짧음은 반드시 천시(天時)에 있고 정치가 흥하고 쇠하는 일은 사람의 일과 관계가 있다는 이치를 알겠습니다.

융성하던 주(周)나라가 대수(代數)를 점치니 30대(三十代)가 계속된다고 했고 연수(年數)를 점치니 7백년 동안 이어진다고 했는데, 비록 거느렸던 도(道)가 지극함을 떠나고 문왕과 무왕의 기물은 보존되어 있더라도 국가의 보배인 거북과 솥의 조짐은 이미 그윽한 하늘에서 정해졌습니다.

주(周)나라 소왕(昭王)은 남쪽으로 정벌을 나가 돌아오지 못했고 평왕(平王)은 동쪽으로 옮겨가서 오랑캐에게 쫓겨 제사를 받들지 못했으며 서울땅을 지키지도 못하고 이에 점점 쇠퇴해졌는데 이것은 봉건(封建)제에 허물이 있었기 때문입니다.

포악하던 진(秦)나라는 운세가 윤달처럼 짧아 106년만에 끝마쳤으니 하늘의 명을 받은 군주라도 덕이 우임금이나 탕임금과는 달랐습니다. 대를 이었던 군주도 그 재주가 하(夏)나라의 계(啓)나 주나라의 용(誦)은 아니었습니다.

가령 진(秦)나라의 이사(李斯)나 왕관(王綰)의 무리들이 다 사방의 땅을 개방하여 자기 휘하에 두고 장여(將閭)나 자영(子嬰)의 무리들이 다 함께 천승(千乘)의 나라를 열었다 하더라도 어찌 이 사람들이 황제의 아들이 발흥하는 것을 거역하고 황제로서 기틀이 마련된 명을 막을 수 있었겠습니까?

얻고 잃음과 성취하고 실패하는 데에는 각각 이유가 있습니다. 저술하는 집안에서는 주로 항상 지켜졌던 법을 지킵니다. 마음으로 지금과 옛날을 가리지 않고 이치로써 인정의 두텁고 엷음을 가려 모든 왕들의 끝자락에 임했으면서도 하(夏)나라나 은(殷)나라나 주(周)나라의 법을 행하려 합니다. 천하 오복(五服 : 甸·侯·綏·要·荒)의 안에 있는 영토를 다 제후에게 봉하려 하고 제왕의 수도인 천 리의 사이에 있는 땅은 채지(采地)를 삼아 함께 하려 합니다. 이러한 것은 끈을 묶어 의사소통을 하던 시대에서부터 우하(虞夏 : 堯·舜·禹)의 조정까지 행해졌습니다. 일정한 형벌을 정하여 사용했으며 한(漢)나라와 위(魏)나라의 말기를 다스렸습니다. 기강이 해이해지고 문란해진 일을 알고 있습니다. 이것은 배에 표시하여 물에 빠진 칼을 찾는 것 같은 어리석은 일로,

옳다고 보지 않습니다. 또 기러기발을 아교로 붙여 놓고 거문고를 타는 것 같은 일은 더욱 의혹만 많아지게 합니다.

춘추 시대 초(楚)나라 장왕(莊王)이 무턱대고 솥의 크고 작고 가볍고 무거운 상태만 묻자 모든 일은 덕에 있다고 하고, 진(晉)나라 문공(文公)이 굴을 뚫으라고 청하자 왕이 허락하지 않은 일은 패왕(覇王)의 군사에 대한 두려움이 있었다는 사실을 알고 있습니다. 또 진(秦)나라 자영(子嬰)이 흰 말과 흰 수레를 끌고 유방(劉邦)에게 온 뒤로는 다시는 강력한 제후의 후원이 없었다는 것을 알고 있습니다.

진(秦)나라 2세 임금은 조고(趙高)에게 망이궁(望夷宮)에서 피살되면서 자신이 무엇 때문에 피살되는지 깨닫지 못했고, 예(羿)는 한착(寒浞)의 재앙을 감당하지 못했습니다. 위(魏)나라 고귀향공(高貴鄕公)이 사마소(司馬昭)에게 피살당한 재앙이 어찌 신후(申侯)가 증후(繒侯)와 견융(犬戎)과 연합하여 주나라 유왕(幽王)을 죽인 혹독함과 차이가 있겠습니까.

군주가 밝으면 공경하고 다스리지 못하면 어지러워집니다. 그러므로 군주 스스로 편안함과 위태로움을 펼치는 것입니다. 굳이 공후(公侯)에게 맡겨 지키게 하지 않더라도 흥하고 패하는 일은 이루어집니다.

여러 대를 거친 뒤 왕실이 점점 미약해지면 강력한 제후로 변화되어 원수가 됩니다. 가정에서도 풍속을 달리하고 국가에서도 정치를 다르게 하며 강한 이는 약한 이를 능멸하고 대중은 소수를 억압하며 경계를 서로 다투고 싸움이 일어나 서로 침략합니다.

호태(狐駘)의 전쟁 때문에 노나라 여자들이 다 복머리를 했고 효릉(崤陵)의 싸움에서는 진(晉)나라의 수레바퀴가 하나도 돌아오지 못했습니다. 이런 일들은 일부분만 인용한 것이고 나머지는 다 헤아릴 수가 없습니다.

육사형(陸士衡)이 변변치 못한 생각으로 이르기를 '주(周)나라 혜왕(惠王)과 양왕(襄王)과 도왕(悼王)에게 구정(九鼎)을 맡기고 흉악했던 왕자 퇴(頹)와 왕자 대(帶)와 왕자 조(朝)에게 하늘이 내린 고을을 의지하게 하여, 천하가 편안하다 해도 다스림으로써 어지러운 것을 기다리게 했다.'고 했습니다. 누가 이 말이 잘못됐다고 하겠습니까. 관직을 베풀어 직책을 나누어 주고 어진이를 임용하고 재능 있는 이를 부려, 뛰어난 재주에 따라서 함께 다스린다는 생각을 품어 잘못을 꾸짖고 믿음의 증표로 부표를 나누어 준다면 어느 세상에 사람이 없겠습니까?

땅은 상서로운 징조를 나타내는데 이르고 하늘은 보배를 아끼지 않을 것이며 백성은 소부(邵父)와 두모(杜母)로 일컬을 것이고 정치는 신명(神明)에 비유될 것입니다.

조원수(曹元首)의 변변치 못한 생각으로 일컫기를 '사람과 함께 그 즐거움을 함께하는 사람은 사람들이 반드시 그의 걱정거리를 근심한다. 사람과 함께 그 편안함을 함께하는 사람은 사람들이 반드시 그의 위험을 구제한다.'고 했습니다. 어찌 포용하여 후(侯)나 백(伯)으로 삼으면 그 편안함과 위급함을 함께하고 군수나 태수로 임명하면 그 근심과 즐거움을 달리하겠습니까? 어찌 이 말이 망령된 것이겠습니까?

군주를 여러 나라에 봉하여 문벌을 도왔는데 그 선대가 업적을 쌓으며 겪었던 어려움을 망각하고 자연히 이어져 온 높고 귀함을 가벼이 여기며 세를 거듭할수록 음란해지고 포악해지지 않음이 없고 대를 이어서 더욱 교만과 사치를 일삼으며 이궁(離宮)이나 별관(別館)이 하늘을 찌를 듯합니다. 어떤 사람은 백성의 힘을 다 소진시켜 가며 장차 완수하고 어떤 이는 제후들을 불러서 함께 낙성식을 합니다.

진(陳)나라 영공(靈公)은 임금과 신하가 예의를 거슬러 함께 하징서(夏徵舒)를 모욕하다 죽임을 당했고 위(衛)나라 선공(宣公)은 부자(父子)간에 같은 암사슴(여자)을 취하여 마침내 수(壽)와 삭(朔)을 죽였습니다.

그러므로 이르기를 '자신을 위해 다스림을 생각한다.'라고 했는데 어찌 이와 같겠습니까?

안과 밖의 여러 관리들은 조정 신료들에 의해 선발되고 선비들에게 발탁되어 임명되었습니다. 물(거울)처럼 맑은 것을 본보기로 삼아 해마다 수고로움을 평가하여 그 품계를 넉넉하게 하고 공적을 점검하여 추방과 승진을 명백하게 하면 일의 중심에 적극적으로 나아가 힘써 닦으려는 정이 깊어질 것입니다.

혹은 후한의 양병(楊秉)처럼 청렴검소하여 봉록(俸祿)을 개인의 집안으로 들이지 않을 것이고, 혹은 전한의 하병(何竝)처럼 아내와 자식들을 관사에 머물지 않게 할 것입니다. 후한의 좌웅(左雄)처럼 반조(班條)의 귀함이 있더라도 화식을 하지 않을 것이고, 진(晉)나라 등유(鄧攸)처럼 중요한 직책에 있어도 오직 물만 마시고 살 수도 있습니다. 후한의 남양(南陽)태수였던 양속(羊續)처럼 떨어진 옷으로 몸을 감싸고 살 수도 있고, 후한의 내무(萊蕪)현령이었던 범단(范丹)처럼 먼지를 뭉쳐 시루를 만들 정도로 가난하게 지낼 수도 있습니다. 전하여 이르기를 '나라의 이익을 위하여 사물에서 도모한 것이다.'라고 했습니다. 무엇이 그토록 밝아지게 하였겠습니까?

종합하여 말씀드린다면 벼슬을 대대로 세습시키지 않으면 어진이를 쓰는 길은 넓어집니다. 백성에게 정해진 주인이 없으면 백성이 따르는 정은 확고하지 않습니다.

이것으로 어리석고 지혜로움이 분별되니 어찌 의혹이 있겠습니까? 나라를 멸망시키고 임금을 죽이고 떳떳한 법을 어지럽히고 기강을 간섭하는 일이 횡행하여, 춘추 시대 2백여 년 동안 편안한 세월이 없었습니다.

송나라 양공(襄公)은 차수(次睢)에 제사를 드리면서 증나라 임금을 제물로 썼습니다. 노나라 장공(莊公)의 부인 문강(文姜)은 노나라 길의 넓고 평평함을 이용해 매번 제양공(齊襄公)과 밀회하였습니다. 서한(西漢)의 애제(哀帝 : 欣)와 평제(平帝 : 衎)때와, 후한(後漢)의 동락(東洛)에 도읍한 환제(桓帝 : 志)와 영제(靈帝 : 宏) 때는 말단 관리들이 음란하고 포악했다 하더라도 이에 이르지는 못했습니다.

정치하는 이치는 한 마디로 단정할 수 있습니다.

엎드려 생각건대 폐하께서는, 기강을 잡아 천하를 부려 천자의 자리에 오를 시기를 맞아 제왕의 업을 열어 만백성의 큰 고통을 구제하고 요사스런 기풍이 난무하던 천하를 바꿔놓으셨습니다. 나라를 창업하여 자손들이 계승해 갈 사업을 일으키고 하늘과 땅을 짝하여 덕을 세우셨습니다. 호령을 발동하고 영을 시행할 때는 만물의 미묘함을 다하여 언어를 삼으셨습니다. 홀로 신명의 속뜻을 비추고 길이 옛날을 생각하여 5등급의 작록을 복원하고 옛 제도를 닦아 여러 나라를 세워 친척으로서 제후를 삼으셨습니다.

그윽이 생각건대, 한(漢)나라나 위(魏)나라를 돌아보면 그 남은 풍속의 폐단이 다하지 않았고 요임금과 순임금은 이미 떠나가 지극히 공정한 도가 어그러졌습니다. 진(晉)나라가 국가를 잘 이끌지 못한 이유는 현(縣)에만 맡겼기 때문에 무너져 흩어진 것입니다. 후위(後魏 : 拓拔氏)가 승승장구할 때는 중화(中華)인과 오랑캐가 섞여 살았습니다. 황하(黃河) 지역이 남북조로 나뉘고 오(吳)나라와 초(楚)나라가 동떨어져 분열되었을 때는 문장을 익힌 자들은 길고 짧은 종횡(從橫)의 술수만 배우고 무술을 익힌 자들은 전쟁을 일으킬 마음만 가졌습니다.

마침내 기회를 틈타서 속이는 차례를 밟아 경박한 풍속을 더욱 조장했습니다. 수(隋)나라에 개황(開皇 : 文帝 연호)의 운이 있었던 것은, 외가(外家)의 힘을 빌어 영웅들을 부리고 임용한 영웅들을 의심으로써 살펴 앉아서 밝은 운명으로 바꿨을 뿐 완전히 평정한 공로가 아니었으므로 재위한 지 24년이나 되었어도 사람들이 그의 덕을 보지 못했습니다.

수나라 양제가 즉위한 대업(大業) 연중에는 세상의 도의가 타락하고 한 사람이나 한 가지 사물조차 흔적 없이 다 없어졌습니다. 비록 하늘이 뛰어난 무용을 내보내 잔악한 짓을 하는 자들을 삭탈하여 평정했어도 군대의 위력은 끊이지 않고, 수고로움이 중지되었어도 편안하지 못했습니다.

폐하께서는 선왕의 뜻에 따라 대를 이어 황제 자리에 올라 많은 인정을 베풀고 다스림을 이루어 앞의 왕들이 행한 실정을 정확히 밝혀내셨습니다. 비록 지극한 도를 명확히 명명할 수는 없지만 말을 기록한 형태를 보면 그 대강을 나열할 수 있는데 실로 거의 다 말씀드렸습니다.

사랑하고 공경하여 지극히 집안을 잘 다스려 수고로워도 게을리 하지 않는 행동은 위대한 순임금의 효도입니다.

궁중의 관리에게 안부를 묻고 친히 수라를 맛보는 일은 주(周)나라 문왕(文王)의 덕입니다.

항상 헌사(憲司)에게 죄를 자문하고 상서(尙書)에서 옥사를 듣고 크고 작은 일을 반드시 살피고 굽고 곧은 이치를 다 거론하여 발뒤꿈치 자르는 벌로 사형의 형벌을 바꾸고 인자한 마음으로 측은히 여겨 어두운 곳에서 밝은 곳까지 관철시키는 일은 위대한 우임금이 죄를 통곡한 것입니다.

낯빛을 바르게 하고 바른말을 하며 마음을 비우고 모든 일을 받아들이며 비루하거나 어눌한 태도를 가리지 않고 천한 사람도 저버리지 않은 일은 요임금이 간언을 구한 방법입니다.

명교(名敎)를 크게 장려하고 학생들을 권장하며 이미 경서에 밝은 자들을 발탁하여 공경의 지위를 내리고 장차 큰유학자를 승진시켜 정승의 지위에 오르게 한 일은 성인(聖人 : 공자)이 사람을 잘 유인한 도리입니다.

모든 신하는 궁중의 덥고 습한 곳에 거처하며 잠자고 먹는 일이 생각과 다릅니다. 청컨대 높고 밝은 곳으로 옮기도록 해주십시오 하나의 작은 누각을 경영하는 일이 일반 백성 열 가구의 재산과 같다고 하여 아끼신다면 필경 아들이 부모 일에 달려 오는 것 같은 일은 바라지 마셔야 합니다. 음양의 감응에 인색하지 않으면 비루하게 사는 것도 편안하게 여길 것입니다.

요 몇년 동안 극심한 흉년이 들어 온 천하가 기근에 허덕이고 상사와 환란이 가까워지고 창고가 텅 비었습니다. 그러나 폐하께서는 백성을 불쌍히 여겨 부지런히 구휼하여 마침내 한 사람도 길에서 떠도는 일이 없게 하셨습니다.

폐하께서는 명아주잎과 콩잎을 드시고 음악은 악기를 거두어들이고 말씀에는 반드시 애처로움을 드러내고 모습은 파리해지셨습니다.

주공단(周公旦)께서는 거듭 통역되어 조공 오는 일을 기뻐하고 문명(文明 : 禹임금)께서는 공도가 오랑캐에까지 펼쳐진 일을 자랑으로 삼으셨습니다. 폐하께서는 항상 사방의 오랑캐들이 스스로 복종하여 만 리나 되는 먼 곳에서도 인(仁)으로 귀의하는 일을 보시고, 반드시 생각하여 물러나고 살펴 나아가서 정해진 신령들이 생각을 움직여, 망령되게 중국을 수고롭게 하여 먼 지방까지 구하려 하지 않을까 두려워하셨습니다.

만고에 빛난 좋은 이름에 의지하지 않고 한때의 무성한 실질에 의존하셨으니 마음으로 간절히 백성의 수고로움을 근심하여 천자의 유람과 순행을 끊으셨습니다.

매일 아침에 조회를 보고 간언 듣기를 게을리 하지 않아 지혜는 모든 사물을 두루 살피고 도의로써 천하를 구제하셨습니다.

조회를 파한 뒤에는 명신(名臣)들을 이끌어서 옳고 그름을 토론하고 마음을 다하여 오직 정치에 관한 일만 논의하고 문득 다른 일에 관한 말은 없으셨습니다.

겨우 해가 기울면 반드시 재주와 학식이 있는 선비를 불러 한가하게 여유를 가지고 서적 속의 고상한 담론을 나누고 글 읊기를 섞어 간간히 현묘한 말을 하느라 밤늦도록 피곤함을 잊고 한밤중까지 잠자리에 들지 않으셨습니다.

이상 4가지 도(道)를 행한 이는 폐하 홀로 옛 왕들보다 뛰어나며 실로 사람이 있은 이래로 오직 폐하 한 사람뿐이십니다.

풍속과 교화를 넓히고 사방으로 밝게 보아 1년 사이에 천하를 두루 다스리셨습니다. 순수하고 깨끗한 것이 오히려 의심받고 괴상한 말과 풍속이 떠나지 않았는데 이러한 것들은 오래된 습관이니 갑자기 변화시키기 어려운 것입니다.

화려하게 조각한 옥 대신 질박한 그릇을 만들고 소박한 물건으로 문명을 대신하고 형벌을 버리는 교육을 한번 행하고 태산에 올라 예를 끝마친 연후에 국경을 다스리는 제도를 제정하고 산하를 상으로 주어 제후로 봉하는 일을 의논하더라도 늦지 않습니다.

'주역'에 이르기를 '하늘과 땅이 차고 비는 일도 시절과 더불어 없어졌다 다시 태어나는데 하물며 사람에 있어서랴.' 했습니다. 이 말은 진실로 아름다운 말입니다."

중서사인(中書舍人) 마주(馬周)가 또 상소하였다.

"엎드려 조서를 보았는데, 종실과 공신들에게 고을을 봉하여 그 자손에게 대대로 주어 정사를 이어받아 지키고 큰사고가 없는 한 파면시켜 쫓아내지 못한다고 하셨습니다.

신이 은근히 생각해 보았는데 폐하께서는 영지를 주고 제후로 봉하는 자들을 대단히 사랑하고 아껴 그 후예들도 이어 지켜서 국가와 더불어 무궁하게 세습의 관리가 되기를 바라시는 것 같습니다.

무엇에 법칙을 두시겠습니까?

요임금이나 순임금 같은 아버지에게도 오히려 단주(丹朱)와 상균(商均) 같은 아들이 있었습니다. 하물며 이에 아래하여 돌아본다면, 아버지의 공적과 덕망을 보고 아들을 취하고자 하시는데 그 이치를 잃음이 멀어질까 두렵습니다.

어린 나이에 직책을 계승하여 만에 하나 교만하고 음탕해지면 백성이 그 재앙을 입어 국가가 망하는 일을 이어받을 것입니다.

정치로써 단절시키고자 한다면 초(楚)나라 영윤(令尹)인 자문(子文)의 다스림이 존재하고, 정치로써 유지시키고자 한다면 진(晉)나라 대부인 난암(欒黶)의 해악이 이미 드러났습니다.

그 해독을 살아 있는 백성과 함께한다면 차라리 이미 죽은 한 신하에 대한 애틋한 인정을 끊는 일이 현명합니다. 그러므로 이전에 아꼈던 사람들은 마침내 상처를 입히게 됩니다.

신은 말씀드리겠습니다. 모토(茅土 : 봉토)를 적당히 주고 그 봉읍(封邑)을 세습하되 반드시 재능과 덕행이 있어야 하며 그릇에 따라서 알맞게 주면 그 세력이 강해지지 못해 또한 그에 더해지는 피해를 면할 수 있습니다.

옛날에 한(漢)나라 광무제(光武帝)는 공신(功臣)에게 관리의

일을 맡기지 않고 끝까지 그 후손을 온전하게 하였는데 진실로 그
의 독특한 술책이었습니다. 원컨대 폐하께서는 그 마땅함을 깊이
생각하시어 한 아버지로서 큰 은혜를 받들어 자손들이 그 복록을
끝까지 누릴 수 있도록 하십시오."

태종이 아울러 그 말을 아름답게 여겨 받아들이고 마침내 황실
자제 및 공신들이 자사를 세습하는 제도를 폐지했다.

貞觀十一年 太宗以周封子弟 八百餘年 秦罷諸侯 二世而滅 呂后欲
危劉氏[1] 終賴宗室獲安 封建親賢 當是子孫長久之道 乃定制 以子弟荊
州都督荊王元景[2] 安州都督吳王恪[3]等二十一人 又以功臣司空趙州刺
史長孫無忌 尙書左僕射宋州刺史房玄齡等一十四人 並爲世襲刺史 禮
部侍郎李百藥[4]奏論駁世封事曰

臣聞經國庶民 王者之常制 尊主安上 人情之大方 思聞理定之規 以弘
長代之業 萬古不易 百慮同歸 然命曆有賒促之殊 邦家有理亂之異 遐觀
載籍 論之詳矣 咸云 周過其數[5] 秦不及期[6] 存亡之理 在於郡國 周氏以
鑒夏殷之長久 遵皇王之並建 維城磐石 深根固本 雖王綱弛廢 而枝幹相
持 故使逆節不生 宗祀不絶 秦氏背師古之訓[7] 棄先王之道 剪華恃險 罷
侯置守 子弟無尺土之邑 兆庶罕共理之憂 故一夫號呼 而七廟墮祀[8]

臣以爲自古皇王 君臨宇內 莫不受命上玄 冊名帝錄 締構遇興王之運
殷憂屬啓聖之期 雖魏武携養之資[9] 漢高徒役之賤[10] 非止意有覬覦 推之
亦不能去也 若其獄訟不歸 菁華已竭 雖帝堯之光被四表 大舜之上齊七
政 非止情存揖讓 守之亦不可焉 以放勛重華[11]之德 尙不能克昌厥後 是
知祚之長短 必在於天時 政或興衰 有關於人事 隆周卜世三十 卜年七百
雖淪胥之道斯極 而文武之器尙存 斯龜鼎之祚已懸定於杳冥也 至使南征
不返[12] 東遷避逼[13] 禋祀闕如 郊畿不守 此乃陵夷之漸 有累於封建焉 暴
秦運距閏餘 數終百六[14] 受命之主 德異禹湯 繼世之君 才非啓誦[15] 借使
李斯王綰[16]之輩 咸開四履 將閭子嬰[17]之徒 俱啓千乘[18] 豈能逆帝子之勃
興 抗龍顏之基命者也 然則得失成敗 各有由焉 而著述之家 多守常轍 莫
不情忘今古 理蔽澆淳 欲以百王之季 行三代之法 天下五服之內[19] 盡封
諸侯 王畿千里之間 俱爲采地 是則以結繩之化[20] 行虞夏之朝 用象刑之

典 治劉曹之末[21] 紀綱弛紊 斷可知焉 鍥船求劍[22] 未見其可 膠柱成文[23] 彌多所惑 徒知問鼎請隧[24] 有懼覇王之師 白馬素車[25] 無復藩維之援 不悟 望夷之釁[26] 未堪羿浞之災[27] 旣罹高貴之殃[28] 寧異申繒之酷[29] 此乃欽明 昏亂 自革安危 固非守宰公侯 以成興廢 且數世之後 王室浸微 始自藩 屏[30] 化爲仇敵 家殊俗 國異政 强陵弱 衆暴寡 疆場彼此 干戈侵伐 狐駘 之役 女子盡髽[31] 崤陵之師 隻輪不反[32] 斯蓋略擧一隅 其餘不可勝數

陸士衡[33] 方規規然[34] 云 嗣王委其九鼎[35] 凶族據其天邑[36] 天下晏然 以 治待亂 何斯言之謬也 而設官分職 任賢使能 以循良之才 膺共治之寄 刺擧分竹[37] 何世無人 至使地或呈祥[38] 天不愛寶 民稱父母[39] 政比神明[40] 曹元首[41] 方區區然[42] 稱 與人共其樂者 人必憂其憂 與人同其安者 人必 拯其危 豈容以爲侯伯 則同其安危 任之牧宰 則殊其憂樂 何斯言之妄 也 封君列國 藉其門資 忘其先業之艱難 輕其自然之崇貴 莫不世增淫 虐 代益驕侈 離宮別館 切漢凌雲 或刑人力而將盡 或召諸侯而共落 陳 靈[43] 則君臣悖禮 共侮徵舒 衛宣 則父子聚麀[44] 終誅壽朔 乃云爲己思 治 豈若是乎 內外群官 選自朝廷 擢士庶以任之 澄水鏡以鑒之 年勞優其 階品 考績明其黜陟 進取事切 砥礪情深 或俸祿不入私門[45] 妻子不之官 舍[46] 班條之貴 食不擧火[47] 剖符之重 居惟飮水[48] 南陽太守 弊布裹身[49] 萊蕪縣長 凝塵生甑[50] 專云爲利圖物 何其爽歟

總而言之 爵非世及 用賢之路斯廣 民無定主 附下之情不固 此乃愚 智所辨 安可惑哉 至如滅國弑君 亂常干紀 春秋二百年間 略無寧歲 次 睢咸秩[51] 遂用玉帛之君 魯道有蕩[52] 每等衣裳之會 縱使西漢哀平[53]之 際 東洛桓靈[54]之時 下吏淫暴 必不至此 爲政之理 可以一言蔽焉

伏惟陛下 握紀御天 膺期啓聖 救億兆之焚溺 搖氛祲於寰區 創業垂統 配二儀以立德 發號施令 妙萬物而爲言 獨照神夷 永懷前古 將復五等 而 修舊制 建萬國以親諸侯 竊以漢魏以還 餘風之弊未盡 勛華[55]旣往 至公 之道斯乖 況晉氏失馭 寓縣崩離 後魏乘時 華夷雜處[56] 重以關河分阻 吳 楚懸隔 習文者 學長短從橫之術 習武者 盡干戈戰爭之心 畢爲狙詐之階 彌長澆浮之俗 開皇[57]在運 因藉外家驅御群英 任雄猜之數 坐移明運 非 克定之功 年踰二紀[58] 人不見德 及大業嗣立 世道交喪 一人一物 掃地將 盡 雖天縱神武 削平寇虐 兵威不息 勞止未康 自陛下仰順聖慈 嗣膺寶

曆 情深致理 綜覈前王 雖至道無名 言象所紀 略陳梗槪 實所庶幾

愛敬烝烝 勞而不倦 大舜之孝也 訪安內竪 親嘗御膳 文王之德也 每
憲司讞罪 尙書奏獄 大小必察 枉直咸擧 以斷趾之法 易大辟之刑 仁心
隱惻 貫徹幽顯 大禹之泣辜也 正色直言 虛心受納 不簡鄙訥 無棄芻蕘
帝堯之求諫也 弘獎名教 勸勵學徒 旣擢明經於靑紫 將升碩儒於卿相 聖
人之善誘也

群臣以宮中暑濕 寢饍或乖 請移御高明 營一小閣 遂惜十家之産 竟抑
子來之願[59] 不씀陰陽之感 以安卑陋之居 頃歲霜儉 普天饑饉 喪亂甫爾
倉廩空虛 聖情矜愍 勤加賑恤 竟無一人流離道路 猶且食惟藜藿 樂徹
簨簴[60] 言必悽動 貌成癯瘦 公旦[61]喜於重譯 文命[62]矜其卽敍 陛下每見
四夷款附 萬里歸仁 必退思進省 凝神動慮 恐妄勞中國以求遠方 不藉
萬古之英聲 以存一時之茂實 心切憂勞 志絶遊幸 每旦視朝 聽受無倦
智周於萬物 道濟於天下 罷朝之後 引進名臣 討論是非 備盡肝膈 惟及
政事 更無異辭 纔日昃 必命才學之士 賜以淸閒 高談典籍 雜以文詠 間
以玄言 乙夜忘疲 中宵不寐 此之四道 獨邁往初 斯實生民以來 一人而
已 弘玆風化 昭示四方 信可以朞月之間彌綸天壤 而淳粹尙阻 浮詭未
移 此由習之久 難以卒變 請待斲雕成器 以質代文 刑措之敎一行 登封
之禮云畢 然後定疆理之制 議山河之賞 未爲晩焉 易[63]稱 天地盈虛 與
時消息 況於人乎 美哉斯言也

中書舍人馬周又上疏曰 伏見詔書 令宗室勳賢 作鎭藩部 貽厥子孫 嗣
守其政 非有大故 無或黜免 臣竊惟陛下封植之者 誠愛之重之 欲其緖
裔承守 與國無疆 可使世官也 何則 以堯舜之父 猶有朱均[64]之子 況下
此以還 而欲以父取兒 恐失之遠矣 儻有孩童嗣職 萬一驕逸 則兆庶被
其殃 而國家受其敗 政欲絶之也 則子文之理[65]猶在 政欲留之也 而欒
黶[66]之惡已彰 與其毒害於見存之百姓 則寧使割恩於已亡之一臣 明矣
然則 嚮之所謂愛之者 乃適所以傷之也

臣謂宜賦以茅土 疇其戶邑 必有材行 隨器方授 則翰翮非强 亦可以
獲免尤累 昔漢光武不任功臣以吏事 所以終全其世者 良由得其術也 願
陛下深思其宜 使夫得奉大恩 而子孫終其福祿也

太宗竝嘉納其言 於是竟罷子弟及功臣世襲刺史

1) 呂后欲危劉氏(여후욕위유씨) : 여후가 유씨를 위태롭게 하고자 했다. 한
   (漢)나라 고조(高祖)인 유방(劉邦)의 비(妃) 여치(呂雉)는 혜제(惠帝)의
   어머니다. 유씨를 몰아내고 여씨(呂氏)의 천하를 만들려고 했다.

2) 荊王元景(형왕원경) : 당나라 고조(高祖)의 여섯째아들.

3) 吳王恪(오왕각) : 태종의 둘째아들.

4) 李百藥(이백약) : 자는 중규(重規). 정주(定州) 사람. 어렸을 때 병이 많아
   서 할머니 조씨(趙氏)가 백약으로 이름을 지었다. 시호는 강(康)이다.

5) 周過其數(주과기수) : 주나라는 그 수를 지났다. 옛날 주나라 성왕(成王)이
   도읍을 정할 때 점을 쳤는데 후세로 30대의 왕으로 7백년을 이어 간다고 했
   다. 주나라는 37명의 왕으로 867년을 이었으니 예상을 벗어났다는 것이다.

6) 秦不及期(진불급기) : 진(秦)나라는 기약에 미치지 못했다. 처음에 진시황
   이 2세, 3세에서 만세까지 이를 것이라고 했는데 뒤에 2세인 호해(胡亥)가
   피살되고 그의 아들 자영(子嬰)이 한나라에 항복하여 기약에 미치지 못했다.

7) 秦氏背師古之訓(진씨배사고지훈) : 진시황이 옛날의 교훈을 배신했다. 곧
   모든 일은 옛날의 법도에 따라야 하는데 진시황이 지키지 않은 것을 말한다.

8) 七廟墮祀(칠묘휴사) : 천자는 칠묘(七廟)를 모시고 제사를 지내는데 칠묘의
   제사가 무너졌다는 말은 제사가 끊어졌다는 말로 나라가 망했다는 뜻.

9) 魏武携養之資(위무휴양지자) : 위나라 무제는 양자의 자질이었다. 곧 조조
   (曹操)의 아버지가 한나라 중상시(中常侍) 조등(曹騰)의 양자로 간 것을 뜻
   한다. 조조의 아들 비(丕)가 한(漢)나라를 선양받아 위나라로 이름을 고치
   고 조조를 무황제(武皇帝)로 추존했다.

10) 漢高徒役之賤(한고도역지천) : 한(漢)나라 고조(高祖)는 날품을 팔았던
    천민 출신이라는 뜻.

11) 放勛重華(방훈중화) : 방훈은 요임금의 이름, 중화는 순임금의 이름이다. 훈
    (勛)은 훈(勳)과 같다.

12) 南征不返(남정불반) : 주나라 소왕(昭王)은 덕이 없었다. 남쪽 제우(濟于)
    를 순행할 때 한인(漢人)이 미워하여 아교로 붙인 배를 만들어 왕을 태웠다.
    배가 강 중간에 이르자 아교가 녹아내려 배가 부서져 왕이 물에 빠져 죽었다.

13) 東遷避逼(동천피핍) : 주(周)나라 유왕의 아들 의구(宜臼)가 평왕(平王)
    이 되어 동쪽 오랑캐를 피해 낙읍으로 수도를 옮긴 일을 말한다.

14) 距閏餘數終百六(거윤여수종백육) : 정수가 아닌 윤월에 이르러 106년 수
에 이르다. 106년의 수는 하늘의 운세가 일주하는 것의 윤달에 비유된다. 곧
정통적이 아니라는 뜻.

15) 啓誦(계송) : 우임금의 아들 계(啓)와 주(周)나라 무왕(武王)의 아들 송
(誦)을 말한다.

16) 李斯王綰(이사왕관) : 이사와 왕관은 진(秦)나라 때 승상. 사리(四履)를 제
후로 삼아서 사방에서 밟고 다닌 경계가 있었다.

17) 將閭子嬰(장여자영) : 장여는 진(秦)나라 공자(公子)인데 호해가 죽였다.
자영은 진시황의 손자로 조고(趙高)가 호해를 죽이고 세워 진왕(秦王)으로
삼았는데 뒤에 조고를 죽이고 한나라에 항복했다.

18) 千乘(천승) : 제후의 나라를 뜻한다. 수레 1천 대를 낼 수 있는 나라.

19) 五服之內(오복지내) : 오복은 전(甸)·후(侯)·수(綏)·요(要)·황(荒)을
뜻한다. 우하(虞夏)의 제도에 왕성(王城) 밖의 사방으로 각각 5백 리를 전
복(甸服), 전복 바깥의 5백 리를 후복(侯服), 후복 밖의 5백 리를 수복(綏
服), 수복 밖의 5백 리를 요복(要服), 요복 밖의 5백 리를 황복(荒服)이라 했
다. 주나라 에서는 오복을 구(九)로 나누었다.

20) 結繩之化(결승지화) : 끈을 매서 사용하는 문화. '주역' 대전(大傳)에 '상
고에는 결승으로 다스렸다〔上古結繩而治〕.' 라고 했다.

21) 象刑之典治劉曹之末(상형지전치유조지말) : 우서(虞書)에 '象以典刑' 이
라 했다. 떳떳한 법을 본받아 한(漢)나라와 위(魏)나라의 말대를 다스렸다
는 뜻. 유는 유방, 조는 조조.

22) 鍥船求劍(계선구검) : 배에 새겨 칼을 구하다. 각주구검(刻舟求劍)과 같다.

23) 膠柱成文(교주성문) : 기러기발을 아교로 붙여 놓고 거문고를 타다. 고지식
하여 조금의 변동도 없다는 뜻. 교주고슬(膠柱鼓瑟)과 같다.

24) 問鼎請隧(문정청수) : '문정'은 '춘추좌전' 선공(宣公) 3년조의, 초나라
장왕이 솥의 대소와 경중을 물으니 그 덕은 솥에 있지 않다고 대답한 이야기.
정(鼎)은 천자의 상징이었으므로 천자의 자리를 노렸던 것이다. '청수' 는
'춘추좌전' 희공(僖公) 25년조에 나온다. 진나라 문공이 주나라 양왕(襄王)
에게 왕법(王法)의 예로써 무덤을 파도록 허락해 달라고 하니 허락하지 않
은 일. 진문공은 제후였는데 왕법의 예를 말한 일은 예를 넘어선 것으로 주왕

실을 넘보았음을 보여 준다.

25) 白馬素車(백마소거) : 한나라 고조(高祖) 때 진왕(秦王) 자영(子嬰)이 백
마(白馬)에 소거(素車)를 타고 항복한 일.

26) 望夷之釁(망이지흔) : 망이궁에서 2세(二世)인 호해(胡亥)를 죽인 일.

27) 羿浞之災(예착지재) : 예는 후예(后羿) 유궁씨(有窮氏)이다. 예가 제위를
찬탈하자 제상(帝相)은 상구(商丘)로 옮겼다. 예는 사냥을 좋아했는데 한착
(寒浞)을 신용하였다. 한착이 뒤에 예를 죽이고 스스로 서서 황제가 되었다.
이때 예의 아내가 아들 오(奡)를 낳았고 오가 제상을 죽였다. 뒤에 하나라 귀
신(貴臣)들이 한착을 죽이고 오도 죽였다. 제상의 아들을 세워서 왕으로 삼
았는데 이가 소강(少康)이다.

28) 高貴之殃(고귀지앙) : 위(魏)나라 고귀향공(高貴鄕公)의 이름은 모(髦)
이며 문제(文帝)의 손자 명제(明帝)를 이어서 6년 동안 제위에 있었다. 사
마소(司馬昭)가 정권을 전횡하자 군사를 이끌고 사마소를 죽이려 했으나 패
하여 사마소의 무리에게 죽임을 당했다.

29) 申繒之酷(신증지혹) : 주나라 유왕(幽王)이 포사(褒姒)를 총애하여 신후
(申后)를 폐하고, 포사의 아들 백복(伯服)을 세우고 태자를 내쫓자, 신후(申
侯)가 화가 나서 아들 증(繒)과 함께 견융(犬戎)과 손잡고 여산 아래에서 유
왕을 죽인 고사.

30) 藩屛(번병) : 왕실을 수호하는 제후들.

31) 狐駘之役女子盡髽(호태지역여자진좌) : '춘추좌전' 양공(襄公) 4년에 나
온다. 주(邾)나라 사람과 거(莒)나라 사람이 증(鄫)나라를 정벌하였다. 노
나라의 장흘(臧紇)이 증나라를 구원하고 주나라를 정벌하다가 호태 땅에서
패하여 수많은 군사를 잃었는데 이때 노나라 여자들이 상사(喪事)를 맞아 복
머리를 했다. 좌는 복머리. 복상투. 머리에 상(喪)이 있음을 표시하는 것.

32) 殽陵之師隻輪不反(효릉지사척륜불반) : 효릉 지방의 전투에서 바퀴 하나
도 돌아오지 않았다. '공양전(公羊傳)'의 희공(僖公) 23년의 일. 진(晉)나
라 사람과 강융(姜戎)이 효릉 지방에서 진(秦)나라 군대에게 패한 일.

33) 陸士衡(육사형) : 이름은 기(機)이며 진(晉)나라 오군(吳郡) 사람이다.
'오등제후론(五等諸侯論)'이 있다.

34) 方規規然(방규규연) : 변변치 못한 소리. 그저 그런 말.

35) 嗣王委其九鼎(사왕위기구정) : 사왕은 주(周)나라 혜왕(惠王)과 양왕(襄王)과 도왕(悼王)을 말하고, 위기구정은 이 세 왕이 나라를 버리고 도망한 일을 이른다.

36) 凶族據其天邑(흉족거기천읍) : 흉족이 그 천읍에 웅거하다. 흉족은 왕자 퇴(王子頹), 왕자 대(王子帶), 왕자 조(王子朝)를 말한다. 기천읍은 세 왕자가 왕위를 빼앗은 일을 말한다.

37) 分竹(분죽) : 한(漢)나라 문제(文帝)가 군수(郡守)와 함께 동호부(銅虎符)를 만들었는데 군사를 일으킬 때 사신을 보내 군(郡)에 이르러 부절을 합해보고 명을 받았다. 옛날에 규장(圭璋)의 대용으로 대나무를 나누어서 썼다.

38) 呈祥(정상) : 상서로움이 나타나다. 전한(前漢) 때 황패(黃覇)가 영천태수(潁川太守)가 되었는데 정치를 아주 잘하여 가화(嘉禾)가 자라고 봉황이 모여들었다고 한다. 후한(後漢) 때 진팽(秦彭)이 영천태수가 되었는데 감로(甘露)와 가화(嘉禾)와 봉황의 상서로움이 있었다고 한다.

39) 父母(보모) : 보모(甫牡)라고 읽는다. 전한 때 소신신(邵信臣)이 하남태수(河南太守)가 되어 백성을 자식 같이 보아 호(號)를 소보(邵父)라 했다. 후한 때 두시(杜詩)가 남양(南陽)태수가 되어 정치를 맑고 평화롭게 하여 백성이 이르기를 '앞에는 소보(邵父)가 있고 뒤에는 두모(杜母)가 있다.' 고 했다.

40) 政比神明(정비신명) : 정치를 신명에 비교하다. 후한 때 맹상(孟嘗)이 합포(合浦)태수가 되었는데 군에서 생산되는 구슬을 이전 군수가 탐내 교지(交趾)로 옮겨서 사람들이 돈이 없었다. 맹상이 부임하여 앞의 폐단을 고쳐 구슬이 돌아오게 하자 백성이 생업으로 다시 돌아와 '신명(神明)' 이라고 말했다.

41) 曹元首(조원수) : 위(魏)나라 사람이다. '육대론(六代論)'을 올려서 조상(曹爽)을 깨닫게 하였다.

42) 方區區然(방구구연) : 변변치 못한 생각. 하찮은 생각. 겸손의 말.

43) 陳靈(진영) : 춘추 시대 진(陳)나라 영공(靈公). '좌전' 선공(宣公) 9년에 진영공이 공손녕(公孫寧)과 의행보(儀行父)와 함께 하희(夏姬)와 간통하였다. 10년에 영공이 두 사람과 함께 하희의 집에서 술을 마시는데 영공이 의행보에게 '하징서가 너를 닮았다.' 하자 행보가 대답하기를 '또한 임금을 닮았습니다.' 라고 했는데, 하희의 아들 징서(徵舒)가 그 소리를 듣고 괴로워하다 영공이 나오자 마구간에서 죽였다. 두 사람은 초나라로 도망갔다.

44) 父子聚麀(부자취우) : 부자가 암사슴을 취하다. 취우는 무례(無禮)하다는
말. 위(衛)나라 선공(宣公)이 아들 급(伋)의 아내를 취했는데 이 여자가 선
강(宣姜)이고 수(壽)와 삭(朔)을 낳았다. 삭과 선강이 급을 모함하여 선공
에게 급이 무섭다고 하자 선공이 급을 제(齊)로 보내며 자객을 먼저 보내 도
중에서 죽이라고 했다. 수가 이 사실을 알고 급에게 알려 도망가라고 하니 급
이 '임금의 명령이다. 도망가지 못한다.' 하였다. 수가 몰래 급의 깃발을 들고
먼저 가자 자객이 죽였다. 이 때 급이 도착하여 '임금의 명령이니 나를 죽여
라. 수가 무슨 죄가 있는가.' 하였다. 자객이 또 급을 죽였다. 나라 사람들이 슬
퍼하여 '이자승주(二子乘周)'의 시를 지었다. 수와 삭은 수와 급이 맞다.

45) 不入私門(불입사문) : 집으로 들이지 않다. 후한의 양병(楊秉)이 예장태수
가 되었는데 청렴하고 검소하여 날마다 계산하여 녹을 받고 나머지 봉급은
집으로 가져가지 않은 고사.

46) 妻子不之官舍(처자부지관사) : 처자가 관사에 가지 않다. 후한 때 하병(何
竝)이 영천태수가 되었는데 처자를 관사에 들어오지 못하게 했다는 고사.

47) 食不擧火(식불거화) : 음식은 화식이 없었다. 후한 때 좌웅(左雄)이 기주
자사(冀州刺史)가 되었는데 임기 동안 불을 피워 밥을 짓지 않고 항상 마른
밥만 먹었다고 한다.

48) 居惟飮水(거유음수) : 살면서 물만 마시다. 진(晉)나라 때 등유(鄧攸)가 오
군태수가 되어 쌀을 실어나르는 관직에 있으면서 물만 마셨다는 고사.

49) 弊布裹身(폐포과신) : 떨어진 베로 몸을 감싸다. 후한 때 양속(羊續)이 남
양태수가 되어서 항상 떨어진 옷과 맨밥을 먹었는데 처자가 간수한 재물은
떨어진 이불뿐이었다고 한다.

50) 凝塵生甑(응진생증) : 솥에 먼지가 쌓여 시루가 생기다. 후한 때 범단(范
丹)이 내무(萊蕪)현령이 되었는데 너무 청빈했다. 고을 사람들이 노래를 지
었는데 '甑中生塵范史雲 釜中生魚范萊蕪'라고 했다.

51) 次雎咸秩(차수함질) : 차수에서 예물을 다하다. '좌전' 희공 19년 송공(宋
公)이 주문공(邾文公)에게 증자(鄫子)를 차수(次雎)의 제사에 쓰라 했다.
수는 물 이름. 이 강이 변수(汴水)를 받아서 사(泗)로 들어가는데 요신(妖
神)이 있어서 동이(東夷)에서 제사를 지냈다. 증자는 작은 나라의 임금인데
죽여서 제물로 쓰는 것은 예가 아니라는 뜻.

52) 魯道有蕩(노도유탕) : '시경' 재구(載驅)편의 문장. '춘추'를 살펴보면 노
나라 장공(莊公)의 부인 강씨(姜氏 : 文姜)가 제후(齊侯)와 6번이나 만났
다. 제나라 사람들이 이 시를 지었는데 문강(文姜)이 제양공(齊襄公)을 만
나고 간 일을 풍자한 시이다.

53) 哀平(애평) : 서한(西漢)의 애제(哀帝)와 평제(平帝)는 원제(元帝)의 서
손(庶孫)들이다.

54) 東洛桓靈(동락환영) : 후한(後漢)이 낙양(洛陽)에 도읍하여 동락이라 한
다. 환제(桓帝)와 영제(靈帝)는 다 장제(章帝)의 현손(玄孫)이다.

55) 勛華(훈화) : 요임금인 방훈(放勳)과 순임금인 중화(重華).

56) 華夷雜處(화이잡처) : 중국과 이민족이 섞이다. 곧 후위(後魏)의 척발(拓
拔)씨는 본래 북적(北狄)인데 성을 원씨(元氏)로 고쳤다. 서진 후기 국력이
쇠약해지자 북위가 이 틈을 타 중원을 차지, 진왕조는 남쪽으로 쫓겨났고 북
방은 후위의 통치로 한족과 소수민족이 섞여 살게 되었다.

57) 開皇(개황) : 수(隋)나라 문제(文帝)의 연호.

58) 二紀(이기) : 1기는 12년을 이른다. 수나라 문제가 24년 동안 재위한 것을
뜻한다.

59) 子來之願(자래지원) : 자식이 부모의 일에 달려 오고자 하는 욕망.

60) 簴簴(순거) : 종(鍾)이나 북을 달아매는 기구로 여기에 달아매서 연주한다.
음악을 뜻한다.

61) 公旦(공단) : 주공(周公). 이름이 단(旦)이다.

62) 文命(문명) : '사기'에 우임금의 이름이라고 했다.

63) 易(역) : '주역' 풍괘(豊卦) 단전(彖傳)의 말.

64) 朱均(주균) : 요임금의 아들 단주(丹朱)와 순임금의 아들 상균(商均)을 말
하는데 둘 다 어리석었다고 한다.

65) 子文之理(자문지리) : 자문의 다스림. 자문은 초(楚)나라 재상으로 성은 투
(鬪)이고, 이름은 곡어토(穀於菟)이다. 그의 손자가 제나라 사신으로 나갔
다가 잘못을 범하자 사구(司寇)에게 용서를 구했다. 초나라 왕은 자문이 나
라를 다스린 공로가 있음을 생각하여 '자문에게 후손이 없으면 어찌 선을 권
하겠는가.' 하며 자문의 손자의 관직을 회복시켜 주었다.

66) 欒黶(난암) : 진(晉)나라 대부인 난무자(欒武子)의 아들이다.

정관정요 제4권
〔貞觀政要 第四卷 : 凡四篇〕

제9편 황태자와 여러 왕들의 본분
(論太子諸王定分第九 : 凡四章)

1. 둘째아들을 제주도독(齊州都督)으로 삼다

정관 7년에 오왕(吳王) 이각(李恪)을 제주도독(齊州都督)으로 제수하고 태종이 주위 신하들에게 말했다.

"아버지와 아들의 정이 어찌 항상 서로 보고자 아니하랴! 다만 집안 일과 국가의 일은 다르므로 모름지기 나가 변방에서 울타리 역할을 하게 하는 것이다. 또 일찍부터 정해진 분수가 있게 하여 분수가 아닌 것을 바라는 마음을 단절시켜 나의 백년 후에 그 형제들이 위태하고 망하는 근심도 없게 한 것이다."

貞觀七年 授吳王恪齊州都督 太宗謂侍臣曰 父子之情 豈不欲常相見耶 但家國事殊 須出作藩屛 且令其早有定分[1] 絶覬覦之心 我百年後 使其兄弟無危亡之患也

1) 定分(정분) : 정해진 분수. 정해진 직분.

2. 가난한 자는 검소함을 배우지 않는다

정관 11년에 시어사(侍御史) 마주(馬周)가 상소하였다.

"한(漢)나라와 진(晉)나라 이래로 모든 왕은 땅을 나눠 봉할 때 다 마땅함을 잃었고 미리 정해진 직분을 세우지 않아 멸망함에 이르렀습니다. 임금들은 그런 사실을 잘 알면서도 사사로운 정에 빠져, 앞 수레가 이미 전복되었는데도 뒤 따르는 수레가 그 자국을 따라가며 그것을 고치지 않았습니다.

지금 모든 왕은 매우 총애받는데 은혜가 지나치게 두터운 자도 있습니다. 신(臣)의 어리석은 생각으로는 그 은혜를 믿고 너무 교만하고 뽐내지 않을까 염려됩니다.

옛날에 위(魏)나라 무제(武帝)가 진사왕(陳思王 : 曹植)을 매우 총애했는데 문제(文帝)가 즉위하자 사왕을 가두고 드나들지 못하게 하여 옥에 갇힌 죄수와 같았습니다. 먼저의 임금이 너무 총애했기 때문에 뒤를 이은 왕이 두려워한 것입니다. 무제가 진사왕을 총애한 일이 마침내 진사왕에게 고통이 된 것입니다.

황제의 아들이 어찌 부귀하지 못함을 근심하겠습니까. 몸은 커다란 영지를 식읍으로 하고 봉호(封戶 : 식읍의 백성)가 적지 않으며 좋은 옷과 맛있는 음식 외에 다시 또 무엇을 바라는 것입니까? 해마다 특별히 넉넉한 하사품을 내려 주는 일이 끝이 없습니다.

세속의 말에 '가난할 때는 검소함을 배우지 않아도 되고 부자일 때는 사치를 배우지 않아도 된다.'라는 말이 있습니다. 이러한 것들은 자연스러운 일입니다.

지금 폐하께서는 대성인으로서 나라를 창업했는데 어찌 현재의 자제들 처리하는 일에서 다스림을 끝마치려 하십니까. 마땅히 오래도록 유지하는 법을 제정하여 만대까지 따라 행하게 하십시오."

상소가 아뢰지자 태종이 매우 아름답게 여기고 물건 100단을 하사하였다.

貞觀十一年 侍御史馬周上疏曰

漢晉以來 諸王皆爲樹置失宜 不預立定分 以至於滅亡 人主熟知其然 但溺於私愛 故前車旣覆 而後車不改轍也

今諸王承寵遇之 恩有過厚者 臣之愚慮 不惟慮其恃恩驕矜也 昔魏武帝寵樹陳思[1] 及文帝卽位 防守禁閉 有同獄囚 以先帝加恩太多 故嗣王從而畏之也 此則武帝之寵陳思 適所以苦之也 且帝子何患不富貴 身食大國 封戶不少 好衣美食之外 更何所須 而每年別加優賜 曾無紀極[2] 俚語[3]曰 貧不學儉 富不學奢者 言自然也

今陛下以大聖創業 豈惟處置見在子弟而已 當須制長久之法 使萬代
遵行 疏奏 太宗甚嘉之 賜物百段

1) 陳思(진사) : 위(魏)나라 무제(武帝 : 曹操)의 아들 식(植). 진사왕(陳思王)
   에 봉해졌는데 재능이 많아 무제의 총애를 받았다. 무제에게는 비(丕) 창(彰)
   식(植) 웅(熊)의 네 아들이 있었는데 비가 문제(文帝)가 되었다. 문제가 즉
   위하자 총애가 점점 약해지고 뒤에 오만해져 안향후(安鄕侯)로 폄하되었다.
2) 紀極(기극) : 끝까지. 마지막까지.
3) 俚語(이어) : 세속의 말. 곧 속담.

3. 재앙과 어지러움이 일어나는 근원을 제거하다

정관 13년에 간의대부 저수량이, 월마다 위왕(魏王) 이태(李
泰)의 궁에 특별히 하사되는 물품을 계산하니 황태자에게 가는
양보다 항상 많았다. 이에 저수량이 상소를 올려 간하였다.

"옛날에 성인(聖人)이 예절을 만들 때 맏아들은 높이고 차자
(次子 : 여러 아들)들은 낮췄습니다. 맏아들을 저군(儲君 : 황태
자)이라 불렀는데 도(道)는 임금에 버금가고 매우 높여 중요하
게 여겼습니다. 물건을 쓰더라도 계산하지 않고 돈과 재물을 임
금과 더불어 함께 하였습니다. 서자(庶子 : 次子)는 신분이 낮았
고 맏아들과 같이 나열되지 못했습니다. 미심쩍음이 점점 더하는
일을 막고 재앙과 어지러움이 일어나는 근원을 제거한 것입니다.

선왕(先王)들은 반드시 인정(人情)에 근본한 연후에 법을 제
정하였고 국가가 있으면 반드시 맏아들과 차자(次子)가 있다는
것을 알아 구별하였습니다.

여러 아들들을 비록 사랑할지라도 맏아들을 뛰어넘어서는 안
됩니다. 정체(正體 : 맏아들)는 특별히 존숭되어야 합니다. 정분
(定分)을 밝게 세우지 않으면 마땅히 친밀히 해야 할 사람은 멀
리하게 되고 당연히 높여야 할 사람은 비하하게 됩니다. 그러면
아첨하는 무리들이 기회를 틈타 움직이고 사사로운 은혜로써 공
적인 일을 해쳐서 혹은 나라가 어지러움에 이르게 됩니다.

엎드려 생각건대, 폐하의 공적은 모든 세월을 뛰어넘고 도(道)는 모든 왕(王)들에 으뜸하지만 호령(號令)을 발동하고 세상을 위하여 법을 만드느라 하루에도 만 가지 일을 처리하시니 혹은 아름답지 못한 사항이 있을 수 있습니다.

신은 간언 올리는 직책에 있으니 아무 말 없이 있을 수 없습니다.

은근히 저군(儲君)에게 공급되는 물건을 헤아려 보니 오히려 위왕(魏王)보다 적었습니다. 조정이나 재야에서 이 사실을 듣고는 옳지 않다고 했습니다.

신은 경전에서 들었는데 '자식을 사랑하면 의방(義方 : 자식을 가르치는 도리)으로써 가르쳐라.' 라고 했습니다. 충(忠)과 효(孝)와 공손과 검소를 '의방(義方)' 이라고 합니다.

옛날에 한(漢)나라의 두태후(竇太后)와 경제(景帝)가 함께 의방(義方)의 이치를 알지 못하고 교만방자한 양효왕(梁孝王)에게 40여 성을 봉해 주었습니다. 동산 둘레가 3백 리였고 궁실을 크게 짓고 여러 갈래 길로 멀리 바라다 보며 재물을 쌓아 거만(巨萬)의 돈꾸러미를 꿰어들고 날 때는 천자 행세를 했는데 조금이라도 뜻에 맞지 않은 일을 참지 못해 병이 나서 죽었습니다.

선제(宣帝) 또한 회양왕(淮陽王)을 사랑하여 교만방자하도록 만들었는데, 거의 패인(敗人)이 되어서야 물러나고 사양할 줄 아는 신하의 도움을 받아 겨우 재앙을 면했습니다.

위왕은 얼마전 새롭게 대궐을 나가 왕으로 봉해졌으니 바라건대 항상 예절로써 훈계하시고 사부를 잘 뽑아 그 성공과 실패를 보여 주게 하십시오. 절제와 검소로써 힘쓰게 하고 문학으로써 권장해서 오직 충성하고 오직 효도하게 하며 이에 덕으로써 이끌고 예로써 가지런히 하도록 장려하여 좋은 그릇으로 만드십시오.

이것이 이른바 성인(聖人)의 가르침으로 엄숙하게 하지 않아도 이루어지는 것입니다."

태종이 깊이 그의 말을 받아들였다.

貞觀十三年 諫議大夫褚遂良以每日[1]特給魏王泰府料物 有逾於皇太

子 上疏諫曰 昔聖人制禮 尊嫡卑庶 謂之儲君 道亞霄極 甚爲崇重 用物
不計 泉貨²⁾財帛 與王者共之 庶子體卑 不得爲例 所以塞嫌疑之漸 除
禍亂之源 而先王必本於人情 然後制法 知有國家 必有嫡庶 然庶子雖
愛 不得超越嫡子 正禮特須尊崇 如不能明立定分 遂使當親者疎 當尊
者卑 則佞巧之徒 承機而動 私恩害公 或至亂國

伏惟陛下功超萬古 道冠百王 發施號令 爲世作法 一日萬機 或未盡
美 臣職諫諍 無容靜默 伏見儲君料物 翻少魏王 朝野見聞 不以爲是 臣
聞傳曰 愛子敎以義方 忠孝恭儉 義方之謂 昔漢竇太后及景帝³⁾ 竝不識
義方之理 遂驕恣梁孝王⁴⁾ 封四十餘城 苑方三百里 大營宮室 複道彌望
積財鏹巨萬計 出警入蹕⁵⁾ 小不得意 發病而死 宣帝亦驕恣淮陽王⁶⁾ 幾
至於敗 賴其輔以退讓之臣 僅乃獲免

且魏王旣新出閣 伏願恒存禮訓 妙擇師傅 示其成敗 旣敦之以節儉 又
勸之以文學 惟忠惟孝 因而獎之道德齊禮⁷⁾ 乃爲良器 此所謂聖人之敎
不肅而成者也

太宗深納其言

1) 每日(매일) : 매월(每月)이 합당하다.
2) 泉貨(천화) : 화폐, 돈.
3) 竇太后及景帝(두태후급경제) : 두태후는 한(漢)나라 문제(文帝)의 후(后)
   이며 경제(景帝)와 양왕(梁王)을 낳았다.
4) 梁孝王(양효왕) : 이름은 무(武)이고 시호가 효(孝)이다. 경제의 동생.
5) 出警入蹕(출경입필) : 천자가 밖으로 나가는 것을 경(警)이라 하고 안으로
   들어오는 것을 필이라고 한다.
6) 淮陽王(회양왕) : 한나라 선제(宣帝)의 서자(庶子). 이름은 흠(欽)이고 시
   호는 헌(憲)이다.
7) 道德齊禮(도덕제례) : '논어' 위정편 '道之以德 齊之以禮 有恥且恪'의 뜻.

4. 신하들에게 국가의 시급한 일을 묻다

정관 16년에 태종이 주위 신하들에게 말했다.

"당금(當今 : 현재) 국가에서 최대의 급무는 무엇인가. 각자 생

각한 바를 말해 보라.”

상서우복야(尙書右僕射) 고사렴(高士廉)이 말했다.

“백성의 생활을 안정시키는 일이 가장 급한 일입니다.”

황문시랑(黃門侍郞) 유계(劉洎)가 말했다.

“사방의 이민족을 무마하는 일이 급무입니다.”

중서시랑(中書侍郞) 잠문본(岑文本)이 말했다.

“ ‘논어’에 이르기를 ‘위정자는 도덕으로써 백성을 이끌고 예절 바른 풍속으로써 백성을 통제한다’고 하였습니다. 이에 따른다면 바른 의를 일으키는 일이 급선무입니다.”

간의대부(諫議大夫) 저수량(褚遂良)이 말했다.

“오늘날은 사방의 백성이 모두 폐하의 덕을 우러러 사모하고 있으므로, 결코 못된 행동을 할 근심은 없습니다. 다만 태자와 그 밖의 왕에 대해서는 반드시 일정한 직분을 설정하셔야 합니다. 이 기회에 만대 후까지도 본보기가 될 만한 법을 정해 자손들에게 남기십시오. 이것이야말로 오늘날 최대 급선무라 생각합니다.”

태종이 말하였다.

“저수량의 말이 가장 옳다. 내 나이 이미 50을 바라본다. 어느새 육체와 기력(氣力)이 쇠함을 느낀다.

이미 장자인 승건(承乾)을 태자로 삼아 동궁(東宮)을 지키게 하고 있으나, 여러 아우들과 나머지 아들들이 40명이나 된다. 늘 마음 속으로 이들의 처우문제에 대해 걱정하고 있다. 예로부터 장자와 나머지 형제들 사이에 어진 것이 없었으니 어찌 일찍이 집안과 나라가 기울고 패망하지 않겠는가. 그대들은 짐을 위해 지혜 있고 덕이 뛰어난 인물을 찾아내 태자를 보좌하게 하고, 나아가 모든 왕들에게도 모두 적당한 인물을 구해 주기 바란다.

관원으로서 제왕(諸王)을 섬기는 자는 같은 인물이 오래 섬기게 해서는 안 된다. 오랜 세월을 섬기면 깊은 정분이 생길 수 있다. 뜻하지 않게 신분에 맞지 않는 야망을 가지게 되는 일은 이런 관계에서 많이 일어난다. 여러 왕부(王府)에 소속된 관원들은 한 사람이 4년을 넘기는 일이 없도록 하라.”

貞觀十六年 太宗謂侍臣曰 當今國家何事最急 各爲我言之

尙書右僕射高士廉[1]曰 養百姓最急 黃門侍郎劉洎曰 撫四夷急 中書侍郎岑文本曰 傳稱[2]道之以德 齊之以禮 義爲急 諫議大夫褚遂良曰 卽日四方仰德 不敢爲非 但太子諸王 須有定分 陛下宜爲萬代法 以遺子孫 此最當今日之急

太宗曰 此言是也 朕年將五十 已覺衰怠 旣以長子守器東宮[3] 諸弟及庶子數將四十 心常憂慮在此耳 但自古嫡庶無良 何嘗不傾敗家國 公等爲朕搜訪賢德 以輔儲宮 爰及諸王 咸求正士 且官人事王 不宜歲久 歲久則分義情深 非意闚覦[4] 多由此作 其王府[5]官寮 勿令過四考[6]

1) 高士廉(고사렴) : 이름은 검(儉). 사렴(士廉)은 자(字). 자로써 더 알려졌다. 도량이 넓었다. 진왕 초에 치중으로 천거되었고 진왕이 황태자가 되자 우서자(右庶子)를 제수받았다. 태종으로 즉위했을 때 이부상서(吏部尙書)가 되고 허국공(許國公)에 봉해졌다. 후에 복야(僕射)가 되고 태부(太傅)를 겸하고 중요한 업무를 관장했다. 태종 21년에 죽었다.

2) 傳稱(전칭) : '논어(論語)' 위정편(爲政篇)에 있는 말.

3) 守器東宮(수기동궁) : 수기는 '태자'와 같다. 동궁은 태자의 궁정. 우리 나라에서도 세자궁(世子宮)을 동궁이라 하였다.

4) 闚覦(규유) : 신분에 맞지 않은 야망을 품는 일.

5) 王府(왕부) : 제왕(諸王)의 관아(官衙).

6) 四考(사고) : 4년이라는 뜻. 고(考)는 벼슬아치의 성적을 조사하는 일. 상고(上古)에는 3년에 한 번씩 고(考)를 하였고, 후세에 와서는 1년에 1고(考)를 하였다. 따라서 4고(四考)는 4년과 같은 뜻으로 쓰였다.

제10편 스승 존경에 대해 논하다
(論尊敬師傳第十 : 凡六章)

1. 황태자가 스승에게 깍듯이 예를 다하였다

정관 3년에 태자소사(太子少師) 이강(李綱)이 다리에 병이 있어서 신을 신고 잘 걷지 못하였다.

태종이 보여(步輿)를 하사하고 삼위(三衛)에게 들어올리게 해서 동궁에 들어가게 하였다. 또 황태자에게 조서를 내려 전(殿) 위로 인도하고 친히 배알하게 하여 크게 존경하는 태도를 보였다.

이강이 태자를 위하여 임금과 신하와 아버지와 아들의 도리와 저녁의 문안이나 식사의 접대 방법을 강의하는데 이치가 순조롭고 말이 곧아서 듣는 자들이 지루함을 느끼지 않았다.

태자가 일찍이 옛날의 임금과 신하간에 있었던 이름난 가르침과 충성이나 절개를 다한 일들을 대략적으로 개괄해 달라고 했다.

이에 이강이 당당하게 말했다.

"'어린 임금을 맡아 백 리 땅을 섭정하여 다스리게 한다.'는 일을 옛 사람들은 어렵다고 했는데 이강은 아주 쉬운 일이라고 생각합니다."

토론하고 발언할 때에는 항상 모든 말과 안색이 강개하여 가히 의지를 빼앗지 못했다. 태자가 일찍이 우뚝 서서 공경히 예를 표하지 않음이 없었다.

貞觀三年 太子少師李綱[1]有脚疾 不堪踐履 太宗賜步輿[2] 令三衛[3]擧入東宮 詔皇太子引上殿 親拜之 大見崇重 綱爲太子陳君臣父子之道 問

寢侍膳之方[4] 理順辭直 聽者忘倦 太子嘗商略古來君臣名敎 竭忠盡節
之事 綱懍然[5]曰 託六尺之孤 寄百里之命 古人以爲難 綱以爲易 每吐論
發言 皆辭色慷慨 有不可奪之志 太子未嘗不聳然[6]禮敬

1) 李綱(이강) : 자는 문기(文紀). 처음 이름은 원(瑗)인데 장강(張綱)을 사모하
   여 이름을 고쳤다. 관주(觀州) 사람. 정관 5년에 죽었는데 시호는 정(貞)이다.
2) 步輿(보여) : 일종의 가마인 듯하다.
3) 三衛(삼위) : 당나라 동궁(東宮)의 직제에 6개의 부를 두었다. 이것을 상
   (上), 중(中), 하(下) 3등으로 구분하여 숙위(宿衛)의 일을 관장하게 했다.
   이것을 삼위라고 한다.
4) 問寢侍膳之方(문침시선지방) : 취침과 식사에 대한 예절 방법.
5) 懍然(늠연) : 풍채가 당당한 모양.
6) 聳然(용연) : 우뚝 솟은 모양. 우뚝 서 있는 모습.

2. 현명한 왕이나 성스런 군주가 왜 스승이 없겠는가

정관 6년에 조서를 내려 말했다.

"짐은 요사이 자주 경전(經典)이나 사서(史書)를 더듬어 본다.
현명한 왕이나 성스런 제왕에게 어찌 사부(師傅)가 없었으랴.

앞서 올린 안건들에서 삼사(三師)의 지위에 관한 내용을 보지
못하여 마음으로 옳지 않다고 생각했다. 무엇 때문에 그러한가?

황제(黃帝)는 대전(大顚)에게 배웠고 전욱(顓頊)은 녹도(錄
圖)에게 배웠고 요임금은 윤수(尹壽)에게 배웠고 순임금은 성소
(成昭)에게 배웠고 우임금은 서왕국(西王國)에게 배웠고 탕임
금은 위자백(威子伯)에게 배웠고 문왕은 자기(子期)에게 배웠
고 무왕은 괵숙(虢叔)에게 배웠다고 했다.

앞서의 성왕(聖王)들이 이러한 스승을 만나지 못했다면 공업
은 천하에 드러나지 않았을 것이며 명예는 서적(書籍)에 기록되
어 전하지 않았을 것이다.

하물며 짐은 모든 왕들의 끝을 이었고 지혜는 성인과 함께하지
못하고 사부도 없으니 어떻게 만백성에게 군림할 수 있겠는가?

'시경'에서도 '허물도 없고 실수도 없으니 옛 선왕의 법도를 따르라.'라고 이르지 않았는가? 배우지 않으면 옛 도에 밝지 못하게 되는데 이러고도 정치에 능숙해서 태평성세를 이룬 자는 없었다. 곧 법령을 만들어 삼사(三師)의 지위를 두겠다."

貞觀六年 詔曰 朕比尋討經史[1] 明王聖帝 曷嘗無師傅哉 前所進令遂
不親三師之位[2] 意將未可 何以然 黃帝學大顛 顓頊學錄圖 堯學尹壽 舜
學務成昭 禹學西王國 湯學威子伯 文王學子期 武王學虢叔[3] 前代聖王
未遭此師 則功業不著乎天下 名譽不傳乎載籍 況朕接百王之末 智不同
聖人 其無師傅 安可以臨兆民者哉 詩[4]不云乎 不愆不忘 率由舊章 夫
不學則不明古道 而能政致太平者 未之有也 可卽著令 置三師之位

1) 尋討經史(심토경사) : 경전과 사서(史書)를 더듬어 보다.
2) 三師之位(삼사지위) : 임금에게 자문해 주는 스승의 직책. 태사(太師)·태부 (太傅)·태보(太保).
3) 黃帝學~武王學虢叔(황제학~무왕학괵숙) : 유향(劉向)이 지은 '신서(新 序)'에 나오는 문장이다.
4) 詩(시) : '시경' 대아(大雅) 가락(假樂)편의 문장이다.

3. 교육에 따라 변화되는 보통 사람들

정관 8년에 태종이 주위 신하들에게 말했다.

"지혜가 뛰어난 성인 같은 사람은 스스로 악에 물들지 않는다. 다만 보통의 지혜를 가진 사람들은 항심이 없어서 교육에 따라 변한다. 이런 연유로 태자의 사보(師保 : 사부)는 옛부터 선택하기 어려웠다.

주(周)나라 성왕(成王)은 어렸을 때, 주공(周公)과 소공(召公)이 보부(保傅 : 사부)가 되고 좌우의 신하들이 다 현명하여, 날마다 바른 훈계를 듣고 인(仁)을 조장(助長)하고 덕을 쌓기에 충분하여 성군(聖君)이 된 것이다.

진(秦)나라 호해(胡亥)는 조고(趙高)를 스승으로 삼아 형법

(刑法)으로 교육을 받았다. 그 뒤 황제의 지위에 오르자 공신(功臣)들을 죽이고 친족을 살해했으며 혹독하고 포악한 일을 그치지 않아서 잠깐 돌아설 동안에 망했다.

그러므로 사람의 선과 악은, 가까워서 익숙한 자에게 영향받는다는 사실을 알 수 있다.

짐은 지금 태자와 모든 왕을 위해 사부를 정선해서 그의 법도를 보고 예의를 배워 부족한 점을 보충하게 할 것이다. 그대들은 정직하고 충실한 자를 찾아서 각각 두 세사람씩 천거하라."

貞觀八年 太宗謂侍臣曰 上智之人 自無所染 但中智之人無恒 從敎而變 況太子師保¹⁾ 古難其選 成王幼小 周召爲保傅²⁾ 左右皆賢 日聞雅訓 足以長仁益德 使爲聖君 秦之胡亥³⁾ 用趙高⁴⁾作傅 敎以刑法 及其嗣位 誅功臣 殺親族 酷暴不已 旋踵⁵⁾而亡 故知人之善惡 誠由近習 朕今爲太子諸王 精選師傅 令其式瞻禮度 有所裨益 公等可訪正直忠信者 各舉三兩人

1) 師保(사보) : 천자나 태자를 가르쳐 인도하는 사람. 스승. 사부.
2) 成王幼小周召爲保傅(성왕유소 주소위보부) : 성왕이 어렸을 때 소공석(召公奭)이 태부(太傅)가 되고 주공단(周公旦)이 태보(太保)가 되어 가르친 일. 보(保)는 신체를 보호하고 부(傅)는 덕의를 돕는 것을 뜻한다.
3) 胡亥(호해) : 진(秦)나라 시황의 둘째아들이며 조고의 계략으로 2대 황제가 되었다. 진이세(秦二世)라고도 한다. 조고는 호해를 옥사로써 가르쳤다. 호해는 즉위하자, 법을 엄하게 하고 형벌을 각박하게 하여 죄가 있는 자는 대신이거나 종친이거나 가리지 말라는 말과, 선왕의 측근을 제거하고 호해의 사람을 곁에 두라고 한 조고의 말을 시행하였다. 나중에 조고에게 시해당했다.
4) 趙高(조고) : 진(秦)나라의 환관. 옥법(獄法)과 사서(史書)에 능하고 기운이 세었다. 진시황이 죽자 승상 이사와 모략하여 조서를 고쳐 장자 부소(扶蘇)를 죽이고 차자 호해(胡亥)를 2세(二世)로 세워 승상이 되었는데 이사를 죽이고 2세마저 죽였다. 자영(子嬰)을 세웠는데 다시 자영을 죽이려하다 자영에게 삼족이 몰살당했다.
5) 旋踵(선종) : 뒤돌아보는 사이. 잠깐 동안.

4. 왕사(王師)를 두어 자제들을 엄하게 가르치다

정관 11년에 예부상서 왕규가 위왕(魏王) 태(泰)의 스승을 겸했는데 태종이 상서좌복야 방현령에게 말했다.

"옛부터 제왕의 아들은 깊은 궁궐 안에서 자라나 그가 성인(成人)이 되어서는 교만하고 방종하지 않은 자가 없었다. 이로써 기울고 뒤엎는 일이 서로 자주 일어나 스스로 구제한 자가 적었다.

나는 지금 자제들을 엄하게 가르쳐서 다 안전하게 하고자 한다.

왕규는 내가 오래도록 부려왔는데 매우 강직하고 마음속에는 충효가 있어 아들의 사부로 선택했다. 경은 태(泰)에게 '항상 왕규를 대면하면 내 얼굴을 보는 것 같이 하여 존경을 다하고 게으름 피우지 마라.'는 말을 전하라."

왕규가 또한 스승의 도로써 스스로 처신하여, 당시 사람들이 의논하기를 잘 한다고 평가하였다.

貞觀十一年 以禮部尙書王珪兼爲魏王師[1] 太宗謂尙書左僕射房玄齡曰 古來帝子生於深宮 及其成人 無不驕逸 是以傾覆相踵[2] 少能自濟 我今嚴教子弟 欲皆得安全 王珪我久驅使 甚知剛直 志存忠孝 選爲子師 卿宜語泰 每對王珪 如見我面 宜加尊敬 不得懈怠 珪亦以師道自處 時議[3]善之也

1) 師(사) : 당(唐)나라 시대에 황숙(皇叔)이나 황자(皇子)들을 위한 사(師)를 두어 훈도하고 잘못을 바로잡게 하였다.
2) 傾覆相踵(경복상종) : 기울어지고 뒤집히는 일이 서로 자주 있다.
3) 時議(시의) : 그 때 사람들의 의론.

5. '태자접삼사의주'를 편찬하게 하다

정관 17년에 태종이 사도 장손무기와 사공 방현령에게 말했다.

"삼사(三師)는 덕으로 태자를 가르쳐 인도하는 자들이다. 스승에 대한 예우가 낮으면 태자가 그를 따라 취하는 법도가 없을 것이다."

이에 조서를 내려 '태자접삼사의주(太子接三師儀注)'를 편찬하게 하였다.

태자는 궁궐문을 나와서 삼사를 맞이하고 먼저 삼사(三師)에게 절하며 삼사는 답배한다. 매번 문에서는 삼사에게 사양하고 삼사가 앉고 나서 태자가 앉는다. 삼사에게 글을 올릴 때는 이름 앞에 '황공하다'고 쓰고 이름 뒤에도 '황공하다'고 쓴 뒤 재배라고 한다.

貞觀十七年 太宗謂司徒長孫無忌 司空房玄齡曰 三師 以德道人者也 若師體卑 太子無所取則 於是詔令撰 太子接三師儀注[1] 太子出殿門迎 先拜三師 三師苔拜 每門讓三師 三師坐 太子乃坐 與三師書 前名惶恐 後名惶恐 再拜

1) 太子接三師儀注(태자접삼사의주) : 저서 이름. 태자가 삼사(三師)를 대하는 예절을 기록한 책.

6. 깊은 궁중에만 있으면 우환을 깨닫지 못한다

정관 18년에 고종(高宗)이 비로소 황태자가 되었다.

황태자는 어진이를 존경하지 않고 도를 중요하게 여기지 않았는데, 태종이 일찍부터 태자에게 태종의 침실 옆에 살게 하고 동궁으로 가지 못하게 하였다.

산기상시 유계가 상소를 올려 말했다.

"신은 들었습니다. 교외로 나가 사방에서 오는 제후들을 마중하는 일은 맹후(孟侯 : 세자)가 덕을 성취하는 길이며, 어른에게 삼양(三讓 : 3번 양보)을 배우는 일은 원량(元良 : 세자)이 이것으로 말미암아 바르게 되는 길이라 합니다.

이것은 다 제사를 주관하는 존엄한 몸을 굽혀 신분이 낮은 사람과 사귀는 의를 펴는 일로 신분이 미천한 사람의 말도 다 들을 수 있으니 임금이 사방으로 널리 통해서 들을 수 있습니다. 처마나 뜰을 나가지 않아도 앉아서 하늘과 땅의 이치를 알게 되니 이런 도를 따른다면 영원히 큰 사업의 기초를 확고히 하는 일이 됩니다.

만약 깊은 궁궐 안에서 태어나 부인의 손에 길러져 근심과 걱정을 알지 못하게 되면 '시경'의 국풍(國風)이나 경서(經書)를 말로 깨우쳐도 소용이 없습니다. 비록 신기한 꾀가 헤아릴 수 없을 정도이고 하늘이 나면서부터 알게 하였어도, 아직 알지 못하는 도리를 깨달아 실제로 시행해서 성공하는 일은 외부의 도움을 받아 성취되는 것입니다.

저 예악을 숭상하지 않고 이 시의 노래만 듣는다면 어찌 여러 물건을 분별하여 빛나게 하고 사람이 지켜야 할 도리를 살펴 규명하며 성인과 현인들을 엮어 고찰할 것이며 옥을 다듬듯 두루 배워 근본으로 만들 수 있겠습니까.

주(周)나라 태자였던 성왕(成王)은 뛰어난 사람인데도 태공망(太公望)과 소공석(召公奭)을 스승으로 모셔 너그러움을 더했습니다. 한(漢)나라의 대를 이은 혜제(惠帝)는 매우 어진 사람이었는데도 동원공(東園公)과 기리계(綺里季)를 끌어들여 덕을 밝혔습니다.

본래 태자는 종사(宗祀)에 매여 있어서 선과 악을 행하거나 흥하고 망하는 일들이 태자에게 달려 있으니 처음에 힘쓰지 않으면 나중에 후회하게 됩니다. 이로써 한(漢)나라 조착(鼂錯)이 상서를 올려 정치의 술이 통하도록 했고, 가의(賈誼)가 계책을 올려 예교(禮敎)를 아는 일에 힘쓰도록 한 것입니다.

황태자를 자세히 관찰해 보면 사랑스럽고 너그러우며 뛰어난 점이 있으며 문장도 일찍부터 널리 알려졌습니다. 또 공명하고 진실하고 독실하고 성의 있는 아름다움과 효도하고 우애하고 인자하고 의로운 태도가 있습니다. 이것들은 다 타고난 성품에서 우러나온 모습이고 배워서 깨달은 것은 아닙니다.

이 때문에 중화(中華 : 중국)나 이민족 사이에서 덕을 우러르며 새나 물고기도 새로운 바람을 바라고 있습니다.

이런 상황인데 태자에게 침실에서 문안하고 음식 올리는 일을 살피게 하여 하루 3번 문안 인사를 드리도록 하고 계십니다. 예궁

(藝宮)에서는 도를 논하고 시서예악(詩書禮樂)을 넓히는 것이 마땅한 일입니다.

비록 태자의 나이가 어리고 자신을 꾸미는 모습이 점점 나아지지만, 세월은 쉽게 흘러가는 것인데 업에 태만하여 꾸지람이 있어서 적당히 편안함만 취할까 두렵습니다.

여기에 비롯해서 말씀드리겠습니다. 신은 우둔하고 생각이 짧은데 요행히 시종으로 참여했습니다. 생각을 넓혀 밝음을 얻어 짧은 말도 관철하여 들어주시기를 원합니다. 감히 옛 일을 왜곡하여 나열하지 않고 거룩한 덕으로써 말씀하시기를 간절히 청합니다.

엎드려 생각건대, 폐하께서는 크게 슬기로워 하늘이 도모한 명을 받고 제위에 올라 많은 일을 겪었으며 재주도 많고 재능도 많아 도를 바른 때에 나타내, 진실로 문무가 뛰어나 공업을 이뤄 국가를 이어 성공시키셨습니다.

모든 나라에 다 전파되어 중국의 천하가 잘 다스려지고 편안해졌으므로 쉬어야 하는데도 쉬지 않고 날마다 하루하루를 삼가고 계십니다. 특이한 것을 들으면 그것을 태고에서 구하고 슬기로운 생각은 그 해에 사용하셨습니다. 밤늦도록 책을 보는 일은 한(漢)나라 광무제보다 뛰어나고, 말 위에서 책을 펴는 부지런함은 위(魏)나라 문제(文帝)보다도 넘치십니다.

폐하께서 스스로 노력하는 모습이 이와 같은데 태자에게는 한가롭게 날을 허비하게 하고 책을 읽히지 않으시니, 신이 이해하지 못하는 첫번째입니다.

폐하께서 잠깐 중요한 일을 물리치고 곧 미사여구를 꾸며 생각이 천문(天文)에 얽히면 은하수가 활집처럼 빛을 감춥니다. 또 그 아름다운 말을 편지에 펴시면 떠도는 구름이 채색을 이루는 것과 같습니다. 진실로 만대(萬代)를 치수(錙銖)로 삼고 모든 왕이 관으로 삼을 것이며 굴원(屈原)이나 송옥(宋玉)이 족히 당(堂)에 오르지 못할 것이며 종요(鍾繇)와 장지(張芝)가 어찌 계단을 통해 집안으로 들어오겠습니까?

폐하께서 스스로 좋아하시는 일이 이와 같은데 태자에게는 유연하게 고요히 처신하라 하여 서적을 살피지 못하게 하시는 것은, 신이 이해하지 못하는 두번째입니다.

폐하께서는 많은 신묘함을 깨우쳐 몸에 갖추고 홀로 천하에서 빼어난데도 오히려 그 총명을 어둡다고 하며 고개 숙여 일반상식을 물으시고, 조회를 듣는 사이에 관료들을 불러들여 보며 따스한 얼굴빛으로 지금과 옛날의 일들을 물으셨습니다. 그러므로 조정에서 옳고 그른 것과 마을에서 좋고 나쁜 것을 얻으면 크거나 작거나 반드시 듣고 관계하셨습니다.

폐하께서 스스로 행하는 행동은 이와 같은데 태자에게는 오래도록 쫓아서 모시게 하여 바른 사람들을 가까이하지 못하게 하시는 일은, 신이 이해하지 못하는 세번째입니다.

폐하께서 만약 보탬이 되지 않는다고 이르신다면 어찌 이 일로 정신을 수고롭게 하십니까. 만약 성취하는 것이 있다고 이르신다면 마땅히 그 자손을 위하여 펼치셔야 합니다. 가볍게 여겨 서두르지 않으시니 옳음을 알지 못하겠습니다.

엎드려 원하옵니다. 밝은 모범을 옮겨서 교훈이 황태자에게 이르게 하고 좋은 책을 주어 반가운 손님을 즐겁게 해 주게 하십시오.

아침에는 경서와 사서를 펼쳐 옛 사람의 역사에서 성공과 실패를 살피게 하고 저녁에는 빈객과 벗을 접대하며 당대의 얻고 잃음을 묻게 하십시오.

편지로써 간여하고 시와 문장으로 계속하여 날마다 듣지 못한 것을 듣게 하고 날마다 보지 못한 것을 보게 하시면 덕은 더욱 빛날 것이니 이것은 모든 생명의 복입니다.

은근히 어진 태자빈을 간택하시되 두루 중국 전체에서 구하셨습니다. 오직 성지(聖旨 : 천자의 뜻)를 우러러보면 태자빈 간택은 본래 태자궁 안의 살림을 맡을 사람을 구하는 것으로 적게는 여색에 빠지는 일을 막고 멀리는 사람 구하는 일에 신중을 기하기를 바라는 것입니다. 이 생각은 신하가 아는 바입니다.

인재를 구해 선발하는 데 이르면 초빙하는 일이 태자빈을 맞는 사정과 다릅니다. 태자로 책봉된 지 2년이나 되었지만 한 사람의 선비도 가까이하지 못했습니다.

신의 어리석은 생각으로는 안으로 빈을 맞는 일을 저렇듯 선중하게 하셨으면 밖으로 뛰어난 인재 구하는 일도 또한 그렇게 하는 것이 마땅하다고 말씀드립니다. 물의(物議)를 일으켜 폐하께서는 안의 일에는 신중하고 밖의 정무에는 경박하시다는 말을 들을까 두렵습니다.

옛날의 태자는 안부만 묻고 물러갔는데 이것은 임금과 아버지를 널리 공경하게 한 것이며, 궁궐을 다르게 거처했는데 이것은 혐의를 분별한 것이었습니다. 지금의 태자는 한결같이 천자를 모시고 열흘이나 한 달만에 옮겨가니 사부 이하는 접견할 수가 없습니다. 가령 천자를 호종하다 틈이 있어 잠시 동궁으로 돌아가도 배알할 기회가 드물고 또 일에 따른 기거동작을 바르게 간할 틈이 없습니다.

폐하께서는 친히 가르치지 못하시고 궁 안의 벼슬아치들은 의견을 아뢰지 않고 있습니다. 비록 갖추어진 벼슬아치가 있더라도 장차 무슨 보탬이 되겠습니까?

엎드려 원하오니, 앞의 좋은 전례를 따르고 자식에게 흐르는 정을 억제하여, 원대한 법규를 확대하게 하시고 또한 스승을 대하고 벗을 사귀며 의를 펴게 해 주십시오.

아름다움을 펼쳐 능히 뛰어날 것이며 제왕의 계획이 이에 넓어질 것이니, 백성 가운데 누가 경사로움에 힘입지 않겠습니까?

태자께서 온량하고 공검하며 총명하고 슬기로운 것은 온 천하가 다 아는 사실로 신이 어찌 알지 못하겠습니까? 얕은 지식으로 열심히 소임을 다하여 어리석은 충성으로 힘쓸 것을 생각하며 사방의 바다가 더욱 윤택해지고 해와 달이 더욱 빛나기를 기원합니다."

태종은 이 상소문을 보고 유계와 잠문본과 마주에게 날을 번갈아 가며 동궁으로 가서 황태자와 더불어 담론(談論)하라고 명령하였다.

貞觀十八年 高宗初立爲皇太子[1] 尙未尊賢重道 太宗又嘗令太子居

寢殿之側²⁾ 絶不往東宮 散騎常侍劉洎上書曰

臣聞郊迎四方 孟侯³⁾所以成德 齒學三讓 元良由是作貞⁴⁾ 斯皆屈主祀之尊 申下交之義 故得芻言咸薦 睿聞旁通 不出軒庭 坐知天壤 率由玆道 永固鴻基⁵⁾者焉 至若生乎深宮之中 長乎婦人之手 未曾識憂懼 無由曉風雅 雖復神機不測 天縱生知 而開物成務 終由外獎 匪夫崇彼干籥⁶⁾ 聽玆謠頌 何以辨章庶類 甄覈彝倫 歷考聖賢 咸資琢玉⁷⁾ 是故周儲⁸⁾上哲 師望奭⁹⁾而加裕 漢嗣¹⁰⁾深仁 引園綺¹¹⁾而昭德 原夫太子 宗祧是繫 善惡之際 興亡斯在 不勤于始 將悔于終 是以晁錯¹²⁾上書 令通政術 賈誼¹³⁾獻策 務知禮教

竊惟皇太子 玉裕挺生 金聲夙振¹⁴⁾ 明允篤誠之美 孝友仁義之方 皆挺自天姿 非勞審諭 固以華夷仰德 翔泳¹⁵⁾希風矣 然則寢門視膳 已表於三朝¹⁶⁾ 藝宮論道 宜弘於四術¹⁷⁾ 雖富於春秋 飭躬有漸 實恐歲月易往 墮業興譏 取適晏安 言從此始 臣以愚短 幸參侍從 思廣儲明 暫願聞徹 不敢曲陳故事 切請以聖德言之

伏惟陛下 誕叡膺圖 登庸歷試 多才多藝 道著於匡時 允文允武 功成於纂祀 萬方卽叙 九圍淸晏¹⁸⁾ 尙且雖休勿休 日愼一日 求異聞於振古 勞叡思於當年 乙夜觀書 事高漢帝¹⁹⁾ 馬上披卷 勤過魏王²⁰⁾ 陛下自勵如此 而令太子優游棄日 不習圖書 臣所未諭 一也 加以暫屛機務 卽寓雕蟲²¹⁾ 紆寶思於天文 則長河韜映 摛玉華於仙札 則流霞成彩 固以錙銖²²⁾萬代 冠冕百王 屈宋²³⁾不足以升堂 鍾張²⁴⁾何階於入室 陛下自好如此 而太子悠然靜處 不尋篇翰 臣所未諭 二也 陛下備該衆妙 獨秀寰中 猶晦天聰 俯詢凡識 聽朝之隟 引見群官 降以溫顔 訪以今古 故得朝廷是非 閭里好惡 凡有巨細 必關聞聽 陛下自行如此 而令太子久趨入侍 不接正人 臣所未諭 三也 陛下若謂無益 則何事勞神 若謂有成 則宜申貽厥²⁵⁾ 蔑而不急 未見其可

伏願俯推叙範 訓及儲君 授以良書 娛之嘉客 朝披經史 觀成敗於前蹤²⁶⁾ 晚接賓遊 訪得失於當代 間以書札 繼以篇章 則日聞所未聞 日見所未見 副德愈光 群生之福也 竊以良娣之選 徧於中國 仰惟聖旨 本求典內 冀防微愼遠 慮臣下所知 曁乎徵簡人物 則與聘納相違 監撫二周²⁷⁾ 未近一士 愚謂內旣如彼 外亦宜然者 恐招物議 謂陛下重內而輕外也 古之

太子 問安而退 所以廣敬於君父 異宮而處 所以分別於嫌疑 今太子一侍
天閣 動移旬朔 師傅已下 無由接見 假令供奉有隙 暫還東朝 拜謁旣疎
且事俯仰 規諫之道 固所未暇 陛下不可以親敎 宮寀[28]無因以進言 雖有
具寮 竟將何補

　伏願俯循前蹤 稍抑下流 弘遠大之規 展師友之義 則離徽克茂 帝圖
斯廣 凡在黎元 孰不慶賴 太子溫良恭儉 聰明叡哲 含靈所悉 臣豈不知
而淺識勤勤 思効愚忠者 願滄溟[29]益潤 日月增華也

　太宗乃令泊與岑文本馬周 遞日往東宮 與皇太子談論

1) 皇太子(황태자) : 정관 17년 4월에 진왕(晉王) 이치(李治)를 황태자로 봉
　했다. 이 사람이 훗날 고종(高宗)이 되었다.

2) 寢殿之側(침전지측) : 왕의 침실 옆. 곧 왕이 기거(起居)하는 궁궐 옆.

3) 孟侯(맹후) : 제후의 으뜸되는 사람. 여기서는 태자를 가리킨다.

4) 齒學三讓元良由是作貞(치학삼양원량유시작정) : 어른에게 3번 사양하는 예
　절을 배워 원량이 이로 말미암아 바르게 되다. 문왕이 세자였을 때 한 가지 사
　물에 대한 행동으로 3가지 선함을 다 얻었는데 어른에게 배우는 것을 말한다.

5) 鴻基(홍기) : 큰 사업의 기초.

6) 干籥(간약) : 간은 간무(干舞)를 말하며 방패를 쥐고 추는 춤. 우임금이 시
　작한 무악(舞樂). 약은 대나무로 만들었는데 구멍이 셋이고 길이는 3자 이며
　모든 소리를 화합시킨다. 약을 잡고 추는 무악을 말한다. 간약은 곧 예악(禮
　樂)의 뜻.

7) 琢玉(탁옥) : '예기' 학기(學記)편에 '玉不琢 不成器 人不學 不知道' 라고
　했다. 곧 옥은 갈아야 그릇을 만들 수 있듯이 사람은 배워야 한다는 뜻.

8) 周儲(주저) : 주(周)나라 태자였던 성왕(成王).

9) 望奭(망석) : 주(周)나라의 태공망과 소공석.

10) 漢嗣(한사) : 한나라 혜제(惠帝) 영(盈)을 말한다.

11) 園綺(원기) : 동원공(東園公)과 기리계(綺里季)로 상산사호를 일컫는다.

12) 鼂錯(조착) : 한(漢)나라 문제(文帝) 때 태자사인(太子舍人)이 되었다 박
　사로 옮겼다.

13) 賈誼(가의) : 낙양 사람. 한나라 문제 때 양회왕(梁懷王)의 스승이 되었다.

14) 金聲凤振(금성숙진) : 문장을 일찍부터 떨치다.

15) 翔泳(상영) : 새와 물고기를 뜻한다.

16) 三朝(삼조) : 내조(內朝), 치조(治朝), 외조(外朝)의 뜻. 내조는 천자가 휴식하는 곳. 치조는 천자가 정사보는 곳. 외조는 군신이 회의하는 곳.

17) 四術(사술) : 시(詩), 서(書), 예(禮), 악(樂).

18) 九圍淸晏(구위청안) : 구주(九州)가 잘 다스려져 안온하다.

19) 漢帝(한제) : 한나라의 광무제를 말한다. 한나라 광무제가 한밤중까지 경서를 강독했다.

20) 魏王(위왕) : 위나라 문제(文帝)를 말한다. 위나라 문제는 군막에 있을 때도 손에서 책을 놓지 않았다.

21) 雕蟲(조충) : 미사여구를 꾸미는 기교

22) 錙銖(치수) : 기장 10알의 무게를 주(絫)라 하고, 주의 10배가 수(銖)이며, 수의 10배가 치(錙)이다.

23) 屈宋(굴송) : 초(楚)나라 굴원(屈原)과 그의 제자인 송옥(宋玉)을 말한다. 굴원은 이름이 평(平)이고 초나라 회왕(懷王) 때 대부(大夫)가 되었고 '이소경(離騷經)'을 지었으며 사부(詞賦)의 조(祖)가 되었다. 송옥은 초나라 대부인데 사부를 잘한 것으로 이름이 났다.

24) 鍾張(종장) : 종요(鍾繇)와 장지(張芝). 종요의 자는 원상(元常)이고 위 태위(魏太尉)이며 초서를 잘 썼다. 장지는 자가 백영(伯英)이고 후한(後漢)의 태위(太尉)로 당시에 초성(草聖)이라고 일컬었다.

25) 貽厥(이궐) : '시경' 대아(大雅)의 문왕위성(文王威聲)편에 '그 자손에게 좋은 과업 물려 주다〔貽厥孫謀〕'라고 한 것을 말한다.

26) 前蹤(전종) : 옛 사람의 행적. 발자취. 전례. 전적.

27) 監撫二周(감무이주) : 감무는 감국무군(監國撫軍)의 준말로 태자(太子)의 지위를 말한다. 태자의 지위에 오른 지 2년 동안 이라는 뜻.

28) 宮寀(궁채) : 궁의 벼슬아치.

29) 滄溟(창명) : 창해(滄海)의 뜻.

제11편 황태자와 모든 왕을 가르치다
(論敎戒太子諸王第十一 : 凡七章)

1. 지극한 간언으로 태자를 보좌하라

정관 7년에 태종이 태자좌서자(太子左庶子) 우지영(于志寧)과 두정륜(杜正倫)에게 말했다.

"그대들은 태자를 도와 인도하면서 항상 백성에게 이로운 일과 해로운 일을 들어서 설명하라.

짐은 나이 18세 때 백성 사이에 있으면서 백성의 어려운 사정을 익숙하게 알았다. 제왕의 지위에 올라서 항상 그 사정을 헤아려 처리했지만 혹 어긋나고 가벼이 하는 때가 있어 사람들의 간언(諫言)을 얻고 비로소 깨달았다. 만약 충성으로 간하는 말이 없었다면 어떻게 좋은 일을 얻어 행할 수 있었겠는가?

하물며 태자는 깊은 궁궐 안에서 태어나고 자라나 백성의 어려운 사정을 전혀 듣지도 보지도 못했지 않은가!

군주에게는 나라의 안위가 달려 있으므로 문득 교만해지고 방자해지면 안 된다.

다만 칙서를 내서 이르기를 '간하는 자가 있으면 곧 참수하겠다.'고 했다는데 이런 일을 천하의 선비나 서인들이 안다면 감히 다시는 곧은말을 하지 않을 것이다. 그러므로 자신을 다하여 힘써서 간하고 다투는 일을 그대들에게 용납할 것이다.

그대들은 항상 이러한 뜻을 가지고 태자와 함께 이야기하도록 하라. 매양 보는 것이 옳은 일이 아닐 수도 있으니 마땅히 지극한 말과 간절한 간언으로 보탬이 있도록 하라."

貞觀七年 太宗謂太子左庶子于志寧[1]杜正倫曰 卿等輔導太子 常須
爲說百姓間利害事 朕年十八 猶在人間 百姓艱難 無不諳練[2] 及居帝位
每商量處置 或時有乖疎 得人諫諍 方始覺悟 若無忠諫者爲說 何由行
得好事 況太子生長深宮 百姓艱難 都不聞見乎 且人主安危所繫 不可
輒爲驕縱 但出敕云 有諫者卽斬 必知天下士庶 無敢更發直言 故克己
勵精 容納諫諍 卿等常須以此意 共其談說 每見有不是事 宜極言切諫
令有所裨益也

1) 于志寧(우지영) : 자는 중밀(仲謐)이고, 경조(京兆) 사람이다. 정관 3년에
   중서시랑(中書侍郞)이 되고 좌서자(左庶子)로 옮겼으며 태자첨사(太子詹
   事)도 겸했다. 진왕(晉王)이 황태자가 되자 다시 좌서자로 배수되었다.
2) 諳練(암련) : 익숙하게 알다.

2. 사물을 접할 때마다 반드시 가르치다

정관 18년에 태종이 주위 신하들에게 말했다.

"옛날에는 태교를 시킨 세자(世子)가 있었다는데 짐은 그럴 여
유가 없었다. 다만 요사이 스스로 태자를 세운 뒤부터 사물을 접
할 때마다 반드시 가르쳐 깨우치는 것이 있어야겠다고 생각했다.

태자가 음식을 대하고 장차 먹으려 할 때 '너는 밥의 내력을 아
느냐.' 라고 물었더니, 태자가 '알지 못합니다.' 라고 답하여 '곡식
을 심고 거두는 일은 무척 어려운 일이다. 다 사람의 힘을 쏟아야
하며 그 적당한 때를 빼앗지 않아야 항상 이 밥이 있는 것이다.'
라고 깨우쳐 주었다.

태자가 말을 타는 모습을 보고 '너는 말에 대하여 아는 것이 있
느냐.' 라고 묻자 대답하기를 '알지 못합니다.' 라고 하기에 '사람
들의 수고로움을 대신해 주는 동물이다. 때로는 덜어 주고 쉬게
해 주어 그 힘을 다하게 하지 않아야 항상 말을 탈 수 있다.' 라고
알려 주었다.

태자가 배를 타는 것을 보고 '너는 배에 대해서 아는 것이 있느
냐.' 라고 하자 '알지 못합니다.' 라고 대답하기에 '배는 임금에 비

교할 수 있고 물은 백성에 비교할 수 있다. 물은 배를 뜨게 하고
또한 배를 전복시키기도 한다. 너는 바야흐로 임금이 될 텐데 이
런 것을 두려워하지 않을 수 있겠느냐?' 라고 말하였다.

어느 때 태자가 굽어 휘어진 나무 아래에서 휴식하는 것을 보
고 '너는 이 나무에 대해서 아는 것이 있느냐?' 라고 하자 '알지
못합니다.' 라고 대답하기에 '이 나무는 비록 굽었으나 먹줄을 얻
으면 바르게 된다. 군주가 되어서 비록 도가 없을지라도 간언을
받아들일 줄 알면 성스러워진다. 이것은 은나라 때 부열(傅說)이
한 말이니 스스로의 거울로 삼아라.' 라고 가르쳐 주었다."

貞觀十八年 太宗謂侍臣曰 古有胎敎世子[1] 朕則不暇 但近自建立太子
遇物必有誨諭 見其臨食將飯 謂曰 汝知飯乎 對曰 不知 曰 凡稼穡艱難
皆出人力 不奪其時 常有此飯 見其乘馬 又謂曰 汝知馬乎 對曰 不知 曰
能代人勞苦者也 以時消息 不盡其力 則可以常有馬也 見其乘舟 又謂曰
汝知舟乎 對曰 不知 曰 舟所以比人君 水所以比黎庶 水能載舟 亦能覆舟
爾方爲人主 可不畏懼 見其休於曲木之下 又謂曰 汝知此樹乎 對曰 不知
曰 此木雖曲 得繩則正 爲人君雖無道 受諫則聖 此傅說[2]所言 可以自鑒

1) 胎敎世子(태교세자) : 태교한 세자. 주(周)나라 문왕(文王)의 어머니 태임
　(太妊)이 문왕을 임신하여 태교한 일을 말하며 자세한 내용이 '열녀전'에 기
　록되어 있다.
2) 傅說(부열) : '서경' 상서(商書)에 "부열이 고종(高宗)에게 고하기를 '나
　무는 먹줄을 따라서 바르게 되고 군주는 간언에 따라서 성스러워집니다.' 라
　고 했다."고 적혀 있다.

3. 자고제후왕선악록(自古諸侯王善惡錄)을 짓게 하다
정관 7년에 태종이 시중 위징에게 말했다.

"옛날부터 후왕(侯王 : 군주)이 능히 스스로 보전한 자는 매우
적었다. 이것은 모두 부귀한 환경에서 나고 자라면서 교만해지고
편안함에 안주하기를 좋아하고, 군자와 친하고 소인을 멀리하는

일을 이해하지 못했기 때문이다. 짐은 자제들이 옛 사람들의 말이나 과거의 행적을 보고 그것을 규범으로 삼기를 바란다.”

그리고 위징에게 명하여 옛날부터 제왕(帝王)의 자제들이 성공하고 실패한 일을 기록하게 하여, ‘자고제후왕선악록(自古諸侯王善惡錄)’이라고 이름지어 만들어 모든 왕들에게 하사하였다.

위징이 그 서문(序文)을 썼다.

“기약하여 하늘의 명을 받아서 제위에 올라 천하를 다스린 왕들을 살펴보면 모두 가까운 친척들을 세워서 왕실을 수호했는데 그 널려 있는 계책들을 얻어서 말씀드립니다.

황제헌원(黃帝軒轅)씨는 25명의 자식에게 분배하고 순임금은 팔원(八元)과 팔개(八凱)의 16종족을 등용한 일에서 주(周)나라와 한(漢)나라를 거치고 진(陳)나라와 수(隋)나라에 이르기까지 산하(山河)를 나누어 봉함으로써 크게 튼튼한 터전을 만든 왕이 많았습니다.

혹은 왕가(王家)를 편안하게 다스리고 때와 함께 오르고 내렸으며 혹은 그 봉토를 잃어 제사조차 지내지 못하고 소멸되었습니다.

그 융성하고 쇠퇴한 일을 고찰하고 그의 흥하고 멸망한 일을 살펴보면 공로가 이루어지고 명예가 선 것은 다 처음 봉해진 임금에게 바탕합니다. 나라를 잃고 자신을 망친 일은 많이 선대를 계승한 임금에게서 생겼습니다. 그 까닭은 무엇이겠습니까?

처음 봉작을 받은 임금은 때마다 어둡고 암울한 세상을 만나 왕업(王業)의 어려움을 보아왔고 아버지나 형들이 근심하고 괴로워한 일을 알았습니다. 이로써 자신이 위에 있을 때는 교만하지 않았고 밤낮으로 게으르지 않았습니다. 혹 초나라 원왕(元王)은 단술을 베풀어 어진이를 구하였고 혹은 주공(周公)처럼 먹던 밥을 토해내고 선비를 접대한 왕도 있었습니다. 그러므로 충성스런 말은 귀에 거슬리더라도 달게 받아들여 백성의 환심을 얻었습니다.

땅에 심는 것은 덕이 살아 생전에 이루어지고 끼친 핏줄은 사람이 자신이 죽은 뒤에 남는 것입니다. 자손들이 대를 이어받음에 이르러서는 주로 융성하고 편안한 세상을 이어 깊은 궁중 안에서 태어나고 부인의 손에서 자라나 높고 위태한 것으로 근심과 두려움을 삼지 못하였으니, 어찌 농사짓는 어려움을 알았겠습니까?

소인을 가까이하고 군자는 멀리하며 재덕이 뛰어난 여인에게 얽매이고 밝은 덕을 오만하고 사납게 하였습니다. 의(義)를 범하고 예를 거슬러서 음란하고, 본보기를 따르지 않고 등급을 뛰어넘어 분수에 어긋났습니다. 한번쯤 후원해 줄 총애를 믿고 문득 상대에게 맞서려는 마음을 가졌습니다. 한 가지 일의 조그마한 노력을 자랑하여 마침내 마음에 용납될 수 없는 바람을 가지게 되었습니다. 충성스럽고 곧은 바른길을 버리고 간사하고 간악한 것에 미혹된 길을 밟았습니다. 간언을 받아들이지 않고 점괘와 어긋나게 행하여 가면 돌아오지 않았습니다.

그러니 비록 양효왕(梁孝王)과 제(齊)나라 사마경(司馬冏)의 공로나 회남왕(淮南王)과 동아(東阿 : 陳思王 曹植)의 재주라도 하늘을 날아다닐 수 있는 깃촉을 꺾이고 수레바퀴 자국 속의 물 없는 붕어 신세가 되고, 제(齊)나라 환공(桓公)이나 진(晉)나라 문공(文公)의 큰 공로를 버리고 양기(梁冀)나 동탁(董卓)처럼 시체가 저자에 매달리는 데로 나아간 것입니다. 밝은 경계를 보여 주는 일이 가히 통렬하지 않습니까?

황제께서는 높은 덕과 총명한 자질로써 쓰러져가는 국운을 일으키고 무왕(武王)의 7가지 덕을 빛내 천지 사방을 맑게 하고 모든 나라를 거느리고 온갖 신령에게 조회를 받으셨습니다.

사방 이민족을 달래고 구족(九族)을 친목하게 하셨습니다. 꽃과 꽃받침을 '시경'의 당체(棠棣)편에서 생각하고 오직 성곽을 종자(宗子)에게 부탁하여 마음으로 사랑하고 날마다 생각하셨습니다.

이에 신하에게 명령하시기를, 서적을 참고해서 살펴보고 널리 거울 삼을 것을 구하여 자손에게 좋은 계책을 주라고 하셨습니다.

신하는 갑자기 어리석은 정성을 다하고 모든 법도나 교훈을 헤아려 보았는데, 울타리가 되고 줄기가 되어 나라를 두고 집안을 둔 자가 흥하는 일은 반드시 선을 쌓은 데에 연유하고 망하는 일은 다 악을 쌓은 데 있었습니다. 그러므로 선을 알면서 쌓지 않으

면 죽어서 이름을 이루지 못하고 악한 일을 쌓지 않으면 족히 몸
을 멸망시키지 않을 것입니다.

재앙이나 복은 본래 들어오는 정해진 문(門)이 없고, 길한 것
과 흉한 것은 자신에게서 말미암는 것으로, 오직 사람이 불러들
인다는 말이 어찌 빈말이겠습니까?

이제 옛날부터 모든 왕들이 일을 시행하여 얻고 잃은 내용을 기
록하고 그 선과 악을 나누어 각 1편으로 삼았는데 이름하여 '제
왕선악록(諸王善惡錄)'이라 했습니다.

선을 보고 재계를 생각하여 이름을 날려 전하지 않음이 없기를
바라며 악을 듣고 능히 고쳐서 큰 허물을 면하기 바랍니다. 선을
따르면 명예가 있고 잘못을 고치면 허물이 없어 흥하고 망하는 일
이 여기에 얽매여 있으니 힘쓰지 않을 수 있겠습니까!"

태종이 이 서문을 보고 좋다고 칭찬하고 여러 왕에게 이르기를
"이것을 앉은 자리의 오른쪽에 놓아 두고 자신을 세우는 근본으
로 사용하라."라고 하였다.

貞觀七年 太宗謂侍中魏徵曰 自古侯王能自保全者甚少 皆由生長富
貴 好尙驕逸 多不解親君子 遠小人故爾 朕所有子弟 欲使見前言往行[1]
冀其以爲規範 因命徵錄古來帝王子弟成敗事 名爲 自古諸侯王善惡錄
以賜諸王 其序曰

觀夫膺期受命[2] 握圖御寓 咸建懿親 藩屛王室 布在方策 可得而言

自軒分二十五子[3] 舜擧一十六族[4] 爰歷周漢 以逮陳隋 分裂山河 大啓
磐石者衆矣 或保乂王家 與時升降 或失其土宇[5] 不祀忽諸[6] 然考其隆替
察其興滅 功成名立 咸資始封之君 國喪身亡 多因繼體之后 其故何哉

始封之君 時逢草昧[7] 見王業之艱阻 知父兄之憂勤 是以在上不驕 夙夜
匪懈 或設醴以求賢[8] 或吐飱而接士[9] 故甘忠言之逆耳 得百姓之懽心 樹
至德於生前 流遺愛於身後 曁夫子孫繼體 多屬隆平 生自深宮之中 長居
婦人之手 不以高危爲憂懼 豈知稼穡之艱難 昵近小人 疎遠君子 綢繆哲
婦 傲狠明德 犯義悖禮 淫荒無度 不遵典憲 僭差越等 恃一顧之權寵[10] 便
懷匹嫡之心[11] 矜一事之微勞 遂有無厭之望 棄忠貞之正路 蹈姦宄之迷途

愎諫違卜 往而不返 雖梁孝齊冏之勳庸[12] 淮南東阿之才俊[13] 摧摩霄之逸
翮 成窮轍之涸鱗[14] 棄桓文之大功[15] 就梁董之顯戮[16] 垂爲烱戒 可不惜乎
　皇帝以聖哲之資 拯傾危之運 耀七德以淸六合[17] 總萬國而朝百靈 懷柔
四荒 親睦九族[18] 念華萼於棠棣[19] 寄維城於宗子 心乎愛矣 靡日不思 爰
命下臣 考覽載籍 博求鑑鏡 貽厥孫謀[20] 臣輒竭愚誠 稽諸則訓 凡爲藩爲
翰 有國有家者 其興也 必由於積善 其亡也 皆在於積惡 故知善不積 不足
以成名 惡不積 不足以滅身 然則禍福無門 吉凶由己 惟人所召 豈徒言哉
　今錄自古諸王行事得失 分其善惡 各爲一篇 名曰 諸王善惡錄 欲使
見善思齊 足以揚名不朽 聞惡能改 庶得免乎大過 從善則有譽 改過則
無咎 興亡是繫 可不勉歟
　太宗覽而稱善 謂諸王曰 此宜置于座右 用爲立身之本

1) 前言往行(전언왕행) : 고인의 말과 고인의 행동. 곧 모범이 되는 것.

2) 握圖御宇(악도어우) : 도판을 움켜잡고 임금의 자리를 지킨다.

3) 軒分二十五子(헌분이십오자) : 황제 헌원씨는 25명의 아들에게 토지를 나누
　어 봉해주었다.

4) 舜擧一十六族(순거일십육족) : 순임금은 16종족을 천거하였다. 팔원(八元)
　과 팔개(八凱)의 16종족을 두루 관리로 선발했다.

5) 土宇(토우) : 왕실(王室)을 말한다.

6) 忽諸(홀저) : 소멸하는 모양.

7) 草昧(초매) : 천지가 개벽하여 어두워지다.

8) 設醴以求賢(설예이구현) : 단술을 접대하여 어진이를 구하다. 한(漢)나라
　때 초원왕(楚元王)이 신공(申公) 등을 존경하였는데 목생(穆生)이 술을 즐
　기지 않았다. 원왕이 술자리를 마련할 때마다 목생을 위하여 단술을 내놓았
　다는 고사에서 유래되었다.

9) 吐飱而接士(토손이접사) : 주(周)나라 주공단(周公旦)이 그의 아들 백금
　(伯禽)에게 경계하여 말하기를 '나는 천하에서 미천하지 않지만 나는 한 번
　목욕하는데 3번이나 머리를 움켜쥐고 한 번 밥을 먹을 때 3번이나 뱉어내며
　현인을 맞았다. 이것은 천하의 어진이를 잃을까 두려워해서이다.' 라고 했다.

10) 權寵(권총) : 권력을 가지고 임금의 총애를 받다.

11) 匹嫡之心(필적지심) : 세력이 동등한 것을 말한다. 세력이 동등하여 감히

맞서려하다. 계승자 자리를 탐내다.

12) 梁孝齊冏之勳庸(양효제경지훈용) : 양효왕과 제경의 공로. 양효왕은 이름이 무(武)이고 한(漢)나라 문제(文帝)의 아들이다. 양왕(梁王)에 봉해졌다. 일곱 나라가 배반하자 먼저 양(梁)을 공격하여 배반한 자들을 죽이고 공을 세웠다. 시호는 효(孝)이다. 제경은 성은 사마(司馬)이고 이름은 경(冏)이며 진(晉)나라 제왕(齊王)인 유(攸)의 아들이다. 대사마가 되어서 제왕에 봉해지고 유격장군(游擊將軍)으로 공로를 세웠다.

13) 淮南東阿之才俊(회남동아지재준) : 회남왕과 동아의 재주. ‘회남왕’은 이름은 안(安)이고 한(漢)나라 무제(武帝)의 제부(諸父)이다. 회남왕에 봉해지고 글씨를 잘 쓰고 비파를 잘 타고 빈객을 초청하여 문사(文辭)를 즐겼다. 뒤에 모반에 연루되어 자살했다. 시호는 여(厲)이다. ‘동아’는 조식(曹植).

14) 轍之涸鱗(철지학인) : 수레바퀴 자국에 괴인 물에 붕어가 있는 것으로 언제 물이 마를지 좌불안석하는 상태. 위급한 상태.

15) 桓文之大功(환문지대공) : 제환공과 진문공의 큰 공적.

16) 梁董之顯戮(양동지현륙) : 양기(梁冀)와 동탁(董卓)의 시체가 저자에 매달리다. ‘양기’는 한(漢)나라 환제(桓帝) 때 대장군이 되었는데 뒤에 모반하여 양기와 처가 함께 자살했다. ‘동탁’은 한(漢)나라 헌제(獻帝) 때 스스로 태위(太尉)가 되어 난을 일으켰다가 피살되고 삼족이 몰살당했다.

17) 七德以淸六合(칠덕이청육합) : 무왕(武王)의 7가지 덕으로써 천지 사방을 맑게 하다. ‘칠덕’은 금폭(禁暴), 즙병(戢兵), 보대(保大), 정공(定功), 정민(定民), 화중(和衆), 풍재(豊財)다. ‘육합’은 천지(天地)와 사방을 말한다.

18) 九族(구족) : 고조, 증조, 조(祖), 부(父), 자(子), 손(孫), 증손, 고손, 나(自身).

19) 棠棣(당체) : ‘시경’ 소아의 편명으로 형제간에 잔치를 즐긴다는 내용. 형제간의 우애를 말한다.

20) 孫謀(손모) : 자손에게 이익이 되는 계책. 먼 장래를 도모한 계책.

4. 왕자(王子)로서 모범적인 하간왕(河間王)

정관 10년에 태종이 형왕(荊王) 이원경(李元景)과 한왕(漢王) 이원창(李元昌)과 오왕(吳王) 이각(李恪)과 위왕(魏王)

이태(李泰)에게 말했다.

"한(漢)나라 때부터 내려오면서 황제의 동생이나 황제의 아들들이 봉지(封地)를 받아서 영화롭고 귀하게 사는 자가 매우 많았다. 그러나 오직 동평왕(東平王)이나 하간왕(河間王)만이 가장 좋은 명성을 얻었을 뿐만 아니라 그의 녹봉과 지위도 보존하였다. 진(晉)나라의 초왕(楚王)인 위(瑋)와 같은 무리들은 전복시키고 망하게 한 일이 한 번이 아니고 함께 부하고 귀한 곳에서 자라나 스스로 교만하고 방일함에 이르는 것을 좋아했다.

너희들은 거울로 삼아 경계하여, 많이 생각하고 어진 인재를 간택해서 스승과 벗으로 삼아 그들의 올바른 간언을 받아들여 혼자서 오로지 하는 일이 없게 하라.

내가 들으니 '덕으로 사물을 복종시키는 일'은 진실로 빈말이 아니다. 요사이 일찍이 꿈속에서 한 사람을 보았는데 그가 이르기를 '순임금'이라고 했다. 나는 무심결에 몸을 소스라치며 공경하고 특별히 했는데 어찌 그의 덕을 우러르지 아니하랴! 이전에 꿈속에서 걸주(桀紂)를 보면 반드시 잘라 없앴다.

걸(桀)과 주(紂)는 비록 천자였으나 지금 서로 걸이나 주라고 지어 부르면 사람들은 반드시 크게 화낼 것이다.

안회(顏回)나 민자건(閔子騫)이나 곽임종(郭林宗)이나 황숙도(黃叔度)는 비록 백면서생이었으나 지금 서로 도를 칭찬해 이르기를 이 4명의 어진이와 같다고 하면 반드시 크게 기뻐할 것이다.

사람이 성공하는 데 중요한 요인은 오직 덕행에 있음을 알 수 있다. 어찌 반드시 영화롭고 귀한 것이 중요하다고 논하겠는가?

너희들은 지위가 변방을 지키는 왕(王)이며 나라에서 봉호의 녹봉을 먹는데 마땅히 덕행을 닦아 어찌 아름다움을 갖추지 않을 수 있겠느냐?

군자와 소인은 본래부터 정해져 있지 않다. 좋은 일을 행하면 군자가 되고 나쁜 일을 행하면 소인이 되는 것이다. 스스로 지극히 힘써서 좋은 일을 날마다 듣고 따르라. 욕심을 따르고 사사로운 정을 마음대로 하여 스스로 형장의 이슬로 사라지지 않도록 하라."

정관 10년에 태종이 방현령에게 말했다.

"짐이 지나온 시대를 살펴보았는데 난리를 평정하고 제업을 이룬 임금은 다 세속의 민가에서 태어나 자라면서 백성의 깊은 실정에 통달하였고 패망에 이른 사람이 드물었다.

대를 이어서 선대의 법을 계승하여 나라를 다스린 군주는 나면서부터 부귀하여 쓰디쓴 고통을 알지 못하고 함부로 움직여서 멸망하는데 이르렀다.

짐은 젊어서부터 지금까지 경영하는 데 어려움이 많았고 천하의 일들을 다 갖추어 알고자 했는데 항상 미치지 못할까 두려워하였다. 형왕(荊王)이나 여러 동생에 이르러서는 깊은 궁중에서 나고 자라 식견이 먼 곳까지 미치지 못하니 어찌 이것이 염려되지 않겠는가! 짐은 매일 매번 식사 때마다 문득 농사의 어려움을 생각하고 매일 한번 옷을 입을 때마다 길쌈하는 노고를 생각한다.

여러 아들들은 무엇으로 짐을 배울 것인가? 어진 인재를 선출하여 보필하게 하고 좋은 사람과 가까이 하여 익히도록 하면 허물은 면할 수 있을 것이다."

정관 11년에 태종이 오왕(吳王) 이각(李恪)에게 말했다.

"아버지가 아들을 사랑하는 일은 사람들의 떳떳한 정으로, 가르침을 받아서 아는 것이 아니다. 자식이 충성하고 효도하면 좋은 일이지만 만약 가르침을 따르지 않고 예법을 망각하면 반드시 죽음에 이른다. 아버지가 비록 사랑하더라도 어찌 할 수 있겠느냐?

옛날에 한(漢)나라 무제(武帝)가 죽자 소제(昭帝)가 그 뒤를 이었는데 연왕(燕王) 단(旦)이 교만하고 방종하여 터무니없는 말로 남을 속이고 복종하지 않았다. 곽광(霍光)이 한 쪽의 편지를 보내 참수하니 몸은 죽고 나라는 없어졌다. 신하된 자는 삼가하지 않을 수 없는 것이다."

貞觀十年 太宗謂荊王元景 漢王元昌 吳王恪 魏王泰等曰 自漢已來 帝弟 帝子受茅土 居榮貴者甚衆 惟東平及河間王[1] 最有令名 得保其祿位 如楚王瑋之徒[2] 覆亡非一 竝爲生長富貴 好自驕逸所致 汝等鑑誡 宜

熟思之 揀擇賢才 爲汝師友 須受其諫諍 勿得自專 我聞以德服物 信非
虛說 比嘗夢中見一人 云 虞舜 我不覺竦然敬異 豈不爲仰其德也 向若
夢見桀紂 必應斫之 桀紂雖是天子 今若相喚作桀紂 人必大怒 顏回 閔
子騫 郭林宗 黃叔度[3] 雖是布衣 今若相稱贊道 類此四賢 必當大喜 故
知人之立身 所貴者惟在德行 何必要論榮貴 汝等位列藩王 家食實封 更
能克修德行 豈不具美也 且君子 小人本無常 行善事則爲君子 行惡事
則爲小人 當須自剋勵 使善事日聞 勿縱欲肆情 自陷刑戮

　貞觀十年 太宗謂房玄齡曰 朕歷觀前代 撥亂創業之主 生長人間 皆識
達情僞 罕至於敗亡 逮乎繼世守文之君[4] 生而富貴 不知疾苦 動至夷滅
朕少小以來 經營多難 備知天下之事 猶恐有所不逮 至於荊王諸弟 生自
深宮 識不及遠 安能念此哉 朕每一食 便念稼穡之艱難 每一衣 則思紡績
之辛苦 諸弟何能學朕乎 選良佐以爲藩弼 庶其習近善人 得免於愆過爾

　貞觀十一年 太宗謂吳王恪曰 父之愛子 人之常情 非待敎訓而知也 子
能忠孝則善矣 若不遵誨誘 忘棄禮法 必自致刑戮 父雖愛之 將如之何
昔漢武帝旣崩 昭帝[5]嗣立 燕王旦[6]素驕縱 謀張不服[7] 霍光[8]遣一折簡誅
之 則身死國除 夫爲臣子 不得不愼

1) 東平及河間王(동평급하간왕) : 동평왕과 하간왕. '동평왕'은 이름이 창(蒼)
　이고 한(漢)나라 광무제의 아들. 경서를 좋아하고 지혜가 있었으며 문장이
　바르고 고상했다. 광무제가 '집안에 있을 때 무슨 일이 최고로 즐거운가?'하
　니 동평왕이 이르기를 '선을 행하는 것이 최고로 즐겁습니다.'라고 했다. 시
　호는 헌(憲)이다. '하간왕'은 이름이 덕(德)이고 한나라 경제(景帝)의 아들
　이다. 박학하고 덕이 있어 무제(武帝) 때는 대면하여 상주(上奏)하였는데 도
　술로 미루어 말하였고 일마다 다 적중하였다. 시호는 헌(獻)이다.

2) 楚王瑋之徒(초왕위지도) : 초왕 위는 진(晉)나라 무제(武帝)의 다섯째아들
　이다. 병권을 잡고 전횡하다가 죽임을 당했다. 시호는 은(隱)이다.

3) 郭林宗黃叔度(곽임종황숙도) : 곽임종은 이름이 태(太)이고 한(漢)나라 태
　원(太原) 사람이다. 황숙도는 이름이 헌(憲)이고 한나라 여남(汝南) 사람으
　로 두 사람 다 후한 때의 고상(高尙)한 선비다.

4) 繼世守文之君(계세수문지군) : 선대를 이어서 선대의 법을 준수하여 나라를
　잘 지켜 나가는 임금.

5) 昭帝(소제) : 한(漢)나라 무제(武帝)의 아들로 이름은 불릉(弗陵)이다. 어린 나이에 제위를 이었다.

6) 燕王旦(연왕단) : 한나라 무제의 셋째아들. 상관(上官) 걸(桀) 등과 은밀히 모의하다 일이 잘못되어, 자결하라는 글을 받고 자살했다.

7) 譸張不服(주장불복) : 터무니없는 거짓말로 남을 속이고 복종하지 않다.

8) 霍光(곽광) : 한나라 무제 때 대장군이며 무제의 유언을 받아 소제(昭帝)를 도왔다. 자는 자맹(子孟). 박릉후(博陵侯)로 봉해졌다. 소제가 죽은 후 창읍왕(昌邑王) 유하(劉賀)를 맞아 황제로 세웠으나 무도하여 정사를 돌보지 않자 폐위시키고 선제(宣帝)를 세웠다. 20여 년 간 정권을 잡고 있으면서 부역과 세금을 가볍게 하였다.

5. 나이 어린 왕자들을 교육시켜라

정관 연중에 황제의 아들들이 나이가 어린데도 많이 도독(都督)과 자사(刺史) 직책을 책봉받자 간의대부 저수량이 상소했다.

"옛날 전한(前漢)과 동한(東漢)에서는 군국(郡國)으로써 사람을 다스렸는데 군을 제외한 곳에는 모든 아들을 나누어 세워서 토지를 갈라 경계를 봉하여 주(周)나라의 제도를 혼용했습니다.

황제의 나라인 우리 당(唐)에서는 군현(郡縣)을 두었는데 대략적으로 진(秦)나라 법을 따른 것입니다. 황제의 아들이 나이가 어린데도 혹 자사(刺史)를 제수하셨습니다. 폐하께서 어찌 왕의 골육(骨肉)으로 사방을 엄중히 지키려 하지 않겠습니까.

성인(聖人)이 제도를 만들면서 옛날 법도를 높이 여겼습니다. 신의 어리석음으로 보더라도 조금이나마 미진함이 보이는 것은 어째서입니까?

자사는 한 주의 군사를 거느리며 한 주의 백성이 편안함을 의지하고 우러러보는 자입니다. 한 사람의 어진이를 얻으면 부내(部內)를 다시 살아나게 하기도 하고 한 사람의 악인을 만나면 온 주(州)가 괴롭고 무너지기도 합니다.

임금이 백성을 불쌍히 여기면 항상 어진이를 가려서 보내 혹은

'하윤구리(河潤九里 : 하수가 9리나 윤택하게 한다)' 라고 일컬어져 수도의 백성이 혜택을 입고, 혹은 사람들이 함께 일어나 그를 칭송하고 노래부르며 살아 있는데도 사당을 세워 주기도 했습니다.

한(漢)나라 선제(宣帝)가 이르기를 '나와 함께 다스리는 자는 오직 어진 이천석(二千石 : 태수의 봉록)인져!' 라고 했습니다.

신의 어리석은 생각으로는 폐하의 아들이 안으로는 나이도 어리고 생각도 어려 백성에게 군림하는 일을 감당하기 어려울 것 같습니다. 청컨대 아직은 경사(京師)에 머무르게 하여 경학(經學)을 가르치십시오 첫째 하늘의 위엄을 두려워하여 금법을 범하지 않게 하시고, 둘째 조정의 조회하는 모습을 보여서 자연적으로 성장하게 하십시오

이러한 것들로 습관을 쌓게 하여 스스로 사람됨을 알아서 감당하는 일을 깨닫고 주(州)에 군림할 수 있게 된 후에 내보내십시오

신이 삼가 고찰해 보았습니다. 한(漢)나라의 명제(明帝)나 장제(章帝)나 화제(和帝)의 세 제왕이 능히 동생과 우애 있고 아들을 사랑하여, 예부터 내려온 일로 준칙을 삼아서 여러 왕들을 책봉하고 각각 땅을 주었으나 나이가 어린 자는 서울에 머물러 있게 하여 예법으로써 가르쳐서 은혜를 내려 주었습니다.

세 사람의 제왕이 끝마칠 때까지 모든 왕들이 1백여 명이었는데 오직 초왕(楚王) 영(英)과 광릉사왕(廣陵思王) 형(荊)만이 점점 사나워졌을 뿐, 나머지는 다 온화하고 순수하였습니다. 오직 폐하께서는 자세히 살펴보십시오"

태종이 그의 말을 옳다고 여겨 받아들였다.

貞觀中 皇子年小者 多授以都督刺史 諫議大夫褚遂良上疏諫曰

昔兩漢[1]以郡國理人 除郡以外 分立諸子 割土封疆 雜用周制[2] 皇唐郡縣 粗依秦法 皇子幼年 或授刺史 陛下豈不以王之骨肉 鎭扞四方 聖人造制 道高前古 臣愚見有小未盡 何者 刺史師帥 人仰以安 得一善人 部內蘇息 遇一不善人 闔州勞弊 是以人君愛恤百姓 常爲擇賢 或稱河潤九里[3] 京師蒙福 或與人興詠 生爲立祠[4] 漢宣帝[5]云 與我共理者 惟

良二千石乎

如臣愚見 陛下子內 年齒尚幼 未堪臨人者 請且留京師 教以經學 一則畏天之威 不敢犯禁 二則觀見朝儀 自然成立 因此積習 自知爲人 審堪臨州 然後遣出 臣謹按 漢明章和⁶⁾三帝 能友愛子弟 自玆以降 以爲準的 封立諸王 雖各有土 年尙幼小者 各留京師 訓以禮法 垂以恩惠 訖三帝世 諸王數十百人 惟二王⁷⁾稍惡 自餘皆沖和深粹 惟陛下詳察

太宗嘉納其言

1) 兩漢(양한) : 전한(前漢)과 후한(後漢).

2) 周制(주제) : 주(周)나라의 제도.

3) 河潤九里(하윤구리) : 은택이 9리에 미치다. 한(漢)나라 광무제 때 영천(潁川)에 도둑이 일어나자 곽급(郭伋)을 영천태수로 보내며 광무제가 불러보고 위로하기를 "어진 태수가 황제가 있는 성을 떠난 지 얼마 되지 않은데 그의 은택이 9리나 미쳐서 경사(京師)에서 함께 복을 입기를 바란다."고 했다.

4) 立祠(입사) : 한나라 명제(明帝) 때 왕당(王堂)을 파주(巴州)태수로 제수했다. 그때 서융(西戎)이 도둑들로 변하여 왕당이 그들을 토벌하여 평정해서 파주가 깨끗해지자 살아 있는데 백성이 사당을 세웠다.

5) 宣帝(선제) : 이름은 순(詢). 무제(武帝)의 증손. 한나라 위(衛)태자의 손자.

6) 明章和(명장화) : 후한의 명제와 장제와 화제. 명제는 이름이 장(莊)이고 장제는 달(炟)이고 화제는 조(肇)이다.

7) 二王(이왕) : 초왕(楚王) 영(英)과 광릉사왕(廣陵思王) 형(荊)을 말하며 둘 다 역모를 꾸미다 발각되어 자살하였다.

제12편 태자를 바르게 간하다
(論規諫太子第十二 : 凡四章)

1. 이백약이 찬도부(贊道賦)를 짓다

정관 5년에 이백약이 태자우서자(太子右庶子)가 되었다. 태자 승건(承乾)이 고대 황제들의 대도(大道)인 삼분(三墳)과 오전 (五典)에 뜻을 두었으나 한가하게 연회를 즐기기 시작한 뒤부터 는 지나치게 유희에 집착했다.

이에 이백약이 '찬도부(贊道賦)'를 지어서 이것을 넌지시 깨 우치고자 하였다. 그 내용은 다음과 같다.

"신은 앞서 간 성인들의 격언을 어렴풋하게 들었고 서적에 기 록되어 있는 유칙(遺則 : 교훈)을 보았습니다. 저 하늘과 땅의 개 벽에서부터 황왕(皇王 : 天子)께서 나라를 세우는 데 이르기까지 '사람의 도리'와 '인륜의 대본'이라 이르고 '후세에 전할 말'과 '덕을 세운 것'의 바탕으로 하였습니다.

이러한 것을 시행하면 본성(本性)을 거느려서 도(道)를 성취 하고 이것을 어기면 생각없이 악행을 하게 됩니다. 그렇기에 흥 하고 망하는 것 바라기를 고르게 하고 길하고 흉한 것 보기를 세 겹끈이 얽히는 것과 같이 보아야 합니다.

황제께서는 천자의 지위에 올라 밝은 마음으로 임금이 되어, 나 라를 다스리는데 모든 사물의 변화에 따라서 백성으로 마음을 삼 으셨습니다. 중대한 운명을 체험하고 지나간 옛날과 새로 오는 오 늘을 검열하셨습니다. 선을 위해서는 온밤을 다 보내고 부지런히 노력하여 촌음(寸陰)을 아끼셨습니다. 그러므로 능히 고비 사막의 두꺼운 얼음을 녹이고 대림(蹄林)의 차가운 계곡도 변화시키고 모든 사람이 기뻐하고 하늘과 땅까지 덕음(德音)을 품었습니다.

빛나고 빛난다, 성스런 당(唐)나라여! 크고 크다, 신령스런 명(命)이여!

이 때에 오직 새로 시작했으며 천운이 상성(上聖 : 태종)에 모였습니다.

하늘이 황태자를 세워서 근본을 굳게 하고 바르게 하셨습니다. 재치와 깨달음이 넓고 멀며 신비한 자태가 밝게 빛났습니다.

임금을 섬기고 부모를 섬기며 장유(長幼)의 도(道)를 돌아보고 반드시 넓게 하며 원형이정(元亨利貞 : 자연의 덕)의 덕을 공경하여 몸소 실행하셨습니다.

매일 뜰을 지날 때마다 공자 아들이 예절을 들은 일과 같이 하고 항상 문왕이 안부를 살펴서 공경한 일과 같이 하여 성인의 가르침을 받들어 행동하고 하늘이 내린 명령으로 탄생하여 아버지의 도리와 자식의 도리로 나아감이 거북점이나 밝은 거울과 같았습니다.

대도(大道)를 펴 개혁하는 데 이르러서는 예교(禮敎)가 일어나기 시작하여 임금과 신하 사이의 예의를 바르게 하고 아버지와 아들 사이의 정을 두텁게 하셨습니다.

임금과 신하 사이의 예절과 아버지와 아들 사이의 친함으로 인정과 의리를 다하여 지극함을 겸해서 진실한 도를 세상에 알리는 일은 사람에게 있습니다. 어찌 하(夏)나라의 계(啓)나 주(周)나라의 송(誦 : 성왕)이, 요임금의 아들 단주(丹朱)나 순임금의 아들 상균(商均)과 같겠습니까?

갈고 또 닦아서 옛 것을 보존하고 새로운 것을 얻어야 합니다. 충성과 공경을 사유(思惟)하고 효도와 인을 말하면 아래로는 천하를 빛나게 할 것이고 위로는 해와 달과 별까지 밝게 할 것입니다.

옛날에 우임금이나 탕왕이나 문왕과 무왕이 자식을 가르칠 때는 네 계절에 맞춰 나이에 따라 배우게 하고, 장차 중원 밖과 사귀려 할 때는 먼저 예절과 음악으로써 교화하였습니다.

음악은 나쁜 풍속을 좋은 풍속으로 개선시키고 예절은 위를 안정시키고 백성을 교화시킵니다.

종이나 북소리에 기뻐하지 않고 장차 뜻을 펴서 정신을 고르게 할 뿐입니다. 옥과 비단에 마음을 쏟아서 장차 어떻게 자신을 극복하고 몸을 의지하겠습니까?

깊은 궁중 안에서 태어나 모든 제후의 지위 위에 있으면서 제왕의 업을 깊이 생각하지 않고 스스로 황태자의 지위를 다하지 않고 있습니다. 부귀는 자연히 도래한다고 이르며 높은 지위를 믿어서 스스로 뽐내 오만 방자하게 행동하며 예절을 싫어하고 사부를 가벼이 여기고 예의를 게을리 하며 간사하고 아첨하는 자를 가까이하고 음란하고 방종한 것만 따릅니다.

그렇게 되면 황태자의 광채는 갑자기 사라지고 황태자의 도는 하찮게 됩니다. 비록 천하가 황실의 집이라해도 평탄한 길과 위험한 길을 밟는 일은 한결같지 않을 것입니다. 혹은 재주로써 승진되고 혹은 모함받고 쫓겨납니다. 스스로 그 허물을 살피고 그 득실을 관찰하여 청컨대 대략을 펼쳐 보이겠습니다.

이 글을 넘겨 보시고 서로 살펴보십시오.

주(周)나라 왕실이 덕을 쌓음이 있어 정성으로 기약된 하늘의 명을 받아, 문왕 창(昌)과 무왕 발(發)의 공훈으로 짝을 이루어서 7백년의 큰 터전을 열었습니다.

진(秦)나라 시황제의 장자 부소(扶蘇)는 진나라 태자가 되어 명성과 덕망이 어그러지지 않았는데 시황제는 장자(長者 : 맏아들)라는 중요한 신분으로 일부 군대의 정장(亭障)을 감독하게 했습니다. 이로 말미암아 재앙이 시작되어 춘추 시대 진(晉)나라 헌공(獻公)이 태자 신생(申生)에게 금결(金玦)을 주어 이별을 나타냈고 그 요사스러움이 태자를 죽이게 되어 불이 위로 불꽃을 피우지 못했습니다. 태자를 잘못 세운 도리가 진(秦)나라를 빨리 망하게 한 것입니다.

저 한(漢)나라가 오랫동안 유지할 수 있었던 이유는 밝은 태자들이 번갈아 태어났기 때문입니다. 고조(高祖)가 척부인(戚夫人)에게 현혹되어 조왕(趙王 : 如意)을 총애하자 천하의 웃음거리가 되었으며, 혜제(惠帝)가 태자였을 때 상산(商山)의 사호(四皓)와 맺어진 일은 장량(張良)의 계교로 태자의 우익(羽翼)을 삼은 데 있습니다.

경제(景帝)는 태자였을 때 등통(鄧通)에게 부끄러움이 있었는데 음란하고 잔학한 것을 다스렸으며, 강오(强吳)에 대해 근심이 생긴 것은 놀이를 하다가 다투어 화낸 데서 연유합니다.

무제(武帝) 유철(劉撤)이 태자였을 때는 나이가 어렸지만 황제가 노쇠한 때에 의론이 끊어지는 일을 방지하고 주아부(周亞夫)가 자신의 공을 자랑할 것을 알았습니다. 그러므로 조상의 업을 크게 넓히고 고조와 경제의 삼대(三代)의 유풍을 이었습니다.

태자 유거(劉據)는 박망원(博望苑)을 열었어도 그 이름이 빛나지 않았으며 애석하게도 그의 시운이 계속 어그러져 강충(江充)의 참언을 만났습니다. 비록 병사를 준비하여 난신 강충을 베었으나 마침내 의를 등지고 흉악하게 죽음을 당했습니다.

선제(宣帝)를 이은 유석(劉奭)은 선비를 좋아하고 큰 계획을 실천했으며 도덕의 가르침에 감탄하고 충성스럽고 곧은 것을 아름답게 여겼습니다. 처음 광형(匡衡)과 위현성(韋玄成)에게 도를 들었는데 마침내 홍공(弘恭)과 석현(石顯)을 등용하여 오류를 범했습니다.

성제(成帝)의 여러 가지 기예는 비록 정도왕(定陶王)과는 다르지만, 황제가 달리는 길을 가로질러 끊지 못하게 해서 조그마한 선을 억제했는데 오히려 통달한 사람들이 신중하게 보아 앞서 발간된 서적에 아름다운 이름이 전해지고 있습니다.

광무제는 한나라를 중흥시키고 제왕의 업을 이었으며, 명제(明帝)와 장제(章帝)는 엄숙하고 신중하여 함께 당시의 정치에 통달하였고 예법의 대강에 다 달통하여 존경하는 사람에게 지극한 정성을 다했으며 형제애가 돈독하고 우애가 있었습니다. 이로써 동해왕(東海王)이 남긴 토대를 공고히 하고 서주(西周)의 전통을 따랐습니다.

오관중낭장(五官中郞將)이었던 위(魏)나라 문제(文帝) 조비

(曹조)는 좋은 격언을 듣지 못하고 원희(袁熙)의 아내 견씨(甄氏)를 받아들여 주왕과 달기와 비교되는 조롱을 받고 또 스스로 마음 내키는 대로 사냥을 즐겼는데, 비록 재능이 높고 학식이 풍부했어도 마침내 주색에 빠져서 자신을 더럽혔습니다. 이것을 자식인 명제(明帝)에게 물려 주었는데, 명제는 3년 동안 궁궐의 공사를 벌이고 진시황과 같은 사치를 부리고 한나라 무제(武帝)의 재주와 기예를 따르려고 모든 신하를 몰아붙였어도 시들고 피폐해져 가는 데서 백성을 구제할 수 없었습니다.

위(魏)나라에서 중무군(中撫軍) 벼슬을 한 사마염(司馬炎)은 관대하고 인자하여 관상이 매우 기이했습니다. 그의 아버지 사마소(司馬昭)는 그의 동생 도부(桃符)를 중히 여겨 미혹되었으나 거록(鉅鹿) 땅의 밝은 규정을 받아들였습니다. 마침내 사마염은 강소성(江蘇省) 일대의 적들을 쓸어 버리고 거친 곳까지 다스려서 통일했습니다.

진(晉)나라 혜제(惠帝)가 태자로 있을 때의 행적을 살펴보면 임금이 가져야 할 덕성이 초보 단계였으므로 신하 위관(衛瓘)이 임금의 침상을 어루만지며 자리가 아깝다고 하였습니다.

민회(愍懷)태자의 폐위를 애통하게 여긴 일은 맹렬한 바람이 모래를 휘날리는 것과 같았습니다. 성품이 신령스러워 육예를 익혔는데도 스스로 흉악하고 간사한 무리들에게 패배했으니 어떻게 그 제수를 받들고 조상에게 제사를 지내며 국토와 왕실을 계승할 수 있었겠습니까.

오직 성상(聖上 : 태종)만이 자애롭고 아버지가 자식을 교육하는 지극한 도로써 훈도하며 정사를 논하는 것은 한나라 왕실과 함께하며 경계하는 것은 주(周)나라 왕실의 방법을 닦게 하고 진(晉)나라 원제(元帝)가 형법을 좋아해서 태자에게 '한비자'를 주어 배우게 한 일을 비루하게 여겼으며 경서(經書)를 중요하게 여기고 보배로 삼으셨습니다.

정치의 좋고 나쁜 것을 자문하고 몸에 제왕의 풍모를 갖추고 어리석은 보통 지아비에게서도 선택하여 듣는 말이 있고 부끄럽지

만 길가는 노인에게도 구하는 말이 있으면 여러 가지 공적을 다 편안하게 이룰 수 있습니다.

먼저 사람 얻는 일을 성대하게 해야 합니다. 요(堯)임금은 명철하게 사람을 알아보고 임용하여 후세의 모범이 되었습니다. 주(周)나라 문왕은 훌륭한 인재가 많은 것으로 칭송받았습니다.

정직한 사람을 선택해서 신성한 땅을 살피게 하여 그의 기량과 재능을 헤아려 보고 그 숨은 행실을 살펴서 반드시 그 기량에 알맞는 직책을 분배하는데, 방법을 어기면서까지 정치하게 해서는 안 됩니다. 만약 그 들어 주는 것에 미혹되어 사람을 아는 일에 어두우면 도 있는 자는 다 웅크리고 쓸모없는 자는 활개칠 것입니다.

이렇게 되면 아첨하는 자가 다투어 진출하여 서로 잘난 체하고 진귀한 물품은 구하지 않아도 이르게 될 것입니다. 곧은말을 하고 바르게 간하는 자는 충신인데도 죄를 얻게 되고 관직을 팔고 돈을 받고 재판하는 자는 재물이나 뇌물로 친밀하게 될 것입니다.

이로써 나라의 법도가 무너지고 나라의 아름다운 윤리는 어지러워지고, 중국의 보물인 구정(九鼎)은 간사한 무리를 만나서 멀리 떠날 것이며 모든 백성은 자신을 어루만져 인(仁)으로 돌아갈 지도자를 바라게 될 것입니다.

천지의 조화로 이루어지는 것 중에 인간이 가장 귀중합니다. 인간의 재판이 공정하게 처리되지 않으면 삶과 죽음의 다른 길이 있게 됩니다. 억울한 원한이 맺혀서 풀리지 않으면 음과 양의 조화로운 기운에 변괴가 생깁니다. 선비의 벼슬길이 열리고 막히는 일은 법령을 엄하게 하는 데 소속됩니다. 사람의 생명을 연장하고 단축하는 일은 가혹한 관리의 손에 달려 있습니다.

그러므로 요임금께서는 의관에 오형(五刑)의 그림을 그려서 불쌍하게 여기는 말을 대신했고, 하나라 우임금은 죄인을 위해 곡하고 애긍의 마음을 다했습니다.

'주역' 대장괘(大壯卦)에서 모형을 취하여 집을 높이 하고 담장을 아로새겼으며 요대(瑤臺)는 옥으로 장식한 훌륭한 것이었습니다. 어찌 기둥에 그림을 그리고 들보에 채색만 했겠습니까.

혹은 능운대(凌雲臺)처럼 아주 멀리 볼 수도 있으며 혹은 통천대(通天臺)처럼 시원하기도 합니다.

지나치게 취하고 배불리 먹고 백성을 마음껏 부리다가 생명은 풍을 맞아 위축되고 신체는 재앙을 받기도 했습니다.

이로써 10가구의 재산에 상당하는 재물을 아까워한 한나라 문제는 누대 건축을 중단하여 검소함을 빛내 너그러움을 남겼습니다.

비록 사방 1백 리도 안 되는 정원을 만들었지만 주(周)나라 문왕에게는 자식이 부모의 일에 달려 오는 것처럼 백성이 귀의하여 번창함을 이루었습니다.

아름다운 연회에서는 예절이 통용되는데, 우임금은 맛있는 술을 시음(試飮)하고 그것을 멀리하는 것으로 덕을 삼았으며, 집으로 돌아가는 일을 잊음에 이르러 복을 받았으니, 엄숙하고 사리에 통달하여 온순하고 자신을 극복한 데에 있었습니다.

만약 술에 취해 술주정을 하여 혼미한 데 이르고 술에 빠져서 사특한 짓을 하면 은(殷)나라의 주(紂 : 受)가 술로써 연못을 만들고 한(漢)나라의 관부(灌夫)가 술에 취해 욕하다가 비통하게 된 것과 같이 몸을 망치고 나라를 잃게 될 것입니다.

이 때문에 이윤(伊尹)은 주흥이 성행하자 감가(醵歌)를 지어서 경계를 삼게 하였고 주공단(周公旦)은 나라가 어지럽게 되자 술을 경계하라는 법칙을 만들었으며 정숙하고 얌전한 요조숙녀를 구하여 실제로 군자의 좋은 배필로 삼았습니다.

임금의 수레를 사양하고 사랑을 끊은 일은 반첩여(班婕妤)가, 여인으로 인해 나라가 망했던 옛 시대의 일을 부끄럽게 여겼기 때문입니다. 비녀와 귀고리를 풀어놓고 자신의 허물을 생각한 것은 선강(宣姜)의 아름다움이었습니다.

진(晉)나라에 재앙을 안겨준 여희(驪姬)나 주(周)나라를 망하게 한 포사(褒姒)는 다 그림 속 미인처럼 요염하고 아름다웠지만 지극히 흉해서 인간의 도리를 저버리게 한 여인들이었습니다.

제후의 나라를 쓰러뜨리고 천자의 나라를 무너뜨린 미인들은 후세 왕들에게 똑똑하게 드러내 보여준다고 생각합니다. 본질이 아름답고 자태가 다듬어진 여인들은 마땅히 지나간 역사에서 길이 거울이 된다고 생각합니다.

사냥하는 예절이나 마차를 달려 활을 쏘는 곳에서 정의로써 절제하지 않으면 반드시 수렵만 탐닉하게 될 것이니 신체가 극도로 피로해지지 않으면 정신이 방탕해질 것입니다.

높고 깊은 곳을 두려워하지 않는 것은 징역 사는 죄인의 무리이고, 활 쏘고 말 모는 일을 즐거움으로 삼는 것은 무뢰한들입니다.

종묘사직의 숭고함을 거느리고 선왕(先王)들의 이름난 보물들을 가지고 새매나 개들과 더불어 함께 달린다면 위험한 곳에서 말고삐를 놓는 것과 같습니다. 말은 화가 나면 재갈을 벗고 멋대로 날뛰어 수레가 전복하는 변고가 있고 짐승은 놀라면 땅에 그대로 앉아 있지 않습니다. 많은 짐승 잡는 일을 부끄러워하고 자신이 무정한 것을 속으로 부끄러워해야 합니다.

소신(小臣)은 어리석은데도 무한한 은총을 입었습니다. 평범한 저를 초야에서 발탁하여 비루한 데도 고관들과 나란히 하도록 하셨습니다.

세상에 대의(大義)가 행해져 하늘과 땅이 태평해지고 태자가 마침 세워져 모든 나라가 바름을 기뻐하고 있습니다. 감옥은 모두 비어 있으며 항상 강론을 즐기되 엄숙하게 이루어졌습니다.

오직 동궁의 신비롭고 민첩하며 신속함을 우러르고 장차 성스럽고 총명할 것이라 칭찬하고 가을의 곡식으로 어진이를 대접하고 도로 돌아가는 것은 춘관(春官)에 맡깁니다.

꽃다운 나이에 봄의 화창한 경치는 시절이 화합하고 기후도 맑습니다. 화려한 궁전의 깊숙함이여! 처마의 휘장은 정숙하고 높이 솟은 나무의 무성함이여! 바람과 구름은 가볍습니다.

꽃이 회오리바람에 날리는 향기로움이여! 웃음을 머금은 교태로운 꾀꼬리의 지저귐이여! 서로 애닳게 울고 있습니다.

만물의 꽃이 화려한 것은 오히려 보내고 맞이하는 생각을 단절시킵니다. 진실로 밟아서 게으르지 말고 지극히 빠져서 정밀히 연마하십시오 평범한 재주를 가진 저에게 명령이 있어서 붓을 가지고 아름다운 글을 지어 궁중에 바칩니다.

이것은 한(漢)나라 원제(元帝) 때 왕포(王褒)가 통소부(洞簫賦)를 지어서 바친 것과는 다르며 위(魏)나라 문제(文帝) 때 조식(曹植)이 지은 '맑은 밤 서원(西園)에서 놀고 달려서 서로 따른다.' 라고 하는 것과는 다릅니다.

좋은 말을 빠뜨리고 덕을 칭송한 일은 목숨을 가벼이 하여 은혜 갚을 것을 생각한 것으로, 감히 머리숙여 절을 올리며 길이 좋은 이름 심기를 기원합니다.

대대로 내려오는 천자의 지위가 오래 유지되도록 받들고 옛날에 큰 명예를 떨쳤던 사람들의 으뜸이 되십시오"

태종이 찬도부를 보고 비서를 보내 이백약에게 말하기를

"짐은 황태자의 처소에서 그대가 지은 찬도부를 보았다. 옛부터 내려오는 황태자의 일을 기술하여 태자를 깨우친 것에 일정한 규칙이 있었다. 짐이 그대를 선발하여 태자를 보필하게 할 때는 바로 이러한 일 하기를 바랐던 것이다. 대체로 맡은 임무를 잘 행하고 있는데 다만 시종일관 변함 없기를 바란다."

하고는 마굿간의 말 한 필과 비단 3백 단을 상으로 하사하였다.

貞觀五年 李百藥爲太子右庶子 時太子承乾[1] 頗留意典墳[2] 然閑謐之後 嬉戲過度 百藥作 贊道賦以諷焉 其詞曰

下臣側聞先聖之格言 嘗覽載籍之遺則 伊天地之玄造 泊皇王之建國 曰人紀與人綱 資立言與立德 履之則率性成道 違之則罔念作式 望興廢如從鈞 視吉凶如糾纆 至乃受圖膺籙 握鏡君臨 因萬物之思化 以百姓而爲心 體大儀之潛運 閱往古而來今 盡爲善於乙夜 惜勤勞於寸陰 故能釋層氷於瀚海[3] 變寒谷於蹄林[4] 總人靈以胥悅 極穹壤而懷音

赫矣聖唐 大哉靈命 時維大始 運鍾上聖 天縱皇儲[5] 固本居正 機悟宏遠 神姿凝映 顧三善[6]而必弘 祗四德[7]而爲行 每趨庭而聞禮[8] 常問寢而資敬 奉聖訓以周旋 誕天文之明命 邁觀喬而望梓[9] 即元龜與明鏡

自大道云革 禮敎斯起 以正君臣 以篤父子 君臣之禮 父子之親 盡情義以兼極 諒弘道之在人 豈夏啓與周誦 亦丹朱與商均 既雕且琢 溫故

知新 惟忠與敬 曰孝與仁 則可以下光四海 上燭三辰[10]

　昔三王之敎子 兼四時以齒學 將交發於中外 乃先之以禮樂 樂以移風易俗 禮以安上化人 非有悅於鍾鼓 將宣志以和神 寧有懷於玉帛 將克己而庇身 生於深宮之中 處於群后之上 未深思於王業 不自珍於匕鬯[11] 謂富貴之自然 恃崇高以矜尙 必恣驕狠 動愆禮讓 輕師傅而慢禮儀 狎姦諂而縱淫放 前星[12]之耀遽隱 少陽之道[13]斯諒 雖天下之爲家 蹈夷險之非一 或以才而見升 或見讒而受黜 足可以自省厥休咎 觀其得失 請粗略而陳之

　覬披文而相質 在宗周之積德 乃執契而膺期 賴昌發[14]而作貳 啓七百之鴻基 逮扶蘇之副秦[15] 非有虧於聞望 以長嫡之隆重 監偏師於亭障[16] 始禍則金以寒離[17] 厥妖則火不炎上[18] 旣樹置之違道 見宗祀之遄喪 伊漢氏之長世 固明兩之遞作 高惑戚而寵趙[19] 以天下而爲謔 惠結皓而因良[20] 致羽翼於寥廓 景有慚於鄧子[21] 成從理之淫虐 終生患於强吳[22] 由發怒於爭博 徹居儲兩[23] 時猶幼沖 防衰年之絶議 識亞夫[24]之矜功 故能恢弘祖業 紹三代[25]之遺風 據開博望[26] 其名未融 哀時命之奇舛 遇讒賊於江充[27] 雖備兵以誅亂 竟背義而凶終 宣嗣[28]好儒 大猷行闡 嗟被尤於德敎 美發言於忠謇 始聞道於匡韋[29] 終獲戾於恭顯[30] 太孫[31]雜藝 雖異定陶[32] 馳道不絶 抑惟小善 猶見重於通人 當傳芳於前典 中興上嗣[33] 明章[34]濟濟 俱達時政 咸通經禮 極至情於敬愛 惇友于於兄弟 是以固東海之遺誓[35] 因西周[36]之繼體 五官在魏[37] 無聞德音 或受讒於妲己[38] 且自悅於從禽[39] 雖才高而學富 竟取累於荒淫 曁貽厥於明皇[40] 搆崇基於三世 得秦帝之奢侈 亞漢武之才藝 遂驅役於群臣 亦無救於凋弊 中撫[41]寬愛 相表多奇 重桃符[42]而致惑 納鉅鹿之明規 竟能掃江表之氛穢 擧要荒而見羈 惠處東朝[43] 察其遺跡 在聖德其如初 實御床之可惜[44] 悼愍懷[45]之云廢 遇烈風之吹沙 盡性靈之狎藝 亦自敗於凶邪 安能奉其粢盛 承此邦家 惟聖上之慈愛 訓義方於至道 同論政於漢幄[46] 脩致戒於京鄗 鄙韓子[47]之所賜 重經術以爲寶 咨政理之美惡 亦文身之黼藻 庶有擇於愚夫 慚乞言於遺老 致庶績於咸寧 先得人而爲盛 帝堯以則哲垂謨[48] 文王以多士興詠 取之於正人 鑑之於靈境 量其器能 審其檢行 必宜度機而分職 不可違方以從政 若其惑於聽受 暗於知人 則有道者咸屈 無用者必伸 讒諛競進以求媚 玩好不召而

自臻 直言正諫 以忠信而獲罪 賣官鬻獄 以貨賄而見親 於是虧我王度 斁
我彝倫 九鼎[49]遇姦回而遠逝 萬姓望撫我而歸仁 蓋造化之至育 惟人靈
之爲貴 獄訟不理 有生死之異途 冤結不伸 乖陰陽之和氣 士之通塞 屬之
以深文 命之脩短 懸之於酷吏 是故帝堯畫像[50]陳恤隱之言 夏禹泣辜 盡
哀矜之志 因取象於大壯[51]乃峻宇而雕牆 將瑤臺以瓊室[52]豈畫棟以虹梁
或凌雲[53]以退觀 或通天[54]而納凉 極醉飽而刑人力 命痿蹶而受身殃 是以
言惜十家之産[55]漢帝以昭儉而垂裕 雖成百里之囿[56]周文以子來而克昌
彼嘉會而禮通 重旨酒之爲德[57]至忘歸而受祉 在齊聖而溫克 若其酗醟
以致昏 酖湎而成忒 痛殷受與灌夫[58]亦亡身而喪國 是以伊尹以酣歌[59]而
作戒 周公以亂邦而貽則 咨幽閑之令淑 實好逑於君子 辭玉輦而割愛 固
班姬[60]之所恥 脫簪珥而思愆 亦宣姜[61]之爲美 乃有禍晉之驪姬[62]喪周之
褒姒[63]盡妖妍於圖畫 極凶悖於人理 傾城傾國 思昭示於後王 麗質冶容
宜永鑒於前史 復有蒐狩[64]之禮 馳射之場 不節之以正義 必自致於禽荒
匪外形之疲極 亦中心而發狂

夫高深不懼 胥靡之徒 韝緤[65]爲娛小豎之事 以宗社之崇重 持先王之
名器 與鷹犬而竝驅 凌艱險而逸轡 馬有銜橛之理 獸駭不存之地 猶有
覤於獲多 獨無情而內愧 以小臣之愚鄙 忝不貲之恩榮 擢無庸於草澤
齒陋質於簪纓[66]遇大道行而兩儀泰 喜元良會而萬國貞 以監府之多暇
每講論而肅成 仰惟神之敏速 歎將聖之聰明 自禮賢於秋實 足歸道於春
卿 芳年淑景 時和氣淸 華殿邃兮簾幃靜 灌木森兮風雲輕 花飄香兮動
笑日 嬌鸎囀兮相哀鳴 以物華之繁靡 尙絶思於將迎[67]猶夗蹈而不倦 極
耽翫以硏精 命庸才以載筆 謝摛藻[68]於天庭 異洞簫[69]之娛侍 殊飛蓋之
緣情[70]闕雅言以贊德 思報恩以輕生 敢下拜而稽首 願永樹於風聲 奉皇
靈之遐壽 冠振古之鴻名

太宗見而遣使謂百藥曰 朕於皇太子處 見卿所作賦 述古來儲貳事 以
誡太子 甚是典要[71]朕選卿以輔弼太子 正爲此事 大稱所委 但須善始令
終耳 因賜廐馬一匹 綵物三百段

1) 承乾(승건) : 자는 고명(高明)이고 태종의 장자(長子)다. 승건전(承乾殿)
에서 태어났기 때문에 승건이라고 이름하였다. 정관(貞觀) 초기에 황태자로
책봉되었는데 그 때 나이 겨우 8세였다. 특별히 민첩하고 은혜로웠는데 자라

서는 나쁜 점만 차츰 태종에게 들려 17년에 폐해서 서인(庶人)이 되었고 18
년에 죽었다. 상산(常山)왕에 봉해지고 시호를 민(愍)이라 하였다.

2) 典墳(전분) : '전'은 오전(五典)으로 소호(少昊), 전욱(顓頊), 고신(高辛),
요(堯), 순(舜)의 서(書)를 일컫고 '분'은 삼분(三墳)으로 복희(伏羲), 신
농(神農), 황제(黃帝)의 서(書)이며 모두 상도(常道)를 일컫는다.

3) 瀚海(한해) : 고비 사막을 말한다.

4) 蹛林(대림) : 땅 이름. 흉노족이 나무를 둘러 쌓아놓고 제사를 지냈다고 했다.

5) 皇儲(황저) : 황태자. 저이(儲貳), 원량(元良)도 황태자의 뜻.

6) 三善(삼선) : 부자(父子)의 도, 군신(君臣)의 도, 장유(長幼)의 도로 3가지
선한 것.

7) 四德(사덕) : 천지자연의 4가지 덕. 곧 원형이정(元亨利貞).

8) 趨庭而聞禮(추정이문례) : '논어'에 공자의 아들 백어(伯魚)가 뜰을 지나
가자 공자가 보고 불러서 '너는 예를 배웠느냐.'라고 물으니 백어가 '아직 배
우지 않았습니다.' 하고는 물러가 예를 배웠다고 했다.

9) 觀喬而望梓(관교이망재) : '상자(商子)'의 '喬仰父道也梓俯子道也'.

10) 三辰(삼신) : 해, 달, 별을 일컫는다.

11) 匕鬯(비창) : 황태자의 지위를 일컫는다.

12) 前星(전성) : 28수에서 심성(心星)이 3개로 이루어졌는데 가운데는 임금이
고 앞별은 태자이고 뒤의 별은 소자(少子)를 가리킨다.

13) 少陽之道(소양지도) : 진(震)은 소양(少陽)이며 장자(長子)를 뜻한다.

14) 昌發(창발) : 창은 주(周)나라 문왕의 이름이고 발은 무왕의 이름이다.

15) 扶蘇之副秦(부소지부진) : 부소는 진시황(秦始皇)의 장자이며 태자로 두번
째 서열이었다. 진시황이 선비들을 구덩이에 묻으려 하자 부소가 간절하게 간
하여 진시황이 노해서, 상군으로 북방 군대를 감독하게 했다. 시황제가 죽자
공자 호해가 거짓 유칙(遺詔)을 받아 스스로 서고 부소에게 죽음을 내렸다.

16) 亭障(정장) : 변방의 요새에 설치하여 출입을 검사하는 관문.

17) 金以寒離(금이한리) : '춘추좌전' 민공(閔公) 2년에 나오는 이야기. 진후
(晉侯)가 태자 신생(申生)에게 동산의 고곽씨를 정벌하라고 하며 옷은 편의
(偏衣)를 입게 하고 금결(金玦)을 차게 했다. 호돌(狐突)이 탄식하기를 '잡
색 옷을 입게 한 일은 멀리한다는 뜻이고, 금결을 차게 한 일은 진심을 버린

것이다. 겨울에 죽이라는 뜻으로 금은 차가운 것이고 결(玦)은 이별이라는
뜻이다.' 라고 한 말을 뜻한다.

18) 火不炎上(화불염상) : 불의 불꽃이 위로 오르지 않다. '오행전(五行傳)'에
'법률을 버리고 공신을 쫓아내고 태자를 죽이고 첩으로 아내를 삼으면 불의
불꽃이 위로 오르지 않는다.'고 했다. 화(火)가 본질을 잃으면 재앙이 온다
는 뜻이다.

19) 惑戚而寵趙(혹척이총조) : 척부인(戚夫人)에게 현혹되어 조왕(趙王) 여
의(如意)를 총애하다.

20) 惠結皓而因良(혜결호이인량) : 한(漢)나라 혜제(惠帝)가 상산사호(商山四
皓)와 결연한 일은 장량(張良)의 꾀로 말미암았다. 혜제가 태자였을 때 고조
가 척부인 때문에 태자를 폐하려 하자 장량이 태자에게 사호를 영접하도록 가
르쳤다. 고조가 연회를 열었을 때 태자가 모셨고 사호가 따랐는데 모두 80여
세였다. 고조가 '번거롭겠지만 공들이 태자를 끝까지 보호해 주시오' 하고 그
들을 전송한 후 '저 네 사람이 보필하여 이미 우익(羽翼)이 이루어졌으니 고
치기 어렵다.' 하고 마침내 폐하지 않았다. 사호는 하황공(夏黃公), 동원공(東
園公), 기리계(綺里季), 녹리선생(甪里先生).

21) 景有慚於鄧子(경유참어등자) : 경은 한나라 경제(景帝)로 이름은 계(啓).
문제(文帝)의 태자다. 등자는 이름이 통(通)이며 문제에게 아첨하여 총애받
은 신하다. '사기' 등통전에 나온다. 문제가 일찍이 종기가 났는데 등통이 항
상 문제의 고름을 빨았다. 하루는 임금이 "천하에서 누가 가장 나를 사랑하
는가.' 하니 등통이 '태자 만한 이가 없습니다.' 했다. 태자가 문병왔을 때 문
제가 종기를 빨게 했는데 빨기는 했어도 어려운 기색이 있었다. 나중에 등통
이 문제의 고름을 빨았다는 사실을 듣고 마음으로 부끄러워하고 이에 등통을
원망하게 되었다. 즉위해서 등통을 죽였다.

22) 强吳(강오) : 한나라 고조(高祖)의 형인 유중(劉仲)의 아들이며 오왕(吳
王) 비(濞)이다. 경제가 태자일 때 오태자와 박(博)을 즐겼는데 오태자가 본
래 교만하여 박을 다투면서 공손하지 않았다. 태자가 인하여 박국(博局)을
던져 오태자를 죽였다. 오왕이 이로 인해 원망했고 점점 제후의 예를 잃었다.

23) 徹居儲兩(철거저양) : 철은 한무제(漢武帝)의 이름. 저량은 태자 때라는 뜻.

24) 亞夫(아부) : 한나라 공신인 주발(周勃)의 아들이다. 벼슬이 정승까지 오르

고 경제(景帝)가 매우 중용하였다.

25) 三代(삼대) : 고조(高祖), 문제(文帝), 경제(景帝)를 지칭한다.

26) 據開博望(거개박망) : 거는 유거(劉據)로 무제의 아들. 한무제가 아들을 위하여 박망원(博望苑)을 세워 주어 빈객과 어진 사람들과 교통하게 했다.

27) 江充(강충) : 조(趙)나라 사람으로 태자 유거와 반목하였다. 한무제가 연로하자 무제가 죽으면 주살될 것을 두려워한 강충이 무제에게 태자가 반역을 꾀한다고 밀고했다. 태자가 강충을 잡아 죽이고 자신도 자결했다.

28) 宣嗣(선사) : 한나라 선제의 뒤를 이은 원제(元帝)를 말하며 이름은 석(奭).

29) 匡韋(광위) : 광형(匡衡)과 위현성(韋玄成). 번갈아 정승이 되었다.

30) 恭顯(공현) : 환관 홍공(弘恭)과 석현(石顯)으로 원제 밑에서 권력을 휘둘렀다. 소망지(蕭望之), 경방(京房), 가연지(賈捐之) 등은 석현의 손에 죽었다.

31) 太孫(태손) : 한나라 성제(成帝)의 자다. 이름은 오(鷔). 원제의 태자로 널리 경서를 좋아했다.

32) 定陶(정도) : 정도공왕(定陶共王)으로 원제의 서자(庶子)이다.

33) 中興上嗣(중흥상사) : 나라를 일으키고 제업을 잇다. 한나라 광무(光武)제를 중흥(中興)의 임금이라고 한다.

34) 明章(명장) : 명제와 장제. 광무제 아들 장(莊)이 명제이고 호를 현종(顯宗)이라 한다. 명제의 아들 달(炟)이 장제이고 호를 숙종(肅宗)이라고 한다.

35) 東海之遺堂(동해지유당) : 동해왕(東海王)의 유업. 동해왕은 명제의 형. 서로 매우 우애가 깊었다.

36) 西周(서주) : 문왕(文王)의 주나라를 일컫는다.

37) 五官在魏(오관재위) : 위(魏)나라 문제(文帝)의 성은 조(曹) 이름은 비(丕)이며 처음에 오관중랑장(五官中朗將)이 되었다. 원희(袁熙)의 처 견씨(甄氏)를 보고 그 미색에 빠져 불러들였다.

38) 妲己(달기) : 은(殷)나라 주(紂)왕이 총애했던 여자. 악녀의 대명사. 위나라 문제가 곽귀빈(郭貴嬪)을 황후로 세우려 하자 중랑 잔찬(棧潛)이 상소하여, 달기를 기쁘게 해 주기 위해 주왕이 포락지형(炮烙之刑)을 사용하다 나라가 망했던 일을 예로 들어 간했던 이야기를 뜻한다.

39) 從禽(종금) : 사냥에 미치다. 사냥에 빠지다.

40) 明皇(명황) : 위나라 문제의 아들 예(叡). 제위를 물려받은 원년에 방림원

(芳林園)을 짓기 위해 토목 공사를 일으켜 모든 대신과 관료들이 모두 흙을
져나르고 나무를 심었다. 그 안에서 새를 잡고 짐승을 쫓았는데 모든 신하는
다 얼굴에 때가 껴서 시커멓고 백성은 피폐해져 천하가 나뉘어 무너졌다.

41) 中撫(중무) : 사마염(司馬炎)이 위(魏)나라에서 중무군(中撫軍) 벼슬을
   지냈다. 뒤에 진(晉)나라 무제(武帝)가 되었다. 사마소(司馬昭)의 아들이다.

42) 桃符(도부) : 무제(武帝)의 동생. 제왕(齊王) 유(攸)의 어릴 때 이름이다.
   처음에 사마소가 유(攸)로 세자를 삼으려고 했다.

43) 惠處東朝(혜처동조) : 진(晉)나라 혜제가 태자로 있을 때. 혜제는 이름이
   충(衷)이고 무제(武帝)의 셋째아들이다. 동조는 태자 시절을 말한다. 혜제
   는 매우 어리석었다.

44) 御床之可惜(어상지가석) : 임금의 침상을 어루만지며 아깝다고 하다. 진나
   라 혜제가 태자 때 어리석어 제위를 감당하지 못할 것이라고 신하들은 생각
   했다. 상서령(尙書令) 위관(衛瓘)이 술에 취하여 황제의 침상을 쓰다듬으며
   '이 자리가 매우 아깝다.'고 했다는 고사.

45) 愍懷(민회) : 이름은 휼(遹)이고 혜제(惠帝)의 장자이다. 명망이 있었으나
   가후(賈后)가 시기하여 환관들에게 나쁜 길로 인도하도록 하여 이에 매우 방
   종해졌다. 가후가 드디어 임금에게 참소하여 폐서인(廢庶人)이 되었다.

46) 漢幄(한악) : 한나라의 궁실.

47) 韓子(한자) : 한비자(韓非子)를 이른다. 이름은 비(非)이며 저서에 '한비
   자'가 있다. 법가 사상을 집대성했다.

48) 哲垂謨(철수모) : '서경' 우서(虞書)에 '知人則哲能官人'이라고 했다.

49) 九鼎(구정) : 주(周)나라 때의 보기(寶器)이며 주나라에서 사수(泗水) 가
   운데 넣었는데 진시황이 구하려 했지만 나오지 않았다고 한다.

50) 帝堯畫像(제요화상) : 요임금이 형상을 그리다. '시경' 우서(虞書)에 '상
   이전형(象以典刑)'이라고 했다. '한서'에는 '당우(唐虞)가 상징을 그려서
   백성이 죄를 범하지 않았다.'고 했다.

51) 取象於大壯(취상어대장) : '주역'의 대장괘(大壯卦 : ䷡)에서 상을 취하
   다. '우레와 하늘은 대장이다.'

52) 瑤臺以瓊室(요대이경실) : 하(夏)나라의 걸(桀)이 요대를 짓고 은(殷)나
   라의 주(紂)가 경실을 지었다.

53) 凌雲(능운) : 능운대(凌雲臺). '세설'에 '위(魏)나라에서 능운대를 지었는데 지극히 정교하고 바람을 따라 움직이며 높이가 30장(丈)이다.'라고 했다.

54) 通天(통천) : 한(漢)나라 무제(武帝)가 신명통천대(神明通天臺)를 지었는데 높이가 30장이다.

55) 十家之産(십가지산) : 한(漢)나라 문제(文帝)가 노대(露臺)를 지으려고 장인(匠人)을 불러 예산을 뽑으니 100금(金)이 필요하다고 했다. 100금은 중인(中人) 열 집의 재산에 해당했다. 이에 선왕들이 남긴 궁을 쓰기로 하고 포기했다는 데서 나온 말.

56) 百里之囿(백리지유) : 주(周)나라 문왕(文王)의 동산.

57) 旨酒之爲德(지주지위덕) : 맛좋은 술로 덕을 삼다. 하(夏)나라 때 나라에 잔치가 있어 의적(儀狄)이 술을 가져왔다. 우임금이 마셔보고 '후세에 반드시 이 술 때문에 나라를 망칠 자가 있을 것이다.'라 하고는 의적을 멀리하였다.

58) 殷受與灌夫(은수여관부) : 은(殷)나라 주(紂)왕의 이름은 수(受)다. 술로써 연못을 만들었으며 마침내 나라가 망했다. 관부는 한(漢)나라 사람으로 무제 때 회양태수가 되었다. 술에 취하여 술주정하다 탄핵을 받아 잡혀 죽었다.

59) 酣歌(감가) : 술에 취하여 부르는 노래.

60) 班姬(반희) : 반첩여(班婕妤). 반첩여는 한나라 성제(成帝)의 애희(愛姬). 성제가 그녀와 함께 수레를 타고 정원을 산책하고자 하니 반첩여가 말하기를 "고대의 그림을 보면 어진 임금은 다 어진 신하가 곁에 있었습니다. 그러나 3대의 말년에는 애첩이 함께 수레를 탔습니다. 지금 함께 수레를 타면 그것과 비슷하지 않겠습니까."라고 하여 거절하였다는 고사.

61) 宣姜(선강) : 주(周)나라 선왕(宣王)의 왕후로 어진 왕후였다. 왕이 늦잠 자는 버릇이 있었는데 선강이 비녀와 귀고리를 풀어놓고 왕에게 죄를 청하기를 "임금이 색을 즐겨 덕을 잊고 예를 잃어 늦게 일어나고 어지러움이 흥하는 것은 비천한 소첩에서 비롯된 일이니 감히 죄를 청합니다."라고 했다. 왕이 듣고 "과인이 덕이 없어 허물이 생긴 것이지 부인의 죄가 아니오"하고는 이로부터 정사에 부지런 하고 아침 일찍 조회 열고 늦게 파하여 마침내 중흥의 임금이 되었다.

62) 驪姬(여희) : 춘추 시대 진(晉)나라 헌공(獻公)의 애첩으로 해제(奚齊)를 낳았다. 헌공은 아들이 8명이었는데 태자 신생과 중이(重耳)와 이오(夷吾)

가 어질었다. 여희가 거짓으로 태자를 위하는 척하면서 사람을 시켜서 모함하고 자신의 자식을 태자로 삼으려 했다. 또 중이와 이오를 헐뜯었다. 이에 태자는 자살하고 중이는 포(蒲)로 달아나고 이오는 굴(屈)로 달아났으며 마침내 진나라는 어지러워졌다.

63) 褒姒(포사) : 주(周)나라 유왕(幽王)의 애첩. 백복(伯服)을 낳았다. 유왕이 황후인 신후(申后)와 태자 의구(宜臼)를 폐하고 포사를 황후로 백복을 태자로 세웠다. 유왕은 포사를 웃게 하기 위해 제후들에게 믿음을 잃어 서쪽 오랑캐 견융(犬戎)의 침입으로 왕려산에서 죽임을 당하고 포사는 사로잡혔다.

64) 蒐狩(수수) : 봄사냥을 수(蒐), 겨울사냥을 수(狩)라고 한다.

65) 韝緤(구설) : 사냥개를 매놓는 것. 구는 매의 씌우개.

66) 簪纓(잠영) : 관원이 쓰는 관에 꽂는 비녀. 곧 고관을 뜻한다.

67) 將迎(장영) : 보내고 맞이하다.

68) 摛藻(이조) : 아름다운 글을 짓다.

69) 洞簫(통소) : 퉁소 취주(吹奏) 악기의 하나. 한나라 원제가 태자 때 즐겨 퉁소를 불었다. 이에 왕포(王褒)가 아첨하여 퉁소부(洞簫賦)를 지었다.

70) 飛蓋之緣情(비개지연정) : 위문제(魏文帝)가 세자였을 때 조식(曹植)이 부시(賦詩)에 '맑은 밤에 서원(西園)에서 놀다가 날아서 서로 따른다.' 고 한 시의 뜻.

71) 典要(전요) : 일정한 규칙. 중요한 규칙.

2. '간원(諫苑)' 20권으로, 태자가 깨우치게 하다

정관 연간에 태자 승건이 자주 예의를 어겨 위신을 실추시키고 사치와 방종이 날이 갈수록 심했다.

태자좌서자 우지영(于志寧)은 '간원(諫苑)' 20권을 지어서 태자가 넌지시 깨우치도록 하였다.

이때 태자우서자 공영달(孔穎達)은 매번 태자의 얼굴색이 변하도록 간언(諫言)하였다.

태자 승건의 유모 수안부인이 공열달에게 이르기를

"태자께서 장성하였는데 어찌 그리 자주 무안을 주십니까."

라고 하자 공영달이 대답하기를

"나라의 두터운 은혜를 입었으니 죽어도 한이 없습니다."

했는데 공영달의 간언은 더욱 절실했다.

태자 승건은 공영달에게 명하여 '효경의소(孝經義疏)'를 편찬하게 했는데 공영달은 자신의 의견을 '효경'의 문장에 근거하여 태자를 가르치는 도를 더욱 넓혔다.

태종이 그것을 받아들여 우지영과 공영달에게 각각 비단 5백 필과 황금 1근을 하사하여 태자 승건을 간언한 뜻을 격려하였다.

貞觀中 太子承乾數虧禮度 侈縱日甚 太子左庶子于志寧撰 諫苑 二十卷諷之 是時太子右庶子孔穎達[1] 每犯顏進諫 承乾乳母遂安夫人謂穎達曰 太子長成 何宜屢得面折[2] 對曰 蒙國厚恩 死無所恨 諫諍愈切承乾令撰 孝經義疏[3] 穎達又因文見意 愈廣規諫[4]之道 太宗竝嘉納之二人各賜帛五百匹 黃金一斤 以勵承乾之意

1) 孔穎達(공영달) : 자는 중달(仲達)이고 기주(冀州) 사람이다. 8세에 학문에 나아가 날마다 1천 여 마디를 기록하고 수(隋)나라 시대에 경서에 제일 밝았다. 정관 초에 자주 충언했고 태자우서자가 되었다. 일찍이 '오경의소(五經義疏)'를 찬하고 호를 상박(詳博)이라고 했다.

2) 面折(면절) : 마주 대하고 과실을 힐책하다.

3) 孝經義疏(효경의소) : '효경'은 증삼(曾參)의 저서이며 이 때 주석을 냈다.

4) 規諫(규간) : 바르게 간하다.

3. 천하는 인(仁)한 곳으로 돌아가게 된다

정관 13년에 태자우서자(太子右庶子) 장현소(張玄素)가, 태자 승건이 사냥이나 일 삼고 학업을 폐하자 글을 올려 간하였다.

"신은 들었습니다. 하늘은 친한 사람이 없고 오직 덕 있는 사람을 돕습니다. 하늘의 도를 어기면 인간이나 신(神)에게 버림받게 됩니다. 옛날에 '세 곳을 터놓고 한쪽 방면으로 오는 새나 짐승만 잡았던 사냥의 예절'은 살생을 가르치고자 한 것이 아니라 백성의 해악을 제거하기 위한 것이었습니다.

그러므로 탕(湯)임금이 한쪽만 그물을 치게 하니 천하가 탕임금의 인(仁)에 귀의해 왔습니다.

지금 태자께서 원(苑) 안에서 사냥을 즐기시는 것은 비록 이름은 들에서 사냥하는 것과 다르지만 행동하는데 규칙이 없다면 좋은 법도를 손상시키게 됩니다.

은나라 부열이 말하기를 '배우는데 옛날을 스승으로 삼지 않는 일을 부열은 들은 일이 없다.'고 했습니다. 그렇다면 도를 넓히는 일은 옛 것을 배우는 데 있고 옛 것을 배우려면 반드시 스승의 가르침에 따라야 합니다.

성상(태종)의 은혜로운 조서를 받들었으니 공영달에게 경서를 강의하도록 하셨으며 자주 자문하여 만에 하나라도 보탬이 되기를 바라셨습니다.

이에 덕행이 있는 이름난 학사(學士)들을 널리 선발하여 아침 저녁으로 곁에서 받들어 성인(聖人)들의 남긴 교훈을 보게 하고 지나간 일들을 두루 살피게 하여 날마다 부족함을 알게 하고 달마다 자신이 능함을 잊지 않게 하셨습니다. 이와 같이 하면 진선진미(盡善盡美)하게 됩니다.

하(夏)나라 우임금의 아들 계(啓)나 주(周)나라의 임금인 성왕(成王) 송(誦)을 어찌 말할 수 있겠습니까.

사람의 윗자리에 있는 자는 선(善)을 구하지 않으면 안 됩니다. 이성(理性)으로 감정을 억제할 수 없으므로 미혹에 빠져 어지러움이 일어납니다. 미혹에 빠져 즐기는 일이 심하면 충성스런 말이 다 막히게 됩니다. 이로써 신하들이 구차하게 따르면 임금의 도는 점점 손상되는 것입니다.

옛 사람이 말하기를 '조그마한 나쁜 짓은 버리지 않아도 되고 조그마한 선은 하지 않아도 된다고 하지 말라.'고 하였습니다. 그러므로 재앙과 복은 다 차츰차츰 일어난다는 것을 알 수 있습니다.

전하께서는 태자 지위에 계실 때 나라를 다스리는 좋은 계책을 넓혀야 하는데 사냥 좋아하는 정도가 지나침이 있으니 어떻게 황태자의 지위를 주관하시겠습니까.

끝마침을 처음 같이 삼가해도 오히려 점점 쇠퇴해질까 두려운데 처음부터 삼가하지 않으면 끝을 장차 어떻게 보존하시겠습니까?"

승건태자가 받아들이지 않았다. 장현소가 다시 글을 올려 간했다.

"신은 들었습니다. '왕자들이 학교에 들어가면 나이 순서대로 차례를 정한다.' 는 말은 태자에게 임금과 신하, 아버지와 아들, 존귀한 이와 미천한 이, 어른과 어린이의 도가 있음을 알게 하기 위한 것입니다.

임금과 신하의 의(義)나 아버지와 아들의 친함이나 존귀한 이와 천한 이의 차례나 어른과 어린이의 예절 등은, 마음 속에 있는 것을 사용하여 천하의 모든 곳까지 넓히는 일로 다 행동으로 널리 전파시키고 의미심장한 말로써 널리 퍼지게 합니다.

공손히 엎드려 생각건대 전하께서는 슬기로운 자질이 왕성하니 모름지기 학문을 숭상하고 그 밖의 모양을 꾸미셔야 합니다.

공영달이나 조홍지(趙弘智) 등을 자세히 살펴보면 오래도록 덕을 쌓은 큰 선비일 뿐만 아니라 겸하여 정사의 요체를 바라보는 데도 통달해 있습니다. 자주 명령하여 강의받고 사물의 이치를 열어 밝히고 옛 것을 관조하고 오늘을 논하신다면 슬기로운 덕을 더욱 빛나게 할 것입니다.

말 타고 활 쏘고 사냥을 즐겨 노래와 춤을 즐기고 기생을 희롱하는 일들은 눈과 귀를 즐겁게 하지만 마침내는 정신을 더럽힙니다. 이런 즐거움에 점점 물들어 오래 지속되면 반드시 자신의 마음에 옮겨지게 됩니다.

옛 사람이 말하기를 '마음은 모든 일의 주인이 되는데 활동하면서 절제가 없으면 혼란해진다.' 고 했습니다. 전하께서 패덕(敗德)하는 근원이 여기에 있을까 두려워집니다."

태자 승건이 글을 보고 더욱 화내며 장현소에게 말했다.

"우서자(右庶子)는 미치광이가 될까 근심하는가."

貞觀十三年 太子右庶子張玄素 以承乾頗以遊畋廢學 上書諫曰

臣聞皇天無親 惟德是輔[1] 苟違天道 人神同棄 然古三驅之禮[2] 非欲
敎殺 將爲百姓除害 故湯羅一面 天下歸仁[3] 今苑內娛獵 雖名異遊畋 若
行之無恒 終虧雅度 且傅說曰 學不師古 匪說攸聞 然則弘道在於學古
學古必資師訓 旣奉恩詔 令孔穎達侍講 望數存顧問 以補萬一 仍博選
有名行學士 兼朝夕侍奉 覽聖人之遺敎 察旣往之行事 日知其所不足 月
無忘其所能 此則盡善盡美 夏啓周誦 焉足言哉

夫爲人上者 未有不求其善 但以性不勝情 耽惑成亂 耽惑旣甚 忠言
盡塞 所以臣下苟順 君道漸虧 古人有言[4] 勿以小惡而不去 小善而不爲
故知禍福之來 皆起於漸 殿下地居儲貳 當須廣樹嘉猷 旣有好畋之淫
何以主斯匕鬯 愼終如始 猶恐漸衰 始尙不愼 終將安保

承乾不納 玄素又上書諫曰 臣聞稱 皇子入學而齒冑[5]者 欲令太子知
君臣 父子 尊卑 長幼之道 然君臣之義 父子之親 尊卑之序 長幼之節 用
之方寸之內 弘之四海之外者 皆因行以遠聞 假言以光被 伏惟殿下 睿
質已隆 尙須學文 以飾其表 竊見孔穎達 趙弘智等 非惟宿德鴻儒 亦兼
達政要望 令數得侍講 開釋物理 覽古論今 增輝睿德 至如騎射畋遊 酣
歌妓翫 苟悅耳目 終穢心神 慚染旣久 必移情性 古人有言 心爲萬事主
動而無節則亂 恐殿下敗德之源 在於此矣

承乾覽書 愈怒 謂玄素曰 庶子患風狂耶

1) 皇天無親惟德是輔(황천무친유덕시보) : '서경' 주서(周書) 채중지명(蔡仲
之命)의 말.
2) 三驅之禮(삼구지례) : 사냥할 때 삼면(三面)을 터놓고 한쪽 방면에만 그물
을 쳐 도망갈 수 있는 것은 도망가게 하고 오직 그물쪽으로 오는 새와 짐승만
잡는 사냥의 예절.
3) 湯羅一面天下歸仁(탕라일면 천하귀인) : 탕임금은 한쪽면에만 그물을 쳐서
천하가 인으로 돌아오게 하였다. 옛날에 탕임금이 들에 나가 사방으로 그물
을 치고 축원하는 사람을 보았다. 그는 "천하 사방의 것이 다 내 그물로 들어
오게 하소서."했다. 탕임금이 말하기를 "오호, 다 잡으려 하다니."하고는 그
물의 삼면을 없애고 축원하기를 "왼쪽으로 가고 싶은 것은 왼쪽으로 오른쪽
으로 가고 싶은 것은 오른쪽으로 가고 명령을 따르지 않는 것만 내 그물로 들
어오게 하소서."했다. 제후들이 그 일을 듣고 말하기를 "탕임금의 덕은 지극

하도다. 금수에게까지 미치는구나." 했다.

4) 古人有言(고인유언) : 한(漢)나라 유비(劉備)가 그의 아들을 훈계한 말.

5) 齒胄(치주) : 나이 순으로 차례를 정하는 일.

4. 태자가 자객을 보내 스승을 죽이려 하다

정관 14년에 태종은 장현소가 동궁에 있을 때 자주 간언했다는 사실을 알고 은청영록대부(銀靑榮祿大夫)로 발탁하여 제수하고 태자좌서자(太子左庶子)로 부임하게 하였다.

때마침 태자 승건은 궁중에서 북을 치고 있었는데 그 소리가 밖까지 들렸다. 장현소가 궁의 작은문을 두드리며 배알하기를 청하고 지극한 말로써 간절하게 간하였다.

이에 승건이 궁안에서 북을 가지고 나와 장현소의 앞에서 그 북을 부수었다. 그리고 자신을 호위하는 시종을 시켜 장현소가 일찍 나오는 것을 기다려 아무도 몰래 말채찍으로 때려서 거의 죽을 지경까지 이르게 했다.

이 때 승건은 정자나 누대 짓는 일을 즐겼으며 지극히 사치스러워 그 비용이 날마다 늘어났다.

장현소가 글을 올려서 간했다.

"짐은 어리석고 무지한데도 조정과 태자궁의 직무를 겸임하였습니다. 신은 하해(河海)와 같은 은정을 입었습니다만 나라를 위해서는 터럭끝 만큼의 도움도 되지 못했습니다. 이 때문에 반드시 어리석은 정성을 다하고 신하의 절개를 다하고자 생각했습니다.

엎드려 생각건대 태자에게 맡겨진 임무는 특히 중요합니다. 그러므로 덕 쌓는 것이 크지 않으면 어떻게 제위를 이어 나라를 지키고 공업을 성취할 수 있겠습니까?

성상(聖上 : 태종)과 전하는 친하기로는 부자 사이이고 사업적으로는 가정과 나라를 겸하고 있으므로 마땅히 사용하는 재물을 제한하지 않습니다. 성상의 성지가 내려진 지 60일이 넘지 않았는데 태자께서 사용한 재물은 7만이 넘었으며 낭비와 사치가 극에 달했지만 누가 이를 지나치다고 이르겠습니까?

태자의 궁전 아래에는 장인(匠人)들이 가득 모였는데 동궁 안의 정원에는 어진 선비들이 보이지 않습니다.

지금 효도와 공경을 말한다면 음식을 살피고 문안드리는 예절이 결여되었습니다. 공손과 온순을 말한다면 임금과 아버지의 자애로운 가르침을 어겼습니다. 가르침을 구한다면 옛 것을 배우고 도를 좋아하는 진실이 없습니다. 행동거지를 관찰하면 인연으로 베고 죽이는 죄만이 있습니다.

동궁 안의 신하 가운데 바른 선비들은 일찍부터 곁에 있지 않고 사악하고 음란한 무리만 아부하며 곁에 있어 깊은 궁안에서 그들만 가까이하고 계십니다. 사랑하고 좋아하는 것들은 다 놀기 좋아하는 잡것들이고 베풀어 주는 것은 그림이나 장신구들입니다.

밖으로 드러난 것들도 이러한 잘못이 있는데 그 안에 숨겨져 있는 은밀한 것들은 어떻게 다 열거할 수 있겠습니까? 조칙을 내리는 대궐문도 저자거리와 다르지 않고 아침에 들어오고 저녁에 나가며 들락거리니 사나운 명성이 널리 퍼지게 됩니다.

우서자(右庶子) 조홍지(趙弘智)는 경학에 밝고 행실을 닦은 오늘날의 훌륭한 선비입니다. 신은 매번 청하여 그를 자주 불러들여 담론을 나누어 훌륭한 계획을 넓히기를 바랐습니다.

그런데 태자의 명령서는 도리어 시기하고 싫어하여 신이 망령되게 추천한다고 하셨습니다.

선을 따르는 일은 물이 흐르는 것처럼 하여 미치지 못할까 두려워해야 하며 잘못을 꾸미고 간언을 막으면 반드시 손해만 초래하게 됩니다.

옛 사람이 이르기를 '쓴 약은 병에 이롭고 쓴 말은 행동에 이롭다.'고 했습니다. 엎드려 원하오니 편안할 때에 위태함을 생각하여 날마다 하루하루를 삼가하시기 바랍니다."

글이 올려지자 승건이 크게 화를 내고 자객을 보내 장현소를 죽이라고 하였는데 얼마 있다가 태자궁은 폐지되었다.

十四年 太宗知玄素在東宮頻有進諫 擢授銀靑榮祿大夫 行太子左庶子

時承乾嘗於宮中擊鼓 聲聞于外 玄素叩閤請見 極言切諫 乃出宮內鼓
對玄素毁之 遣戶奴伺玄素早期 陰以馬䤲擊之 殆至於死 是時承乾好營
造亭觀 窮極奢侈 費用日廣 玄素上書諫曰

臣以愚蔽 竊位兩宮 在臣有江海之潤 於國無秋毫之益 是用必竭愚誠
思盡臣節者也

伏惟儲君之寄 荷戴殊重 如其積德不弘 何以嗣守成業 聖上以殿下親
則父子 事兼家國 所應用物不爲節限 恩旨未踰六旬 用物已過七萬 驕
奢之極 孰云過此 龍樓[1]之下 惟聚工匠 望苑[2]之內 不覿賢良 今言孝敬
則闕視膳問竪之禮[3] 語恭順 則違君父慈訓之方 求風聲 則無學古好道
之實 觀擧措 則有因緣誅戮之罪 宮臣正士 未嘗在側 群邪淫巧 昵近深
宮 愛好者皆遊伎雜色 施與者並圖畫雕鏤 在外瞻仰 已有此失 居中隱
密 寧可勝計哉 宣猷禁門 不異闤闠[4] 朝入暮出 惡聲漸遠

右庶子趙弘智 經明行修 當今善士 臣每請望數召進與之談論 庶廣徽
猷 令旨[5]反有猜嫌 謂臣妄相推引 從善如流 尙恐不逮 飾非拒諫 必是
招損 古人云 苦藥利病 苦口利行 伏願居安思危 日愼一日

書入 承乾大怒 遣刺客將加屠害 俄屬宮廢

1) 龍樓(용루) : 태자궁의 문.
2) 望苑(망원) : 태자궁 안의 정원.
3) 視膳問竪之禮(시선문수지례) : 음식을 살피고 안부를 묻는 예.
4) 闤闠(환궤) : 저자거리.
5) 令旨(영지) : 태자의 명령서.

5. 태자의 사치가 도를 넘다

정관 14년에 태자첨사(太子詹事) 우지영이, 태자 승건이 궁실
을 넓게 짓고 분수에 넘치는 사치를 일삼으며 음악에 빠지자 글
을 올려서 간했다.

"신은 검소하고 절약하는 일은 도를 넓히는 근원이며 사치를
숭상하고 정을 마음대로 하는 일은 덕을 망가뜨리는 근본이라고

들었습니다. 이로써 진(秦)나라 목공(穆公)이 능운대(凌雲臺)
의 성대함을 과시하니 융인(戎人) 유여(由余)가 비웃었습니다.
높이 치솟은 집과 아로새긴 담장을 '하서(夏書)'에서는 멸망하
는 교훈으로 삼았습니다.

옛날에 조돈(趙盾)이 진(晉)나라를 구하고 여망(呂望 : 태공
망)이 주(周)나라 태사(太師)가 되었을 때, 혹은 재물을 절약하기
를 권하고 혹은 무거운 세금 걷는 일에 대해 간하여, 충성을 다하
여 나라를 돕고 정성을 다하여 군주를 받들지 않음이 없었습니다.

이것은 무성한 열매는 끊임없이 계속 이어지고 아름다운 명성
은 사물과 인간에게 미치게 하고자 한 것으로 이런 일은 모두 책
에 실려서 미담이 되어 있습니다.

지금 태자께서 살고 있는 동궁은 수(隋)나라 때 지어진 궁으로
바라보는 자들은 너무 사치스럽다고 야유하고 직접 본 자들은 너
무나 호화롭다고 탄식합니다.

어찌하여 이렇게 호화로운 궁에 계시면서 다시 건축하고 고치
려 하십니까? 재물을 날마다 소비하고 토목 공사를 중지하지 않
고 도끼를 사용하는 장인(匠人)들을 다 사용하고 조각 기술을 다
하여 절묘함을 다하고 있습니다.

또 장인이나 관가의 노역꾼들이 들어오고 나갈 때 근래에는 감
시자까지 없습니다. 이런 무리 속에는 혹 형은 나라의 법을 범하
고 혹 동생은 나라의 법에 저촉된 자도 있을 수 있어 이들이 대궐
안의 공원을 오가며 궁궐문을 드나드는데 그 몸에는 칼과 거울이
들려져 있고 그 손에는 망치와 쇠공이가 들려 있습니다.

궁의 문지기는 본래 생각하지 못했던 일을 방어하는 것이고 숙
직하는 문지기는 헤아리지 못하는 일을 대비하는 것인데 직장(直
長 : 관직명)도 이미 그것을 알지 못하고 천우(千牛 : 관직명)도
보지 못했으니, 호위 무사들이 궁궐 밖에 있는 것이고 잡역부들
이 궁궐 안에 있는 것입니다. 궁궐을 담당한 관리가 어떻게 편안
할 수 있으며 신하들이 어찌 두려워하지 않을 수 있겠습니까?

정(鄭)나라와 위(衛)나라의 음악은 옛날부터 음란한 음악이라

고 했습니다. 옛날에 조가(朝歌)라는 고을을 보고 수레를 돌린
자는 묵적(墨翟 : 墨子)이었습니다. 협곡(夾谷)의 회맹(會盟)
에서 검을 휘둘러 광대를 죽인 자는 공자(孔子)였습니다.

옛날 성인들은 이미 이러한 것들을 그르다고 하였으며 통달한
현인들은 이러한 것을 과실로 여겼습니다.

근래 듣기를 태자궁 안에서 자주 북소리가 들리고 대악(大樂)
을 연주하는 기아(伎兒 : 기생)가 궁으로 들어가서 나오지 않는
다는데 이러한 일을 들은 자는 무서워서 다리가 떨리고 이러한 사
실을 말하는 자는 마음에 조바심이 일었습니다.

지난해에 황제께서 말씀하신 것을, 엎드려 청하건대 다시 살피
십시오. 성상께서는 은근하시고 명백한 경계는 간절하시니 전하
(殿下)께서는 생각하지 않을 수 없습니다. 미천한 신은 두려워하
지 않을 수 없습니다.

신이 궁궐에서 열심히 직책을 맡은 지 이미 여러 해가 되었는
데 개와 말도 오히려 은혜를 알며 나무와 돌도 오히려 감정을 알
수 있습니다. 신에게 좁은 소견이 있지만 감히 다 말하지 않겠습
니다. 만약 신의 정성을 거울로 삼아 주신다면 신은 살 길이 있습
니다. 만약 뜻을 거슬렀다고 책망하신다면 신은 죄인입니다.

다만 마음을 즐겁게 하고 환심을 사는 일을 노(魯)나라 장손
(臧孫 : 臧武仲)은 몸을 해치는 맛좋은 음식에 견주었고, 얼굴을
범하고 귀에 거슬리는 충언을 '춘추(春秋)'에서는 병을 고치는
약석(藥石)에 비유했습니다.

엎드려 원하건대 장인들이 재주 부리는 일을 중단하고 장시간
사역하는 사람들을 해체하고 정나라와 위나라의 사특한 음악을
단절시키고 여러 소인배를 배척하시면 군주를 섬기고 아버지를
섬기고 윗사람을 섬기는 3가지 도가 진실로 갖추어져서 모든 나
라가 바르게 될 것입니다."

태자 승건이 글을 펴보고 기뻐하지 않았다.

貞觀十四年 太子詹事[1]于志寧 以太子承乾廣造宮室 奢侈過度 耽好

聲樂 上書諫曰

臣聞克儉節用 實弘道之源 崇侈恣情 乃敗德之本 是以凌雲槩日 戎
人於是致譏²⁾ 峻宇雕牆 夏書以之作誡³⁾

昔趙盾⁴⁾匡晉 呂望⁵⁾師周 或勸之以節財 或諫之以厚斂 莫不盡忠以佐
國 竭誠以奉君 欲使茂實播於無窮 英聲被乎物聽 咸著簡策 用爲美談
且今所居東宮 隋日營建 覩之者尙譏甚侈 見之者猶歎甚華 何容於此中
更有修造 財帛日費 土木不停 窮斤斧之工 極磨礲之妙 且丁匠官奴入
內 比者曾無復監 此等或兄犯國章 或弟羅王法 往來御苑 出入禁闈 鉗
鑒緣其身 槌杵在其手 監門本防非慮 宿衛以備不虞 直長⁶⁾旣自不知 千
牛又復不見 爪牙⁷⁾在外 廝役在內 所司何以自安 臣下豈容無懼 又鄭衛
之樂 古謂淫聲 昔朝歌⁸⁾之鄕 廻車者墨翟⁹⁾ 夾谷之會¹⁰⁾ 揮劍者孔丘 先
聖旣以爲非 通賢將以爲失 頃聞宮內屢有鼓聲 大樂伎兒 入便不出 聞
之者股栗¹¹⁾ 言之者心戰 往年口敕 伏請重尋 聖旨殷勤 明誡懇切 在於
殿下 不可不思 至於微臣 不得無懼

臣自驅馳宮闕 已積歲時 犬馬尙解識恩 木石猶能知感 臣所有管見 敢
不盡言 如鑒以丹誠 則臣有生路 若責其忤旨 則臣是罪人 但悅意取容
臧孫方以疾疢 犯顏逆耳 春秋比之藥石¹²⁾ 伏願停工巧之作 罷久役之人
絶鄭衛之音 斥群小之輩 則三善允備 萬國作貞矣

承乾覽書不悅

1) 太子詹事(태자첨사) : 당(唐)나라 제도에 동궁(東宮)에 첨사부(詹事府)를
   두었는데 삼사(三寺)와 10율부(十率府)의 정사를 관장했다.
2) 戎人於是致譏(융인어시치기) : 융인이 비웃었다. 진(秦)나라 목공(穆公)이
   능운궁(凌雲宮)을 지어 그 궁실의 성대함을 과시했는데 서융(西戎) 사람 유
   여(由余)의 웃음거리가 되었다.
3) 夏書以之作誡(하서이지작계) : ‘서경’하서(夏書)의 오자지가(五子之歌)
   에 ‘술을 좋아하고 음률을 즐기고 집을 높이고 담에 무늬를 새긴다. 여기에
   한 가지라도 속한 것이 있고 망하지 않은 자가 없으리라.’고 했다.
4) 趙盾(조돈) : 진(晉)나라 영공(靈公)의 대부인 조선자(趙宣子)이다.
5) 呂望(여망) : 강태공(姜太公)이고 주(周)나라의 태사(太師)이다.
6) 直長(직장) : 벼슬 이름.

7) 爪牙(조아) : 손톱과 발톱. 곧 경호원이나 궁의 문지기를 말한다.

8) 朝歌(조가) : 은나라의 지명. 아침부터 노래 부른다는 뜻. 묵자가 그 이름이 순수하지 않다고 생각했다.

9) 墨翟(묵적) : 묵자(墨子). 겸애설(兼愛說)을 주창했다.

10) 夾谷之會(협곡지회) : 협곡에서의 제후들의 모임. 협곡은 노(魯)나라의 땅이름. '가어(家語)'에 '노나라 정공(定公)과 제나라 제후가 협곡에서 모였는데 공자가 재상의 일을 맡았다. 제나라 사신인 내(萊) 사람들이 정공을 군대로 겁박하자 공자가 계단을 내려와 공에게 아뢰고 물러나면서 '예는 중화를 넘보지 않았고 오랑캐는 중화를 어지럽히지 않았으며 포로는 맹세에 간여하지 않았고 병사들은 핍박하기를 좋아하지 않는다.' 고 하자 제나라 제후가 마음 속으로 부끄러워하며 휘장 안으로 피했다. 제나라에서 음악을 연주하고 광대들을 앞에서 희롱하게 하자 공자가 "보통 사람으로서 현혹하여 제후를 업신여기는 자는 주살하는 죄에 해당한다." 하고는 이에 광대를 베었다. 제나라 임금이 두려워하며 부끄러운 기색이 있었다.

11) 股栗(고율) : 무서워서 다리가 떨다.

12) 臧孫~藥石(장손~약석) : 장손은 노나라 대부 장무중(臧武仲). 이름은 흘(紇)이다. '춘추좌전' 양공(襄公) 23년에 "장손이 말하기를 계손(季孫)씨가 나를 사랑하는 것은 아름다운 맛이 몸에 재앙이 되는 것과 같고 맹손(孟孫)씨가 나를 미워하는 것은 약석(藥石)과 같다. 맛좋은 음식은 약석보다 못하다. 약석은 오히려 나를 살리지만 맛좋은 음식은 그 해독이 더욱 많다.' 고 했다.

6. 자객도 죽이지 못한 우지영(于志寧)

정관 15년에 태자 승건이 농사일이 한참 바쁜 때에 임금의 수레를 모는 가사(駕士)를 불러서 노역을 시키고 쉬는 날을 허락하지 않아서 사람들이 마음 속으로 원망을 품었다. 또 사사로이 돌궐족(突厥族)의 많은 어린아이들을 궁안으로 불러들였다.

우지영이 글을 올려서 간했다.

"신은 들었습니다. 하늘은 높지만 해와 달이 그 덕을 비춰 주고 밝은 임금은 지극히 성스러운데도 보좌하는 신하들이 그 공을 돕습니다.

　그러므로 주(周)나라 성왕(成王 : 誦)은 태자로 오를 때 모숙
(毛叔)과 정필공(鄭畢公)의 도움을 받고, 한(漢)나라 유영(劉
盈)은 장자의 지위에 있을 때 하황공(夏黃公)과 기리계(綺里季)
등 상산사호의 도움을 받았습니다.

　주공단(周公旦)은 백금(伯禽)에게 지켜야 법을 전수하였고
한(漢)나라 가의(賈誼)는 문제(文帝)에게 자신의 의견을 개진
하였는데 이들은 모두 단정한 선비를 가까이 하였으며 바른글을
간절하게 올린 사람들이었습니다.

　역대의 어진 임금으로 태자에게 서너번 훈계치 않은 분이 없습
니다. 진실로 땅을 받고 제위를 이어가야 할 사람으로 임금의 다
음가는 지위에 있으니 태자가 선량하면 온 국토가 그 은혜를 입
고 태자가 사나우면 온 천하가 그 재앙을 입게 됩니다.

　요사이 노비나 말을 모는 자, 수레를 끄는 자, 수의사 들이 초봄
부터 시작하여 여름이 다 갈 때까지 항상 궁 안의 노역만 하고 교
대하지 못했다고 들었습니다. 혹은 가정에 부모가 있어도 자식의
따사로운 정을 받지 못하게 하고, 혹은 가정에 유약한 어린아이
가 있어도 아버지의 보살핌을 끊었습니다.

　봄에는 그들의 농사일을 폐지하고 여름에는 씨 뿌리고 모종하
는 일을 방해하며 일을 시켜서 양육하는 것을 그르치게 하였으니
원망과 탄식이 이를까 두렵습니다. 또 이런 무리의 원성이 황제
에게까지 들어가면 후회해도 소용이 없을 것입니다.

　돌궐족의 달가지(達哥支) 등은 모두 사람의 얼굴에 짐승의 마
음을 가진 자들인데 어찌 예의로써 기약할 수 있겠습니까. 인의
나 신의로 대접하지 못할 사람입니다.

　그들은 마음으로 충과 효를 알지 못하고 언어에서 그 시비를 분
별할 수 없습니다. 가까이하면 태자의 명성에 손상만 있고 빠지
면 태자의 성대한 덕에 보탬이 되지 않을 뿐인데 이끌어서 궁궐
로 들어오게 하자 사람들이 다 놀랐습니다. 어찌 신만이 어리석
어서 홀로 불안하겠습니까?

전하께서는, 위로는 지존(太宗)의 성스런 정을 돕고 아래로는 백성의 기본 희망에 진실해서 조그마한 나쁜 일이라도 반드시 피해야 하고 조그마한 선이라도 반드시 수용해야 하며 다스리고 막아내는 방법과 나쁜 것이 싹트는 일을 방지하는 기술을 두어 어질지 못한 자를 몰아내고 어진이들을 가까이 하셔야 합니다. 이와 같이 하면 선한 도(道)가 날로 융성해지고 아름다운 명성이 스스로 멀리 퍼질 것입니다."

태자 승건이 글을 보고 대노(大怒)하여 자객 장사정(張師政)과 흘간승기(紇干承基)를 우지영의 집으로 보내 살해하도록 하였다.

이 때 우지영은 어머니상을 당했는데도 다시 기용되어 태자첨사로 승차하였다.

두 사람이 몰래 우지영의 집에 들어갔는데 우지영이 거적에서 자고 흙덩이를 베며 여막생활을 하여 모친상 치르는 모습을 보고 차마 죽이지 못하고 중지하였다. 이에 승건이 폐세자가 되고 태종이 그런 사연이 있었음을 알고 우지영을 깊이 위로하였다.

十五年 承乾以務農之時 召駕士[1]等役 不許分番 人懷怨苦 又私引突厥群豎入宮 志寧上書諫曰

臣聞上天蓋高 日月光其德 明君至聖 輔佐贊其功 是以周誦升儲 見匡毛畢[2] 漢盈居震 取資黃綺[3] 姬旦抗法於伯禽[4] 賈生[5]陳事於文帝 咸殷勤於端士 皆懇切於正文 歷代賢君 莫不丁寧於太子者 良以地膺上嗣 位處儲君 善則率土霑其恩 惡則海內罹其禍

近聞僕寺 司馭 駕士 獸醫 始自春初 迄玆夏晚 常居內役 不放分番 或家有尊親 闕於溫情 或室有幼弱 絶於撫養 春旣廢其耕墾 夏又妨其播殖 事乖存育[6] 恐致怨嗟 儻聞天聽[7] 後悔何及 又突厥達哥支等 咸是人面獸心 豈得以禮義期 不可以仁信待 心則未識於忠孝 言則莫辯其是非 近之有損於英聲 昵之無益於盛德 引之入閣 人皆驚駭 豈臣庸識 獨用不安

殿下必須上副至尊聖情 下允黎元本望 不可輕微惡而不避 無容略小善而不爲 理敦杜漸之方 須有防萌之術 屛退不肖 狎近賢良 如此則善道日隆 德音自遠

承乾大怒 遣刺客張師政 紇干[8]承基 就舍殺之 是時丁母憂 起復爲詹事 二人潛入其第 見志寧寢處苫廬[9] 竟不忍而止 及承乾敗 太宗知其事 深勉勞之

1) 駕士(가사) : 임금의 어가를 끄는 사람.

2) 毛畢(모필) : 모숙(毛叔)과 정필공(鄭畢公). 주(周)나라의 신하.

3) 黃綺(황기) : 하황공(夏黃公)과 기리계(綺里季)로 상산사호 중 두 사람.

4) 姬旦抗法於伯禽(희단항법어백금) : 희단은 주공단(周公旦)의 성과 이름이고 백금은 주공단의 아들이다.

5) 賈生(가생) : 한(漢)나라의 가의(賈誼).

6) 存育(존육) : 구제하고 양육하다.

7) 天聽(천청) : 여기서는 천자(天子), 곧 황제를 뜻한다.

8) 紇干(흘간) : 복성(複姓).

9) 苫廬(점려) : 부모상을 당하면 여막을 짓고 그곳에 기거하는데 거적자리를 깔고 흙덩이를 베고 잔다.

정관정요 제5권
〔貞觀政要 第五卷 : 凡五篇〕

제13편 인의를 논하다
(論仁義第十三 : 凡四章)

1. 어진 인재를 기용하여 인의의 정치를 행하다

정관 원년에 태종이 말했다.

"짐이 이전의 제왕들을 관찰해보니 인의도덕으로써 정치를 행한 자는 그 나라의 국운이 대단히 길었다. 그러나 법률을 중히 여기고 국가 권력에 의해 백성을 다스린 자는 비록 일시적으로 난세의 폐해를 건질 수 있었지만 그 국가의 패망도 또한 빨랐다. 앞서간 훌륭한 왕들의 사적을 보면 좋은 귀감(龜鑑)이 되기에 충분하다. 이제 나는 오로지 인의와 성신(誠信)으로써 정치를 행하여 근대의 도덕이 경박해지는 것을 개혁하고자 한다."

이에 황문시랑(黃門侍郞) 왕규가 대답했다.

"천하가 피폐해진 지는 오래되었습니다. 폐하께서는 그 폐해가 아직 남아 있는 세상을 이어서 도덕을 넓히고 나쁜 풍습을 좋게 바꿔 놓으셨으니 만세 후에까지라도 복된 일입니다. 다만 어진이가 아니고서는 다스릴 수가 없으니, 세상을 다스리는 길은 현량(賢良)한 인물을 얻는 데 있습니다."

태종이 다시 말했다.

"짐이 현량한 인재를 얻고자 하는 마음을 어찌 꿈속에서라도 잊을 수 있겠는가."

이번에는 급사중(給事中) 두정륜(杜正倫)이 말했다.

"세상에는 반드시 재능이 뛰어난 인물이 있게 마련이며 그 때에 맞춰 알맞은 인재를 등용하면 됩니다.

어찌 은나라 고종(高宗)이 부열(傅說)을 꿈에 보고 그를 찾아
서 재상을 삼고, 주(周)나라 문왕이 여상(呂尙)을 만난 것 같은
일을 기다린 연후에 정치를 하겠습니까."

태종이 깊이 두정륜의 말을 받아들였다.

貞觀元年 太宗曰 朕看古來帝王 以仁義爲治者 國祚¹⁾延長 任法御人
者 雖救弊於一時 敗亡亦促 旣見前王成事 足是元龜²⁾ 今欲專以仁義誠
信爲治 望革近代之澆薄³⁾也 黃門侍郎王珪對曰 天下彫喪⁴⁾日久 陸下承
其餘弊 弘道移風 萬代之福 但非賢不理 惟在得人 太宗曰 朕思賢之情
豈捨夢寐 給事中杜正倫進曰 世必有才 隨時所用 豈待夢傅說 逢呂尙
然後爲治乎 太宗深納其言

1) 國祚(국조) : 나라의 복운.

2) 元龜(원귀) : 훌륭한 표본. '귀감'과 같음. 모범.

3) 澆薄(요박) : 인정이 경박한 일.

4) 彫喪(조상) : 쇠약함. 피폐함.

2. 정치란 잘 다스리는 일과 어지러움 뿐이다

정관 2년에 태종이 주위 신하들에게 말했다.

"짐은 난리가 있은 이후에는 풍속을 바꾸기가 어렵다고 했는데
근래에 백성을 살펴보니 점점 청렴과 염치를 알게 되고 관리와 백
성은 법을 받들고 도적들은 나날이 줄어들고 있다고 한다.

그래서 사람들에게 변하지 않는 풍속이란 없고 다만 정치에서
다스림과 어지러움이 있음을 알았다.

나라를 위하는 도는, 반드시 인과 의로써 어루만져 주고 위엄과
믿음으로써 보여 주며 사람들의 마음을 따라서 가혹하고 까다로
운 것을 제거해 주고 이단(異端)을 만들지 않는다면 자연히 안
정될 것이다. 그대들은 함께 이러한 일들을 실행하기 바란다."

貞觀二年 太宗謂侍臣曰 朕謂亂離之後 風俗難移 比觀百姓漸知廉恥

官人奉法 盜賊日稀 故知人無常俗 但政有治亂耳 是以爲國之道 必須
撫之以仁義 示之以威信 因人之心 去其苛刻 不作異端[1] 自然安靜 公
等宜共行斯事也

1) 異端(이단) : 성인(聖人)의 도가 아닌 도(道). 사악한 도(道).

3. 수양제가 갑옷과 병기가 부족해서 멸망했겠는가

정관 4년에 방현령이 태종에게 아뢰기를

"지금 무기고를 검열했는데 갑옷이나 병장기가 수(隋)나라 때
보다 더욱 많아졌습니다."

하자, 태종이 말했다.

"병사를 정돈하고 도둑을 방비하는 일도 매우 중요한 일이다.
그러나 경들이 마음에 지니고 있는 도리로써 충성과 바름을 다 힘
써서 백성을 안락하게 해 주는 일이 짐의 갑옷과 병장기들이다.

수나라 양제가 어찌 갑옷과 병장기가 부족해서 멸망에 이르렀
겠는가? 그는 바른도인 인의를 닦지 않음으로써 모든 신하의 원
한을 사서 배반당한 것이다. 마땅히 이런 점을 인식해야 한다."

貞觀四年 房玄齡奏言 今閱武庫 甲仗[1]勝隋日遠矣 太宗曰 飭兵備寇
雖是要事 然唯欲卿等以存心理道 務盡忠貞 使百姓安樂 便是朕之甲
仗 隋煬帝豈爲甲仗不足 以至滅亡 正由仁義不修 而群下[2]怨叛故也
宜識此心

1) 甲仗(갑장) : 갑옷과 병장기.
2) 群下(군하) : 모든 신하와 백성.

4. 인의(仁義)의 도를 행하겠다

정관 13년에 태종이 주위 신하들에게 말했다.

"숲이 우거져 깊으면 많은 새가 서식하고, 물의 흐름이 크면 많
은 물고기가 노닌다. 사람이 인과 의를 행하여 거듭 쌓으면 천하

만물이 자연히 그 사람을 사모하여 돌아오게 된다.

　세상 사람들은 모두 재앙을 두려워하며 피할 줄은 알면서 인의의 도를 실행하면 재앙이 일어나지 않는다는 사실은 알지 못한다.

　인의의 도는 언제나 마음에 간직해 두어야 하며, 끊임없이 행해야 한다. 만약 극히 짧은 동안이라도 마음이 해이해지고 게을러진다면 인의와 거리가 멀어질 것이다. 마치 음식물이 신체를 유지시켜 주듯이, 항상 배부르게 먹어두어야 자신의 생명을 보존하는 것과 같은 일이다."

　왕규가 이 말을 듣고 머리숙여 절하고 말했다.

　"폐하께서 지금 하신 말씀을 아신다는 사실은 천하의 백성에게 매우 큰 행복입니다."

　貞觀十三年 太宗謂侍臣曰 林深則鳥棲 水廣則魚游 仁義積則物自歸之 人皆知畏避災害 不知行仁義則災害不生 夫仁義之道 當思之在心 常令相繼 若斯須懈怠[1] 去之已遠 猶如飮食資身 恒令腹飽 乃可存其性命 王珪頓首[2]曰 陛下能知此言 天下幸甚

1) 斯須懈怠(사수해태) : 사수는 잠시, 짧은 시간. 해태는 게으름.
2) 頓首(돈수) : 머리를 땅에 대고 예를 다해 절하다.

제14편 충성과 의리를 논하다
(論忠義第十四 : 凡十五章)

1. 살려 준 은혜에 충성으로 보답한 풍립(馮立)

풍립은 무덕 연간에 동궁율(東宮率)이 되어 은태자(隱太子 : 태종의 형)의 총애를 받았다. 태자가 죽게 되었을 때 좌우에서 모시던 많은 사람들이 다 도망가고 흩어지자 풍립이 탄식하여 말했다.

"어찌 살아 있을 때는 그 은혜를 받고 죽게 되자 그 어려움이 닥칠 것을 피해 도망하는가?"

이에 병사를 인솔하여 현무문을 침범하여 고전해서 둔영장군(屯營將軍) 경군홍(敬君弘)을 죽이고 그 부하들에게 말했다.

"죽은 태자의 은혜에 조금이나마 보답하였다."

말을 끝내고는 병사를 해산시키고 교외로 달아났다.

오래 지나지 않아서 풍립이 찾아와 죄를 청했다.

태종이 그의 죄목을 들어 책망하기를

"너는 지난날 병사를 출동시켜 전쟁을 일으켜서 나의 병사를 크게 살상했으니 어떻게 죽음을 피할 수 있겠느냐?"

라고 하자, 풍립이 슬피 울면서 대답했다.

"저는 관직에 나와 주군을 섬기면서 생명을 바쳐 보답할 것을 기약했는데 싸움이 있던 그 날도 꺼리거나 두려워한 일이 없습니다."

풍립은 슬픔을 억제하지 못하고 더욱 슬프게 울었다. 태종이 그를 너그러이 위로하고 좌둔위중랑장(左屯衛中郞將)으로 제수했다.

이에 풍립이 자신과 친한 사람들에게 말했다.

"크나큰 은혜를 입어 다행히 사면받았다. 이에 보답할 것이다."

얼마 있지 않아서 돌궐족이 편교(便橋)까지 쳐들어왔다. 풍립은 수 백의 기병을 이끌고 나아가 함양(咸陽)에서 싸웠는데 죽이고 사로잡은 포로가 매우 많았으며 그의 위력에 돌궐족이 눌려 굴복하였다. 태종이 듣고 매우 칭찬하였다.

제왕(齊王) 원길(元吉)의 부(府)에서 벼슬한 좌거기(左車騎) 사숙방(謝叔方)이 부(府)의 병사를 이끌고 풍립과 함께 힘을 합쳐 싸우던 때에 경군홍과 중랑장 여형(呂衡)을 죽이니 진왕부(秦王府 : 태종) 군대의 사기가 저하되었다.

진왕부의 호군위(護軍尉) 울지경덕(尉遲敬德)이 원길을 죽여서 머리를 보이자 사숙방이 말에서 내려 대성통곡하고 절을 올린 후 달아났다가 다음 날 자수했다.

태종은 "의사(義士)이다."라고 말하고는 석방하라 명령하고 그를 우익위랑장(右翊衛郎將)에 제수하였다.

馮立[1] 武德中爲東宮率[2] 甚被隱太子親遇 太子之死也 左右多逃散 立歎曰 豈有生受其恩 而死逃其難 於是率兵犯玄武門 苦戰 殺屯營將軍敬君弘[3] 謂其徒曰 微以報太子矣 遂解兵遁於野 俄而來請罪 太宗數之曰 汝昨者出兵來戰 大殺傷吾兵 將何以逃死 立飲泣而對曰 立出身事主 期之効命 當戰之日 無所顧憚 因獻欷[4]悲不自勝 太宗慰勉之 授左屯衛中郎將[5] 立謂所親曰 逢莫大之恩 幸而獲免 終當以此奉荅

未幾 突厥至便橋 率數百騎 與虜戰於咸陽 殺獲甚衆 所向皆披靡 太宗聞而嘉歎之 時有齊王元吉府左車騎謝叔方[6] 率府兵與立合軍拒戰 及殺敬君弘 中郎將呂衡[7] 王師不振 秦府護軍尉尉遲敬德[8] 乃持元吉首以示之 叔方下馬號泣 拜辭而遁 明日出首 太宗曰 義士也 命釋之 授右翊衛郎將[9]

1) 馮立(풍립) : 풍익 사람. 태종의 형인 은(隱)태자의 호위무사였다.
2) 東宮率(동궁율) : 당(唐)나라 직제에, 동궁에 좌우율부(左右率府)를 두고 병장기와 숙직 등의 일을 총괄하게 했다.
3) 敬君弘(경군홍) : 태종이 진왕(秦王)으로 있을 때의 장군. 강주 사람이다. 후에 좌둔위대장군(左屯衛大將軍)에 추증되었다.

4) 歔欷(허희) : 흑흑 흐느껴 우는 모습. 비탄에 잠긴 모습.

5) 左屯衛中郎將(좌둔위중랑장) : 당나라 때 궁중의 숙직을 관장하던 직책.

6) 謝叔方(사숙방) : 만년(萬年) 사람으로 원길(元吉)의 신하.

7) 呂衡(여형) : 여세형(呂世衡)인데 태종의 이름자를 피하여 여형으로 썼다.

8) 尉遲敬德(울지경덕) : 위(尉)는 음이 울(蔚)이고 울지는 복성(複姓)이다.
경덕은 자이고 이름은 공(恭)이다. 삭주(朔州) 사람이며 유무주장(劉武周
將)이 되었다. 무덕 초에 지역을 가지고 항복해 왔고 우부통군(右府統軍)이
되고 뒤에 은태자(隱太子)를 토벌하여 공이 있었으며 악국공(鄂國公)에 봉
해졌다. 죽어서는 서주도독(徐州都督)으로 추증되었다.

9) 右翊衛郎將(우익위랑장) : 물건을 바치고 시중드는 일을 총괄했다.

2. 충렬의 선비는 용기가 있다

정관 원년에 태종이 한가한 때에 수(隋)나라가 망한 일을 언급
하면서 개연(慨然)히 탄식하여 말했다.

"요사렴(姚思廉)이 병기(兵器)를 두려워하지 않고 대의명분을
밝혀 옛 사람들에게서 구했으니 또한 무엇으로 더할 수 있겠는가."

요사렴은 당시에 낙양(洛陽)에 있었으므로 비단 3백 단을 보
내고 아울러 편지를 보내면서 말했다.

"경의 충성스런 풍모를 상상하고 있으므로 이런 물건을 보낸다."

처음 수(隋)나라 대업(大業) 말년에 요사렴은 수나라 대왕(代
王) 유(侑)의 시독이 되었다. 이 때는 의병이 기치를 들고 경성을
함락한 때이므로 대왕(代王) 부(府)에 있던 관료들이 모두 놀라서
흩어졌는데 오직 요사렴만 대왕을 모시고 그 곁을 떠나지 않았다.

병사들이 어전에 올라오자 요사렴이 성난 소리로 말했다.

"당공(唐公)이 의병을 일으킨 근본은 왕실을 바로잡는데 데 목
적을 두었다. 경들은 왕에게 무례하게 행동하지 말라."

병사들이 그의 말에 굴복하여 조금씩 물러나서 계단 아래에 도
열했다. 조금 있다가 고조가 도착하여 이런 이야기를 듣고 의롭
게 여겨서 대왕 유를 부축해서 순양(順陽) 합하(閤下)로 갈 것

을 허락했다. 요사렴은 눈물을 흘리면서 예절을 갖추고 떠나갔다. 보는 사람이 함께 탄식하여 말했다.

"충렬(忠烈)의 선비나 인(仁)한 자는 용맹이 있다고 하더니 이런 사람을 일컫는 것이다."

貞觀元年 太宗嘗從容[1]言及隋亡之事 慨然歎曰 姚思廉不懼兵刃 以明大節 求諸古人 亦何以加也 思廉時在洛陽 因寄物三百段 幷遺其書曰 想卿忠節之風 故有斯贈

初 大業末 思廉爲隋代王侑[2]侍讀 及義旗尅京城時 代王府僚多駭散 惟思廉侍王 不離其側 兵士將昇殿 思廉厲聲謂曰 唐公[3]擧義兵 本匡王室 卿等不宜無禮於王 衆服其言 於是稍卻 布列階下 須臾高祖至 聞而義之 許其扶代王侑至順陽閤下 思廉泣拜而去 見者咸歎曰 忠烈之士 仁者有勇 此之謂乎

1) 從容(종용) : 한가한 때.
2) 代王侑(대왕유) : 수(隋)나라 원덕태자(元德太子)의 아들. 양제(煬帝) 13년에 남쪽으로 순행할 때 유(侑)를 장안(長安)에 머무르게 했는데 고조가 장안을 장악하고 유를 세워서 황제로 삼았다.
3) 唐公(당공) : 고조는 처음에 당공(唐公)에 봉해졌었다.

3. 형들의 장례를 다시 지내 주다

정관 2년에 식은왕(息隱王) 건성(建成)과 해릉왕(海陵王) 원길(元吉)을 장사 지내려 했다.

상서우승 위징과 황문시랑 왕규가 장례의식에 참가하게 해달라고 청하는 의견서를 올렸다.

"신들은 과거에 태상왕(太上王 : 고조)의 명을 받아 동궁에서 직책을 맡았으며 태자궁을 12년이나 출입했습니다. 은태자께서 종사에 틈을 보이고 사람과 신령에게 죄를 얻었는데도 저희들은 함께 죽지 못했습니다. 기꺼이 죽음을 따라야 하는 그 죄를 짊어지고 있는데도 조정의 녹을 받고 높은 반열에 배치되어 있는데 할 일

없이 생애를 마친다면 장차 어떻게 태상왕에게 보답하겠습니까?

폐하께서는 덕이 천하를 비추고 도가 앞서간 왕들의 으뜸이십니다. 높은 산에 올라 감정을 찾고 형제의 정을 추모하며 사직의 대의를 밝히고 골육의 깊은 은혜를 펴시었습니다. 두 분 형제 왕들의 장례일을 점쳐서 멀리 기약한 날이 있습니다.

신들은 옛 일을 영원히 생각할 것이며 구신이라는 말 듣는 것이 부끄럽습니다. 임금을 잃었는데 또 임금이 있으니, 비록 임금을 섬기는 예절을 폈더라도 묵은 풀이 다시 살아나는데도 전송하는 슬픔을 다 펴지 못하였습니다. 저 구원(九原 : 九泉 - 묘지, 황천)을 바라보면서 여러 가지 일을 뜻깊게 새겨 보겠습니다. 장사지낼 날이 다가오기에 그 날 전송하러 묘소에 이르고자 합니다."

태종이 의롭게 여겨 허락하고 궁부(宮府)의 옛 관리들은 다 장례식에 참석하게 하였다.

貞觀二年 將葬故息隱王建成 海陵王元吉 尙書右丞魏徵與黃門侍郎王珪 請預陪送 上表曰

臣等昔受命太上 委質東宮 出入龍樓 垂將一紀[1] 前宮結釁宗社 得罪人神 臣等不能死亡 甘從夷戮[2] 負其罪戾 實錄周行 徒竭生涯 將何上報 陛下德光四海 道冠前王 陟岡有感 追懷棠棣 明社稷之大義 申骨肉之深恩 卜葬二王 遠期有日 臣等永惟疇昔 忝曰舊臣 喪君有君 雖展事君之禮 宿草將列 未申送往之哀 瞻望九原 義深凡百 望於葬日 送至墓所

太宗義而許之 於是宮府舊僚吏 盡令送葬

1) 一紀(일기) : 12년을 말한다.
2) 夷戮(이륙) : 죽이다. 베다.

4. 수(隋)나라 때 진짜 충신은 누구인가?

정관 5년에 태종이 주위 신하들에게 말했다.

"충신이나 열사(烈士)가 어느 시대인들 없겠는가? 그대들은 수나라 조정에서 누가 충성과 절개를 지켰다고 알고 있는가."

왕규가 대답했다.

"신이 듣기로는, 태상승(太常丞) 원선달(元善達)이 경성유수로 있을 때 많은 역적들이 마음대로 왔다갔다 하는 일을 보고 기마를 달려 멀리 강도(江都)까지 나아가 양제에게 간했는데 양제는 경사로 돌아갈 것을 명했습니다. 자신의 말이 받아들여지지 않자 뒤에 다시 눈물을 흘리며 지극히 간했는데 양제는 화를 내고 병사를 시켜 멀리 내쫓았으며, 그는 풍토병으로 죽었습니다. 호분랑중(虎賁郎中) 독고성(獨孤盛)이 있는데 강도의 숙위(宿衛)로 있을 때 우문화급이 반역하자 혼자 몸으로 대항하다 죽었다고 합니다."

태종이 말했다.

"굴돌통(屈突通)이 수나라의 장수가 되어서 우리와 동관(潼關)에서 싸웠는데 경성이 함락되었다는 소식을 듣고 병사를 이끌고 동쪽으로 도망하였다. 이 때 의병들이 도림(桃林)까지 추격하였다. 짐이 그의 노비들을 보내 가서 항복을 권하도록 했으나 그는 급히 노비들을 죽였다. 또 그의 아들을 보내니 아들을 보고 이르기를 '나는 수나라 조정에 등용되어 이미 두 임금을 섬겼다. 지금은 내가 절개를 지켜 죽을 때이니 너는 나와는 부자가 되지만 지금은 우리 집안의 원수가 된다.'고 하고 아들에게 활을 쏘자 그의 아들이 도망하였다.

그가 이끌던 병사들이 다 뿔뿔이 흩어지고 굴돌통 자신만 홀로 남아 동남쪽을 향하여 통곡하고 슬픔을 다하더니 '나는 나라의 은혜를 입어 장수에 임명되었는데 지혜와 힘이 모두 다해 이처럼 패망에 이르렀다. 내가 나라에 충성을 다하지 않은 것이 아닌가.'라고 말을 마친 후에 추격하던 병사들에게 사로잡혔다.

태상황이 그에게 관직을 주었으나 매번 병을 핑계로 사양하였다. 이런 충절은 진실로 아름다운 일 아닌가?"

이에 담당 관리에게 조칙을 내려 수나라 대업(大業) 연간에 수양제에게 직간하다 피살된 자들의 자손을 찾아서 아뢰게 하였다.

貞觀五年 太宗謂侍臣曰 忠臣烈士 何代無之 公等知隋朝誰爲忠貞 王

珪曰 臣聞太常丞[1]元善達 在京留守 見群賊縱橫 遂轉騎遠詣江都諫煬帝
令還京師 旣不受其言 後更涕泣極諫 煬帝怒 乃遠使追兵 身死瘴癘之地[2]
有虎賁郎中獨孤盛[3] 在江都宿衛 宇文化及起逆 盛惟一身 抗拒而死

太宗曰 屈突通[4]爲隋將 共國家戰於潼關[5] 聞京城陷 乃引兵東走 義
兵追及於桃林[6] 朕遣其家人往招慰 遽殺其奴 又遣其子往 乃云 我蒙隋
家驅使 已事兩帝 今者吾死節之秋 汝舊於我家爲父子 今則於我家爲仇
讎 因射之 其子避走 所領士卒多潰散 通惟一身 向東南慟哭盡哀 曰 臣
荷國恩 任當將帥 智力俱盡 致此敗亡 非臣不竭誠於國 言盡 追兵擒之
太上皇授其官 每託疾固辭 此之忠節 足可嘉尙 因敕所司 探訪大業中
直諫被誅者子孫聞奏

1) 太常丞(태상승) : 경(卿)의 보좌관.

2) 瘴癘之地(장려지지) : 풍토병.

3) 獨孤盛(독고성) : 독고는 복성. 성(盛)은 이름이다.

4) 屈突通(굴돌통) : 굴돌은 복성이고 통(通)은 이름이다.

5) 潼關(동관) : 지금의 화주 화양현.

6) 桃林(도림) : 지금의 협주 도림현(桃林縣).

5. 나라를 위한 일이라는 것을 알고 있다

정관 6년에 좌광록대부(左光祿大夫) 진숙달(陳叔達)에게 예
부상서(禮部尙書)를 제수하고 말했다.

"무덕 연간에 그대는 일찍부터 태상황(太上皇 : 고조)에게 직
언하여 짐에게 '안정시킨 대공(大功)이 있으니 폐출시키는 일은
옳지 않습니다.'라고 밝혔다. 짐은 본성이 매우 강하고 굳세서 만
약 억눌리고 꺾이는 일이 있었다면 울분을 이기지 못할까 두려워
하여 병들어 죽음에 이르렀을 것이다. 지금 그대의 충직한 행동
에 대하여 이 직책을 상으로 제수한다."

진숙달이 대답했다.

"신은 수나라 부자(父子)가 서로 베고 죽여서 멸망에 이르렀다
고 봅니다. 어찌 눈으로 직접 이전 수레가 전복된 사실을 보고 그

것을 고치지 않겠습니까? 신은 정성을 다해 간언했을 뿐입니다."
　태종이 말했다.
　"짐은 그대가 나 한 사람을 위해서 한 일이 아니라 나라를 위하
여 한 일이라는 것을 알고 있다."

　貞觀六年 授左光祿大夫陳叔達[1]禮部尙書 因謂曰 武德中 公曾進直
言於太上皇 明朕有克定大功 不可黜退云 朕本性剛烈 若有抑挫 恐不
勝憂憤 以致疾斃之危 今賞公忠謇 有此遷授 叔達對曰 臣以隋氏父子
自相誅戮 以至滅亡 豈容目覩覆車 不改前轍 臣所以竭誠進諫 太宗曰
朕知公非獨爲朕一人 實爲社稷之計

1) 陳叔達(진숙달) : 자는 자총(子聰)이고 진선제(陳宣帝)의 아들이다. 무덕
　초에 납언(納言)을 판단했다. 처음에 건성(建成) 형제가 태종을 다투어 이
　간하자 고조가 의심했다. 이 때 진숙달이 성의를 다해 간하였다. 당고조 때 강
　국공(江國公)에 봉해졌다. 정관 초년에 광록대부로 임명되었다.

6. 처자가 구슬을 파는 일은 죄가 되지 않습니다

　정관 8년의 일이다.
　앞서서 계주(桂州)도독 이홍절(李弘節)이 청백리로 세상에
알려졌는데 그가 죽은 후에 그의 집에서 구슬(보석)을 팔았다.
　태종이 듣고 조회에서 밝혀 말했다.
　"이 사람이 살아 생전에 정승들까지 그를 깨끗하다고 말했는데
오늘날 일이 이러하다. 천거한 자가 어찌 죄가 없겠는가. 반드시
깊이 다스려서 그냥 놓아 두어서는 안 된다."
　시중(侍中) 위징이 잠깐 있다가 말했다.
　"폐하께서는 평생동안 이 사람이 부정했다고 말씀하셨는데 그
가 재물을 받는 일을 본 적이 없습니다. 지금 그 집에서 구슬을 판
다는 소문을 듣고 장차 천거한 자를 죄 준다고 하시니 신은 그 뜻
을 모르겠습니다. 지금의 조정이 있은 이래로 나라를 위해 충성
을 다하고, 맑고 곧으며 행동을 삼가하고 처음과 끝이 변하지 않

은 사람은 굴돌통과 장도원(張道源)뿐입니다. 굴돌통의 아들 세 사람이 뽑혀 왔지만 삐쩍 마른 말 한 필만 있습니다. 장도원의 아들은 생존시키지도 못하면서 한 마디 언급도 없었습니다.

이홍절은 나라를 위해 공을 세웠으며, 전후에는 크게 상을 받아서 관직에 있었는데 죽은 후까지 탐하고 잔인하다는 말이 없었습니다. 그의 처자가 구슬을 파는 일은 죄가 되지 않습니다.

맑은 자를 살펴 위문하는 일은 없으면서 혼탁함을 의심하여 천거한 사람까지 꾸짖으신다면 나쁜 것은 미워하면서 의심하지 않고 선은 좋아하면서 돈독하지 않은 것입니다.

신이 간절히 생각해보니 그 옳음을 보지 못하겠고 알려져 들리는 일들이 잘못된 보고에서 생기지 않았나 두렵습니다."

태종이 손바닥을 어루만지며 말하였다.

"잠시동안 생각하지 못해서 이런 말을 들었다. 이야기의 진위를 알기는 쉽지 않은 일이니 아울러 묻지 말라. 굴돌통이나 장도원의 아들에게 각각 관직을 주도록 하라."

貞觀八年 先是桂州都督李弘節以淸愼聞 及身歿後 其家賣珠 太宗聞之 乃宣於朝 曰 此人生平 宰相皆言其淸 今日旣然 所擧者豈得無罪 必當深理之 不可捨也

侍中魏徵承間言曰 陛下平生言此人濁 未見受財之所 今聞其賣珠 將罪擧者 臣不知所謂 自聖朝以來 爲國盡忠 淸貞愼守 終始不渝 屈突通 張道源[1]而已 通子三人來選 有一匹羸馬 道源兒子不能存立 未見一言 及之 今弘節爲國功 前後大蒙賞賚 居官歿後 不言貪殘 妻子賣珠 未爲有罪 審其淸者 無所存問 疑其濁者 旁責擧人 雖云疾惡不疑 是亦好善不篤 臣竊思度 未見其可 恐有識聞之 必生枉議[2]

太宗撫掌曰 造次不思 遂聞此語 方知談不容易 竝勿問之 其屈突通 張道源兒子 宜各與一官

1) 張道源(장도원) : 병주(幷州) 사람. 처음에 병주를 지켜 역적들을 토벌해서 대리경(大理卿)에 배수되었다.

2) 枉議(왕의) : 본의를 왜곡시켜서 아뢰다.

7. 출척사(黜陟使)를 전국에 파견하다

정관 7년에 태종이 각 도에 출척사(黜陟使)를 파견하려고 사람을 선발했는데 기내도(畿內道 : 수도 인근의 도)에는 알맞은 사람을 구하지 못했다.

태종이 친히 정하려고 방현령 등에게 물었다.

"기내도의 일이 가장 중요한데 누구를 출척사로 채용하는 것이 좋겠는가?"

우복야(右僕射) 이정(李靖)이 대답했다.

"기내도의 일은 큰 일입니다. 위징이 아니면 적합한 사람이 없습니다."

태종이 얼굴색을 붉히며 말하였다.

"짐은 지금 구성궁(九成宮)으로 가려 하는데 또한 작은 일이 아니다. 어찌 위징을 출척사로 보낼 수 있겠는가. 짐은 매일 행동할 때마다 그와 떨어져 있는 것을 원하지 않는다. 그것은 짐의 옳고 그름과 얻고 잃음을 보고 지적하는 것이 적중하기 때문이다. 그대들이 능히 나를 바로잡을 수 있겠는가. 갑자기 이런 말을 하는 것은 크게 도리에 맞지 않는 것 같다."

이에 곧 명령하여 이정을 출척사로 채웠다.

貞觀七年 太宗將發諸道¹⁾ 黜陟使²⁾ 畿內道³⁾ 未有其人 太宗親定 問於房玄齡等曰 此道事最重 誰可充使 右僕射李靖曰 畿內事大 非魏徵莫可 太宗作色曰 朕今欲向九成宮 亦非小 寧可遣魏徵出使 朕每行不欲與其相離者 適爲其見朕是非得失 公等能正朕 不可因輒有所言 大非道理 乃卽令李靖充使

1) 道(도) : 당(唐)나라에서는 천하를 10도(十道)로 나누었다. 관내(關內), 하남(河南), 하동(河東), 하북(河北), 산남(山南), 농우(隴右), 회남(淮南), 강남(江南), 검남(劍南), 영남(嶺南)이다.

2) 黜陟使(출척사) : 관리의 비리나 부정을 캐서 몰아내고 계속 임용할 것을 결

정하는 관리.

3) 畿內道(기내도) : 경기도와 같은 중국의 도 곧 관내도(關內道)이다.

8. 죽더라도 살아 있는 것과 같습니다

정관 9년에 소우가 상서좌복야가 되었다. 이 날은 일찍부터 잔치가 열려 신하들이 모였는데 태종이 방현령에게 말했다.

"무덕(武德) 6년 이후에는 태상황께서 나를 태자로 삼을 마음이 없으셨다. 나는 그 때 형제들에게 용납되지 못했고 실제로는 공(功)이 높은데 상을 받지 못할까 하는 두려움이 있었다. 소우는 나를 위해 크나큰 이익에도 유혹되지 않고 사형에 처해지는 일도 두려워하지 않았으니 국가의 진실한 신하다."

이에 시를 지어 하사했다.

"바람이 거세게 불면 억센 풀을 알아보고
나라가 어지러우면 진실한 신하를 알 수 있다."

소우가 절을 올려 사례하고 말했다.

"신은 특별히 경계하고 조심하라는 훈계를 받았습니다. 신을 충성스런 신하로 승인해 주시니 비록 죽더라도 살아 있을 때와 같을 것입니다."

貞觀九年 蕭瑀爲尙書左僕射 嘗因宴集 太宗謂房玄齡曰 武德六年已後 太上皇有廢立之心 我當此日 不爲兄弟所容 實有功高不賞之懼 蕭瑀不可以厚利誘之 不可以刑戮懼之 眞社稷臣也 乃賜詩曰 疾風知勁草 板蕩[1]識誠臣 瑀拜謝曰 臣特蒙誡訓 許臣以忠諒 雖死之日 猶生之年

1) 板蕩(판탕) : 정치를 잘못하여 나라가 어지러워지다.

9. 청백리 양진(楊震)의 묘에 제문을 올리다

정관 11년에 태종이 한(漢)나라 때 태위(太尉)를 지낸 양진(楊震)의 묘에 행차하여 양진이 충성을 다했지만 비명에 간 일을 애도하고 몸소 제문을 지어서 제사 지냈다.

방현령이 앞으로 나아가서 말했다.

"양진은 비록 당시에 일찍 죽었으나 수백 년이 지난 뒤에 바야흐로 군주를 만났습니다. 군주께서 수레를 멈추고 걸음을 멈추어 몸소 묘소까지 참배했으니 비록 죽었으나 살아 있는 것과 같고 죽었어도 썩지 않았다고 이를 수 있습니다.

백기에게 도움이 됨은 깨닫지 못할지라도 구천 아래에서도 다행히 성은을 입어서 기뻐할 것입니다.

엎드려 폐하의 제문을 읽고 감탄했으며 또한 위로도 되었습니다. 모든 군자가 어찌 감히 명예와 절개를 더욱 힘쓰지 않겠으며 좋은 일을 하면 그 보답이 있다는 것을 알지 못하겠습니까?"

貞觀十一年 太宗行至漢太尉楊震[1]墓 傷其以忠非命 親爲文以祭之 房玄齡進曰 楊震雖當年夭枉[2] 數百年後 方遇聖明 停輿駐蹕 親降神作 可謂雖死猶生 沒而不朽 不覺助伯起[3] 幸賴欣躍於九泉之下矣 伏讀天文 且感且慰 凡百君子 焉敢不勖勵名節 知爲善之有效

1) 楊震(양진) : 자는 백기(伯起). 한(漢)나라 안제(安帝) 때 홍농(弘農) 사람이며 청백리이다. 유학자들이 관서부자(關西夫子)라고 칭한다.
2) 夭枉(요왕) : 일찍 죽다.
3) 伯起(백기) : 양진의 자(字)이다.

10. 어찌 홍연(弘演) 같은 인물이 없겠습니까

정관 11년에 태종이 주위 신하들에게 말했다.

"적인(狄人 : 오랑캐)이 위(衛)나라 의공(懿公)을 살해하여 그의 고기를 다 먹고 나서 다만 간(肝)만 남겨 놓았는데 의공의 신하 홍연(弘演)이 하늘을 우러러 대성통곡하고는 자기 몸을 갈라서 자기 간을 꺼내고 대신 의공의 간을 자기 뱃속에 넣었다는 이야기가 있다. 지금 세상에서는 그 같은 충렬(忠烈)한 신하를 구하고자 해도 아마 얻지 못할 것이다."

이에 특진관 위징이 대답했다.

"옛날에 진(晉)나라 예양(豫讓)은 지백(智伯)을 위해 복수하기로 다짐하고 조양자(趙襄子)를 찔러 죽이고자 했습니다. 그런데 오히려 조양자가 늘 자기를 죽이고자 노리던 예양을 잡아서 묻기를 '그대는 이전에 범씨(范氏)와 중행씨(中行氏)를 섬기지 않았는가. 지백은 그들을 멸망시켜 버렸다. 그럼에도 불구하고 그대는 오히려 지백을 섬겨, 멸망한 범씨나 중행씨의 복수를 하지 않았다. 그런데 이제 와서 지백을 위해 복수하려는 까닭은 무엇인가.' 라고 하자, 예양이 답하기를 '나는 이전에 범씨와 중행씨를 섬겼는데 범씨와 중행씨는 다 나를 보통의 신하로 대했으므로 나도 보통 신하의 정도로 그들에게 은혜를 갚았습니다. 지백은 나를 국사(國士)로 대우했으므로 나는 국사로서의 은혜 갚음을 하고자 하는 것입니다.' 라고 했다는 이야기가 있습니다.

이것은 군주가 신하를 어떻게 예우하느냐에 따른 일이지 어찌 홍연 같은 인물이 없다고 말할 수 있겠습니까."

貞觀十一年 太宗謂侍臣曰 狄人[1]殺衛懿公[2] 盡食其肉 獨留其肝 懿公之臣弘演 呼天大哭 自出其肝 而內懿公之肝於其腹中 今覓此人 恐不可得

特進魏徵對曰 昔豫讓[3]爲智伯[4]報讎 欲刺趙襄子 襄子執而獲之 謂之曰 子昔事范中行氏[5]乎 智伯盡滅之 子乃委質[6]智伯 不爲報讎 今卽爲智伯報讎何也 讓荅曰 臣昔事范中行 范中行以衆人遇我 我以衆人報之 智伯以國士[7]遇我 我以國士報之 在君禮之而已 亦何謂無人焉

1) 狄人(적인) : 옛날에 중국의 북방을 차지하고 있던 민족.

2) 殺衛懿公(살위의공) : 의공의 이름은 적(赤). 적인(狄人)이 위(衛)나라를 쳐서 멸망시킨 사실은 '춘추좌씨전(春秋左氏傳)'에 보인다. 홍연(弘演)의 이야기는 '여씨춘추(呂氏春秋)' 중동기(仲冬記) 충렴편(忠廉篇)에 있다.

3) 豫讓(예양) : 전국 시대(戰國時代) 진(晉)나라의 자객. 이 이야기는 '사기(史記)' 자객전(刺客傳)에 있다.

4) 智伯(지백) : 진(晉)나라 6경(六卿)의 하나. 뒤에 한(韓)·위(魏)·조(趙)

3씨(三氏)에 의해 멸망되었다.

5) 范中行氏(범중행씨) : 범씨(范氏)와 중행씨(中行氏). 춘추 시대 진(晉)나라 에, 범씨 중행씨 지씨(智氏) 한씨(韓氏) 위씨(魏氏) 조씨(趙氏)의 6경(六卿) 이 있었다. 춘추 시대 말기에 진나라 공실(公室)의 힘은 약해지고 6경은 강대 해져 서로 공벌(攻伐)을 일삼은 결과, 먼저 범씨와 중행씨가 멸망하고, 이어 지씨가 멸망했다. 한씨와 위씨와 조씨가 진나라를 3분하여 각각 독립하였다.

6) 委質(위지) : 지(質)는 지(贄)와 통하며 '선물'의 뜻이고 '지'로 읽는다. 예 물을 바치고 군신의 약속을 맺는 일.

7) 國士(국사) : 나라에서 제일등급의 인물.

١١. 충성을 다한 요군소(堯君素)를 칭찬하다

정관 I2년에 태종이 포주(蒲州)를 순행하면서 조서를 내렸다.
"수(隋)나라에 옛날 응격랑장(鷹擊郎將) 요군소(堯君素)라 는 사람이 있었는데 지난날 대업(大業) 연간에 하동(河東)에서 임무를 맡아 충과 의를 고수하며 지극히 신하의 절개를 다하였다. 비록 걸(桀)왕의 개가 요임금을 보고 짖는 것과 같고 창을 거 꾸로 하는 뜻에는 어긋남이 있었으나 거센 바람이 불어야 억센 풀 을 알 듯이 실상은 역경 속에서도 변하지 않는 마음을 나타냈다. 이제야 이곳을 밟으며 지나간 일을 미루어 생각하니 마땅히 은총 을 내려서 권장하도록 해야겠다. 가히 포주좌사로 추증하고 그의 자손을 탐문하여 나에게 보고하도록 하라."

貞觀十二年 太宗幸蒲州[1] 因詔曰 隋故鷹擊郎將堯君素[2] 往在大業 受任河東 固守忠義 克終臣節 雖桀犬吠堯[3] 有乖倒戈之志[4] 疾風勁草 實表歲寒之心 爰踐玆境 追懷往事 宜錫寵命 以申勸獎 可追贈蒲州刺 史 仍訪其子孫以聞

1) 蒲州(포주) : 지금의 해주(解州)로 하동(河東)에 소속되어 있다.

2) 堯君素(요군소) : 위군(魏郡) 사람. 수(隋)양제가 진왕(晉王)이 되었을 때 군소가 좌우로 따랐다. 양제가 제위에 오르자 응격랑장이 되었다.

3) 桀犬吠堯(걸견폐요) : 걸의 개가 요임금을 보고 짖다. 곧 요임금이 불인(不
仁)해서가 아니라 자기의 주인이 아니기 때문에 짖는다.
4) 倒戈之志(도과지지) : 창을 거꾸로 하는 뜻. 곧 자신의 주군을 배신하고 적
을 이롭게 한다는 뜻.

12. 원헌(袁憲)의 아들을 등용하다

정관 12년에 태종이 중서시랑 잠문본에게 말했다.

"양(梁)나라와 진(陳)나라 시대의 명신(名臣)은 누구인가?
또 자제들을 초빙하여 관리로 쓸 만한 자가 있는가?"

잠문본이 아뢰었다.

"수나라 군대가 진(陳)나라를 침입했을 때 모든 관리가 다 달
아나고 머물러 있는 자가 없었는데 오직 상서복야(尙書僕射) 원
헌(袁憲)이 홀로 그 임금 옆에 있었습니다. 왕세충이 장차 수나
라의 선위를 받으려 하자 모든 관료가 상소를 올려 제위에 오를
것을 권했는데 원헌의 아들인 국자사업(國子司業) 승가(承家)
는 병을 핑계대고 홀로 서명하지 않았습니다. 이 원헌 부자(父子)
는 충성스런 열사(烈士)라고 칭할 만합니다. 또 원승가의 동생 승
서(承序)는 지금 건창(建昌)의 영(令)으로 임명되었는데 맑고
곧으며 바른 지조가 있어서 진실로 선대의 가풍을 이었습니다."

이로써 원승서를 불러 진왕(晉王)의 벗으로 제수하고 겸하여
시독으로 임명했으며 얼마 있다가 홍문관학사로 제수하였다.

貞觀十二年 太宗謂中書侍郎岑文本曰 梁陳[1]名臣 有誰可稱 復有子
弟堪招引否 文本奏言 隋師入陳 百司奔散 莫有留者 惟尙書僕射袁憲
獨在其主之傍 王世充將受隋禪 群僚表請勸進 憲子國子司業承家 託疾
獨不署名 此之父子 足稱忠烈 承家弟承序 今爲建昌令 淸貞雅操 實繼
先風 由是召拜晉王友[2] 兼令侍讀 尋授弘文館學士

1) 梁陳(양진) : 양(梁)나라와 진(陳)나라. 양나라는 성이 소씨(蕭氏)이고 진
나라는 성이 진씨(陳氏)이다.

2) 晉王友(진왕우) : 진왕은 태종의 아들. 우(友)는 당나라 제도에 모든 왕들에게
벗을 두어서 함께 놀게 하고 도의를 바로잡게 하며 경학을 강독하게 하였다.

13. 수나라 충신의 자제들에게 관용을 베풀다

정관 15년에 태종이 조서를 내렸다.

"짐은 정무를 처리한 후 한가하면 지나간 역사를 살펴보는데
항상 앞선 현인들이 당시의 정치를 보좌한 일을 보면 충신들은 국
가를 따라서 순직하였다. 어찌 일찍부터 그런 사람들 찾아볼 것
을 생각하지 못했는지 책을 덮고 그들을 존경하며 감탄만 하였다.

근대 이래로 지금에 이르기까지 세월은 멀지 않았으니 그 자손
들이 혹 살아 있을 것이다. 비록 공덕을 나타내고 선행을 표창하
지는 못할지라도 먼 시골에 버려 두는 일은 면목이 없는 것 같다.

주(周)나라와 수(隋)나라의 2대에 걸친 명신과 충절의 자손으
로서 정관(貞觀) 이래로 죄를 짓고 유배된 자가 있다면 관청에
명령하여 기록을 갖추어 아뢰도록 하라."

이로 인하여 그들을 불쌍히 여기고 너그러이 용서하였다.

貞觀十五年 詔曰 朕聽朝之暇觀前史 每覽前賢佐時 忠臣徇國 何嘗
不想見其人 廢書欽歎 至於近代以來 年歲非遠 然其胤緒 或當見存 縱
未能顯加旌表 無容棄之退裔[1] 其周隋二代名臣 及忠節子孫 有貞觀已
來 犯罪配流者 宜令所司 具錄奏聞 於是多從矜宥[2]

1) 退裔(하예) : 먼 시골에 버려 두다.
2) 矜宥(긍유) : 불쌍히 여기며 너그러이 용서하다.

14. 안시성을 공격했으나 실패하다

정관 19년에 태종이 요동(遼東)의 안시성(安市城)을 공격했
는데 고구려의 백성과 병사들이 다 죽음으로 저항하였다.

태종이 조서를 내려 욕살(褥薩) 고연수(高延壽)와 고혜진(高

惠眞) 등에게 항복하라고 명령했다.

당나라 군사가 그 성 아래에서 중지하고 초빙하였으나 성 안을 굳게 지키고 요지부동하였으며 항상 태종의 깃발을 볼 때마다 반드시 성에 올라와 북을 치고 소란스럽게 하였다.

태종이 매우 화가 나서 강하왕(江夏王) 도종(道宗)에게 조서를 내려 흙산을 쌓아 안시성을 공격하게 했으나 끝내 이기지 못했다.

태종이 장차 회군하면서, 안시성주가 굳건히 신하의 절개를 지킨 일을 아름답게 여기고 비단 3백 필을 하사하며 임금 섬기기를 더욱 힘쓰라고 하였다.

貞觀十九年 太宗攻遼東安市城[1] 高麗人衆皆死戰 詔令耨薩[2]延壽 惠眞[3]等降 衆止其城下以招之 城中堅守不動 每見帝幡旗 必乘城鼓譟 帝怒甚 詔江夏王道宗[4]築土山以攻其城 竟不能剋 太宗將旋師 嘉安市城主堅守臣節 賜絹三百匹 以勸勵事君者

1) 安市城(안시성) : 지금의 안시주(安市州)로 진동(鎭東)에 소속되어 있다.
2) 耨薩(욕살) : 고구려 지방 행정 구역 장(長)의 하나.
3) 延壽惠眞(연수혜진) : 욕살 고연수는 북부(北部)를 맡고 욕살 고혜진은 남부를 맡았다.
4) 江夏王道宗(강하왕도종) : 고조(高祖)의 종형제. 자는 승범(承範). 17세에 태종을 따라서 도적을 토벌하여 공로가 있었고 처음에는 임성(任城)에 봉해졌으나 뒤에 강하군(江夏郡)에 봉해졌다. 도종은 학문을 좋아하고 선비를 잘 대우했으며 귀한데도 오만하지 않았고 종실에서 가장 어질었다.

제15편 효도와 우애를 논하다
(論孝友第十五 : 凡五章)

1. 계모를 정성껏 모신 정승 방현령

사공 방현령이 계모를 섬기는데 기쁜 안색으로 하며 공손하고 삼가하는 것이 보통 사람보다 뛰어났다.

그의 계모가 병이 들어 의사를 불렀는데 의사가 문앞에 이를 때면 반드시 절하고 눈물을 떨구며 영접하였다. 계모의 상을 당해서는 매우 슬퍼하여 나무처럼 야위었다.

태종이 산기상시 유계에게 명령하여 너그럽게 깨우치도록 하고 침상과 죽과 소금과 채소를 보냈다.

司空房玄齡事繼母 能以色養[1] 恭謹過人 其母病 請醫人至門 必迎拜垂泣 及居喪 尤甚柴毁[2] 太宗命散騎常侍劉洎 就加寬譬 遺寢床 粥食 鹽菜

1) 色養(색양) : 안색을 살펴 마음에 거스르지 않도록 효도하다.
2) 柴毁(시훼) : 나무처럼 마르다.

2. 우세남이 자신을 형 대신 죽이라고 하다

우세남은 처음에 수나라에서 벼슬하여 기거사인(起居舍人)을 역임하였다.

우문화급이 군주를 시해할 즈음, 그의 형 우세기가 내사시랑(內史侍郞)이 되었는데 우문화급이 장차 우세기를 죽이려 하자 우세남이 형을 껴안고 대성통곡하며 형 대신 자신을 죽이라고 하였다. 우문화급이 마침내 받아들이지 않았다.

우세남은 이로부터 슬픔이 심하여 몸이 야위어갔다. 그러기를 수 년 동안 하였는데 당시 사람들이 거듭 칭찬하였다.

虞世南 初仕隋 歷起居舍人[1] 宇文化及殺逆之際 其兄世基時爲內史侍郞[2] 將被誅 世南抱持號泣 請以身代死 化及竟不納 世南自此哀毀骨立者數載 時人稱重焉

1) 起居舍人(기거사인) : 수나라 직제. 왕의 기거동작과 언어를 관장했다.
2) 內史侍郞(내사시랑) : 수나라에서 중서시랑을 내사시랑으로 고쳤다.

3. 위징은 딸을 왕에게 시집가게 했다

한왕(韓王) 이원가(李元嘉)는 정관 초에 노주(潞州)의 자사(刺史)가 되었는데 나이 15세였다.

노주에 있을 때 태비(太妃 : 어머니)에게 병환이 있다는 소식을 듣고 눈물을 흘리면서 식사를 하지 않았다. 경사(京師)에 도착하여 상(喪)을 발할 때에는 슬퍼함이 예법보다 지나쳤다.

태종이 그 지극한 성품을 아름답게 여기고 자주 위로하여 어루만져 주었다.

원가는 가정을 잘 닦아 정돈하였으며 벼슬 없는 사대부들과 함께 하였으며 그의 동생 노애왕(魯哀王) 영기(靈夔)와 매우 우애가 있었는데 형제가 모여 상면할 때는 검소한 예절에 따랐다.

그는 자신을 닦고 몸을 깨끗이 하여 안과 밖이 한결같았다. 당시 왕들 중에서 이원가에게 미칠 자가 없었다.

곽왕(霍王) 이원궤(李元軌)는 무덕 연중에 처음에는 오왕(吳王)으로 봉해졌다.

정관 7년에 수주자사(壽州刺史)가 되었는데 고조가 죽자 수주자사를 버렸으며 슬퍼함이 예절에 지나쳤으며 상을 마친 뒤에는 항상 보통 옷을 입고 평생동안 슬픔을 보였다.

태종이 일찍부터 주위 신하들에게 말했다.

"짐의 자제들 중에서 누가 가장 어진가?"

시중 위징이 대답했다.

"신은 어리석고 어두워서 다 알지는 못합니다만, 오직 오왕(吳王)과 자주 대화했는데 신은 항상 스스로 부족함을 느꼈습니다."

태종이 말했다.

"경은 앞 시대의 누구와 비교하겠는가."

위징이 대답하였다.

"경서의 뜻을 연구하고 문장이 풍아한 것은 한(漢)나라 하간헌왕(河間獻王) 유덕(劉德)과 동평헌왕(東平獻王) 유창(劉蒼)과 같고 효행은 옛날의 증삼(曾參)과 민손(閔損)과 같습니다."

이로 말미암아 태종의 총애가 더욱 두터웠고 위징의 딸로 아내를 삼을 것을 명령하였다.

韓王元嘉¹⁾ 貞觀初²⁾ 爲潞州刺史 時年十五 在州聞太妃³⁾有疾 便涕泣不食 及至京師發喪 哀毁過禮 太宗嘉其至性 屢慰勉之 元嘉閨門修整有類寒素士大夫 與其弟魯哀王靈夔⁴⁾ 甚相友愛 兄弟集見 如布衣之禮其修身潔己 內外如一 當代諸王 莫能及者

霍王元軌⁵⁾ 武德中 初封爲吳王 貞觀七年 爲壽州刺史 屬高祖崩 去職毁瘠過禮 自後常衣布服 示有終身之戚 太宗嘗問侍臣曰 朕子弟執賢 侍中魏徵對曰 臣愚暗 不盡知其能 惟吳王數與臣言 臣未嘗不自失 太宗曰 卿以爲前代誰比 徵曰 經學文雅 亦漢之間平⁶⁾ 至如孝行 乃古之曾閔⁷⁾也 由是寵遇彌厚 因令妻徵女焉

1) 韓王元嘉(한왕원가) : 당고조(唐高祖)의 열한번째아들. 젊어서 학문을 좋아하고 장서가 만 권에 이르며 고증학에 뛰어났다.

2) 貞觀初(정관초) : 사서(史書)에는 6년으로 되어 있다.

3) 太妃(태비) : 수나라 대장군 우문술(宇文述)의 딸이다. 한왕의 어머니이다.

4) 魯哀王靈夔(노애왕영기) : 고조의 열아홉번째아들. 한왕(韓王)과 어머니가 같다. 학문을 좋아하고 음률에 조예가 깊었다.

5) 霍王元軌(곽왕원궤) : 고조의 열네번째아들. 한왕과 어머니가 같다. 학문을 좋아하고 재주가 많아서 나아가 자사가 되었다.

6) 間平(간평) : 한(漢)나라의 하간헌왕(河間獻王) 유덕(劉德)과 동평헌왕
   (東平獻王) 유창(劉蒼)을 말한다.

7) 曾閔(증민) : 공자의 제자이며 효자로 이름난 증삼(曾參)과 민손(閔損)을
   말한다.

4. 어찌 한족과 오랑캐족의 차이가 있으리

정관 연중에 돌궐의 사행창(史行昌)이 현무문에서 당직을 서
는데 식사하면서 고기를 남겼다.

사람들이 그 까닭을 묻자 사행창이 대답했다.

"돌아가서 어머니에게 드리려 한다."

태종이 듣고 탄식하여 말했다.

"인자하고 효성스러운 성품이 어찌 한족(漢族)과 오랑캐족 사
이에 차이가 있으리오"

이에 사행창에게 타는 말 한 필을 상으로 내리고 조서를 내려
서 그의 어머니에게 고기를 공급하도록 하였다.

貞觀中 有突厥史行昌[1]直玄武門 食而捨肉 人問其故 曰 歸以奉母 太
宗聞而歎曰 仁孝之性 豈隔華夷[2] 賜尙乘馬一疋 詔令給其母肉料

1) 史行昌(사행창) : 돌궐족의 아사나(阿史那)씨인데 이 때 사(史)로써 성씨
   를 삼았다. 행창은 그의 이름이다.

2) 華夷(화이) : 화는 중화(中華)로 중국인들이 자신을 높여 부르는 말이고 이
   는 오랑캐라는 뜻으로 이민족을 천시하는 말이다.

제16편 공평에 대해 논하다
(論公平第十六 : 凡八章)

1. 연고보다 재능을 중시하여 임용하다

태종이 처음 황제 자리에 올랐을 때 중서령 방현령이 아뢰었다.

"폐하께서 진왕(秦王)으로 계실 때 측근에서 모시던 자로서 아직 적당한 관직을 얻지 못한 자들이 모두 모여, 이전의 건성 태자나 제왕(齊王) 원길(元吉)을 측근에서 섬기던 자들이 오히려 일찍이 폐하의 측근에서 섬기던 자기들보다 먼저 관직을 받은 처분에 대하여 원망하고 있습니다."

이에 태종이 말했다.

"옛날에 '더없이 공평하다.'는 말은 대개 공평하여 헤아림이 있고, 사심이 없는 것을 이른다고 했다. 단주(丹朱)와 상균(商均)은 요임금과 순임금의 친아들이었지만 요임금이나 순임금은 자기 아들을 폐하고 천자의 지위를 전하지 않았다.

관숙(管叔)과 채숙(蔡叔)은 주공(周公)에게 형제들이었다. 그럼에도 불구하고 주공은 주왕실의 평안과 질서를 위해 그 두 사람을 죽였다. 그러므로 군주된 자는 천하라는 것을 마음에 두고 모든 사람에게 개인적인 정을 품지 않는다는 사실을 알았다.

옛날 제갈공명(諸葛孔明)은 삼국 시대(三國時代)의 한 작은 나라였던 촉(蜀)나라의 승상에 지나지 않았다. 그러함에도 오히려 말하기를 '나의 마음은 저울과 같다. 저울은 물건의 경중을 공평하게 다는 것이지 남을 위해 마음대로 가볍게 달거나 무겁게 달 수는 없다.'고 하였다.

하물며 내 지금 당(唐)이라는 대제국을 다스리는 데 있어서랴!

짐이나 그대들이 먹고 입는 것은 모두 백성의 노동에 의해 생산된다. 이렇듯 백성의 힘은 군주를 위해 봉사하고 있는데 정부의 은혜는 아직 백성에게 미치지 못하고 있다.

지금 어진 인재를 가려서 쓰는 까닭은 백성의 생활을 안정시키고자 하기 때문이다. 사람을 채용하는 데는 다만 쓸모가 있는지 없는지를 문제 삼을 뿐이다. 어찌 새 사람이라거나 전부터 친숙한 사람이라는 이유로 기분을 좌우할 수 있겠는가.

한 번 만난 사람이라도 친해질 수 있는 일이거늘 하물며 이전부터 측근에서 섬기던 자를 그렇게 빨리 잊을 수 있겠는가. 그렇다고 해서 그의 재능이 쓸모 없는데 다만 이전부터의 연고자라는 이유로 남보다 먼저 쓸 수 있겠는가.

쓸모가 있는가 없는가를 문제 삼지 않고, 쓰이지 않는다는 이유만으로 함부로 원망한다면 어찌 지극히 공평한 도리라고 하겠는가."

정관 원년에 남에게 누설되지 않게 상소문을 밀봉하여 올린 자가 있었는데 진왕부(秦王府)의 옛 병사들에게 다 무직(武職)을 주어서 숙직 무사로 따라 들어가게 해 달라는 청이었다.

태종은 이에 답하여 말했다.

"짐은 천하로써 한 집안을 삼았기 때문에 한 개인에게 사사로이 할 수가 없다. 오직 재주와 행동이 있으면 그 직책에 임명할 뿐이다. 어찌 초면이나 구면이라고 차이를 두겠는가? 하물며 고인(古人)들이 말하기를 '병(兵)은 불과 같다. 거두어 다스리지 않으면 스스로 불태워진다.'고 했다. 그대의 이 뜻은 정치를 하는데 도움이 되지 않는다."

太宗初卽位 中書令房玄齡奏言 秦府[1]舊左右[2]未得官者 竝怨前宮[3]及齊府[4]左右處分之先己 太宗曰 古稱至公者 蓋謂平恕無私 丹朱商均子也 而堯舜廢之 管叔蔡叔[5]兄弟也 而周公誅之 故知君人者 以天下爲公無私於物 昔諸葛孔明[6]小國之相 猶曰 吾心如稱 不能爲人作輕重 況我今理大國乎 朕與公等衣食出於百姓 此則人力已奉於上 而上恩未被於

下 今所以擇賢才者 蓋爲求安百姓也 用人但問堪⁷⁾否 豈以新故異情 凡
一面尙且相親 況舊人而頓忘也 才若不堪 亦豈以舊人而先用 今不論其
能不能 而直言其嗟怨 豈是至公之道邪

貞觀元年 有上封事者 請秦府舊兵竝授以武職 追入宿衛 太宗謂曰朕
以天下家 不能私於一物 惟有才行是任 豈以新舊爲差 況古人云 兵猶
火也 弗戢將自焚 汝之此意 非益政理

1) 秦府(진부) : 진왕부(秦王府). 태종이 천자가 되기 전에 진왕(秦王)이었다.
2) 舊左右(구좌우) : 전부터 그의 측근에서 섬기던 자를 이르는 말.
3) 前宮(전궁) : 먼저의 동궁. 먼저의 태자였던, 태종의 형 건성의 궁.
4) 齊府(제부) : 제왕부(齊王府)의 뜻. 태종의 동생인 예전의 제왕(齊王) 원길
   (元吉)의 부(府).
5) 管叔蔡叔(관숙채숙) : 관숙과 채숙은 주(周)나라 문왕(文王)의 아들들이며
   주공(周公) 단(旦)에게는 아우들이다. 주왕(紂王)의 아들인 무경(武庚)과
   함께 반역을 꾀하다가 죽임을 당했다.
6) 諸葛孔明(제갈공명) : 삼국 시대 촉국(蜀國)의 승상(丞相)으로, 이름은 량
   (亮), 공명(孔明)은 그의 자. 유비(劉備)와 그의 아들 선(禪)의 2대를 섬겨
   내외의 국정을 총괄했다.
7) 堪(감) : 임무를 수행할 능력.

2. 대주(戴冑)가 법을 지켜 태종을 간하다

정관 원년에 이부상서 장손무기가 어느 때 태종의 부름을 받고
궁중에 입궐하면서 패도(佩刀)를 풀어 놓지 않고 얼떨결에 허리
에 찬 채로 동상각문(東上閣門)으로 들어갔다.

각문을 나온 뒤에야 대궐문을 지키던 무관인 감문교위(監門校
尉)가 비로소 깨달았다.

그 때 상서우복야 봉덕이가 의견을 말했다.

"감문교위는 장손무기가 칼을 찬 채로 입궐한 일을 몰랐으니
직무태만으로 그 죄는 사형에 상당합니다. 장손무기가 잘못하여
칼을 찬 채로 입궐한 죄는 도형 2년에 벌금으로 동(銅) 20근을 바

치면 됩니다."

이에 태종은 그의 의견에 따르기로 하였다.

대리소경(大理少卿) 대주가 봉덕이의 의견을 반박하여 말했다.

"감문교위가 알아차리지 못한 일과 장손무기가 얼떨결에 칼을 찬 채 입궐한 일은 둘 다 잘못을 저지른 점에서는 같습니다. 신하로서 천자를 대할 때는 실수가 용서되지 않으며 변명이 통하지 않습니다.

법률을 적용한다면 '천자를 받드는 약이나 음식물 또는 천자가 타는 배를 실수로 법에 정해진 대로 하지 않은 자는 모두 사형에 처한다.'고 되어 있습니다. 만약 폐하께서 장손무기가 국가에 세운 훈공을 참작하여 특별한 조치를 내리신다면, 저희 사법관들이 결정할 문제가 아닙니다. 그러나 만일 법률에 의해 처단하고자 하신다면 구리를 바치게 하는 벌금형은 적당하다고 할 수 없습니다."

태종이 이르기를

"법이란 천자인 나 한 사람을 위한 것이 아니다. 천하 만민을 위한 법이다. 어찌하여 장손무기가 황후의 오라비로서 황실과 친척이 된다고 해서 간단하게 법률을 굽히고자 할 수 있겠는가."

하고, 거듭 협의하여 결정하라고 하였다.

그러나 봉덕이는 처음의 주장을 고집하면서 바꾸려 하지 않았고 이에 태종이 또 봉덕이의 의결에 따르고자 하였다.

대주가 또다시 반대 의견을 아뢰었다.

"감문교위는 장손무기가 얼떨결에 칼을 찬 채로 입궐한 일이 원인이 되어 죄를 저지르게 된 것입니다. 그러므로 법률을 적용함에는 당연히 가볍게 해야 합니다. 만약 그 과오를 문제 삼는다 해도 사정은 같습니다. 그런데 한쪽은 살고 한쪽만 죽을 죄가 된다는 것은 대단히 어긋나는 일입니다. 교위의 죄를 가볍게 다루어 주시기를 간절히 바랍니다."

이에 태종은 교위의 사형을 면제하였다.

이 무렵은 국가 창건 시기에 해당하였으므로 조정에서는 한창 관리를 선발하여 등용하는 길을 열어 놓고 있었다. 관리를 지망하는 자 가운데 수나라 때의 계급과 자격을 사칭하는 자가 있었다. 태종은 사칭하는 자에게는 자수를 권하고, 만약 자수하지 않고 탄로될 때는 사형에 처할 것이라고 공언하였다.

그런 지 얼마 뒤에 계급을 사칭한 자가 있어 그 사실이 밝혀졌다. 그 때 대주는 법률의 규정에 따라 그를 유형으로 판결하고 그것을 태종에게 아뢰었다.

태종은 이를 불쾌하게 여겨 말했다.

"짐은 칙령으로 자수하지 않는 자는 사형에 처하겠다고 했다. 그럼에도 불구하고 지금 그대의 판결은 유형이다. 이렇게 되면 나는 모든 백성에게 거짓말한 것이 되고 나를 불신하게 될 것이다."

이에 대주가 말했다.

"폐하께서 곧바로 그 사람을 죽이신다면 신으로서는 어찌할 도리가 없습니다. 그러나 담당 법관에게 넘기신 이상, 신은 감히 법률의 규정을 어길 수 없습니다."

이에 태종이 다시 말했다.

"그대는 자신이 법률을 충실히 지키기 위해 짐에게 백성의 신용을 잃게 하려는 것인가."

대주가 다시 아뢰었다.

"법률이란 국가가 큰 신의를 천하에 공포하는 것이며 말이란 다만 그때의 기쁘고 성난 감정에 의해 발해지는 것입니다.

폐하께서 거짓말하는 자가 있다는 사실에 대하여 한 마디 노여움을 발하여 그런 자는 사형에 처하라고 하셨습니다. 그러나 뒤에 그것이 옳지 않음을 깨닫고 법률에 의해 처치하십니다. 이것이야말로 작은 노여움을 참고, 큰 신의를 보존하는 일입니다. 만약 노여워하는 뜻에 따라 국가의 법률을 지키는 신의를 위반하신다면, 신은 황송하오나 폐하를 위해 그것을 심히 애석하게 여깁니다."

태종이 이 말을 듣고 다시 말했다.

"짐이 법률에 어긋날 경우 그대는 이것을 바로잡아 준다. 짐은 법률 시행에 대해 아무것도 근심할 필요가 없다."

貞觀元年 吏部尙書長孫無忌 嘗被召不解佩刀入東上閤門[1] 出閤門

後 監門校尉[2]始覺 尙書右僕射封德彛議以監門校尉不覺 罪當死 無忌
誤帶刀入 徒[3]二年 罰銅二十斤 太宗從之

大理少卿[4]戴冑駁[5]曰 校尉不覺 無忌帶刀入內 同爲誤耳 夫臣子之於
尊極[6] 不得稱誤 准[7]律云 供御[8]湯藥 飮食 舟船 誤不如法者 皆死 陛下
若錄[9]其功 非憲司[10]所決 若當據法 罰銅未爲得理 太宗曰 法者 非朕一
人之法 乃天下之法 何得以無忌國之親戚 便欲撓法耶 更令定議 德彛
執議如初 太宗將從其議 冑又駁奏曰 校尉緣無忌以致罪 於法當輕 若
論其過誤 則爲情一也 而生死頓殊 敢以固請 太宗乃免校尉之死

是時朝廷大開選擧[11] 或詐僞有階資[12]者 太宗令其自首 不首 罪至于
死 俄有詐僞者事洩 冑據法斷流以奏之

太宗曰 朕初下敕 不首者死 今斷從法 是示天下以不信矣 冑曰 陛下
當卽殺之 非臣所及 旣付所司[13] 臣不敢虧法 太宗曰 卿自守法 而令朕
失信耶 冑曰 法者 國家所以布大信於天下 言者 當時喜怒之所發耳 陛
下發一朝之忿 而許殺之 旣知不可 而置之以法 此乃忍小忿而存大信
臣竊爲陛下惜之 太宗曰 朕法有所失 卿能正之 朕復何憂也

1) 閤門(각문) : 대궐의 작은 문.
2) 監門校尉(감문교위) : 대궐문을 수호(守護)하는 무관.
3) 徒(도) : 도형(徒刑). 곧 노역의 형벌.
4) 大理少卿(대리소경) : 형옥(刑獄)을 다스리는 관서의 차관(次官). 지금의
   사법부 차관(司法部次官)에 해당한다.
5) 駁(박) : 남의 의견에 반대하여 공격하다.
6) 尊極(존극) : 천자를 이르는 말.
7) 准(준) : 적용하다.
8) 供御(공어) : 천자를 받드는 물건.
9) 錄(녹) : 참작하다.
10) 憲司(헌사) : 형법을 다스리는 관직. 곧 법관.
11) 選擧(선거) : 등용하여 관리에 임명하다.
12) 階資(계자) : 계급과 자격.
13) 所司(소사) : 담당 관리.

3. 앞 시대의 어진 재상들을 흠모하라

정관 2년에 태종이 방현령 등에게 말했다.

"짐은 요사이 수(隋)나라 시대에 살았던 아직 생존한 노인들을 만나보는데 모두가 고경(高熲)이 어진 정승이었다고 칭찬했다. 이에 그 사람의 전기를 보았는데 가히 공평하고 정직하다고 이를 만했으며 더욱이 세상을 다스리는 방법을 알았다. 수나라 종실의 편안하고 위태함이 그의 생존과 죽음에 매여 있었다.

양제가 무도하여 잘못 알고 그를 억울하게 죽였다. 어찌 일찍이 이런 사람 만나보는 것을 상상하지 않았겠는가. 책을 덮고 흠모하고 탄식하였다.

한(漢)나라와 위(魏)나라 이래로는 제갈량(諸葛亮 : 諸葛孔明)이 정승이 되어서 또한 매우 공평하고 정직하였다. 그는 일찍부터 표(表)를 올려서 요립(廖立)과 이엄(李嚴)을 남중(南中)에 유폐시키게 했는데 제갈량이 죽었다는 말을 듣고 요립이 울면서 말하기를 '우리는 오랑캐가 되겠구나.' 하였으며 이엄은 제갈량이 죽었다는 소식을 듣고 병들어 죽었다고 한다.

그러므로 진수(陳壽)는 제갈량이 정치한 것을 일컬어 '진심을 다하여 공정한 도리를 폈다. 충성을 다하고 때를 이롭게 한 자는 비록 원수라도 반드시 상 주고 법을 범하고 태만하게 한 자는 비록 친척이라도 반드시 벌했다.'고 했다.

그대들은 어찌 가히 추모하고 미치기를 바라지 않겠는가?

짐은 항상 앞 시대의 제왕들이 지닌 좋은 점을 흠모하고 있으니 그대들도 또한 재상으로서 어질었던 이들을 흠모하라.

만약 이와 같이 한다면 영화로운 이름과 높은 지위를 오래도록 지킬 수 있을 것이다."

방현령이 대답했다.

"신은 나라를 다스리는 중요한 도리는 공평하고 정직한 데 있다고 들었습니다. 그러므로 '서경(書經)'의 주서(周書) 홍범(洪

範)에 이르기를 '치우치고 편드는 일이 없어야 왕도(王道)가 평탄할 수 있으며 편들고 치우치는 일이 없어야 왕도는 평온할 수 있다.'고 했습니다.

또 공자께서는 '논어' 위정(爲政)편에서 '곧고 바른 사람을 등용하고 모든 굽은 사람을 버리면 백성이 복종한다.'고 했습니다.

지금 성상께서 숭배하는 사항은 진실로 정치와 교화의 근본을 다하고 지극히 공정한 요소를 다하여 모든 요점을 주머니에 담은 것으로, 천하를 좋게 고칠 수 있는 요소들입니다."

태종이 말했다.

"이와 같은 것들이 곧 짐이 생각한 일이니 어찌 그대들과 더불어 말하고 행동하지 않겠는가."

貞觀二年 太宗謂房玄齡等曰 朕比見隋代遺老[1] 咸稱高熲[2]善爲相者 遂觀其本傳 可謂公平正直 尤識治體 隋室安危 繫其存歿 煬帝無道 枉見誅夷 何嘗不想見此人 廢書欽歎 又漢魏已來 諸葛亮[3]爲丞相 亦甚平直 嘗表廢廖立李嚴[4]於南中 立聞亮卒 泣曰 吾其左衽[5]矣 嚴聞亮卒 發病而死 故陳壽[6]稱亮之爲政 開誠心 布公道 盡忠益時者 雖讎必賞 犯法怠慢者 雖親必罰 卿等豈可不企慕及之 朕今每慕前代帝王之善者 卿等亦可慕宰相之賢 若如是 則榮名高位 可以長守 玄齡對曰 臣聞理國要道 在於公平 正直 故尚書云[7] 無偏無黨 王道蕩蕩 無黨無偏 王道平平 又孔子稱[8] 擧直錯諸枉 則民服 今聖慮所尚 誠足以極政敎之源 盡至公之要 囊括區宇[9] 化成天下 太宗曰 此直朕之所懷 豈有與卿等言之而不行也

1) 遺老(유로) : 아직도 생존해 있는 노인들.
2) 高熲(고경) : 자는 소현(昭玄). 수(隋)나라의 어진 재상. 양제에게 충간(忠諫)했는데 자신을 비방한다고 생각한 양제가 죽였다.
3) 諸葛亮(제갈량) : 제갈공명. 촉(蜀)나라 재상.
4) 廖立李嚴(요립이엄) : '요립'의 자는 공연(公淵)이고 무릉(武陵) 사람이며 촉(蜀)나라에서 벼슬하여 장수사자(長水使者)가 되었다. '이엄'의 자는 정방(正方)이고 남양(南陽) 사람이며 촉(蜀)나라에서 벼슬하여 중도설(中都說)이 되었다.

5) 左袵(좌임) : 오랑캐의 의복.

6) 陳壽(진수) : 진(晉)나라 사람. 자는 승조(承祚)이다. '삼국지'를 지었다.

7) 尙書云(상서운) : '서경' 주서 홍범편의 문장.

8) 孔子稱(공자칭) : '논어' 위정편에 있는 공자의 말.

9) 囊括區宇(낭괄구우) : 주머니 속에 중요한 것을 담았다. 곧 천하를 다스리는 요책을 담았다.

4. 간언에 의해 공주의 결혼을 검소하게 하다

장락공주(長樂公主)는 문덕황후(文德皇后)가 낳은 딸이다.

정관(貞觀) 6년에 강가(降嫁)하려 할 즈음, 태종이 특히 담당 관리에게 분부하여 그 차비를 장공주(長公主 : 고조의 딸. 곧 태종의 자매)의 갑절로 하게 하였다.

이 때 위징이 아뢰었다.

"옛날 후한(後漢)의 명제(明帝)는 그 아들을 왕으로 봉할 때 이르기를 '짐의 아들을 어찌 선대 왕들의 아들과 같이 할 수 있겠는가. 초왕(楚王)이나 회양왕(淮陽王)의 반이 되는 영지로 하라.' 했습니다. 옛날의 역사는 이것을 미담으로 꼽습니다. 천자의 자매를 장공주(長公主)라 이르고 천자의 따님을 공주(公主)라 이릅니다. '장(長)'이라는 글자가 덧붙는 것은 공주보다 높이는 까닭입니다. 자매와 따님 사이에는 정으로는 차이가 있게 마련입니다만 의에는 차등이 없습니다. 만약 공주의 혼례 차비가 장공주들보다 앞서는 일이 있다고 하면 도리상 옳지 않은 일입니다. 부디 폐하께서는 이 점을 잘 생각하시기 바랍니다."

태종은 참으로 좋은 말이라고 칭찬하고, 위징의 간언을 황후에게 말했다. 이 말을 들은 황후가 감탄하여 말했다.

"전부터 폐하께서 위징을 중히 여기신다고 들어왔습니다만, 아직 분명하게 그 까닭을 모르고 있었습니다. 지금 위징의 간언을 들으니 그야말로 도의로써 군주의 욕망을 억제하는 진실된 사직의 신하라는 것을 알겠습니다.

첩은 결발(結髮 : 여자 나이 15세)하면서 폐하와 부부가 되어 정중한 대접을 받았으니 부부로서의 정의는 깊고도 두텁습니다. 그렇건만 무엇인가 아뢰고자 할 때마다 반드시 폐하의 안색을 살피면서 경솔하게 폐하의 위엄을 범하는 말은 도저히 아뢸 수 없었습니다. 신하는 부부간의 정리처럼 친밀하지도 않고 예절에도 간격이 있습니다. 그러기에 한비자(韓非子)는 신하가 군주에게 진언하는 일을 '세난(說難)'이라 하였고, 동방삭(東方朔)은 진언하는 일은 쉽지 않다고 했는데 이것은 진실한 말들입니다.

충성스런 말은 귀에 거슬리지만 행함에는 이롭다고 했습니다. 국가가 있고 가정이 있는 자는 충언을 중요하고도 긴급한 일로 삼아야 합니다. 충언을 받아들이면 세상을 바로잡을 수 있고, 충언의 길을 막으면 정치가 어지러워집니다. 진실로 폐하께서 이 점을 잘 밝혀 주신다면 천하 만민에게 크나큰 행복입니다."

그러고는 청하여, 곁에서 섬기는 자를 사자로 파견하여 비단 5백 필을 위징의 집에 보내 포상했다.

長樂公主[1] 文德皇后[2]所生也 貞觀六年 將出降[3] 敕所司資送[4] 倍於長公主[5] 魏徵奏言 昔漢明帝[6]欲封其子 帝曰 朕子豈得同於先帝[7]子乎 可半楚淮陽王[8] 前史以爲美談 天子姊妹爲長公主 天子之女爲公主 旣加長字 良以尊於公主也 情雖有殊 義無等別 若令公主之禮 有過長公主 理恐不可 實願陛下思之 太宗稱善 乃以其言告后 后歎曰 嘗聞陛下敬重魏徵 殊未知其故 而今聞其諫 乃能以義制人主之情 眞社稷臣矣 妾與陛下結髮[9]爲夫妻 曲蒙禮敬 情義深重 每將有言 必俟顏色 尙不敢輕犯威嚴 況在臣下 情疏禮隔 故韓非[10]謂之說難 東方朔[11]稱其不易 良有以也 忠言逆耳而利於行 有國有家者 深所要急 納之則世治 杜之則政亂 誠願陛下詳之 則天下幸甚 因請遣中使[12]賚帛五百匹 詣徵宅以賜之

1) 長樂公主(장락공주) : 태종의 제5녀. 장락군(長樂郡)에 봉해졌으며, 장손충(長孫沖)에게 강가(降嫁)하였다.
2) 文德皇后(문덕황후) : 당태종의 정실(正室).
3) 出降(출강) : '강가(降嫁)'와 같다. 지체 높은 집 딸이 지체 낮은 집으로 시

집가는 일. 공주는 황실의 여자이므로 그 이상 더 높은 가문은 없다.

4) 資送(자송) : 강가(降嫁)의 차비.

5) 長公主(장공주) : 천자의 자매. 여기서는 고조(高祖)의 딸로서, 영가장공주
(永嘉長公主)를 가리킨다.

6) 漢明帝(한명제) : 후한(後漢) 제2대 천자. 이 이야기는 '후한서(後漢書)'
명덕마황후기(明德馬皇后紀)에 보인다.

7) 先帝(선제) : 선대의 천자. 여기서는 후한(後漢) 광무제(光武帝)를 가리킨다.

8) 楚淮陽王(초회양왕) : 초왕(楚王)과 회양왕(淮陽王). 후한 광무제의 아들
인 초왕(楚王) 영(英)과 회양왕(淮陽王) 병(昞).

9) 結髮(결발) : 겨우 성인이 된 나이. 옛날에 남자 20세, 여자 15세면 머리를 묶
어 성인이 되었다.

10) 韓非(한비) : 전국 시대(戰國時代)의 사상가(思想家). 이사(李斯)와 함께
순자(荀子)에게 배웠고 그의 학문은 법가(法家)에 속한다.

11) 東方朔(동방삭) : 자는 만천(曼倩). 평원(平原) 사람. 전한(前漢)의 무제
(武帝)를 섬긴 사람. 문장에 뛰어났고 농담과 익살에 능했으며, 교묘하게 진
언하여 간언을 잘했다.

12) 中使(중사) : 천자의 측근에서 섬기는 사자. 내사(內使)와 같다.

5. 반란에 연좌된 형부시랑을 논죄하다

형부상서(刑部尙書) 장량이 반란에 연좌되어 하옥되었다.

태종이 조서를 내려 모든 관리에게 의논하도록 하였다. 많은 사
람들이 장량을 죽여야 한다고 했는데 오직 전중소감(殿中少監)
이도유(李道裕)가 장량이 반역했다는 증거가 갖추어지지 않았
으므로 그는 죄가 없다고 밝혔다.

태종이 이미 매우 화난 상태였으므로 모두 죽이라고 하였다.

이 때는 잠시 형부시랑의 자리가 비어 있었으므로 재상에게 명
령하여 적임자를 뽑으라고 했는데 여러 차례 상주하였으나 재가
받지 못했다.

이 때 태종이 말하였다.

"나는 이미 그 사람을 얻었다. 지난번 이도유가 장량의 사건을
의논할 때 이르기를 '반역의 실체가 갖추어지지 않았다.' 하였는
데 가히 공평하다고 말할 수 있다. 그 당시에는 비록 그의 말을 받
아들이지 않았으나 지금은 후회하고 있다."

드디어 이도유를 형부시랑에 제수하였다.

刑部尙書張亮[1]坐謀反下獄 詔令百官議之 多言亮當誅 惟殿中少監[2]
李道裕奏亮反形未具 明其無罪 太宗旣盛怒 竟殺之 俄而刑部侍郎有闕
令宰相妙擇其人 累奏不可 太宗曰 吾已得其人矣 往者李道裕議張亮云
反形未具 可謂公平矣 當時雖不用其言 至今追悔 遂授道裕刑部侍郎[3]

1) 張亮(장량) : 장량이 상주자사(相州刺史)가 되어 첨언을 띄워 '앞으로 궁장
   (弓長)의 주인이 별도의 도읍을 만들 것이다.' 라고 했다고 전한다.
2) 殿中少監(전중소감) : 당나라의 제도에 전중감(殿中監)이 있고 그 밑에 소
   감이 있었다. 천자의 의복, 음식, 수레 등에 관한 사무를 관장했다.
3) 侍郎(시랑) : 상서(尙書) 밑의 관직. 차관.

6. 원수라도 능력이 있으면 등용하다

정관 초에 태종이 주위 신하들에게 말했다.

"짐은 지금 부지런히 어진 선비들을 구해 온 정성을 쏟아 정치
의 길을 닦고자, 좋은 사람이 있다는 말을 들으면 선발하여 부리
려 한다. 그런데 의논하는 자들이나 저들이 칭찬하고 추천하는 사
람은 모두 조정 대신들의 친척들이다. 다만 그대들은 공평무사하
여 일을 행할 때 이런 말을 피하지 말고 그 행동의 실체를 삼으라.

옛날 사람들은 안에서 등용할 때는 친척을 피하지 않고 밖에서
등용할 때는 원수도 피하지 않았다고 했는데 진실로 어진이를 등
용하기 위함이었다. 천거하는 일은 인재를 얻기 위한 것이니 자
제나 원수라 하더라도 등용하지 않을 수 없다."

貞觀初 太宗謂侍臣曰 朕今孜孜[1]求士 欲專心政道 聞有好人 則抽擢

驅使 而議者多稱彼者皆宰臣親故²⁾ 但公等至公 行事勿避此言 便爲形
迹 古人內擧不避親 外擧不避讎 而爲擧得其眞賢故也 但能擧用得才
雖是子弟及有讎嫌 不得不擧

1) 孜孜(자자) : 부지런히 하다.
2) 親故(친고) : 친한 친척이나 친구.

7. 선함은 좋아하고 악함은 미워하다

정관 11년에 때마다 자주 환관들이 외국 사신으로 보충되었다.
이 일을 망령되게 임금에게 아뢰어 발설하자 태종이 매우 화냈다.
이에 위징이 앞으로 나아가 아뢰었다.

"환관들은 비록 미천한 존재지만 임금을 좌우에서 가깝게 모시
고 있기 때문에 환관들이 말을 하면 경솔하더라도 쉽게 믿고 차
츰차츰 스며드는 참소들은 그 피해가 특별히 깊었습니다. 오늘의
밝으신 혜안으로는 이런 우려가 없겠지만 자손들의 교육을 위해
서라면 그 근본부터 두절시켜야 합니다."

태종이 말하였다.

"그대가 아니라면 짐이 어떻게 이러한 말을 들을 수 있겠는가.
지금 이후로는 사신으로 보충하는 일을 정지할 것이다."

위징이 이로 인하여 상소를 올렸다.

"신은 듣기를, 임금은 선함을 좋아하고 악함을 미워하여 군자를
가까이하고 소인을 멀리한다고 합니다. 선함을 좋아하는 것이 밝
으면 군자가 진출하고 악함을 미워하는 것이 현저하면 소인이 물
러갑니다. 군자를 가까이하면 조정에서는 악한 정치가 없습니다.
소인을 멀리하면 듣는 데에 사특하거나 사사로운 것이 없습니다.

소인이라도 작은 선이 없지 않고 군자라도 작은 과실이 없지 않
습니다. 군자의 작은 과실은 백옥(白玉)의 조그마한 티와 같고
소인의 작은 선은 무딘 칼로 한 번 자르는 일에 불과합니다.

무딘 칼로 한 번 자르는 일을 뛰어난 장인(匠人)이 소중하게
여기지 않는 까닭은 작은 선은 모든 악함을 가릴 수 없기 때문입

니다. 백옥의 조그마한 티끌을 뛰어난 장사꾼이 제거하지 않는 까닭 조그마한 흠집이 아름다움을 크게 방해하지 않기 때문입니다.

소인의 작은 선을 중하게 여겨 '선함을 좋아한다.'고 이르고 군자의 작은 과실을 미워하여 '악함을 미워한다.'고 이르는 것은 쑥과 난초의 냄새를 함께 맡고 옥(玉)과 돌을 구분하지 못하는 일입니다. 이 때문에 초(楚)나라 굴원(屈原)이 강물에 빠져 죽었으며 초나라 변화(卞和)가 피눈물을 흘린 것입니다.

이미 옥과 돌을 구별할 줄 알고 쑥과 난초의 냄새를 분별할 수 있는데, 선함을 좋아한다면서 등용하지 않고 악함을 미워한다면서 제거하지 않는 것은, 춘추 시대 곽씨(郭氏)가 허망하게 된 이유이고 위(魏)나라 대부 사어(史魚)가 한을 남긴 까닭입니다.

폐하께서는 총명과 뛰어난 무용을 갖추고 하늘이 내린 자태가 뛰어나게 밝으며 마음은 널리 사랑하는 것을 보존하며 받아들이는 길이 많으십니다.

선을 좋아하면서도 사람을 선발하는데 매우 정선하지 않고 악을 미워하면서도 아첨을 멀리하지 않으십니다. 또 말씀하시면 숨김이 없고 악을 미워함이 너무 심해서 남의 선을 들으면 혹은 전혀 믿지 않고 남의 악을 듣고는 반드시 그러려니 하십니다.

비록 홀로 견해가 밝더라도 다스림이 혹 미진할까 두렵습니다. 무엇을 법도로 삼으십니까?

군자는 남의 선을 칭찬해 주고 소인은 남의 악을 들춰냅니다. 악을 듣고 반드시 믿으면 소인의 도가 자랍니다. 선을 듣고 혹 의심하면 군자의 도는 사라집니다.

국가를 다스리는 자가 시급하게 해야 할 일은 군자를 진출시키고 소인을 내쫓는 일입니다. 군자의 도는 사라지고 소인의 도가 자라게 되면 임금과 신하가 질서를 잃고 위와 아래가 막혀서 통하지 않으며 어지럽고 망하는데도 근심하지 않을 것이니 장차 어떻게 다스리겠습니까?

세상의 백성은 마음속에 깊은 생각이 없고 감정은 남의 악을 들춰내 고발하는데 있고 말하기를 좋아하며 붕당을 만듭니다.

선으로써 서로 성취시키는 것을 '덕을 함께한다.' 이르고 악으로써 서로 구제하는 것을 '붕당(朋黨)'이라 이릅니다.

지금은 맑고 흐린 것이 함께 흐르고 있고 선하고 악한 것이 분별이 없으며 들춰내 고발하는 것을 진실한 곧음이라 이르고 덕을 함께하는 것을 붕당이라고 합니다. 덕을 함께하는 것으로 붕당을 삼으면 일하는데 믿음이 없다 이르고 나쁜 일을 들춰내 고발하는 일을 진실한 곧음으로 삼으면, 말만 하면 다 받아들인다고 이릅니다.

이것은 임금의 은혜가 아래까지 맺어지지 못하고 신하의 충성이 임금에게 전달되지 못하는 일입니다. 이로써 대신들은 바로잡지 못하고 소신들은 감히 논의하지 못합니다. 이리하여 멀고 가까운 곳에 이러한 습속이 이어지고 뒤섞이고 구별할 수 없는 습관이 이루어지는 것입니다. 이것은 나라의 행복도 아니며 국가를 다스리는 도(道)도 아닙니다.

적당히 간사함을 조장하고 보고 듣는 것을 어지럽게 만들어 군주는 믿어야 하는지 알지 못하고 신하는 서로 편안하지 못합니다. 이런 일을 멀리 생각하여 깊이 그 뿌리를 끊지 않는다면 후환은 쉬지 않고 계속될 것입니다.

지금 다행히 망하지 않은 것은 군주에게 원대한 계획이 있어서 비록 처음에는 실수가 있었으나 종말에는 얻었기 때문입니다.

만약 지금 조금 무너진 상태대로 세월을 보낸다면 다시 돌이킬 수 없어 뉘우쳐도 미칠 곳이 없으며 이미 모든 후사에게도 전할 수 없을 것이니 다시 어떻게 장래의 모범을 보이겠습니까.

선을 나오게 하고 악을 내쫓는 일은 남에게 베푸는 것이며 옛날로써 귀감을 삼는 일은 자신에게 베푸는 것입니다.

얼굴을 비추어 보려면 괴어 있는 물에서 해야 하고 자신을 비추어 보려면 어질고 밝은 사람으로 해야 합니다. 옛날의 현명한 임금을 자신이 행하는 일의 거울로 삼으면 그 모습의 아름답고 추함이 모두 눈에 보일 것입니다.

일의 좋고 나쁨은 스스로 마음에서 얻는 것입니다. 이렇게 되면 과오를 맡은 사관(史官)의 수고로움도 없고 일반 백성의 의논을 빌리지 않더라도, 높고 높은 공로가 날로 드러나고, 빛나고 빛나는 명예는 더욱 멀리 퍼질 것입니다. 군주된 자는 가히 힘써야 하지 않겠습니까?

신은 들었습니다. 도덕이 두텁기로는 황제(黃帝)임금과 요임금보다 더한 이가 없고 인의가 융성하기로는 순임금과 우임금보다 빛나는 이가 없다고 합니다. 황제임금과 요임금의 유풍을 잇고자 하고 순임금과 우임금의 행적을 따르고자 하신다면, 반드시 도덕으로써 진정시키고 인의로써 넓히며 선한 이를 들어 임용하고 선을 가려서 따르십시오. 선한 사람을 선발하지 않고 유능한 사람을 임명하지 않으며 속된 관리들에게 위임하면 원대한 계획은 없어지고 반드시 정치의 대체(大體)를 잃게 될 것입니다.

오직 법률을 받들어 온 천하의 사람들을 바로잡으려 한다면 팔장을 끼고 아무 일도 하지 않으면서 얻으려는 것과 같아서 아무 것도 얻지 못할 것입니다. 그러므로 명철한 군주는 백성 위에 군림하면서 풍속을 바꾸고 습성을 바꾸되 엄격한 형벌과 준엄한 법률에 의지하지 않고 인과 의에 의지할 따름입니다.

인(仁)이 아니면 널리 베풀 수 없으며 의(義)가 아니면 몸을 바르게 할 수 없습니다. 백성에게 은혜 베풀기를 인으로써 하고 몸을 바르게 하기를 의로써 하면 그의 정치는 엄하게 하지 않아도 다스려지고 그 교화는 엄숙하지 않아도 이루어지는 것입니다.

인(仁)과 의(義)는 나라를 다스리는 근본이고 형벌이란 나라를 다스리는 마지막 수단입니다. 나라를 다스리는데 형벌이 있는 것은 말을 몰 때 채찍이 있는 것과 같습니다.

사람들이 다 교화에 따르면 형벌은 쓸 데가 없어지고 말이 그 힘을 다하면 채찍을 쓸 필요가 없습니다. 이러한 것으로 말할 때 형벌은 다스림을 이루는데 소용 없다는 것이 또한 명백하게 됩니다.

후한(後漢)의 왕부(王符)는 '잠부론(潛夫論)'에 서 '임금이 나라를 다스리는 데는 도덕과 교화보다 더 큰 것이 없다. 백성에게는 천성(天性)과 인정이 있고 교화와 풍속이 있다. 인정과 천성은 마음이며 모든 것의 근본이다. 풍속과 교화는 행동이며 모든 것의 끝이다.' 라고 했습니다.

때문에 천자가 세상을 어루만지는 데에는 근본을 먼저하고 말단을 뒤에 하며 마음을 따라서 행동을 밝게 되는 것입니다. 마음과 정이 진실로 정직하면 간사하고 사특함이 발동할 수 없고, 사특한 생각이 담겨질 곳이 없게 됩니다. 이 때문에 윗대의 성인들은 백성의 마음을 힘써 다스리지 아니함이 없었습니다.

그러므로 공자께서 말씀하시기를 '송사를 듣는 일은 나도 일반 사람들과 같지만 나는 반드시 근본적으로 송사가 없게 할 것이다.' 라고 했습니다. 예로써 인도하고 힘써 그의 본성을 두터이 하면 인정이 밝아지는 것입니다.

백성이 서로 사랑하면 서로 해치는 마음이 없어집니다. 행동할 때 의를 생각하면 간사한 마음이 길러지지 않습니다. 이런 일은 법률로 다스려 이루어지지 않고 교화로써 이루어지는 것입니다.

성인(聖人)들은 덕과 예절을 매우 높이고 형벌은 천하게 여겼습니다. 그러므로 순임금은 먼저 설(契)에게 조칙을 내려 공경하게 오교(五敎:父子有親, 君臣有義, 夫婦有別, 長幼有序, 朋友有信)를 펴라 하고, 뒤에 고요(咎繇:皐陶)를 임명하여 5가지 형벌로써 하라고 했던 것입니다.

법을 세운 사람은 백성의 단점을 엿보기 위해서가 아니라 과오를 제거하여 간악함을 막고 재앙과 근심을 구제하려 했던 것입니다. 음란과 사특함을 검열하여 바른 도로 들어가게 해서 백성이 옳게 변화되면 사람들은 사군자(士君子)의 마음을 가지게 됩니다.

반대로 사나운 정치를 하면 사람들이 간사하고 어지러운 마음을 품게 됩니다.

옳게 변화시키는 길로 백성을 기르는 일은 장인(匠人:기술자)이 누룩이나 된장을 만드는 것과 같습니다. 온 천하의 백성은 하나의 그늘 아래 있는 것과 같고 백성의 무리는 콩이나 보리알과 같아서 어떻게 변화시키느냐에 따라 장래가 달려 있습니다.

어진 관리를 만나면 충성과 신의를 품고 어질고 후덕함을 실천하지만 악랄한 관리가 이르면 간사하고 사악함을 품고 얇고 천박한 행동을 합니다. 충성스럽고 후덕함이 쌓이면 태평성세를 이루고 얇고 천박함이 쌓이면 위태하거나 망하게 됩니다.

이 때문에 슬기로운 제왕이나 밝은 제왕들은 다 덕화(德化)를 두텁게 하고 위엄과 형벌을 가볍게 했습니다.

덕이란 자신을 따르게 하는 것이고 위엄이란 남을 다스리는 것입니다. 백성의 삶이란 쇠를 녹이는 용광로에 있는 것과 같아서 모나고 둥글고 얇고 두터움이 주물의 모형에 따라 달라지게 됩니다.

세상의 선이나 악, 속세의 박정이나 후덕은 다 세상을 주관하는 군주에게 달려 있습니다. 군주는 진실로 온 천하 안의 모든 사람들을 충성과 후덕의 정에 감동하게 하고 인정의 얇고 천박한 해로움을 없애 주어야 합니다. 각각 공정한 마음을 받들어서 간사하고 험악한 생각을 없게 하면 순박한 풍속이 다시 나타날 것입니다.

뒤에 태어난 왕들이 비록 오로지 인과 의를 숭상하지는 못했으나 형벌을 신중히 하고 형법을 조심하여 애처로워하고 공경하는 데 사사로움이 없었습니다. 그러므로 제(齊)나라 관중(管仲)이 '관자(管子)'에 말하기를 '슬기로운 군주는 법에 맡기고 지혜에 맡기지 않으며 공정에 맡기고 사사로움에 맡기지 않는다. 그러므로 천하의 왕이 되고 국가를 다스린다.'고 했습니다.

정관 초년에는 뜻이 공정한 도에 있었으며 사람들이 죄를 범하면 일일이 법에 맡겼습니다. 비록 임시로 처리할 때는 가볍거나 무거움이 있었을지라도 다만 신하들의 의논을 보시고 기쁜 마음으로 받아들이지 않음이 없었습니다. 백성도 자신이 받는 형벌에 사사로움이 없음을 알기 때문에 마음 속으로 달게 받아들이고 원망하지 않았습니다. 신하들은 자신이 하는 말을 임금이 꺼리지 않음을 보았기 때문에 힘을 다해 충성하였습니다.

몇년 전부터 마음이 점점 매우 엄격해졌습니다. 비록 세 군데를 터놓고 한쪽에만 그물을 치셨으나 연못의 물고기를 관찰하면서 잡고 안 잡고의 선택을, 사랑하고 미워하는 데에 따라 하시고, 가볍고 무거운 것을, 기뻐하고 성난 때에 따라 결정하셨습니다.

사랑하는 자는 죄가 비록 무거워도 힘써 변호하고 미워하는 자는 허물이 비록 작아도 깊이 그의 뜻을 탐색하십니다. 법률을 적용하는데 일정한 기준이 없어, 정에 따라서 가볍게도 하고 무겁게도 하십니다. 사람들에게 의논을 맡기면서는 아첨하여 거짓을 꾸밀까 의심하십니다.

그러므로 벌받는 자는 사실을 말할 수 없고 담당 관리도 감히 바른말을 하지 못합니다. 마음 속으로 복종하지 않는데 다만 입으로만 추궁하여 법을 가하고자 한다면 어찌 뒷말이 없겠습니까?

또 5품 이상의 관리가 죄를 범하면 담당 관청에 보고하도록 했습니다. 본래 의도는 그의 정상을 살피고자 한 것으로 불쌍히 여기는 바가 있었습니다. 지금은 조그마한 절목도 자세하게 요구하고 혹은 그 죄를 무겁게 하며 사람에게 공격하게 하는데 원망이 깊지 않겠습니까. 일에 해당하는 무거운 법규가 없는데도 법 밖에서 구하여 가중시키는 것이 열에 여섯이나 일곱이나 됩니다.

그러므로 근래에 들어 법을 범한 자는 윗사람에게 들리는 것을 두려워하고 사법에 맡겨지는 것을 매우 다행으로 생각합니다.

남의 비리를 들춰 고하는 일이 그치지 않고 그것을 추궁하는 일이 그치지 않으며 임금은 위에서 사사로이 하고 관리는 아래에서 간사하며 조그마한 과실은 구하고 대체적인 것은 잊으며 한 가지 벌을 행하면 모든 간사함이 일어납니다. 이것은 공평의 도를 배신한 것이며 죄인을 보고 통곡한 우임금의 뜻에 어긋난 것입니다. 이러한 상태에서 사람들이 화합하게 하고 송사를 쉽게 하려 한다면 얻지 못할 것입니다.

'체론(體論)'에 이르기를 '음란과 도둑질은 백성이 다 미워하는 일이다. 나는 쫓아서 형벌을 가했는데 비록 지나치더라도 백성이 나를 모질다 하지 않은 것은 공평했기 때문이다. 원망과 황폐와 배고픔과 추위는 백성이 다 싫어하는 일이다. 이것을 피하기 위해 법을 어기면 나는 쫓아서 관대하게 용서했는데 백성이 나를 편벽되다고 하지 않은 것은 공평했기 때문이다. 내가 무겁게 하는 것은 백성이 미워하는 것이고, 내가 가볍게 하는 것은 백성이 가련하게 여기는 것이다. 그러므로 가벼운 상으로 선을 권장하고 형벌을 줄여서 간사함을 금지한다.'고 했습니다.

이러한 것으로 보더라도 공적인 것을 법으로 삼으면 옳지 않음이 없을 뿐만 아니라 지나치게 가벼워도 또한 좋은 것입니다. 사사로운 것을 법으로 삼으면 옳음이 없을 뿐만 아니라 지나치게 가볍게 하면 간사함이 따르고 지나치게 무거우면 선(善)을 해치게 됩니다. 성인(聖人)들은 법을 시행하는데 공평하게 했으나 오히려 공평하지 못할까 두려워하였고 교화로써 구제했습니다. 이런 일이 상고 시대부터 힘써 온 것들입니다.

후세에 감옥을 다스리는 자는 그렇지 못했습니다. 죄인을 조사하지도 않고 먼저 자신의 의견을 만들어 놓습니다. 죄인을 신문할 때는 몰아붙여 자신의 의견과 일치하도록 만드는데 이런 사람을 '능력 있다'고 합니다. 옥사가 일어난 이유를 탐색하지도 않고 억지로 나누어서 위로 군주의 은밀한 뜻을 구하는 일을 제도로 삼는데 이것을 '충성'이라고 합니다.

그 담당 관리가 '능력 있고' 그 위를 섬김에 '충성'스러우면 명예와 이익이 수반됩니다. 몰아 세우고 빠뜨려 놓고, 인도하여 가르침이 융성해지기를 바란다면 어려운 일입니다.

송사를 듣는 관리는 반드시 부자간의 친분을 캐고 군신간의 의를 세우며 가볍고 무거운 순서를 저울질하고 얕고 깊은 분량을 측정하여 그의 총명을 다하고 그의 충성과 사랑을 이루어서 의심나는 점이 있으면 대중과 함께해야 합니다. 의심이 있으면 가벼운 쪽으로 따르는 일은 실로 무겁게 하는 것입니다.

순임금이 고요(咎繇: 皐陶)에게 명하여 '너는 사(士)가 되었으니 오직 형벌로써 구제하라.'라고 말하고, 다시 '3가지 신문법'을 첨가하였습니다. 모든 이가 옳다고 한 연후에 판단하고 이러한 것으로 법을 삼아서 사람의 정을 헤아려야 합니다.

전(傳)에 이르기를 '작고 큰 옥사를 비록 다 살피지 못할지라도 반드시 인정으로 한다.'고 했습니다. 세속에서는 어리석고 각박한 관리가 이 문구에 얽매여 인정으로 한다는 말을, 재물을 취하게 하거나 미움과 사랑을 세우거나 친척을 돕거나 원수를 모함하는 일로 삼았습니다.

어찌 세속 말단 관리의 정(情)이 옛 사람과 이렇게 멀기만 합니까.

담당 관리들이 이러한 정으로 모든 관리를 의심하고 군주는 이러한 정으로 담당 관리를 의심한다면 임금과 신하, 위와 아래가 서로 의심으로 통하는 것입니다. 이런 상태에서 충성을 다하게 하고 절개를 세우게 하는 것은 실로 어려운 일입니다.

옥사를 다스리는 정은 반드시 범죄 사실에 근본을 두어야 합니다. 임금은 신문하지 않고 널리 구하지 않으며 많은 단서를 귀하게 여기지 않고 총명을 보이면 법률이 바르게 됩니다.

그 죄상을 들어 법으로 탄핵하고 그 언사를 짜맞추는 일은 진실을 구하려는 것이지 진실을 꾸미기 위한 것은 아닙니다. 다만 밝게 들을 수 있는 귀에 맡기고, 옥을 담당하는 관리가 다스림을 꾸미고 단련시켜 손수 꾸민 단서는 쓰지 않아야 합니다.

공자께서 '옛날의 재판은 살리기 위함이었는데 지금의 재판은 죽이기 위한 것이다.'라고 말했습니다. 그러므로 말을 분석하여 법률을 파괴하고 마음대로 초안하여 법을 만들고 옳지 않은 도를 가져다 반드시 가하게 되는 것입니다.

'회남자(淮南子)'에는 '풍수(豊水)의 깊이가 80척(尺)인데 견고한 쇠붙이가 있으면 그 모습이 밖에도 나타난다. 풍수의 물이 깊고 맑지 않은 것은 아니지만 물고기나 자라가 돌아오지 않는다.'라고 말했습니다. 그러므로 정치하는 자는 까다롭게 살피고 공덕으로 밝게 해야 합니다. 아래에 각박하게 하는 것으로 충성을 삼고 남의 비리 들춰내는 것으로 공로를 삼는다면, 비유컨대 가죽을 넓히는 것과 같아서 늘리면 늘리는 대로 그만큼 찢어질 뿐입니다.

상(賞)이란 무거워야 하고 벌이란 가벼워야 합니다. 천자가 그 두터운 데 거하고 모든 왕(王)들은 제도를 통달해야 합니다. 형벌의 가볍고 무거움과 은혜의 두텁고 엷음과 생각하고 미워하는 일을 어찌 같은 날에 말할 수 있겠습니까.

법이란 나라의 저울이며 시대의 먹줄(표준)입니다. 저울로는 가볍고 무거운 것을 정하고 먹줄로는 굽고 곧은 것을 바로잡습니다.

오늘날 법을 만들 때는 너그럽고 공평한 것을 귀하게 여기면서 막상 죄인에게는 엄하고 가혹하게 하려고 하여, 기쁨과 성냄을 제멋대로 하고 높고 낮음은 마음에 따라 있게 됩니다. 이것은 먹줄을 버려 두고 굽고 곧음을 바로잡으려 하는 것이며 저울을 버리고 가볍고 무거움을 정하려 하는 것입니다. 또한 의혹되지 않겠습니까?

제갈공명은 비록 작은나라의 정승이었지만 '나의 마음은 저울과 같아서 사람을 위하여 가볍고 무거운 것을 만들지 않는다.' 라고 말했습니다. 하물며 천하의 제왕으로서 나란히 줄지어 선 집을 봉하는 날에 마음대로 법을 버려 사람들에게 원성을 취하십니까?

어떤 때는 작은일이 있으면 사람들에게 알리려 하지 않고 난폭하게 화내며 비방하는 의논만 따르십니다. 만약 이러한 일이 옳다고 한다면 밖으로 알리는 데에 무엇이 걱정이십니까. 만약 하는 일이 옳지 않다면 비록 은폐한들 무슨 이익이 되겠습니까.

그러므로 속담에 이르기를 '사람이 알지 못하게 하려거든 하지 않는 것만 못하고, 사람이 듣지 못하게 하려거든 말하지 않는 것만 못하다.' 고 했습니다.

행하면서 사람들이 알지 못하게 하고 말씀하면서 사람들이 듣지 못하게 하시니, 이것은 참새를 잡으면서 눈을 가리고 종을 도둑질하면서 귀를 가리는 것과 같습니다. 다만 꾸짖음만 있을 뿐, 장차 어떤 이익이 있겠습니까?

신은 또 듣기를 '항상 혼란스러운 나라는 없고 다스릴 수 없는 백성은 없다.' 고 했습니다.

임금의 선악은 교화가 엷은가 두터운가에 달려 있습니다. 그러므로 우임금이나 탕임금은 나라를 잘 다스렸지만 걸왕이나 주왕은 나라를 어지럽게 만들었고, 문왕과 무왕은 나라를 편안히 하였지만 유왕(幽王)과 여왕(厲王)은 나라를 위태롭게 하였습니다.

옛날의 명철한 제왕들은 자신을 다하고 남을 허물하지 않았으며 자신의 몸에서 구하고 신하를 책망하지 않았습니다. 그러므로 말하기를 '우임금과 탕임금은 자신에게 죄가 있다고 하여 그 사업 일으킨 것이 부쩍 일어났으며 걸왕이나 주왕은 남에게 죄가 있다고 하여 그 사업 패망한 것이 눈깜짝할 사이였다.'고 했습니다.

하는 일은 끝이 없고 가엾게 여기는 마음은 깊이 어그러지면 실제로 간사한 길을 여는 것입니다. 한(漢)나라 온서(溫舒)는 지난날 감옥을 담당한 관리의 폐단을 한탄했습니다. 신은 그의 상소가 받아들여지지 않은 일을 애석하게 여기는데 알려지지 않은 바가 아닙니다. 신은 듣기를 요임금은 '용감하게 간하는 북'을 두었고 순임금은 '비방하는 나무'를 두었으며, 탕임금은 '과실을 맡은 사관'을 두었고 무왕은 '경계하고 삼가는 명(銘)'을 두었다고 합니다.

이것은 형체가 없는 데에서 듣고 있지 않은 곳에서 구하여 마음을 비우고 아랫사람을 대우하는 일입니다. 이렇게 하면 거의 아랫사람의 정이 위에 전달되어서 위와 아래가 사심이 없어지고 임금과 신하가 덕이 일치됩니다.

위(魏)나라 무제(武帝)가 '덕 있는 임금은 귀에 거슬리는 말이나 임금의 얼굴을 살피지 않고 하는 간언 듣기를 좋아한다.'고 말했습니다.

충신을 가까이하고 간하는 선비를 두텁게 대우하고 참소하고 간특한 이를 물리치고, 아첨하는 자를 멀리 하는 일은 진실로 자신을 보호하고 국가를 보존하며 멸망을 멀리하고자 하는 것입니다.

모든 군자는 천명을 받고 때를 만나는 운을 얻으면 비록 위아래가 사심이 있고 임금과 신하가 덕이 일치되지 않더라도, 자신을 보호하고 나라를 보존하여 멸망을 멀리할 수 있지 않겠습니까?

예로부터 명철한 군주가 공업을 이루고 사업을 세우는 데 마음을 합하는 것을 밑천으로 삼지 않은 적이 없습니다. 곧 그가 잘못이 있으면 내가 돕고 내가 잘못이 있으면 그가 돕는 것입니다.

지난 정관 초기에는 두려워 삼가하고 잠시도 편안하게 지내지 않으셨으며 힘써 행동하여 겸손으로써 모든 사물을 받아들여 선을 들으면 반드시 고쳤습니다. 때로 작은 과실이 있으면 충간(忠諫)을 받아들여 매일 옳고 곧은 말을 듣고 안색에 기쁜빛이 돌았습니다. 그러므로 충성을 다하고 절의를 세우는 자는 모든 정성을 다하여 의견을 개진하였습니다.

　근년에 들어서는 온 천하가 근심이 없고 먼 곳의 오랑캐들이 두려워하며 복종하자 마음속에 오만이 가득 차고 일들은 그 처음과 차이가 있게 됐습니다. 악과 사특함을 고상하게 여기고 뜻에 순응하는 말 듣기를 기뻐하셨습니다. 충성스럽고 곧은 말을 허황된 말로 여기시고 귀에 거슬리는 말을 즐겨하지 않으셨습니다.

　사사롭게 총애받는 길은 점점 열리고 지극히 공정한 도는 날로 막혔다는 것을 오고가는 길거리의 사람들도 다 알고 있습니다.

　나라가 흥성하고 패망하는 일은 실로 이런 도에서 비롯되는 것입니다. 사람들 위에 있는 자로서 힘쓰지 않을 수 있겠습니까?

　신은 수년 전부터 항상 성상(聖上 : 임금)의 뜻을 받들면서, 깊이 모든 신하가 속에 있는 말 다하는 것을 즐겨하지 않을까 두려워했습니다. 신은 간절히 생각해 봅니다. 근래에는 사람들이 혹 상서를 올리면 일에는 얻는 것과 잃는 것이 있는데도 오직 그 기술된 단점만 보고 장점을 칭찬하시는 사례를 보지 못했습니다.

　천자의 지위는 가장 높고 그 용안은 범하기 어려우니 잠깐이라도 감히 꺼리지 않고 다 말씀드릴 수가 없으며 때마다 진술할 수는 있어도 능히 의견을 다 개진하지는 못하는 것입니다. 다시 생각하고 거듭 충정을 다한다지만 말하는 것이 이유가 없습니다.

　또 말한 것이 이치에 합당할지라도 반드시 특별히 끌어올려 관직을 주지도 않습니다. 그의 뜻이 혹 군주의 뜻을 거슬리면 장차 치욕이 수반됩니다. 신하의 절개를 다하지 못함은 실로 이런 일에서 비롯되는 것입니다.

　비록 좌우에서 가까이 모시는 신하나 아침저녁으로 궁중의 계단을 오르는 신하들이라도 일이 혹 군주의 안색을 변하게 하면 다 뒤를 돌아보고 꺼리는데 하물며 소원해져서 가까이 접하지 못하는 신하들은 장차 어떻게 그 충성스런 정성을 다하겠습니까?

　어떤 이는 선언하기를 '신하는 일이 있으면 다만 와서 말할 뿐이다. 어찌 말한 것으로 인하여 내가 등용되기를 바라겠는가.' 라고 했습니다. 이것은 간언을 막는다는 말이며 진실로 충성을 받아들이지 않는다는 뜻입니다. 무엇 때문에 말한 것이겠습니까?

군주의 엄한 얼굴을 범하면서 잘못과 옳음을 헌납하는 일은 군주
의 아름다운 덕을 성취하게 하고 군주의 허물을 바로잡는 일입니
다. 그런데 만일 군주가 듣고 의심한다면 일은 시행되지 못합니다.

충성된 말을 다하게 하고 팔 다리의 힘을 다하게 해도 오히려
때에 따라서 두려워하고 걱정하여, 즐겨 그 정성을 다 바치지 않
게 됩니다. 만약 조서에 밝혀 인도하면 겉으로 따르는 척하고 그
거리낌없이 한 말을 꾸짖으면 나아가고 물러나는 일을 장차 무엇
에 근거해야 하는 것입니까? 반드시 간언(諫言)을 다하고자 하
는 것은 군주를 좋아하는 데 있을 뿐입니다.

제(齊)나라 환공(桓公)이 자주색 옷 입기를 좋아하자 나라 안
에는 다른 색 옷이 없었습니다. 초(楚)나라 왕이 가는 허리를 좋
아하자 후궁들이 많이 굶어 죽었습니다.

귀와 눈으로 즐기는 것도 사람들이 오히려 죽으면서까지 어기
지 않는데 슬기롭고 밝은 군주가 충성되고 바른 선비를 구한다면
천리 밖에서도 이에 응하여 믿는 일이 어렵지 않게 될 것입니다.
만일 헛되이 그 말만 있고 안으로 그 진실이 없다면 충성되고 바
른 선비들을 오게 하려 해도 얻지 못할 것입니다."

태종이 직접 조서를 써서 말했다.

"전후를 살펴서 넌지시 깨우친 말들은 다 간절함이 지극한 내
용으로 진실로 그대에게 바라는 바다. 짐이 옛날에 형문(衡門 :
누추한 곳. 곧 민간 신분)에 있을 때 어린아이로서 태사(太師)나 태
보(太保)의 가르침을 받지 못하고 앞서간 현인들의 말씀을 들은
것이 적었다. 수(隋)나라가 무너지는 시기를 만나서 모든 나라가
도탄에 빠지고 백성이 두려워하고 자신을 의지할 곳이 없었다. 짐
은 18세 때부터 물에 빠진 사람들을 구제해야겠다는 뜻을 가지고
분개하여 소매를 걷고 일어나 문득 방패와 창을 이끌었다. 서리
와 이슬을 무릅쓰고 동서로 정벌을 나서서 날마다 한가한 틈이 없
었고 사는 데도 편안한 세월이 없었다.

하늘의 신령이 강림하여 나에게 종묘와 조정의 대략을 내려 주
시고 의로운 깃발이 꽂히는 곳마다 싸워서 평정되었다. 약수(弱

水)와 유사(流沙) 지방은 사신의 수레가 함께 왕래하고 있다. 사방 오랑캐들은 다 복종하여 의관을 정돈하는 지역이 되었으며 새로 제정한 달력은 고르게 반포되어 먼 곳까지 미치지 않는 곳이 없다. 삼가 보배로운 제위를 공손히 받고 제왕의 계책을 공경히 받들어서 손을 맞잡고 하는 일 없이 조용하게 앉아 있은 지 이미 10여 년이 되었다.

나라의 대신들이 서로 상의해서 내놓은 계책을 다 쓰고 보위하는 장수들이 모든 힘을 다하여 덕을 합하고 마음을 함께 하여 여기까지 이른 것이다.

나 스스로는 적고 박한데도 두텁게 이 경사를 향유하고 있으니 항상 큰 신기(神器 : 제위나 계승의 표시 물건. 옥새 같은 것)를 어루만지며 깊게 근심하고 책임이 막중함을 느꼈다. 항상 모든 중요한 기틀이 많이 비어 있어 사방의 일에 통달하지 못할까 두려워하여 전전긍긍하며 앉아서 아침을 기다리기도 했고, 대신들에게 자문하기도 했으며, 말단 관리의 진심까지 살폈다.

밝음에 힘입어 한 번 움직이면 종석(鍾石)으로써 하고 순박한 풍속과 지극한 덕은 영원히 책에 전해질 것이며 지극히 커다란 이름이 퍼져 항상 칭송되는 으뜸이 될 것이다.

짐은 아무것도 없고 덕이 박하여 지나간 대에 많이 부끄러울 뿐이다. 만약 배를 잘 운전하는 기관사에게 맡기지 않았다면 어찌 저 커다란 강을 건널 수 있었겠는가. 간을 맞추는 간장에 의지하지 않고 어떻게 5가지 맛을 조화시킬 수 있으리오.'

이에 위징에게 비단 3백 필을 하사하였다.

貞觀十一年 時屢有閹宦充外使[1] 妄有奏事發 太宗怒 魏徵進曰 閹豎雖微 狎近左右 時有言語 輕而易信 浸潤之譖 爲患特深 今日之明 必無此慮 爲子孫敎 不可不杜絶其源 太宗曰 非卿 朕安得聞此語 自今已後 充使宜停 魏徵因上疏曰

臣聞爲人君者 在乎善善而惡惡 近君子而遠小人 善善明則君子進矣 惡惡著則小人退矣 近君子 則朝無粃政 遠小人 則聽不邪私 小人非無小

善 君子非無小過 君子小過 蓋白玉之微瑕 小人小善 乃鉛刀之一割 鉛
刀一割 良工之所不重 小善不足以掩衆惡也 白玉微瑕 善賈之所不棄 小
疵不足以妨大美也 善小人之小善 謂之善善 惡君子小過 謂之惡惡 此則
薰蕕同嗅 玉石不分 屈原[2]所以沈江 卞和[3]所以泣血者也 旣識玉石之分
又辨薰蕕之臭 善善而不能進 惡惡而不能去 此郭氏[4]所以爲墟 史魚[5]所
以遺恨也

陛下聰明神武 天姿英叡 志存泛愛 引納多塗 好善而不甚擇人 疾惡
而未能遠佞 又出言無隱 疾惡太深 聞人之善 或未全信 聞人之惡 以爲
必然 雖有獨見之明 猶恐理或未盡 何則 君子揚人之善 小人訐人之惡
聞惡必信 則小人之道長矣 聞善或疑 則君子之道消矣 爲國家者 急於
進君子而退小人 乃使君子道消 小人道長 則君臣失序 上下否隔 亂亡
不卹 將何以理乎 且世俗常人 心無遠慮 情在告訐 好言朋黨 夫以善相
成 謂之同德 以惡相濟 謂之朋黨 今則淸濁共流 善惡無別 以告訐爲誠
直 以同德爲朋黨 以之爲朋黨 則謂事無可信 以之爲誠直 則謂言皆可
取 此君恩所以不結於下 臣忠所以不達於上 大臣不能辯正 小臣莫之敢
論 遠近承風 混然成俗 非國家之福 非爲理之道 適足以長姦邪 亂視聽
使人君不知所信 臣下不得相安 若不遠慮 深絶其源 則後患未之息也

今之幸而未敗者 由乎君有遠慮 雖失之於始 必得之於終故也 若時逢
少隙 往而不返 雖欲悔之 必無所及 旣不可以傳諸後嗣 復何以垂法將
來 且夫進善黜惡施於人者也 以古作鑒施於己者也 鑒貌在乎止水 鑒己
在乎哲人 能以古之哲王 鑒於己之行事 則貌之妍醜 宛然在目 事之善
惡 自得於心 無勞司過之史 木假芻蕘之議 巍巍之功日著 赫赫之名彌
遠 爲人君者可不務乎

臣聞道德之厚 莫尙於軒唐 仁義之隆 莫彰於舜禹 欲繼軒唐之風 將追
舜禹之跡 必鎭之以道德 弘之以仁義 擧善而任之 擇善而從之 不擇善任
能 而委之俗吏 旣無遠度 必失大體 惟奉三尺之律 以繩四海之人 欲求垂
拱無爲不可得也 故聖哲君臨 移風易俗 不資嚴刑峻法 在仁義而已 故非
仁無以廣施 非義無以正身 惠下以仁 正身以義 則其政不嚴而理 其教不
肅而成矣 然則仁義 理之本也 刑罰 理之末也 爲理之有刑罰 猶執御之有
鞭策也 人皆從化 而刑罰無所施 馬盡其力 則有鞭策無所用 由此言之 刑

罰不可致理 亦已明矣 故潛夫論⁶⁾曰 人君之理 莫大於道德敎化也 民有
性有情 有化有俗 情性者 心也 本也 俗化者 行也 末也

是以上君撫世 先其本而後其末 順其心而履其行 心情苟正 則姦慝無
所生 邪意無所載矣 是故上聖無不務理民心 故曰 聽訟 吾猶人也 必也
使無訟乎⁷⁾ 道之以禮 務厚其性 而明其情 民相愛 則無相傷害之意 動
思義 則無蓄姦邪之心 若此 非律令之所理也 此乃敎化之所致也 聖人
甚尊德禮 而卑刑罰 故舜先勅契⁸⁾以敬敷五敎 而後任咎繇⁹⁾以五刑也 凡
立法者 非以司民短 而誅過誤也 乃以防姦惡 而救禍患 檢淫邪 而內¹⁰⁾
正道 民蒙善化 則人有士君子之心 被惡政 則人有懷姦亂之慮 故善化
之養民 猶工之爲麴蘖也 六合之民 猶一廳也 黔首¹¹⁾之屬 猶荳麥也 變
化云爲在將者耳 遭良吏 則懷忠信而履仁厚 道惡吏 則懷姦邪而行淺薄
忠厚積 則致太平 淺薄積 則致危亡 是以聖帝明王 皆敦德化而薄威刑
也 德者 所以循己也 威者 所以理人也 民之生也 猶鑠金在爐 方圓薄厚
隨鎔制耳 是故世之善惡 俗之薄厚 皆在於君世之主 誠能使六合之內 舉
世之人 感忠厚之情 而無淺薄之惡 各奉公正之心 而無姦險之慮 則醇釅
之俗復見於玆矣 後王雖未能遵專尙仁義 當愼刑邺典 哀敬無私 故管子
曰 聖君任法不任智 任公不任私 故王天下 理國家

貞觀之初 志存公道 人有所犯 一一於法 縱臨時處斷 或有輕重 但見
臣下執論 無不忻然受納 民知罪之無私 故甘心而不怨 臣下見言無忤
故盡力以効忠 頃年以來 意漸深刻 雖開三面之網 而察見川中之魚 取
捨在於愛憎 輕重由乎喜怒 愛之者罪雖重 而强爲之辭 惡之者過雖小 而
深探其意 法無定科 任情以輕重 人有執論 疑之以阿僞 故受罰者 無所
控告 當官者莫敢正言 不服其心 但窮其口 欲加之罪 其無辭乎 又五品
以上有犯 悉令曹司聞奏 本欲察其情狀 有所哀矜 今乃曲求小節 或重
其罪 使人攻擊 惟恨不深 事無重條 求之法外 所加十有六七 故頃年犯
者懼上聞 得付司法 以爲多幸 告訐無已 窮理不息 君私於上 吏姦於下
求細過而忘大體 行一罰而起衆姦 此乃背公平之道 乖泣辜之意 欲其人
和訟息 不可得也 故體論云 夫淫泆盜竊 百姓之所惡也 我從而刑罰之
雖過乎當 百姓不以我爲暴者 公也 怨曠飢寒 亦百姓之所惡也 遁而陷
之法 我從而寬宥之 百姓不以我爲偏者 公也 我之所重 百姓之所憎也

我之所輕 百姓之所憐也 是故賞輕而勸善 刑省而禁姦

由此言之 公之於法 無不可也 過輕亦可 私之於法 無可也 過輕 則縱姦 過重 則傷善 聖人之於法也 公矣 然猶懼其未也 而救之以化 此上古所務也 後之理獄者則不然 未訊罪人 則先爲之意 及其訊之 則驅而致之意 謂之能 不探獄之所由 生爲之分 而上求人主之微旨以爲制 謂之忠 其當官也能 其事上也忠 則名利隨而與之 驅而陷之 欲望道化之隆 亦難矣

凡聽訟吏獄 必原父子之親 立君臣之義 權輕重之序 測淺深之量 悉其聰明 致其忠愛 疑則與衆共之 疑則從輕者 所以重之也 故舜命咎繇曰 汝作士 惟刑之恤 又復加之以三訊[12] 衆所善 然後斷之 是以爲法 參之人情 故傳曰 小大之獄 雖不能察 必以情 而世俗拘愚苛刻之吏 以爲情也者 取貨者也 立愛憎者也 右親戚者也 陷怨讎者也 何世俗小吏之情 與夫古人之懸遠乎 有司以此情疑之群吏 人主以此情疑之有司 是君臣上下通相疑也 欲其盡忠立節難矣

凡理獄之情 必本所犯之事 以主不敢訊 不旁求 不貴多端 以見聰明 故律正 其擧劾之法 參伍其辭 所以求實也 非所以餙實也 但當參任明聽之耳 不使獄吏鍛鍊餙理成辭於手 孔子曰 古之聽獄 求所以生之也 今之聽獄 求所以殺之也 故析言以破律 任案以成法 執左道以必加也 又淮南子[13]曰 豊水之深十仞 金鐵在焉 則形見於外 非不深且淸 而魚鱉莫之歸也 故爲者以苛爲察 以功爲明 以刻下爲忠 以詐多爲功 譬猶廣革大則大矣 裂之道也

夫賞宜從重 罰宜從輕 君居其厚 百王通制 刑之輕重 恩之厚薄 見思與見疾 其可同日言哉 且法 國之權衡也 時之準繩也 權衡所以定輕重 準繩所以正曲直 今作法貴其寬平 罪人欲其嚴酷 喜怒肆志 高下在心 是則捨準繩以正曲直 棄權衡而定輕重者也 不亦惑哉 諸葛孔明 小國之相 猶曰 吾心如秤 不能爲人作輕重 況萬乘之主[14] 當可封之日[15] 而任心棄法 取怒於人乎

又時有小事 不欲人聞 則暴作威怒 以弭謗議 若所爲是也 聞於外其何傷 若所爲非也 雖掩之何益 故諺曰 欲人不知 莫若不爲 欲人不聞 莫若勿言 爲之而欲人不知 言之而欲人不聞 此猶捕雀而掩目 盜鐘而掩耳者 祇以取誚 將何益乎

臣又聞之 無常亂之國 無不可理之民者 夫君之善惡 由乎化之薄厚 故
禹湯以之理 桀紂以之亂 文武以之安 幽厲以之危 是以古之哲王 盡己
而不以尤人 求身而不以責下 故曰 禹湯罪己 其興也勃焉 桀紂罪人 其
亡也忽焉 爲之無已 深乖惻隱之情 實啓姦邪之路 溫舒[16]恨於曩日 臣亦
欲惜不用 非所不聞也 臣聞堯有敢諫之鼓[17] 舜有誹謗之木[18] 湯有司過
之史[19] 武有戒愼之銘[20] 此則聽之於無形 求之於未有 虛心以待下 庶下
情之達上 上下無私 君臣合德者也 魏武帝云 有德之君 樂聞逆耳之言
犯顏之諍 親忠臣 厚諫士 斥讒慝 遠佞人者 誠欲全身保國 遠避滅亡者
也 凡百君子 膺期統運 縱未能上下無私 君臣合德 可不全身保國 遠避
滅亡乎 然自古聖哲之君 功成事立 未有不資同心 予違汝弼者也

昔在貞觀之初 側身勵行 謙以受物 蓋聞善必改 時有小過 引納忠規
每聽直言 喜形顏色 故凡在忠烈 咸竭其辭 自頃年海內無虞 遠夷懾服
志意盈滿 事異厥初 高談疾邪 而喜聞順旨之說 空論忠讜 而不悅逆耳
之言 私嬖之徑漸開 至公之道日塞 往來行路 咸知之矣 邦之興衰 實由
斯道 爲人上者 可不勉乎

臣數年以來 每奉明旨 深懼群臣莫肯盡言 臣切思之 自比來人或上書
事有得失 惟見述其所短 未有稱其所長 又天居自高 龍鱗難犯 在於造
次 不敢盡言 時有所陳 不能盡意 更思重竭 其道無因 且所言當理 未必
加於寵秩[21] 意或乖忤 將有恥辱隨之 莫能盡節 實由於此 雖左右近侍
朝夕階墀 事或犯顏 咸懷顧望 況疎遠不接 將何以極其忠款哉 又時或
宣言云 臣下見事 祇可來道 何因所言 卽望我用 此乃拒諫之辭 誠非納
忠之意 何以言之 犯主嚴顏 獻可替否 所以成主之美 匡主之過 若主聽
則惑 事有不行 使其盡忠讜之言 竭股肱之力 猶恐臨時恐懼 莫肯效其
誠款 若如明詔所道 便是許其面從 而又責其盡言 進退將何所據 欲必
使乎致諫 在乎好之而已 故齊桓[22]好服紫 而合境無異色 楚王[23]好細腰
而後宮多餓死 夫以耳目之玩 人猶死而不違 況聖明之君 求忠正之士 千
里斯應 信不爲難 若徒有其言 而內無其實 欲其必至不可得也

太宗手詔曰 省前後諷諭 皆切至之意 固所望於卿也 朕昔在衡門 尙
惟童幼 未漸師保之訓 罕聞先達之言 值隋主分崩 萬邦塗炭 慄慄[24]黔黎
庶身無所 朕自二九之年 有懷拯溺 發憤投袂 便提干戈 蒙犯霜露 東西

征伐 日不暇給 居無寧歲 降蒼昊之靈 稟廟堂之略 義旗所指 觸向平夷
弱水流沙[25] 竝通軺軒[26]之使 被髮左衽[27] 皆爲衣冠之域 正朔[28]所班 無
遠不屆 及恭承寶曆 寅奉帝圖 垂拱無爲 氛埃靖息 於玆十有餘年 斯蓋
股肱罄帷幄之謀 爪牙竭熊羆之力 恊德同心 以致於此 自惟寡薄 厚享
斯休 每以撫大神器 憂深責重 常懼萬機多曠 四聰不達 戰戰兢兢 坐以
待旦 詢于公卿 以至隷皂[29] 推以赤心 庶幾明賴 一動以鍾石 淳風至德
永傳於竹帛 克播鴻名 常爲稱首 朕以虛薄 多慚往代 若不任舟楫 豈得
濟彼巨川 不藉鹽梅[30] 安得調夫五味 賜絹三百匹

1) 閹宦充外使(엄환충외사) : 환관으로 외국사절을 채우다. 보충하다.

2) 屈原(굴원) : 전국 시대 초나라 회왕(懷王)의 대부이며 이름은 평(平). '이
소경'을 지었다. 초회왕이 참언을 믿고 축출하자 멱라수에 투신 자살했다.

3) 卞和(변화) : 춘추 시대 초나라 사람. 산중에서 얻은 옥덩어리를 보배라고 초
왕(楚王)에게 바쳤는데 옥덩어리의 가치를 알아보지 못한 왕이 자신을 속였
다고 변화의 발을 잘랐다. 이 변화의 옥을 화씨지벽(和氏之璧)이라고 한다.

4) 郭氏(곽씨) : 춘추 시대의 곽국(郭國)이 멸망한 것을 뜻한다. 납간편에 자세
히 나와 있다.

5) 史魚(사어) : 춘추 시대 위(衛)나라의 대부.

6) 潛夫論(잠부론) : 후한의 왕부(王符)가 지은 저서 이름이며 그의 자는 절신
(節信)이다.

7) 聽訟~使無訟乎(청송~사무송호) : '논어'에 있는 공자의 말.

8) 契(설) : 순(舜)임금의 신하이며 사도(司徒) 벼슬을 했다. 오교(五教)는 부
자유친(父子有親), 군신유의(君臣有義), 부부유별(夫婦有別), 장유유서
(長幼有序), 붕우유신(朋友有信).

9) 咎繇(고요) : 순임금의 신하인 고요(皐陶)를 말한다. 자는 정견(庭堅)이고
사구(司寇)를 맡았다. 오형(五刑)은 묵형(墨刑 : 살갗에 글자를 새겨 넣는
형벌), 의형(劓刑 : 코를 자르는 형벌), 비형(剕刑 : 발꿈치를 자르는 형벌),
궁형(宮刑 : 성기를 자르는 형벌), 대벽(大辟 : 사형)이다.

10) 內(납) : 납(納)으로 읽는다.

11) 黔首(검수) : 관을 쓰지 않은 머리. 검은 머리의 백성. 일반 백성을 뜻한다.

12) 三訊(삼신) : 3번 심문하는 제도. '주례(周禮)'에 '서민이 옥송에 있으면

3번 재판하니, 한 번은 여러 신하가, 두번째는 여러 관리가, 세번째는 만민이
한다.'고 했다.

13) 淮南子(회남자) : 한(漢)나라 회남왕(淮南王) 유안(劉安)의 저서 이름.

14) 萬乘之主(만승지주) : 수레 1만 대를 낼 수 있는 임금. 곧 천자를 말한다.

15) 可封之日(가봉지일) : 당우(唐虞) 시대에는 일렬로 늘어선 집들에는 현인
이 있다고 하여 봉하였다.

16) 溫舒(온서) : 전한(前漢) 사람이며 일찍이 옥리의 폐해를 지적해 상소했다.

17) 敢諫之鼓(감간지고) : 북을 매달아 놓고 쳐서 간할 수 있도록 했다는 고사.

18) 誹謗之木(비방지목) : 순임금이 나무를 다리 위에 세워 놓고 백성에게 정
치의 과실을 적게 하여 반성했다는 고사.

19) 司過之史(사과지사) : 과실을 맡아 역사에 기록하도록 한 탕임금의 고사.

20) 戒愼之銘(계신지명) : 경계하고 삼가할 수 있는 좌우명을 만들어 놓은 무
왕의 고사.

21) 寵秩(총질) : 특별히 사랑하고 끌어 올려서 관직을 주는 것.

22) 齊桓(제환) : 제나라 환공. 오패의 한 사람.

23) 楚王(초왕) : 초나라 영왕(靈王).

24) 慄慄(접접) : 두려워하는 모양.

25) 弱水流沙(약수유사) : 약수는 강 이름이며 감숙성(甘肅省)의 장액하(張掖
河)이다. 유사는 중국의 서쪽에 있는 사막. 곧 고비 사막.

26) 輶軒(유헌) : 가벼운 수레. 칙사가 타는 수레.

27) 被髮左衽(피발좌임) : 머리를 풀고 오른쪽 섶을 왼쪽으로 여민 옷. 곧 야만
인의 풍속.

28) 正朔(정삭) : 정월과 초하루. 해의 처음과 달의 처음으로 곧 달력, 역수(曆
數). 왕자(王者)가 새로 건국하면 반드시 달력을 고쳐 천하에 반포하여 그
달력이 통치권이 행해지는 영역에서 쓰이므로 신민(臣民)이 되는 것을 '봉
정삭(奉正朔)'이라 한다.

29) 隷皁(예조) : 하인들. 말단 관리들.

30) 鹽梅(염매) : 간을 맞추는 소금이나 간장 등을 지칭한다.

제17편 진실과 믿음을 논하다
(論誠信第十七 : 凡四章)

1. 그대의 의견을 받아들일 수 없다

정관 초년에 글을 올려, 간사하고 아첨하는 신하를 제거할 것을 말하는 자가 있었다.

태종이 그에게 말했다.

"짐이 임용하는 신하는 모두 현인이라고 생각한다. 그대는 간사하고 아첨하는 자가 누구인지 알고 있는가."

그 말에 대하여 글을 올린 자가 대답했다.

"신은 초야에 묻혀 살아서 누가 아첨하는 자인지 분명하게 알고 있지 못합니다. 청컨대 폐하께서 거짓으로 노하셔서 여러 신하들을 시험해 보십시오. 만약 천자의 노여움을 두려워하지 않고 거침없이 자기가 옳다고 믿는 바를 간언하는 자는 바른 사람입니다. 반대로 군주의 뜻에 따라 어떠한 분부(吩咐)에도 고분고분하는 자는 아첨하는 자입니다."

태종은 봉덕이에게 이르기를

"흐르는 물의 맑고 흐린 원인은 수원(水源)에 있다. 군주는 정치에서 물의 근원이요, 만민은 바로 물의 흐름과 같다. 군주 자신이 거짓말하고 속이면서 어떻게 신하들에게 정직한 행위를 바라겠는가. 이것은 마치 물의 근원은 흐린데 흐르는 물이 맑기를 바라는 것과 같아서 이치상 얻을 수 없는 일이다.

짐은 일찍이 위(魏)나라 무제(武帝)가 사람을 속이고 거짓된 행위가 많았으므로 그의 인품을 매우 천하게 보고 경멸해 왔는데

어떻게 신하의 바름과 사특함을 시험하기 위해 교령(敎令)을 실
시할 수 있겠는가.”
하고는 글을 올린 사람에게 말했다.
　“짐은 큰 믿음이 천하에 널리 행해지기를 희망할 뿐이고 남을
속이는 방법으로 백성을 가르치기를 바라지 않는다. 그대의 말이
비록 옳다 하더라도 짐은 취하지 않겠다.”

　貞觀初 有上書請去佞臣[1]者 太宗謂曰 朕之所任 皆以爲賢 卿知佞者
誰耶 對曰 臣居草澤[2] 不的知佞者 請陛下佯怒以試群臣 若能不畏雷霆[3]
直言進諫 則是正人 順情阿旨 則是佞人 太宗謂封德彝曰 流水淸濁 在其
源也[4] 君者政源 人庶[5]猶水 君自爲詐 欲臣下行直 是猶源濁 而望水淸
理不可得 朕常以魏武帝[6]多詭詐[7] 深鄙其爲人如此 豈可堪爲敎令[8] 謂上
書人曰 朕欲使大信行於天下 不欲以詐道訓俗 卿言雖善 朕所不取也

1) 佞臣(영신) : 입끝으로만 번지르르 하게 말하고, 아첨하는 신하.
2) 草澤(초택) : 초야(草野)와 같다.
3) 雷霆(뇌정) : 격렬한 우레. 곧 천자의 노여움.
4) 流水淸濁在其源也(유수청탁재기원야) : ‘순자(荀子)’ 군도편(君道篇)에
　　‘원청즉유청(原淸則流淸) 원탁즉유탁(原濁則流濁)’ 이라 했다. 곧 ‘근원이
　　맑으면 흐름이 맑고, 근원이 흐리면 흐름이 흐리다.’ 는 뜻.
5) 人庶(인서) : ‘서민’ ‘만민’ 의 뜻.
6) 魏武帝(위무제) : 삼국 시대(三國時代) 위(魏)나라의 조조(曹操).
7) 詭詐(궤사) : 간사스러운 거짓. 교묘한 속임수.
8) 敎令(교령) : 가르침. 교화.

　2. 도덕, 예의, 진실, 믿음은 나라의 강령이다
　정관 10년에 위징이 상소(上疏)하여 말했다.
　“신이 듣기로는, 나라를 위하는 기본은 반드시 도덕과 예의에
바탕을 두고, 군주가 보호하는 것은 오직 진실과 믿음에 있다고
합니다. 진실과 믿음이 세워지면 신하들은 두 마음을 가지지 않

습니다. 도덕과 예의가 나타나면 멀리 있는 사람들도 이곳으로 이를 것입니다. 도덕, 예의, 진실, 믿음은 나라의 큰 강령이며 군주나 신하, 아버지와 아들 사이에는 잠깐 동안이라도 폐지할 수 없는 것입니다.

그러므로 공자께서 말씀하시기를 '군주는 신하를 부리는데 예의로써 하고 신하는 임금을 섬기는 데 충성으로써 한다.'고 했으며 또 말씀하시기를 '예로부터 사람은 다 죽는데 백성에게 신용이 없으면 나라가 서지 못한다.'고 했습니다.

문자(文子 : 辛鈃)는 말하기를 '말과 믿음을 한 가지로 하려면 믿음이 말하기 전에 있어야 하고, 명령과 행동을 한 가지로 하려면 진실이 명령 뒤에 있어야 한다.'고 했습니다. 그렇다면 말하는 데 믿지 않는 것은 말에 믿음이 없는 것이요, 명령하는데 따르지 않는 것은 명령에 진실이 없는 것입니다.

믿지 못할 말과 진실이 없는 명령이란 윗사람을 위하는 데는 패덕(敗德)이 되고 아랫사람을 위하는 데는 몸을 위태롭게 하는 일입니다. 비록 엎어지고 쓰러지는 한이 있더라도 군자는 하지 않는 일입니다.

제왕의 도가 아름답게 밝혀진 지 10여 년! 위엄이 해외(海外)까지 높아져서 모든 나라가 조회에 들어오고 창고의 곡식은 날로 쌓이고 토지는 날마다 넓어졌습니다. 그러나 도덕은 더욱 두터워지지 않았고 인의는 더욱 넓어지지 않은 까닭은 무엇입니까? 신하들을 대우하는 정이 진실과 믿음을 다하지 못했기 때문입니다. 비록 처음에는 부지런히 잘하셨으나 끝마무리가 아름답지 못했기 때문입니다.

옛날 정관의 초기에는 선을 들으면 경탄하시고, 또 8~9년 동안은 기쁘게 간언을 따르시더니, 그 이후로는 점점 직언을 꺼리셨습니다. 비록 마지못해 받아들인 적이 있으나 다시는 지난날 시원스럽게 허락하시던 때와 같지 않았습니다.

거침없이 곧은 말하는 무리는 점점 주군의 곁을 피하게 되고 아부하고 아첨하는 무리가 그 교묘한 말솜씨를 늘어놓았습니다. 마음을 함께하던 자들은 전권을 행사한다 하시고 충성스런 말을 하는 자는 비방한다고 하셨습니다. 사람들이 '붕당을 한다'고 말하면 비록 그가 충신이었더라도 의심하시고, 사람들이 '지극히 공정하다'고 말하면 비록 그가 거짓을 꾸미더라도 허물이 없었습니다.

강직한 사람은 전권을 휘두른다는 의론을 두려워하고 충성스런 말을 하는 자는 비방한다는 허물을 생각하여 바른 신하는 그 말을 다하지 못하고 대신들은 더불어 논쟁하지 못합니다. 보고 듣는 큰 도를 현혹시키고 정사를 방해하고 덕을 손상시키는 일이 여기에 있습니다.

공자께서 '말을 잘 하여 나라를 뒤엎을 수 있는 자를 미워한다.'고 한 말은 대개 이런 상태를 뜻합니다.

군자와 소인은 얼굴은 같으나 마음이 다릅니다. 군자는 다른 사람의 나쁜 것을 가려 주고 다른 사람의 좋은 것은 나타나게 합니다. 어려움에 처하면 구차하게 면하려 하지 않으며 자신을 희생해서라도 인을 성취합니다. 소인은 불인(不仁)을 부끄러워하지 않고 불의(不義)를 두려워하지 않으며 오직 이익이 있는 곳에 처하며 남을 위태롭게 하고 스스로 편안해 합니다. 그러니 구차하게 남을 위태하게 하는 데는 어느 곳이나 이르지 않겠습니까.

지금부터라도 나라를 잘 다스리려 하신다면 반드시 군자에게 맡기셔야 합니다. 일이란 잘 되는 것도 있고 잘못 되는 것도 있는데 이러한 일들을 혹 소인에게 자문하십니다.

군자를 대하면서는 공경하되 멀리하고 소인을 만나면서는 반드시 가벼이 여겨 친근하게 하십니다. 친근하면 말을 다하지 않음이 없고 소원하면 정이 위로 통하지 않습니다. 이렇게 되면 비방하고 칭찬하는 일은 소인에게 있게 되고 형벌이나 죄만이 군자에게 가해지는 것입니다.

이런 일은 나라가 흥하고 망하는 것과도 관계가 있으니 삼가해야 하지 않겠습니까? 이것은 순자(荀子 : 卿)가 말한 이른바 '지혜로운 자에게 계획하게 하고 어리석은 자와 의논하며 수양을 닦은 선비에게 시행하게 하고 미천한 사람과 함께 의심한다.'고 한 말과 같습니다. 공업을 성공시키려 하지만 얻을 수 있겠습니까?

　보통의 지혜를 가진 사람이 어찌 조금의 지혜가 없겠습니까? 그러나 재주가 나라를 경영할 재목이 아니면 생각이 멀리까지 미치지 못하고 비록 힘을 다하고 정성을 다하더라도 형세가 기울어져 패하는 일을 면치 못할 것입니다. 하물며 안으로 간사함과 사사로운 이익을 품고 남의 안색을 따라서 비위를 맞추고 뜻에 순종하는 사람은 그 재앙과 근심이 또한 깊지 않겠습니까?

　곧게 뻗은 나무의 그림자가 곧지 않을 것을 의심하듯이 비록 정성을 다하고 생각을 수고스럽게 해도 그것을 얻지 못하리라는 사실은 이미 명백합니다.

　군주가 예의를 다하고 신하가 충성을 다하면 반드시 안과 밖이 사사로움이 없게 되고 위와 아래가 서로 믿게 됩니다. 위에서 믿지 않으면 아래를 부릴 수 없게 되고 아래에서 믿지 않으면 위를 섬길 수 없으니 믿음이라는 도는 아주 큰 것입니다.

　옛날에 제나라 환공(桓公)이 관중에게 묻기를 '내가 술을 술잔에서 시게 하고 고기를 도마에서 썩게 해도 패도(霸道)를 손상시키는 일은 아니지 않습니까?' 라고 하자 관중이 대답하기를 '지극히 좋은 방법은 아니지만 패도에는 손상이 없습니다.'고 했습니다. 환공이 다시 말하기를 '어떤 행동이 패도를 손상시킵니까?' 하니, 관중이 대답하기를 '사람을 알지 못하면 패도를 손상시키게 됩니다. 알고도 임용하지 못하면 패도를 손상시키게 됩니다. 임용하되 믿지 못하면 패도를 손상시키게 됩니다. 이미 믿고도 소인에게 간섭하게 하면 패도를 손상시키게 됩니다.' 라고 했습니다.

　진(晉)나라 중행목백(中行穆伯)이 고(鼓) 땅을 공격했으나 한 해가 지나도록 항복시키지 못하자 궤간륜(餽間倫)이 말하기를 '고 땅의 말단 관리를 제가 잘 압니다. 청컨대 사대부를 피로하지 않게 하고 고 땅을 얻을 수 있습니다.' 라고 하자, 중행목백이 응하지 않았습니다.

　좌우에서 말하기를 '한 자루의 창도 손상치 않고 한 사람의 병사도 상하지 않으면서 고 땅을 얻을 수 있다는데 군께서는 어찌 취하지 않으십니까.' 라고 하자 중행목백이 말하기를 '간류의 사람됨은 아첨하고 어질지 않다. 만약 간류을 앞세워 항복하게 만든다면 간류에게 상을 주어야 되지 않겠느냐! 만약 상을 주게 되면 이것은 아첨하는 사람을 상 주는 것이 된다. 아첨하는 사람이 뜻을 얻으면 진(晉)나라 선비에게 인(仁)을 버리고 아첨하도록 권장하는 일이 되니 비록 고 땅을 얻더라도 장차 어디에 쓰겠는가?' 라고 하였습니다.

중행목백은 한 나라의 대부이고 관중은 패자(覇者)를 보필한 사람인데도 신용과 임용을 삼가고 아첨하는 사람을 멀리 한 사례가 이와 같습니다. 하물며 천하의 제왕이 되어 천 년을 이어 온 옛 성왕과 응대하시는데 높고 높은 지극한 덕의 성대함을 이제 와서 장차 끊어지게 할 수 있겠습니까?

군자와 소인을 옳고 그름에 뒤섞이지 않게 하려면 반드시 덕으로써 품고 믿음으로써 대우하며 의로써 격려하고 예절로써 절제하셔야 합니다. 이런 연후에 선을 좋아하고 악을 미워하며 죄를 살피고 상을 밝게 하시면, 소인들이 사사로이 아첨하는 일을 끊고 군자들이 스스로 부지런하여 쉬지 않을 것이니 하는 일이 없어도 다스려지게 되는데 어떤 것이 멀리 있겠습니까?

선을 좋아하면서 진출시키지 못하고 악을 미워하는 데도 제거하지 못하며 형벌은 죄에 미치지 못하고 상은 공에 미치지 못하면 위태하고 망하는 기약을 보전하지 못할 것입니다. 길이 자손에게 복을 이어준다 하더라도 장차 무엇을 바라겠습니까?"

태종이 상소문을 다 읽고 난 후 탄식하여 말했다.

"만약 공을 만나지 않았다면 어떤 까닭으로 이런 훌륭한 말을 들을 수 있겠는가?"

貞觀十年 魏徵上疏曰 臣聞爲國之基 必資於德禮 君之所保 惟在於誠信 誠信立 則下無二心 德禮形 則遠人斯格 然則德禮誠信 國之大綱 在於君臣父子 不可斯須而廢也 故孔子曰[1] 君使臣以禮 臣事君以忠 又曰[2] 自古皆有死 民無信不立 文子[3]曰 同言而信 信在言前 同令而行 誠

在令外 然則言而不信 言無信也 令而不從 令無誠也 不信之言 無誠之令 爲上則敗德 爲下則危身 雖在顚沛之中 君子之所不爲也

自王道休明 十有餘載 威加海外 萬國來庭 倉庫日積 土地日廣 然而道德未益厚 仁義未益博者 何哉 由乎待下之情 未盡於誠信 雖有善始之勤 未覩克終之美故也

昔貞觀之始 乃聞善驚歎 曁八九年間 猶悅以從諫 自玆厥後 漸惡直言 雖或勉强有所容 非復曩時之豁如 謇諤之輩 稍避龍鱗 便佞之徒 肆其巧辯 謂同心者爲擅權 謂忠謇者爲誹謗 謂之爲朋黨 雖忠信而可疑 謂之爲至公 雖矯僞而無咎 彊直者畏擅權之議 忠謇者慮誹謗之尤 正臣不得盡其言 大臣莫能與之爭 熒惑視聽於大道 妨政損德 其在此乎 故孔子曰 惡利口之覆邦家者 蓋爲此也 且君子小人 貌同心異 君子掩人之惡 揚人之善 臨難無苟免 殺身以成仁 小人不恥不仁 不畏不義 唯利之所在 危人自安 夫苟在危人 則何所不至 今欲將求致理 必委之於君子 事有得失 或訪之於小人 其待君子也 則敬而疎 遇小人也 必輕而狎 狎則言無不盡 疎則情不上通 是則毀譽在於小人 刑罰加於君子 實興喪之所在 可不愼哉 此乃孫卿所謂 使智者謀之 與愚者論之 使脩潔之士行之 與汙鄙之人疑之 欲其成功 可得乎哉 夫中智之人 豈無小惠 然才非經國 慮不及遠 雖竭力盡誠 猶未免於傾敗 況內懷奸利 承顔順旨 其爲禍患 不亦深乎 夫立直木 而疑影之不直 雖竭精神 勞思慮 其不得亦已明矣

夫君能盡禮 臣得竭忠 必在於內外無私 上下相信 上不信 則無以使下 下不信 則無以事上 信之爲道大矣 昔齊桓公問於管仲曰 吾欲使酒腐於爵 肉腐於俎 得無害霸乎 管仲曰 此極非其善者 然亦無害於霸也 桓公曰 如何而害霸乎 管仲曰 不能知人 害霸也 知而不能任 害霸也 任而不能信 害霸也 既信而又使小人參之 害霸也 晉中行穆伯[4]攻鼓 經年而弗能下 餽間倫[5]曰 鼓之嗇夫[6] 間倫知之 請無疲士大夫 而鼓可得 穆伯不應 左右曰 不折一戟 不傷一卒 而鼓可得 君奚爲不取 穆伯曰 間倫之爲人也 佞而不仁 若使間倫下之 吾可以不賞之乎 若賞之 是賞佞人也 佞人得志 是使晉國之士 捨仁而爲佞 雖得鼓 將何用之 夫穆伯列國之大夫 管仲霸者之良佐 猶能愼於信任 遠避佞人也如此 況乎爲四海之大君 應千齡之上聖 而可使巍巍至德之盛 將有所間乎

若欲令君子小人是非不雜 必懷之以德 待之以信 屬之以義 節之以禮
然後善善而惡惡 審罰而明賞 則小人絶其私佞 君子自强不息 無爲之治
何遠之有 善善而不能進 惡惡而不能去 罰不及於有罪 賞不加於有功 則
危亡之期 或未可保 永錫祚胤⁷⁾ 將何望哉

太宗覽疏歎曰 若不遇公 何由得聞此語

1) 孔子曰(공자왈) : '논어' 팔일(八佾)편에 정공(定公)이 공자에게 질문하자
   공자가 대답한 말.
2) 又曰(우왈) : '논어' 안연(顏淵)편에 자공(子貢)의 물음에 공자가 답한 말.
3) 文子(문자) : 성은 신(辛), 이름은 견(鈃), 일명 계연(計然). 복상(濮上) 사람.
   노자(老子)를 스승으로 섬겼으며 저서로 '통현진경(通玄眞經)' 12편이 있다.
4) 中行穆伯(중행목백) : 중행은 성이고 목백은 이름이며 춘추 시대 진(晉)나
   라 대부이다.
5) 餽間倫(궤간륜) : 궤는 성씨이고 이름이 간륜이다. 중행씨의 가신.
6) 嗇夫(색부) : 말단 관리. 고성의 말단 관리.
7) 祚胤(조윤) : 자손들.

3. 태평성대를 이룬 것은 위징의 공로이다

태종이 일찍부터 장손무기 등에게 말했다.

"짐이 즉위한 초기에 글을 올리는 자가 한 사람만 아니었다. 어
떤 이는 '군주는 반드시 권위적이고 독단적이어야 하며 정무를
신하에게 위임해서는 안 된다.'고 하고, 어떤 이는 '병사를 빛내
고 무력을 발동시켜 사방 오랑캐들을 두렵게 해야 한다.'고 했다.

오직 위징만이 짐에게 권하기를 '무기를 창고에 넣어 두고 문
(文)을 일으키고 덕을 베풀고 은혜를 베풀어 중국이 편안해지면
멀리 있는 사람들이 스스로 복종해 옵니다.'라고 했다.

짐이 위징의 말을 따른 결과 천하는 크게 편안해지고 멀리 있
는 외국의 군왕이나 추장들도 다 와서 조공을 바치고 아홉 종족
의 오랑캐들도 거듭 통역을 거쳐서 오는 것을 길에서 서로 바라
볼 수 있게 됐다.

이런 일들은 다 위징의 공로 다. 짐이 사람을 등용하여 어찌 인재를 얻지 못한 것이겠는가."

위징이 절을 올리고 사례하면서 말했다.

"폐하께서 성스런 덕을 하늘에서 받고 마음을 정치에 두신 덕택입니다. 신은 용렬하고 단점이 많아서 폐하를 받들어 모시는 일도 겨를이 없는데 어찌 성상(聖上)의 슬기와 밝음에 도움이 있었겠습니까."

太宗嘗謂長孫無忌等曰 朕卽位之初 有上書者非一 或言人主必須威權獨任 不得委任群下 或欲耀兵振武 懾服四夷¹⁾ 惟有魏徵勸朕偃革興文 布德施惠 中國旣安 遠人自服 朕從此語 天下大寧 絶域²⁾君長 皆來朝貢 九夷重譯³⁾ 相望於道 凡此等事 皆魏徵之力也 朕任用豈不得人 徵拜謝曰 陛下聖德自天 留心政術 實以庸短 承受不暇 豈有益於聖明

1) 四夷(사이) : 사방의 오랑캐. 사방의 미개인들. 사방의 이민족들.

2) 絶域(절역) : 멀고 먼 곳.

3) 九夷重譯(구이중역) : 아홉 오랑캐가 거듭 통역하다. 멀리 있는 이민족들이라서 중국과 말이 서로 통하지 않아 여러 번 통역을 거친다는 말.

4. 신용이 없으면 존립하지 못한다

정관 17년에 태종이 주위 신하들에게 말했다.

"경전에 이르기를 '식량을 버리고 믿음을 보존하라.' 고 했다. 공자께서는 '사람이 신용이 없으면 존립하지 못한다.' 고 했다. 옛날에 항우(項羽)가 함양(咸陽)으로 들어가 천하를 제압했는데 이때부터 힘써 인(仁)과 신(信)을 행했더라면 누가 빼앗을 수 있었겠는가."

방현령이 대답했다.

"인(仁)과 의(義)와 예(禮)와 지(智)와 신(信)을 5가지 떳떳함이라고 이르는데 하나라도 없어서는 안 됩니다.

부지런히 행하시면 매우 보탬이 될 것입니다. 은나라 주왕(紂

王)은 이 5가지 떳떳함을 업신여겼으므로 무왕(武王)에게 빼앗겼고, 항우는 신용이 없었으므로 한(漢)나라 고조(高祖)에게 빼앗겼습니다. 진실로 성상(聖上)의 뜻과 같습니다."

貞觀十七年 太宗謂侍臣曰 傳稱[1] 去食存信 孔子曰 人無信不立 昔項羽[2]旣入咸陽 已制天下 向能力行仁信 誰奪耶 房玄齡對曰 仁義禮智信 謂之五常 廢一不可 能勤行之 甚有裨益 殷紂狎侮五常 武王奪之 項氏以無信 爲漢高祖[3]所奪 誠如聖旨

1) 傳稱(전칭): '논어' 안연편에 있는 말이다.
2) 項羽(항우): 이름은 적(籍). 진(秦)나라 말기 사람. 스스로 서초(西楚)의 패왕(覇王)이라고 했다. 항우가 군대를 이끌고 함양을 쳐들어가 진나라 항왕(降王) 자영(子嬰)을 죽이고 진나라 궁실을 불태우고 그 보물과 여자들을 거두어 동쪽으로 갔다. 이에 진나라 백성이 크게 실망하였다.

정관정요 제6권
〔貞觀政要 第六卷 : 凡九篇〕

제18편 검소와 절약을 논하다
(論儉約第十八 : 凡八章)

1. 백성에게 탐욕을 일으키게 하는 일을 금하다

정관 원년에 태종이 주위 신하들에게 말했다.

"옛날부터 제왕들은 사업을 일으킬 때에는 반드시 사물의 정에 따르는 것을 귀하게 여겼다.

옛날 하(夏)나라의 대우(大禹 : 우임금)께서 구주(九州)의 산을 뚫고 구주의 강을 소통시킬 때 사람의 힘을 동원한 일이 방대했지만 원망하고 비방하는 자가 없었던 것은 사물의 정이 필요로 하는 바로써 민중과 함께했기 때문이다.

진시황이 궁실을 건축하자 사람들이 많이 비방한 것은 그의 사사로운 욕심을 따르고 민중과 더불어 함께하지 않았기 때문이다.

짐은 지금 하나의 궁전을 짓고자 하는데 재목이 이미 갖추어져 있지만 멀리 진시황의 일을 상상하고 짓지 않기로 했다.

옛 사람이 이르기를 '무익한 일을 하여 유익한 일을 해치지 않는다.'고 하였다. 또 '하고자 하는 것을 보이지 않으면 백성의 마음은 어지러워지지 않는다.'고 했다. 하고자 하는 것을 보이면 그 마음이 반드시 어지러워진다는 사실을 알고 있다. 아로새긴 기물(器物)이나 구슬이나 옥, 의복이나 노리개 등에 이르러서 교만하고 사치하여 방자하게 된다면 위태롭고 망하게 되는 기약을 서서 기다릴 수 있는 것이다.

왕공(王公 : 신분이 고귀한 사람) 이하부터 저택, 수레, 의복, 혼례, 상례, 장사 등을 등급에 따라 적용하고 합당하지 않은 일들은 일체 금지하는 것이 마땅하다."

이후로 20년 간 풍속이 검소해지고 비단옷 입는 일이 없어 재물과 비단이 풍부하였으며 굶주리고 추위에 떠는 폐단이 없었다.

貞觀元年 太宗謂侍臣曰 自古帝王凡有興造 必須貴順物情 昔大禹鑿九山 通九江¹⁾ 用人力極廣而無怨讀者 物情所欲 而衆所共有故也 秦始皇營建宮室 而人多謗議者 爲徇其私欲 不與衆共故也 朕今欲造一殿 材木已具 遠想秦皇之事²⁾ 遂不復作也 古人云³⁾ 不作無益害有益 不見可欲 使民心不亂⁴⁾ 固知見可欲 其心必亂矣 至如雕鏤器物 珠玉服玩 若恣其驕奢則危亡之期 可立待也 自王公已下 第宅車服 婚嫁喪葬 準品秩不合服用者 宜一切禁斷 由是二十年間 風俗簡樸 衣無錦繡 財帛富饒 無飢寒之弊

1) 大禹鑿九山通九江(대우착구산통구강) : 우임금이 홍수를 다스릴 때 구주의 산을 뚫고 구주의 강(江)을 소통시킨 일을 가리킨다.

2) 秦皇之事(진황지사) : 진시황이 아방궁을 지었던 일.

3) 古人云(고인운) : '서경'의 주서 여오(旅獒)편에 있는 문장.

4) 不見可欲使民心不亂(불견가욕사민심불란) : '노자도덕경' 제3장의 문장.

2. 피서 궁전을 짓자는 진언을 물리치다

정관 2년에 공경들이 아뢰었다.

"'예기(禮記)' 월령(月令)편에 보면 '계하(季夏 : 늦여름, 음력 6월)의 달에는 더운 기운을 피하기 위해 높은 누대에 산다.' 라고 했습니다. 지금 더운 여름이 물러가지 않은 데다가 가을 장마까지 시작되려 합니다. 궁중은 낮고 습(濕)하니 아무쪼록 높은 전각(殿閣) 하나를 세우고 그 곳으로 옮기시기 바랍니다."

이에 대하여 태종이 말했다.

"짐에게는 기질(氣疾 : 관절염이나 신경통 따위)이 있는데 어찌 낮고 습기찬 곳이 좋겠는가? 그대들이 청하는 대로 하려면 경비가 많이 들 것이다. 옛날 한(漢)나라 문제(文帝)는 노대(露臺) 하나를 꾸미고자 했으나 그 비용이 일반 백성의 열 가구를 경영

하는 비용에 상당한다는 말을 듣고, 그 비용을 아끼기 위해 공사
를 중지시켰다고 한다. 짐의 덕은 한문제에 미치지 못하는데 비
용을 과하게 지불한다면 어찌 백성의 부모가 된 천자가 취할 도
리라고 할 수 있겠는가."

공경들이 두세 번 강력하게 청했으나 결국 허락하지 않았다.

貞觀二年 公卿[1]奏曰 依禮[2] 季夏之月[3] 可以居臺榭[4] 今夏暑未退 秋
霖[5]方始 宮中卑濕 請營一閣以居之 太宗曰 朕有氣疾[6] 豈宜下濕 若遂
來請 糜費良多 昔漢文帝起露臺[7] 而惜十家之産 朕德不逮于漢帝 而所
費過之 豈爲人父母之道也 固請至于再三 竟不許

1) 公卿(공경) : 공과 경. 높은 벼슬아치들. 우리 나라에서는 영의정(領議政) 좌
   의정(左議政) 우의정(右議政)을 3공(三公)이라 하고, 이조판서(吏曹判書)
   호조판서(戶曹判書) 예조판서(禮曹判書) 병조판서(兵曹判書) 형조판서
   (刑曹判書) 공조판서(工曹判書)를 6경(六卿)이라 하였다.
2) 依禮~(의례~) : '예기(禮記)' 월령편(月令篇)에 있는 말을 인용했다.
3) 季夏之月(계하지월) : 여름의 끝달. 곧 음력 6월에 해당한다. 맹하(孟夏)는
   음력 4월, 중하(仲夏)는 음력 5월.
4) 臺榭(대사) : 먼 곳을 전망하기 위한 정자. 곧 전망대(展望臺). 흙을 높이 쌓
   아 올린 것이 대(臺)이고 대 위에 정자를 세운 것이 사(榭)이다.
5) 秋霖(추림) : 가을 장마.
6) 氣疾(기질) : 관절염(關節炎)이나 신경통 따위의 기후와 관련된 질병.
7) 露臺(노대) : 지붕 없는 높은 전각.

3. 평생을 행할 만한 한 마디 말

정관 4년에 태종이 주위 신하들에게 말했다.

"궁궐을 높이 꾸미고 연못가에 있는 누대에서 놀며 감상하는
일은 제왕(帝王)들이 바라는 일이지만 백성은 바라는 일이 아니
다. 제왕들은 거리낌없이 멋대로 하는 것을 바라고 백성은 수고
롭고 피곤한 것을 바라지 않는다.

　　공자께서 말씀하시기를 '종신토록 행동할 수 있는 한 마디 말은 서(恕)일 뿐인저. 자신이 바라지 않는 것을 남에게 베풀지 말라.'고 했다.

　　수고롭고 피곤한 일은 진실로 백성에게 시키지 않을 것이다.

　　짐은 높기로는 제왕이 되고 부자로는 천하를 두었으며 모든 일이 나로부터 시작되니 스스로 조절해야 한다. 만약 백성이 바라지 않는다면 반드시 그들의 정서를 따를 것이다."

　　위징이 대답했다.

　　"폐하께서는 본래부터 백성을 불쌍히 여기고 항상 자신을 조절하여 백성의 뜻을 따르셨습니다. 신이 듣기를 '바라는 것으로써 남을 따르는 자는 번창하고 다른 사람으로써 자신을 즐겁게 하는 자는 망한다.'라고 합니다.

　　수나라 양제는 마음을 끝없는 욕심에 두어 오직 사치를 좋아하고 담당 관리가 매번 바치는 궁이나 성이 조금도 마음에 들지 않는다면서 준엄한 벌이나 엄한 형벌을 가했습니다. 위에서 좋아하는 것은 아래에서 반드시 더욱 심하게 좋아하게 되며 이익을 다투는 일은 한계가 없으니 드디어 멸망에 이른 것입니다.

　　이것은 서적에 씌여 있을 뿐 아니라 또한 폐하께서 눈으로 직접 목격하신 일입니다. 그것이 무도함이 되었기 때문에 하늘의 명이 폐하께 대신 내려진 것입니다. 폐하께서 만약 만족하신다면 오늘만 만족하신 것은 아닙니다. 만약 부족하다고 여기신다면 이보다 만 배나 지나치더라도 또한 부족할 것입니다."

　　태종이 말했다.

　　"그대와 주고받는 대화는 매우 좋았다. 그대가 아니라면 짐이 어떻게 이런 말을 얻어 들을 수 있겠는가."

　　貞觀四年 太宗謂侍臣曰 崇飾宮宇 遊賞池臺 帝王之所欲 百姓之所不欲 帝王所欲者放逸 百姓所不欲者勞弊 孔子云[1] 有一言可以終身行之者 其恕乎 己所不欲 勿施於人 勞弊之事 誠不可施於百姓 朕尊爲帝王 富有四海 每事由己 誠能自節 若百姓不欲 必能順其情也

魏徵曰 陛下本憐百姓 每節己以順人 臣聞以欲從人者昌 以人樂己者
亡 隋煬帝志在無厭 惟好奢侈 所司每有供奉營造 小不稱意 則有峻罰
嚴刑 上之所好 下必有甚 競爲無限 遂至滅亡 此非書籍所傳 亦陛下目
所親見 爲其無道 故天命陛下代之 陛下若以爲足 今日不啻足矣 若以
爲不足 更萬倍過此亦不足

太宗曰 公所奏對甚善 非公朕安得聞此言

1) 孔子云(공자운) : '논어' 위령공편에 나오는 문장으로 자공(子貢)이 공자에
   게 질문하자 공자가 대답한 내용이다.

4. '유총전'을 읽고 궁전 건설을 보류하다

정관 16년에 태종이 주위 신하들에게 말했다.

"짐은 근래에 유총전(劉聰傳)을 읽었다.

유총이 장차 유후(劉后)를 위하여 황의전(鶲儀殿)을 건립하
려 하니 정위(廷尉) 진원달(陳元達)이 간절하게 간했다. 이에 유
총이 크게 화를 내고 그를 죽이라고 명령했다. 유후가 손수 소를
지어 청했는데 그 내용이 매우 간절하여 유총의 노여움이 풀어지
고 스스로 부끄럽게 여겼다.

사람이 책을 읽는 일은 듣고 보는 견해를 넓혀서 스스로에게 도
움이 되고자 함이다. 짐은 이런 사례를 보고 깊이 교훈으로 삼았다.

근래에 하나의 궁전을 짓고 거듭 높은 누각을 짓기 위해 남전
(藍田)에서 목재를 베어와 이미 준비가 완료되었다. 그러나 멀리
유총의 일을 상상하고 이에 누각 짓는 일을 중지시키겠다."

貞觀十六年 太宗謂侍臣曰 朕近讀劉聰[1]傳 聰將爲劉后[2]起鶲儀殿 廷
尉陳元達[3]切諫 聰大怒 命斬之 劉后手疏啓請 辭情甚切 聰怒乃解 而
甚愧之 人之讀書 欲廣聞見以自益耳 朕見此事 可以爲深誡 比者欲造
一殿 仍構重閣 今於藍田[4] 採木竝已備具 遠想聰事 斯作遂止

1) 劉聰(유총) : 자는 현명(玄明). 원해(元海)의 넷째아들. 본래 신흥 흉노였는
   데 한(漢)나라 고조(高祖) 때부터 종실의 딸을 선우에게 시집을 보내서 자

손들이 유(劉)를 성으로 삼았다. 원해가 진(晉)나라 영흥(永興) 연간에 나라를 세우고 전조(前趙)라고 했다. 뒤에 유총이 형을 죽이고 자립했다.

2) 劉后(유후) : 태보(太保) 유은(劉殷)의 딸이며 좌귀빈(左貴嬪)이 되었다가 뒤에 후(后)가 되었다.

3) 陳元達(진원달) : 자는 장굉(長宏)이고 후부(後部) 사람이다. 본성은 고(高)인데 태어난 날에 아버지가 죽자 성을 진(陳)으로 하였다. 당시 정위(廷尉 : 옥을 담당하는 관리)가 되었다.

4) 藍田(남전) : 고을 이름. 지금은 옛날을 따라서 봉원로(奉元路) 지역이다.

5. 장례를 검소하게 치르도록 하라

정관 11년에 조서를 내렸다.

"짐이 들으니, 죽음이란 끝마침으로 사물이 원상태로 회귀하는 것이요, 장사 지내는 일은 감추는 것으로 사람들에게 다시 보지 못하게 하는 일이라고 했다.

상고 시대의 풍속에서는 봉분하고 나무 심는다는 말을 듣지 못했는데 후세의 법칙은 관곽을 갖추었다.

지나치게 사치하는 일을 비난하는 사람들은 많은 비용을 아끼지 않는 행위를 지적한 것이고, 검소하고 간략하게 하는 사람을 아름답게 여긴 일은 위태로움이 없는 상태를 귀하게 여긴 것이다.

이로써 요(堯)임금은 성스런 군왕이었는데도 곡림(穀林)에 장사 지내고 나무를 심어 사방으로 통행하도록 했다는 설이 있다. 진(秦)나라 목공(穆公)은 밝은 군주인데도 탁천(槖泉)에 장사 지냈으며 그곳에는 무덤이라고 표시된 곳이 없다. 공자(孔子)는 효자였는데도 부모가 돌아가시자 묘만 덮고 봉분하지 않았다. 오(吳)나라 연릉계자(延陵季子)는 자애로운 아버지였으나 아들을 영(嬴)과 박(博) 사이에 묻었다.

이들은 다 무궁한 생각을 가지고 있고 독단적으로 결정할 지혜를 가지고 있어서 몸체가 구천(九泉 : 지하)에서라도 편안하게 되기를 바란 것이지 수백 년 동안 이름을 날리려고 한 것은 아니다.

오(吳)나라 합려(闔閭)는 예법을 어겨 가며 주옥(珠玉)으로 오리와 기러기를 만들게 했다. 진(秦)나라 시황(始皇)은 무도하게 수은(水銀)으로 강과 바다처럼 묘를 둘러싸게 만들었다. 노(魯)나라 계평자(季平子)는 정권을 전횡하여 노나라의 보옥인 여번(璵璠)으로 장식하게 했다. 환퇴(桓魋)는 송(宋)나라의 정권을 전횡하여 돌로 된 관으로 장사 지내게 했다.

이들은 보물을 많이 감추어서 재앙을 불렀고 이로움을 두어서 후세 사람에게 치욕을 당하는 화를 불러들였다.

현려(玄廬 : 묘)가 이미 발굴되어 야대(夜臺)와 함께 불태워졌다. 그 관을 열어서 귀중품을 꺼내고 뼈를 중야(中野)에 버렸다.

앞에서 일어난 이러한 일들을 자세히 살펴보면 어찌 슬프지 아니한가. 이러한 것으로 관찰하더라도 사치한 자는 경계로 삼을 만하고 근검절약한 자는 사표가 될 만하다.

짐은 천하의 지존의 위치에 있으면서 온갖 왕들의 폐단을 이어오면서 이러한 원인을 밝히지 못하여 한밤중까지 전전긍긍했다. 비록 떠나가는 사람을 예우하는 법이 모든 제도에 자세하게 기록되어 있고 예를 범하는 금지사항이 형법의 글에 나타나 있기는 해도, 공신이나 임금의 친척이 되는 집안에서는 많이 습관적인 풍속을 따르고 일반 백성의 집안에서는 혹 사치가 지나치고 풍속을 상하게 하고 있다.

후하게 장례 치르는 일을 죽은 자를 받드는 것으로 삼고 높이 봉분 쌓는 일을 효행으로 삼아서, 의복과 관곽은 지극히 조각을 화려하게 하고 상여나 그릇은 금이나 옥으로 화려하게 꾸민다.

부자들은 법도를 넘어서는 것을 서로 숭상하고 가난한 자들은 가산을 탕진해도 미치지 못하여 무턱대고 가르침과 의를 상하게 한다. 이것은 저승에 있는 죽은 이에게 아무런 이익도 없으면서 그 피해는 너무 깊으니 마땅히 징계하여 고쳐야 하겠다.

왕공(王公) 이하에서 일반 백성에 이르기까지 지금 이후부터는 장사 지내는 기물이 법령이 정한 것을 따르지 않는 자가 있을 때에는 주(州)나 부(府)나 현(縣)의 관리들이 보고 자세히 살펴서 법에 따라 처벌하라. 수도에 있는 5품 이상에서 공신이나 임금의 친척 집안이라도 관련이 있으면 기록하여 보고하라."

貞觀十一年 詔曰

朕聞死者 終也 欲物之反眞¹⁾也 葬者 藏也 欲令人之不得見也 上古垂風 未聞於封樹 後世貽則 乃備於棺槨 譏僭侈者 非愛其厚費 美儉薄者 實貴其無危 是以唐堯聖帝也 穀林有通樹之說²⁾ 秦穆³⁾明君也 槖泉無丘隴之處⁴⁾ 仲尼孝子也 防墓不墳⁵⁾ 延陵⁶⁾慈父也 嬴博可隱 斯皆懷無窮之慮 成獨決之明 乃便體於九泉 非徇名於百代也 洎乎闔閭違禮⁷⁾ 珠玉爲鳧鴈 始皇無度 水銀爲江海⁸⁾ 季孫⁹⁾擅魯 斂以璵璠¹⁰⁾ 桓魋¹¹⁾專宋 葬以石槨 莫不因多藏以速禍 由有利而招辱 玄廬¹²⁾旣發 致焚如於夜臺¹³⁾ 黃腸¹⁴⁾再開 同暴骸於中野 詳思前事 豈不悲哉 由此觀之 奢侈者可以爲戒 節儉者可以爲師矣

朕居四海之尊 承百王之弊 未明思化 中宵戰惕 雖送往之典 詳諸儀制 失禮之禁 著在刑書 而勳戚之家¹⁵⁾ 多流通於習俗 閭閻之內 或侈靡而傷風 以厚葬爲奉終 以高墳爲行孝 遂使衣衾棺槨 極雕刻之華 靈輀冥器 窮金玉之飾 富者越法度以相尙 貧者破資産而不逮 徒傷敎義 無益泉壤¹⁶⁾ 爲害旣深 宜爲懲革 其王公已下 爰及黎庶 自今已後 送葬之具 有不依令式者 仰州府縣官 明加檢察 隨狀科罪 在京五品已上 及勳戚家 仍錄奏聞

1) 反眞(반진) : 자연으로 돌아가다.
2) 穀林有通樹之說(곡림유통수지설) : 곡림은 땅 이름으로 요임금을 장사 지낸 곳. 곧 곡림에 묻고 나무를 심어서 사방으로 통행하게 했다는 말.
3) 秦穆(진목) : 춘추 시대 진(秦)나라의 목공(穆公)이며 오패의 한 사람.
4) 槖泉無丘隴之處(탁천무구롱지처) : 탁천에 장사 지냈는데 묘지는 없다.
5) 防墓不墳(방묘불분) : 부모의 묘를 합장하고 봉분은 만들지 않았다.
6) 延陵(연릉) : 오(吳)나라의 연릉계자(延陵季子). 이름은 찰(札)이다. 제나라를 갔다가 돌아오는 길에 그의 아들이 죽자 영과 박 땅의 사이에 묻었다.
7) 闔閭違禮(합려위례) : 오(吳)나라 왕 합려가 예법을 어겼다. 합려를 호구산(虎丘山)에 장사 지냈는데 병사 10만 명을 동원하여 장사 지내고 땅을 뚫어서 시내를 삼고 흙덩이를 쌓아서 언덕을 만들고 구리관이 3중으로 되고 황금

과 주옥으로 오리와 기러기를 만들었다.

8) 水銀爲江海(수은위강해) : 수은이 묘지를 에워싸 강을 이루었다는 뜻. 수은
은 시체를 썩지 않게 하는 것.

9) 季孫(계손) : 춘추 시대 노나라 계평자(季平子)로 노나라 정치를 전횡했다.

10) 璵璠(여번) : 노나라의 보배로운 구슬.

11) 桓魋(환퇴) : 춘추 시대 송(宋)나라 사마(司馬)인 향술(向戌)의 손자. 자
신도 사마가 되어서 송나라의 정치를 전횡했다.

12) 玄廬(현려) : 묘의 별명.

13) 夜臺(야대) : 묘의 별명.

14) 黃腸(황장) : 금은보화로 호화찬란하게 꾸민 관.

15) 勳戚之家(훈척지가) : 왕실에서 공로가 있는 집안.

16) 泉壤(천양) : 황천.

6. 아주 누추한 중서령(中書令)의 집

잠문본(岑文本)이 중서령(中書令)이 되었는데도 집은 누추하
고 우중충했으며 참모회의를 할 수 있는 곳도 장식이 없었다.

어떤 사람이 그에게 사업을 경영하도록 권하니 잠문본이 탄식
하여 말했다.

"나는 본래 한남(漢南) 땅의 이름 없는 사람이었다. 아무런 전
공(戰功)도 없이 무턱대고 글에 의지하여 지위가 중서령에 이르
렀는데 이는 최고에 이른 것이다. 봉급이 너무 많은 것도 송구할
따름인데 더하여 사업을 할 수 있겠는가?"

말한 자가 탄식하고 물러갔다.

岑文本爲中書令 宅卑濕 無帷帳之飾[1] 有勸其營産業者 文本歎曰 吾
本漢南一布衣耳 竟無汗馬之勞[2] 徒以文墨 致位中書令 斯亦極矣 荷俸
祿之重 爲懼已 多更得言産業乎 言者歎息而退

1) 帷帳之飾(유장지식) : 참모회의 할 수 있는 곳.

2) 汗馬之勞(한마지로) : 전장에서 공로를 세우는 것.

7. 당나라의 치적을 이룬 검소한 신하들

호부상서(戶部尙書) 대주(戴胄)가 죽었다. 태종이 그의 집이 부서지고 누추하여 제향을 지낼 곳이 없음을 알고 담당 관리에게 명령하여 특별히 사당을 건조하라고 하였다.

온언박(溫彦博)이 상서우복야(尙書右僕射)가 되었으나 집안은 가난하여 정침(正寢)이 없었다. 그가 죽자 곁방에 빈소를 차렸는데 태종이 듣고 탄식하면서 바로 담당 관리에게 명령하여 집을 짓게 하고 후하게 재물을 주어 장례를 치르도록 하였다.

위징의 집안에는 원래 정당(正堂)이 없었다. 그가 병이 들었을 때 태종이 마침 작은 궁전을 지으려고 했다가 보류하고 그 재목을 거두어 위징을 위해서 집을 짓게 했는데 5일만에 지었다.

태종이 중사(中使)를 파견하여 집에 흰색 요와 무명이불을 하사하고 그가 숭상하는 것을 이루도록 하였다.

※ 이 장은 중복되어 나왔다. 앞의 임현(任賢)편에도 같은 이야기가 있다.

戶部尙書戴胄卒 太宗以其居宅弊陋 祭享無所 令有司特爲之造廟

溫彦博爲尙書右僕射 家貧無正寢 及薨 殯於旁室 太宗聞而嗟嘆 遽命所司爲造 當厚加賻贈

魏徵宅內先無正堂 及遇疾 太宗時欲造小殿 而輟其材爲徵營構 五日而就 遣中使齎素褥布被而賜之 以遂其所尙

제19편 겸손과 사양을 논하다
(論謙讓第十九 : 凡三章)

1. 요순의 태평성세도 이 방법으로 이루었다

정관 2년에 태종이 주위 신하들에게 말했다.

"사람들이 말하기를 천자가 되면 그때부터 존경과 숭배를 받아 두려워하는 것이 없다고 했는데 짐은 스스로 겸손과 공순을 지켜서 항상 두려운 마음 가지는 것이 정당하다고 생각했다.

옛날에 순임금이 우임금을 경계하기를 '그대는 오직 자랑하지 않으니 천하에 그대와 더불어 능한 것을 다툴 사람이 없고 그대는 오직 뽐내지 않으니 천하에 그대와 더불어 공로를 다툴 사람이 없다.'고 말했으며, 또 '주역' 겸괘(謙卦) 단사(彖辭)에는 '사람의 도는 가득 찬 것을 미워하고 겸손한 것을 좋아한다.'고 했다.

천자가 되어 스스로 존경하고 숭배해서 겸손과 공순을 지키지 않는다면 자신에게 갑자기 옳지 못한 일이 있더라도 누가 즐겨 위엄을 범하면서 간언하겠는가?

짐은 매일 한 마디를 하고 한 가지 일을 행할 때마다 반드시 위로는 하늘을 두려워하고 아래로는 모든 신하를 두려워했다.

하늘은 높아도 낮은 곳의 일을 듣는데 어떻게 두려워하지 않으리오. 모든 공경이나 사(士)들은 다 나를 우러러보고 있는데 어찌 두려워하지 않으리오.

이런 생각을 하면 항상 겸손하고 항상 두려워하는 일이 오히려 하늘의 뜻과 백성의 뜻에 합치되지 않을까 두려울 뿐이다."

위징이 말했다.

"옛 사람이 이르기를 '처음부터 잘하지 않은 이 없지만 끝까지 잘한 이 적었다.'고 했습니다. 원컨대 폐하께서는 항상 겸손하고 항상 두려워하는 일을 잘 지켜서 날마다 하루하루를 삼가하시면 종사(국가)는 영원히 굳건할 것이며 전복되는 일이 없을 것입니다. 요임금이나 순임금이 태평성세를 이룬 것은 이러한 방법을 사용했기 때문입니다."

貞觀二年 太宗謂侍臣曰 人言作天子則得自尊崇 無所畏懼 朕則以爲正合自守謙恭 常懷畏懼 昔舜誡禹¹⁾曰 汝惟不矜 天下莫與汝爭能 汝惟不伐 天下莫與汝爭功 又易曰²⁾ 人道惡盈而好謙 凡爲天子 若惟自尊崇不守謙恭者 在身儻有不是之事 誰肯犯顔諫奏 朕每思出一言 行一事必上畏皇天 下懼群臣 天高聽卑 何得不畏 群公卿士 皆見瞻仰 何得不懼 以此思之 但知常謙常懼 猶恐不稱天心及百姓意也
　魏徵曰 古人云³⁾ 靡不有初 鮮克有終 願陛下守此常謙常懼之道 日愼一日 則宗社永固 無傾覆矣 唐虞所以太平 實用此法

1) 舜誡禹(순계우) : 순임금이 우임금을 훈계한 말. '서경' 우서(虞書) 대우모 (大禹謨)에 있는 말.

2) 易曰(역왈) : '주역' 겸괘(謙卦)의 단사(彖辭)이다.

3) 古人云(고인운) : '시경' 대아(大雅) 탕편(蕩篇)의 시구.

2. 겸손하면 군자는 끝까지 길하다

정관 3년에 태종이 급사중 공영달에게 물었다.

"'논어'에 이르기를 '유능하면서 무능한 사람에게 묻고 많이 알면서 적게 아는 사람에게 묻고 있어도 없는 것 같이 하고 가득 차 있으면서도 허한 것 같이 한다.'고 했는데 무슨 뜻인가."

공영달이 대답했다.

"성인(聖人)이 가르치는 이유는 사람들이 겸손하여 광채 내기를 바라기 때문입니다. 자신이 유능할지라도 스스로 뽐내지 않고 자신보다 부족한 사람에게 나아가 그들이 잘하는 일을 자문해야 합니다. 자신에게 재주가 많더라도 오히려 적다고 걱정하고 이에 재주가 적은 사람에게 나아가 그 사람의 장점을 다시 구해야 합니다. 자신이 비록 두었을지라도 그 상황은 없는 듯이 하며 자신이 비록 꽉 찼더라도 그 모습은 빈 것 같이 해야 한다는 것입니다.

일반 백성만 아니라 제왕의 덕 또한 마땅히 이와 같아야 합니다.

제왕은 안으로 신명스러움을 쌓고 밖으로 조용히 침묵을 지켜서 사람들에게 그 깊이를 알지 못하게 해야 합니다. 그러므로 '주역'에서 말하기를 '몽(蒙)은 바른 것을 기른다.'고 하였고, '명이(明夷)는 밝은 지혜를 감추고 백성에게 군림한다.'고 했습니다.

만약 그 지위가 가장 존귀한 곳에 있으면서 총명을 발휘하고 재주로써 사람을 제압하고 잘못을 꾸며서 간언을 막으면 위와 아래가 정이 멀어지고 임금과 신하의 도가 어그러집니다. 예로부터 멸망한 나라들이 이것에 기인하지 않음이 없습니다."

태종이 말하기를

"'주역'에 '수고롭게 일하고 겸손한 것이다. 군자는 끝마침이 있어야 길하다.'고 했는데 진실로 그대의 말과 같다."

하고는 조서를 내려 물건 2백 단을 주도록 하였다.

貞觀三年 太宗問給事中孔穎達曰 論語云[1] 以能問於不能 以多問於寡 有若無 實若虛 何謂也

穎達對曰 聖人設敎 欲人謙光 己雖有能 不自矜大 仍就不能之人求訪能事 己之才藝雖多 猶病以爲少 仍就寡少之人更求所益 己之雖有 其狀若無 己之雖實 其容若虛 非惟匹庶 帝王之德 亦當如此 夫帝王內蘊神明 外須玄默 使深不可知 故易稱 以蒙養正[2] 以明夷莅衆[3] 若其位居尊極 炫耀聰明 以才陵人 飾非拒諫 則上下情隔 君臣道乖 自古滅亡 莫不由此也

太宗曰 易云[4] 勞謙 君子有終 吉 誠如卿言 詔賜物二百段

1) 論語云(논어운) : '논어' 태백(泰伯)편에 있는 증자(曾子)의 말.
2) 以蒙養正(이몽양정) : 몽은 바름을 기른다는 뜻. '주역' 몽(蒙)괘 단사(彖辭).
3) 以明夷莅衆(이명이이중) : 밝은 지혜를 감추고 민중에게 군림한다. '주역' 명이(明夷)괘 상전(象傳)의 말.

4) 易云(역운) : '주역' 겸괘(謙卦)의 구삼(九三) 효사.

3. 왕실에서 뛰어난 하간왕과 강하왕

하간왕 효공(孝恭)은 무덕 초년에 조군왕(趙郡王)으로 봉해
지고 겸하여 동남도행대상서좌복야(東南道行臺尙書左僕射)에
제수되었다. 효공은 소선(蕭銑)과 보공석(輔公祏) 등을 토벌하
여 평정하고 강회(江淮)와 영남북(嶺南北)을 점령하여 다 거느
리고 일방적으로 전제하여 위엄과 명성이 매우 빛나 더하여 예부
상서(禮部尙書)에 임명되었다. 효공은 성품이 겸손하여 자신의
공적을 자랑하거나 교만하는 빛이 없었다.

이때는 특진(特進) 강하왕 도종(道宗)이 있었는데 그는 군사
적인 전략으로 이름을 날렸으며 겸하여 학문도 좋아하여 어진 선
비를 존경하고 사모했다. 그는 행동하는데 예의범절을 지켰다.

태종이 두 사람을 친하게 대했다. 모든 종실에서 효공과 도종에
견줄 만한 인물이 없었으며 당 종실의 일대 영웅들이라고 했다.

河間王孝恭[1] 武德初封爲趙郡王 累授東南道行臺尙書左僕射 孝恭
旣討平蕭銑輔公祏[2] 遂領江淮及嶺南北 皆統攝之 專制一方 威名甚著
累遷禮部尙書 孝恭性惟退讓 無驕矜自伐之色 時有特進江夏王道宗 尤
以將略馳名 兼好學敬慕賢士 動修禮讓 太宗竝加親待 諸宗室中 惟孝
恭道宗 莫與爲比 一代宗英云

1) 河間王孝恭(하간왕 효공) : 당(唐)나라 태조(太祖)의 아들이다. 고조(高
   祖)를 도와서 많은 계책을 제시하고 독보적인 방면의 공로가 있고 관대하고
   겸양하여 태종이 친히 중용하였으며 종실에서 견줄 만한 인물이 없었다.
2) 蕭銑輔公祏(소선 보공석) : 소선은 수양제의 외척으로 대업 말년에 양공(梁
   公)이 되었고 황제를 참칭하였다. 무덕 초년에 강동으로 천도하여 효공과 이
   정의 군대에 패하고 장안에서 목이 잘려 죽었다. 보공석은 당(唐)나라 임제
   사람으로 수나라 말에 두복위와 도둑질을 하였다. 무덕 초년에 자립하여 송
   (宋)이라고 이름하였다. 효공에게 체포되어 목이 잘렸다.

제20편 어짊과 측은해 함을 논하다
(論仁惻第二十 : 凡四章)

1. 궁녀 3천 명을 내보내라

정관 초년에 태종이 주위 신하들에게 말했다.

"부인(婦人)들을 깊은 궁중에 유폐시킴은 인정상 가련한 일이다. 수나라가 말년에 미녀를 뽑아 들이는 일을 중지하지 않고 이궁(離宮)이나 별관에 이르기까지 황제가 행차하지 않는 곳이라도 많은 궁인(宮人)들을 취했다. 이것은 다 백성의 재력을 고갈시키는 일이라 짐은 취하지 않는다.

청소하고 남은 시간을 다시 어디에 쓰게 하겠는가?

이제 내보내서 자유롭게 배필을 구하게 하라. 이것은 재물의 낭비를 막을 뿐만 아니라 겸하여 사람들을 편하게 하는 일이며 또한 각각 그의 성정(性情)을 따라서 살 수 있게 하는 일이다."

이에 후궁(後宮)과 궁녀가 있는 궁의 전후에 딸린 궁녀 3천 명을 내보냈다.

貞觀初 太宗謂侍臣曰 婦人幽閉深宮 情實可愍 隋氏末年 求採無已 至於離宮別館 非幸御之所 多聚宮人 此皆竭人財力 朕所不取 且灑掃之餘 更何所用 今將出之 任求伉儷 非獨以省費 兼以息人 亦各得遂其情性 於是後宮及掖庭[1]前後 所出三千餘人

1) 掖庭(액정) : 궁녀들이 있는 궁원(宮苑).

2. 가뭄과 흉년을 자신의 죄로 돌리다

정관 2년에 관중(關中) 지방에 가뭄이 심하여 대단한 흉년이 들었다. 이때 태종이 주위 신하들에게 말했다.

"홍수와 가뭄이 조화를 잃고 수해와 한해(旱害)가 일어나는 것은 모두 임금이 덕을 잃었기 때문이다.

짐이 덕을 닦지 못한 부덕의 소치이다. 하늘은 마땅히 짐을 책망해야 하거늘 백성에게 무슨 죄가 있어서 이렇게 지독한 곤경에 빠지게 한단 말인가. 백성 중에는 귀여운 자녀를 파는 사람까지 있다는 말이 들리니, 짐은 그들이 가여워 견딜 수가 없을 지경이다."

이에 어사대부 두엄(杜淹)을 파견하여 가뭄 피해가 더욱 심한 지방을 순회하면서 조사하게 하고, 궁중의 금고를 열어 돈과 보화를 내어서 팔려 간 아이들을 되사서 그들의 부모에게 돌려보냈다.

貞觀二年 關中¹⁾旱 大饑 太宗謂侍臣曰 水旱不調 皆爲人君失德 朕德之不修 天當責朕 百姓何罪 而多遭困窮 聞有鬻男女者 朕甚愍焉 乃遣御史大夫²⁾杜淹³⁾巡檢⁴⁾ 出御府⁵⁾金寶贖之 還其父母

1) 關中(관중) : 함곡관(函谷關) 이서(以西) 지방. 도읍(都邑) 장안(長安)을 중심으로 하는, 지금의 섬서성(陝西省) 일대.
2) 御史大夫(어사대부) : 관리의 감찰을 관장하는 어사대(御史臺)의 장관.
3) 杜淹(두엄) : 자는 집례(執禮). 어사대부(御史大夫)에서 이부상서(吏部尙書)가 되어 국정에 참여했다. 두여회(杜如晦)의 숙부.
4) 巡檢(순검) : 순회하면서 살피다.
5) 御府(어부) : 궁중의 창고.

3. 세속의 미신을 배격하고 신하의 죽음을 조상하다

정관 7년에 양주도독(襄州都督) 장공근(張公謹)이 죽었다. 태종은 그 부음을 듣고 몹시 탄식하고 슬퍼하여 궁중에서 나가 교외에 자리잡고 장공근을 조상(弔喪)하기로 했다.

이에 대하여 담당 관원이 중지해 주기를 청했다.

"'음양서'에 의하면, 육십갑자(六十甲子)의 용이 든 날에는 죽은 자를 곡(哭)하지 않는다고 합니다. 이것은 세속에서도 꺼리고 피하는 일입니다."

그 말을 듣고 태종이 말했다.

"임금과 신하 사이의 의리는 아버지와 아들의 경우와 같다. 슬픈 정이 마음 속에서 일어나 곡하는데, 어찌 용의 날을 피해 다른 날을 가려서 행하겠는가."

드디어 장공근의 죽음을 슬퍼하여 곡하는 예를 행하였다.

貞觀七年 襄州[1]都督張公謹[2]卒 太宗聞而嗟悼 出次[3]發哀 有司奏言 準陰陽書[4]云 日在辰 不可哭泣 此亦流俗[5]所忌 太宗曰 君臣之義 同於 父子 情發於中 安避辰日 遂哭之

1) 襄州(양주) : 지금의 호북성(湖北省) 양양현(襄陽縣).
2) 張公謹(장공근) : 처음에 대주도독(代州都督)이었으나, 뒤에 이정(李靖)의 부장(副將)으로 돌궐(突厥)을 격파하고 양주도독(襄州都督)이 되었다.
3) 出次(출차) : 궁중에서 나와 교외에 머무르다.
4) 陰陽書(음양서) : 천문과 역수(曆數)와 방위 등으로 길흉화복을 점치는 방법이 기록된 책.
5) 流俗(유속) : 관습화된 풍속.

4. 태종이 직접 병사들의 죽음을 제사 지내다

정관 19년에 태종이 고구려를 정벌하려고 정주(定州)에 머물렀는데 병사로서 도착하는 자가 있으면 태종이 직접 주(州)의 성이 있는 북문 마루까지 올라가 그들을 위로하였다.

따르던 병사 한 명이 병이 심하여 나아가지 못하자 조서가 병상 앞에 이르게 하고 그 병의 고통을 위문하고 이어서 주현(州縣)의 의사에게 칙서를 내려 치료하게 하였다. 이로써 장수와 군졸로써 기쁜 마음으로 태종을 따르지 않는 자가 없었다.

　대군(大軍)을 회군하여 유성(柳城)에 머무를 때는, 지난날과 오늘의 전쟁에서 죽은 병사들의 유해를 모으라고 조서를 내리고 태뢰(太牢 : 대단한 제수)를 갖추어 성대한 제사를 지내며 친히 제사를 주관하여 곡하고 슬픔을 다하니 군인들로서 눈물을 흘리지 않은 이가 없었다.

　이러한 상황을 목격한 병사들이 집에 돌아가 그 일을 이야기하자 그들의 부모가 말하기를 '우리 아이의 죽음을 천자께서 곡했다니 죽어서도 한이 없을 것이다.' 라고 했다.

　태종이 요동(遼東)을 정벌하고 백암성(白巖城)을 공격했을 때는 우위대장군(右衛大將軍) 이사마(李思摩)가 날아오는 화살에 맞았다. 태종이 친히 이사마를 위해 피를 빨고 녹을 제거하자 장군이나 병사들로서 감동하여 힘이 솟지 않는 이가 없었다.

貞觀十九年 太宗征高麗 次定州[1] 有兵士到者 帝御州城北門樓撫慰之 有從卒一人 病不能進 詔至床前問其所苦 仍敕州縣醫療之 是以將士莫不欣然願從 及大軍回次柳城[2] 詔集前後戰亡人骸骨 設太牢[3] 致祭親臨哭之盡哀 軍人無不灑泣 兵士觀祭者 歸家以言 其父母曰 吾兒之喪 天子哭之 死無所恨 太宗征遼東 攻白巖城[4] 右衛大將軍李思摩[5]爲流矢所中 帝親爲吮血 將士莫不感勵

1) 定州(정주) : 지금 중산부(中山府)에 예속되어 있다.

2) 柳城(유성) : 영주(營州)의 소속인데 지금은 폐지되었다.

3) 太牢(태뢰) : 소·돼지·양의 제수. 곧 성대한 제수.

4) 白巖城(백암성) : 당나라 때 암주(巖州)를 두었는데 지금은 없어졌다.

5) 李思摩(이사마) : 힐리족(頡利族) 사람이다. 태종과 결의 형제를 맺었으며 이씨 성을 주었다.

제21편 좋아하는 바를 삼가해야 한다
(愼所好第二十一 : 凡四章)

I. 군주는 그릇과 같고 백성은 물과 같다

정관 2년에 태종이 주위 신하들에게 말했다.

"옛 사람이 이르기를 '군주는 그릇과 같고 백성은 물과 같다.' 고 했다. 모나거나 둥글게 되는 것은 그릇의 형태에 있지 물에 있는 것이 아니다.

요임금과 순임금이 천하를 인으로써 통솔하자 백성이 이에 따랐고 걸왕과 주왕이 천하를 폭력으로써 통솔하자 백성이 폭력에 따랐다. 아래 백성이 행하는 것은, 다 위에서 좋아하는 것을 따른다.

양(梁)나라 무제(武帝) 부자 같은 이들은 사치를 좋아하고 오직 석씨(釋氏 : 부처)와 노씨(老氏 : 노자 학문)의 가르침만 좋아하였다.

무제가 말년에 자주 동태사(同泰寺)로 행차하여 친히 불경을 강론하고, 모든 관리는 다 커다란 관을 쓰고 높은 신발을 신고 수레를 타고 무제를 따라서 하루종일 불교 교리를 담론하며, 일찍부터 전쟁의 일이나 나라의 법에 관한 일에는 마음을 두지 않았다. 이에 후경(侯景)이 병사를 이끌고 궁궐로 향하자 상서랑(尙書郞) 이하의 신하들은 말에 올라 탈 겨를도 없이 허겁지겁 걸어서 도망하였고 죽은 자는 서로 도로에 이어졌으며 무제와 간문(簡文)은 마침내 후경에게 사로잡혀 죽었다.

또 효원제(孝元帝)가 강릉(江陵)에 있다가 만뉴(萬紐)와 우근(于謹)에게 포위되었는데 임금은 오히려 노자 강론을 중지하지 않고 모든 관료는 다 군복을 입고 강의를 들었다. 얼마 있지 않아 성곽이 함락되자 군주와 신하가 모두 포로가 되었다.

유신(庾信)이 이와 같은 일을 탄식하고 '애강남부(哀江南賦)'를 지었는데 그 내용에 이르기를 '재상들은 방패와 창을 어린이 노리개로 삼고 고급관리들은 맑은 담론을 조정의 계략으로 삼았다.'고 했다. 이러한 일은 족히 역사의 귀감이 될 만하다.

짐이 지금 좋아하는 것은 오직 요임금과 순임금의 도와 주공과 공자의 가르침이다. 이러한 것들은 새에 날개가 있고 물고기가 물을 의지하는 것과 같아서 이것을 잃으면 반드시 죽는다. 잠시라도 없으면 안 된다."

貞觀二年 太宗謂侍臣曰 古人云¹⁾ 君 猶器也 人 猶水也 方圓在於器 不在於水 故堯舜率天下以仁 而人從之 桀紂率天下以暴 而人從之 下之所行 皆從上之所好

至如梁武帝父子 志尙浮華 惟好釋氏老氏之敎²⁾ 武帝末年 頻幸同泰寺 親講佛經 百寮皆大冠高履 乘車扈從 終日談論苦空³⁾ 未嘗以軍國典章爲意 及侯景⁴⁾率兵向闕 尙書郞已下 多不解乘馬 狼狽步走 死者相繼於道路 武帝及簡文⁵⁾ 卒被侯景幽逼而死 孝元帝⁶⁾在于江陵 爲萬紐于謹⁷⁾所圍 帝猶講老子不輟 百寮皆戎服以聽 俄而城陷 君臣俱被囚繫 庾信⁸⁾亦歎其如此 及作 哀江南賦 乃云 宰衡以干戈爲兒戲 縉紳以淸談爲廟略 此事亦足爲鑒戒

朕今所好者 惟在堯舜之道 周孔之敎 以爲如鳥有翼 如魚依水 失之必死 不可暫無耳

1) 古人云(고인운): '순자' 군도(君道)편에 있는 말.
2) 釋氏老氏之敎(석씨노씨지교): 석씨는 불교 노씨는 노자(老子)의 이론.
3) 苦空(고공): 불교의 고행(苦行)과 공허한 이론.
4) 侯景(후경): 동위(東魏)의 신하. 군도편에 그 내용이 나온다.
5) 簡文(간문): 이름은 강(綱). 양무제의 셋째아들이며 후경이 폐하였다.
6) 孝元帝(효원제): 이름은 역(繹)이고 양무제의 일곱째아들이다. 군대를 일으켜 후경을 토벌하고 황제의 지위에 올랐다. 현담(玄談)을 좋아하여 일찍

이 용광전(龍光殿)에서 노자를 강론하였다.

7) 萬紐于謹(만뉴우근) : 양(梁)나라 승성(承聖) 3년에 원위(元魏)가 만뉴와 우근에게 병력 5만 명을 보내 강릉을 공격하게 했다.

8) 庾信(유신) : 양(梁)나라 장군이 되어서 서위(西魏)에 머물렀다.

2. 신선은 공허하게 그 이름만 있다

정관 2년에 태종이 주위 신하들에게 말했다.

"신선(神仙)의 일이란 본래 허망한 것으로 공허하게 그 이름만 있는 것이다. 진시황이 분수에 지나치게 신선을 좋아하여 방사(方士)들에게 속아서 동남동녀(童男童女) 수천 명을 보내 방사들을 따라서 바다로 들어가 신선을 구하게 했다. 신선을 구할 수 없자 방사들은 진나라의 가혹한 정치를 피하여 그 곳에 머물고 돌아오지 않았다.

진시황은 바닷가에서 서성이며 그들을 기다리다 결국은 돌아오는 길에 사구(沙丘) 땅에서 죽었다.

한(漢)나라 무제 또한 신선을 얻기 위해 그의 딸을 도술하는 사람에게 시집보냈으나 신선을 얻는 일이 증험이 없음을 문득 깨닫고 그들을 죽였다.

이 2가지 일을 보면 신선이란 번거롭고 망령되며 얻을 수 없는 것이다."

貞觀二年 太宗謂侍臣曰 神仙事 本是虛妄 空有其名 秦始皇非分愛好 爲方士¹⁾所詐 乃遣童男童女數千人 隨其入海求神仙 方士避秦苛虐 因留不歸 始皇猶海側踟躕以待之 還至沙丘而死 漢武帝爲求神仙 乃將女嫁道術之人²⁾ 事旣無驗 便行誅戮 據此二事 神仙不煩妄求也

1) 方士(방사) : 신선의 술법을 닦는 사람. 곧 도사(道士).

2) 女嫁道術之人(여가도술지인) : 딸을 도술하는 사람에게 시집보내다. 한(漢)나라 무제(武帝)가 위장공주(衛長公主)를 도사 난대(欒大)에게 시집보냈다. 후에 도사에게 속은 것을 알고 허리를 잘라 죽였다.

3. 우문술이 이씨들을 거의 다 죽였다

정관 4년에 태종이 말했다.

"수나라 양제는 시기하고 의심하기 좋아하는 성품을 가져 오로지 사특한 도를 믿고 크게 북쪽 오랑캐를 꺼렸다. 그래서 호상(胡床)을 교상(交床)이라 하고 호과(胡瓜)를 황과(黃瓜)라 하고 장성(長城)을 쌓아서 오랑캐를 피했는데 마침내 우문화급의 부하 영호행달(令狐行達)에게 죽임을 당하였다.

우문술은 또 이금재(李金才)를 죽였으며 모든 이씨를 거의 다 죽였는데도 마침내 무슨 이익이 있었는가.

천하를 다스리는 군주는 오직 몸을 바르게 하고 덕을 닦을 따름이다. 이밖의 허황된 일들은 마음에 품을 필요가 없다."

貞觀四年 太宗曰 隋煬帝性好猜防[1] 專信邪道 大忌胡人[2] 乃至謂胡床爲交床 胡瓜爲黃瓜 築長城以避胡 終被宇文化及使令狐行達[3]殺之 又誅戮李金才[4] 及諸李殆盡 卒何所益 且君天下者 惟須正身修德而已 此外虛事 不足在懷

1) 猜防(시방) : 시기하고 의심하다.
2) 胡人(호인) : 북쪽 오랑캐.
3) 令狐行達(영호행달) : 영호는 오랑캐의 복성. 행달은 그의 이름이며 이때의 벼슬은 교위(校尉)였다.
4) 李金才(이금재) : 이름은 혼(渾)이며 장군이 되었다. 방사(方士)가 도첨의 말을 깨우쳐 양제에게 말하기를 '마땅히 이씨(李氏)가 천자가 된다.'고 했다. 당시에는 혼이 우문술(宇文述)과 사이가 좋지 않았는데 우문술이 도첨의 말을 믿고 죄에 얽어서 혼의 모든 가족을 주륙했다.

4. 기술자는 국가에 이바지할 물품을 만들어야 한다

정관 7년에 공부상서(工部尙書) 단륜(段綸)이 교인(巧人) 양사제(楊思齊)를 추천하였다.

　양사제가 도착하자 태종이 시험하였는데 단륜은 양사제가 만든 꼭두각시 놀이기구를 보냈다.

　태종이 단륜에게 말했다.

　"등용된 기술자는 장차 국사(國事)에 이바지해야 하는데 경은 먼저 이런 놀이기구를 만들라고 명하였다. 이에 어찌 모든 기술자가 서로 경계하여 기교한 물건을 만들려는 뜻이 없겠는가?"

　이에 조서를 내려서 단륜의 계급을 강등시키고 아울러 이러한 놀이기구를 엄히 금하였다.

　貞觀七年 工部尙書[1] 段綸[2]奏進巧人楊思齊 至太宗令試 綸遣造傀儡戲具[3] 太宗謂綸曰 所進巧匠 將供國事 卿令先造此物 是豈百工相戒 無作奇巧之意耶 乃詔削綸階級 竝禁斷此戲

1) 工部尙書(공부상서) : 당나라 제도에서 공부는 산과 연못, 둔전(屯田), 기술자들의 일을 관장하였다. 상서는 총괄하는 최고 책임자이다.

2) 段綸(단륜) : 단은 성이고 윤은 이름이다.

3) 傀儡戲具(괴뢰희구) : 꼭두각시 놀이기구. 곧 괴상한 장난감.

제22편 말을 삼가해야 한다
(愼言語第二十二 : 凡三章)

1. 폐하께서는 말을 신중히 하셔야 합니다

정관 2년에 태종이 주위 신하들에게 말했다.

"짐은 매일 조정에 앉아서 한 마디 말을 하려 할 때마다 이 한 마디가 백성에게 이익이 있을까 없을까를 생각하게 되어, 감히 많은 말을 하지 못한다."

급사중 겸 지기거사 두정륜이 앞으로 나아가서 말했다.

"임금의 행동은 반드시 기록되는데 언어에는 좌사(左史)가 있어 기록합니다. 신의 직책은 기거주(起居注)를 겸하고 있으므로 감히 다 기록하지 않을 수 없습니다. 폐하께서 만약 한 마디라도 도리에 어긋나는 말씀을 하시면 천 년 뒤에는 폐하의 성덕에 누가 될 것이니 현재의 백성에게만 손해가 있는 것은 아닙니다. 폐하께서는 신중하시기를 원하옵니다."

태종이 크게 기뻐하고 채단 1백 단(50필)을 하사하였다.

貞觀二年 太宗謂侍臣曰朕每日坐朝 欲出一言 即思此一言於百姓有利益否 所以不敢多言 給事中兼知起居事[1]杜正倫進曰 君擧必書 言存左史[2] 臣職當兼修起居注 不敢不盡愚直 陛下若一言乖於道理 則千載累於聖德 非止當今損於百姓 願陛下愼之 太宗大悅 賜綵百段

1) 給事中兼知起居事(급사중겸지기거사) : 급사중은 간의대부(諫議大夫)가 겸하는 벼슬이고 지기거사는 기거랑과 사인(舍人)을 말하는데 천자의 기거 법도를 기록한다.

2) 左史(좌사) : 군주의 언어를 기록하는 사관.

2. 반딧불이를 수레 5백 대에 실어 나르게 한 수양제

정관 8년에 태종이 주위 신하들에게 말했다.

"언어란 군자(君子)에게 아주 중요한 것인데 말하는 것이 어찌 쉽겠는가? 일반 백성이라도 말 한 마디가 선하지 않으면 사람들이 그 말을 기억하여 치욕과 누를 일으키게 된다. 천자가 되어서 말할 때는 말을 잘못해서 생기는 손실이 크지 않아야 하는데 그 영향이 어찌 필부와 같겠는가. 나는 항상 이것을 경계하고 있다.

수나라 양제가 처음 감천궁(甘泉宮)에 행차했을 때 샘과 돌이 마음에 들었는데 반딧불이가 없음을 괴상하게 여기고 조칙 내리기를 '반딧불이를 알맞게 잡아 궁중의 밤을 밝게 하라.' 고 하였다.

담당 관리들이 갑자기 수천 사람을 파견하여 반딧불이를 잡아서 수레 5백 대에 실어 궁중으로 보냈다. 조그마한 일도 이와 같이 거창해지는데 하물며 큰 일에 있어서랴!"

위징이 대답했다.

"군주는 온 천하의 가장 높은 지위에 있으므로 만약 잘못이 있으면 옛날 사람들은 일식과 월식처럼 여겼습니다. 이는 모든 사람이 보는 것으로 진실로 폐하께서 경계하시는 것과 같습니다."

貞觀八年 太宗謂侍臣曰 言語者 君子之樞機[1] 談何容易 凡在衆庶 一言不善 則人記之 成其恥累 況是萬乘之主 不可出言有所乖失 其所虧損至大 豈同匹夫 我常以此爲戒 隋煬帝初幸甘泉宮 泉石稱意 而怪無螢火[2] 勅云 捉取多少於宮中照夜 所司遽遣數千人採拾 送五百轝於宮側 小事尚爾 況其大乎

魏徵對曰 人君居四海之尊 若有虧失 古人以爲如日月之蝕 人皆見之 實如陛下所戒愼

1) 樞機(추기) : 아주 중요한 것.

2) 螢火(형화) : 반딧불이.

3. 군주는 자신을 아껴야 합니다

정관 16년에 태종이 매번 높은 관리들과 함께 옛 도(道)를 언급하면서 반드시 반복하여 토론했다.

이때 산기상시(散騎常侍) 유계(劉洎)가 글을 올려 간했다.

"제왕(帝王)과 서민, 성인(聖人)과 보통 사람은 상하 관계가 서로 현격하게 다르며 윤리를 헤아리는 것도 지극히 다릅니다. 이것은 지극히 어리석은 사람이 지극히 지혜로운 사람과 대면하고 지극히 낮은 사람이 지극히 높은 사람과 대면하는 일로 무턱대고 스스로 힘쓴다고 해서 얻을 수 있는 것이 아님을 알 것입니다.

폐하께서 은혜로운 마음을 내리고 인자한 얼굴을 꾸미고 면류관을 바로 하여 그의 말을 듣고 마음을 비우고 그의 말을 받아들이셔도 아랫사람들은 감히 정면으로 대항하지 못합니다.

하물며 신령스런 지혜를 발동하고 뛰어난 변설을 늘어놓아 말을 꾸며서 그 이치를 꺾어버리고 옛날에 의거하여 그 의논을 배척하시면 모든 폐단을 어떤 관리가 응답하려 하겠습니까?

신은 듣기에 '하늘은 말이 없는 것을 귀하게 여기고 성인(聖人)은 말하지 않는 것을 덕으로 삼는다.'고 했습니다. 노자(老子)는 일컫기를 '아주 훌륭한 언변은 눌변과 같다.'고 했으며 장자(莊子)는 '지극한 도는 문채가 없다.'고 했습니다. 이것들은 다 번거롭지 않게 하려 한 것입니다.

이로써 제나라 환공이 글을 읽을 때 윤편(輪扁)은 당하(堂下)에서 '군주께서 읽으시는 책은 옛 사람들의 찌꺼기입니다.'라고 말하고, 한(漢)나라 황제가 옛 것을 사모하자 장량은 '8가지의 간언'을 나열했습니다. 이것은 수고스럽지 않게 하려 한 것입니다.

많은 것을 기억하면 마음을 손상시키고 말이 많으면 기를 손상시킵니다. 마음과 기운이 안으로 상하게 되면 형체와 정신이 밖으로 수고롭게 되어 처음에는 비록 깨닫지 못하지만 뒤에는 반드시 누를 입게 됩니다.

사직을 위해 군주는 자신을 아껴야 합니다. 어찌 본성이 좋아한다고 스스로 상하게 하겠습니까?

생각해보면 오늘날의 태평성세는 다 폐하께서 열심히 노력한 결과입니다. 이 태평성세가 오래 지속되게 하는 일은 언변이나 박식에 있지 않습니다.

다만 개인적인 사랑이나 증오를 잊고 취하며 놓아둠을 신중히 하여, 매사에 돈후하고 질박하여 그릇됨 없이 지극히 공정해서 정관 초년과 같이 하시면 가능할 것입니다.

진(秦)나라 시황의 정치는 언변에 뛰어났으나 스스로 자만하여 백성의 마음을 잃었습니다. 위(魏)나라 문제(文帝)는 뛰어난 큰 재주가 있었으나 광대하고 허황된 말로 모든 사람을 실망시켰습니다. 이것은 재주 있는 언변의 피해를 훤히 알 수 있게 합니다.

엎드려 원하옵니다. 웅변은 간략하게 하고 호연지기(浩然之氣)를 가지며 저 빛바랜 고대의 책에서 인용하는 일을 간단하게 하고 조용히 기쁨을 가지시면 진실로 남악(南岳 : 형산)보다 수(壽)를 누릴 수 있으며 백성이 동쪽집에 가지런할 것이며 천하는 큰 행운을 얻을 것이니 황제의 은혜는 이로써 다한 것입니다."

태종이 손수 조서를 써서 답했다.

"생각하지 않으면 백성에게 군림할 수 없고 말이 아니면 생각을 기술할 수 없다. 근래에 담론이 있었는데 드디어 번거로움에 이르렀다.

사물을 가벼이 여기고 사람에게 교만한 태도는 여기서 나왔는데 두려울 뿐이다. 형상과 정신과 마음과 기운은 이로써 피곤해지는 것 같다. 나는 이제 그대의 충성스런 말을 들었으므로 마음을 비워서 고칠 것이다."

貞觀十六年 太宗每與公卿言及古道 必詰難往復[1] 散騎常侍劉洎上書諫曰

帝王之與凡庶 聖哲之與庸愚 上下相懸 擬倫斯絶 是知以至愚而對至聖 以極卑而對極尊 徒思自强 不可得也 陛下降恩旨 假慈顔 凝旒以聽

其言 虛襟以納其說 猶恐群下未敢對揚 況動神機 縱天辯 飾辭以折其
理 援古以排其議 欲令凡蔽 何階應荅

臣聞皇天以無言爲貴 聖人以不言爲德 老子稱[2] 大辯若訥 莊生[3]稱 至
道無文 此皆不欲煩也 是以齊侯讀書 輪扁竊議[4] 漢皇慕古 張孺陳譏[5]
此亦不欲勞也 且多記則損心 多語則損氣 心氣內損 形神外勞 初雖不
覺 後必爲累 須爲社稷自愛 豈爲性好自傷乎 竊以今日升平 皆陛下力
行所至 欲其長久 匪由辯博 但當忘彼愛憎 愼玆取捨 每事敦朴 無非至
公 若貞觀之初 則可矣 至如秦政[6]强辯 失人心於自矜 魏文[7]宏材 虧衆
望於虛說 此才辯之累 皎然可知

伏願略玆雄辯 浩然養氣[8] 簡彼緗圖[9] 澹焉怡悅 固萬壽於南岳[10] 齊百
姓於東戶 則天下幸甚 皇恩斯畢

太宗手詔荅曰 非慮無以臨下 非言無以述慮 比有談論 遂至煩多 輕
物驕人 恐由玆道 形神心氣 非此爲勞 今聞讜言 虛懷以改

1) 詰難往復(힐난왕복) : 서로 토론하여 논박하고 반박하는 것.

2) 老子稱(노자칭) : 노자. 이름은 담(聃)이다. '노자도덕경' 45장에 있는 문장.

3) 莊生(장생) : 장자(莊子). 이름은 주(周)다. '장자' 천도(天道)편에 나온다.

4) 輪扁竊議(윤편절의) : 윤편이 당하(堂下)에서 수레바퀴를 깎다가 망치와 끌
   을 놓고 올라와서 말하기를 '임금께서 읽으시는 것은 옛날 사람들의 찌꺼기
   일 뿐입니다.' 라고 했다.

5) 張孺陳譏(장유진기) : 장유는 장량(張良)을 뜻하고 장량이 간언했다는 뜻.
   한나라 장량이 하비 땅에 숨어 살 때 한 늙은이를 보았는데 책을 주면서 '어
   린아이를 가히 가르칠 수 있다.' 고 하여 장유(張孺)라 칭했다는 고사가 있다.
   진기는 8가지의 불가함을 장량이 나열한 일. '사기(史記)'에 나와 있다.

6) 秦政(진정) : 진시황의 정치.

7) 魏文(위문) : 위나라 문제(文帝).

8) 浩然養氣(호연양기) : '맹자' 에 '나는 나의 호연지기(浩然之氣)를 잘 기른
   다.'고 했다. 곧 당당하고 자신만만한 기상.

9) 緗圖(상도) : 담황색의 책. 곧 고전.

10) 南岳(남악) : '시경' 소아(小雅) 천보(天保)편의 '남산의 무궁함이 이지
    러지지도 무너지지도 않는다.'에서 따온 것.

제23편 참소와 사특함을 방지하다
(杜讒邪第二十三 : 凡七章)

1. 나라의 기둥을 갉아먹는 해충들

정관 초년에 태종이 주위 신하들에게 말했다.

"짐은 앞 시대에서 남을 헐뜯고 아첨했던 무리를 관찰해 보았는데 다 나라의 기둥을 갉아먹는 해충들이었다. 남의 환심을 사기 위해 교묘한 말과 보기좋은 얼굴을 꾸미고 붕당을 만들어 끼리끼리 친해지면 어두운 군주나 용렬한 임금은 이에 미혹되지 않음이 없고 충신이나 효자들은 피눈물을 흘리며 원통해 할 것이다.

난초가 무성해지려고 하면 가을 바람이 방해하고 왕자(王者 : 제왕)가 밝아지려고 하면 남을 헐뜯는 사람들이 앞을 가린다. 이러한 일들은 역사책에 나타나 있어 다 말하지는 않겠다.

북제(北齊)와 수(隋)나라 사이에서 헐뜯고 일러바쳤던 일들로, 직접 귀로 듣고 눈으로 본 일을 대략 그대들에게 말하겠다.

곡률명월(斛律明月)은 북제(北齊)의 어진 장수로 그 위엄과 무용이 적국까지 진동하였다. 주가(周家 : 북주)에서는 매년마다 분하(汾河)의 얼음을 깨고 북제의 병사들이 서쪽으로 쳐들어올까 걱정하였다. 그런데 곡률명월이 조효징(祖孝徵)의 모함으로 주살되자 북주 사람들은 비로소 북제를 병탄하려는 뜻을 가졌다.

수(隋)나라의 어진 재상 고경(高熲)은 나라를 경영하는 큰 재주가 있어서 수나라 문제가 패업을 일으키도록 도왔다. 국정을 담당한 지 20여 년만에 천하는 그의 덕택으로 편안하게 되었다.

그러나 수나라 문제가 오직 여자 말만 듣고 특별령을 내려 그

를 배척하였다. 이 때문에 수양제에게 죽었는데 형벌과 정치가 이
로부터 쇠퇴하였다.

　또 수나라의 태자 용(勇)은 군대를 이끌고 20여 년 간 나라를
감독했는데 일찍부터 정해진 분수가 있었다. 그런데 양소(楊素)
가 문제를 속이고 상관들을 기만하여 선량한 충신들을 해치고 부
자간의 도로써 하루 아침에 천성(天性)을 없애니 반역과 혼란의
근원이 이로부터 시작되었다.

　수나라 문제는 적자(嫡子)와 서자(庶子)의 관계를 어지럽게
하여 마침내 재앙이 그의 몸에 미치게 하였으며 국가도 얼마 있
지 않아서 전복되고 말았다.

　옛 사람이 이르기를 '계통이 어지러우면 참소가 승리한다.' 고
했는데 진실로 망령된 말이 아니다. 짐은 매일 은밀함을 막고 참
소가 차츰 자라는 것을 막아 허구의 발단을 단절시키는데 마음과
힘이 미치지 못할까 걱정하고 혹은 깨닫지 못할까 두려워한다.

　앞의 역사에 이르기를 '사나운 짐승은 산림 속에 살면서 명아
주와 콩잎은 따지 않으며 곧은 신하가 조정에 세워지면 간사와 사
특한 꾀는 모두 휴식한다.' 고 했다. 이것은 진실로 짐이 그대들에
게 바라는 일이다."

　위징이 대답했다.

　"'예기' 중용편에 이르기를 '그 보이지 않는 곳에서도 조심하
고 그 듣지 않는 곳에서도 두려워한다.' 고 했습니다. 또 '시경' 소
아(小雅) 청승(靑蠅)편에 이르기를 '점잖은 군자께서는 참소하
는 말을 믿지 마소 참소하는 말은 끝이 없어 온 나라를 어지럽히
네.' 라고 하였습니다. 또 공자께서는 말씀하시기를 '약삭빠르게
둘러대는 말이 나라를 전복시키는 것을 미워한다.' 고 했습니다.
이것들은 대개 이러한 일을 말한 것입니다.

　신은 일찍이 옛날부터 나라를 두고 가정을 둔 자를 관찰해 보았
는데 참소와 참언을 잘못 받아들이면, 망령되게 충성스럽고 어진
사람을 해치게 되고 반드시 종묘가 폐허가 되고 시장이나 조정은
서리와 이슬만 내립니다. 폐하께서는 깊이 삼가하시기 바랍니다."

貞觀初 太宗謂侍臣曰 朕觀前代讒佞之徒 皆國之蟊賊¹⁾也 或巧言令色 朋黨比周 若暗主庸君 莫不以之迷惑 忠臣孝子 所以泣血銜寃 故叢蘭欲茂 秋風敗之 王者欲明 讒人蔽之 此事著於史籍 不能具道

至如齊隋²⁾間讒譖事 耳目所接者 略與公等言之 斛律明月³⁾ 齊朝良將 威震敵國 周家每歲斲汾河氷 慮齊兵之西渡 及明月被祖孝徵⁴⁾讒搆伏誅 周人⁵⁾始有呑齊之意 高頴⁶⁾有經國大才 爲隋文帝贊成覇業 知國政者二十餘載 天下賴以安寧 文帝惟婦言是聽 特令擯斥 及爲煬帝所殺 刑政由是衰壞 又隋太子勇⁷⁾撫軍監國 凡二十年間 固亦早有定分 楊素⁸⁾欺主罔上 賊害良善 使父子之道 一朝滅於天性 逆亂之源 自此開矣 隋文旣混淆嫡庶 竟禍及其身 社稷尋亦覆敗

古人云 代亂則讒勝 誠非妄言 朕每防微杜漸 用絶讒搆⁹⁾之端 猶恐心力所不至 或不能覺悟 前史云 猛獸處山林 藜藿爲之不採 直臣立朝廷 姦邪爲之寢謀 此實朕所望於群公也

魏徵曰 禮云¹⁰⁾ 戒愼乎其所不睹 恐懼乎其所不聞 詩云¹¹⁾ 愷悌君子 無信讒言 讒言罔極 交亂四國 又孔子曰¹²⁾ 惡利口之覆邦家 蓋爲此也 臣嘗觀自古有國有家者 若曲受讒譖 妄害忠良 必宗廟丘墟 市朝霜露矣 願陛下深愼之

1) 蟊賊(모적) : 나무의 뿌리를 갉아먹는 해충. 곧 양민을 해치는 사람. 국가를 망치는 간사한 무리를 말한다.

2) 齊隋(제수) : 제는 오계(五季)의 북제(後齊)를 뜻하고 수(隋)는 수나라.

3) 斛律明月(곡률명월) : 곡률은 복성이고 명월은 자(字)이며 이름은 광(光)이다. 후제(後齊)의 이름난 재상 겸 장군이었다.

4) 祖孝徵(조효징) : 이름은 정(珽)이고 은밀하게 동요를 퍼뜨려 곡률광을 참소하여 죽게 했다.

5) 周人(주인) : 오계(五季)의 후주(後周)를 일컫는다.

6) 高頴(고경) : 수나라의 어진 재상.

7) 太子勇(태자용) : 수나라 문제의 아들로 태자가 되었다가 뒤에 서인(庶人)으로 전락했다.

8) 楊素(양소) : 수나라의 재상이며 자는 처도(處道). 현감(玄感)의 아버지.

9) 讒搆(참구) : 허구의 일을 꾸며 퍼뜨리는 것.

10) 禮云(예운) : ‘예기’의 중용편에 있는 문장.

11) 詩云(시운) : ‘시경’ 소아 청승편에 있는 문장.

12) 孔子曰(공자왈) : ‘논어’ 양화편에 있는 문장.

2. 지나친 영접을 엄하게 꾸짖다

정관 7년에 태종이 포주(蒲州)로 거동하였다.

포주자사 조원해(趙元楷)는 그 고장 원로들에게 할당하여 황색 비단 윗옷을 몸에 걸치고 태종을 맞이하여 길 좌측에 배알하게 하였다. 그뿐 아니라 관청의 건물을 아름답게 장식하고 고을의 성벽(城壁)과 성루를 손질하는 등, 비위를 맞추느라 애썼다.

또 남모르게 양 100여 마리와 물고기 수천 마리를 길러 두고, 태종을 수행하고 온, 신분 높은 황족들에게 선물로 바치려고 하였다.

태종이 이 사실을 알고, 조원해를 불러 꾸짖었다.

"짐은 황하(黃河)와 낙수(洛水) 일대를 순행 시찰하면서 몇 고을을 거쳐 왔다. 필요한 물품이 있으면 모두 관청의 물품으로 충당하였다. 그대는 양을 먹이고 물고기를 기르고 건물을 아름답게 장식하였다. 이것이야말로 멸망한 수(隋)나라의 못된 풍습으로, 이제는 결코 행하면 안 될 일들이다. 짐의 이런 뜻을 잘 알아서 그대의 낡은 근성을 고쳐야 할 것이다."

조원해는 수나라에서 벼슬했는데 그 때 간사와 아첨으로 윗사람을 섬겼다고 알려져 있었다. 그러므로 태종은 이런 말로 그를 경계한 것이다.

조원해는 자신의 행위를 부끄럽게 여기고 두려워하여 며칠 동안 식음을 전폐하다가 마침내 세상을 떠났다.

貞觀七年 太宗幸蒲州[1] 刺史趙元楷課[2]父老服黃紗[3]單衣 迎謁道左 盛飾廨宇[4] 修營樓雉[5]以求媚 又潛飼羊百餘口 魚數千頭 將饋貴戚 太宗知 召而數之曰 朕巡省河洛[6] 經歷數州 凡有所須 皆資官物 卿爲飼羊養魚 雕飾院宇[7] 此乃亡隋弊俗 今不可復行 當識朕心改舊態也 以元

楷在隋邪佞 故太宗發此言以戒之 元楷慚懼 數日不食而卒

1) 蒲州(포주) : 당시 중국의 고을 이름. 지금 산서성(山西省)의 한 지방.

2) 課(과) : 매기다. 할당하다.

3) 黃紗(황사) : 누런 빛깔의 엷은 사(紗).

4) 廨宇(해우) : 관청의 건물. 관아.

5) 樓雉(누치) : 성루와 성벽.

6) 河洛(하락) : 황하(黃河)와 낙수(洛水). 황하와 낙수 일대를 말한다.

7) 雕飾院宇(조식원우) : 조식은 꾸며서 아름답게 함. 원우는 크고 훌륭한 저택.

3. 최상의 지혜를 가진 사람은 물들지 않는다

정관 10년에 태종이 주위 신하들에게 말했다.

"태자를 돌보는 스승인 태보(太保)와 태부(太傅)는 옛부터 선택하기가 어려웠다. 주(周)나라 성왕이 어렸을 때 주공과 소공(召公)이 태보와 태부였고 좌우가 모두 현명하여 족히 인(仁)을 도왔기 때문에 태평한 다스림을 이루어 성스런 군주로 일컬어진다. 진(秦)나라 호해(胡亥)는 진시황이 사랑하고 조고(趙高)가 스승이 되었는데 형법으로써 가르쳤다. 호해는 황제자리를 찬탈하고 공신을 죽이고 친척을 살해하였으며 가혹과 혹독을 그치지 않아서 발을 돌리는 짧은 순간에 멸망했다. 이러한 것으로 말한다면 사람의 선과 악은 진실로 가까이하여 익히는 데서 비롯됨을 알 수 있다.

짐이 20세 때 교유한 사람은 오직 시소(柴紹)와 두탄(竇誕)이었는데 그들은 벗으로서 가져야 할 3가지 장점을 가지고 있지 않았다. 짐은 보위에 올라 천하를 다스리면서 비록 요임금과 순임금의 밝음에는 미치지 못해도 거의 손호(孫皓 : 吳主)나 고위(高緯 : 北齊後主)의 포악한 정치는 면했다. 이러한 것으로 말한다면 무엇에 물들어진 것은 아니다."

위징이 대답했다.

"보통 사람은 더불어 선을 함께하기도 하고 악도 함께할 수 있으나 최상의 지혜를 가진 사람은 스스로 물들지 않습니다.

폐하께서는 하늘로부터 명을 받아서 도적들이 어지럽힌 난리를 평정하고 모든 백성의 생명을 구원하여 다스림을 이루고 태평 성세를 이루셨는데 어찌 시소나 두탄의 무리가 성덕에 누를 끼쳤겠습니까. 다만 경서(經書)에 이르기를 '정(鄭)나라의 음악을 멀리하고 아첨하는 사람들을 멀리하라.'고 했습니다. 가까워 익숙한 사이에서 더욱 깊이 삼가해야 합니다."

태종이 말하기를 "좋은 이야기다."라고 했다.

貞觀十年 太宗謂侍臣曰 太子保傅[1] 古難其選 成王幼小 以周召爲保傅 左右皆賢 足以長仁 致理太平 稱爲聖主 及秦之胡亥 始皇所愛 趙高作傅 敎以刑法 及其篡也 誅功臣 殺親戚 酷烈不已 旋踵亦亡 以此而言 人之善惡 誠由近習 朕弱冠交遊惟柴紹竇誕[2]等 爲人旣非三益[3] 及朕居玆寶位 經理天下 雖不及堯舜之明 庶免乎孫皓 高緯[4]之暴 以此而言 復不由染何也

魏徵曰 中人可與善 可與爲惡 然上智之人 自無所染 陛下受命自天 平定寇亂 救萬民之命 理致升平 豈紹誕之徒能累聖德 但經云 放鄭聲[5] 遠佞人 近習之間 尤宜深愼

太宗曰 善

1) 保傅(보부) : 태자의 스승들. 태보(太保)와 태부(太傅).
2) 柴紹竇誕(시소두탄) : '시소'의 자는 사창(嗣昌)이고 임분(臨汾) 사람이며 호협한 기개가 있다고 하여 고조(高祖)가 평양공주를 아내로 삼게 했다. 무덕 초년에 좌익위대장군이 되고 여러 번 전쟁에서 공을 세웠다. '두탄'은 외척이다. 정관 연간에 종정경(宗正卿)이 되었는데 태종과 말하다가 실언하여 광록대부(光祿大夫)에서 파면당했다.
3) 三益(삼익) : '논어'에 '유익한 3가지 벗이 있다. 곧은 벗, 진실한 벗, 견문이 많은 벗'이라 했다.
4) 孫皓高緯(손호고위) : '손호'는 삼국 시대(三國時代) 오(吳)나라의 왕으로 진(晉)나라에 항복한 임금이고, '고위'는 북제후주(北齊後主)로 주(周)에서 사로잡힌 자이다. 둘 다 포악한 군주였다.
6) 鄭聲(정성) : 정(鄭)나라의 음악. 아주 사특한 음악을 뜻한다.

4. 나는 다시 임명해도 그렇게 할 것이다

상서좌복야 두여회가 아뢰었다.

"감찰어사 진사합(陳師合)이 '발사론(拔士論)'을 올려 사람의 사고란 한계가 있어서 한 사람이 여러 가지 직무를 모두 알지 못한다고 했는데 신들을 논평해 주십시오."

태종이 대주(戴冑)에게 말했다.

"짐은 지극히 공정하게 천하를 다스리는데 지금 방현령과 두여회를 임명한 것은 지난날의 공로나 구면에 의해서가 아니라 그들이 재주와 행동을 겸하고 있기 때문이다. 이 사람은 망령된 일로 비방하여 우리 군신 관계를 이간시키려 한다.

옛날에 촉나라 후주(後主)는 어둡고 유약했으며 제(齊)나라 문선왕(文宣王)은 미치광이였으나 나라를 제대로 잘 다스린 것은 제갈량과 양준언을 임명하고 의심하지 않았기 때문이다. 짐이 지금 다시 두여회 등을 임명한다 해도 또한 이와 같이 할 것이다."

이에 진사합을 영(嶺 : 호남성) 밖으로 유배시켰다.

尚書左僕射杜如晦奏言 監察御史陳師合[1]上 拔士論 兼人之思慮有限 一人不可總知數職 以論臣等 太宗謂戴冑曰 朕以至公理天下 今任玄齡如晦 非爲勳舊 以其有才行也 此人妄事毁謗 止欲離間我君臣 昔蜀後主[2]昏弱 齊文宣狂悖 然國稱理者 以任諸葛亮楊遵彥 不猜之故也 朕今任如晦等 亦復如法 於是流陳師合于嶺外

1) 陳師合(진사합) : 자세한 기록이 없다.
2) 蜀後主(촉후주) : 유비(劉備)의 아들 유선(劉禪).

5. 위징이 반역했다고, 고변한 자를 죽이다

정관 연중에 태종이 방현령과 두여회에게 말했다.

"짐이 듣기로는, 옛부터 제왕이 위로 하늘의 마음과 합치하여 태평성세를 이룬 것은 모두 팔과 다리 같은 중요한 신하들의 힘이 있었기 때문이었다고 한다.

짐이 지금 곧은말을 하라고 길을 열어 놓은 이유는 백성의 원성과 원망을 알고 바른 간언을 듣고자 함이다. 그런데 은밀하게 글을 올리는 자들 중 많은 사람이 관리를 고발하고 있다. 그 내용은 세세한 것으로 귀담아 들을 만한 내용이 없다.

짐이 앞서 간 왕들의 일을 더듬어보니 임금이 신하를 의심하게 되면 아래의 정이 위에 전달되지 못했다. 충성을 다하고 생각을 다하려 해도 어떻게 얻을 수 있겠는가. 또 무식한 사람은 헐뜯고 비방하는 데 힘을 써서 임금과 신하 사이의 정을 교란시키는 일이 많아 특별히 나라에 보탬이 되지 않았다.

이후부터는 글을 올려 타인의 조그마한 악을 고자질하는 자는 남을 헐뜯은 죄로써 벌할 것이다."

이때 위징이 비서감(秘書監)이 되었는데 위징이 반역했다고 고변하는 자가 있었다.

태종이 말하기를

"위징은 옛날에 나의 원수였으나 공경히 충심으로 일하여 내가 드디어 발탁해서 등용하였는데 무엇 때문에 망령되게 허구를 꾸며서 남을 헐뜯는가?"

하고는 위징에게 묻지도 않고 고변한 자를 참수하였다.

貞觀中 太宗謂房玄齡杜如晦曰 朕聞自古帝王 上合天心 以致太平者 皆股肱之力 朕比開直言之路者 庶知冤屈 欲聞諫諍 所有上封事者 人多告訐百官 細無可採 朕歷選前王 但有君疑於臣 則下不能上達 欲求盡忠極慮 何可得哉 而無識之人 務行讒毀 交亂君臣 殊非益國 自今已後 有上書訐人小惡者 當以讒人之罪罪之

魏徵爲秘書監 有告徵謀反者 太宗曰 魏徵昔吾之讎 祗以忠於所事 吾遂拔而用之 何乃妄生讒構 竟不問徵 遽斬所告者

6. 이 3가지를 끝까지 지켜 바꾸지 않겠다

정관 16년에 태종이 간의대부 저수량에게 말했다.

"경(卿)은 기거랑(起居郞)의 직책을 맡아 보는데 근래에 내가 행하는 행사의 좋고 나쁨을 기록하는가."

저수량이 말했다.

"사관(史官)이 하는 일은 군주의 행동을 반드시 기록하는 것입니다. 선한 일도 반드시 기록하고 과오 또한 숨기는 일이 없습니다."

태종이 말했다.

"짐은 지금 3가지 일을 부지런히 행하는데 또한 사관(史官)이 나의 나쁜 점을 기록하는 일이 없기를 바란다. 첫째는 앞서간 시대의 성공과 실패를 거울 삼아서 모범으로 삼는 것이다. 둘째는 어진 사람을 진출시키고 기용하여 정치의 도의를 이루는 것이다. 셋째는 소인배들을 배척하고 참소를 듣지 않는 것이다. 나는 능히 이 3가지를 지켜서 끝까지 생각을 바꾸지 않을 것이다."

貞觀十六年 太宗謂諫議大夫褚遂良曰 卿知起居 比來記我行事善惡 遂良曰 史官之設 君擧必書 善旣必書 過亦無隱 太宗曰 朕今勤行三事 亦望史官不書吾惡 一則鑒前代成敗事以爲元龜[1] 二則進用善人共成政道 三則斥棄群小 不聽讒言 吾能守之 終不轉也

1) 元龜(원구) : 가장 으뜸이 되는 모범. 구는 거북점을 칠 때 쓰는 것으로 옛날에는 가장 귀중하게 여겼던 물건이다.

제24편 후회와 허물을 논하다
(論悔過第二十四 : 凡四章)

1. 책을 읽지 않으면 담을 마주하고 선 것과 같다
정관 2년에 태종이 방현령에게 말했다.

"사람이 크게 되려면 학문을 해야 한다. 짐은 지난날 많은 악인이 평정되지 않아서 동쪽과 서쪽으로 정벌나가 몸소 전쟁에 참여하느라 글 읽을 시간이 없었다. 근래는 천하가 안정되어 몸은 궁전 안에 있으나 스스로 책을 잡지 못하고 남에게 읽게 해서 듣고 있다. 임금과 신하, 아버지와 아들, 정치교화의 도가 모두 책 속에 들어 있다.

옛 사람이 '배우지 않으면 벽을 마주한 것과 같아서 일을 대하면 오직 번거롭기만 하다.' 라고 했으니 빈 말이 아니다. 문득 젊은 시절의 행동들을 생각하면 크게 옳지 않았음을 느끼고 있다."

貞觀二年 太宗謂房玄齡曰 爲人大須學問 朕往爲群兇未定 東西征討 躬親戎事 不暇讀書 比來四海安靜 身處殿堂 不能自執書卷 使人讀而聽之 君臣父子 政敎之道 共在書內 古人云[1] 不學牆面 莅事惟煩 不徒言也 卻思少小時行事 大覺非也

1) 古人云(고인운) : '서경' 주서(周書) 주관(周官)에 있는 말.

2. 자신의 정해진 본분을 알아야 한다
정관 연중에 태자 승건이 법도를 지키지 않은 일이 많았다.

위왕(魏王) 태(泰)는 재능이 있어 태종이 소중히 여겼는데 특별히 조서를 내려 태에게 무덕전(武德殿)으로 옮겨 살게 하였다.

위징이 글을 올려서 간했다.

"위왕(魏王)은 폐하의 사랑하는 자식입니다만 모름지기 자신의 정해진 분수를 알게 하여 항상 자신의 안전을 지키고 매사에 교만과 사치를 억제하고 혐의받을 일을 하지 않게 해야 합니다.

지금 무덕전으로 옮겨 살게 하심은 동궁의 서쪽에 살게 하는 것입니다. 이곳은 해릉군(海陵君：李元吉)이 옛날에 살던 곳으로 그때의 사람들이 옳지 않다고 했습니다. 비록 시간이 가고 사안이 다르다지만 사람들의 말이 많을까 두렵습니다. 또 위왕의 마음 또한 편하지 못할 것입니다. 너무 총애하시면 두려움이 될 것입니다. 엎드려 바라오니 완성된 사람의 아름다움을 가지게 하십시오"

태종이 말하기를

"내가 이러한 것을 헤아리지 않아 크게 착오를 일으켰다."

하고는 드디어 위왕 태를 원래 숙소로 돌아가게 했다.

貞觀中 太子承乾多不修法度 魏王泰尤以才能爲太宗所重 特詔泰移居武德殿 魏徵上疏諫曰 魏王旣是陛下愛子 須使知定分 常保安全 每事抑其驕奢 不處嫌疑之地也 今移居此殿 使在東宮之西 海陵昔居 時人以爲不可 雖時移事異 猶恐人之多言 又王之本心 亦不寧息 旣能以寵爲懼 伏願成人之美 太宗曰 我幾不思量 甚大錯誤 遂遣泰歸於本第

3. 제일 고통스러운 때는 부모가 돌아가셨을 때다

정관 17년에 태종이 주위 신하들에게 말했다.

"사람의 마음이 지극히 고통스러운 때는 어버이의 상을 당했을 때보다 더한 것이 없다. 그러므로 공자께서 말씀하기를 '3년 상(喪)은 천하에 통용되는 상례법이며 이것은 천자에서 서민까지 이른다.'라고 했으며, 또 '어찌 하필 은(殷)나라 고종(高宗)만 그러하리오 옛날 사람들이 다 그러하였다.'라고 했다.

근대의 제왕들은 행동이 미치지 못하고 있다. 한(漢)나라 문제

(文帝)가 날로써 달로 바꾼 제도는 매우 예법에 어긋난다.

짐은 어제 서간(徐幹)의 '중론(中論)'에서 복삼년상(復三年喪)편을 보았는데 그 뜻이 매우 깊어 일찍부터 이 책을 보지 못한 것이 한스러웠다. 내가 시행한 예법은 간소한 것이다. 다만 스스로 허물하고 스스로 책망하며 후회한들 무슨 소용 있겠는가?"

하고는 매우 오랫동안 슬퍼하며 눈물을 흘렸다.

貞觀十七年 太宗謂侍臣曰 人情之至痛者 莫過乎喪親也 故孔子云[1] 三年之喪 天下之通喪 自天子達於庶人也 又曰[2] 何必高宗[3] 古之人皆然 近代帝王 遂行不逮 漢文以日易月之制[4] 甚乖於禮典 朕昨見徐幹 中論[5] 復三年喪篇 義理甚深 恨不早見此書 所行大疏略 但知自咎自責 追悔何及 因悲泣久之

1) 孔子云(공자운) : '논어' 양화(陽貨)편에 나와 있다.
2) 又曰(우왈) : '논어'에서 공자가 자장(子張)에게 대답한 말.
3) 高宗(고종) : 은(殷)나라의 무정(武丁)을 말한다.
4) 漢文以日易月之制(한문이일역월지제) : 한나라 문제가 한 달을 하루로 바꾸어 시행한 장례제도. 상례를 단축시켰다.
5) 徐幹中論(서간중론) : 서간이 지은 저서 '중론(中論)' 20편을 뜻한다.

4. 직언을 유도하는 것은 도에 어긋나는 일

정관 18년에 태종이 주위 신하들에게 말했다.

"사람의 신하로서 제왕에게 대답할 때는, 대개의 경우 군주의 기분에 맞춰 거슬림이 없도록 하며 아첨을 늘어놓아 마음에 들도록 하고 있다. 짐은 지금 나의 과실에 대하여 듣고 싶어하는데 그대들은 주저하지 말고 바른말로써 이야기하라."

이에 대하여 산기상시(散騎常侍) 유계(劉洎)가 대답했다.

"폐하께서 매일 공경들과 어떤 문제에 대하여 논의하실 때 의견을 써서 글을 올리는 자가 있을 때마다, 폐하의 뜻에 맞지 않는다 하고 혹은 그의 면전에서 의논이나 상서의 내용에 대해 힐문하십니다. 그래서 신하들은 부끄러워 물러나지 않을 수 없습니다. 이러한 일은 아마도 신하들의 직언을 이끌어내는 방법이 아닌 줄로 압니다."

이 말을 들은 태종이 말했다.

"짐도 또한 그렇게 어려운 질문을 했던 일을 후회하고 있다. 마땅히 그대를 위해 이러한 결점을 고치도록 하겠다."

貞觀十八年 太宗謂侍臣曰 夫人臣之對帝王 多承意順旨[1] 甘言取容[2] 朕今欲聞己過 卿等皆可直言 散騎常侍劉洎對曰 陛下每與公卿論事 及有上書者 以其不稱旨 或面加詰難 無不慚退 恐非誘進直言之道 太宗曰 朕亦悔有此問難 當卽改之

1) 順旨(순지) : 기분에 맞춰 거슬림이 없다.

2) 取容(취용) : 사람의 마음에 들게 하다.

제25편 사치와 방종을 논하다
(論奢縱第二十五 : 凡二章)

I. 정관 초기의 마음으로 돌아가십시오

정관 11년에 시어사(侍御史) 마주(馬周)가 당시의 정치에 대해 상소를 올렸다.

"신이 앞서 간 시대의 역사를 관찰해보니 하나라와 은나라와 주나라로부터 한(漢)나라가 천하를 차지하기까지 서로 전승한 기간이 많게는 8백여 년이고 짧게는 4~5백 년 간 이어왔습니다. 이는 다 덕을 쌓고 업적을 쌓아서 은혜가 인심에 맺혀졌기 때문입니다. 그 사이에 어찌 간사한 왕이 없었겠습니까만 앞서간 명철한 왕들의 후광을 입어서 화를 면했습니다.

위(魏)나라와 진(晉)나라로 내려와 후주(後周)와 수(隋)나라에 이르러서는 많은 기간은 5~60년을 넘지 못했고 적은 기간은 겨우 20~30년 사이에 멸망했습니다.

이것은 창업을 한 군주가 은덕과 교화를 넓히는데 힘쓰지 않았기 때문인데 당시만 겨우 제왕의 지위를 지키고 뒤에는 베푼 은덕이 없어서 생각할 수 없었습니다. 뒤를 계승한 군주는 정치와 교화가 더욱 쇠약해져서 한 사람이 큰소리를 쳐도 국가는 흙더미가 무너지는 것과 같았습니다.

지금 폐하께서 비록 큰 공적으로 천하를 평정하셨으나 덕을 쌓은 일은 일천합니다. 우임금이나 탕임금이나 문왕이나 무왕과 같은 도를 높이고 널리 덕과 교화를 베풀어서 은덕으로써 넉넉함이 있게 하여 자손을 위하여 만대(萬代)의 기초를 세우셔야 합니다.

어찌 다만 정치와 교화에 실수가 없기만 바라고 당대만 유지하려 하십니까.

옛부터 밝은 왕과 성스런 군주는, 비록 사람에 따라 가르침을 베풀고 너그러움과 사나움을 시대에 따라서 하였으나 대체적인 것은 자신의 검약으로써 하고 은혜는 백성에게 더해 주었으니 이 2가지를 힘써야 합니다.

백성 사랑하기를 부모 같은 마음으로 하시면 우러러 보기를 해와 달같이 하며 공경하기를 신명(神明)과 같이 하고 두려워하기를 우레와 같이 할 것입니다. 이것이 국가의 장래를 멀리까지 뻗치게 하고 재앙이나 난리가 일어나지 않게 하는 방법입니다.

지금의 백성은 상처받고 혼란한 뒤를 이어서, 수(隋)나라 시대에 비교하면 겨우 10분의 1인데도 관청에 이바지하고 역사에 움직이는 인부가 도로에 서로 이어있고 형이 떠나면 동생이 돌아오는 일들이 처음과 끝이 이어져서 그치지 않습니다.

먼 곳은 왕복 5～6천 리나 되어 봄에 가면 가을에 오고 겨울에 가면 여름에나 돌아와 대강이라도 쉴 틈이 없습니다.

폐하께서는 비록 매일 은혜로운 조서를 내려 그 부역을 줄이라고 명령하시지만 담당 관리들은 이미 일으킨 일을 거두지 않으니 자연히 사람을 사용하게 됩니다. 그러니 조서는 쓸모없는 것이 되고 백성의 부역은 옛날과 같습니다.

신이 매번 방문한 4～5년 동안 백성은 다만 원망하는 말만 하며 폐하를 가리켜 자신들을 보호하여 기르려 하지 않는다고 했습니다.

옛날의 요임금은 띠로 지붕을 이고 흙으로 담을 쌓은 검소한 집에서 살았고 하나라 우임금은 검소한 옷에 변변치 못한 식사를 했습니다. 이와 같은 일을 신은 지금 다시 시행하지 못할 줄은 압니다. 그러나 한(漢)나라 문제는 1백금(金)의 비용을 아까워하여 노대(露臺)의 건축공사를 철회했으며 신하들이 올린 글의 겉지를 궁전의 휘장으로 사용했으며 총애하는 부인들의 치마가 땅에 끌리지 않게 했습니다. 한나라 경제(景帝) 때는 비단을 초록색으로 짜는 일은 여공들의 길쌈을 방해한다고 하여 특별히 조서를 내려 없어서 백성이 편안하도록 하였습니다. 효무제(孝武帝) 때는 비록 매우 사치스럽고 지극히 호화로웠지만 문제와 경제의 끼친 덕을 이어받았기 때문에 인심이 동요하지 않았습니다. 지난날 한고조(漢高祖) 이후에 곧바로 무제(武帝)가 있었다면 천하는 반드시 온전히 보존되지 못했을 것입니다.

이런 일은 시대가 가까워서 역사적인 사실들을 가히 볼 수 있는 것들입니다.

지금 경사(京師)와 익주(益州) 등 여러 곳에서 토목 공사를 하고 기물을 바치는데 여러 왕이나 왕비와 공주의 의복도 함께 만든다고 합니다. 의논하는 자들은 다 검소하지 않다고 말하고 있습니다.

신이 듣기로는 일찍부터 크게 공업에 성공해도 후세에는 오히려 태만해지고, 다스리는 법률만 만들면 그 폐단으로 오히려 어지러워진다고 합니다.

폐하께서는 어린 시절 민가에서 자라 백성의 쓴 고통도 알고 앞서 간 시대의 성공과 실패도 눈으로 직접 목격했는데도 오히려 이와 같으십니다. 황태자께서는 깊은 궁궐에서 나고 자라서 밖의 일은 겪지 못하셨습니다. 만세의 뒤에는 진실로 폐하께서 염려하시는 일이 당연히 근심거리가 될 것입니다.

신은 지나간 시대로부터 성공과 실패의 일을 자세히 살펴보았습니다. 백성이 원망하고 이반하면 그들이 모여서 도적이 되며 그러한 나라는 곧 망하지 않은 나라가 없었습니다.

이때 군주가 비록 뉘우치고 고치려 해도 거듭 안정시킬 수는 없었습니다. 정치와 교화를 닦는 일은 닦을 수 있을 때 닦아야 합니다. 사고가 발생한 뒤에는 후회해도 소용 없습니다.

군주가 매번 앞 시대가 망하는 모습을 보고 그 정치와 교화의 잘못을 알았을지라도 모두 자신에게 실수가 있는 것은 알지 못했습니다. 이로써 은나라 주왕은 하나라 걸왕의 멸망을 비웃었고 주나라 유왕(幽王)과 여왕(厲王)은 또한 은나라 주왕의 멸망을 비웃었습니다. 수나라도 대업(大業) 초기에 후주(後周)와 북제(北齊)가 나라를 잃은 일을 비웃었습니다. 그러나 지금 수양제를 보는 눈은 양제가 후주와 북제를 보는 것과 같습니다.

그러므로 경방(京房)은 한(漢)나라 원제(元帝)에게 '신은 후세에 지금을 보는 것이 오늘날 고대를 보는 것과 같을까 두렵습니다.'라고 말했습니다. 이 말을 경계로 삼지 않을 수 없습니다.

지난날 정관 초기에는 온 천하의 백성이 엄하게 검소해져서 비단 한 필을 겨우 쌀 1말로 얻었습니다. 이에 천하 사람들이 기뻐하며 폐하께서 백성을 매우 걱정하고 가엾게 여기고 있음을 알았습니다. 그러므로 사람마다 스스로 편안해져 일찍부터 비방이나 원망이 없었습니다.

정관 5~6년으로 접어 들면서 자주 해마다 풍년이 들자 비단 한 필의 값이 곡식 10여 석에 해당했습니다. 이에 백성은 다, 이제는 폐하께서 백성을 걱정하고 가엾게 여기지 않는다고 생각하여 모두 원성을 품었습니다.

지금 새로 건축하는 건물들은 모두 급하게 힘쓰지 않아도 될 것들입니다. 예로부터 나라의 흥망은 저축이 많은가 적은가에 말미암지 않았고 오직 백성의 고통과 안락에 있었다는 사실은 근래의 일로도 증험됩니다.

수나라는 낙구(洛口)의 창고에 식량을 저축했는데 이밀(李密)이 차지했으며 동경(東京)에 베와 비단을 쌓아놓았는데 왕세충이 차지하여 거점으로 삼았습니다. 서경(西京)의 창고는 또한 우리가 쓰고 있는데 지금도 다 사용하지 못했습니다. 이전에 낙구나 동경의 곡식이나 비단이 없었다면 왕세충과 이밀은 많은 대중을 모으지 못했을 것입니다.

저축하는 일은 진실로 이 나라의 떳떳한 일이지만 마땅히 백성에게 여력이 있은 후에 거두어들여야 합니다. 만약 백성은 수고스러운 데도 강제로 거두어들이면 마침내 도둑을 도와 줄 뿐, 저축으로 인해 아무런 이익이 없습니다. 그러나 검소하면 백성을 쉬게 할 수 있습니다.

정관 초기에 폐하께서 이미 몸소 실천했기 때문에 지금 행하시더라도 어려움이 없을 것입니다.

하루를 실행하더라도 천하에서는 알게 될 것이며 노래 부르고 춤출 것입니다. 만약 백성이 피곤해 있는데도 쉬게 하지 않으신다면 혹시라도 중국이 수재나 한해의 재앙을 입고 변방쪽에 병란의 놀람이 있게 되면 간교하고 경망한 자들이 이를 기화로 도둑질하게 될 것입니다. 이렇게 되면 예측하지 못할 일들이 있게 되어 폐하께서는 늦게 식사하고 늦게 취침하는 일만 있지 않을 것입니다.

만약 폐하께서 성스러운 밝음으로 온 정성을 다하여 정치한다면 번거롭게 멀리 상고 시대의 계책을 구하지 않고 다만 정관 초기같이만 하신다 해도 천하는 매우 다행일 것입니다."

태종이 말했다.

"근래에 조그마한 것을 만들어 호신용으로 가지고 다닐 기물로 사용하려 했는데 백성이 드디어 원성이 있을 줄은 생각하지 못했다. 이것은 나의 과오이다."

이에 그것을 만들지 말라고 명령하였다.

貞觀十一年 侍御史馬周上疏陳時政曰
臣歷觀前代 自夏殷周及漢氏之有天下 傳祚相繼 多者八百餘年[1] 少者猶四五百年[2] 皆爲積德累業 恩結於人心 豈無僻王 賴前哲以免爾 自魏晉已還 降及周隋 多者不過五六十年 少者纔二三十年而亡[3] 良由創業之君 不務廣恩化 當時僅能自守 後無遺德可思 故傳嗣之主 政敎少衰 一夫大呼 而天下土崩矣
今陛下雖以大功定天下 而積德日淺 固當崇禹湯文武之道 廣施德化 使恩有餘地 爲子孫立萬代之基 豈欲但令政敎無失 以持當年而已 且自古明王聖主 雖因人設敎 寬猛隨時 而大要以節儉於身 恩加於人二者是務 故其下愛之如父母 仰之如日月 敬之如神明 畏之如雷霆 此其所以卜祚遐長 而禍亂不作也 今百姓承喪亂之後 比於隋時 纔十分之一 而供官徭役 道路相繼 兄去弟還 首尾不絶 遠者往來五六千里 春秋冬夏略無休時 陛下雖每有恩詔 令其減省 而有司作旣不廢 自然須人 徒行文書 役之如故 臣每訪問 四五年來 百姓頗有怨嗟之言 以陛下不存養之 昔唐堯茅茨土階 夏禹惡衣菲食 如此之事 臣知不復可行於今 漢文

帝惜百金之費 輟露臺之役 集上書囊 以爲殿帷 所幸夫人⁴⁾衣不曳地 至
景帝以錦繡纂組 妨害女工 特詔除之 所以百姓安樂 至孝武帝 雖窮奢
極侈 而承文景遺德 故人心不動 向使高祖之後 卽有武帝 天下必不能
全 此於時代差近 事迹可見 今京師及益州諸處 營造供奉器物 幷諸王
妃主服飾 議者皆不以爲儉 臣聞昧旦丕顯 後世猶怠 作法於理 其弊猶
亂 陛下少處人間 知百姓辛苦 前代成敗 目所親見 尙猶如此 而皇太子
生長深宮 不更外事 卽萬歲之後 固聖慮所當憂也

臣竊尋往代以來 成敗之事 但有黎庶怨叛 聚爲盜賊 其國無不卽滅 人
主雖欲改悔 未有重能安全者 凡修政敎 當修之於可修之時 若事變一起
而後悔之則無益也 故人主每見前代之亡 則知其政敎之所由喪 而皆不
知其身之有失 是以殷紂笑夏桀之亡 而幽厲⁵⁾亦笑殷紂之滅 隋帝大業
之初 又笑周齊之失國 然今之視煬帝 亦猶煬帝之視周齊也 故京房⁶⁾謂
漢元帝云 臣恐後之視今 亦猶今之視古 此言不可不戒也

往者貞觀之初 率土霜儉 一匹絹纔得粟一斗 而天下怡然 百姓知陛下
甚憂憐之 故人人自安 曾無謗讟 自五六年來 頻歲豊稔 一匹絹得十餘
石粟 而百姓皆以陛下不憂憐之 咸有怨言 又今所營爲者 頗多不急之務
故也 自古以來 國之興亡 不由蓄積多少 唯在百姓苦樂 且以近事驗之
隋家貯洛口倉 而李密因之 東京積布帛 王世充據之 西京府庫 亦爲國
家之用 至今未盡 向使洛口東都無粟帛 卽世充李密未必能聚大衆 但貯
積者 固是國之常事 要當人有餘力 而後收之 若人勞而彊斂之 竟以資
寇 積之無益也 然儉以息人 貞觀之初 陛下已躬爲之 故今行之不難也
爲之一日 則天下知之 式歌且舞矣 若人旣勞矣 而用之不息 儻中國被
水旱之災 邊方有風塵之警 狂狡因之竊發 則有不可測之事 非徒聖躬旰
食晏寢而已 若以陛下之聖明 誠欲勵精爲政 不煩遠求上古之術 但及貞
觀之初 則天下幸甚

太宗曰近令造小隨身器物 不意百姓遂有嗟怨 此則朕之過誤 乃命停之

1) 八百餘年(팔백여년) : 주(周)나라는 37명의 임금에 860년을 이었다.

2) 四五百年(사오백년) : 하나라는 우임금에서 걸왕까지 17명의 임금에 471년
을 이었고 은(殷)나라는 31명의 임금에 629년을 이었고 동서양한(東西兩漢)
은 모두 24명의 임금에 424년을 이었다.

3) 二三十年而亡(이삼십년이망) : 삼국(三國) 시대에 촉(蜀)은 2명의 임금에 45년, 위(魏)는 5명의 임금에 45년, 오(吳)는 4명의 임금에 59년, 서진(西晉)은 4명의 임금에 53년, 남제(南齊)는 7명의 임금에 22년, 소양(蕭梁)은 4명의 임금에 56년, 진(陳)은 5명의 임금에 23년, 동진(東晉)은 11명의 임금에 103년, 유송(劉宋)은 8명의 임금에 60년, 원위(元魏)는 2명의 임금에 119년, 동위(東魏)는 1명의 임금에 17년, 서위(西魏)는 3명의 임금에 22년, 북제(北齊)는 5명의 임금에 28년, 후주(後周)는 5명의 임금에 25년, 수(隋)는 3명의 임금에 37년을 이었다.

4) 夫人(부인) : 신부인(愼夫人)을 말한다.

5) 幽厲(유여) : 주(周)나라의 유왕과 여왕. 여왕은 이름이 궁렬(宮湦). 여왕(厲王)은 이름이 호(胡). 다 무도한 임금으로 폭군의 대명사.

6) 京房(경방) : 자는 군명(君明)이며 한(漢)나라 동군(東郡) 사람이며 역(易)을 잘했다.

제26편 탐욕과 비루함을 논하다
(論貪鄙第二十六 : 凡六章)

1. 생명이 뇌물보다 소중하다

정관 초년에 태종이 주위 신하들에게 말했다.

"명주(明珠 : 夜光珠)를 귀중하게 여기지 않는 사람이 없는데 만일 이 야광주를 참새잡는 탄환으로 삼는다면 어찌 아깝지 아니하랴!

사람의 생명은 야광주보다 귀중한데 사람들은 돈이나 금이나 비단을 보면 법망을 두려워하지 않고 빠르게 받아 챙긴다. 이것은 자신의 생명을 아끼지 않는 태도이다.

야광주는 자신의 몸 밖에 있는 사물인데도 오히려 참새잡는 탄환으로 사용하지 않으면서 어찌 자신의 귀중한 생명을 재물보다 가볍게 여기는가?

모든 신하가 만일 충성과 옳음을 갖추어 나라를 이익되게 하고 백성을 이롭게 한다면 벼슬과 작위가 이르게 될 것이다.

모두 이러한 도로써 영화를 구하지 않고 망령되게 재물만 받아 챙겨 뇌물을 받은 사실이 폭로되면 그의 몸은 망신당하고 실상은 세상의 웃음거리가 된다.

제왕도 또한 이와 같다. 성정이 방자하고 거리낌없이 멋대로 굴어서 노역이 일정한 도가 없고 소인들을 신임하고 충성스럽고 정직한 이들을 멀리하여, 한결같이 이와 같이 행동하면 어찌 멸망하지 않겠는가.

수나라 양제는 사치스러운 생활을 하며 스스로 현명하다고 했는데 필부의 손에 죽어 또한 세상의 비웃음거리가 되었다."

貞觀初 太宗謂侍臣曰 人有明珠[1] 莫不貴重 若以彈雀 豈非可惜 況人
之性命甚於明珠 見金錢財帛 不懼刑網 徑卽受納 乃是不惜性命 明珠
是身外之物 尙不可彈雀 何況性命之重 乃以博財物耶 群臣若能備盡忠
直 益國利人 則官爵立至 皆不能以此道求榮 遂妄受財物 贓賄旣露 其
身亦殞 實可爲笑 帝王亦然 恣情放逸 勞役無度 信任群小[2] 疎遠忠正
有一於此 豈不滅亡 隋煬帝奢侈自賢 身死匹夫之手 亦爲可笑

1) 明珠(명주) : 야광주(夜光珠).
2) 群小(군소) : 소인(小人)들.

2. 탐욕스런 사람은 재물 아끼는 법을 모른다

정관 2년에 태종이 주위 신하들에게 말했다.

"짐은 일찍부터 탐욕스런 사람은 재물을 아낄 줄 모른다고 했다.
내직이나 외직의 5품 이상의 관리들은 봉록을 넉넉하게 받아서
1년에 소득액이 꽤 많은 줄 알고 있다. 그런데도 이 사람들이 타인
에게 뇌물받는 액수가 수만 금을 넘는다고 한다. 그 사실이 폭로
되면 봉록은 하루 아침에 삭탈되는데 이들이 어찌 재물을 아끼는
법을 아는 것인가. 이들은 작은 것은 얻고 큰 것을 잃는 것이다.

옛날에 노(魯)나라 재상 공의휴(公儀休)는 본래 물고기를 즐
겨 먹었는데 사람들이 바치는 물고기는 받지 않았으므로 그는 물
고기를 오래도록 먹을 수 있었다.

군주가 재물을 탐하면 반드시 그 나라를 잃었고 신하가 재물을
탐하면 반드시 그 몸을 잃었다.

'시경' 대아(大雅) 상유(桑柔)편에 '큰 바람이 불어 떨어뜨림
이 있나니 탐욕스런 자들이 착한 이를 해치네.' 라고 하였다. 진실
로 그른 말이 아니다!

옛날에 진(秦)나라 혜왕(惠王)이 촉(蜀)나라를 침략하고자
했는데 쳐들어갈 길을 알지 못했다. 꾀를 내어 5개의 석우(石牛)
를 조각해서 석우의 꼬리에 금을 넣어 두었다. 촉나라 사람들이
보고 석우가 금똥을 싼다고 하였다. 촉왕(蜀王)이 5명의 장사(力

士)를 동원하여 석우를 끌어서 촉나라로 가져가자 도로가 이루
어졌다. 이때 진나라 군사가 따라 들어가서 공격하여 촉나라는 드
디어 멸망하였다고 한다.

한(漢)나라의 대사농(大司農) 전연년(田延年)은 3천만 냥의
뇌물을 받은 사실이 발각되어 자살하였다. 이와 같은 부류의 일
들을 어찌 다 기록할 수 있겠는가?

짐은 지금 촉왕(蜀王)의 일로써 가장 큰 귀감을 삼을 것이니
경들은 모름지기 전연년 같은 전철을 밟지 말라."

貞觀二年 太宗謂侍臣曰 朕嘗謂貪人不解愛財也 至如內外 官五品以
上 祿秩優厚 一年所得 其數自多 若受人財賄 不過數萬 一朝彰露 祿秩
削奪 此豈是解愛財物 規小得而大失者也 昔公儀休1)性嗜魚 而不受人
魚 其魚長存 且爲主貪必喪其國 爲臣貪必亡其身 詩云2) 大風有隧 貪
人敗類 固非謬言也 昔秦惠王3)欲伐蜀 不知其逕 乃刻五石牛 置金其後
蜀人見之 以爲牛能便金 蜀王使五丁力士 拖牛入蜀 道成 秦師隨而伐
之 蜀國遂亡 漢大司農4)田延年5)贓賄三千萬 事覺自死 如此之流 何可
勝記 朕今以蜀王爲元龜 卿等亦須以延年爲覆轍也

1) 公儀休(공의휴) : 춘추 시대 노나라 재상. 공의는 복성이고 이름이 휴(休)다.
2) 詩云(시운) : '시경' 대아 상유(桑柔)편의 문장.
3) 秦惠王(진혜왕) : 진(秦)나라 혜공(惠公). 참람하여 왕이 되어 혜문왕(惠文
   王)이라고 하였다. 진혜왕의 이야기는 '촉기(蜀記)'에 나와 있다.
4) 大司農(대사농) : 전곡(錢穀 : 금, 비단, 화폐 등), 곧 재정을 담당하는 관직.
5) 田延年(전연년) : 자는 자빈(子賓)이고 제(齊)나라 전씨(田氏)의 후예이며
   소제(昭帝) 때 대사농이 되었다.

3. 오래도록 그대들과 함께 하기 위함이다

정관 4년에 태종이 공(公)과 경(卿)들에게 말했다.

"짐이 하루종일 쉬지 않고 부지런히 일하는 이유는 백성을 걱
정하고 연민해서 일 뿐만 아니라 경(卿)들과 오래도록 부귀를 함

께 지키고자 하기 때문이다.

하늘이 높지 않은 것이 아니고 땅이 두텁지 않은 것이 아니지만 짐은 항상 삼가하고 걱정하며 하늘과 땅을 두려워한다. 경들도 조심스런 마음으로 법을 받들어 항상 짐이 하늘과 땅을 두려워하는 것과 같이 한다면 백성의 안녕뿐 아니라 그대들도 항상 즐거움을 얻을 것이다.

옛 사람이 이르기를 '어진이가 재물이 많으면 뜻을 잃고 어리석은 자가 재물이 많으면 과오를 낳는다.' 고 했는데 이 말을 깊이 경계로 삼아야 할 것이다.

만일 사욕을 따르고 혼탁함을 탐하면 공공적인 법을 파괴할 뿐 아니라 백성에게도 해를 끼친다. 비록 사건이 아직 발생하지 않은 순간이라도 중심이 어찌 항상 두렵지 않겠는가?

두려움이 많으면 그로 인하여 죽음에 이르게 된다. 대장부가 어찌 구차하게 재물을 탐해서 신체와 생명을 해치고 자손으로 하여금 항상 부끄러움을 품고 살게 하랴! 경들은 마땅히 이 말을 깊이 생각하기 바란다."

貞觀四年 太宗謂公卿曰 朕終日孜孜 非但憂憐百姓 亦欲使卿等長守富貴 天非不高 地非不厚 朕常兢兢業業[1] 以畏天地 卿等若能小心奉法 常如朕畏天地 非但百姓安寧 自身常得驩樂 古人云 賢者多財 損其志 愚者多財 生其過 此言可爲深誡 若徇私貪濁 非止壞公法 損百姓 縱事未發間 中心豈不常懼 恐懼旣多 亦有因而致死 大丈夫豈得苟貪財物以害及身命 使子孫每懷愧恥耶 卿等宜深思此言

1) 兢兢業業(긍긍업업) : 삼가하고 걱정하다.

4. 부정한 물건을 직접 지고 나가도록 하였다

정관6년에 우위장군(右衛將軍) 진만복(陳萬福)이 구성궁(九成宮)에서 수도에 부임하면서, 법규를 위반하고 역전(驛前)의 인가에서 밀 몇 석을 취하였다.

태종이 이 일을 알고 밀을 하사하여 스스로 그 밀을 짊어지고
나가도록 영을 내려서 진만복이 부끄럽게 여기도록 하였다.

貞觀六年 右衛將軍陳萬福¹⁾自九成宮赴京 違法取驛家麩數石 太宗
賜其麩 令自負出 以恥之

1) 陳萬福(진만복) : 자세한 기록이 없다.

5. 은을 채취하면 많은 이익을 얻을 수 있습니다

정관 10년에 치서시어사 권만기(權萬紀)가 아뢰었다.

"선주(宣州)와 요주(饒州)의 두 고을에는 모든 산에 큰 은광
(銀鑛)이 있는데 채취하면 지극히 많은 이익이 있고 매년마다 은
전(銀錢) 수백만 관(貫)을 얻을 것입니다."

태종이 말했다.

"짐은 귀함으로 따지면 천자가 되므로 이러한 재물은 적지 않
다. 오직 아름다운 말을 받아들이고 좋은 일을 해서 백성에게 유
익함이 있게 한다.

국가에서 수백만 관의 돈을 얻어서 여유가 있더라도 어찌 한사
람의 재주 있고 덕행을 갖춘 사람을 얻은 것과 같겠는가.

짐은 그대가 어진이를 추천하고 좋은 데로 나아갈 것을 건의하
는 일을 보지 못했다. 지금 그대는 불법을 감찰하고 들춰내 권세
가나 토호들을 두렵게 하지는 못하고 오직 세금을 다스리고 은광
의 은이나 캐서 이익을 삼으라는 말이나 하고 있다.

옛날에 요임금과 순임금은 벽옥을 산림(山林) 속에 내던지고
주옥을 연못이나 계곡에 던졌으므로 이로 말미암아 이름을 높이
고 명호를 아름답게 하여 천 년 동안 칭송을 받고 있다.

후한(後漢)의 환제(桓帝)와 영제(靈帝)의 두 임금은 이익을
좋아하고 의를 천하게 여겨서 근대(近代)의 어리석은 군주가 되
었는데 그대는 장차 나를 환제나 영제와 비교하려 하는가?"

이 날 칙령을 내려 권만기를 파면해 집으로 돌아가도록 명령했다.

貞觀十年 治書侍御史權萬紀上言 宣饒二州 諸山大有銀坑 採之極是
利益 每歲可得錢數百萬貫

太宗曰 朕貴爲天子 是事無所少之 惟須納嘉言 進善事 有益於百姓者
且國家賸得數百萬貫錢 何如得一有才行人 不見卿推賢進善之事 又不
能按擧不法 震肅權豪 惟道稅鬻銀坑 以爲利益 昔堯舜抵璧於山林 投
珠於淵谷 由是崇名美號 見稱千載 後漢桓靈二帝[1] 好利賤義 爲近代庸
暗之主 卿遂欲將我比桓靈耶 是日勅放令萬紀還第

1) 桓靈二帝(환영이제) : 환제의 이름은 지(志)이고 영제의 이름은 굉(宏)이
   며 후한(後漢)의 용렬한 임금들이다.

6. 실패는 모두 이욕에 눈이 어두워 일어나는 것

정관 16년에 태종이 주위 신하들에게 말했다.

"옛 사람이 말하기를 '새는 숲 속에 살고 있건만 그래도 그 나
무가 높지 않을 것을 두려워하여 다시 나무의 높은 가지 끝에 집
을 짓는다. 물고기는 물 속에 숨어 있건만 그래도 그 물이 깊지 않
을 것을 두려워하여 다시 깊숙한 바닥의 구멍 속에 살고 있다. 그
럼에도 불구하고 인간에게 잡히는 까닭은 모두 먹이를 탐내기 때
문이다.' 라고 하였다.

지금 신하들은 관직에 임명되어 높은 지위를 차지하고 있으면
서 많은 녹봉(祿俸)을 받고 있다. 그렇다면 반드시 충성스럽고
곧은 길을 실행하며 공명하고 결백하게 사는 방법을 실천하면 재
앙(災殃)이나 실패가 없고 오랫동안 부귀를 누릴 것이다.

옛 사람은 말하기를 '재앙이나 행복은 어느 집에 온다고 미리
약속하는 것이 아니다. 오직 그 사람의 행동이 불러들이는 것이
다.' 라고 했다. 그러므로 재앙의 구덩이에 빠지는 이유는 모두 재
산이나 이익을 탐하는 욕심 때문이다. 그렇다면 저 새나 물고기
와 다를 바가 무엇이란 말인가. 그대들은 이 말을 충분히 음미하
여 거울 삼아 조심해야 할 것이다."

貞觀十六年 太宗謂侍臣曰 古人云 鳥棲於林 猶恐其不高 復巢於木末 魚藏於水 猶恐其不深 復穴於窟下 然而爲人所獲者 皆由貪餌故也 今人臣受任 居高位 食厚祿 爲須履忠正 蹈公淸[1] 則無災害 長守富貴矣 古人云 禍福無門 惟人所召[2] 然陷其身者 皆爲貪冒[3]財利 與夫魚鳥 何以異哉 卿等宜思此語爲鑒誠[4]

1) 公淸(공청) : 공평하고 결백함. 사복을 채우지 않는다는 뜻.

2) 禍福無門惟人所召(화복무문 유인소소) : 이 말은 '춘추좌전(春秋左傳)' 양공(襄公) 23년조에 나오는 말이다.

3) 貪冒(탐모) : 욕심이 깊고 탐심(貪心)이 많다.

4) 鑒誠(감계) : 거울 삼아 삼가하다. 곧 경계의 표본.

정관정요 제7권
〔貞觀政要 第七卷 : 凡三篇〕

제27편 유학을 숭상하다
(崇儒學第二十七 : 凡六章)

1. 즉위한 다음 제일 먼저 홍문관을 설치하다

태종은 임금 자리에 오르자 즉시 정전(正殿 : 의식을 행하는 궁전)의 좌측에 홍문관을 설치하고 천하에서 문학을 잘하는 유학자를 정선하여, 자신의 직책에 학사(學士)를 겸하여 맡게 했다. 5품 이상이 먹는 귀한 음식을 지급하고 날을 바꾸어 숙직하게 했다.

태종이 정사를 마치고 틈이 있으면 그들을 내전(內殿)으로 불러들여 고대의 경전에 관해 토론하고 정사(政事)를 상담했는데 혹은 한밤중이 되서야 끝마쳤다.

또 조서를 내려서 공로가 있거나 어진 사람으로 3품 이상의 자손들을 홍문관 학생으로 삼도록 명령하였다.

太宗初踐祚[1] 卽於正殿之左置弘文館 精選天下文儒[2] 令以本官 兼署學士 給以五品珍膳 更日宿直 以聽朝之隙 引入內殿討論墳典 隙商略政事 或至夜分乃罷 又詔勳賢三品已上子孫爲弘文學生

1) 踐祚(천조) : 임금 자리에 오르다.
2) 文儒(문유) : 문장이 있는 유학자(儒學者).

2. 공자의 사당을 처음으로 국학(國學) 안에 세우다

정관 2년에 주공을 선성(先聖 : 옛 성인)으로 모시는 일을 중시시키고 처음으로 공자 사당(祠堂)을 국학(國學 : 국립대학) 안에 세

웠다. 이에 옛날 법도를 본받고 공자를 선성(先聖)으로 삼았으며
안자(顔子 : 淵)를 선사(先師)로 삼고 양쪽 가장자리에 제기(祭
器)와 방패와 도끼를 두어 비로소 공자를 존중하는 예의를 갖췄다.

이 해에는 크게 천하의 유학자들을 등용하고자 비단을 내리고
역마를 지급했으며 지방에 있는 이들은 경사(京師)에 이르도록
명령하고, 이들을 벼슬의 차례를 밟지 않고 등용해서, 백의서생으
로 조정에 있게 된 자가 매우 많았다.

학생들 중에서 한 가지 경서 이상을 통달한 자는 다 서리(署吏)
를 얻었다. 국학(國學 : 太學)에는 학사(學舍 : 교실)를 4백 여 칸
이나 증축하였다. 국자(國子)와 태학(太學)과 사문(四門)과 광
문(廣文)에도 또한 생원(生員)을 증원했다.

그 중에서 서예와 수학(數學)에는 각각 박사(博士)와 학생들
을 두었으며 모든 기예를 갖추도록 하였다.

태종은 자주 국학에 들러 좨주(祭酒)와 사업(司業)과 박사(博
士)에게 명령하여 강론하게 하였고 강론이 끝나면 각각 속백(束
帛 : 비단 다섯 필을 묶어 예물로 만든 것)을 하사하였다.

사방에서 학생들이 책을 짊어지고 공부하러 오는 자가 수천 명
이었다. 오래지 않아서 토번(吐蕃)이나 고창(高昌)이나 고구려
(高句麗)와 신라(新羅) 등 여러 민족의 추장들이 또한 자제들을
보내서 학문 배우기를 청하였다. 이에 국학에 취학해서 강연을 듣
는 자가 거의 만 명이나 되었다.

유학(儒學)의 흥성함이 옛날에도 이렇게 번창한 적은 없었다.

貞觀二年 詔停周公爲先聖 始立孔子廟堂於國學 稽式舊典 以仲尼爲
先聖 顔子爲先師 兩邊俎豆干戚之容 始備于玆矣 是歲大收天下儒士 賜
帛給傳 令詣京師 擢以不次[1] 布在廊廟者甚衆 學生通一大經已上 咸得
署吏[2] 國學增築學舍四百餘間 國子太學[3] 四門廣文[4] 亦增置生員 其書
算各置博士學生 以備衆藝

太宗又數幸國學 令祭酒司業[5] 博士講論畢 各賜以束帛 四方儒生負
書而至者 蓋以千數 俄而吐蕃及高昌高麗新羅等諸夷酋長 亦遣子弟請

入于學 於是國學之內 鼓篋⁶⁾升講筵者 幾至萬人 儒學之興 古昔未有也

1) 擢以不次(탁이불차) : 벼슬의 단계를 밟지 않고 파격적으로 발탁하다.

2) 署吏(서리) : 대리하는 것. 당나라에서는 이(吏)부터 정식 벼슬에 들어간다.

3) 國子太學(국자태학) : '국자' 는 국자감(國子監)이며 귀족의 자제나 나라 안
   의 준재(俊才)를 교육하기 위해 천자가 있는 서울에 오경박사(五經博士)를
   두어 설치한 학교. 3품 이상 관리의 자제와 국가의 왕족이나 공족의 자손이
   나 종2품 이상의 증손까지 교육시키는 곳. '태학' 은 국자감과 함께 최고 학
   부이며 우리 나라의 성균관과 같다. 5품 이상의 자제와 군(郡)이나 현(縣)에
   봉해진 공자(公子)의 자제나 종3품(從三品)의 증손자들까지 교육시키는 곳.

4) 四門廣文(사문광문) : '사문' 은 사문학(四文學)이라고 한다. 당나라 때 서민
   을 위하여 국자감의 사방 문 옆에 세운 학사. 7품 이상의 자제와 후작 백작 남
   작의 살아 있는 자제와 보통 시민의 준재(俊才)들을 가르쳤다. '광문' 은 광문
   관(廣文館). 광문관에서는 국자감의 학생들이 사(士)가 된 자를 가르쳤다.

5) 祭酒司業(좨주사업) : '좨주' 는 국자학의 교장. 좨주란 옛날에 회동하여 향
   연을 베풀 때 제일 어른이 먼저 술을 땅에 따라 신(神)에게 제사 지낸데서 나
   온 말로 장관(長官)의 별칭이기도 하다. '사업' 은 국자학의 교수.

6) 鼓篋(고협) : 학교에서 학과를 시작할 때 북을 쳐서 학생들을 모아 놓고 책
   상을 펴고 책을 꺼내게 한다는 뜻. 곧 취학하는 것을 뜻한다.

3. 지난 시대의 유명한 학자들을 기록하게 하다

정관 14년에 조서를 내렸다.

"양(梁)나라의 황간(皇侃)과 저중도(褚仲都), 후주(後周)의
웅안생(熊安生)과 심중(沈重), 진(陳)나라의 심문아(沈文阿)
와 주홍정(周弘正)과 장기(張譏), 수(隋)나라의 하타(何妥)와
유현(劉炫) 등은 함께 앞 시대의 이름난 유학자들이다.

그들의 경학(經學)에서 기록할 만한 부분은 기록하라. 또 재학
하는 학도들에게 강의하여 그 강의의 뜻을 시행하는 자에게는 후
한 상을 내려 후학들을 권장하라. 또한 그들 자손들로 현재까지
살아 있는 자를 찾아내 성명을 기록하여 보고하라."

貞觀十四年 詔曰 梁皇侃[1] 褚仲都[2] 周熊安生[3] 沈重[4] 陳沈文阿[5] 周弘正[6] 張譏[7] 隋何妄[8] 劉炫[9] 並前代名儒 經術可紀 加以所在學徒 多行其講疏 宜加優賞 以勸後生 可訪其子孫見在者 錄姓名奏聞

1) 皇侃(황간) : 양(梁)나라의 산기시랑(散騎侍郎)을 역임하고 '의례' '주례' '예기'에 밝았다. 황보간(皇甫侃)과는 다르다.

2) 褚仲都(저중도) : '주역'에 밝았으며 오경박사를 지냈다.

3) 熊安生(웅안생) : 자는 식지(植之)이고 장락(長樂) 사람이며 국자박사(國子博士)가 되었다.

4) 沈重(심중) : 자는 자후(子厚)이고 '춘추' 등의 모든 서적에 통달하였고 오경박사가 되었다.

5) 沈文阿(심문아) : 자는 국위(國衛)이고 '의례' '예기' '주례' '춘추'에 정통했으며 오경박사가 되었다.

6) 周弘正(주홍정) : 자는 사행(思行)이고 진(晉)나라 주기지(周覬之)의 후예이며 국자박사가 되었다.

7) 張譏(장기) : 자는 직언(直言)이고 무성(武城) 사람이며 국자박사가 되었다.

8) 何妄(하타) : 자는 서봉(栖鳳)이고 서성(西城) 사람이며 국자좨주가 되었다.

9) 劉炫(유현) : 자는 광명(光明)이고 하간(河間) 사람이며 태학박사가 되었다.

4. 유학을 최고의 학문으로 숭배하다

정관 21년에 조서를 내렸다.

"좌구명(左丘明)과 복자하(卜子夏)와 공양고(公羊高)와 곡량적(穀梁赤)과 복승(伏勝)과 고당생(高堂生)과 대성(戴聖)과 모장(毛萇)과 공안국(孔安國)과 유향(劉向)과 정중(鄭衆)과 두자춘(杜子春)과 마융(馬融)과 노식(盧植)과 정현(鄭玄)과 복건(服虔)과 하휴(何休)와 왕숙(王肅)과 왕필(王弼)과 두예(杜預)와 범녕(范甯)의 21인은, 그 글을 모두 사용하여 나라의 장자(長子)들을 가르치고 그 도를 행하게 하며 이치에 합당하게 기리고 존숭하라.

오늘 이후부터 태학에서 일이 있을 때(제사)는 공자의 사당에 배향하여 제사를 지내게 하라."

태종이 유학을 존숭하고 도를 중하게 여기는 일이 이와 같았다.

二十一年 詔曰 左丘明 卜子夏[1] 公羊高 穀梁赤[2] 伏勝 高堂生[3] 戴聖 毛萇[4] 孔安國 劉向[5] 鄭衆 杜子春[6] 馬融 盧植[7] 鄭玄 服虔[8] 何休 王肅[9] 王弼 杜預[10] 范甯[11] 等二十有一人 竝用其書 垂於國胄 既行其道 理合襃崇 自今有事於太學 可竝配享尼父[12]廟堂

其尊儒重道如此

1) 左丘明卜子夏(좌구명복자하) : '좌구명'은 노나라 태사(太師). 공자의 '춘추'에 해석을 붙인 '춘추좌씨전'을 짓고 또 실명한 뒤로 '국어(國語)'를 지었다. 이로 인하여 그를 좌맹(左盲)이라고도 부른다. '복자하'의 이름은 상(商)이고, 공자의 제자이다. 문학으로 칭송되고 '시경 서문' '역(易)' '예' '춘추'를 전했다고 한다.

2) 公羊高穀梁赤(공양고곡량적) : '공양고'는 공양은 성이고 고(高)는 이름이다. 자하(子夏)의 제자이고 '춘추공양전'를 전했다. '곡량적'은 곡량은 성이고 적(赤)은 이름이다. 자하의 제자이고 '춘추곡량전'를 전했다.

3) 伏勝高堂生(복승고당생) : '복승'은 제남(濟南) 사람. 진(秦)나라의 박사. 한나라 문제 때 '금문상서'를 전했다. '고당생'은 노(魯)나라 사람. 전한(前漢)때 박사이며 '의례' 17편을 세상에 전했다.

4) 戴聖毛萇(대성모장) : '대성'은 전한 때 구강(九江)태수를 지냈으며 '예기' 36편을 세상에 전했는데 '소대기'라 한다. '모장'은 조(趙)나라 사람으로 한(漢)나라 하간헌왕(河間獻王)의 박사이고 '시경'을 주석했다.

5) 孔安國劉向(공안국유향) : '공안국'은 공자의 후손으로 한나라 무제 때 박사가 되고 임회태수를 지냈으며 '고문상서'의 종주(宗主)가 되었다. '유향'의 자는 자정(子政)이고 한나라 초원왕(楚元王)의 후예이며 성제 때 광록대부가 되어 오경(五經)을 교정하였다.

6) 鄭衆杜子春(정중두자춘) : '정중'은 후한 때 대사농(大司農) 벼슬을 했다. '두자춘'은 후한 때 하남(河南) 사람이다.

7) 馬融盧植(마융노식) : '마융'은 자는 계장(季長)이며 부풍(扶風) 사람이다. 한나라 환제 때 남군(南郡)태수가 되어 '춘추삼전(春秋三傳) 이동설(異同

說)'을 지었다. '노식'은 자는 자간(子幹)이고 후한의 복중랑장을 지냈다.

8) 鄭玄服虔(정현복건) : '정현'은 자는 강성(康成)이고 북해(北海) 사람. 후
   한때 대사농을 지냈고 '역(易)' '서(書)' '시(詩)' '예(禮)' '논어' '효
   경' '국어' '천문' 등의 주를 냈다. '복건'은 자는 자신(子愼)이고 후한 때
   구강태수가 되었다.

9) 何休王肅(하휴왕숙) : '하휴'는 자는 소공(邵公)이고 후한 때 간의대부. '춘
   추' '논어' '효경' '공양전' 등을 해석하였다. '왕숙'은 자는 자옹(子雍)이
   고 삼국시대에 위(魏)나라의 태상난정후(太常蘭亭侯)가 되어서 '공자가어'
   의 주석을 달았다.

10) 王弼杜預(왕필두예) : '왕필'은 자는 보사(輔嗣)이고 삼국 시대 때 위(魏)
    나라의 상서랑이 되어 '주역'을 주석하였다. '두예'는 자는 원개(元凱)이고
    진(晉)나라 혜제 때 진남대장군 당양후가 되었고 '춘추좌씨전'을 주석하였다.

11) 范甯(범녕) : 서진(西晉) 때 예장태수(豫章太守)가 되어 '춘추곡량전'을
    주석하였다.

12) 尼父(니보) : 공자를 추앙하여 부르는 말. 노(魯)나라 애공(哀公)이 공자
    의 만장(輓章)에서 일컬은 말.

5. 대신들은 옛 경전에 밝아야 한다

정관 2년에 태종이 주위 신하들에게 말했다.

"정치의 요체는 오직 사람을 얻는 데 있다. 재주를 지니지 않은
사람을 등용하면 반드시 다스림을 이루기 어려울 것이다. 앞으로
사람을 임용할 때는 반드시 덕행과 학식을 근본으로 삼아야 한다."

간의대부 왕규가 말했다.

"신하된 자가 학문을 하지 않았으면 앞 시대의 좋은 말이나 역
사적인 행동을 알지 못하는데 어떻게 큰 임무를 감당하겠습니까?
한(漢)나라 소제(昭帝) 때 어떤 사람이 거짓으로 위태자(衛太
子)라고 사칭(詐稱)하자 구경하러 몰려든 자가 수만 명이었으나
모두 의심스러워 했습니다. 이에 경조윤(京兆尹) 준불의(雋不
疑)가 춘추 시대 위(衛)나라 괴외(蒯聵)의 일을 가지고 결단하

였습니다. 소제가 말하기를 '공경 대신들은 마땅히 경전을 사용
하여 옛날의 뜻에 밝아야 한다.' 고 했는데 이것은 진실로 사무를
처리하는 속된 관리와 비교할 수 없는 것입니다."

태종이 말했다.

"진실로 경의 말과 같다."

貞觀二年 太宗謂侍臣曰 爲政之要 惟在得人 用非其才 必難致治 今
所任用 必須以德行學識爲本 諫議大夫王珪曰 人臣若無學業 不能識前
言往行 豈堪大任 漢昭帝[1]時 有人詐稱衛太子[2] 聚觀者數萬人 衆皆致
惑 雋不疑[3] 斷以蒯聵之事[4] 昭帝曰 公卿大臣 當用經術 明於古義者 此
則固非刀筆俗吏所可比擬 上曰 信如卿言

1) 漢昭帝(한소제) : 이름은 불릉(弗陵)이고 한나라 무제(武帝)의 아들이다.

2) 衛太子(위태자) : 이름은 거(據)이고 무제(武帝)의 태자. 위황후(衛皇后)
   의 소생이다. 유거는 무제와 강충(江充)의 다스림과 의견이 달랐다. 강충이
   무제가 죽고 유거가 즉위하면 자신의 자리가 불안해 질 것을 염려하여 태자
   유거를 모함했다. 무제가 대노하고 태자 유거는 결백을 밝힐 방법이 없자 장
   안에서 군사를 일으켜 강충을 죽이고 자살했다. 나중에 진상이 밝혀지자 무
   제가 후회했다. 불릉이 무제의 뒤를 이어 소제가 되었다.

3) 雋不疑(준불의) : 준은 성씨이고 불의는 이름이다. 자는 만청(曼靑)이고 발
   해 사람이며 이 때 경조윤(京兆尹)이었다.

4) 蒯聵之事(괴외지사) : 괴외는 춘추 시대 위령공(衛靈公)의 세자였는데 영
   공과 뜻이 맞지 않아 송(宋)나라로 도망하였다. 영공이 죽고 손자인 출공(出
   公) 첩(輒)이 그 뒤를 이었는데 진(晉)나라에서 괴외를 들여보내 부자간에
   나라를 놓고 싸웠다. 15년에 괴외가 들어가 장공(莊公)이 되었으며 첩(輒)
   은 노(魯)나라로 도망하였다.

6. '오경정의' 180권을 편찬케 하다

정관 4년에 태종은 유학의 경서(經書)들이 성인(聖人)의 손을
벗어난 지 오래되어서 문자에 오류가 있다고 생각하고 조서를 내

려서 전 중서시랑(前中書侍郞) 안사고(顏師古)에게 비서성(秘
書省)에서 오경(五經)을 상고하여 정하도록 하였다.

이 일이 완료되자 다시 조서를 내려 상서좌복야 방현령에게 유
학자들을 집합시켜서 거듭 자세하게 의논하여 심의하도록 하였다.

이때 유학자들은 서로 다른 스승에게 배워서 각각 익혔으므로
틀리게 전해진 것이 이미 오래되어서, 안사고의 고증이 잘못되었
다는 이견이 다른 학파에서 벌떼처럼 일어났다.

안사고는 문득 진(晉)나라와 송(宋)나라 이후의 고본(古本)
들을 인용하여 방법을 따라서 답을 깨우치고 증거들을 들어서 자
세하게 밝혔는데 모두 그들의 예상 밖이었으므로 모든 유학자가
탄복하지 않은 이가 없었다.

태종은 잘했다고 칭찬하고 한참 있다가 비단 5백 필을 하사하
고 통직산기상시(通直散騎常侍)를 제수하고 그가 교정한 책들
을 천하에 반포하고 학자들에게 익히도록 하였다.

태종은 또 문학(文學)에 문파가 많고 해석한 글귀가 번잡하므
로 안사고와 국자좨주 공영달 등 여러 유학자들에게 조서를 내려
'오경소의(五經疏義)'를 짓게 했는데 총 180권이었으며, '오경
정의(五經正義)'라 이름하고 국학에 넘겨 주어 가르치게 하였다.

貞觀四年 太宗以經籍去聖久遠 文字訛謬 詔前中書侍郎顏師古[1]於
秘書省考定五經 及功畢 復詔尙書左僕射房玄齡 集諸儒重加詳議 時諸
儒傳習師說 舛謬已久 皆共非之 異端蜂起 而師古輒引晉 宋已來古本
隨方曉荅 援據詳明 皆出其意表 諸儒莫不歎服 太宗稱善者久之 賜帛
五百匹 加授通直散騎常侍[2] 頒其所定書於天下 令學者習焉 太宗又以
文學多門 章句繁雜 詔師古與國子祭酒孔穎達等諸儒 撰定五經疏義 凡
一百八十卷 名曰 五經[3]正義 付國學施行

1) 顏師古(안사고) : 이름은 주(籒)이고 그의 선조는 낭야(琅琊) 사람이며 박
   학하고 문장이 있었다. 수(隋)나라 때 이강(李綱)의 천거로 안양위(安養尉)
   가 되었다. 고조가 관(關)으로 들어올 때 알현하고 조산대부(朝散大夫)를
   제수받고 중서사인(中書舍人)으로 옮겼으며 모든 조칙이 그의 손에서 나왔

다. 정관 연중에 오경(五經)을 개정하고 비서소감(秘書少監)에 제수되었다.
뒤에 '오례(五禮)'를 찬술했다.

2) 通直散騎常侍(통직산기상시) : 진(晉)나라 때 원외(員外)에 있는 상시(常
侍)이며 곧바로 임금에게 직보할 수 있는 벼슬로 '통직'이라고 불렸는데 당
나라에서도 사용했다.

3) 五經(오경) : '시경' '상서' '주역' '예기' '춘추'를 가리킨다.

7. 대합조개는 달빛을 받아서 신기루를 이룬다

태종이 일찍이 중서령(中書令) 잠문본에게 말했다.

"사람은 비록 하늘에서 성품을 받아 정해지지만 반드시 널리
배워서 그 도를 완성해야 한다. 이것은 대합조개의 본성은 물은
품었다가 달빛을 기다려 물을 뿜어서 신기루를 드리우고, 나무의
본성은 불을 품고 있어 불의 움직임을 기다려서 불꽃이 타오르게
하고, 사람의 성품은 신령스러움을 품고 있어서 학문의 성취를 기
다린 후에야 아름답게 되는 것과 같다.

이것은 전국 시대에 소진(蘇秦)이 허벅지를 찌르면서 열심히
공부하고 동중서(董仲舒)가 3년 동안 휘장을 드리우고 공부한
종류와 같은 것으로 도덕과 학예를 부지런히 닦지 않으면 그 명
성을 세우지 못하는 것이다."

잠문본이 대답했다.

"인간의 본성은 서로 가깝고 정(情)이란 옮겨지는 것입니다.
반드시 학문으로써 감정을 꾸며서 그 본성을 성취시켜야 합니다.

'예기' 학기(學記)편에 이르기를 '옥은 갈고 다듬지 않으면 그
릇을 이루지 못하고 사람은 학문을 하지 않으면 도를 알지 못한
다.'고 했습니다. 옛 사람들은 학문을 부지런히 닦는 일을 '아름
다운 덕'이라고 하였습니다."

太宗嘗謂中書令岑文本曰 夫人雖稟定性 必須博學以成其道 亦猶蜃
性含水 待月光而水垂¹⁾ 木性懷火 待燧動而燄發 人性含靈 待學成而爲

美 是以蘇秦刺股[2] 董生垂帷[3] 不勤道藝 則其名不立 文本對曰 夫人性
相近 情則遷移 必須以學飭情 以成其性 禮云[4] 玉不琢 不成器 人不學
不知道 所以古人勤於學問 謂之懿德

1) 待月光而水垂(대월광이수수) : 대합조개가 해상에서 달빛을 받아 물을 뿜어
   내면 신기루가 생겨 고대광실 같은 환상이 피어난다.

2) 蘇秦刺股(소진자고) : 소진은 전국 시대 사람으로 자는 계자(季子)이며 낙
   양 사람이다. 귀곡자(鬼谷子)를 스승으로 모시고 태공음부(太公陰符)를 얻
   어 엎드려 외우고 잠이 오면 허벅지를 찌르면서 공부했다. 피가 발뒤꿈치까
   지 흘러내렸으나 개의치 않고 기약한 해까지 노력하여 완성하고 뒤에 유세에
   나서서 합종설을 주창하여 육국(六國)의 정승이 되었다.

3) 董生垂帷(동생수유) : 동생은 한나라의 동중서(董仲舒)로 광천(廣川) 사람
   이다. 한나라 경제 때 박사가 되고 '춘추'를 공부하면서 장막을 내리고 강송
   하였으며 제자들이 서로 수강받기 위해 머물렀는데도 혹은 그의 얼굴을 보지
   못했고 3년 동안 정원을 엿보지 않았다. 그가 학문에 정성을 쏟음이 이와 같
   았다. 학자들이 다 스승으로 존경했다.

4) 禮云(예운) : '예기' 학기편의 문장이다.

제28편 문장과 역사를 논하다
(論文史第二十八 : 凡四章)

1. 이치에 맞는 상소문은 역사에 기록하라

정관 초기에 태종이 감수국사(監修國史) 방현령에게 말했다.

"근래 전한(前漢)과 후한(後漢)의 역사를 보았는데 양웅이 쓴 감천(甘泉)과 우렵이나 사마상여가 쓴 자허(子虛)와 상림(上林)이나 반고가 쓴 양도(兩都) 등의 부(賦)가 등재되어 있었다. 이것들은 문체가 겉만 화려하며 권장하고 징계하는데 도움이 되지 않는데 어찌하여 역사에 기록하여 놓았는가?

글을 올려 일을 논란하는 글 중에 문체가 이치에 맞고 정성스럽고 곧아서 정치에 보탬이 되는 내용은, 짐이 시행하거나 시행하지 않거나 모두 다 역사에 기록하라."

貞觀初 太宗謂監修國史房玄齡曰 比見前後漢史 載錄揚雄[1]甘泉 羽獵 司馬相如[2]子虛上林 班固[3]兩都等賦 此旣文體浮華 無益勸誡 何假書之史策 其有上書論事 詞理切直 可裨於政理者 朕從與不從 皆須備載

1) 揚雄(양웅) : 자는 자운(子雲)이며 성도(成都) 사람이다. 한나라 성제(成帝) 때 양웅이 사마상여와 문체가 같다고 추천되어 감천(甘泉), 하동(河東), 우렵(羽獵), 장양(長揚)의 4가지 부(賦)를 지어 한왕실의 공덕을 칭송했다. 저서로는 '법언'과 '태현경(太玄經)'과 '방언(方言)' 등이 있다.

2) 司馬相如(사마상여) : 사마는 성이고 상여는 이름이다. 성도(成都) 사람. 자는 장경(長卿)이며 독서를 좋아했다. 사부가(詞賦家)로 유명하다.

3) 班固(반고) : 자는 맹견(孟堅). 반표(班彪)의 아들. 한나라 명제(明帝) 때 교

서랑(校書郎)이 되었고 부업(父業)을 계승해 '후한서(後漢書)'를 지었다. 뒤
에 현무사마(玄武司馬)로 옮겨 서도(西都)와 동도(東都)의 부(賦)를 지음.

2. 자신의 문집 만드는 일을 허락하지 않다

정관 11년에 저작좌랑 등륭(鄧隆)이 표(表)를 올려 태종의 문
장을 차례대로 엮어서 문집으로 만들 것을 청했다.

이에 태종이 말했다.

"짐이 정책을 제정하고 조서를 내리는 일이 만약 사람들에게
유익함이 있다면 역사에 기록했을 때 영원히 남을 것이다. 그러
나 만약 사업이 옛날을 사표로 삼지 않고 정치가 어지러워져 사
물에 해를 끼치면 비록 문체를 꾸밀지라도 마침내는 후세의 웃음
거리가 될 것이니 필요한 일이 아니다.

저 양(梁)나라 무제(武帝) 부자(父子)나, 진(陳)나라 후주(後
主)나, 수나라 양제는 또한 크게 문집이 있지만 본받을 것이 없
음은 물론, 국가마저 잠깐만에 전복되었다. 군주됨은 오직 덕행을
쌓는데 있다. 어찌 중요함이 문장 같은 것에 있으랴."

태종은 끝까지 허락하지 않았다.

貞觀十一年 著作佐郎鄧隆[1] 表請編次太宗文章爲集 太宗謂曰 朕若制
事出令 有益於人者 史則書之 足爲不朽 若事不師古 亂政害物 雖有詞藻
終貽後代笑 非所須也 秪如梁武帝父子[2] 及陳後主[3] 隋煬帝 亦大有文集
而所爲多不法 宗社皆須臾傾覆 凡人主惟在德行 何必要事文章耶 竟不許

1) 鄧隆(등륭) : 본래 등세륭(鄧世隆)인데 태종의 휘자를 피해 세(世)를 없앴다.
2) 梁武帝父子(양무제부자) : 양무제는 소연(蕭衍)으로 시부를 좋아했다. 그의
   아들 소명태자(昭明太子) 통(統)은 즉위하지 못했는데 그는 일찍부터 문학
   하는 문사들은 모아 '소명문선(昭明文選)' 30권을 편찬했다.
3) 陳後主(진후주) : 이름은 숙보(叔寶)이고 자는 원수(元秀)이며 진고종(陳
   高宗)의 장자이다. 국호를 진으로 하고 시부하는 객을 가까이 했다. 송나라
   에게 멸망했는데 장성공(長城公)에 봉해졌다.

3. 태종이 보자는, 요청을 거부하다

정관 13년에 저수량(褚遂良)이 간의대부(諫議大夫)가 되어 기거주(起居注)의 통솔도 겸하고 있었다.

태종이 물었다.

"경은 요즘 기거주의 일을 관장하고 있는데 대체 어떤 내용을 쓰는가. 임금은 그 기재된 내용을 볼 수 있는가? 없는가? 짐이 그 주기(注記)를 보고자 하는 이유는 기재에 대하여 제재를 가하거나 간섭하려는 것이 아니고, 내가 행한 일의 좋은 점과 나쁜 점을 보고 앞으로의 경계로 삼고자 할 뿐이다."

이에 대하여 저수량은

"지금의 기거는 옛날 좌사(左史)나 우사(右史)와 같은 일을 하여 임금의 언행을 기록하는 직책입니다. 임금의 언행은 선악에 관계없이 반드시 다 기록합니다. 폐하께서는 법에 어긋나는 행위를 하지 않으시기 바랍니다. 제왕으로서 스스로 기록을 읽어 본 예는 예로부터 들어 본 일이 없습니다."

하고, 태종의 요청을 거절하였다.

다시 태종이 물었다.

"짐에게 옳지 않은 일이 있었다면, 그대는 반드시 그것을 그대로 기록하는가."

태종의 물음에 저수량이 다시 답했다.

"신은 듣기를 '도덕을 지키는 일은 자기 관직을 지켜 그 직책을 완수하는 일보다 나은 것이 없다.'고 했습니다. 신의 직책은 기록을 담당하는 일을 하는 자리입니다. 어찌 천자의 불선(不善)이라고 해서 기록하지 않을 수 있겠습니까."

곁에 있던 황문시랑(黃門侍郎) 유계(劉洎)가 아뢰었다.

"군주에게 허물이 있으면, 마치 일식과 월식 같아서 만민이 다 그것을 볼 수 있습니다. 저수량에게 그 허물을 기록하지 않게 하더라도 천하 만민이 모두 그 사실을 기억하고 있을 것입니다."

貞觀十三年 褚遂良爲諫議大夫 兼知起居注¹⁾ 太宗問曰 卿比知²⁾起居
書何等事 大抵於人君得觀見否 朕欲見此注記者 將卻觀所爲得失 以自
警戒耳 遂良曰 今之起居 古之左右史³⁾ 以記人君言行 善惡畢書 庶幾
人主不爲非法 不聞帝王躬自觀史 太宗曰 朕有不善 卿必記耶 遂良曰
臣聞守道不如守官⁴⁾ 臣職當載筆⁵⁾ 何不書之 黃門侍郎劉洎進曰 人君有
過失 如日月之蝕⁶⁾ 人皆見之 設令遂良不記 天下之人皆記之矣

1) 起居注(기거주) : 천자의 좌우에 있으면서 천자의 언행을 기록하는 일을 관
   장하는 관직. 천자가 붕(崩 : 임금의 죽음)하면, 사관(史館)에서는 이것을 언
   어 찬술(撰述)한다.

2) 知(지) : 관장하다. 주관하다.

3) 古之左右史(고지좌우사) : '예기(禮記)' 옥조편(玉藻篇)에 '천자가 움직
   이면 좌사(左史)가 이것을 기록하고 말하면 우사(右史)가 이것을 기록한
   다.'고 했고, '한서(漢書)' 예문지(藝文志)에는 '좌사는 언(言)을 기록하
   고, 우사는 사(事)를 기록한다'고 하여 서로 어긋나지만 어느 경우든 옛날에
   는 천자의 좌우에 천자의 언행을 기록하는 좌사와 우사가 있었다.

4) 守道不如守官(수도불여수관) : '춘추좌전(春秋左傳)' 소공(昭公) 20년 조
   에 보이는 공자(孔子)의 말.

5) 載筆(재필) : 기록하다.

6) 如日月之蝕(여일월지식) : '논어' 자장편(子張篇)에 "자공(子貢)이 '군자
   의 허물은 일식 월식과 같다. 허물이 있을 때는 사람이 다 이것을 보고 바로잡
   을 때는 사람이 모두 이것을 우러른다.'라고 말했다."는 말에서 연유한 것이다.

4. 역사의 기록을 보고 잘못된 것을 고치다

정관 14년에 태종이 방현령에게 말했다.

"짐은 항상 지난 시대의 사서에서 선을 표창하고 악을 괴롭혀 장
래를 위해 바르게 징계하는 내용을 보았는데 옛날부터 당시의 국사
를 무슨 이유에서 제왕이 친히 보지 못하게 했는지 알지 못하겠다."

방현령이 대답했다.

"국사에 좋고 나쁜 내용을 반드시 기록하는 이유는 군주가 불

법적인 일을 하지 못하게 하기 위한 것입니다. 그러므로 군주가 그 기록을 보았을 때 군주의 뜻을 거스르는 내용이 있을 것을 두려워하여 보지 못하도록 한 것입니다."

태종이 말했다.

"짐은 옛 사람들과 생각이 같지 않다. 지금 스스로 국사를 보고자 하는 이유는 좋은 일은 논란할 필요가 없으나 만약 나쁜 일이 있으면 거울로 삼아서 스스로 잘못을 고치기 위해서다. 경(卿)은 국사의 초록을 적어서 가져 오라."

방현령 등이 드디어 국사를 깎아 편년체로 만들어서 '고조실록(高祖實錄)'과 '태종실록' 각각 20권을 표하여 올렸다.

태종이 무덕(武德) 9년 6월 4일 사건에서 문맥의 아리송한 부분이 있는 것을 보고 방현령에게 말했다.

"옛날에 주공이 동생 관숙(管叔)과 채숙(蔡叔)을 죽인 후에 주(周)나라가 안정되었고 노나라 계우(季友)가 숙아(叔牙)를 짐독으로 죽인 후 노나라가 평안해졌다. 짐이 한 일은 이런 일과 뜻이 같은 것으로 나라를 안정시키고 만인을 이롭게 한 것이다.

사관들이 붓을 잡고 무엇을 숨김이 있을 것인가? 번지르르한 말을 삭제하고 바르게 그 일을 쓰라."

시중(侍中) 위징이 아뢰었다.

"신은 듣기를 군주란 지극히 높은 지위에 있어서 꺼리거나 두려움이 없다고 했습니다. 나라의 역사를 쓰는데는 악을 징계하고 선을 권장하는 방향으로 쓰는 것입니다. 진실이 아닌 내용을 기록하면 후세에 무엇을 보겠습니까. 폐하께서는 지금 사관(史官)에게 보내 그 사실을 바로잡게 하셨으니 지극히 공정한 도에 바르게 합해진 것입니다."

貞觀十四年 太宗謂房玄齡曰 朕每觀前代史書彰善癉惡 足爲將來規誡 不知自古當代國史 何因不令帝王親見之 對曰 國史旣善惡必書 庶幾人主不爲非法 止應畏有忤旨 故不得見也 太宗曰 朕意殊不同古人 今欲自看國史者 蓋有善事 固不須論 若有不善 亦欲以爲鑒誡 使得自

修改耳 卿可撰錄進來 玄齡等遂刪略國史爲編年體¹⁾ 撰 高祖太宗實錄
各二十卷 表上之

　太宗見六月四日事²⁾語多微文 乃謂玄齡曰 昔周公誅管蔡³⁾而周室安
季友鴆叔牙⁴⁾而魯國寧 朕之所爲 義同此類 蓋所以安社稷 利萬人耳 史
官執筆 何須有隱 宜卽改削浮詞 直書其事 侍中魏徵奏曰 臣聞人主位
居尊極 無所忌憚 惟有國史 用爲懲惡勸善 書不以實 嗣後何觀 陛下今
遣史官正其辭 雅合至公之道

1) 編年體(편년체) : 연대를 따라 사실(史實)을 나열하여 기록하는 역사 편찬
　의 한 체제.
2) 六月四日事(유월사일사) : 고조(高祖)의 무덕 9년 6월 정사(丁巳)에 진왕
　(秦王)이 태자 건성(太子建成)과 제왕 원길(齊王元吉)을 죽인 일.
3) 管蔡(관채) : 관숙(管叔)과 채숙(蔡叔). 모두 주공단(周公旦)의 형제로 난
　리를 일으켰다가 주공단에게 죽임을 당했다.
4) 季友鴆叔牙(계우짐숙아) : 계우가 숙아를 짐독으로 죽였다. 춘추시대 노나라
　장공(莊公)에게 세 동생이 있었는데 경보(慶父), 숙아(叔牙), 계우(季友)다.
　장공이 맹임(孟任)에게 장가를 들어 아들 반(班)을 낳아 후계를 삼으려고 했
　다. 장공이 병이 들어서 후사를 숙아에게 물으니 숙아는 경보를 후계로 삼으
　라고 했다. 장공이 근심스러워서 계우에게 묻자 계우는 반(班)을 세우라고 청
　하고 장공의 명을 받아 사람을 시켜서 숙아에게 짐독을 마시게 했다.

제29편 예절과 음악을 논하다
(論禮樂第二十九 : 凡十二章)

1. 군주의 이름이라고 해서 피할 필요가 없다

정관 초에 태종이 즉위하여 주위 신하들에게 말했다.

" '예기'에 기준하면 사람이 죽으면 이름을 장차 휘한다고 했다. 앞서 간 옛 제왕들은 생전에는 그 이름을 휘하지 않았다.

그러므로 주(周)나라 문왕은 이름이 창(昌)이었는데 '시경' 주송(周訟)편에 '능히 그 후손을 창(昌)성케 하셨네.'라고 했다.

춘추 시대 노나라 장공(莊公)의 이름은 동(同)이었는데 '춘추'의 장공 16년에는 '제후(齊侯)와 송공(宋公)이 유(幽) 땅에서 동(同)맹을 맺다.'라고 했다.

오직 근래의 제왕들이 망령되게 법규를 제정하고 특별히 명령하여 살아 있을 때도 그 휘를 피하도록 하였으니 이치상 통하지 않는 일로 마땅히 고쳐 시행해야 할 것이다."

이에 조서를 내려서 말했다.

" '예기'에 의거하면 사람의 이름 두 글자를 다 휘할 필요가 없다. 이보(尼父 : 공자)는 달통한 성인으로 앞의 일을 지적함이 없지 않았다. 근세 이래로 제도를 잘못 만들어서 두 글자의 이름을 겸하여 피해서 그 폐단이 너무 많아 뜻대로 행하는 일은 경전에 어긋나는 것이 있었다. 지금은 예법에 의거하여 간략함을 힘써 따르고 앞선 시대의 어진이를 본받아서 장래의 모범을 보여라.

관직 이름이나 사람 이름이나 공문서나 사문서에, 세(世)나 민(民)의 두 글자가 있어도 연속되지 않으면 모두 피할 필요 없다."

太宗初卽位 謂侍臣曰 準禮 名終將諱之 前古帝王 亦不生諱其名 故
周文王名昌 周詩云[1] 克昌厥後 春秋時 魯莊公名同 十六年經書[2] 齊侯
宋公同盟于幽 唯近代諸帝 妄爲節制 特令生避其諱 理非通允 宜有改
張 因詔曰

依禮二名 義不偏諱 尼父達聖 非無前指 近世以來 曲爲節制 兩字兼
避 廢闕已多 率意而行 有違經語 今宜依據禮典 務從簡約 仰效先哲 垂
法將來 其官號人名 及公私文籍 有世及民兩字不連讀 並不須避

1) 周詩云(주시운) : '시경' 주송(周頌) 옹편에 있는 문장.
2) 十六年經書(십육년경서) : '춘추' 장공 16년에 있는 사건.

2. 황족간에도 예절이 있다

정관 2년에 중서사인(中書舍人) 고계보(高季輔)가 상소했다.
"신이 간절히 살펴보니 밀왕(密王) 이원효 등은 모두 매우 가까
운 황족입니다. 폐하께서 형제를 사랑하여 옛날보다 의를 높이고
수레와 의복을 분배하고 왕실을 수호하는 임무를 맡기셨습니다. 모
름지기 예법에 의거하여 우러러보는 일들이 합당해야 합니다.

요사이 황제의 아들이 모든 숙부에게 배례하면 모든 숙부가 곧
답배하는 모습을 보았습니다. 왕(王)의 작위는 동일하더라도 가
족간에는 예절이 있는 것입니다. 어찌 이와 같이 친족의 순서가
뒤바뀐 일을 합당하게 여기십니까? 엎드려 원하오니 하나로 된
가족의 교훈을 만들어서 길이 아름다운 법도로 삼으십시오."

태종이 이에 이원효 등에게 조서를 내려, 오왕 각(恪)이나 위
왕 태(泰) 형제의 배례에 답배하지 않아도 된다고 하였다.

貞觀二年 中書舍人高季輔上疏曰 竊見密王元曉[1]等 俱是懿親 陛下
友愛之懷 義高古昔 分以車服 委以藩維 須依禮儀 以副瞻望 比見帝子
拜諸叔 諸叔亦卽荅拜 王爵旣同 家人有禮 豈合如此顚倒昭穆[2] 伏願一
垂訓誡 永循彝則 太宗乃詔元曉等 不得荅吳王恪魏王泰兄弟拜

1) 密王元曉(밀왕원효) : 고조(高祖)의 21번째아들이다.

2) 昭穆(소목) : 옛날 천자의 종묘에서 왼쪽은 소(昭), 오른쪽은 목(穆)으로 정
   하고, 태조는 중앙에 모시고 2세, 4세, 6세는 소(昭)라 하고 3세, 5세, 7세는
   목이라 하며 천자는 7묘를 모셨다.

3. 일반적인 예법에 따르도록 교육시켜라

정관 4년에 태종이 주위 신하들에게 말했다.

"근래에 들으니 경성(京城)에서 일반 관리와 백성이 부모 상을 당하면 무서(巫書)에 쓰여 있는 말을 믿어 진일(辰日 : 용의 날)에는 곡하지 않는다고 한다.

이에 조문도 사양하고 금기를 꺼리고 슬픔을 거두어 풍속을 폐하고 관례된 습속을 상하게 하여 지극히 사람의 도리를 어긋나게 한고 한다.

주(州)나 현(縣)에 명령하여 백성을 가르쳐서 일반 예법의 규정에 따르게 하라."

貞觀四年 太宗謂侍臣曰 比聞京城士庶居父母喪者 乃有信巫書之言 辰日[1]不哭 以此辭於弔問拘忌輟哀 敗俗傷風 極乖人理 宜令州縣教導 齊之以禮典

1) 辰日(진일) : 용의 날. 곧 일진에 진(辰)이 들어 있는 날.

4. 불교와 도교를 금지시켜라

정관 5년에 태종이 주위 신하들에게 말했다.

"불교나 도교에서 베푸는 가르침은 본래 좋은 일을 행하게 하는 것인데 어찌 중이나 도사가 파견되어 망령되게 스스로를 높여 앉아서 부모가 받을 절을 받는가. 이는 풍속을 손상시키고 예절을 거슬러 어지럽히는 일이니 마땅히 금지시키고 계속 부모에게 배례를 올리도록 명령하라."

貞觀五年 太宗謂侍臣曰 佛道[1]設敎 本行善事 豈遣僧尼道士等 妄自
尊崇 坐受父母之拜 損害風俗 悖亂禮經 宜卽禁斷 仍令致拜於父母

1) 佛道(불도) : 불교와 도교 당(唐)나라 시대에 왕성하던 종교

5. '씨족지(氏族志)'를 편찬하게 하다

정관 6년에 태종이 상서좌복야 방현령에게 말했다.

"산동(山東) 지방에는 최씨(崔氏)와 노씨(盧氏)와 이씨(李
氏)와 정씨(鄭氏)의 네 성씨가 있는데 비록 여러 대(代)를 이어
오면서 점점 그 세력이 쇠퇴했어도 옛날의 명성을 믿고 스스로 뽐
내기를 좋아하며 사대부(士大夫)라고 일컫고 있다고 한다.

또 그들의 딸을 다른 씨족에게 시집보낼 때는 반드시 널리 결
혼예물을 많이 바칠 신랑감을 찾아, 많이 가져오는 신랑감을 귀
하게 여기고 사람 수를 논하고 약속 정하는 모습이 시장에서 물
건을 흥정하는 일과 동일하여 풍속을 해치고 예의를 문란하게 하
고 있다. 이미 그들은 가볍고 무거운 절차의 마땅함을 잃었으니
다스려서 고치게 하라."

이에 이부상서 고사렴과 어사대부 위정(韋挺)과 중서시랑 잠
문본과 예부시랑 영호덕분(令狐德棻) 등에게 조서를 내려서, 성
씨(姓氏)를 바로잡고 널리 천하의 보첩(譜諜)을 구하고 겸하여
역사와 경전에 근거하여 뜬소문을 삭제하고 진실과 허위를 정하
여 충신과 현인이 있는 집안은 포상하고 불효자나 반역자가 있는
집안은 폄하하고 퇴출시켜 '씨족지(氏族志)'를 편찬하게 했다.

고사렴 등이 씨족들의 등급을 정해 올렸는데 최간(崔幹)을 제
1등으로 삼았다.

태종이 말했다.

"나는 산동 지방의 최씨와 노씨와 이씨와 정씨 들과는 옛날부
터 아무런 미움도 산 일이 없다. 그들은 대를 이어 오면서 점점 쇠
약해져 전혀 관리로 진출한 사람이 없는데도 스스로 사대부(士
大夫)라고 자칭하며 결혼 때는 많은 재물을 요구하고 있다.

혹은 재주와 학식이 없고 어리석으면서도 한가하게 지내며 스스로 높은 척하고 관(棺)이나 판매하여 부귀에 의탁하려 하는데 나는 사람들이 무엇 때문에 그들을 중하게 여기는지 이해할 수 없다.

사대부라면 능히 공로를 세우고 작위(벼슬)가 높아지고 임금과 부모를 잘 섬겨서 충성과 효도로써 칭송받아야 한다.

도의가 맑고 검소하며 학문과 지식이 넓게 통하면 이것 또한 족히 문벌이 되어서 천하의 사대부라고 이를 수 있을 것이다.

지금의 최씨와 노씨의 무리는 오직 먼 선조의 관직을 자랑할 뿐인데 어찌 우리 조정의 귀한 자와 비교할 수 있겠는가?

공경(公卿) 이하의 관리들은 무슨 여유가 있어서 재물과 돈을 많이 보내고 겸하여 그들의 기세와 함께 하여 쓸데없는 명성을 따라서 진실을 등지고 나의 영광으로 삼고자 하는가.

지금 씨족을 정하려는 이유는 우리 조정의 높은 벼슬과 지위에 있는 사람들을 높이고자 하는 것인데 무슨 연유로 최간이 제 1등이 되었는가?

경들을 살펴보니 우리의 벼슬과 직위를 귀하게 여기지 않는 것 같다. 몇 대 이전의 법칙을 논할 필요 없이 다만 오늘날 벼슬의 품계와 인재의 등급 등을 취하여 마땅히 일정한 기준을 두어서 오랜 법칙으로 삼아야 한다."

드디어 최간을 제3등으로 삼았다.

정관 12년에 이르러서 책이 완성되었는데 총 100권으로, 천하에 반포하고 또 조서를 내렸다.

"씨족의 아름다움이란 실상은 관직이 번성한 데 있고, 혼인의 도는 인의(仁義)보다 먼저 하지 않는다.

위(魏 : 오계의 위)나라가 다스림을 잃고 북제(北齊)가 망하는 데 이르자 저자와 조정이 여러 번 옮겨지고 풍속이 형편없이 변했다. 연(燕)나라나 조(趙)나라의 옛 성씨들은 많이 관직에 나아가지 못했고 제(齊)나라나 한(韓)나라의 옛 씨족들은 혹 예의의 풍속을 어그러뜨리고 있다.

이름이 고을에 드러나지 않고 자신이 빈천을 면하지 못하면서

도 스스로 높은 가문의 후예라고 말하고 배우자를 선택하는 예의
를 돈독히 하지 않고 있다.

　이름을 묻는 이유는 오직 재물을 도둑질하고자 하는데 있고 시
집보낼 때에는 반드시 부잣집에 보내고 있다. 새로 관리가 된 무
리나 재물이 많은 집안에서는 그 조상들을 흠모해서 다투어 그들
과 혼인관계를 맺어 많은 재물을 바치니 혼인이 사람을 매매하는
것과 같다.

　혹은 스스로 가문을 폄하하여 처가에서 모욕받고 혹은 그의 선
조를 자랑하여 시아버지 시어머니에게 무례한 행동을 한다. 이러
한 악습이 하나의 풍속을 이루어 지금에 이르러서도 그치지 않아
인륜의 도를 어지럽히고 명예와 교화를 손상시켰다.

　짐은 아침저녁으로 조심하고 두려워하며 정치의 도를 부지런
히 닦아 지나간 시대의 병폐를 모두 징계하여 바꾸었는데도 혼인
의 이런 나쁜 풍속은 다 변혁되지 않았다.

　지금부터는 분명히 알려서 시집가고 장가드는 순서를 잘 알게
하여 예법에 합당하도록 힘써서 짐의 뜻에 맞게 하라.”

　貞觀六年 太宗謂尙書左僕射房玄齡曰 比有山東崔盧李鄭四姓 雖累葉
陵遲1) 猶恃其舊地 好自矜大 稱爲士大夫 每嫁女他族 必廣索聘財 以多
爲貴 論數定約 同於市賈 甚捐風俗 有紊禮經 旣輕重失宜 理須改革 乃
詔吏部尙書高士廉 御史大夫韋挺 中書侍郞岑文本 禮部侍郞令狐德棻2)
等 刊正姓氏 普責天下譜諜 兼據憑史傳 剪其浮華 定其眞僞 忠賢者襃進
悖逆者貶黜 撰爲氏族志 士廉等及進定氏族等第 遂以崔幹3)爲第一等

　太宗謂曰 我與山東崔盧李鄭 舊旣無嫌 爲其世代衰微 全無官宦 猶自
云士大夫 婚姻之際 則多索財物 或才識庸下 而偃仰自高 販鬻松檟4) 依
託富貴 我不解人間何爲重之 且士大夫有能立功 爵位崇重 善事君父 忠
孝可稱 或道義淸素 學藝通博 此亦足爲門戶 可謂天下士大夫 今崔盧之
屬 唯矜遠葉衣冠 寧比當朝之貴 公卿已下 何暇多輪錢物 兼與他氣勢 向
聲背實 以得爲榮 我 今定氏族者 誠欲崇樹今朝冠冕 何因崔幹猶爲第一
等 祇看卿等不貴我官爵耶 不論數代已則 祇取今日官品人才作等級 宜

一量定 用爲永則 遂以崔幹爲第三等

至十二年書成 凡百卷 頒天下 又詔曰 氏族之美 實繁於冠冕 婚姻之
道 莫先於仁義 自有魏失御 齊氏云亡 市朝旣遷 風俗陵替 燕趙古姓 多
失衣冠之緒 齊韓舊族 或乖禮義之風 名不著於州閭 身未免於貧賤 自
號高門之冑 不敦匹嫡之儀 問名[5]唯在於竊貨 結褵[6]必歸於富室 乃有新
官之輩 豊財之家 慕其祖宗 競結婚姻 多納貨賄 有如販鬻 或自貶家門
受辱於姻婭[7] 或矜其舊望 行無禮於舅姑 積習成俗 迄今未已 旣紊人倫
實虧名敎 朕夙夜兢惕 憂勤政道 往代蠱害 咸已懲革 唯此弊風 未能盡
變 自今已後 明加告示 使識嫁娶之序 務合禮典 稱朕意焉

1) 陵遲(능지) : 차차 쇠퇴해지다.

2) 令狐德棻(영호덕분) : 영호는 복성이고 덕분은 이름이다. 의주(宜州) 사람
   이며 문사(文史)에 박식했다.

3) 崔幹(최간) : 최세간(崔世幹)인데 태종의 휘자를 피하여 최간으로 했다.

4) 松檟(송가) : 관곽.

5) 問名(문명) : '예기'에 혼인할 때 집안의 내력을 묻는 일이라 했다.

6) 結褵(결리) : 시집가는 일. 여자가 시집갈 때 어머니가 향주머니를 매어 주며
   경계의 말을 하는 것.

7) 姻婭(인아) : 사위의 아버지와 동서. 곧 장인과 동서.

6. 공주 며느리에게 시부모로서의 예를 받은 왕규

예부상서(禮部尙書) 왕규(王珪)의 아들 경직(敬直)이 태종
의 딸 남평공주(南平公主)를 아내로 맞았다.

그 때 왕규가 말하기를

"예에 신부가 시부모를 알현하는 의식이 있다. 근자에 와서 좋
은 풍속이 깨지고 쇠퇴해져 공주가 강가(降嫁)한 집에서는 그 예
법이 폐지되었다.

천자께서는 흠명(欽明)하신 훌륭한 분이시고, 거동은 예로부터
정해진 법제를 따르신다. 내가 공주의 알현을 받는 일이 어찌 자신
의 영예를 위해서랴! 국가의 훌륭한 예절을 지키자는 데에 있다."

하고는, 기어이 부인과 함께 어버이로서의 정해진 좌석에 앉아, 공주 자신이 수건을 들고 관궤(盥饋)의 예를 실행하게 하여, 그 예를 마치고는 자리에서 물러났다.

태종이 그 이야기를 듣고 잘한 일이라고 칭찬했다. 이후부터 공주가 강가할 때 시가쪽에 시부모가 있으면 이 예를 행하게 하였다.

禮部尙書王珪子敬直 尙[1]太宗女南平公主 珪曰 禮有婦見舅姑之儀[2] 自近代風俗弊薄[3] 公主出降 此禮皆廢 主上欽明[4] 動循法制 吾受公主謁 見 豈爲身榮 所以成國家之美耳 遂與其妻就位而坐 令公主親執巾 行盥 饋之道[5] 禮成而退 太宗聞而稱善 是後公主下降 有舅姑者 皆遣備行此禮

1) 尙(상) : 공주를 배필로 삼다. 곧 천자의 딸을 아내로 삼다.
2) 禮有婦見舅姑之儀(예유부현구고지의) : '예기(禮記)' 잡기 하편에 있다.
3) 弊薄(폐박) : 피폐하고 엷어지다.
4) 欽明(흠명) : 몸가짐을 삼가고 도리(道理)에 밝다.
5) 盥饋之道(관궤지도) : 신부가 시집 간 다음 날 아침에 일찍 일어나서 대야에 손을 씻고 음식을 시부모에게 바친 뒤 시부모가 먹고 남긴 음식을 먹는 일. '관(盥)'은 대야의 물에 손을 씻는 일. '궤(饋)'는 음식을 권하는 일.

7. 사신의 관사를 짓게 하고 직접 살펴보다

정관 12년에 태종이 주위 신하들에게 말했다.

"옛날에 제후들이 조정에 조회를 들어올 때는 목욕하고 숙박할 수 있는 고을을 준비해 주고, 말먹이와 수래 백 대를 내 주고 손님의 예로써 대우했다. 낮에는 정전(正殿)에 앉아 있고 밤에는 뜰안에 횃불을 켜 주어서 생각이 나면 서로 상면하고 그의 노고를 위로하였다. 한나라 때는 수도의 여러 군에 저택을 건설하였다.

이번에 들으니 고사(考使 : 조집사(朝集使))가 경성에 이르러 모두 방을 빌려서 묵었으며 상인들과 섞여 기거하느라 겨우 몸 하나만을 용납할 수 있었을 뿐이었다고 한다.

대우가 부족하면 사람은 반드시 원망과 탄식을 하게 된다. 어찌 그들이 함께 다스리는데 정성을 다하겠는가?"

이에 명령하여 경성의 빈 터에 각 주에서 올라오는 조집사들을 위한 관사를 짓게 하고, 관사가 이루어지자 직접 행차하여 살펴보았다.

貞觀十二年 太宗謂侍臣曰 古者諸侯入朝 有湯沐之邑[1] 芻禾[2]百車 待以客禮 晝坐正殿 夜設庭燎[3] 思與相見 問其勞苦 又漢家京城亦爲諸 郡立邸舍 頃聞考使[4]至京者 皆賃房以坐 與商人雜居 纔得容身而已 旣 待禮之不足 必是人多怨歎 豈肯竭情於共理哉 乃令就京城閑坊 爲諸州 考使各造邸第 及成 太宗親幸觀焉

1) 湯沐之邑(탕목지읍) : 그 읍에서 거두는 세금으로 제후의 목욕 비용을 충당할 읍이라는 뜻으로 천자나 제후의 사유지를 뜻한다.

2) 芻禾(추화) : 짐승의 꼴과 곡식의 줄기. 곧 말먹이를 말한다.

3) 庭燎(정료) : 옛날 나라에 큰일이 있을 때 밤중에 대궐 안을 밝게 하는 횃불.

4) 考使(고사) : 곧 조집사(朝集使). 각 주에서 매년마다 사신을 파견하여 천자, 재상을 알현하도록 하였는데 이름이 조집사이다.

8. 신분의 높고 낮음은 늙고 어린 데에 있지 않다

정관 13년에 예부상서 왕규가 아뢰었다.

"법령에 기준하면 3품 이상의 관리가 길에서 몸소 왕을 뵈었을 때 말에서 내리지 않아도 된다고 합니다. 지금은 다 법을 어기고 존경을 펴서 조정의 법이 이상해졌습니다."

태종이 말했다.

"경들은 스스로를 존중하여 귀하게 하고 나의 아들을 비하하려고 하는 것인가?"

위징이 대답했다.

"한(漢)나라와 위(魏)나라 이래로 내려오는 관례에는 왕의 반열이 다 삼공(三公)의 아래에 있습니다. 지금 3품과 천자의 6부 상서와 9경(九卿)이 왕을 보면 말에서 내리는데 마땅하지 않습니다. 모든 옛날의 일을 참고하더라도 그런 예가 없는데 지금은

행해지고 있습니다. 이것은 국법을 어기는 일이므로 사실을 따지
자면 옳지 않은 것입니다."

태종이 말했다.

"국가에서 태자를 세우는 일은 장래 군주로 만들고자 하는 것이
다. 사람의 신분이 높고 낮음은 늙거나 어린 데에 있지 않다. 만약
태자가 없다면 같은 어머니의 아우들을 순차적으로 세우는데 이
러한 것으로 말한다면 어찌 나의 아들들을 가벼이 여길 것인가?"

위징이 또 대답했다.

"은나라 사람들은 실질을 숭상하여 형이 죽으면 동생이 뒤를
잇는 정리가 있었습니다. 주(周)나라부터 내려오면서 적자를 세
워서 반드시 어른으로 받들었는데 이것은 서자(庶子)들이 분수
에 넘치는 일을 바라고 기회를 엿보는 일을 근절하고 재앙과 혼
란의 근본을 막기 위한 것이었습니다. 국가를 위하는 자는 마땅
히 깊이 삼가해야 합니다."

태종이 드디어 왕규가 아뢴 뜻을 허락하였다.

　貞觀十三年 禮部尙書王珪奏言 準令三品已上 遇親王於路 不合下馬
今皆違法申敬 有乖朝典 太宗曰 卿輩欲自崇貴 卑我兒子耶

　魏徵對曰 漢魏已來 親王班皆次三公下 今三品竝天子六尙書九卿爲
王下馬 王所不宜當也 求諸故事 則無可憑 行之於今 又乖國憲 理誠不
可 帝曰 國家立太子者 擬以爲君 人之脩短[1] 不在老幼 設無太子 則母弟
次立 以此而言 安得輕我子耶 徵又曰 殷人尙質 有兄終弟及之義 自周
已降 立嫡必長 所以絶庶孽之窺窬 塞禍亂之源本 爲國家者 所宜深愼

　太宗遂可王珪之奏

1) 脩短(수단) : 길고 짧은 것. 장점과 단점. 신분의 높고 낮음.

9. 형수와 시동생의 관계에도 상복이 있어야 한다

정관 14년에 태종이 예관(禮官)에게 말했다.

"한 집안에 동거하면 시마(緦麻 : 3개월 복)의 복을 입는데 형

수와 시동생 간에는 복을 입지 않는다. 또 외삼촌이나 이모는 친
하고 소원함이 서로 같은데 상복을 입는 데는 차이가 있다.

이것은 예절이 적당하지 않은 것 같으니 마땅히 학자들을 모집
하여 상세하게 의논하라.

또한 나머지 친족관계가 두터운데 상복에 경중이 있는 것들도
있으면 또한 함께 의논하여 보고토록 하라."

이 달에 6부의 상서(尙書)와 좌우복야(左右僕射)와 예관(禮
官)이 의견을 정하여 올렸다.

"신들은 '예절이란 의심스러운 점을 판단하고 불분명한 사례를
결정하며 동일하거나 다른 것을 구별하고 옳고 그름을 밝히는 것.'
이라고 들었습니다. 본래 예절이란 하늘에서 떨어져 따르는 것도
아니고 땅에서 나와 따르는 것도 아니며, 인정에 따를 뿐입니다.

인간의 도에서 가장 먼저인 것은 구족(九族)이 화목하는 데 있
습니다. 구족이 화목하는 일은 친한 이를 친하는 일을 가까이 있
는 친척에서 멀리 있는 친척까지 미치는 것입니다.

친족에게는 가깝고 먼 등급의 차이가 있으므로 상례의 성대함
과 미약함이 있습니다. 은혜의 엷고 두터움에 따라서 다 정에 알
맞게 하여 상례의 조문을 세워야 합니다.

원래 외삼촌이나 이모는 비록 같은 형제지만 어머니에서 유추
해 보면 가볍고 무거움이 서로 현저하니 무엇에 법칙한 것이겠습
니까? 외삼촌은 어머니의 동성동본의 일가붙이가 되고 이모는 외
척으로 다른 성씨가 됩니다. 어머니의 씨족에서 구한다면 이모는
함께하지 않습니다.

경서(經書)나 사서(史書)에서 고증하더라도 외삼촌은 중요합
니다. '주왕(周王)은 제나라를 생각했다.'고 했는데 이것은 외삼
촌과 생질의 나라를 일컬은 것입니다.

진(秦)나라 강공(康公)이 진(晉)나라 문공(文公)을 생각한
마음은 '시경' 진풍(秦風) 위양(渭陽)편의 시에 간절하게 나타
나 있습니다.

현재 외삼촌에 대한 상복은 일시의 정에 그치고 있으나 이모의

상복은 5개월이 되니 이름만 따르고 실상은 잃고 있으며 말단만 쫓고 근본을 버린 것입니다. 이것은 옛 사람들의 정에 통달하지 못함이 있는 것이니 덜고 보태는 마땅함은 실제로 여기에 있습니다.

'예기'에 이르기를 '형제의 아들을 아들과 같이 하는 일은 대개 이끌어서 나아가는 것이고, 형수와 시동생 사이에 상복이 없는 것은 대개 미루어서 멀리하는 것이다.'라고 했습니다.

또 예에 의하면 계부(繼父)와 함께 살면 1년의 복을 입는데 동거하지 않았으면 복을 입지 않습니다.

종모(從母 : 이모)의 남편이나 외삼촌의 아내는 두 사람이 서로 복을 입습니다. 어떤 이가 말하기를 '함께 동거하면 시마복을 입는다.'고 했는데 계부(繼父)는 골육이 아닌데도 상복이 무거운 이유는 함께 동거한 일에 말미암은 것이고, 은혜가 가벼운 것은 따로 사는 데 있습니다.

복제(服制)는 비록 명분이나 문구에 얽매여 있더라도 대개 은혜를 입은 두터움과 엷음에 근거한다는 것을 알 수 있습니다.

나이 많은 형수가 나이 어린 시동생을 만나 정성을 다해 길러서 그 정이 직접 낳은 것과 같아서 굶주림을 나누고 추위를 함께하며 해로했다면, 비유컨대 동거한 계부(繼父)나 타인과 동거한 일에 비교할 때 정의의 깊고 엷음을 어떻게 동일하다고 말할 수 있겠습니까? 그가 살아 있을 때는 골육처럼 사랑하고 그가 죽었을 때는 미루어서 멀리하니 근본 원인에 구해보더라도 깊이 이해가 되지 않습니다.

만약 미루어서 멀리하는 일이 옳다고 한다면 살아서 함께 동거하는 일이 옳지 않을 것이며 살았을 때 동거하는 일이 옳은 일이라면 죽어서 함께 길을 가는 일이 옳지 않을 것입니다.

그 살아 있음은 중요시하고 그 죽음을 가볍게 여기며 그 처음을 두텁게 하고 그 종말을 박하게 하면서 정에 알맞게 문장을 세운다면 그 의의가 어디에 있습니까? 형수를 잘 섬겨 칭찬받아서 책에 쓰여 있는 자가 한 사람만 있지 않습니다.

정중우(鄭仲虞)는 은혜와 예절이 매우 돈독했으며 안홍도(顏

弘都)는 정성을 다하여 하늘도 감동했으며 마원(馬援)은 형수를 볼 때는 반드시 의관을 정제했으며 공급(孔伋 : 자사)은 영전에서 슬프게 곡했습니다. 이것은 몸소 가르침과 예절을 다한 사례이며 인이 깊고 효도하고 우애하여 그 행동하는 뜻을 살펴보면 선각자가 아닌 이가 없습니다.

다만 그 당시에는 위로 명철한 왕이 없었고 예절은 아래에서 의논하는 일이 아니었으므로, 깊은 정을 수천년 동안 답답하게 만들어 이치가 만고 동안이나 감추어지는데 이르러 그 유래됨이 오래되었으니 어찌 애석하지 않겠습니까?

지금 폐하께서 높고 낮은 순서를 만들어 이미 갖추어진 예절을 밝히고 상례의 제도에서 제대로 정리되지 못한 내용을 질종(秩宗 : 예를 맡은 관리)에게 명령하여 덜고 보태는 것을 상세히 의논하라고 하셨습니다.

신들은 폐하의 밝은 뜻을 받들어 종류에 따라 널리 구하고 모든 경서에서 주워모아 경전에 기록된 내용을 토론했습니다. 어떤 것은 억제하고 어떤 것은 인용하고 명예도 겸하고 실제적인 것도 겸하여 여유로운 것은 덜고 부족한 것은 보탰습니다.

문장으로 나열되어 있지 않은 예절은 다 순서를 정하고 돈독한 정은 반드시 나타나게 했습니다. 경박한 풍속에서 이미 지나간 것을 변화시키고 돈독한 의리에서는 앞으로 다가올 것을 수렴했습니다.

육경(六經)에서 말하지 않은 것들을, 모든 왕들을 뛰어넘어 폐하만이 얻으셨습니다.

삼가 안찰하건대 증조부모는 옛 복제에서 자최 3개월의 복상인데 자최 5개월로 더하고자 합니다.

적자(嫡子)의 아내는 옛 복제에서는 대공(大功)이었는데 1년으로 하고자 합니다. 모든 아들의 아내는 소공(少功)이었는데 이제는 형제와 함께 대공(大功) 9개월로 하기를 청합니다.

형수와 시동생 사이는 옛 복제에서는 상복이 없었으나 이제는 소공(少功) 5개월을 복상하도록 청합니다.

그밖에 아우의 아내나 지아비의 형(시숙)도 또한 소공 5개월을 청합니다.

외삼촌의 옛 복상은 시마복이었는데 이모와 함께 하여 소공 5개월로 청합니다."

태종이 조서를 내려 그 의논을 따랐는데 이것은 다 위징이 말한 것이었다.

貞觀十四年 太宗謂禮官曰 同爨尙有緦麻[1]之恩 而嫂叔[2]無服 又舅之與姨 親疎相似 而服之有殊 未爲得禮 宜集學者詳議 餘有親重而服輕者 亦附奏聞

是月尙書八座[3]與禮官定議曰 臣竊聞之 禮所以決嫌疑 定猶豫 別同異 明是非者也 非從天下 非從地出 人情而已矣 人道所先 在乎敦睦九族[4] 九族敦睦 由乎親親以近及遠 親屬有等差 故喪紀有隆殺 隨恩之薄厚 皆稱情以立文

原夫舅之與姨 雖爲同氣 推之於母 輕重相懸 何則 舅爲母之本宗[5] 姨乃外戚他姓 求之母族 姨不與焉 考之經史 舅誠爲重 故周王念齊[6] 是稱舅甥之國 秦伯懷晉[7] 實切渭陽之詩 今在舅服止一時之情 爲姨居喪五月 徇名喪實 逐末棄本 此古人之情 或有未達 所宜損益 實在玆乎 禮記[8]曰 兄弟之子 猶子也 蓋引而進之也 嫂叔之無服 蓋推而遠之也 禮繼父同居 則爲之期 未嘗同居 則不爲服 從母之夫 舅之妻 二人相爲服 或曰 同爨緦麻 然則繼父且非骨肉 服重由乎同爨 恩輕在乎異居 固知制服 雖係於名文 蓋亦緣恩之厚薄者也 或有長年之嫂 遇孩童之叔 劬勞鞠養 情若所生 分飢共寒 契闊偕老 譬同居之繼父 方他人之同爨 情義之深淺 寧可同日而言哉 在其生也 乃愛同骨肉 於其死也 則推而遠之 求之本源 深所未喩 若推而遠之爲是 則不可生而共居 生而共居爲是 則不可死同行路 重其生而輕其死 厚其始而薄其終 稱情立文 其義安在 且事嫂見稱 載籍非一 鄭仲虞[9]則恩禮甚篤 顔弘都[10]則竭誠致感 馬援[11]則見之必冠 孔伋[12]則哭之爲位 此蓋立躬踐敎義 仁深孝友 察其所行之旨 莫非先覺者歟 但于時上無哲王 禮非下之所議 遂使深情鬱于千載 至理藏於萬古 其來久矣 豈不惜哉

今陛下以爲尊卑之敍 雖煥乎已備 喪紀之制 或情理未安 爰命秩宗[13]

詳議損益 臣等奉遵明旨 觸類旁求 採撫群經 討論傳記 或抑或引 兼名
兼實 損其有餘 益其不足 使無文之禮咸秩 敦睦之情畢擧 變薄俗於旣
往 垂篤義於將來 信六籍[14]所不能談 超百王而獨得者也 謹按曾祖父母
舊服齊衰三月 請加爲齊衰五月 嫡子婦 舊服大功[15] 請加爲期 衆子婦
舊服小功[16] 今請與兄弟同爲大功九月 嫂叔舊無服 今請服小功五月 其
弟妻及夫兄 亦小功五月 舅舊服緦麻 請加與從母同 服小功五月 詔從
其議 此竝魏徵之詞也

1) 緦麻(시마) : 3개월 간 입는 상복(喪服).

2) 嫂叔(수숙) : 형수와 시동생.

3) 尙書八座(상서팔좌) : 당나라 때 6부상서와 좌우복야(左右僕射)를 일컫는다.

4) 九族(구족) : 고조, 증조, 조, 부, 나, 아들, 손자, 증손자, 고손자를 일컫는다.

5) 本宗(본종) : 동성동본의 일가붙이.

6) 周王念齊(주왕염제) : '춘추좌전' 성공(成公) 2년에 나오는 이야기. 주왕이
   제(齊)나라를 생각하다.

7) 秦伯懷晉(진백회진) : '시경' 진풍(秦風) 위양편에 '나는 외숙을 전송하여
   위양까지 이르렀다.'고 했다. 주자 주(註)에 '외숙은 진공자(晉公子) 중이
   (重耳)이다. 망명하여 외국에 있을 때 진목공(秦穆公)이 불러 받아들였는데
   이때 강공(康公)이 태자가 되어 위양에서 전송하며 이 시를 지었다.'고 했다.

8) 禮記(예기) : '예기' 단궁 상편(檀弓上篇)의 이야기.

9) 鄭仲虞(정중우) : 이름은 균(均)이고 후한 때 사람이다. 의를 좋아하고 독실
   하여 과부형수를 섬겼는데 은혜가 돈독했다. 형의 아들이 별거하기를 원하자
   재산을 주어서 한결같이 그의 어머니를 섬기게 했다.

10) 顔弘都(안홍도) : 이름은 함(含)이고 진(晉)나라 사람이다. 형수 번씨(樊氏)
    가 병으로 실명하자 함이 정성을 다하여 봉양하였다.

11) 馬援(마원) : 자는 문연(文淵)이고 부풍(扶風) 사람이다. 후한 때의 복파
    (伏波)장군인데 형수를 잘 받들어 공경을 다했는데 의관을 정제하지 않고는
    형수방에 들어가지 않았다.

12) 孔伋(공급) : 공자의 손자 자사(子思)이다. '예기' 단궁편에 나와 있다.

13) 秩宗(질종) : 신(神)의 존비(尊卑)의 등급을 매기고 또 제사 지내는 일을
    맡은 관리. 곧 모든 예를 관장하는 관리.

14) 六籍(육적) : 육경(六經). 곧 '시경' '서경' '주역' '예기' '춘추' '악기'.

15) 大功(대공) : 오복(五服)의 하나이며 굵은 베로 지어 9개월 입는 상복.

16) 小功(소공) : 오복(五服)의 하나이며 가는 베로 지어 5개월을 입는 상복.

10. 부모를 봉양하려 해도 영원히 얻지 못한다

정관 17년 12월 계축(癸丑)일에 태종이 주위 신하들에게 말했다.

"오늘은 짐의 생일이다. 민간 풍속에서는 생일날을 즐거운 날로 여기는데 짐은 감정이 오히려 복받쳐 오름을 느낀다.

생각해보니 천하에 제왕으로 군림하면서 부유하기로는 온 천하를 두고 뒤쫓아 부모를 봉양하려 해도 영원히 얻지 못하게 되었다. 공자의 제자 중유(仲由 : 子路)는 부모 봉양을 위해 쌀을 짊어지지 못함을 한스럽게 여겼다는데 진실로 까닭이 있는 것이었다.

'시경'의 소아(小雅) 육아(蓼莪)편에는 '슬프고 슬프다. 내 부모님이여, 나를 낳으실 제 힘쓰고 수고하셨다.'고 했다.

어찌 부모가 나를 낳으면서 수고하신 날에 잔치하겠는가. 이것은 매우 예절에 어긋나는 행동이다."

이로 인하여 한참동안 눈물을 흘렸다.

貞觀十七年 十二月癸丑 太宗謂侍臣曰 今日是朕生日 俗間以生日可爲喜樂 在朕情翻成感 思君臨天下 富有四海 而追求侍養 永不可得 仲由[1]懷負米之恨 良有以也 況詩云[2] 哀哀父母 生我劬勞 奈何以劬勞之辰 遂爲宴樂之事 甚是乖於禮度 因而泣下久之

1) 仲由(중유) : 공자의 제자 자로(子路)이다. '가어(家語)'에 '옛날에 유(由)가 어버이를 섬길 때는 항상 명아주잎과 콩잎을 먹으면서도 어버이를 위해 백 리 먼 곳에서도 쌀을 지고 왔다. 어버이가 돌아가신 후에는 남쪽으로 초(楚)나라에 유세하면서 수레 수백 대가 따르고 쌀 만 섬이나 쌓아놓고 먹었는데 명아주잎과 콩잎을 먹으며 어버이를 위해 쌀을 져 나르기를 원했지만 끝내 다시 얻지 못하였다.'고 적고 있다.

2) 詩云(시운) : '시경' 소아 육아편의 문장.

11. 정치의 선악은 음악으로 말미암지 않는다

태상소경 조효손이 새로 제정한 음악을 상주(上奏)하였다.

태종이 말했다.

"예절과 음악의 제작은 성인(聖人)이 사물에 인연하여 가르침을 베풀기 위한 일로 예와 악으로 조절하여 절제를 삼는 것이다. 정치에서 선과 악이 어찌 여기에 말미암겠는가?"

어사대부 두엄(杜淹)이 대답했다.

"앞서 간 시대의 흥망은 실제로 음악으로 말미암았습니다. 진(陳)나라가 망할 때는 '옥수후정화(玉樹後庭花)'가 만들어졌으며 제(齊)나라가 망할 때에는 반려곡(伴侶曲)이 만들어졌습니다. 길 가던 사람들이 듣고 슬퍼서 울지 않은 자가 없었으며 망국(亡國)의 음악이라고 했습니다. 이러한 것으로 보더라도 실제로 음악으로 말미암은 것을 알 수 있습니다."

태종이 대답했다.

"그렇지 않다. 음성이 어찌 사람을 감동시킬 수 있겠는가? 즐거운 사람이 들으면 기뻐하고 슬픈 사람이 들으면 슬퍼하는 것이다. 슬퍼하고 기뻐하는 원인은 사람의 마음에 있는 것이지 음악에 말미암지 않는다. 망하는 길로 정치가 행해지면 사람의 마음이 고통스러워진다. 고통스런 마음이 서로 느껴지는데 음악을 들으면 슬퍼지는 것이다.

음악 소리가 슬프고 원망하는 음조라 해도 기쁜 자를 어찌 슬프게 할 수 있겠는가? 지금 '옥수후정화'나 '반려곡'의 음악이 함께 갖추어져 있는데 짐이 그대를 위하여 연주한다면 그대는 반드시 슬퍼하지 않을 것으로 알고 있다."

상서우승(尙書右丞) 위징이 앞으로 나아가 대답했다.

"옛 사람이 이르기를 '예(禮)라 예라 하지만 구슬과 비단을 말하는 것이겠느냐. 악(樂)이라 악이라 하지만 종과 북을 말하는 것이겠느냐.' 라고 했습니다. 음악이란 인심이 화합하는데 있는 것이지 음률의 곡조로 말미암지 않습니다."

　태종이 위징의 의견이 맞다고 하였다.

　　太常少卿祖孝孫[1])奏所定新樂 太宗曰 禮樂之作 是聖人緣物設教 以
爲撙節 治政善惡 豈此之由 御史大夫杜淹對曰 前代興亡 實由於樂 陳
將亡也 爲玉樹後庭花[2]) 齊將亡也 而爲伴侶曲[3]) 行路聞之 莫不悲泣 所
謂亡國之音 以是觀之 實由於樂 太宗曰 不然 夫音聲豈能感人 歡者聞
之則悅 哀者聽之則悲 悲悅在於人心 非由樂也 將亡之政 其人心苦 然
苦心相感 故聞而則悲耳 何樂聲哀怨 能使悅者悲乎 今玉樹伴侶之曲 其
聲具存 朕能爲公奏之 知公必不悲耳 尙書右丞魏徵進曰 古人稱[4]) 禮云
禮云 玉帛云乎哉 樂云樂云 鍾鼓云乎哉 樂在人和 不由音調 太宗然之

1) 祖孝孫(조효손) : 조는 성씨이고 효손은 이름이며 당나라의 아악을 총 84조
　　(調) 31곡 12화(和)로 만든 사람.
2) 玉樹後庭花(옥수후정화) : 진(陳)나라 후주(後主)가 사치와 음란함이 심하
　　여 매일 술 마시고 비빈과 친한 손님과 함께 시부를 했다. 새로운 음악을 꾸
　　며 궁녀 1천 여 명에게 익히고 노래하게 했는데 이곡이 '옥수후정화'이다.
3) 伴侶曲(반려곡) : 제(齊)나라의 동혼후(東昏侯)가 '반려곡'을 짓고 뒤에 소
　　연(蕭衍)에게 멸망했다.
4) 古人稱(고인칭) : '논어' 양화(陽貨)편에 있는 공자의 이야기.

12. 백성을 구하기 위해 마지못해 전쟁했다

　정관 7년에 태경(太卿) 소우(蕭瑀)가 아뢰었다.

　"지금 파진악(破陳樂)의 무(舞)는 천하에 함께 전해지고 있으
나 왕성한 덕을 형용하는 아름다움은 다하지 못한 점이 있습니다.
지난날 유무주(劉武周)와 설거와 두건덕과 왕세충 등을 무력으
로 쳐부수었는데 신은 원컨대 그 형상을 그리고 전쟁에서 승리하
고 공격하여 취하는 모습을 묘사하고자 합니다."

　태종이 말했다.

　"짐은 천하가 평정되지 못했을 때 천하를 위해서 불에 타고 물

에 빠져 허우적대는 백성을 구하고자 했으므로 마지못해 전쟁이
라는 무력을 사용한 것이다. 이로써 사람들이 이러한 무(舞)를 이
루었고 국가가 이로 인하여 그 곡조를 제작한 것이다.

아악의 형용은 그 개요를 나열하는데 그친다. 만약 자세하게 묘
사한다면 그 상황을 쉽게 알 것이다.

짐이 현재 장상(將相)들을 살펴보면 그들 가운데 일찍부터 저
들에게 부림을 당한 자도 있고 하루 동안이라도 군신관계를 가진
자도 있다. 이제 만약 그 붙잡힐 때의 상황을 다시 보게 된다면 반
드시 참지 못하는 일이 있을 것이다. 나는 이러한 무리를 위하여
그것들을 그리고 묘사하지 않게 하겠다.”

소우가 사례하며 말했다.

“이러한 일을 신은 미처 생각지 못했습니다.”

貞觀七年 太卿蕭瑀奏言 今破陳樂舞[1] 天下之所共傳 然美盛德之形
容 尙有所未盡 前後之所破劉武周[2] 薛擧[3] 竇建德 王世充等 臣願圖其
形狀 以寫戰勝攻取之容 太宗曰 朕當四方未定 因爲天下敎焚拯溺 故
不獲已 乃行戰伐之事 所以人間遂有此舞 國家因玆亦制其曲 然雅樂之
容 止得陳其梗槪 若委曲寫之 則其狀易識 朕以見在將相 多有曾經受
彼驅使者 旣經爲一日君臣 今若重見其被擒獲之勢 必當有所不忍 我爲
此等 所以不爲也 蕭瑀謝曰 此事非臣思慮所及

1) 破陳樂舞(파진악무) : 파진악은 당(唐)나라의 칠덕무(七德舞)이다. 태종이
   진왕(秦王)이 되어서 유무주를 격파하자 군중(軍中)에서 서로 파진악을 만
   들어 악사 128인을 써서 은갑과 창을 들고 춤추게 했는데 3번 변화를 가진다.
2) 劉武周(유무주) : 마읍(馬邑) 사람. 수나라 때 응양교위(鷹揚校尉)가 되었다.
   의령(義寧) 초에 마읍에서 군사를 일으켜 돌궐에 붙었다. 돌궐이 무주를 세워
   정양가한(定楊可汗)으로 삼아서 황제라 칭하고 원(元)으로 고쳤다. 뒤에 태
   종과 싸워서 병주에서 패하고 돌궐로 달아났다가 돌궐에게 죽임을 당했다.
3) 薛擧(설거) : 난주(蘭州) 사람. 수나라 말에 병사를 일으켜 스스로 서진(西
   秦) 패왕(覇王)이라 했다. 설거가 죽고 그의 아들을 태종이 정벌하여 죽였다.

정관정요 제8권
〔貞觀政要 第八卷 : 凡五篇〕

제30편 농사에 힘쓸 것을 논하다
(論務農第三十 : 凡四章)

1. 농사의 시기를 잃으면 나라가 망한다

정관 2년에 태종이 주위 신하들에게 말했다.

"모든 일은 다 근본을 힘써야 한다. 나라는 사람으로써 근본을 삼고 사람은 의식으로써 근본을 삼는다. 입고 먹는 것을 경영하는 데는 그 시기를 잃지 않는 것으로 근본을 삼는다.

그 시기를 잃지 않는 일은 군주가 간단하고 고요함을 이루는 데 있다. 만약 전쟁이 자주 발생하면 토목 사업이 쉬지 않는데 농사 짓는 시기를 빼앗지 않고 어떻게 얻을 수 있겠는가?"

왕규가 말했다.

"옛날에 진시황과 한나라 무제는, 밖으로는 끝까지 전쟁하였고 안으로는 화려한 궁실을 지었으며 인력이 이미 다하게 되자 재앙과 난리가 드디어 일어났습니다. 저들이 어찌 백성을 안정시키려 하지 않았겠습니까. 백성을 안정시킬 도리를 잃은 것입니다.

수나라 왕조의 멸망한 자취는, 은(殷)나라가 거울 삼은 것이 멀지 않았던 것과 같습니다. 폐하께서는 그 폐단을 이었으나 어떻게 바꿔야 하는지 알고 계십니다. 초기에 행하기는 쉽지만 끝까지 행하기는 실로 어렵습니다. 엎드려 원하오니 끝마침 삼가기를 처음과 같이 하여 그 아름다움을 다하시기 바랍니다."

태종이 말했다.

"그대의 말이 옳다. 백성을 편안하게 하고 국가를 편안하게 하는 일은 오직 임금에게 달려 있다. 임금이 할 일이 없으면 백성이

즐겁고 임금이 욕심이 많으면 백성이 고달프다. 짐은 정욕을 억
제하고 욕심을 덜어서 자신을 극복하는 데 힘쓸 것이다."

　貞觀二年 太宗謂侍臣曰 凡事皆須務本 國以人爲本 人以衣食爲本 凡
營衣食 以不失時¹⁾爲本 夫不失時者 在人君簡靜乃可致耳 若兵戈屢動
土木不息 而欲不奪農時 其可得乎 王珪曰 昔秦皇 漢武 外則窮極兵戈²⁾
內則崇侈宮室 人力旣竭 禍難遂興 彼豈不欲安人乎 失所以安人之道也
亡隋之轍 殷鑒不遠 陛下親承其弊 知所以易之 然在初則易 終之實難 伏
願愼終如始 方盡其美 太宗曰 公言是也 夫安人寧國 惟在於君 君無爲
則人樂 君多欲 則人苦 朕所以抑情損欲 剋己自勵耳

1) 失時(실시) : 농사짓는 시기를 놓치다.
2) 兵戈(병과) : 병사와 창. 곧 전쟁을 뜻한다.

2. 태종이 직접 누리(메뚜기)를 삼키다

　정관 2년에 경사(京師)에 가뭄이 들어 누리벌레가 많이 생겼다.
태종이 원(苑)으로 들어가 벼를 관찰하다가 누리벌레를 보고
여러 마리를 잡아서 주문하기를

　"사람은 곡식으로 생명을 보존하는데 네가 곡식을 먹으니 이것
은 백성을 해치는 일이다. 백성에게 과실이 있으면 나 한 사람에
게 있다. 너에게 신령스러움이 있다면 마땅히 나의 마음을 파먹
고 백성은 해치지 말라."

하고는 누리를 삼키려 하자 좌우 신하들이 갑자기 간하여 말했다.

　"누리를 삼키면 질병이 있을까 두렵습니다."

　태종이 말했다.

　"내가 바라는 일이 나에게 재앙이 옮겨지는 것인데 짐이 어찌
질병을 피하겠는가."

　드디어 삼키자 이로부터 다시는 누리의 재앙이 없었다.

　貞觀二年 京師旱 蝗蟲¹⁾大起 太宗入苑²⁾視禾 見蝗蟲 掇數枚而呪曰

人以穀爲命 而汝食之 是害于百姓 百姓有過 在予一人 爾其有靈 但當
蝕我心 無害百姓 將呑之 左右遽諫曰 恐成疾 不可 太宗曰 所冀移災 朕
躬何疾之避 遂呑之 自是蝗不復爲災

1) 蝗蟲(황충) : 메뚜기과에 속하는 벌레. 누리. 벼를 갉아먹는 해충.
2) 苑(원) : 임금이 사냥도 하고 휴식도 취하는 동산. 휴양소

3. 나는 음양가가 꺼리는 것에 구애되지 않는다

정관 5년에 유사(有司 : 담당 관리)가 글을 올려서 말했다.

"황태자께서 앞으로 관례(冠禮)를 해야 하는데 2월의 길일에
행하는 것이 적당합니다. 청컨대 병사를 징발하여 기록행사의 준
비를 갖추도록 하십시오."

태종이 말했다.

"지금 봄농사가 바야흐로 시작되었는데 농사를 방해할까 두렵
구나. 영을 내려서 10월로 고치도록 하라."

태자소보(太子少保) 소우가 아뢰었다.

"음양가(陰陽家)의 말에 따르면 2월이 가장 좋다고 합니다."

태종이 말했다.

"짐은 음양가들이 꺼리는 것에 구애받아 행동하지 않는다. 만
약 움직이고 정지하는 일을 반드시 음양가에게 의지하고, 의리를
돌아보지 않으면서 복을 구하려 하면 얻을 수 있겠는가? 행동이
다 정도를 따른다면 자연적으로 항상 길함이 모일 것이다. 길하
고 흉함은 사람에게 달려 있는데 어찌 잠시라도 음양가가 꺼리는
것에 구애되겠는가? 농사일은 매우 중요한 일로 잠시라도 때를
잃어서는 안 된다."

貞觀五年 有司上書 言皇太子將行冠禮 宜用二月爲吉 請追兵以備儀
注1) 太宗曰 今東作2)方興 恐妨農事 令改用十月 太子少保蕭瑀奏言 準
陰陽家3) 用二月爲勝 太宗曰 陰陽拘忌 朕所不行 若動靜必依陰陽 不
顧理義 欲求福祐 其可得乎 若所行皆遵正道 自然常與吉會 且吉凶在

人 豈假陰陽拘忌 農時甚要 不可蹔失

1) 儀注(의주) : 예법 및 행사를 적은 책.

2) 東作(동작) : 봄의 경작(耕作).

3) 陰陽家(음양가) : 천문, 역수, 복서, 땅의 상을 상고하여 길흉을 정하고 화복을 예언하는 학파.

4. 천하 사람들을 부자가 되게 하고 싶다

정관 16년에 태종이 천하의 곡식 가격을 계산해보니 한 말에 5전(錢)이고 더 낮은 곳은 한 말에 3전이었다. 이것을 기회삼아 주위 신하들에게 말했다.

"나라는 백성으로써 근본을 삼고 사람들은 곡식으로써 생명을 유지한다. 만약 벼와 기장이 여물지 않으면 백성은 국가의 소유가 되지 않는다. 지금 풍년이 들어 이와 같으나 짐은 천하 백성의 부모로서 오직 검소와 절약을 힘쓰고 사치나 낭비를 하지 않을 것이다.

짐은 항상 천하 사람들에게 다 부귀를 하사하고자 한다. 부역과 세금을 덜고 시기를 빼앗지 않고 죽 늘어선 집의 사람들에게 농사짓는 일을 맘껏 하게 하면 이것이 곧 부자가 되게 하는 일이다.

예의와 겸양을 두터이 행하게 하여 고을이나 마을 사이에서 젊은이가 어른을 공경하고 아내가 지아비를 공경하게 하면 이것이 곧 귀하게 하는 일이다. 천하가 다 이와 같게 하면 짐은 음악을 듣지 않고 사냥을 하지 않더라도 즐거움이 그 가운데 있을 것이다."

貞觀十六年 太宗以天下粟價率計斗直五錢 其尤賤處計斗直三錢 因謂侍臣曰 國以民爲本 人以食爲命 若禾黍不登 則兆庶非國家所有 旣屬豊稔若斯 朕爲億兆人父母 唯欲躬務儉約 必不輒爲奢侈 朕常欲賜天下之人 皆使富貴 今省徭賦 不奪其時 使比屋[1]之人 恣其耕稼 此則富矣 敦行禮讓 使鄕閭之間 少敬長 妻敬夫 此則貴矣 但令天下皆然 朕不聽管絃 不從畋獵 樂在其中矣

1) 比屋(비옥) : 집들이 나란히 늘어선 모습.

제31편 형벌과 법률을 논하다
(論刑法第三十一 : 凡九章)

1. 법 적용을 잘하여 무고한 죄가 없게 하다

정관 원년에 태종이 주위 신하들에게 말했다.

"한번 죽은 자는 다시 살아날 수 없다. 법률을 적용할 때는 반드시 관대하고 간단하게 하도록 힘써야 한다. 옛 사람이 이르기를 '관(棺)을 파는 자는 그 해에 전염병이 번지기를 바란다.'고 하였다. 그것은 사람들을 미워하여 죽기를 바라서가 아니라 관을 팔면 이익이 생기기 때문이다. 지금 많은 사법관들은 한 사건의 재판을 심리할 때 지독히 엄격하게 문초하여, 사법관으로서의 좋은 성적을 올리고자 한다. 지금 어떤 방법을 마련하면 사법관에게 공평하고도 적절한 재판을 하도록 할 수 있겠는가."

이 때 간의대부 왕규가 나아가 말했다.

"공평하고 정직한 마음가짐을 가진 사람을 뽑아서 사법관으로 삼고, 재판의 판결이 도리에 어긋나지 않는 자에게는 봉급을 올려 준다거나 상금으로 황금을 하사하신다면, 아첨하기 위해 거짓으로 재판하는 자가 저절로 없어질 것입니다."

이에 태종은 조서를 내려 왕규의 의견에 따랐다.

태종이 또 말했다.

"옛날에 재판을 담당하여 판결하는 데에는 반드시 3괴(三槐)나 9극(九棘)의 관리에게 물어서 처리했다. 지금의 3공과 9경(九卿)은 옛날의 그 직책에 해당한다. 오늘 이후부터 사형에 해당하는 죄는 모두 중서성(中書省)이나 문하성(門下省)의 4품 이상의 고관(高官) 및 상서(尙書)와 9경에게 명하여 죽을 죄인가 아닌가를 평의(評議)하게 하겠다. 이렇게 하면 아마, 원통하게 죄 없이 사형에 처해지는 자가 없게 할 수 있을 것이다."

이렇게 행한 4년 동안 사형의 단죄가 내려진 자는 온 천하에서 불과 29명뿐이었으니, 거의 형벌의 시행이 없는 것이나 마찬가지 인 상태까지 이르렀다.

貞觀元年 太宗謂侍臣曰 死者不可再生 用法務在寬簡[1] 古人云 鬻棺 者[2]欲歲之疫 非疾於人 利於棺售故耳 今法司覈理[3]一獄 必求深刻 欲 成其考課[4] 今作何法 得使平允[5] 諫議大夫王珪進曰 但選公直良善人 斷獄允當[6]者 增秩賜金 卽姦僞自息 詔從之 太宗又曰 古者斷獄 必訊 於三槐九棘[7]之官 今三公九卿 卽其職也 自今以後 大辟罪皆令中書門 下四品已上及尙書九卿議之 如此庶免冤濫[8] 由是至四年 斷死刑天下 二十九人 幾致刑措[9]

1) 寬簡(관간) : 관대하고 간단하다.
2) 鬻棺者(육관자) : 관을 파는 자. '한서(漢書)' 형법지(刑法志)에 "속어에 이르기를 '관을 파는 자는 그 해에 돌림병이 있기를 바란다. 그것은 사람이 미워서 죽기를 바라는 것이 아니라, 이익이 그 죽음에 있기 때문이다.' 라고 했다."는 말이 있다.
3) 覈理(핵리) : 엄격하게 다스리다.
4) 考課(고과) : 성적의 우열을 조사하다. 여기서는 '좋은 성적'의 뜻.
5) 平允(평윤) : 공평하고 적절함.
6) 允當(윤당) : 도리에 맞음.
7) 三槐九棘(삼괴구극) : '삼괴'는 3공(三公)과 같다. 주(周)나라 때 외조(外 朝)에 회화나무 3그루를 심어 3공의 자리를 정했다는 데서 나온 말. '구극'은 주나라 때 조정에서, 왼쪽에 가시나무 9그루를 심어서 고(孤)와 경(卿)과 대 부(大夫)가 앉고 오른쪽에 가시나무 9그루를 심어서 공(公)과 후(侯)와 백 (伯)과 자(子)와 남(男)이 앉았다는 데서 나온 말. 곧 조정의 중신을 이른다.
8) 冤濫(원람) : 억울한 죄.
9) 刑措(형조) : 백성이 법을 어기는 일이 없어 형벌을 적용할 일이 없다는 뜻.

2. 노복이 주인을 고발하면 참형하라

정관 2년에 태종이 주위 신하들에게 말했다.

"근래에 노복들이, 주인이 역적모의를 한다고 고발하는 일이 있는데 이것은 지극한 병폐다. 법으로 특별히 엄단해야 한다.

가령 모반하는 자가 있다면 반드시 홀로 이루지 않고 다른 사람과 계략을 꾸밀 것이다. 여럿이 계략을 꾸미는 일은 반드시 다른 사람이 논하는 일이 있기 마련인데 어찌 하필 노복들의 고발에 의지할 것인가.

이제부터 노복이 주인을 고발하면 접수하지 말고 고발하는 자는 모두 참형으로 다스려라."

貞觀二年 太宗謂侍臣曰 比有奴[1]告主謀逆 此極弊 法特須禁斷 假令有謀反者 必不獨成 終將與人計之 衆計之事 必有他人論之 豈藉奴告也 自今奴告主者不須受 盡令斬決

1) 奴(노) : 집안의 하인들. 군주 시대에는 노비의 신분에서 벗어나려고 가끔 자기의 주인을 역모로 고발하는 자가 있었다.

3. 장온고(張蘊古)를 바로 참형하다

정관 5년에 장온고(張蘊古)가 대리승(大理丞)이 되었다.

상주(相州) 사람 이호덕(李好德)은 본래 미치는 병이 있었는데 병이 발병하면 요망한 말들을 하였다.

태종이 조서를 내려서 그를 옥에 가두고 국문하라고 했다.

이에 장온고가 말했다.

"이호덕이 미치는 병이 있다는 증거가 있으므로 법으로 죄를 주는 일은 마땅하지 않습니다."

태종이 관대하게 용서하고 풀어줄 것을 허락했다. 장온고가 그 뜻을 이호덕에게 비밀리에 이야기하고 그와 더불어 쌍륙을 즐겼다.

지서시어사 권만기가 그 사실을 밝혀내 태종에게 아뢰자 태종이 크게 화내며 동쪽 저자거리에서 목을 베라고 명령하였다.

이러한 일이 있은 후 태종은 후회하며 방현령에게 힐문했다.

"공들은 사람의 봉록을 먹으니 사람들의 근심을 근심해야 하며 일의 크고 작음에 관계 없이 다 마땅한 것인가를 마음 써야 한다.

지금 묻지 않는다고 말하지 않고, 일을 보지 못했다고 바르게 간하지 않는다면 무엇을 보필한다는 것인가. 장온고가 법관 신분으로 죄수와 쌍륙을 즐기고 짐의 말을 누설한 일은 죄상이 매우 무겁다. 그러나 법률에 의거했다면 극형까지는 이르지 않았을 것이다.

짐은 그 당시 매우 화가 나서 곧 처치하라고 했는데 공들은 마침내 한 마디 말도 없었으며 담당 관리들도 다시 아뢰지 않고 곧바로 시행하였다. 어찌 이것이 도리이겠는가."

인하여 조서를 내려서 말했다.

"사형의 형벌을 내려 비록 곧 시행하라고 명령해도 모두 5번을 반복하여 취조한 뒤에 아뢰어라."

5번 반복해서 취조하여 아뢰는 일이 장온고에서 시작되었다.

또 말하였다.

"법률에 따라서 죄를 정하는 일은 혹 원망이 있을까 두렵다. 지금부터는 문하성(門下省)에서 거듭 취조하고 법령에 의거하여 사형이 합당하더라도 인정상 부득이한 연민의 정이 있을 수 있으니 마땅히 기록하여 보고토록 하라."

貞觀五年 張蘊古爲大理丞 相州人李好德[1]素有風疾 言涉妖妄 詔令鞫其獄 蘊古言 好德癲病有徵 法不當坐 太宗許將寬宥 蘊古密報其旨 仍引與博戲[2] 持書侍御史權萬紀劾奏之 太宗大怒 令斬於東市 既而悔之 謂房玄齡曰 公等食人之祿 須憂人之憂 事無巨細 咸當留應 今不問則不言 見事都不諫諍 何所輔弼 如蘊古 身爲法官 與囚博戲 漏洩朕言 此亦罪狀甚重 若據常律 未至極刑 朕當時盛怒 卽令處置 公等竟無一言 所司又不覆奏 遂卽決之 豈是道理 因詔曰 凡有死刑 雖令卽決 皆須五覆奏[3] 五覆奏自蘊古始也 又曰 守文定罪 或恐有冤 自今以後 門下

省覆 有據法令合死而情可矜者 宜錄奏聞

1) 李好德(이호덕) : 당시에 풍질(風疾 : 미치는 병)이 있던 사람. 기록이 없다.

2) 博戲(박희) : 쌍륙놀이를 하다.

3) 五覆奏(오복주) : 죄인을 5번 정도 취조하여 사실에 근거하여 아뢰는 것.

4. 장온고가 지어 올린 대보잠

장온고는 처음 정관 2년에 유주(幽州)의 총관부 기실(記室)에서 곧바로 중서성의 일을 겸하며 표(表)로 대보잠(大寶箴)을 올렸다. 그 문장의 뜻이 매우 아름다워 바르게 경계 삼을 만했다.

대보잠의 내용은 다음과 같다.

"현재는 다가오고 옛날은 지나가는데 엎드려 살피고 우러러 관찰하면 오직 군주만이 복을 내릴 수 있으니 군주가 되기란 진실로 어려운 일입니다.

하늘이 두루 덮고 있는 밑에 살며 신분이 고귀한 사람들의 위에 처하여, 토지를 맡겨서 소유지의 공물을 받고 또 관료들과 화락하여 그 뜻을 합창하게 합니다. 그러므로 두려워하는 마음이 날로 해이해지며 사특하고 사벽한 정은 더욱 방만해지니, 어찌 사건은 소홀한 것에서 야기되고 재앙은 생각이 없는 곳에서 일어나는 것을 알겠습니까?

진실로 성인(聖人)은 하늘의 명을 받아서 물에 빠진 백성을 구제하고 험난한 곳을 형통하게 하여 죄는 자신에게 돌아가게 하고 마음을 백성에게 의지합니다.

크게 밝은 것은 편벽되게 비추지 않고 지극히 공정한 것은 사사로이 친함이 없는 것으로, 한 사람이 천하를 다스리기는 하지만 천하로써 한 사람을 받들지는 않습니다.

예절로써 사치를 금지시키고 음악으로써 그 방일을 막고 좌사(左史)는 말을 기록하고 우사(右史)는 행동을 기록하고 밖으로 출행할 때는 엄숙함을 요하고 궁중으로 들어와서는 경비를 강화하는 것입니다.

네 계절은 그 쇠락과 탄생을 조화시키고 해와 달과 별은 그 얻고 잃음을 함께하는 것으로 우(禹)임금은 자신의 말이 법도가 되고 자신의 행동이 법률이 되기도 했습니다.

아는 것이 없다고 말하지 마십시오. 높은 곳에 있으면서 비천하다는 소리를 듣습니다. 무엇이 해롭다고 말하지 마십시오. 작은 것이 쌓이면 큰 것을 이루게 됩니다.

즐거움이란 극에 이르지 않아야 합니다. 즐거움이 극에 이르면 슬픔이 이루어집니다. 욕심은 방종하게 하지 않아야 합니다. 욕심이 방종해지면 재앙이 이루어집니다.

웅장한 구중 궁궐 안이라도 거처하는 곳은 무릎을 용납하는 데 지나지 않지만 저들은 어두워서 알지 못하여 누대를 옥으로 꾸미고 거실도 보옥으로 꾸밉니다. 8가지 산해진미를 앞에 차려 놓아도 먹는 것은 입에 맞는 몇가지에 지나지 않지만 망령됨을 발동하여 걸(桀)은 술지게미로 언덕을 만들고 술로 연못을 만들었습니다.

안으로는 여색에 빠지지 말고 밖으로는 사냥에 빠지지 마십시오. 얻기 어려운 재물을 귀하게 여기지 말고 망국(亡國)의 음악을 듣지 마십시오.

내심(內心)이 황폐해진 것은 인간의 본성으로 바꾸고 밖이 황폐해진 것은 인간의 욕심을 쏟아내 없애십시오. 얻기 어려운 물건은 사치스러운 것이고 나라를 망치는 음악은 음란한 것입니다.

자신이 존귀하다고 어진이를 능멸하고 선비를 모욕하지 말고 자신이 지혜롭다고 간언을 막고 자신을 뽐내지 마십시오.

듣건대 하나라 우임금은 한 번 식사할 때 여러 번 일어났고, 위(魏)나라 문제(文帝)는 신비(辛毗)가 옷자락을 잡고 간해도 중지하지 않았습니다.

저들이 누운 자리에서 잠 못 이루고 노고한 덕분에 봄볕 같고 가을이슬과 같은 것처럼 하고, 우뚝 솟아 넓고 넓은 한(漢)나라 고조(高祖)의 도량을 숭배하십시오. 모든 일을 추진할 때에는 엷은 얼음을 밟거나 깊은 물에 다다른 것 같이 하여 전전긍긍함이 주(周)나라 문왕(文王)의 소심함같이 하십시오.

'시경' 의 대아(大雅) 황의(皇衣)편에 '자식이 없고 아는 것이 없다.' 고 했고, '서경' 의 주서(周書) 홍범(洪範)편에는 '치우침이 없고 붕당이 없다.' 고 했습니다.

너와 나를 가슴속에서 하나로 하고 좋아하고 미워함을 마음속에서 버리십시오 모든 이가 버린 후에 형벌을 가하고 모든 이가 기뻐한 후에 상을 주십시오 그 강력한 것을 약하게 하고 그 어지러운 것을 다스리며 그 억울한 것을 펴 주고 그 굽어 있는 것을 바로잡으십시오

그러므로 말하기를 '작은 저울과 같고 큰 저울과 같으면 사물을 헤아려 정하지 않더라도 사물이 매달리면 가볍고 무거운 것이 스스로 결정된다. 맑은 물과 같고 거울과 같으면 사물의 형체를 보지 않더라도 사물이 비춰지면 아름답고 추한 것이 스스로 드러난다.' 고 했습니다.

흐리고 흐린 것을 탁하게 하지 말고 희고 흰 것을 맑게 하지 말고, 부끄럽고 부끄러운 것을 감추지 말고, 결백하고 결백한 것을 밝게 하지 마십시오.

비록 면류관에 늘어뜨린 주옥이 눈을 가릴지라도 형상이 없는 것은 볼 수 있으며 비록 귀막이 솜으로 귀를 막을지라도 소리 없는 것은 들을 수 있습니다.

마음을 담연한 지역에 놓아 두고 정신을 지극한 도의 정밀한 곳에 놓게 하십시오.

두드리는 자는 크고 작은 것에 따라서 소리의 효과를 내고 잔에 붓는 자는 얕고 깊은 것에 따라 다 가득 채우게 됩니다.

그러므로 말하기를 '하늘이 한번 맑음을 얻으면 땅은 한번 편안해지고 군주가 한번 바르게 하면 네 계절이 말하지 않아도 차례를 가늠하고 만물은 하는 일이 없어도 성공한다.' 고 했습니다. 어찌 제왕이 그의 힘을 두어서 천하가 화평해지는 것을 알겠습니까.

우리 군주께서는 어지러움을 다스리고 지혜와 힘으로 승리하여 백성이 그 위엄을 두려워하지만 그 덕은 사모하지 않습니다.

우리 황제께서는 나라의 운명을 어루만지고 맑은 풍속을 선동하

여 백성이 처음에는 고마워했지만 끝까지 보존하지는 못했습니다.

이에 밝은 도덕을 따라서 정신을 다하고 성품을 다하십시오. 백성을 마음으로 부리고 말씀은 행동으로 응대하십시오. 세상을 다스리는 방법을 포장하여 사령으로써 혹은 누르고 혹은 들추십시오. 천하가 공정해지면 한 사람에게 경사가 있어, 성대한 잔치를 베풀고 축원을 일으키며 거문고를 당겨서 시를 노래하시게 될 것입니다.

하루나 이틀이라도 이것을 생각하면 이에 이를 것입니다. 백성이 부르는 바는 하늘의 도움이 있습니다. 간하는 신하인 저는 곧 음을 맡아서 감히 앞서의 의혹을 아룁니다."

태종이 이 글을 아름답게 여기고 비단 3백 단을 하사하고 이어서 대리사승(大理寺丞)의 직책을 제수하였다.

蘊古初以貞觀二年 自幽州總管府記室兼直中書省表上大寶箴[1] 文義甚美 可爲規誡 其詞曰

今來古往 俯察仰觀 惟辟作福[2] 爲君實難[3] 宅普天之下 處王公之上 任土貢其所有[4] 且僚和其所唱 是故 恐懼之心日弛 邪僻之情轉放 豈知事起乎所忽 禍生乎無妄

固以聖人受命 拯溺亨屯 歸罪於己 因心於人 大明無偏照 至公無私親 故以一人治天下 不以天下奉一人 禮以禁其奢 樂以防其佚 左言而右事[5] 出警而入蹕[6] 四時調其慘舒 三光同其得失 故身爲之度 而身爲之律 勿謂無知 居高聽卑 勿謂何害 積小成大 樂不可極 極樂成哀 欲不可縱 縱欲成災 壯九重於內 所居不過容膝 彼昏不知 瑤其臺而瓊其室 羅八珍於前 所食不過適口 惟狂罔念 丘其糟而池其酒 勿內荒於色 勿外荒於禽 勿貴難得之貨 勿聽亡國之音 內荒代人性 外荒蕩人心 難得之物侈 亡國之聲淫 勿謂我尊而傲賢侮士 勿謂我智而拒諫矜己

聞之夏后[7] 據饋頻起 亦有魏帝[8] 牽裾不止 安彼反側 如春陽秋露 巍巍蕩蕩 推漢高[9]大度 撫玆庶事 如履薄臨深 戰戰慄慄 用周文[10]小心 詩云[11] 不識不知 書曰[12] 無偏無黨 一彼此於胸臆 捐好惡於心想 衆棄而後加刑 衆悅而後命賞 弱其强而治其亂 伸其屈而直其枉 故曰 如衡如石 不定物以數 物之懸者輕重自見 如水如鏡 不示物以形 物之鑒者姸

蟲自露 勿渾渾而濁 勿皎皎而淸 勿汶汶而闇 勿察察而明 雖冕旒蔽目
而視於未形 雖黈纊¹³⁾塞耳 而聽於無聲 縱心乎湛然之域 遊神於至道之
精 扣之者 應洪纖而効響 酌之者 隨淺深而皆盈 故曰 天之淸 地之寧 王
之貞 四時不言而代序 萬物無爲而受成 豈知帝有其力而天下和平

　吾王撥亂 戡以智力 人懼其威 未懷其德 我皇撫運 扇以淳風 民懷其
始 未保其終 爰述金鏡 窮神盡性 使人以心 應言以行 苞括理體 抑揚辭
令 天下爲公 一人有慶 開羅起祝 援琴命詩 一日二日 念茲在茲 惟人所
召 自天祐之 爭臣司直 敢告前疑
　太宗嘉之 賜帛三百段 仍授以大理寺丞

1) 大寶箴(대보잠) : 대보는 귀중한 보배. 곧 천자가 경계해야 할 잠언이라는 뜻.
　'주역'에 '성인의 대보는 위(位)이다.'라고 했다.
2) 惟辟作福(유벽작복) : '서경' 주서(周書) 홍범편에 있는 말이다.
3) 爲君實難(위군실난) : 공자가 노나라 정공(定公)에게 한 말. 위군난(爲君難).
4) 任土貢其所有(임토공기소유) : 토지를 맡겨서 공물을 받는다. '서경' 우공
　(禹貢)편에 있는 말. '임토작공(任土作貢)'.
5) 左言而右事(좌언이우사) : 좌사(左史)는 언어를 기록하고 우사(右史)는 행
　동을 기록한다.
6) 出警而入蹕(출경이입필) : 천자가 밖으로 나갈 때에는 경계하여 엄숙하게 하
　고 궁궐로 들어와서는 행동을 중지하는 것을 뜻한다.
7) 夏后(하후) : 하나라 우임금. 식사할 때 10번을 일어나 손님을 맞았다고 한다.
8) 魏帝(위제) : 위나라 문제(文帝). 문제가 기주(冀州)의 10만 호(戶)를 옮겨
　서 하남(河南)을 채우려 하자 신비(辛毗)가 간했다. 문제가 답하지 않고 일
　어나 안으로 들어가자 신비가 따라 들어가 문제의 옷깃을 잡으니 문제가 화
　를 냈다가 한참 있다 '그대는 나를 잡고 어찌 그리 급하게 하는가.'라 하고는
　이에 그 절반을 따랐다.
9) 漢高(한고) : 한나라 고조 유방(劉邦).
10) 周文(주문) : 주(周)나라 문왕(文王)인 창(昌)을 일컫는다.
11) 詩云(시운) : '시경' 대아 황의편의 시구.
12) 書曰(서왈) : '서경' 주서 홍범편의 구절.
13) 黈纊(주광) : 갓에 매달아서 두 귀 옆에 늘어뜨린 노란 솜으로 만든 귀막이.

5. 법에 저촉되더라도 살려 줘야 할 사람이 있다

정관 5년에 태종이 조서를 내렸다.

"경사(京師)에 있는 모든 관리는, 근래에 사형을 집행할 죄수를 결정하여 아뢸 때 비록 다섯 차례를 취조하고 말하지만 하룻날에 곧 끝마친다. 모두 상세하게 살필 겨를이 없는데도 5번 취조했다고 아뢰는 일이 무슨 보탬이 되겠는가? 비록 후회가 있어도 소용이 없다. 지금부터 경사에 있는 모든 관리는 사형수를 결정하여 아뢸 때, 3일 안에 다섯 차례 반복하여 취조해서 아뢰고 천하의 각 주(州)에서는 3번을 취조하여 아뢰도록 하라."

또 직접 조서를 써를 경계하였다.

"요사이 담당 관리들이 재판을 판결할 때 법령의 문구에만 매달린다. 비록 정상이 가히 연민의 정을 느끼게 하는 점이 있어도 감히 법을 어기지 못하고 있다. 법령에만 따라서 죄를 주면 혹 원망이 있을까 두렵다. 지금부터 문하성(門下省)에서는 법에 따르면 당연히 죽여야 할 사람이라도 정상이 가히 불쌍히 여길 자가 있으면 마땅히 그 실상을 기록하여 보고하도록 하라."

貞觀五年 詔曰 在京諸司[1] 比來奏決死囚 雖云五覆 一日即了 都未暇審思 五奏何益 縱有追悔 又無所及 自今後 在京諸司奏決死囚 宜三日中五覆奏 天下諸州三覆奏 又手詔勅曰 比來有司斷獄 多據律文 雖情在可矜 而不敢違法 守文定罪 或恐有冤 自今門下省復有據法合死 而情在可矜者 宜錄狀奏聞

1) 諸司(제사) : 모든 관리. 여기서는 옥사를 담당하는 모든 관리의 뜻.

6. 법은 획일적으로 적용해야 한다

정관 9년에 염택도행군총관(鹽澤道行軍總管) 민주도독(岷州都督) 고증생(高甑生)이 이정(李靖)의 군법을 어겨서 벌받고

또 이정이 반역을 꾀한다고 모함하였으나 잡혀서 사형을 감면받
고 변방으로 추방되었다.

이 때 태종에게 진언하는 자가 있었다.

"고증생은 옛날에 진왕부(秦王府)의 공신이니 청컨대 그의 잘
못을 너그럽게 용서해 주십시오."

태종이 대답했다.

"그가 진왕부에서 이룬 옛 공로는 진실로 잊지 않고 있다. 그러나
나라를 다스리고 법을 지키는 데는 일이 있으면 한결같이 획을 그
어야 한다. 지금 만약 사면시켜 주면 요행의 길을 열어 놓는 것이다.

국가가 태원(太原)에서 의로움을 세웠을 때 참가하여 전공을
세운 공로자가 매우 많다. 만약 고증생이 사면받는다면 누군들 온
당치 않은 것을 바라지 않겠는가. 공로 있는 사람은 다 법을 범하
게 될 것이다.

내가 반드시 사면하지 않는 이유는 이것을 염려해서이다."

貞觀九年 鹽澤道行軍總管 岷州[1]都督高甑生[2] 坐違李靖節度 又誣告
靖謀逆 減死徙邊 時有上言者曰 甑生舊秦府功臣 請寬其過 太宗曰 雖
是藩邸舊勞 誠不可忘 然理國守法 事須畫一 今若赦之 使開僥倖之路
且國家建義太原 元從及征戰有功者甚衆 若甑生獲免 誰不覬覦 有功之
人皆須犯法 我所以必不赦者 正爲此也

1) 岷州(민주) : 지금의 서화주(西和州)로 협서(陝西)에 소속되어 있다.
2) 高甑生(고증생) : 전하는 기록이 없다.

7. 위징이 상벌의 공정을 구한 상소

정관 11년의 특진관 위징이 상소하였다.

"신은 들었습니다. '서경(書經)'의 주서(周書) 강고(康誥)편
에 '덕을 밝히고 형벌을 삼가다.'라고 하였고, 우서(虞書) 순
전(舜典)편에는 '오직 형벌을 내릴 때는 불쌍하게 여겨야 한다.'
라고 하였고, '예기(禮記)'치의(緇衣)편에서는 '윗사람이 되어

섬기기 쉽고, 아랫사람이 되어 알기 쉬우면 형벌이 번거롭지 않다. 윗사람이 의심이 많으면 백성이 당혹스럽다. 아랫사람이 알기 어려우면 군장(君長)이 수고한다.' 라고 했습니다.

애초에 윗사람이 일을 쉽게 하면 아래에서 알기 쉽고, 군장은 수고하지 않고 백성은 당혹스럽지 않습니다. 그런 까닭에 임금에게 한결같은 덕이 있으면 신하에게 두 마음이 없게 됩니다. 위에서는 신하에게 충후한 성의를 보이고 신하는 군주에게 있는 힘을 다해 충성하면, 태평의 기초가 실추되지 않고 평화로운 세상을 구가(謳歌)함이 이로부터 일어날 것입니다.

지금 세상은 정도의 은혜가 중국뿐 아니라 사방의 미개인에게까지 미쳐, 폐하의 공적은 우주보다 높아서 마음 속으로 복종하지 않는 이가 없고 멀리까지 이르지 않는 나라가 없습니다.

그러나 폐하께서는 말씀을 문서에만 치중하고 뜻은 밝게 살피는 데에만 두어 형벌과 상을 행하시는 방법에 충분하지 못한 점이 있는 것 같습니다.

본래 형벌이나 포상의 근본은 선을 권하고 악을 징계하고자 하는 데에 있고, 제왕이 천하를 위해 한번 정하면 움직일 수 없는 법으로 귀하고 천하고 친하고 소원한 차이에 따라 가볍게 하거나 무겁게 하는 일이 생기지 않게 하는 데에 있습니다.

지금의 형벌과 포상은 그렇지 않습니다. 혹은 좋아하고 미워함에 따라 굽히고 펴는 일이 있고, 기쁘고 화내는 데 따라 가볍고 무거운 차이가 있습니다. 기쁠 때는 법 가운데에서 정상을 참작하고 노여울 때는 죄를 법률 밖에서 구합니다. 또 좋아할 때는 포상이 그 깃털에서 나오고 미워할 때는 형벌을 그 상처에서 구합니다.

죄를 상처자국에서 구하면 자주 형벌이 남용됩니다. 상이 깃털에서 나오게 되면 포상이 잘못됩니다. 형벌이 남용되면 소인(小人)의 도가 자라나게 되어 악한 자가 날뛰고, 상이 잘못되면 군자의 도가 소멸되어 행해지지 않습니다. 소인의 악이 징계되지 않고 군자의 선이 권장되지 않고, 세상이 바르게 다스려지고 형벌이 없어진다는 말을 들어보지 못했습니다.

여유 있게 고담준론을 논할 때는 공자나 노자(老子)의 도를 존중하지만, 위엄과 노여움이 미칠 때는 신불해(申不害)나 한비자(韓非子)의 가혹한 법을 쓰십니다.

유하혜(柳下惠)처럼 옳은 도를 행하려다 3번 쫓겨나도 개의치 않을 사람은 거의 없으며 사람(백성)을 위태롭게 하고 스스로 편안하려 하는 사람들은 많을 것입니다. 그러므로 도덕의 정신은 넓어지지 않고 각박한 풍조가 널리 퍼질 것입니다.

각박한 풍조가 널리 퍼지면 아래에서는 여러 가지 문제가 일어나고, 사람들이 다투어 시세에 따르게 되면 헌장(憲章)은 한결같지 않게 됩니다. 이것을 옛날 군주의 덕에 비교한다면 실로 군주다운 도를 일그러뜨린다고 할 수 있습니다.

옛날에 백주이(伯州犁)가 그 손을 위아래로 들어 가리킨 것에서 초나라의 국법이 잘못되기 시작했습니다. 또 한(漢)나라 때 장탕(張湯)이 그 마음속으로 경중을 논하여 한나라 조정에 형벌의 폐단이 있었습니다.

한 신하의 한쪽으로 치우친 일도 오히려 그 속임을 파헤치지 못하는 것인데 하물며 임금의 높고 낮음에 장차 어떻게 그 손발을 둘 수 있겠습니까?

임금의 총명이 깊숙하고 미세한 곳까지 밝히지 않음이 없으면 어찌 귀신(마음)이 이르지 못할 곳이 있으며 지혜가 통하지 못할 곳이 있겠습니까?

편안한 곳에 안주하면 형벌을 행하는데 구제를 생각하지 않게 되고, 즐거운 곳에서 즐기면 마침내 먼저 웃는 변화를 잊어버리게 됩니다. 재앙과 복은 서로 의지하며 길하고 흉한 것은 영역을 함께하는 것으로, 오직 사람이 그 결과를 부르는 것입니다. 어찌 생각하지 않겠습니까.

요즈음 폐하께서는 꾸중하는 일이 좀 많아졌고, 위엄과 노여움이 좀 심해진 듯합니다. 혹은 향응이 부족하다거나 혹은 영작(營作 : 공사하는 일)이 약간 틀리다거나 혹은 물건이 마음에 들지 않는다거나 혹은 사람이 명령에 따르지 않는다거나 하는 일들입니다. 이런 것들은 다 다스림에 있어서 급한 일이 아닌 데도 교만과 사치가 점점 깊어질까 두렵습니다. '귀함은 교만과 기약함이 없는 데도 교만이 스스로 오고, 부유함은 사치와 기약함이 없는 데도 사치가 스스로 온다.'는 말이 헛된 말이 아님을 알 수 있습니다.

우리 조정이 대(代)를 이을 수 있었던 것은 사실 수나라 조정이 있어서입니다. 수나라가 어지러워 멸망한 원인은 폐하께서 보아 잘 아시는 바입니다.

수나라가 당시의 창고에 저장했던 것과 오늘날 우리 당나라의 비축 물자를 비교해 보고, 수나라의 군사와 우리 군사를 비교해 보고, 수나라 백성의 숫자와 우리 백성의 숫자를 비교해 볼 때 길고 큰 것을 헤아려 보더라도 무슨 차등이 있습니까. 그런데 수나라는 부강했으면서도 멸망한 원인은 백성을 노역이나 전쟁을 위해 동원했기 때문이고, 우리 당(唐)나라는 빈궁(貧窮)한 데도 국가가 안녕한 이유는 백성을 조용하게 놓아 두어서입니다.

조용하게 놓아 두면 편안해지고 동원하여 사용하면 어지러워지는 것은 사람들이 다 아는 사실입니다. 숨어 있어 보기 어려운 것도 아니고 미묘하여 살피기 어려운 것도 아닙니다. 그런데도 평이한 도를 실행하는 자는 적고 실패의 길을 걷는 자가 많은 까닭은 무엇이겠습니까. 그것은 편안할 때 위험할 것을 생각하지 않고, 다스려질 때 어지러워질 것을 생각하지 않고, 존립할 때 멸망한다는 것을 염두에 두지 않아 스스로 불러들인 것입니다.

옛날 수(隋)나라가 아직 어지럽지 않았을 때는 반드시 어지러운 일이 없을 것이라 생각하고, 또 수나라가 아직 멸망하지 않았을 때는 절대로 멸망하는 일이 없을 것이라 생각했습니다. 그런 까닭으로 계속되는 전쟁을 위해 병력을 동원하고 거창한 토목 공사를 위해 백성의 노역을 그치지 않았습니다. 신하에게 피살될 즈음에도 멸망하게 된 까닭을 깨닫지 못했으니 슬픈 일이 아니겠습니까?

원래 얼굴이 아름다운가 미운가를 비춰 보려면 지수(止水 : 잔잔한 물)를 거울로 삼고, 나라의 편안과 위태로움을 비춰 보려면 반드시 망한 나라에서 그 원인을 취하는 것입니다. 그런 까닭으

로 '시경(詩經)' 대아(大雅) 탕(蕩)편에 '은나라 거울이 멀지
않아 하나라의 망한 것에 있다네.'라 했고, 빈풍(豳風) 벌가(伐
柯)편에 '도끼자루 베고 도끼자루를 베네. 그 방법이 멀리 있지
않네.'라고 했습니다.

신은 원하옵니다. 당금(當今)에 조용히 놓아 두고 동원하여 사
용하는 일에 대해 반드시 수나라를 생각하고 은나라를 거울 삼으
시면 보존되고 망하고 다스려지고 어지러워진 증거를 확실히 얻
어서 알 수 있을 것입니다.

만약 수나라가 위험하게 된 원인을 생각하신다면 편안해지고,
어지러워진 원인을 생각하신다면 다스려지고, 멸망한 원인을 생
각하신다면 오래 존립할 것입니다.

존망한 원인을 잘 알고 욕망을 절제하여 사람의 의견에 따르고,
수렵의 즐거움을 줄이고, 미려한 건물 짓는 일을 중지하고, 급하지
않은 일을 그만두고, 한쪽 말만 듣고 노여워하는 일을 삼가하고,
진실하고 정직한 사람을 가까이하고, 입끝으로만 번지르르하게 아
첨하는 무리를 멀리 하십시오. 귀를 즐겁게 하는 간사한 말을 거
절하고, 입에 쓴 충언을 달갑게 듣고, 기분을 맞추어 스스로 가까
워지려는 자를 멀리하고, 얻기 어려운 보물을 하찮게 여기십시오.

요순이 비방(誹謗)의 나무를 길에다 세우고 백성의 괴로운 사
정을 쓰게 한 방법을 가져다 쓰고, 우임금과 탕임금이 백성의 죄
를 자기의 죄라 한 일을 따르고, 한(漢)나라 문제가 열 집의 재산
에 상당하는 재물을 아깝게 여겨 건축을 중지한 것 같이 아끼고
백성의 마음을 따르십시오.

가까이는 자신에게 취하여 남을 용서하는 마음으로 모든 사물
을 대하십시오. 수고롭게 일하고 겸손하면 도움받을 수 있다고 생
각하고 스스로 만족하면 손해를 초래하지 않는 것입니다.

이렇게 되면 한번 움직이면 온 국민이 화합하고, 한 마디를 내면
천 리 먼 거리에서도 응하게 되니, 과거의 성왕(聖王)을 뛰어넘어
아름다운 이름을 후세에 남기실 수 있습니다. 이것은 성철(聖哲)
한 제왕의 위대한 법이며 제왕들의 위대한 업적으로, 이 이상은 없

습니다. 오직 이러한 일을 삼가고 지키셔야 할 뿐입니다.

원래 지키기는 쉽고 취하기는 어렵습니다. 그 어려운 일을 얻은 이상, 어찌 그 쉬운 것을 지키지 못하겠습니까. 혹 지키는 일이 견고하지 못한 이유는 교만과 사치와 방탕한 마음이 발동하기 때문입니다. 마지막 조심하기를 시작할 때와 같은 마음자세를 가지는 일에 게을리 하지 말아야 합니다. '주역'에 '군자는 편안할 때 위태함을 잊지 말고, 존립할 때 멸망을 잊지 말고, 치세에 난세를 잊지 말아야 이로써 몸이 편안하고 국가가 보전될 수 있다.'라고 하였습니다. 진실로 이 말은 깊이 음미하지 않을 수 없습니다.

삼가 생각건대, 폐하께서 선을 행하고자 하는 뜻은 예전과 조금도 다르지 않습니다만, 허물을 들으면 꼭 고쳐야겠다고 생각하시는 점에서는 이전보다 많이 감소된 것 같습니다. 만약 지금과 같은 태평무사한 때에 예전 창업 당시의 공손과 검소를 실행하신다면, 제왕으로서의 선(善)을 다하고 미(美)를 다하시는 일이 되어 진실로 더 말씀드릴 것이 없습니다."

태종이 깊이 이 상소문을 아름답게 여기고 받아들였다.

貞觀十一年 特進魏徵上疏曰

臣聞 書曰[1] 明德愼罰 惟刑恤哉 禮云[2] 爲上易事 爲下易知 則刑不煩矣 上人疑則百姓惑 下難知則君長勞矣 夫上易事則下易知 君長不勞 百姓不惑 故君有一德 臣無二心 上播忠厚之誠 下竭股肱之力 然後太平之基不墜 康哉之詠斯起

當今道被華戎 功高宇宙 無思不服 無遠不臻 然言尙於簡文 志在於明察 刑賞之用 有所未盡 夫刑賞之本 在乎勸善而懲惡 帝王之所以與天下爲畫一 不以貴賤親疎而輕重者也 今之刑賞 未必盡然 或屈伸在乎好惡 或輕重由乎喜怒 遇喜則矜其情於法中 逢怒則求其罪於事外 所好則鑽皮出其毛羽 所惡則洗垢求其瘢痕 瘢痕可求則刑斯濫矣 毛羽可出則賞因謬矣 刑濫則小人道長 賞謬則君子道消 小人之惡不懲 君子之善不勸 而望治安刑措 非所聞也 且夫暇豫淸談 皆敦尙於孔老[3] 威怒所至 則取法於申韓[4] 直道而行 非無三黜[5] 危人自安 蓋亦多矣 故道德之旨未弘 刻薄之風

已扇 夫刻薄旣扇 則下生百端 人競趨時 則憲章不一 稽之王度 實虧君道

　昔州犁上下其手 楚國之法遂差⁶⁾ 張湯輕重其心 漢朝之刑以弊⁷⁾ 以人
臣之頗僻 猶莫能申其欺罔 況人君之高下 將何以措其手足乎 以睿聖之
聰明 無幽微而不燭 豈神有所不達 智有所不通哉 安其所安 不以恤刑
爲念 樂其樂所 遂忘先笑之變 禍福相倚 吉凶同域 惟人所召 安可不思
頃者責罰稍多 威怒微厲 或以供帳不瞻 或以營作差違 或以物不稱心
或以人不從命 皆非致治之所急 實恐驕奢之攸漸 是知貴不與驕期而驕
自至 富不與侈期而侈自來 非徒語也

　且我之所代 實在有隋 隋氏亂亡之源 聖明之所臨照 以隋氏之府藏譬
今日之資儲 以隋氏之甲兵況當今之士馬 以隋氏之戶口校今時之百姓
度長比大 曾何等級 然隋氏以富强而喪敗 動之也 我以貧窮而安寧 靜
之也 靜之則安 動之則亂 人皆知之 非隱而難見也 非微而難察也 然鮮
蹈平易之塗 多遵覆車之轍 何哉 在於安不思危 治不念亂 存不慮亡之
所致也 昔隋氏之未亂 自謂必無亂 隋氏之未亡 自謂必不亡 所以甲兵
屢動 徭役不息 至於將受戮辱 竟未悟其滅亡之所由也 可不哀哉

　夫鑒形之美惡 必就於止水 鑒國之安危 必取於亡國 故詩曰⁸⁾ 殷鑒不
遠 在夏后之世 又曰⁹⁾ 伐柯伐柯 其則不遠 臣願當今之動靜 必思隋氏以
爲殷鑒 則存亡治亂 可得而知 若能思其所以危 則安矣 思其所以亂 則
治矣 思其所以亡 則存矣 知存亡之所在 節嗜欲以從人 省遊畋之娛 息
靡麗之作 罷不急之務 愼偏聽之怒 近忠厚 遠便佞 杜悅耳之邪說 甘苦
口之忠言 去易進之人 賤難得之貨 採堯舜之誹謗¹⁰⁾ 追禹湯之罪己¹¹⁾ 惜
十家之産¹²⁾ 順百姓之心 近取諸身 恕以待物 思勞謙以受益¹³⁾ 不自滿以
招損¹⁴⁾ 有動則庶類以和 出言而千里斯應¹⁵⁾ 超上德於前載 樹風聲於後
昆 此聖哲之宏規 而帝王之大業 能事斯畢 在乎愼守而已 夫守之則易
取之實難 旣能得其所以難 豈不能保而所以易 其或保之不固 則驕奢淫
泆動之也 愼終如始 可不勉歟 易曰¹⁶⁾ 君子安不忘危 存不忘亡 治不忘
亂 是以身安而國家可保也 誠哉斯言 不可以不深察也

　伏惟陛下欲善之志 不減於昔時 聞過必改 少虧於曩日 若以當今之無
事 行疇昔之恭儉 則盡善盡美矣 固無得而稱焉

　太宗深嘉而納用

1) 書曰(서왈) : '서경' 주서 강고편의 말과 우서(虞書) 순전(舜典)편의 말.

2) 禮云(예운) : '예기' 치의(緇衣)편의 문장.

3) 孔老(공로) : 공자와 노자(老子).

4) 申韓(신한) : 신불해(申不害)와 한비(韓非). 두 사람 다 전국 시대 형명(刑名)학을 발전시켰다.

5) 三黜(삼출) : '논어'에 나오는 말. '유하혜가 곧은 도로써 사람을 섬기는데 가서 3번 쫓겨나지 않음이 없었다.'고 했다.

6) 州犁~法遂差(주리~법수차) : '좌전' 양공(襄公) 26년에 나오는 이야기. 초나라와 진(秦)나라가 정(鄭)나라를 침범했다. 초나라 천봉술(穿封戌)이 정나라 황힐을 사로잡았는데 공자 어(公子圍)가 자신이 잡았다고 하여 서로 잡았다는 전공을 다투었다. 이에 백주리에게 공적을 가려 달라고 했다. 백주리는 손을 위로 올리면서 포로에게 이르기를 "이 사람은 왕자이고 나의 귀한 동생이다." 하고 손을 아래로 내리면서 "이 사람은 천봉술이고 한갓 성의 장관이다. 누가 너를 잡았느냐."하자 황힐은 공자 어에게 잡혔다고 하여 나온 이야기.

7) 漢朝之刑以弊(한조지형이폐) : '사기' 본전(本傳)에 나오는 이야기로 한나라 장탕이 그의 마음으로 죄의 경중을 논한 일.

8) 詩曰(시왈) : '시경' 대아(大雅) 탕편(湯篇)에 있는 말.

9) 又曰(우왈) : '시경' 빈풍(豳風) 벌가(伐柯)편에 있는 말.

10) 堯舜之誹謗(요순지비방) : 요임금과 순임금이 오거리에 비방하는 나무를 세워 두고 정치의 잘잘못을 기록하도록 한 일.

11) 禹湯之罪己(우탕지죄기) : '좌전'에 "우임금과 탕임금이 죄과를 자신에게 돌리자, 그 일어나는 것이 발연했다."고 했다.

12) 惜十家之産(석십가지산) : 열 가구의 재산을 아끼다. 한나라 때 문제(文帝)가 했던 일.

13) 勞謙以受益(노겸이수익) : '주역' 겸쾌(謙卦) 구삼(九三)효의 말.

14) 招損(초손) : '서경' 우서(虞書)에 '만초손 겸수익(滿招損謙受益)'이라 했다.

15) 出言而千里斯應(출언이천리사응) : '주역' 대전에 있는 말.

16) 易曰(역왈) : '주역' 문언(文言)전에서 비(否)괘 구오효(九五爻)의 말을 풀은 것.

8. 아랫사람의 죄를 상관에게 묻는다면…

정관 14년에 대주(戴州)자사 가숭(賈崇)의 부(部)에서 10가
지 죄악을 범한 자가 있어서 자사를 탄핵한 내용이 태종에게 보
고되었다.

태종이 주위 신하들에게 말했다.

"옛날에 요(堯 : 陶唐)임금은 대성인(聖人)이었고 유하혜(柳
下惠)는 큰현인이었는데도 요임금의 아들인 단주(丹朱)는 매우 어
리석었고 유하혜의 동생 도척(盜跖)은 아주 나쁜 사람이었다.

성인이나 현인의 가르침과 부자형제의 친함으로도 오히려 훈
도하고 변혁시켜 악을 버리고 선을 따르게 하지 못했다.

지금 자사를 파견하여 그 아랫사람들을 교화시키는데 모든 사
람을 다 좋은 길로 가게 하는 일을 어떻게 얻을 수 있겠는가?

만약 이런 원인으로 모두 직위를 강등시킨다면 혹 서로 죄인을
은폐시켜서 죄인이 없게 할까 두렵다.

모든 주(州)에서 10가지 악을 범한 자가 있거든 자사에게 연좌
시키지 않고 다만 분명하게 그의 죄과를 규명한다면 그러한 간악
한 죄인은 거의 없어질 것이다."

貞觀十四年 戴州刺史[1]賈崇[2] 以所部有犯十惡者 被刺史劾奏 太宗謂
侍臣曰 昔陶唐大聖 柳下惠大賢 其子丹朱甚不肖 其弟盜跖[3]爲巨惡 夫
以聖賢之訓 父子兄弟之親 尙不能使陶染變革 去惡從善 今遣刺史化被
下人 咸歸善道 豈可得也 若令緣此皆被貶降 或恐遞相掩蔽罪人 斯失 諸
州有犯十惡者 刺史不須從坐 但令明加紏訪科罪 庶可肅淸姦惡

1) 戴州刺史(대주자사) : 제북(濟北)의 땅으로 지금은 없어졌다.
2) 賈崇(가숭) : 전하는 기록이 없다.
3) 盜跖(도척) : '장자' 잡편에 "유하혜의 아우 이름은 도척인데 그는 큰도둑이
   었다."고 했다.

9. 재판관에게 공평에 힘쓰라고 경계하다

정관 16년에 태종이 대리경(大理卿) 손복가에게 말했다.

"갑옷 만드는 자는 갑옷이 굳고 단단하기를 바라면서, 자기가 만든 갑옷이 좋지 않아서 사람이 상처를 입을까 걱정한다.

화살 만드는 자는 화살이 날카롭기를 바라면서, 자기가 만든 화살이 나빠서 사람에게 상처를 입히지 못하면 어쩌나 걱정한다.

왜냐하면 세상 일에는 각각 담당자가 있고 그의 이익은 그 담당한 직무를 잘 처리하느냐 못 하느냐에 달려 있기 때문이다.

짐이 법관에게 형벌의 가볍고 무거운 상태를 물으면 법관들은 언제나 옛날보다는 관대하다고 대답한다. 나는 재판을 관장하는 법관이, 자신의 이익이 사람을 사형에 처하는 데 있고 사람을 혼내줌으로써 자신이 영달하고 평판이 높아진다고 생각할까 두렵다.

지금 내가 가장 근심하는 일은 바로 여기에 있다. 아무쪼록 자기의 영달을 위해 재판을 엄하게 하는 일이 없기 바라니, 관대하고 공평하게 재판하는 데 힘써야 할 것이다."

貞觀十六年 太宗謂大理卿孫伏伽[1]曰 夫作甲者欲其堅 恐人之傷 作箭者欲其銳 恐人不傷 何則 各有司存 利在稱職故也 朕常問法官刑罰輕重 每稱法網寬於往代 仍恐主獄之司 利在殺人 危人自達 以釣聲價[2] 今之所憂 正在此耳 深宜禁止 務在寬平

1) 孫伏伽(손복가): 무덕(武德) 초년에 3사(三事)를 상언(上言)하여 가납(嘉納)되었다. 정관 연중에 치서시어사(治書侍御史)에 제수되고 여러 번 대리경(代理卿)이 되었다.

2) 聲價(성가): 명성과 평가.

제32편 사면과 법령을 논하다
(論赦令第三十二 : 凡四章)

I. 사면은 되도록 단행하면 안 된다

정관 7년에 태종이 주위 신하들에게 말했다.

"천하에는 어리석은 사람이 많고 지혜로운 사람은 적다. 지혜로운 자는 악한 일을 즐겨 하지 않고 어리석은 사람은 범법행위를 좋아한다. 그리하여 사면하고 용서하는 은혜는 오직 법을 따르지 않는 자에게만 미치게 된다.

옛말에 이르기를 '소인의 행복은 군자의 불행이다.'라고 했다.

한 해에 두 번 사면하면 선한 사람은 입을 다문다고 했다. 또한 가라지(잡초)를 기르는 것은 곡식을 상하게 하고 간사한 자에게 은혜를 베푸는 것은 어진이를 해친다고 했다.

옛날에 문왕(文王)은 형벌을 만들 때 불효하고 우애 없는 사람은 사면하지 말라고 했다. 또 촉나라 유비(劉備)는 제갈량에게 말하기를 '내가 진원방(陳元方)과 정강성(鄭康成) 사이를 두루 돌면서 매번 하던 말을 살펴보면 다스려지고 어지러워졌던 도리는 갖추어져 있었으나 일찍부터 사면은 말하지 않았다.'라고 했다.

그러므로 제갈량이 촉나라를 다스리기 10년 동안 사면하는 일이 없었어도 촉나라는 크게 변화되었다. 양(梁)나라 무제(武帝)는 매년 자주 사면했는데 마침내 기울어 멸망하였다.

대개 작은 인(仁)을 꾀하는 자는 대인(大仁)의 적이다. 그러므로 나는 천하를 가진 이래로 절대로 사면하지 않았다.

지금은 온 천하가 안정되고 예절과 도의가 흥행하며 떳떳하지 못한 은혜는 헤아릴 것이 없다.

어리석은 사람은 항상 요행을 바라는 마음이 있다. 오직 범법행
위를 하고자 하며 그 허물을 고치려 하지 않을 것을 두려워한다."

貞觀七年 太宗謂侍臣曰 天下愚人者多 智人者少 智者不肯爲惡 愚
人好犯憲章 凡赦宥之恩 惟及不軌之輩 古語云 小人之幸 君子之不幸
一歲再赦 善人喑啞 凡養稂莠者傷禾稼 惠姦宄者賊良人

昔文王作罰 刑玆無赦[1] 又蜀先主[2]嘗謂諸葛亮曰 吾周旋陳元方 鄭康
成[3]之間 每見啓告 理亂之道備矣 曾不語赦 故諸葛亮理蜀十年 不赦而
蜀大化 梁武帝每年數赦 卒至傾敗

夫謀小仁者 大仁之賊 故我有天下已來 絶不放赦 今四海安寧 禮義
興行 非常之恩 彌不可數 將恐愚人常冀僥倖 惟欲犯法 不能改過

1) 刑玆無赦(형자무사) : '서경' 주서(周書) 강고(康誥)편의 문장으로 불효하
   고 우애하지 않는 자는 사면하지 말라는 말.
2) 先主(선주) : 촉(蜀)나라 유비(劉備)를 말한다.
3) 陳元方鄭康成(진원방정강성) : 원방의 이름은 기(紀)이고 강성은 이름이
   현(玄)이며, 둘 다 후한 때 사람이다.

2. 국가의 법령은 아주 간략해야 한다

정관 10년에 태종이 주위 신하들에게 말했다.

"국가의 법령은 까다롭지 않아야 하고 한 가지 죄에 여러 가지
조문을 만들어서는 안 된다. 격식이 많으면 관리들이 다 기억하
지 못하고 다시 간사한 것이 생길 수 있다.

만약 죄에서 빠져 나가게 하려면 가벼운 조문을 인용할 것이고,
만약 죄를 주고자 한다면 무거운 조문을 인용할 것이다.

법이 자주 변하면 다스리는 도리에 이익이 없다. 법령을 자세히
살펴서 중복되는 조문이 없게 해야 할 것이다."

정관 11년에 태종이 주위 신하들에게 말했다.

"천자가 내리는 조칙의 격식이 일정하게 정해져 있지 않으면

백성의 마음에 의혹이 많아지고 간사한 것이 더욱 발생할 것이다.
'주역'에 이르기를 '조서를 발포하니 그 큰호령이다.'라고 했
는데, 호령을 발동하고 명령을 시행하는 일은 땀이 몸에서 나와
한 번 나가면 돌아오지 않는 것과 같다는 말이다.

'서경'에 이르기를 '그대들은 명령을 신중하게 내려라. 한번
내린 명령은 꼭 시행하고 취소하는 일이 없도록 하라.'고 했다.

한나라 고조는 날마다 정무가 많아 여유가 없었다. 소하(蕭何)
는 낮은 벼슬아치에서 시작했으나 법령을 제정한 뒤에는 오히려
일정하게 되었다고 했다. 지금 마땅히 이러한 뜻을 자세히 생각
하고 가볍게 조칙을 발하는 일이 없어야 하며 반드시 살펴 정하
고 오래도록 법칙으로 삼아야 한다."

貞觀十年 太宗謂侍臣曰 國家法令 惟須簡約 不可一罪作數種條 格
式旣多 官人不能盡記 更生姦詐 若欲出罪 卽引輕條 若欲入罪 卽引重
條 數¹⁾變法者 實不益道理 宜令審細 毋使互文

貞觀十一年 太宗謂侍臣曰 詔令格式 若不常定 則人心多惑 姦詐益
生 周易稱 渙汗其大號²⁾ 言發號施令 若汗出於體 一出而不復也 書曰³⁾
愼乃出令 令出惟行 弗爲反 且漢祖日不暇給 蕭何起於小吏 制法之後
猶稱畫一 今宜詳思此義 不可輕出詔令 必須審定 以爲永式

1) 數(삭): 자주의 뜻.
2) 渙汗其大號(환한기대호): '주역' 환괘(渙卦) 구오(九五)효사. 환한은 조서
   나 칙명을 발포하는 것을 말한다. 땀이 한 번 나오면 들어가지 못하듯이 조서
   나 칙령을 한 번 발포하면 취소하지 못하고 반드시 시행해야 하므로 이르는 말.
3) 書曰(서왈): '서경' 주관(周官)편에 있는 말.

3. 내 한 여인으로서, 어찌 천하의 법을 어지럽히랴

장손황후가 병이 들어 점점 위독해졌다. 황태자 승건(承乾)이
황후에게 말했다.

"의원과 약을 다 사용했으나 존체(尊體)의 병이 낫지 않습니

다. 아버님께 아뢰어 죄수들을 사면하고 아울러 사람을 찾아 불
도에 들어가 복을 빌게 하도록 청하겠습니다."

장손황후가 말했다.

"죽고 사는 것은 운명이요, 사람의 힘으로 결정되는 일이 아니
다. 만약 복을 빌어서 생명을 연장할 수 있다면 나는 평소 나쁜 짓
을 하지 않았다. 만약 선을 행했어도 효험이 없다면 무슨 복을 구
하겠는가. 사면은 국가의 큰 일이다. 불도(佛道)는 군주께서 언
제나 다른 지방의 가르침으로 보고 항상 다스리는 요체에 폐해를
가져올까 근심하셨다. 어찌 나 하나의 부인네로 인하여 천하의 법
을 어지럽게 하랴. 너의 말에 따르지 않을 것이다."

長孫皇后遇疾 漸危篤 皇太子[1]啓后曰 醫藥備盡 今尊體不瘳 請奏赦
囚徒 幷度人入道[2] 冀蒙福祐 后曰 死生有命 非人力所加 若修福可延
吾素非爲惡者 若行善無效 何福可求 赦者 國之大事 佛道者 上每示存
異方之敎耳 常恐爲理體之弊 豈以吾一婦人而亂天下法 不能依汝言

1) 皇太子(황태자) : 승건(承乾) 태자를 말한다.
2) 入道(입도) : 불도(佛道)에 들어가다. 곧 절에 들어가 불공드리다.

제33편 공물과 세금을 논하다
(論貢賦第三十三 : 凡五章)

1. 특별한 것을 구하려 하지 말라

정관 2년에 태종이 조집사(朝集使 : 각 주에서 공물을 거두어 들이는 관리)에게 말했다.

"토지에 따라서 공물을 결정하는 일은 앞서의 전적(책)에 실려 있는데 주마다 마땅한 생산품을 조정에 바쳤다.

요사이 듣자니, 도독(都督)이나 자사(刺史)가 부당하게 명성을 드러내려고 그 땅에 부과된 물품의 질이 혹시 좋지 않을 것을 근심하여 경계를 넘어 밖에서 구하고 이것을 서로 모방하여 드디어 풍속이 되어서 백성을 지극히 수고스럽게 만든다고 한다.

이런 폐단을 고쳐 다시는 그렇게 하지 못하도록 명심하게 하라."

貞觀二年 太宗謂朝集使曰 任土作貢 布在前典 當州所産 則充庭實 比聞都督刺史 邀射聲名 厥土所賦 或嫌其不善 踰意外求 更相倣效 遂以成俗 極爲勞擾[1] 宜改此弊 不得更然

1) 勞擾(노요) : 피곤하게 하고 또 어지럽히다.

2. 앵무새를 숲속으로 돌려보내다

정관 연중에 임읍국(林邑國)에서 흰 앵무새를 바쳤다. 그 앵무새는 말을 잘하고 지혜로워서 사람들과 응답을 잘했는데 앵무새가 자주 고통스러워 하는 말을 하자 태종이 가엾게 여겼다.

그 사신에게 다시 주어서 숲속으로 돌려보내도록 영을 내렸다.

貞觀中 林邑國貢白鸚鵡 性辯慧 尤善應答 屢有苦寒之言[1] 太宗愍之
付其使 令還出於林藪
1) 苦寒之言(고한지언) : 고통스러운 말.

3. 아첨하지 말고 나를 바른길로 인도하라

정관 12년에 소륵국(疎勒國)과 주구파국(朱俱波國)과 감당국
(甘棠國)에서 사신을 파견하며 그 지방의 생산물을 바쳤다.

태종이 모든 신하들에게 말했다.

"지난날 중국이 편안치 못했을 때 일남국(日南國)이나 서역 나
라들의 조공사(朝貢使)가 또한 무슨 인연으로 이르렀으며 짐은
무슨 덕으로 이를 감당하겠는가? 이 변화된 속내를 뒤집어 보면
두려운 일이다.

근래 들어 천하를 통일하고 변방 지역을 개척한 자는 오직 진
시황과 한무제뿐이었다. 진시황은 포악하고 학정을 일삼아 자식
의 대에 이르러 망했다. 한무제는 교만하고 사치를 즐겨 국가가
거의 절망의 위기에 있었다.

짐이 삼척(三尺)의 칼을 들고 온 천하를 평정하니 먼 곳의 오
랑캐가 다 복종해 왔고 모든 백성이 다스려져 편안해졌다. 그러
므로 스스로 진시황이나 한무제에 뒤지지 않는다고 자부한다. 진
시황이나 한무제는 다 말년에 스스로 보호하지 못했다. 이런 이
유로 나는 매일 위험스러워지고 망하지 않을까 두려워하여 게을
러지지 않으려 노력하고 있다.

공들이 곧은말과 올바른 간언으로 잘못을 바로잡아 주고 올바
르게 도와줄 것을 기대한다.

오직 아름다움만 드러내고 나쁜 점은 숨겨서 함께 아첨하는 말
만 한다면 나라의 위태로움과 멸망을 서서 기다림과 같을 것이다."

貞觀十二年 疎勒朱俱波甘棠[1]遺使貢方物 太宗謂群臣曰 向使中國
不安 日南[2]西域朝貢使 亦何緣而至 朕何德以堪之 觀此翻懷危懼

近代平一天下 拓定邊方者 惟秦皇漢武 始皇暴虐 至子而亡 漢武驕奢
國祚幾絶 朕提三尺劍 以定四海 遠夷率服 億兆乂安 自謂不減二主[3]也
然二主末途 皆不能自保 由是每自懼危亡 必不敢懈怠 惟藉公等直言正
諫 以相匡弼 若惟揚美隱惡 共進諛言 則國之危亡 可立而待也

1) 疎勒朱俱波甘棠(소륵 주구파 감당) : 다 서역 나라의 이름. 소륵국은 장안에
   서 9천 여 리 떨어져 있으며 왕의 성은 배씨(裵氏)였다. 주구파국은 총령(葱
   嶺)의 서쪽에 있었다. 감당국은 대해(大海)의 남쪽에 있었다.

2) 日南(일남) : 남만국(南蠻國)이며 안남(安南)의 밖에 있었다.

3) 二主(이주) : 진시황과 한무제를 말한다.

4. 고구려에서 보낸 재물은 받아들이지 마십시오

정관 18년에 태종이 고구려를 정벌하려 했다. 그때 고구려의 최
고 대신 막리지(莫離支)가 사신을 파견하여 백금(白金)을 바쳤다.
황문시랑 저수량(褚遂良)이 간하여 말했다.

"막리지는 그 임금을 시해하여 동방의 오랑캐들도 용납하지 않
고 있습니다. 폐하께서는 군사를 일으켜 백성을 위로하고 토벌하
여 요동 사람들을 위해서 군주가 치욕받은 부끄러움을 갚아 주고
자 하십니다.

옛날에는 임금을 죽인 도적을 토벌하려면 그의 뇌물을 받지 않
았습니다.

옛날 송나라의 독(督)이 노나라 임금에게 고정(郜鼎)을 보내
자 노환공(魯桓公)이 태묘(太廟)에서 받았습니다. 이때 장애백
(臧哀伯)이 간하기를 '군주는 덕을 밝히고 잘못을 막아야 합니
다. 지금 덕을 없애고 잘못을 세워서 뇌물로 보낸 기물들을 태묘
에 안치하시면 모든 관료가 본받을 것이니 누구를 목 벨 수 있겠
습니까? 무왕이 상(商)나라 주(紂)왕을 이기고 구정(九鼎)을 낙
읍(雒邑)으로 옮기자 의사(義士)들이 잘못 되었다고 비난했습

니다. 하물며 반란을 밝히는 뇌물을 태묘 안에 안치한다면 무엇
을 뜻하는 것입니까?'라고 했습니다.

　대개 '춘추'에 쓰여 있는 내용은 모든 왕들이 취할 법칙입니다.
신하가 되지 않은 사람의 뇌물을 받고 임금을 죽인 자의 조공을
받아들이고도 이것을 허물로 여기지 않는다면 장차 무슨 명분으
로 정벌하시겠습니까. 신은 막리지가 헌납한 재물을 받아들이는
일은 합당하지 않다고 말씀드리겠습니다.”

　태종이 저수량의 말대로 하였다.

　貞觀十八年 太宗將伐高麗 其莫離支[1]遺使貢白金 黃門侍郞褚遂良
諫曰 莫離支虐殺其主 九夷[2]所不容 陛下以之興兵 將事弔伐 爲遼東之
人 報主辱之恥

　古者討弑君之賊 不受其賂 昔宋督[3]遺魯君以郜鼎 桓公[4]受之於大廟
臧哀伯[5]諫曰 君人者 將昭德塞違 今滅德立違 而寘其賂器於太廟 百官
象之 又何誅焉 武王克商 遷九鼎[6]於雒邑 義士[7]猶或非之 而況將昭違
亂之賂器 寘諸大廟 其若之何

　夫春秋之書 百王取則 若受不臣之筐篚 納弑逆之朝貢 不以爲愆 將
何致伐 臣謂莫離支所獻 自不合受 太宗從之

1) 莫離支(막리지) : 고구려 관직 이름. 정관 16년에 고구려 동부대인(東部大
　人) 연개소문(淵蓋蘇文)이 그의 왕 건무(建武)를 죽이고 왕의 동생의 아들
　인 장(藏)을 왕으로 세웠으며 스스로 막리지가 되었다. 막리지는 당나라의
　이부상서(吏部尙書)와 병부상서(兵部尙書)를 겸임한 것이다.

2) 九夷(구이) : 동방의 아홉 종족의 나라 이름. 견이(畎夷), 우이(于夷), 방이
　(方夷), 황이(黃夷), 백이(白夷), 적이(赤夷), 현이(玄夷), 풍이(風夷), 양
　이(陽夷). 또는 현토(玄菟), 낙랑(樂浪), 고구려, 만칙(滿飾), 부유(鳧臾),
　색가(索家), 동도(東屠), 왜인(倭人), 천도(天都)라고도 한다.

3) 宋督(송독) : 춘추 시대 송(宋)나라 대공(戴公)의 손자. 자는 화보(華父).

4) 桓公(환공) : 춘추 시대 노나라 임금이며 이름은 궤(軌)이다. 송독에게 고정
　(郜鼎)을 받아 주공의 사당인 태묘에 두었다. 고정은 고나라에서 만든 기물
　로 보배에 속한다.

5) 臧哀伯(장애백) : 노나라 대부 장손달(臧孫達)이다.
6) 九鼎(구정) : 은(殷)나라가 하(夏)나라 걸왕(桀王)을 정벌하고 얻은 기물
   로, 보배로 여겼다.
7) 義士(의사) : 백이와 숙제 등.

5. 고구려에서 보낸 미녀를 돌려보내다

정관 19년에 고구려왕 고장(高藏)과 막리지 연개소문이 사신
을 파견하여 두 명의 미녀를 바쳤다.

태종이 그 사신들에게 말했다.

"짐은 이 두 여인들이 그 본국의 부모형제 곁을 떠난 것을 불쌍
하게 생각한다. 만약 그녀들을 아낀다면 그녀들의 마음을 상하게
하는 일이니 나는 취하지 않겠다."

함께 물리쳐 고구려로 돌아가게 했다.

貞觀十九年 高麗王高藏¹⁾及莫離支蓋蘇文²⁾ 遣使獻二美女 太宗謂其
使曰 朕憫此女離其父母兄弟於本國 若愛其色而傷其心 我不取也 並卻
還之本國

1) 高藏(고장) : 고구려 28대 왕으로 마지막 왕. 연개소문이 영류왕(榮留王)을
   시해하고 고장을 왕위에 올렸다.
2) 蓋蘇文(개소문) : 연개소문으로 고구려의 대막리지. 고구려 5부의 한 사람이
   며 대신이 된 후 영류왕을 죽이고 보장왕을 내세워 국권을 장악하였다. 보장
   왕 4년에 요동에서 쳐들어 온 당태종의 17만 대군을 안시성(安市城)에서 격
   파하였다.

제34편 흥함과 망함을 변론하다
(辯興亡第三十四 : 凡四章)

1. 국운의 길고 짧음은 인의를 넓히는 데 있다

정관 초, 태종이 한가한 시간에 주위 신하들에게 말했다.

"주(周)나라 무왕은 은나라 주왕(紂王)의 혼란한 정치를 평정하고 천하를 두었으며, 진시황은 주(周)나라의 쇠약함을 기화로 드디어 여섯 나라를 삼켰다. 그들이 천하를 얻은 일은 다르지 않지만 나라의 운명이 길고 짧은 사실은 서로 현격하게 다르다."

상서우복야 소우(蕭瑀)가 앞으로 나아가 말했다.

"은나라 주왕은 무도하여 천하가 괴로워했으므로 8백 명이나 되는 제후들이 기약하지 않고도 맹진에서 모였습니다. 그러나 주 왕실은 미약했고 여섯 나라에는 아무런 죄가 없었는데도 진시황은 오로지 지혜와 힘으로 제후들을 잠식했습니다. 평정한 일은 비록 동일하지만 인정은 다른 것입니다."

태종이 말했다.

"그렇지 않다. 주(周)나라는 은(殷)나라를 이기고 나서 인의를 힘써 넓혔다. 진(秦)나라는 뜻을 얻자 오로지 거짓된 힘을 행했다. 다만 취한 데에 다름이 있는 것이 아니라 지키는 일도 동일하지 않았다. 국운의 길고 짧음이 뜻하는 바가 여기에 있는 것이다."

貞觀初 太宗從容[1]謂侍臣曰 周武平紂之亂 以有天下 秦皇因周之衰
遂呑六國 其得天下不殊 祚運長短 若此之相懸也 尙書右僕射蕭瑀進曰
紂爲無道 天下苦之 故八百諸侯不期而會[2] 周室微 六國[3]無罪 秦氏專

任智力 蠶食諸侯 平定雖同 人情則異 太宗曰 不然 周旣克殷 務弘仁義
秦旣得志 專行詐力 非但取之有異 抑亦守之不同 祚之脩短 意在玆乎

1) 從容(종용) : 한가한 모습.

2) 不期而會(불기이회) : 주나라 무왕이 은나라 주(紂)를 정벌할 때 8백 명의
   제후가 약속하지 않았는데도 맹진(孟津)에 모였다.

3) 六國(육국) : 제(齊) 초(楚) 연(燕) 한(韓) 위(魏) 조(趙)의 여섯 나라.

2. 백성이 부족한데 임금이라고 만족하겠습니까?

정관 2년에 태종이 황문시랑(黃門侍郞) 왕규에게 말했다.

"수나라 개황(開皇) 14년에 큰 가뭄이 들어 백성이 많이 궁핍
했다. 이때 창고에 곡식이 가득 있었으나 어려운 백성에게 나누
어 주지 않았으며 백성에게 걸식하러 다니게 했다.

수나라 문제(文帝)는 백성을 불쌍하게 여기지 않고 창고의 곡
식을 아껴서 말년까지 이르도록 했는데 천하의 여러 곳에 비축한
것이 5~60여 년을 공급할 수 있는 분량이었다.

양제(煬帝)는 이러한 풍부한 재력을 믿고 사치하고 호사하며
무도하게 행동하다가 드디어 멸망하는 데 이르렀다. 양제가 나라
를 잃은 것은 이것으로부터 말미암았다.

나라를 다스리는 자는 사람에게 투자하는 데 힘써야 하고 힘쓸
일이 그 창고를 채우는 데 있지 않다.

옛 사람이 이르기를 '백성이 부족하면 임금이라고 누구와 더불
어 만족하겠는가.' 라고 했다. 창고는 다만 흉년에 대비할 뿐, 이
밖에 무엇 때문에 번거롭게 저축할 것인가?

제왕의 뒤를 이을 자가 현명하면 스스로 능히 그 천하를 보존
한다. 제왕의 뒤를 이을 자가 어리석으면 창고에 많이 쌓는 일이
도리어 사치에 보탬이 되어 나라를 망치는 근본이 된다."

貞觀二年 太宗謂黃門侍郞王珪曰 隋開皇十四年大旱 人多飢乏 是時
倉庫盈溢 竟不許賑給 乃令百姓逐粮 隋文不憐百姓而惜倉庫 比至末年

計天下儲積 得供五 六十年 煬帝恃此富饒 所以奢華無道 遂致滅亡 煬
帝失國 亦此之由

凡理國者 務積於人 不在盈其倉庫 古人云[1] 百姓不足 君孰與足 但使
倉庫可備凶年 此外何煩儲蓄 後嗣若賢 自能保其天下 如其不肖 多積
倉庫 徒益其奢侈 危亡之本也

1) 古人云(고인운) : '논어' 안연편에서 유약(有若)이 노애공(魯哀公)에게 대
답한 말.

3. 은혜를 배신하고 의를 등진 자가 망하지 않겠는가?

정관 5년에 태종이 주위 신하들에게 말했다.

"하늘의 도는 선한 것에는 복을 주고 음란한 것에는 재앙을 주
니 사물에 그림자가 따라 다니는 것과 같다.

옛날에 계인(啓人 : 啓民可汗)이 나라가 망하자 수나라 문제에
게 투항했다. 수나라 문제는 곡식과 비단을 아끼지 않고 많은 군
사를 크게 일으켜 진영을 호위하고 편안하게 살게 하여 그의 지
위를 보존해 주었다.

뒤에 계민가한이 부강해졌는데 그 자손들은 수나라의 은혜를
갚을 생각은 하지 않고 겨우 허물에서 벗어나자 병사를 일으켜 안
문(鴈門)에서 수양제를 포위했다. 수나라가 혼란해지자 자신의
강력한 힘을 믿고 중국으로 들어와, 옛날에 자신들의 국가를 편
안하게 세워 준 자들에게, 자신과 자손들이 모두 힐리(頡利)에게
패망하게 하였다. 어찌 은혜를 배신하고 의리를 망각하여 불러 온
결과가 아니겠는가?"

모든 신하가 다 말했다.

"진실로 폐하의 말씀과 같습니다."

貞觀五年 太宗謂侍臣曰 天道福善禍淫 事猶影響 昔啓人[1]亡國來奔 隋
文帝不恡粟帛 大興士衆 營衛安置 乃得存立 旣而彊富 子孫不思念報德
纔至失脫 卽起兵圍煬帝於鴈門[2] 及隋國亂 又恃彊深入 遂使昔安立其國

家者 身及子孫 竝爲頡利破亡 豈非背恩忘義所至也 群臣咸曰 誠如聖旨

1) 啓人(계인) : 본래 돌궐(突厥)의 계민가한(啓民可汗)인데 태종의 휘를 피
   하여 계인이라고 했다.
2) 鴈門(안문) : 지금의 대주(代州)이고 복리(腹裏)에 소속되었다.

4. 자주 싸워 자주 승리하면 반드시 망한다

정관 9년에 북번(北蕃)에서 조정으로 돌아온 사람이 아뢰었다.

"돌궐 지역에 큰 눈이 내려 사람들이 먹을 것이 없어 굶주리고
양이나 말이 함께 죽었습니다. 중국 사람으로 그곳에 있는 자는 다
산으로 들어가 산적이 되었고 사람의 정이 크게 악해졌습니다."

태종이 주위 신하들에게 말했다.

"옛날 군주를 살펴보면 인과 의를 행하고 어진 인재를 임명하
여 다스렸고, 난폭하고 포악을 행하며 소인을 임명하여 실패했다.

돌궐에서 신임하는 자들을 그대들과 함께 보았지만 충성스럽
고 바른 자라고 선택할 만한 자가 없다. 힐리(頡利)는 백성을 근
심하지 않고 자기 멋대로 다스리고 있다.

짐이 인간의 일로 미루어 관찰해 볼 때 어찌 오래 지탱하겠는가."

위징이 앞으로 나아가 말했다.

"옛날에 위(魏)나라 문후(文侯)가 이극(李克)에게 묻기를 '제
후 중에서 누가 가장 먼저 망하겠는가?'라고 하자, 이극이 대답하
기를 '오(吳)나라가 제일 먼저 망할 것입니다.'라고 했습니다.

문후가 말하기를 '무슨 연유인가?'라고 묻자, 이극이 대답하기
를 '자주 싸워서 자주 승리했으니 자주 승리하면 군주가 교만해
지고 자주 전쟁을 하면 백성이 피곤해지는데 망하지 않고 무엇을
기대하겠습니까.'라고 했습니다.

힐리가 수나라 말기에 중국이 크게 혼란스러운 때를 만나서 많
은 군사를 믿고 안으로 침입했는데 지금까지 쉬지 않으니 이것이
곧 망하는 방법입니다."

태종이 매우 그러하다고 하였다.

貞觀九年 北蕃¹⁾歸朝人奏 突厥內大雪 人饑 羊馬竝死 中國人在彼者
皆入山作賊 人情大惡 太宗謂侍臣曰 觀古人君 行仁義 任賢良則理 行
暴亂任小人則敗 突厥所信任者 竝共公等見之 略無忠正可取者 頡利復
不憂百姓 恣情所爲 朕以人事觀之 亦何可久矣 魏徵進曰 昔魏文侯²⁾問
李克³⁾ 諸侯誰先亡 克曰 吳先亡 文侯曰 何故 克曰 數戰數勝 數勝則主
驕 數戰則民疲 不亡何待 頡利逢隋末中國喪亂 遂恃衆內侵 今尙不息
此其必亡之道 太宗深然之

1) 北蕃(북번) : 북쪽 돌궐의 나라.
2) 魏文侯(위문후) : 전국 시대 위나라 문후. 이름은 사(斯). 진(晉)나라 경(卿)
　인 환(桓)의 아들로 제후가 되었다.
3) 李克(이극) : 전국 시대 위나라 문후의 신하.

5. 탐하는 자는 스스로 자신의 살을 먹는 것과 같다

정관 9년에 태종이 위징에게 말했다.

"지금껏 주(周 : 後周)나라 역사와 제(齊)나라 역사를 읽었는
데 마지막으로 멸망한 왕들은 사나움이 많고 서로 비슷하였다.

제나라 왕은 너무 사치를 좋아하여 창고에 있는 재물을 거의 다
사용하였고 관문이나 시장에서 세금을 거두지 않음이 없었다.

짐은 항상 이에 대하여 말하기를 '탐하는 사람은 스스로 그 자
신의 살을 먹는 것과 같다.'고 했는데 살을 다 뜯어 먹으면 반드
시 죽게 되는 것이다.

군주가 세금 거두는 일을 그치지 않아 백성이 많이 피폐해지면
그 군주는 망하게 되니, 제나라 후주(後主)가 이런 사람이다.

천원(天元 : 後周의 宣帝)과 제나라 후주를 만약 비교한다면 누
가 더 용렬한가?"

위징이 대답했다.

"두 왕은 다 나라를 망친 일은 비록 동일하지만 그 행동은 다릅
니다. 제나라 후주는 나약하여 정치 논리가 나오는 곳이 많은 데
다 나라의 기강까지 없어서 드디어 멸망했습니다.

후주의 선제는 성질이 흉악하고 강폭하며 위엄과 복은 자신에
게 있었으므로 나라를 망친 일도 다 그 자신에게 있었습니다.
이러한 것으로 논한다면 제나라 후주가 용렬한 것입니다."

貞觀九年 太宗謂魏徵曰 頃讀周齊史[1] 末代亡國之王 爲惡多相類也
齊王[2]深好奢侈 所有府庫 用之略盡 乃至關市無不稅斂 朕常謂此猶如
饑人自食其肉 肉盡必死 人君賦斂不已 百姓旣弊 其君亦亡 齊主卽是
也 然天元[3]齊主 若爲優劣 徵對曰 二主亡國雖同 其行則別 齊主懦弱
政出多門 國無綱紀 遂至亡滅 天元性凶而强 威福在己 亡國之事 皆在
其身 以此論之 齊主爲劣

1) 周齊史(주제사) : 후주(後周)와 북제(北齊)의 역사.
2) 齊王(제왕) : 북제의 후주(後主)이며 이름은 위(緯)이고 세조(世祖)의 아
  들이다.
3) 天元(천원) : 후주(後周)의 선제(宣帝). 이름은 빈(贇)이며 자칭 천원황제
  (天元皇帝)라고 했다.

정관정요 제9권
〔貞觀政要 第九卷 : 凡二篇〕

제35편 정벌을 의논하다
(議征伐第三十五 : 凡十三章)

1. 그의 기본 의도를 무너뜨려야 한다

무덕 9년 겨울에 돌궐의 힐리가한과 돌리가한이 군사 20만 명을 이끌고 위수(渭水)에 있는 편교(便橋) 북쪽까지 이르렀다.

추수(酋帥 : 酋長) 집시사력(執矢思力)을 파견하여 당나라 조정의 사정을 염탐하게 했다. 집시사력이 자기네 힘을 과장하여 '힐리가한과 돌리가한이 백만 대군을 거느리고 왔다.'고 말하며 돌아가서 고할 대답을 달라고 했다.

태종이 말했다.

"나는 돌궐과 상면하고 화친을 맺었는데 너희는 그 화친을 어겼다. 우리가 화친을 어긴 일이 없는데 무엇 때문에 너희는 병사를 이끌고 우리의 수도 근처 고을에 들어와 힘을 과시하는가? 나는 먼저 너를 죽이겠다."

집시사력이 두려워하며 살려 달라고 청했다.

소우와 봉덕이 등이 집시사력을 사신의 예로써 돌려보내야 한다고 간하자 태종이 말했다.

"안 된다. 만약 살려서 돌려보내면 이 자는 돌아가서 내가 두려워한다고 말할 것이다."

이에 집시사력을 감옥에 가두고 태종이 말했다.

"힐리가한은 우리나라에 내란이 있다는 말을 듣고 또 짐이 이제 막 즉위했다는 말을 듣고 내게 저들을 막을 힘이 없다고 생각하여 병사들을 이끌고 이곳에 이르렀을 것이다. 짐이 만약 성문

을 닫고 지키기만 한다면 오랑캐들은 반드시 병사를 풀어서 마음
껏 노략질할 것이다. 지금 저들에게 강하고 약한 힘을 보여 주는
데는 한 가지 계책뿐이다.

짐이 지금 혼자 나가서 저들을 두려워하지 않음을 보여 주고 또
군사의 위용도 보여 주며 반드시 싸울 것이라는 의지를 보여 주
어야 한다. 저들은 예측하지 못한 뜻밖의 사태에 당황하여 그들
의 기본 의도가 어그러져 물러날 것이다. 흉노를 제압하여 굴복
시키려면 이 방법밖에 없다."

드디어 태종이 혼자 말을 타고 위수의 나루터에 나아가 위수를
사이에 두고 적과 마주하자 힐리가한은 예측하지 못한 뜻밖의 사
태에 당황했다.

한참 있다가 당나라의 육군(六軍 : 천자의 군사)이 계속해서 도
착했다. 힐리가한은 당나라 군사의 위세를 보고 또 집시사력이 구
금된 사실을 알고 나서 크게 두려워 동맹을 청하고 물러갔다.

武德九年冬 突厥頡利突利二可汗 以其衆二十萬 至渭水便橋[1]之北
遣酋帥執矢思力[2]入朝爲覘 自張聲勢云 二可汗總兵百萬 今已至矣 乃
請返命 太宗謂曰 我與突厥面自和親 汝則背之 我無所愧 何輒將兵入
我畿縣 自夸彊盛 我當先戮爾矣 思力懼而請命 蕭瑀封德彝等請禮而遣
之 太宗曰 不然 今若放還 必謂我懼 乃遣囚之

太宗曰 頡利聞我國家新有內難 又聞朕初卽位 所以率其兵衆 直至於
此 謂我不敢拒之 朕若閉門自守 虜必縱兵大掠 彊弱之勢 在今一策 朕
將獨出 以示輕之 且耀軍容 使知必戰 事出不意 乖其本圖[3] 制服匈奴
在玆擧矣 遂單馬而進 隔津與語 頡利莫能測 俄而六軍繼至 頡利見軍
容大盛 又知思力就拘 由是大懼 請盟而退

1) 渭水便橋(위수편교) : 위수의 편교. 한나라 무제(武帝) 초기에 편문교(便門
橋)를 장안성(長安城) 북면(北面) 서두문(西頭門)에 만들었는데 곧 평문(平
門)이다. 옛날에는 평(平)과 편(便)이 같은 글자였다. 이 때 다리를 만들어 위
수(渭水)를 건너서 무릉(茂陵)으로 갈 수 있었는데 이것을 편교라고 한다.

2) 酋帥執矢思力(추수집시사력) : 추수는 장수(長帥), 또는 추장의 뜻. 집시는

오랑캐의 성씨이고 사력은 이름이다.
3) 本圖(본도) : 그의 기본 계획. 기본 의도.

2. 덕으로 껴안으면 스스로 굴복해 온다

정관 초년에 영남(嶺南)의 모든 주(州)에서 아뢰기를 '고주 (高州)의 추장 풍앙(馮盎)과 담전(談殿)이 병사들의 힘을 믿고 모반하였습니다.'라고 했다.

장군 인모(藺謩)에게 조서를 내려서 강남(江南)과 영남(嶺南)에 속한 수십 주(州)의 병사를 징발하여 토벌하라고 했다.

이때 비서감(秘書監) 위징이 간했다.

"중국이 비로소 안정되었으나 전쟁의 상처는 복구되지 않았습니다. 영남 지방은 풍토병이 있으며 산이나 시내가 험하고 깊어서 병사는 멀리 가지 못하고 계속 이어지기도 어렵습니다. 혹시 전염병이라도 일어나면 마음먹은 대로 되지 않을 것이니 후회한다 해도 돌이킬 수 없습니다.

풍앙이 만약 반역했다면 아직 중국이 안정되지 않았으므로 먼 지방 사람들과 결탁하여 군사를 나누어서 험악한 곳을 끊어 놓고 주나 현을 파괴하고 빼앗아 자신의 관아를 배치했을 것입니다.

무슨 이유로 고변이 수년 동안이나 계속되었는데도 병사가 국경에 나타나지 않겠습니까? 이것은 모반 세력이 성립되지 않았다는 증거이며 군사를 일으켰다는 모습이 없는 것입니다.

폐하께서는 아직 사신을 파견하지도 않으셨습니다. 사신이 나아가 그곳을 관찰하고 돌아와서 조정에 그곳 사정을 보고해도 명백하게 알지 못할까 두렵습니다. 지금 사신을 파견하여 조정의 입장을 분명하게 알리신다면 군사를 일으키는 수고로움이 없어도 그들 스스로 조정으로 돌아올 것입니다."

태종이 위징의 말을 따랐으며 이에 영남 지방이 다 평온해졌다.

곁에서 모시던 신하가 아뢰었다.

"풍앙과 담전은 왕년에 항상 서로 침략했습니다만 폐하께서 한

명의 사신을 선발하여 보내니 영남 지방이 편안해졌습니다."

　태종이 말했다.

　"처음 영남의 여러 주에서 풍앙이 반역했다는 말이 무성하여 짐은 반드시 토벌하려 했다. 위징이 이때 자주 간하여 덕으로 껴안으면 반드시 토벌하지 않아도 스스로 복종하리라 했다. 그의 계책을 따라서 드디어 영남 지방이 무사하게 되었다. 병사를 피곤하게 하지 않고도 안정되었으니 이것은 10만 군사에게 승리한 것과 같다."

　이에 위징에게 비단 5백 필을 하사하였다.

　貞觀初 嶺南諸州奏言高州酋帥馮盎[1] 談殿[2] 阻兵反叛 詔將軍藺謩[3] 發江嶺[4] 數十州兵討之 秘書監魏徵諫曰 中國初定 瘡痍未復 嶺南瘴癘 山川阻深 兵遠難繼 疾疫或起 若不如意 悔不可追 且馮盎若反 卽須及中國未寧 交結遠人 分兵斷險 破掠州縣 署置官司 何因告來數年 兵不出境 此則反形未成 無容動衆 陛下旣未遣使人 就彼觀察 卽來朝謁 恐不見明 今若遣使 分明曉諭 必不勞師旅 自致闕庭 太宗從之 嶺表[5] 悉定

　侍臣奏言 馮盎談殿往年恒相征伐 陛下發一單使 嶺外恬然 太宗曰 初嶺南諸州盛言盎反 朕必欲討之 魏徵頻諫 以爲但懷之以德 必不討自來 旣從其計 遂得嶺表無事 不勞而定 勝於十萬之師 乃賜徵絹五百匹

1) 馮盎(풍앙) : 자는 명달(明達), 고주(高州) 사람. 수나라가 망하자 영남을 의지하고 있었다. 당나라가 흥하자 항복해 왔다. 고조가 월국공(越國公)에 봉했다.

2) 談殿(담전) : 사람의 성명. 영남을 의지하고 있었다. 자세한 기록이 없다.

3) 藺謩(인모) : 인은 성이고 이름이 모이다. 자세한 기록이 없다.

4) 江嶺(강영) : 강남(江南)과 영남(嶺南)의 뜻.

5) 嶺表(영표) : 영남(嶺南)을 지칭한다.

3. 임읍국(林邑國)을 정벌하라는 진언을 물리치다

　정관 4년에 담당 관원이 아뢰었다.

　"임읍국의 야만인이 받들어 올린 문서의 문구가 매우 불손하고 무례합니다. 군대를 파견하여 토벌하심이 좋을 것 같습니다."

이에 태종이 말했다.

"무기란 사람을 살상하는 흉악한 기구이기 때문에 부득이한 경우에만 써야 한다. 그러므로 한(漢)나라 광무제는 '매양 한 번 군대를 파견할 때마다 어느새 머리카락이 하얗게 되었다.'라고 말했다.

예로부터 전쟁을 좋아해서 필요 이상으로 무기를 사용하고 멸망하지 않은 나라가 없었다.

전진(前秦)의 부견(符堅)은 자기 병력의 강성을 믿고 반드시 진(晉)나라를 병탄하고자 백만 대군을 일으켰으나, 한 번의 대전으로 대패하여 나라가 멸망하였다.

수나라 양제는 기어이 고구려를 정벌하려고 해마다 수많은 백성을 동원해 싸움터로 몰아넣어 고역을 치르게 했으므로, 백성의 쌓인 원한을 이기지 못해 끝내 대수롭지 않은 신하에게 피살되었다.

돌궐의 힐리도 지금까지 때때로 우리나라를 침입했는데 저들 부락은 그 침략전쟁 때문에 지칠대로 지쳐 드디어 멸망하고 말았다.

짐은 지금까지 그 사실을 보아왔다. 그런데 어찌 쉽게 군사를 파견할 수 있겠는가. 더욱이 임읍국은 많은 험한 산을 넘어야 하고 그 토지에는 악성 풍토병이 많다. 만약 사랑하는 병사들이 전염병으로 쓰러지는 일이 생긴다면, 설령 그 만족(蠻族)을 쳐부수어 멸망시킨다 하더라도 그 손실을 보충하지는 못할 것이다. 언어상의 문제 따위를 어찌 마음에 두겠는가."

결국 임읍국의 토벌을 실행하지 않았다.

貞觀四年 有司上言 林邑[1]蠻國表疏不順 請發兵討擊之 太宗曰 兵者
凶器 不得已而用之 故漢光武[2]云 每一發兵 不覺頭髮爲白[3]

自古以來 窮兵極武[4] 未有不亡者也 符堅[5]自持兵彊 欲必吞晉室 興
兵百萬 一擧而亡 隋主[6]亦必欲取高麗 頻年勞役 人不勝怨 遂死於匹夫
之手 至如頡利 往歲數來侵我國家 部落疲於征役 遂至滅亡 朕今見此
豈得輒卽發兵 但經歷山險 土多瘴癘 若我兵士疾疹 雖剋翦此蠻 亦何
所補 言語之間 何足介意 竟不討之

1) 林邑(임읍) : 남만(南蠻)의 나라 이름. 점성(占城 : 잠바)이라고도 일컬어지

며, 잠족이 세운 나라. 지금의 월남에 있었다.

2) 光武(광무) : 후한(後漢)의 광무제(光武帝).

3) 每一發兵~爲白(매일발병~위백) : '후한서(後漢書)' 잠팽전(岑彭傳)에 "팽(彭)에게 내리는 칙서에 이르기를 '사람은 족함을 알지 못함을 괴로워한다. 이미 농(隴)을 평정하고, 다시 촉(蜀)을 바라본다. 한 차례 원정할 때마다 머리털과 수염이 하얗게 된다.'고 했다."라는 말이 있다.

4) 窮兵極武(궁병극무) : 끝까지 전쟁을 하여 필요 이상의 무력을 동원하다.

5) 苻堅(부견) : 진대(晉代)의 5호 16국(五胡十六國)의 하나인 전진(前秦)의 군주. 전연(前燕)을 멸망시키고 진(晉)나라 성도(成都)와 한중(漢中)을 취하고, 전한(前漢)과 싸워 이겨서 중국 북부를 통일했는데, 강성함을 믿고 동진(東晉)의 사현(謝玄) 등과 비수(淝水)에서 싸워 대패하였다. 뒤에 요장(姚萇)에게 살해되었다.

6) 隋主(수주) : 수양제(隋煬帝)를 말한다.

4. 귀속을 원하는 강국(康國)의 청을 허락하지 않다

정관 5년에 강국(康國)이 귀속시켜 달라고 청했다.

이때 태종이 주위 신하들에게 말했다.

"과거의 제왕들은 크게 영토를 확장하는데 힘써서 자신이 죽은 뒤의 헛된 명예만 구하고 실제로 자신에게는 아무런 이익도 없었으며, 백성만 전쟁을 치르기 위해 심한 괴로움을 겪어야 했다.

설령 자신에게 이익이 있다 하더라도 백성에게 해가 된다면 짐은 그런 짓을 하지 않을 것이다. 하물며 헛된 명예를 구하기 위해 백성에게 손해를 끼치는 경우에 있어서랴!

강국의 청원을 받아들여 우리나라에 귀속시킨다면, 만약 그 나라가 위급하거나 어려운 형편에 처했을 경우 도와 주지 않을 수 없다. 그렇게 되면 많은 병사를 만 리 머나먼 곳까지 출병시켜야 되는데, 어찌 백성을 괴롭히는 일이 아닐 수 있겠는가. 백성을 괴롭히면서까지 자신의 명예를 구하고자 하는 일은 짐이 바라는 바가 아니다. 귀속의 청원을 받아들일 수 없다."

貞觀五年 康國[1]請歸附[2] 時太宗謂侍臣曰 前代帝王 大有務廣土地
以求身後之虛名 無益於身 其人甚困 假令於身有益 於百姓有損 朕必
不爲 況求虛名而損百姓乎 康國旣來歸朝 有急難不得不救 兵行萬里 豈
得無勞於人 若勞人求名 非朕所欲 所請歸附 不須納也

1) 康國(강국) : 지금의 소련. 우즈벡 공화국의 도시인 사마르칸트에 해당하는
   지역. 한대의 강거국(康居國)의 후예라고 하는 설이 있다. 군주의 성은 온씨
   (溫氏)이다. 그 왕은 굴목지(屈木支)이다.
2) 歸附(귀부) : 지배 하에 두다. 곧 속국(屬國)이 되다.

5. 장사 때 공격하는 일은 무사의 예가 아니다

정관 14년에 병부상서 후군집(侯君集)이 고창국(高昌國)을
정벌하려고 군사를 이끌고 유곡(柳谷)에 도착했다.

척후병이 사정을 살피고 돌아와 말했다.

"고창왕 국문태가 죽었습니다. 날을 정하여 장례를 치르려고 온
나라 사람들이 다 모였습니다. 2천 명의 가벼운 기병으로 습격한
다면 완전히 승리할 수 있습니다."

부장 설만균(薛萬均)과 강행본(姜行本)도 다 그렇다고 했다.

그러나 후군집은 말하기를

"천자께서는 고창국이 교만하고 거만하다고 나에게 하늘이 내
리는 주벌을 공손히 행하라 하셨다. 묘지에서 장례 지내는 데 습격
한다면 무사라 할 수 없고 또한 죄를 묻는 군사의 행동이 아니다."
하고는 드디어 군대의 진군을 멈추고 기다렸다가 장사가 끝난 뒤
에 군사를 진격시켜 드디어 고창국을 평정하였다.

貞觀十四年 兵部尙書侯君集[1]伐高昌 及師次柳谷[2] 候騎言高昌王麴
文泰[3]死 剋日將葬 國人咸集 以二千輕騎襲之 可盡得也 副將薛萬均[4] 姜
行本[5]皆以爲然 君集曰 天子以高昌驕慢 使吾恭行天誅[6] 乃於墟墓間以
襲其葬 不足稱武 此非問罪之師也 遂按兵以待 葬畢 然後進軍 遂平其國

1) 侯君集(후군집) : 유주(幽州) 사람이며 영웅적인 재질이 있었다. 젊어서 진

왕(秦王)을 섬겼고 전쟁에 공로가 있었으며 태종이 즉위하자 이부상서가 되었다. 뒤에 승건(承乾)을 따라 계략을 세웠다가 일이 발각되 죽임을 당했다.

2) 柳谷(유곡) : 서역의 땅 이름.

3) 麴文泰(국문태) : 고창국의 왕으로 당나라 군사가 적구 땅에 이르렀다는 소식을 듣고 근심되어 어찌할 바를 모르다가 병들어 죽었다.

4) 薛萬均(설만균) : 돈황 사람. 설만철(薛萬徹)의 형이다. 고조가 무장의 재목으로 인정하여 상주국(上柱國)으로 제수하였다. 계략으로 두건덕을 이기고 돌궐을 침공하여 공을 세우고 장군으로 제수되었다.

5) 姜行本(강행본) : 이름은 확(確), 행본은 자다. 재간과 힘이 있어 선위장군(宣威將軍)이 되었다. 고창국을 평정한 공으로 금성군공(金城郡公)에 봉해졌다.

6) 天誅(천주) : 하늘을 대신하여 주벌(誅罰)하는 것.

6. 북방 야만족을 정벌하지 않고 화친책을 취하다

정관 16년에 태종이 주위 신하들에게 말했다.

"북적(北狄 : 북쪽 오랑캐)은 예로부터 대대로 중국 본토를 침입해서 난폭한 짓을 행했다. 지금 설연타(薛延陁)는 강력하고 복종하지 않으니 이에 대한 대책을 서둘러야 한다. 짐이 심사숙고한 결과 오직 2가지 방책이 있다.

10만의 정병을 선발하여 쳐부수고 포로로 잡아서 그 흉악한 자들을 완전히 소탕한다면 앞으로 백 년 동안은 우환이 없을 것이니, 이것이 그 한 가지 방책이다.

만약 저쪽에서 화친을 청한다면, 혼인의 인연을 맺을 것이다. 짐은 천하 만백성의 어버이다. 임시변통으로 만민에게 이익되는 일에 어찌 딸 하나를 아끼겠는가. 북적의 풍습은 주부의 권한이 강해서 무슨 일이든 주부의 주장에 좌우되는 일이 많다고 한다. 뿐만 아니라 내 딸이 자식을 낳는다면 내게는 외손자가 된다. 외손이라면 중국을 침략하지 않을 것이고 이렇게 판단하면, 국경 주변이 30년은 무사할 것이다. 이 2가지 방책 중 어느 쪽을 택하면 좋겠는가."

사공(司空) 방현령이 대답했다.

"수왕조의 큰 난리를 치른 후 백성의 태반이 아직 회복하지 못했습니다. 더구나 무기는 흉기요, 전쟁은 위험한 일이므로, 성인인 공자도 신중하게 대처해야 한다고 했습니다. 폐하께서 말씀하시는 화친 정책은 실로 천하 만민을 위해 더없이 다행한 일입니다."

貞觀十六年 太宗謂侍臣曰 北狄代爲寇亂¹⁾ 今延陁倔彊²⁾ 須早爲之所 朕熟思之 惟有二策 選徒十萬 擊而虜之 滌除凶醜³⁾ 百年無患 此一策也 若邃其來請 與之爲婚媾⁴⁾ 朕爲蒼生父母 苟可利之 豈惜一女 北狄風俗 多由內政⁵⁾ 亦旣生子 則我外孫 不侵中國 斷可知矣 以此而言 邊境足得三十年來無事 擧此二策 何者爲先 司空房玄齡對曰 遭隋室大亂之後 戶口太半未復 兵凶戰危 聖人所愼⁶⁾ 和親之策 實天下幸甚

1) 寇亂(구란) : 침략하여 난폭하게 굴다.
2) 延陁倔彊(연타굴강) : 연타는 철륵(鐵勒 : 勅勒)의 한 부족 이름. 설연타(薛延陁)라 한다. 굴강은 강하고 복종하지 않는다는 뜻.
3) 凶醜(흉추) : 악한 무리.
4) 婚媾(혼구) : 혼인의 인연을 맺다. 결혼하다.
5) 由內政(유내정) : 한 가정에서 주부의 권한이 크다는 말.
6) 聖人所愼(성인소신) : '논어(論語)' 술이편(述而篇)에 '삼가야 할 바는 재계와 전쟁과 질병'이라고 한 데서 기초한 말.

7. 전쟁을 중지하는 것이 진정한 무(武)이다

정관 17년에 태종이 주위 신하들에게 말했다.

"연개소문이 그 임금을 죽이고 국정을 빼앗은 일은 진실로 용서하지 못할 일이다. 오늘날 우리의 병력은 그들을 어렵지 않게 취할 만하지만 병력을 동원하지 않겠다. 다만 글안(契丹 : 거란)이나 말갈에게 고구려를 소란스럽게 하라고 시키는 일은 어떠한가?"

방현령이 대답했다.

"신이 옛날의 여러 나라를 관찰해 볼 때 강한 나라가 약한 나라를 능멸하고 수가 많은 나라가 수가 적은 나라에 폭력을 사용하지 않은 적이 없습니다.

지금 폐하께서는 모든 백성을 어루만지고 장수와 병사들은 용맹하고 날쌔 그 위력이 여유가 있어도 취하지 않는데, 이른바 '전쟁을 중지함이 진정한 무(武)가 된다.'고 생각하시기 때문입니다.

옛날에 한(漢)나라 무제는 자주 흉노를 토벌하였고 수나라 양제는 3번이나 요동을 정벌하여 백성은 가난해지고 나라는 패망한 실상은 이로 말미암은 것입니다. 오직 폐하께서는 자세히 살피셔야 합니다."

태종이 "그대의 말이 맞다."고 말했다.

貞觀十七年 太宗謂侍臣曰 蓋蘇文弑其主而奪其國政 誠不可忍 今日國家兵力 取之不難 朕未能卽動兵衆 且令契丹[1] 靺鞨[2] 攪擾之 何如 房玄齡對曰 臣觀古之列國 無不强陵弱 衆暴寡 今陛下撫養蒼生 將士勇銳 力有餘而不取之 所謂止戈爲武者也 昔漢武帝屢伐匈奴 隋主三征遼左 人貧國敗 實此之由 惟陛下詳察 太宗曰 善

1) 契丹(글안) : 동쪽의 오랑캐 종족. 원위(元魏) 때 글안이라고 불렀다. 몽고의 시라무렌 강 유역에 유목하고 있었던 부족. 10세기 초에 추장 야율아보기(耶律阿保機)가 요(遼)나라를 세웠는데 후에 금(金)나라에 멸망하였다.
2) 靺鞨(말갈) : 숙신(肅愼) 땅의 모든 부족. 흑수(黑水)에서 제일 강한 종족.

8. 요동을 건넌다면 고구려를 이길 수 있습니다

정관 18년에 태종이, 고구려의 막리지가 그 임금을 살해하고 백성에게 잔학하게 한다고 하여, 토벌할 것을 의논하였다.

간의대부 저수량이 앞으로 나아가 말했다.

"폐하께서 전쟁에 나아가 세우는 신기한 계책은 아무도 예측하지 못하는 일로 옛날 수나라 말기의 난리에서도 능히 도적들의 난리를 평정하셨습니다. 북적(北狄)들이 변방을 침략하고 서쪽 오랑캐들이 예를 범했을 때 폐하께서 장군에게 명령하여 토벌하려하자 모든 신하가 간곡히 간언했으나 폐하께서 밝은 계략으로 독단하시어 마침내 모두 주벌하셨습니다.

지금 듣자오니 폐하께서는 장차 고구려를 토벌하려 하신다는데 신들의 뜻은 혼란스럽기만 합니다.

폐하의 뛰어난 무용과 빼어난 명성은 북주(北周)나 수나라의 군주와 비교되지 않습니다. 병사들이 요동을 건넌다면 모름지기 이길 수 있겠으나 만약 이기지 못하면 먼 곳에 무력의 위용을 보일수가 없습니다. 그러면 반드시 크게 화내고 재차 많은 병력을 동원하실 것입니다. 이 지경까지 이르면 안위는 예측하기 어렵습니다."

태종이 그렇다고 시인하였다.

貞觀十八年 太宗以高麗莫離支賊殺其主 殘虐其下 議將討之 諫議大夫褚遂良進曰 陛下兵機神算 人莫能知 昔隋末亂離 克平寇難 及北狄侵邊 西蕃失禮[1] 陛下欲命將擊之 群臣莫不苦諫 唯陛下明略獨斷 卒並誅夷

今聞陛下將伐高麗 意皆熒惑[2] 然陛下神武英聲 不比周隋之主 兵若渡遼 事須剋捷 萬一不獲 無以威示遠方 必更發怒 再動兵衆 若至於此 安危難測 太宗然之

1) 西蕃失禮(서번실례) : 서쪽 오랑캐가 실례하다. 곧 침략해 오다.
2) 熒惑(형혹) : 재화나 병란의 조짐을 보인다는 별. 여기서는 혼란스럽다의 뜻.

9. 고구려를 정벌하려는 계획을 세우다

정관 19년에 태종이 고구려를 친히 정벌하려 하자 개부의동삼사(開府儀同三司) 울지경덕(尉遲敬德)이 태종에게 아뢰었다.

"황제께서 수레를 타고 스스로 요동으로 가신다면 황태자는 정주(定州)에서 국사를 담당해야 합니다. 낙양과 장안의 두 수도(首都)는, 궁중의 문서나 재보를 넣어 두는 곳이 있어서 비록 지키는 병사가 있다 하더라도 마침내는 텅 비게 됩니다.

요동은 길이 멀어서 양현감(楊玄感)과 같은 변고가 있을까 두렵습니다. 또 변방 모퉁이의 작은 나라는 만승(萬乘)의 천자께서 직접 수고할 필요가 없습니다. 만약 승리하더라도 무(武)로 삼기는 족하지 못합니다. 혹시 이기지 못하면 날개만 팔랑거렸다는 웃음거리가 될 것입니다.

엎드려 청하오니 어진 장수에게 맡겨 때에 순응하여 멸망시키십시오."

태종이 비록 울지경덕의 간언을 따르지는 않았으나 지식이 있는 자들은 옳다고 여겼다.

貞觀十九年 太宗將親征高麗 開府儀同三司尉遲敬德奏言 車駕¹⁾欲自往遼左 皇太子又監國²⁾定州 東西二京 府庫所在 雖有鎭守 終是空虛 遼東路遙 恐有玄感之變³⁾ 且邊隅小國 不足親勞萬乘 若克勝 不足爲武 儻不勝 翻爲所笑 伏請委之良將 自可應時摧滅 太宗雖不從其諫 而識者是之

1) 車駕(거가) : 임금이 타는 수레. 여기서는 임금의 행차를 뜻한다.

2) 監國(감국) : 국사를 담당하다.

3) 玄感之變(현감지변) : 수나라 양제 때 양제가 친히 고구려를 정벌하러 나섰는데 양현감(楊玄感)이 군사를 일으켜 낙양을 포위하였다. 이로 인하여 수나라가 패망의 길로 접어들었다.

10. 강하왕 이도종의 의견

예부상서(禮部尙書) 강하왕(江夏王) 이도종(李道宗)이 태종을 따라 고구려를 정벌하러 갔는데 태종이 조서를 내려 이도종과 이적(李勣)을 선봉(先鋒)으로 삼았다.

요수(遼水)를 건너서 개모성(蓋牟城)에 군진을 정했는데 적의 대병력을 만났다. 군중(軍中)이 깊은 도랑을 파고 험준한 땅에 의지하며 태종이 도착하기를 기다려 서서히 진격하려 하자 이도종이 의논했다.

"안 됩니다. 적들은 먼 곳에서 급하게 달려왔기 때문에 병사들이 피로해 있을 것입니다. 또한 많은 수를 믿고 우리를 가볍게 여길테니 한번 맞부딪쳐 싸우면 섬멸할 수 있습니다. 옛날 한(漢)나라 광무제 때 경감(耿弇)은 적들을 다 토벌하여 임금이나 아버지의 씨를 남겨 두지 않았습니다.

우리는 직책이 선봉에 있으니 마땅히 길을 깨끗이 하여 임금의 수레를 기다려야 합니다.”

이적이 크게 그의 의견에 동조하고, 굳세고 용맹스런 기병 수백 명을 인솔하여 곧바로 적진으로 뛰어들어가 좌우로 드나들었다. 이적이 군사를 이끌고 합동으로 공격하여 크게 쳐부수었다.

태종이 이르러서 많은 상을 내리고 노고를 치하했다.

도종은 군진에 있을 때 발을 다쳤는데 태종이 몸소 침을 놓아주고 군주가 먹는 음식을 하사하였다.

禮部尙書江夏王道宗 從太宗征高麗 詔道宗與李勣爲前鋒 及濟遼水 剋蓋牟城[1] 逢賊兵大至 軍中僉欲深溝保險 待太宗至 徐進 道宗議曰 不可 賊赴急遠來 兵實疲頓 恃衆輕我 一戰可摧 昔耿弇[2]不以賊遺君父 我旣職在前軍 當須淸道以待興駕 李勣大然其議 乃率驍勇數百騎 直衝賊陣 左右出入 勣因合擊 大破之 太宗至 深加賞勞 道宗在陣損足 帝親爲針灸 賜以御膳

1) 蓋牟城(개모성) : 지금의 개주(蓋州)이며 진동(鎭東)에 소속되었다.
2) 耿弇(경감) : 한나라 광무제 때의 장군이다. 자는 백소(伯昭)이다.

11. 병(兵)에 대한 방비를 게을리 해서는 안 된다

태종이 저술한 ‘제범(帝範)’에 이렇게 씌어 있다.

“군대와 무기는 나라의 흉기다. 토지가 비록 넓다고 해도 싸움을 좋아하면 백성이 쇠약해진다. 지금 중국의 국경이 비록 편안하더라도 전쟁을 잊으면 백성이 위태롭게 된다.

쇠약함은 보전의 방법이 아니고, 위태로움은 적과 견주는 방법이 아니다. 군대와 무기는 완전히 제거할 수도 없고 항상 사용할 수도 없다. 농사 짓는 틈틈이 무를 익히는 일은 위의를 익히는 것이다. 3년마다 대대적인 훈련을 실시하는 일은 등렬(等列 : 대오)을 정비하는 것이다.

월왕(越王) 구천(句踐)은 개구리에게 식(軾)함으로써 드디어
패업을 이루었고, 서(徐)나라 언왕(偃王)은 무를 버림으로써 마
침내 나라를 잃었다. 무엇 때문인가? 월나라는 그 위의를 익혔고,
서나라는 그 방비를 잊었기 때문이다.

공자께서 '가르치지 않고 전쟁에 내보낸다면 곧 백성을 버리는
일이다.'라고 말했다. 그래서 '주역'에 '호시(弧矢 : 활쏘기)의
위엄을 세워서 천하를 이롭게 한다.'고 했는데 이것이 군사와 무
기를 사용하는 기틀이다."

太宗 帝範¹⁾曰 夫兵甲者 國家凶器²⁾也 土地雖廣 好戰則人凋 中國雖
安 忘戰則人殆 凋非保全之術 殆非擬寇³⁾之方 不可以全除 不可以常用
故農隙講武 習威儀也 三年治兵 辨等列⁴⁾也 是以勾踐軾蛙⁵⁾ 卒成霸
業 徐偃棄武⁶⁾ 終以喪邦 何也 越習其威 徐忘其備也 孔子曰⁷⁾ 以不敎人
戰 是謂棄之 故知 弧矢之威⁸⁾ 以利天下 此用兵之職也

1) 帝範(제범) : 당태종(唐太宗)이 저술한 책. 정관 32년에 제왕의 모범이 될
   만한 사적(事迹)을 적어서 태자에게 내려준 책이다. 군체(君體) 건친(建親)
   구현(求賢) 심관(審官) 납간(納諫) 거참(去讒) 계영(戒盈) 숭검(崇儉) 상
   벌(賞罰) 무농(務農) 열무(閱武) 숭문(崇文)의 12편으로 이루어졌다.

2) 凶器(흉기) : 사람을 살상하는 나쁜 기구(器具). '노자(老子)' 31장에 '병
   (兵)은 불상(不祥)의 기구요, 군자의 기구가 아니다.' 하였고, '국어(國語)'
   월어하(越語下)에는 '병(兵)은 흉기다.' 라고 하였다.

3) 擬寇(의구) : 군비가 갖추어진 위세를 적에게 보이다.

4) 等列(등렬) : '대오'와 같다.

5) 勾踐軾蛙(구천식와) : 월왕(越王) 구천(勾踐 : 句踐)이 오(吳)나라를 정벌
   하고자 할 때, 개구리가 수레 앞에서 노하여 배를 불뚝 내밀고 있는 광경을
   보고, 개구리의 의연함에 감탄하여 개구리에게 식(軾 : 수레 위에서 행하는
   경례)의 예를 갖추어 병사들의 사기를 북돋우었다는 고사(故事)에서 나온
   말. '한비자(韓非子)' 내저설(內儲說) 상편(上篇)에 보인다.

6) 徐偃棄武(서언기무) : 주나라 목왕(穆王) 때, 서(徐)나라는 제후국(諸侯
   國)이었음에도 불구하고 스스로 왕을 일컬어 언왕(偃王)이라 하였다. 이를

패씸하게 여긴 목왕이 초(楚)나라에 명하여 서(徐)나라를 정벌하게 하였다. 이에 언왕은 '문덕(文德)에 의뢰하여 무비(武備)를 분명히 하지 않았으므로 이 지경에 이르렀다.'고 한탄하면서 마침내 멸망하였다.

7) 孔子曰(공자왈) : '논어' 자로편(子路篇)에 있는 말.

8) 弧矢之威(호시지위) : '역경(易經)' 계사전 하(繫辭傳下)의 '호시(弧矢)의 이(利)로써 천하를 위협하다.'라는 말에서 나왔다. 호시(弧矢)는 궁시(弓矢)와 같다. 궁시의 이기(利器)로써 천하의 악인을 위협한다는 뜻.

I2. 방현령이 고구려 정벌을 반대한 상소

정관 22년에 태종이 거듭 고구려를 정벌하고자 했다. 이 때 방현령은 병상(病床)에 누워 위독한 지경에 있었다. 그런데도 그의 아들들을 돌아보면서 말했다.

"지금은 천하가 평화롭고 모든 일이 잘 되어 가고 있다. 다만 천자께서 동쪽에 있는 고구려를 정벌하고자 하시는데 그만두지 않으면 반드시 국가의 해가 될 것이다. 내가 이런 사실을 알면서도 말하지 않는다면 마음에 한을 품은 채 땅 속에 묻히게 된다."

기어이 상표문(上表文)을 올려 태종에게 간했다.

"신은 듣기를 '군대는 무기를 거두어들이지 않는 것을 미워하고, 무력은 창을 그치는 것을 귀하게 여긴다.'고 합니다. 지금의 세상은 폐하의 덕화가 먼 곳이라도 미치지 않는 곳이 없습니다.

상고 시대에는 신하로 받들지 않던 나라도 폐하께서는 모두 신하로 삼으셨고, 제어하기 어렵던 이민족도 모두 제어하셨습니다.

자세히 고금의 역사를 관찰하건대, 중국의 근심거리로 돌궐보다 더한 것이 없었습니다. 그들을, 폐하께서는 움직이지 않고 신묘한 책략을 운용하여 궁중 밖을 나가 정벌하는 수고 없이 크고 작은 가한(可汗 : 돌궐의 추장)들을 항복하게 하셨습니다. 지금도 금위(禁衛)의 호위를 분담하여 창을 들고 대열에 끼어 있습니다.

그 뒤 설연타가 맹위를 떨쳤지만 얼마 못 가서 전멸되었습니다. 철륵은 폐하의 은의를 사모해 중국에 귀속하여 주현(州縣)의 설치를 원했습니다. 사막 이북은 만 리에 걸쳐 티끌 하나 일어나지 않는 상태입니다. 고창국이 멀리 유사(流砂) 일대에서 반역하였고 토곡혼이 적석산(積石山) 일대의 쥐구멍에서 노려보았으나 일부 군대를 파견했을 뿐으로, 어느 곳이나 다 평정하셨습니다.

그런데 고구려는 역대에 걸쳐 주벌(誅伐)에서 벗어나, 그들을 토벌하지 못했습니다. 폐하께서는 그들이 반역하여 난리를 꾸미고 주군을 죽이고 백성을 학대함을 꾸짖기 위해, 친히 대군을 인솔하여 문죄(問罪)의 군을 일으켜 열흘도 지나지 않아 요동(遼東)과 갈석(碣石) 지역을 점령하셨습니다.

전후의 포로가 수십만이었는데 그들을 여러 주에 분배하여 어느 곳을 가나 그 포로로 꽉 차 있습니다. 수대(隋代) 이래 중국에 쌓였던 치욕을 씻고 지난날의 산처럼 쌓였던 전사자의 유해를 매장하셨습니다. 그 공덕을 비교한다면 전체 제왕들의 만 배에 이릅니다. 그것은 밝은 폐하께서 스스로 잘 알고 계시는 일이므로 저 같은 미천한 신하가 자세하게 이야기할 것은 아닙니다.

폐하의 인자한 은혜는 나라 안 구석구석까지 미치고, 그 효(孝)의 덕은 하늘에 짝하여 빛나십니다. 오랑캐가 멸망할 기미가 틀림없이 보인다며 몇 해 뒤에 있을 일을 지적하시고, 장수에게 명령을 내릴 때는 만 리 먼 곳에서 전쟁할 것을 결정하셨습니다.

손꼽아 척후병을 기다리고 뛰어난 계산으로 정보를 살펴 결과에 부응하는 모습은 마치 신령 같고 계략은 조금도 틀림이 없으십니다. 대열 중에서 장수 재목을 발탁하고, 보통 사람들 사이에서 인재를 찾아내십니다. 먼 나라에서 온 이민족의 사자라도 한 번 보고 잊지 않으시며, 하급 관리의 이름도 단번에 기억하여 다시 묻지 않으십니다.

쏘는 화살은 일곱 겹 갑옷의 속을 꿰뚫고, 활은 여섯 균(鈞 : 1 균은 30근)의 강궁(强弓)을 당기십니다.

그뿐 아니라 고대의 전적(典籍)에 관심을 가지고 시가(詩歌)나 문장에도 뜻을 두어 필적은 옛날 종요(鍾繇)와 장지(張芝)를 앞서고, 문장은 한(漢)나라의 가의나 사마상여에 앞서십니다. 문필이 이미 진동하였고 음악이 스스로 고르게 되었으며 가볍게 쓰고 잠깐 휘갈겨도 꽃들이 다투어 만발합니다. 만백성에게는 자애가 깊고, 모든 신하를 예우하고, 작은 선행도 칭찬하고, 법망(法網)은 관대하게 하여 마음대로 사람을 벌주지 않으셨습니다.

귀에 거슬리는 간언도 반드시 듣고, 교묘하게 남을 모함하는 말은 딱 잘라 거절하고, 생명을 좋아하는 덕은 강이나 호수를 막고 물고기 잡는 일을 금하셨습니다. 또한 살생을 미워하는 인자한 마음은 도살장에서 칼을 휘두르지 못하게 하셨습니다.

오리와 학이 벼와 기장을 먹는 은혜를 입고 개와 말은 휘장과 덮개를 덮는 은혜를 입었습니다. 일부러 수레에서 내려 화살에 맞아 다친 이사마(李思摩)의 고름을 빨아 주셨으며, 위징의 집까지 행차하여 위징의 관 앞에서 그의 죽음을 조상하셨습니다.

전몰한 졸병들을 제사하여 곡할 때는 그 슬픔이 전군을 통곡시켰고, 요동(遼東)의 싸움에서는 사졸과 함께 나무섶을 져다가 진창길을 메워 하늘과 땅을 감동시키셨습니다.

백성의 생명을 귀중히 여기는 마음에서 특히 형옥(刑獄)에 신중을 기하셨습니다.

신은 병 때문에 마음이 혼미한데 어찌 폐하의 위대한 성덕의 깊고 먼 것을 논하겠으며 하늘의 덕이 높고 큰 것을 어떻게 다 입에 담을 수 있겠습니까?

폐하께서는 제왕으로서의 모든 좋은 점을 완전히 갖추고 계십니다. 그러므로 신은 이번 고구려 정벌에 대하여, 깊이 폐하를 위해 애석하게 여기며 거듭 말씀드리고 아껴서 말씀드리며 보배로 여깁니다.

'주역(周易)' 건(乾)괘 문언(文言)에는 '나아갈 줄 알면서 물러설 줄 모르고, 보존함을 알면서 망함을 모르고, 얻는 것을 알면서 잃는 것을 모른다.'고 하였습니다. 또 '진퇴와 존망을 알면서 그 정(正)을 잃지 않는 자는, 오직 성인뿐인져!' 라고 하였습니다.

이에 의하여 말씀드리면, 나아감에는 물러남의 뜻이 있고, 존재하는 것은 망하는 기틀이며, 얻는 것은 잃는다는 이치입니다. 노신이 폐하를 위해 애석하게 여기는 이유는 이러한 이치를 생각하기 때문입니다.

노자(老子)가 '족함을 알면 치욕스럽지 않고, 부끄러움을 알면 위태롭지 않다.' 라고 하였습니다. 신의 생각으로는 폐하의 위명과 공덕은 충분히 족하고, 영토를 확장하고 경계를 넓히는 일도 그만 그칠 때라고 여깁니다.

저 고구려는 까마득하게 먼 변경의 보잘것 없는 이민족의 나라로, 인의의 도로써 대우할 상대도 아니고 정상적인 이치로써 책할 만한 상대도 아닙니다. 예로부터 물고기와 자라로 길렀으니 마음대로 활약하게 놓아두십시오. 만약 그들을 멸족시키려 하신다면, 짐승도 쫓기다 궁지에 몰리면 돌아서서 물어뜯듯 고구려도 반드시 완강하게 저항할 것입니다.

폐하께서는 사형수를 재결하실 때에도 반드시 3번 조사하고 5번 아뢰게 하여 절대로 틀림 없다고 판단될 때 비로소 사형에 처하십니다. 그 집행하는 날에는 고기 없는 소식(素食)을 올리게 하고 음악을 금하여, 사람의 목숨은 소중하다는 거룩한 자애심으로 사람들을 감동시키셨습니다.

하물며 병사들은 아무런 죄도 없고 이유도 없이 전쟁터로 내몰려 칼날 아래 목숨을 잃어, 그들의 간과 뇌는 진창에 짓밟히고 그 혼백은 갈 곳이 없습니다. 그들의 늙은 아버지나 어린 자식, 남편 잃은 아낙과 인자한 어머니들은 관을 실은 수레를 바라보며 눈물 짓고 남은 뼈만 끌어안고 가슴을 두드립니다. 이렇게 된 많은 백성의 슬픔이 모이는 곳은 반드시 음양의 변화가 생겨 날씨가 불순해지고 농사는 흉작이 되어 온 천하의 원한이 될 것입니다.

병기는 흉기이고 전쟁은 위험한 것입니다. 그러므로 부득이한 경우에 한해서 써야 합니다.

가령 고구려가 신하로서의 절의를 잃어 어긋났다면 폐하께서 주벌하셔도 상관 없습니다. 고구려가 중국을 침략하여 백성을 괴롭힌다면 폐하께서 멸하셔도 상관 없습니다. 고구려가 영원히 중국의 근심거리가 된다면 폐하께서 제거하셔도 상관 없습니다.

그 중 어느것 하나라도 있다면, 비록 우리 병졸을 하루에 만 명을 죽이는 전쟁을 한다 해도 부끄러운 행위가 아닙니다.

그러나 지금은 그 3가지 조목에 해당하는 행위가 하나도 없습니다. 다만 중국을 번거롭게 하여, 안으로 막리지에게 죽은 고구려의 옛 군주를 위해 한을 풀어 주고, 밖으로는 막리지가 신라를 침략한 일에 대하여 복수해 준다는 이유뿐입니다. 어찌 얻는 이익은 적고 손실은 지나치게 크다고 하지 않을 수 있겠습니까.

원하옵건대, 폐하께서는 황조(皇祖)인 노자(老子)의 지족(止足)의 계(誡)를 따라 만세(萬世)에 걸쳐서 높고 높게 빛날 명예를 보전하십시오. 내리는 비와 같은 은혜를 발하고, 관대한 조서를 내려 봄볕의 따뜻한 은택을 베풀어 고구려를 용서해서 새롭게 만드십시오. 바다에 띄워 놓은 큰 선단(船團)을 불사르고, 모집한 병졸들을 고향으로 돌려보내십시오. 그렇게 하면 자연히 중국도 이민족도 모두 폐하를 따르고, 먼 곳에 있는 나라도 조용해지고 가까운 국내도 평화로워질 것입니다.

신은 노병 중에 있는 3공(三公)으로서 생명이 경각을 다툽니다. 다만 유감은, 저의 티끌 같고 이슬 같은 작은 힘이 폐하의 바다 같고 산 같은 위대한 덕에 조금의 도움도 되지 못하는 것입니다.

삼가 죽음에 임하여 남은 목숨이 끝날 때까지, 사후에 풀을 묶어 생전의 은혜를 갚았다는 옛날 위무자(魏武子)가 아끼던 첩의 노부(老父)의 정성을 미리 대신하고자 합니다. 만약 죽음에 임한 이 가련한 울부짖음이 받아들여진다면 신은 죽더라도 뼈가 썩지 않을 것입니다."

태종은 이 상표를 읽고 탄식하였다.

"이 사람은 이처럼 위독한 상태에 있으면서도 나라를 걱정하고 있다. 비록 간하는 말을 따르지는 않겠지만 좋은 계책이다."

貞觀二十二年 太宗將重討高麗 是時 房玄齡寢疾增劇 顧謂諸子曰 當今天下淸謐 咸得其宜 唯欲東討高麗 方爲國害 吾知而不言 可謂銜恨入地 遂上表諫曰

臣聞兵惡[1]不戢 武貴止戈 當今聖化所覃 無遠不曁 上古所不臣者 陛下皆能臣之 所不制者 皆能制之 詳觀古今 爲中國患害 無過突厥 遂能坐運神策 不下殿堂 大小可汗 相次束手 分典禁衛 執戟行間 其後延陀鴟張 尋就夷滅 鐵勒慕義 請置州縣 沙漠已北 萬里無塵 至如高昌叛渙於流沙 吐渾首鼠於積石 偏師薄伐 俱從平蕩 高麗歷代逋誅 莫能討擊 陛下責其逆亂 殺主虐人 親總六軍 問罪遼碣 未經旬日 卽拔遼東 前後虜獲數十萬計 分配諸州 無處不滿 雪往代之宿恥[2] 掩崤陵之枯骨[3] 比功校德 萬倍前王 此聖主所自知 微臣安敢備說

且陛下仁風被於率土 孝德彰於配天 覘夷狄之將亡 則指期數歲 授將帥之節度 則決機萬里 屈指而候驛 視景而望書 符應若神 算無遺策 擢將於行伍之中 取士於凡庸之末 遠夷單使 一見不忘 小臣之名 未嘗再問 箭穿七札[4] 弓貫六鈞[5] 加以留情墳典 屬意篇什 筆邁鍾張 詞窮賈馬[6] 文鋒既振 則宮徵[7]自諧 輕翰暫飛 則花葩競發 撫萬姓以慈 遇群臣以禮 褒秋毫之善 解吞舟之網 逆耳之諫必聽 膚受之愬斯絶 好生之德 禁障塞於江湖 惡殺之仁 息鼓刀於屠肆 鳧鶴荷稻粱之惠 犬馬蒙帷蓋之恩 降尊吮思摩之瘡[8] 登堂臨魏徵之柩[9] 哭戰亡之卒 則哀動六軍[10] 負填道之薪[11] 則情感天地 重黔黎之大命 特盡心於庶獄 臣心識昏憒 豈足論聖功之深遠 談天德之高大哉

陛下兼衆美而有之 靡不備具 微臣深爲陛下惜之 重之 愛之 寶之 周易曰[12] 知進而不知退 知存而不知亡 知得而不知喪 又曰 知進退存亡而不失其正者 其惟聖人乎 由此言之 進有退之義 存有亡之機 得有喪之理 老臣所以爲陛下惜之者 蓋謂此也 老子曰[13] 知足不辱 知恥不殆 臣謂陛下威名功德 亦可足矣 拓地開疆 亦可止矣

彼高麗者 邊夷賤類 不足待以仁義 不可責以常理 古來以魚鱉畜之 宜從闊略 必欲絶其種類 深恐獸窮則搏 且陛下每決死囚 必令三覆五奏 進素食 停音樂者 蓋以人命所重 感動聖慈也 況今兵士之徒 無一罪戾 無故驅之於戰陣之間 委之於鋒刃之下 使肝腦塗地 魂魄無歸 令其老父孤兒 寡妻慈母 望轊車而掩泣 抱枯骨而摧心 足變動陰陽 感傷和氣 實天下之冤痛也 且兵 凶器 戰 危事 不得已而用之 向使高麗違失臣節 而陛下誅之 可也 侵擾百姓 而陛下滅之 可也 久長能爲中國患 而陛下除之

可也 有一於此 雖曰殺萬夫 不足爲媿 今無此三條 坐煩中國 內爲舊主
雪怨 外爲新羅報讎[14] 豈非所存者小 所損者大

　願陛下遵皇祖老子止足之誡 以保萬代巍巍之名 發霈然之恩 降寬大
之詔 順陽春以布澤 許高麗以自新 焚凌波之船 罷應募之衆 自然華夷
慶賴 遠肅邇安 臣老病三公 朝夕入地 所恨竟無塵露微增海岳 謹罄殘
魂餘息 豫代結草之誠 儻蒙錄此哀鳴 卽臣死骨不朽

　太宗見表 歎曰 此人危篤如此 尙能憂我國家 雖諫不從 終爲善策

1) 惡(오) : 미워하다.

2) 雪往代之宿恥(설왕대지숙치) : 지나간 대의 묵은 치욕을 씻다. 수문제 18년
에 고구려가 요서 지방을 침략해서 양양(楊諒)을 보내 공격했으나 이기지 못
했고 수양제 6년에 고구려왕에게 조회에 들어오라고 했으나 오지 않았다. 8
년에 천하의 병사를 이끌고 왕이 친히 공격했으나 성공하지 못했고 내호아와
우문술 등이 대패했다. 9년에 다시 직접 정벌했으나 정복하지 못했다. 10년
에 다시 침공하여 고구려왕을 조회에 불렀으나 오지 않은 일 등.

3) 掩崤陵之枯骨(엄효릉지고골) : ‘좌전’ 희공(僖公) 33년에 진(晉)나라 사람
과 강융(姜戎)이 진(秦)나라 군사와 효 땅에서 싸워서 패배시켰다. 문공(文
公) 3년에 진백(秦伯)이 진(晉)나라를 침략했는데 황하를 건너서 타고 간
배를 불사르고 왕관 땅을 빼앗고 교외까지 취하여 원수를 갚았다.

4) 箭穿七札(전천칠찰) : 찰(札)은 갑(甲)이다. 양유기(養由基)가 활을 쏘아
갑옷 일곱 겹을 뚫다.

5) 弓貫六鈞(궁관육균) : ‘좌전’에 ‘정공(定公) 8년에 노(魯)나라가 제(齊)나
라를 정벌하는데 병사들이 모두 안고(顏高)는 활 여섯 균을 벌린다.’고 했다.

6) 賈馬(가마) : 한(漢)나라 때 문장가 가의(賈誼)와 사마상여(司馬相如).

7) 宮徵(궁치) : 음악을 뜻한다.

8) 吮思摩之瘡(윤사마지창) : 당태종이 이사마의 고름을 빨아낸 일.

9) 臨魏徵之柩(임위징지구) : 위징의 관 앞에 당태종이 도착하여 곡한 일.

10) 哀動六軍(애동육군) : 고구려와 치른 전쟁에서 죽은 군사들을 위해 당태종
이 요동에서 통곡한 일.

11) 負塡道之薪(부전도지신) : 정관 19년에 태종이 요동을 건너는데 늪 속에 마
차가 빠져서 나아가지 못하자 직접 병사들과 나무를 베어서 길을 메운 일.

12) 周易日(주역왈) : '주역' 건괘(乾卦) 문언전(文言傳)의 문장.

13) 老子日(노자왈) : '노자'에 있는 문장.

14) 新羅報讎(신라보수) : 신라를 위하여 원수를 갚다.

13. 충용서씨(充容徐氏)의 상소문(上疏文)

정관 22년에 군대를 여러 차례 움직이고 궁실을 여러 차례 건축하여 백성이 자주 피로해지고 고달팠다.

충용(充容) 서씨(徐氏)가 상소를 올려 간했다.

"정관(貞觀) 이래로 20여 년 동안 바람이 고르게 불고 비가 고르게 내려 해마다 풍년이 들었으며 백성에게 수해나 가뭄의 피해가 없었고 나라에는 굶주리고 추위에 떠는 재앙이 없었습니다.

옛날 한(漢)나라의 무제(武帝)는 선대의 갖추어진 법을 계승한 보통 임금이었으나 오히려 각옥(刻玉)의 부표를 올렸습니다. 제(齊)나라 환공(桓公)은 작은 나라의 평범한 군주였는데 오히려 금을 녹여서 바르고 제사 지내는 일을 도모하였습니다.

폐하께서는 공을 미루어 자신을 낮추고 덕을 사양하여 쌓지 않고, 억조 백성이 마음을 쏟아도 태산에 고하는 예를 행하지 않았으며, 운운산(云云山)이나 정산(亭山)에서 기다려 배알할 때도 승중(升中)의 예절을 펴지 않으셨습니다. 이러한 공덕은 모든 왕들이 깊이 음미할 만하고 천대(千代)를 망라할 수 있는 일입니다.

옛 사람이 '비록 용서할 것이라도 용서하지 말라.'라고 한 말은 진실이 있습니다.

지키고 보전하는 일을 완비하지 못한 것은 성인이나 철인이라도 드물게 겸비했습니다. 업적이 큰 자는 교만하기 쉽다는데 폐하께서는 어렵게 여기시고, 처음을 잘하는 자가 끝까지 잘하기 어렵다는데 폐하께서는 쉽게 행하시리라는 사실을 잘 알고 있습니다.

간절히 요사이 몇 년을 살펴보니 부역과 전쟁이 함께 묶여져 동쪽으로는 요동으로 가는 군대가 있었고 서쪽으로는 곤륜산(崑崙山)의 전쟁이 있었습니다.

병사와 말들이 갑옷과 투구에 지쳐 있고 배와 수레는 실어나르
느라 고달퍼졌습니다. 또 불러 모은 군사는 병기를 던지고 떠나
거나 머무르는 데 죽음을 생각하는 고통이 있으며 바람과 풍랑으
로 사람들이 표류하거나 빠질 위험이 있습니다.

한 지아비가 힘써 농사를 지어도 해마다 수십 석의 수확을 얻
지 못하는데 한 척의 배가 파손되면 수백 석의 곡식을 쏟아 버립
니다. 이것은 운명적으로 한계가 정해져 있는 농사의 공력으로 끝
이 없는 거대한 파도를 메우는 것이며, 얻을 수 없는 다른 나라의
백성을 얻으려다가 이미 이루어진 우리의 군대를 잃는 일입니다.

비록 흉악한 것을 제거하고 포악을 정벌하는 일이 나라의 떳떳
한 법이라지만 함부로 전쟁을 일으켜 병사를 훈련시키는 일은 앞
서간 철인(哲人)들이 경계한 일입니다.

옛날에 진시황은 여섯 나라를 병탄하여 도리어 나라의 기틀이
위험해지는 시기를 재촉했으며, 진(晉)나라 무제(武帝)는 위
(魏) 촉(蜀) 오(吳)의 세 나라를 두었으나 번복되어 패망하는 업
적을 이루었습니다.

어찌, 공로를 믿고 거대함을 믿어 덕을 버리고 나라를 가볍게
여겼으며 이익을 도모하고 해로움을 잊었으며 정을 마음대로 하
고 욕심을 마음껏 한 것이 아니겠습니까?

멀고 먼 천지 사방이 비록 넓어도 그 망하는 나라를 구제하지 못
했고 소란스러운 백성은 폐단으로 인하여 재앙만 이루었습니다.

이로써 땅이 넓다고 항상 편안한 술책이 아니고 백성의 힘든 고
통은 어지러움이 일어나는 근원임을 알 수 있습니다.

원컨대 폐하께서는 은택과 은혜를 베풀어 백성에게 노역의 번
거로움을 덜어 주어 비와 이슬 같은 은혜를 보태 주십시오.

첩(妾 : 저)은 또 듣기를, 정치하는 근본은 무위(無爲 : 하는 일
이 없는 것)의 다스림을 귀하게 여긴다고 합니다. 개인적인 소견
으로 볼 때 토목 공사는 겸하여 이룰 수 없다고 봅니다. 북쪽 궁
궐이 건축되었을 때 남쪽에 취미궁(翠微宮)을 지었고, 일찍이 시
절을 넘기지 않고 옥화궁(玉華宮)의 건축을 시작했습니다.

건축하는 수고로움이 아니더라도 공력의 낭비가 있습니다. 비록 띠풀로 지붕을 덮는 검소함을 보여도 오히려 나무나 돌을 나르는 번거로움을 일으키게 됩니다. 가령 고용에 응한 백성을 취할지라도 번거롭고 소란스러운 폐단이 없지 않습니다.

낮은 궁전과 검소한 궁실은 성스런 왕들의 편안한 곳이요, 금으로 만든 궁전이나 옥으로 장식한 요대는 교만한 군주의 화려함을 뽐낸 곳입니다.

그러므로 도(道) 있는 군주는 편안한 것으로써 백성을 편안하게 하고 도 없는 군주는 즐거움으로써 자신을 즐겁게 합니다.

원컨대 폐하께서 백성을 부리되 때에 알맞게 하시면 백성의 노동력은 고갈되지 않을 것이며, 사용하되 휴식을 취하게 하시면 마음속으로 기뻐할 것입니다.

진귀한 완구나 교묘한 손재주는 국가를 손상시키는 도끼이고, 구슬과 옥과 비단은 사람의 마음을 미혹시키는 독약과 같습니다.

개인적인 견해로는 의복과 노리개, 곱고 아름다운 것은 자연의 변화와 같고 백성이 바치는 기이하고 진기한 물건은 신선들이 만든 것과 같습니다. 비록 지금 세상의 풍속이 화려함을 좋아하지만 실상은 본래의 순박한 풍속을 무너뜨리는 것입니다.

칠기(漆器)가 반역으로 연결되는 방법이 아닌데도 하나라 걸(桀)이 제조하자 사람들이 배반했으며, 옥술잔이 어찌 멸망을 부르는 술수이겠습니까만 은(殷)나라 주(紂)가 사용하자 나라가 멸망했음을 아실 것입니다. 이에 증험된 사치의 근원을 막지 않을 수 없습니다.

법을 검소하게 만들어도 오히려 사치스러울까 두려운데 법을 사치스럽게 만든다면 어떻게 뒤를 규제하겠습니까?

엎드려 생각건대 폐하께서는 형성되기 전에 밝게 비추고 연결되지 않았을 때 지혜를 두루 하십시오. 기린각에서 비밀스런 깊은 이치를 궁구하고 심오한 이치를 유림(儒林)에서 찾으십시오.

모든 왕들의 다스림과 난세의 발자취, 역대(歷代)의 안전과 위태로웠던 자취, 흥하고 망하고 쇠하고 어지러웠던 운수, 얻고 잃고 성공하고 실패한 기틀은, 마음속에 삼키고 눈빛 속에 맴돌아 폐하께서 오래도록 살피셨으니, 한두 마디 말로 도움이 되지 못할 것입니다.

알기는 어렵지 않지만 행동하기는 쉽지 않습니다. 뜻은 업적이 나타날 때 교만해지고 몸은 시대가 편안해졌을 때 안일하게 됩니다.

엎드려 원하오니 뜻을 억제하고 마음을 억눌러 끝을 삼가하여 처음과 같이 이루고, 가벼운 과오를 없애고 중후한 덕을 첨가하고, 오늘날의 옳음을 선택하고 지난날의 과오를 교체시키십시오 이렇게 하시면 곧 커다란 명성이 해와 달과 더불어 다함이 없고 성대한 업적이 하늘과 땅과 더불어 영원히 태평할 것입니다."

태종이 그의 말을 매우 칭찬하고 특별히 넉넉한 하사품을 더하여 매우 돈독하게 하였다.

貞觀二十二年 軍旅亟動 宮室互興 百姓頗有勞弊 充容徐氏[1] 上疏諫曰

貞觀已來 二十有餘載 風調雨順 年登歲稔 人無水旱之弊 國無饑饉之災 昔漢武帝守文之常主 猶登刻玉之符[2] 齊桓公小國之庸君 尙塗泥金之望[3] 陛下推功損己 讓德不居 憶兆傾心 猶闕告成之禮[4] 云亭佇謁 未展升中之儀[5] 此之功德 足以咀嚼百王 網羅千代者矣 然古人有云 雖休勿休 良有以也 守保未備 聖哲罕兼 是知業大者易驕 願陛下難之 善始者難終 願陛下易之

竊見頃年以來 力役兼總 東有遼海之軍 西有崑丘之役 士馬疲於甲冑 舟車倦於轉輸 且召募投戎 去留懷死之痛 因風阻浪 人有漂溺之危 一夫力耕 年無數十之獲 一船致損 則傾覆數百之糧 是猶運有盡之農功 塡無窮之巨浪 圖未獲之他衆 喪已成之我軍 雖除凶伐暴 有國常規 然黷武翫兵 先哲所戒 昔秦皇倂吞六國 反速危禍之基 晉武奄有三方[6] 翻成覆敗之業 豈非矜功恃大 棄德輕邦 圖利忘害 肆情縱欲 遂使悠悠六合 雖廣不救其亡 嗷嗷黎庶 因弊以成其禍 是知地廣非常安之術 人勞乃易亂之源 願陛下布澤流仁 減行役之煩 增雨露之惠

妾又聞爲政之本 貴在無爲 竊見土木之功 不可遂兼 北闕初建 南營翠微[7] 曾未踰時 玉華[7] 創制 非惟構架之勞 頗有工力之費 雖復茅茨示

約 猶興木石之疲 假使和雇取人 不無煩擾之弊 是以卑宮菲室 聖王之
所安 金屋瑤臺 驕主之爲麗 故有道之君 以逸逸人 無道之君 以樂樂身
願陛下使之以時 則力不竭矣 用而息之 則心斯悅矣

夫珍玩技巧 爲喪國之斧斤 珠玉錦繡 實迷心之酖毒 竊見服玩鮮靡
如變化於自然 職貢奇珍 若神仙之所製 雖馳華於季俗 實敗素於淳風 是
知漆器非延叛之方 桀造之而人叛 玉杯豈招亡之術 紂用之而國亡 方驗
侈麗之源 不可不遏 夫作法於儉 猶恐其奢 作法於奢 何以制後

伏惟陛下 明照未形 智周無際 窮奧秘於麟閣[8] 盡探賾於儒林 千王理
亂之蹤 百代安危之迹 興亡衰亂之數 得失成敗之機 固亦包呑心府之中
循環目圍之內 乃宸衷[9]久察 無假一二言焉 惟知之非難 行之不易 志驕
於業著 體逸於時安 伏願抑志摧心 愼終成始 削輕過以添重德 擇今是
以替前非 則鴻名與日月無窮 盛業與乾坤永泰

太宗甚善其言 特加優賜甚厚

1) 充容徐氏(충용서씨) : 충용은 당제(唐制)의 여관(女官) 칭호로 구빈(九嬪)
   의 하나. 서씨는 이름이 혜(惠)이고 장성(長城) 사람이다. 태어난 지 5개월에
   말하고 4세에 경서를 통달하고 8세에 글을 지었다. 현비(賢妃)라 추증되었다.
2) 登刻玉之符(등각옥지부) : 한무제가 태산 아래 동방(東方)을 봉하고 교사
   (郊祠)에서 천지의 근본의 예를 행한 것.
3) 塗泥金之望(도니금지망) : 춘추 시대 제환공이 패업을 이루고 제후를 규구
   (葵丘)에서 회합할 때 봉선(封禪)을 행하고자 한 것. 봉선에서는 옥첩(玉牒)
   과 옥검(玉檢)을 사용하여 수은(水銀)으로 금을 녹여서 바른다. 망(望)은
   바라보며 제사 지내다의 뜻.
4) 闕告成之禮(궐고성지례) : 옛날에 제왕이 일어나면 매번 성씨가 바뀌었다.
   태평을 이루면 반드시 태산에서 봉하고 성공을 고했다.
5) 升中之儀(승중지의) : 중앙에 오르는 예의.
6) 三方(삼방) : 위(魏), 오(吳), 촉(蜀)의 세 나라를 말한다.
7) 翠微玉華(취미·옥화) : 취미궁과 옥화궁. 궁의 이름.
8) 麟閣(인각) : 한(漢)나라 선제(宣帝) 때 공신들을 기린각에서 그렸다.
9) 宸衷(신충) : 천자의 마음 속.

제36편 변방을 안정시키는 방법을 의논하다
(議安邊第三十六 : 凡二章)

1. 돌궐은 사람의 얼굴에 짐승의 마음을 가졌다

정관 4년에 이정이 돌궐의 힐리가한을 공격하여 무너뜨리자 그 남은 부락의 대부분이 항복하여 귀의해 왔다.

조서를 내려서 변방을 안정시킬 계책을 의논하도록 했는데 중서령 온언박이 먼저 의논을 내놓았다.

"하남(河南)에 두기를 청합니다. 한(漢)나라 건무(建武) 때를 기준하면 항복한 흉노를 오원(五原)의 변방 아래에 안치하여 그 부락을 안전하게 하고 방패를 삼았으며 또 그들의 풍속을 없애지 않고 어루만져 주었습니다. 첫째 비어 있는 땅을 채웠고 둘째는 의심하는 마음이 없음을 보였으니 이것은 함께 육성하는 도리이기도 합니다."

태종이 온언박의 의견에 따랐다.

비서감 위징이 말했다.

"흉노족은 옛부터 오늘날까지 지금같이 허물어진 적이 없었습니다. 이것은 하늘이 그들을 단절시키려 하는 것이고 우리나라의 뛰어난 무력 때문입니다.

그들은 대대로 중국을 노략질하여 모든 백성의 원수입니다. 그들이 항복했다고 해서, 주살하여 멸망시키지 않으려면 마땅히 하북(河北)으로 보내 그들의 옛 땅에서 살게 조처하셔야 합니다.

흉노족은 인간의 얼굴을 한 짐승의 마음을 가진 자들로 우리 종족의 무리가 아닙니다. 강성하면 반드시 노략질하고 약하면 비굴하게 복종하며 은혜나 의리를 돌아보지 않는 것이 그들의 천성 (天性)입니다.

진(秦)나라나 한(漢)나라에서 걱정거리로 여긴 것이 이와 같았으므로 때마다 용맹한 장수를 보내 공격해서 그들을 하남 땅에 거두어 군과 현으로 삼았습니다. 폐하께서 국내 땅에 살게 하신다면, 지금 항복한 자들이 몇 십만 명에 이르는데 수년 후에는 자식들이 불어나 배를 넘을 것입니다. 우리의 팔꿈치와 겨드랑이까지 올라 와 수도 가까이 살게 되면 마음속의 질환이 되어 장차 후환이 될 것이니 더욱 하남(河南)에 처하게 할 수 없는 일입니다."

온언박이 말했다.

"천자께서는 모든 사물을, 하늘이 덮고 땅이 싣고 있는 것 같이 하여 우리에게 귀의하는 자가 있으면 반드시 길러 주셔야 합니다. 지금은 돌궐이 파괴되어 없어졌고 나머지 부락들이 모두 귀순했습니다. 폐하께서 그들을 가련하게 여기지 않고 버려두어 거두지 않으신다면 하늘과 땅의 도리가 아니며 사방의 오랑캐들의 뜻을 저지하는 것입니다. 신의 어리석음으로는 매우 옳지 않다고 말씀드리겠습니다. 마땅히 하남에 거처하게 하여 이른바 죽게 된 것을 살리고 망하게 된 것을 보존시켜서 우리에게 두터운 은혜를 품게 하여 끝까지 반역하지 않게 해야 합니다."

위징이 말했다.

"진(晉)나라에서, 위(魏)나라 때 있었던 오랑캐 부락을 가까운 군에 나누어 살게 했습니다. 강통(江統)이 그들을 변방으로 축출하라고 권했는데 진나라 무제(武帝)가 강통의 말을 받아들이지 않았습니다. 수년 후에 드디어 전수(瀍水)와 낙양(洛陽)이 기울어졌습니다. 앞선 시대의 전복된 수레와 은(殷)나라의 거울이 멀리 있지 않다는 교훈이 있습니다. 폐하께서 온언박의 말을 받아들여 하남으로 그들을 보내 살게 하시면, 이른바 짐승을 길러서 스스로 우환을 남기는 일이 됩니다."

온언박이 또 말했다.

"신이 듣기를 성인(聖人)의 도는 통하지 않음이 없다고 했습니다. 돌궐족의 나머지 잔당들이 우리에게 생명을 맡겼으니 우리의 영토 안에 거두어서 살게 하며 예법으로 가르치고 그 추장을 선출해서 파견하여 궁궐의 숙직을 맡게 하고 위엄을 보이고 덕을 품게 한다면 무슨 근심이 있겠습니까?

후한의 광무제는 하남(河南)의 선우족을 군내(郡內)에 거주하게 하였는데 한나라의 울타리가 되어서 한 시대를 마칠 때까지 반역이 없었습니다."

온언박이 또 말했다.

"수나라 문제는 병마를 수고롭게 하고 창고의 재물을 소비하여 돌궐의 가한(可汗)을 세워서 그의 나라를 회복시켜 주었습니다. 그들은 뒤에 은혜를 외면하고 신의를 버리고 수양제를 안문에서 포위했습니다. 지금 폐하께서는 인후하여 그들이 하는 대로 따라서 하남과 하북 지역에 편한 대로 거주하게 하셨습니다. 각각 추장이 있지만 서로 거느리거나 소속되지 않아 힘이 흩어지고 세력이 나누어졌는데 어찌 해가 되겠습니까?"

급사중(給事中) 두초객(杜楚客)이 앞으로 나아가 말했다.

"북쪽 오랑캐들이 사람의 얼굴에 짐승의 마음을 가져서 덕으로 회유하기는 어렵지만 무력으로 굴복시키기는 쉽습니다. 지금 그 부락을 하남에 흩어져 살게 한 조치는 중국과 가까워서 오래지 않아 반드시 화근이 될 것입니다.

안문의 싸움에서 비록 돌궐족이 은혜를 배반했으나 그 이유는 수나라 군주가 무도하여 중국에 난리가 일어났기 때문이었습니다. 어찌 멸망한 나라를 부흥시켜서 이러한 재앙이 이르렀다고 할 수 있겠습니까?

오랑캐가 중화를 혼란시키지 못하는 이유는 앞서 간 성인들의 밝은 교훈 때문입니다. 망하는 것을 보존시키고 끊어진 대를 이어주는 일은 여러 성인들의 통례적인 규칙입니다. 신은 이러한 옛날의 일을 본받지 않아 사직을 오래도록 유지하지 못할까 걱정입니다."

태종이 두초객의 말을 아름답게 여겼으나 바야흐로 회유에 힘썼기에 따르지는 않았다.

마침내 온언박의 계책을 써서 유주(幽州)부터 영주(靈州)에 이르기까지 순주(順州)와 우주(祐州)와 화주(化州)와 장주(長州)의 네 주에 도독부(都督府)를 설치하고 그들을 처리했다. 그들 중 장안에 거주한 자는 거의 만 가구나 되었다.

돌궐은 힐리가한이 무너진 뒤 모든 부락의 우두머리들이 항복해 왔는데 그들 모두를 장군이나 중랑장에 제수하였다. 그들은 조정에도 진출했는데 5품 이상의 관직에 등용된 자가 무려 5백 여 명이나 되어 조정 관리의 절반이나 되었다.

부락 중에 오직 탁발(拓拔)만 항복하지 않았다. 조정에서는 사신을 파견하여 그들을 위로했는데 그 왔다 갔다 하는 사신들이 서로 길에서 마주칠 정도였다.

양주도독(涼州都督) 이대량(李大亮)이 이런 일은 나라에 이익이 없고 쓸데없이 중국의 재물만 허비한다는 상소를 올렸다.

"신은 듣기를 멀리 있는 자를 편안하게 하려면 먼저 가까운 곳을 편안하게 해야 한다고 합니다. 중국의 백성은 천하의 근본이고, 사방의 오랑캐들은 가지나 잎사귀와 같습니다. 그 근본을 흔들고 가지나 잎을 두텁게 하여 오래도록 편안함을 구한 일은 지금까지 있지 않았습니다.

옛부터 밝은 왕들은 중국을 신의로써 교화시키고 오랑캐들을 권력으로써 부렸습니다. 그러므로 '춘추'에 이르기를 '융(戎)이나 적(狄)은 승냥이나 이리 같아서 욕심에 한이 없고 중국의 여러 제후들은 친하게 하고 가까이 해야 하는 존재로 가히 버릴 수 없다.'라고 했습니다.

폐하께서 몸소 경계 지역에 임해 뿌리를 깊게 하고 근본을 굳게 하시어, 백성은 편안하고 병사들은 강성하여 온 천하가 부유해지면 사방의 오랑캐들은 스스로 굴복할 것입니다.

지금 돌궐을 불러들여 중국 땅으로 이끌어 들이는 일은, 신의 어리석음으로 볼 때 노동 비용만 점점 없앨 뿐 그 이익을 깨닫지 못하겠습니다.

하서(河西) 지역의 백성은 진지를 방어하고 오랑캐를 막는데 동원되어 주나 현이 쓸쓸하고 인구도 아주 적은데, 더하여 수나라의 난리를 겪어서 인원이 더욱 감소했습니다.

돌궐이 평정되기 전에는 생업에 편안하게 종사하지 못했으나 흉노족이 쇠약해진 이래로 비로소 농사에 나아가게 되었습니다. 만약 곧 노역을 시작하신다면 방해하고 손해만 끼칠까 두렵습니다.

신의 어리석고 현혹된 생각으로는 불러서 위로하는 일을 중지하시기를 청합니다.

아주 멀리 떨어져 있는 외인(外人 : 荒服)이라는 자들은 옛날의 신하들도 받아들이지 않는다고 했습니다. 이로써 주나라에서는 백성을 사랑하고 오랑캐들을 물리쳐 마침내 8백 년의 세월을 이었습니다.

진시황은 전쟁을 가볍게 여기고 호(胡)를 섬겨 40여 년만에 아주 멸망했습니다. 한(漢)나라 문제는 병사를 양성하고 잘 수비해서 천하가 편안하고 풍성했습니다. 효무제(孝武帝)는 위엄을 드날리고 계략을 먼 곳까지 펼쳐 천하의 재정을 소모시켜 비록 후에 윤대(輪臺)에서 후회했으나 이미 따르는 데는 미칠 수 없었습니다.

수나라에 이르러서는 일찍부터 이오(伊吾)를 얻고 겸하여 선선(鄯善)을 거느렸습니다. 얻은 뒤에는 재물의 낭비가 나날이 심해져 안으로는 텅 비고 밖으로는 이루어졌으니 마침내 손해만 입고 이익이 없었습니다. 멀리 진(秦)나라와 한(漢)나라를 살펴보고 가까이 수나라를 살펴보면 편안하고 위태한 동정이 밝게 갖추어졌습니다.

이오(伊吾)의 나라가 비록 신하로 귀순했으나 멀리 번책(변방)에 있어서 백성은 중국 사람들이 아니고 지역은 모래나 소금기가 많은 땅들입니다. 그들 스스로 똑바로 서서 울타리가 되어 부용(附庸)한 자들은 붙잡아 주시기를 청합니다. 이들을 변방에 살게 하여 반드시 위엄을 두려워하게 하고 덕을 베풀어 길이 번신(藩臣)으로 삼으시면, 공허한 은혜를 행하여 실질적인 복을 거두는 일입니다.

근래에 돌궐족이 나라가 기울어지자 우리 조정으로 들어왔습니다. 강회(江淮)에서 사로잡은 것이 아니므로 그들의 풍속을 변화시켜 영토 안에 둔다면 장안에서 멀지 않습니다. 비록 이것이 관대하고 인자한 의라 할지라도 오래도록 편안케 하는 계책은 아닙니다.

매번 한 사람이 항복할 때마다 비단 다섯 필과 솜옷 한 벌을 하사하고 추장은 모두 높은 관직을 주시어, 녹봉은 두텁고 지위는 높아 다스리는 데 소비되는 비용이 많습니다.

중국의 세금으로 악을 쌓은 흉노에게 제공하는 일이며, 그 무리가 많아지는 일은 중국에 이익이 되지 않습니다."

태종이 이대량의 의견을 받아들이지 않았다.

정관 13년에 태종이 구성궁(九成宮)을 순행했는데, 돌궐가한의 동생 중랑장 아사나결사율(阿史那結社率)이 은밀히 부하들을 모아서 돌리의 아들 하라골(賀羅鶻)을 추대하여 밤에 태종이 머무는 구성궁을 습격했다. 일이 실패해서 모두 잡혀 참수되었다.

태종이 이로부터 돌궐족은 믿지 않았으며 그 부락의 백성을 중국으로 들어 와 살게 한 일을 후회하였다. 거의 그 옛 부락이 있는 하북(河北)으로 돌려보내 옛 정양성(定襄城)에 깃발을 꽂게 하고 이사마(李思摩)를 세워 을미니숙사리필가한(乙彌泥熟俟利苾可汗)으로 삼아서 구주가 되게 하였다.

그리고 인하여 주위 신하들에게 말했다.

"중국 백성은 진실로 천하의 근본이요, 사방의 오랑캐들은 가지와 잎이다. 그 근본을 흔들고 가지와 잎을 두텁게 하면서 다스려 편안하게 하고자 한다면 구할 수가 없다. 처음부터 위징의 의견을 받아들이지 않다가 드디어 낭비되는 비용이 날마다 심해짐을 깨달았다. 오래도록 편안하게 다스리는 도를 거의 잃었다."

貞觀四年 李靖擊突厥頡利 敗之 其部落多來歸降者 詔議安邊之策 中書令溫彦博議 請於河南處之 準漢建武時置降匈奴於五原塞[1]下 全其部落 得爲捍蔽 又不離其土俗 因而撫之 一則實空虛之地 二則示無猜之心 是含育之道也 太宗從之

秘書監魏徵曰 匈奴自古至今 未有如斯之破敗 此是上天剿絶 宗廟神

武 且其世寇中國 萬姓冤讎 陛下以其爲降 不能誅滅 卽宜遣發河北 居
其舊土 匈奴人面獸心 非我族類 强必寇盜 弱則卑伏 不顧恩義 其天性
也 秦漢患之者若是 故時發猛將以擊之 收其河南以爲郡縣 陛下以內地
居之 且今降者幾至十萬 數年之後 滋息過倍 居我肘腋 甫邇王畿[2] 心
腹之疾 將爲後患 尤不可處以河南也

溫彦博曰 天子之於萬物也 天覆地載 有歸我者 則必養之 今突厥破除
餘落歸附 陛下不加憐愍 棄而不納 非天地之道 阻四夷之意 臣愚甚謂不
可 宜處之河南 所謂死而生之 亡而存之 懷我厚恩 終無叛逆

魏徵曰 晉代有魏時 胡部落分居近郡 江統[3]勸逐出塞外 武帝不用其
言 數年之後 遂傾瀍洛 前代覆車 殷鑒不遠 陛下必用彦博言 遣居河南
所謂養獸自遺患也

彦博又曰 臣聞聖人之道 無所不通 突厥餘魂[4] 以命歸我 收居內地 敎
以禮法 選其酋首 遣居宿衛 畏威懷德 何患之有 且光武居河南單于於
內郡 以爲漢藩翰 終于一代 不有叛逆 又曰 隋文帝勞兵馬 費倉庫 樹立
可汗 令復其國 後孤恩失信 圍煬帝於鴈門[5] 今陛下仁厚 從其所欲 河
南河北 任情居住 各有酋長 不相統屬 力散勢分 安能爲害

給事中杜楚客[6]進曰 北狄人面獸心 難以德懷 易以威服 今令其部落
散處河南 逼近中華 久必爲患 至如鴈門之役 雖是突厥背恩 自由隋主
無道 中國以之喪亂 豈得云興復亡國 以致此禍 夷不亂華 前哲明訓 存
亡繼絶 列聖通規 臣恐事不師古 難以長久 太宗嘉其言 方務懷柔 未之
從也 卒用彦博策 自幽州至靈州 置順祐化 長四州都督府以處之 其人
居長安者 近且萬家

自突厥頡利破後 諸部落首領來降者 皆拜將軍中郎將 布列朝廷 五品
已上百餘人 始與朝士相半 唯拓拔[7]不至 又遣招慰之 使者相望於道 凉
州都督李大亮 以爲於事無益 徒費中國 上疏曰

臣聞欲綏遠者 必先安近 中國百姓 天下根本 四夷之人 猶於枝葉 擾
其根本 以厚枝葉 而求久安 未之有也 自古明王 化中國以信 馭夷狄以
權 故春秋云[8] 戎狄豺狼 不可厭也 諸夏親昵 不可棄也

自陛下親臨區宇[9] 深根固本 人逸兵强 九州殷富 四夷自服 今者招致
突厥 雖入提封 臣愚稍覺勞費 未悟其有益也 然河西民庶 鎭禦藩夷 州

縣蕭條[10] 戶口鮮少 加因隋亂 減耗尤多 突厥未平之前 尙不安業 匈奴
微弱以來 始就農畝 若卽勞役 恐致妨損 以臣愚惑 請停招慰

　且謂之荒服者 故臣而不納 是以周室愛民攘狄 竟延八百之齡 秦王輕
戰事胡 故四十載而絶滅 漢文養兵靜守 天下安豊 孝武揚威遠略 海內虛
耗 雖悔輪臺[11] 追已不及 至於隋室 早得伊吾[12] 兼統鄯善[13] 且旣得之後
勞費日甚 虛內致外 竟損無益 遠尋秦漢 近觀隋室 動靜安危 昭然備矣
伊吾雖已臣附 遠在藩磧 民非夏人 地多沙鹵 其自竪立 稱藩附庸[14]者 請
羈縻受之 使居塞外 必畏威懷德 永爲藩臣 蓋行虛惠而收實福矣

　近日突厥傾國入朝 旣不能俘之江淮 以變其俗 乃置於內地 去京不遠
雖則寬仁之義 亦非久安之計也 每見一人初降 賜物五匹 袍一領 酋長
悉授大官 祿厚位尊 理多縻費 以中國之租賦 供積惡之凶虜 其衆益多
非中國之利也 太宗不納

　十三年 太宗幸九成宮 突厥可汗弟中郎將阿史那結社率[15] 陰結所部
幷擁突利子賀羅鶻 夜犯御營 事敗 皆捕斬之 太宗自是不直突厥 悔處
其部衆於中國 還其舊部於河北 建牙[16]於故定襄城 立李思摩爲乙彌泥
熟俟利苾可汗以主之 因謂侍臣曰 中國百姓 實天下之根本 四夷之人 乃
同枝葉 擾其根本 以厚枝葉 而求又安 未之有也 初不納魏徵言 遂覺勞
費日甚 幾失久安之道

1) 五原塞(오원색) : 지금의 풍주(豊州)이고 하동(河東)에 예속되었다.

2) 王畿(왕기) : 왕이 있는 수도(首都).

3) 江統(강통) : 자는 응원(應元)이며 진유(陳留) 사람. 진(晉)나라 무제 때 산
　음영(山陰令)이 되었다.

4) 餘魂(여혼) : 남은 포로들.

5) 圍煬帝於鴈門(위양제어안문) : 수나라 개황(開皇) 20년에 문제가 돌궐 돌
　리로서 계인가한이 되게 하고 의성공주를 아내로 삼게 했다. 수나라 대업(大
　業) 11년에 수양제가 북쪽 변방을 순찰하는데 시필가한이 기병 수십만으로
　양제를 습격하게 하였다. 의성공주가 사신을 파견하여 변고를 알리고 양제가
　안문으로 들어갔는데 돌궐이 안문을 포위하고 공격하자 양제가 울어서 눈에
　종기가 낫다. 뒤에 공주의 계책으로 포위를 풀었다.

6) 杜楚客(두초객) : 두여회의 동생. 젊어서부터 기특한 절개가 있었다. 처음에

건성의 난이 일어나자 숭산(嵩山)에 숨어 살았는데 정관 4년에 급사중으로 부름을 받고 포주자사와 공부상서 등을 역임했다.

7) 拓拔(탁발) : 오랑캐의 복성이다.

8) 春秋云(춘추운) : '좌전' 민공(閔公) 원년에 나오는 말로 관중이 제나라 군주에게 고한 말.

9) 區宇(구우) : 지경. 경계 지역.

10) 蕭條(소조) : 깨끗하다. 한산하다.

11) 輪臺(윤대) : 한나라 무제가, 서역 정벌에 많은 곡식을 소모한 것을 윤대에서 후회한 일.

12) 伊吾(이오) : 서역 지방의 나라 이름.

13) 鄯善(선선) : 서역 지방의 나라 이름.

14) 附庸(부용) : 천자에게 직속하지 못하고 제후에 부속하는 작은 나라.

15) 阿史那結社率(아사나결사율) : 아사나는 성씨이고 결사율이 이름이다. 돌리가한의 동생이며 이 때 중랑장이 되었다.

16) 建牙(건아) : 기를 세우다. 무장이 파견나가서 그 토지를 진정시키다. 아는 커다란 기.

2. 죄를 벌하고 백성을 불쌍히 여기는 일

정관 14년에 후군집(侯君集)이 고창국(高昌國)을 평정했는데 태종이 그 땅으로 주(州)와 현(縣)을 삼고자 했다.

위징이 말했다.

"폐하께서 처음 즉위하셨을 때 고창국왕이 제일 먼저 와서 알현했습니다. 그 뒤 상업하는 호(胡)나라가 그들이 공물 들이는 일을 막는다고 자주 고했는데 대국의 조서를 가지고 간 사신에게 예의를 차리지 않았다고 하여 드디어 고창국왕을 처단할 것을 허락하셨습니다.

만약 죄를 묻는 일이 국문태에게만 그친다면 그럴 수 있습니다. 그러나 그로 인하여 그의 백성을 어루만지고 그의 아들을 왕으로 세우는 일보다 못합니다. 이른바 '죄를 토벌하고 백성을 불쌍히 여긴다.'는 일이며 위엄과 덕이 멀리 밖에까지 미쳐 나라를 위하는 좋은 계책입니다.

지금 만약 그의 토지를 주나 현으로 삼는다면 항상 1천 여 명을 주둔시켜 지켜야 합니다. 또한 수년에 한 번씩 바꿔야 하는데 매번 왕래하며 교체할 때면 죽는 자가 13~14명 정도 될 것입니다. 파견할 때는 의복과 노자를 나누어 주어야 하고 친척들과 이별해야 하는데 10년 뒤에는 농우(隴右) 일대가 텅 비게 될 것입니다.

폐하께서는 마침내 고창국의 곡식 한 톨이나 베 한 자도 중국에 보탬이 됨을 얻지 못할 것이니, 이른바 '흩어서 사용하지만 사업에는 쓸모가 없다.'는 말과 같습니다. 신은 고창국 땅을 주나 현으로 삼는 일이 옳지 않다고 봅니다."

태종이 위징의 의견을 따르지 않고 그 땅에 서주(西州)를 설치했다. 이어서 서주를 안서도호부(安西都護府)로 삼고 해마다 1천 여 명을 고르게 선발하여 그 땅을 지키게 했다.

황문시랑 저수량이 이 일이 옳지 않다고 상소했다.

"신은 듣기를 옛날 슬기로운 군주가 조정에 군림하고 밝은 군왕이 나라를 세울 때는 반드시 중화에 먼저하고 오랑캐들에게는 뒤에 하였으며, 모든 도덕 교육을 넓히는 데는 먼 오랑캐 땅까지 일삼지 않았다고 합니다. 이로써 주(周)나라 선왕(宣王)은 험윤(玁狁)을 정벌하고 변경까지 이르렀다 돌아왔고, 진시황은 멀리 변방까지 거대한 장성을 쌓아서 중국을 분리시켰습니다.

폐하께서는 고창국을 멸망시키고 서역을 위엄으로 누르고 약소국을 강탈하는 무리를 거두어들여 주와 현으로 삼았습니다.

그런데 나라의 군대가 처음 출발하던 해가 하서(河西)에서 노역을 제공하기 시작한 해였습니다.

말의 꼴을 나르고 곡식을 실어날라 열 집에서 아홉 집은 공허해지고 여러 부락이 조용해졌으며 5년 동안 회복되지 않았습니다.

폐하께서는 해마다 1천 여 명을 파견하여 먼 곳의 사업인 변방의 경비를 서게 하고 해가 다하도록 이별시켜서 만 리 타향에서는 집으로 돌아갈 것을 생각합니다.

떠나가는 자는 노자를 장만해야 하므로 스스로 지은 산물을 나누고 콩이나 곡식을 판매하고 베틀의 북까지 팔아서 가는데 도중에 사망하면 그 몸은 오랑캐의 땅에 있게 됩니다. 겸하여 죄인까지 파견하므로 그들의 도주까지 막아야 하며 파견한 사람들 속에서도 다시 도망하는 자 있으면 관청에서 체포해야 하므로 나랏일이 많이 생겨납니다.

고창국은 도로가 사막 지대로 천 리나 되고 겨울바람은 얼음처럼 차고 여름바람은 불같아서 길 가는 사람이 이런 기후를 만나면 많이 죽습니다.

'주역'에 이르기를 '편안할 때에는 위태로움을 잊지 않고 다스려질 때에는 어지러움을 잊지 않는다.'고 했습니다. 가령 장액(張掖)에서 전쟁이 일어나면 주천(酒泉)에서 봉화가 오르는데 폐하께서 어찌 고창국에 있는 한 사람의 콩이나 곡식을 얻어서 전쟁에 임할 수 있겠습니까? 마침내는 농우(隴右)의 여러 주에서 징발하여 별똥이 떨어지듯 번개처럼 공격하셔야 합니다.

이런 일로 말미암아 말씀드립니다. 이 하서(河西)라는 땅은 심장과 비교되고 저 고창국은 타인의 손발과 같습니다. 어찌 중국의 재물을 소비하여 쓸데없는 일에 사용하십니까?

폐하께서는 힐리가한을 사막에서 평정하고 토혼(吐渾)을 서해에서 섬멸하셨습니다. 돌궐족의 남은 부락들은 가한(可汗)을 세워 주고 토혼의 후손을 남겨 다시 군장(君長)을 세워 주셨습니다. 다시 고창국을 세워 준다고 하여 전례가 없지 않습니다.

이것은 이른바 '죄가 있으면 목을 베고 이미 복종하면 보존시켜 준다.'는 것입니다. 마땅히 고창국의 적당한 자를 선택하여 불러들여 수령으로 삼아서 본국으로 돌려보내시면 큰 은혜를 입어 길이 변방의 울타리가 될 것입니다.

중국이 소란스럽지 않고 풍요롭고 또 편안하면 변방의 후손들에게 전해져 후대까지 그 공로를 끼칠 것입니다."

상소가 아뢰어졌으나 태종이 받아들이지 않았다.

정관 16년에 서쪽의 돌궐족이 병력을 파견하여 서주(西州)를 노략질했다.

태종이 주위 신하들에게 말했다.

"짐이 들으니 서주에 긴급한 상황이 있다고 하는데 비록 해로움이 되지는 않겠지만 어찌 근심이 없으랴! 지난날 처음 고창국을 평정했을 때 위징과 저수량이 나에게 권하기를 국문태의 아들을 세워서 옛날에 의지하여 나라를 세우라고 했다. 짐은 끝까지 그들의 계책을 쓰지 않았는데 오늘날 후회하며 스스로를 꾸짖고 있다.

옛날에 한나라 고조는 평성(平城)에서 포위당하자 누경(婁敬)에게 상 주었고, 원소(袁紹)는 관도(官渡)에서 패배하자 전풍(田豊)을 목베었다.

짐은 항상 이 2가지 일로써 경계를 삼고 있는데 어떻게 지난날 나에게 간언한 사실을 잊으랴!"

貞觀十四年 侯君集平高昌之後 太宗欲以其地爲州縣 魏徵曰 陛下初臨天下 高昌王先來朝謁 自後數有商胡稱其遏絶貢獻 加之不禮大國詔使 遂有王誅載加 若罪止文泰[1] 斯亦可矣 未若因撫其民 而立其子 所謂伐罪弔民 威德被於遐外 爲國之善者也 今若利其土壤 以爲州縣 常須千餘人鎭守 數年一易 每來往交替 死者十有三四 遣辦衣資 離別親戚 十年之後 隴右空虛 陛下終不得高昌撮穀尺布 以助中國 所謂散有用而事無用 臣未見其可

太宗不從 竟以其地置西州 仍以西州爲安西都護府 每歲調發千餘人防遏其地 黃門侍郎褚遂良亦以爲不可 上疏曰

臣聞古者 哲后臨朝 明王創業 必先華夏而後夷狄 廣諸德化 不事遐荒 是以周宣薄伐[2] 至境而反 始皇遠塞[3] 中國分離

陛下誅滅高昌 威加西域 收其鯨鯢[4] 以爲州縣 然則王師初發之歲 河西供役之年 飛芻輓粟 十室九空 數郡蕭然 五年不復 陛下每歲遣千餘人 而遠事屯戍 終年離別 萬里思歸 去者資裝 自須營辦 旣賣菽粟 傾其機杼[5] 經途死亡 復在方外 兼遣罪人 增其防遏 所遣之內 復有逃亡 官司捕捉 爲國生事 高昌途路 沙磧千里 冬風冰冽 夏風如焚 行人遇之多死 易云[6] 安不忘危 理不忘亂 設令張掖[7]塵飛 酒泉[8]烽擧 陛下豈能得

高昌一人蒇粟而及事乎 終須發隴右諸州 星馳電擊 由斯而言 此河西者
方於心腹 彼高昌者 他人手足 豈得糜費中華 以事無用

陛下平頡利於沙塞 滅吐渾於西海 突厥餘落 爲立可汗 吐渾遺萌 更
樹君長 復立高昌 非無前例 此所謂有罪而誅之 旣服而存之 宜擇高昌
可立者 徵給首領 遣還本國 負戴洪恩 長爲藩翰 中國不擾 旣富且寧 傳
藩之孫 以貽後代

疏奏 不納

至十六年 西突厥遣兵寇西州 太宗謂侍臣曰 朕聞西州有警急 雖不足
爲害 然豈能無憂乎 往者初平高昌 魏徵褚遂良勸朕立麴文泰子弟 依舊
爲國 朕竟不用其計 今日方自悔責 昔漢高祖遭平城之圍 而賞婁敬[9] 袁
紹敗於官渡 而誅田豐[10] 朕恒以此二事爲誡 寧得忘所言者乎

1) 文泰(문태) : 고창국왕. 성은 국(麴)씨이고 이름이 문태이다.

2) 周宣薄伐(주선박벌) : 주나라 선왕의 이름은 정(靖)이다. '시경' 소아 유월
   (六月)편에 "험윤을 쳐서 태원까지 이르다."라고 했는데 축출하되 끝까지 추
   격하지 않았다는 말.

3) 始皇遠塞(시황원색) : 진시황이 변방을 멀리하다. 진시황이 몽염장군으로 30
   만 명의 병사를 동원하여 하남 땅을 거두어 44현(縣)으로 만들고 만리장성
   을 쌓았다.

4) 鯨鯢(경예) : 약소국을 삼키는 강대국이라는 뜻.

5) 機杼(기저) : 베틀의 북.

6) 易云(역운) : '주역' 계사전(繫辭傳)에 있는 말.

7) 張掖(장액) : 지금 감주로(甘州路)가 되었다. 땅 이름.

8) 酒泉(주천) : 지금의 숙주로(肅州路)이고 감숙성에 예속되었다.

9) 婁敬(누경) : 한나라 고제(高帝)의 신하. 흉노의 계략을 알렸으나 고제가 듣
   지 않았다가 곤경을 당하고 나서 후회하고 누경에게 천 호(千戶)의 봉읍을
   내리고 관내후(關內侯)로 삼았다.

10) 田豊(전풍) : 한나라 헌제(獻帝) 때 사람. 원소(袁紹)에게 살해당했다.

정관정요 제10권
〔貞觀政要 第十卷 : 凡四篇〕

제37편 황제의 순시에 대해 논하다
(論行幸第三十七 : 凡四章)

1. 원망하고 배반하는 일이 없어야 한다
정관 초년에 태종이 주위 신하들에게 말했다.

"수나라 양제는 넓은 궁실을 짓고 제멋대로 대궐 밖으로 돌아다녔다. 서경에서 동도(東都)에 이르기까지 이궁(離宮)이나 별관(別館)들이 서로 바라보며 길에 이어졌다. 병주(幷州)에서 탁군(涿郡)에 이르기까지 다 그러하지 않은 곳이 없었다. 왕이 달리는 길은 넓이가 수백 보이고 나무를 심어서 그 옆을 꾸몄다.

백성은 힘으로 감당할 수가 없어 서로 모여 도둑이 되었다.

말년에 이르러서는 한 자의 땅이나 한 사람이라도 양제의 소유로 돌아오지 않았다. 이런 사례로 관찰할 때 궁실을 넓히고 밖으로 순행하기를 좋아하는 일이 무슨 이익이 있겠는가?

이 일은 다 짐이 귀로 들은 사실이고 눈으로 본 실정이므로 스스로 경계하고 있다. 그러므로 감히 가볍게 백성의 힘을 사용하지 않고 오직 백성을 안정되게 하여 원망과 배반이 없게 할 따름이다."

貞觀初 太宗謂侍臣曰 隋煬帝廣造宮室 以肆行幸 自西京至東都[1] 離宮別館 相望道次[2] 乃至幷州涿郡 無不悉然 馳道皆廣數百步 種樹以飾其傍 人力不堪 相聚爲賊 逮至末年 尺土一人 非復己有 以此觀之 廣宮室好行幸 竟有何益 此皆朕耳所聞目所見 深以自誡 故不敢輕用人力 惟令百姓安靜 不有怨叛而已

1) 西京至東都(서경지동도) : 서경은 한(漢)나라와 당(唐)나라 시대의 장안.

동도는 낙양(洛陽).

2) 道次(도차) : 길에 나열되다.

2. 이 연못과 누대는 수양제가 만든 것이다

정관 11년에 태종이 낙양궁(洛陽宮)으로 행차하여 적취지(積翠池)에서 배를 띄우고 놀면서 주위 신하들을 돌아보고 말했다.

"이 궁(宮)에 있는 누대와 연못을 보니 모두 수양제가 만든 건축물이다. 이른바 '살아 있는 백성을 몰아다 아름다움과 화려함을 다하게 하다.' 한 일이라고 할 수 있다. 다시 이 한 도읍을 지키지 못하면 많은 사람들의 근심거리가 될 것이다.

순행하기를 좋아하고 쉬지 않는 일은 사람들이 감당하지 못하는 일이다. 옛 시인이 이르기를 '어느 풀인들 단풍 들지 않으리. 어느날인들 가지 않으리.' 라 하였고, '시경' 소아 대동(大東)편에 '크고 작은 동쪽나라에는 베틀의 북과 바리가 비었네.' 라고 했는데 바로 이것을 표현한 말이다. 드디어 천하에 원망과 반란이 있게 하여 자신은 죽고 나라는 멸망했다.

지금 그의 궁궐과 정원은 다 나의 소유가 되었다. 수나라가 멸망한 원인이 어찌 양제가 무도한 데에만 원인이 있겠는가. 또한 보좌하는 훌륭한 신하가 없었기 때문이다.

우문술이나 우세기나 배온의 무리는 높은 벼슬자리에 있으면서 두터운 녹봉을 먹고 남들의 위임을 받아서 오직 아첨만 행하고 임금의 총명을 가리고, 그 나라에 위험이 없고자 했으니 당연히 얻을 수 없었다."

사공(司空) 장손무기가 아뢰었다.

"수나라가 망한 것은 그 임금이 충성스런 말을 막고 신하들이 구차하게 스스로 보전하려고 했기 때문입니다. 군주를 보좌하는 좌우의 신하들에게 허물이 있어도 처음부터 들춰 규탄하지 않았고 도둑들이 만연해도 또한 진실로 보고하지 않았습니다.

이러한 일을 의거해 보면 수나라는 천도(天道)에 의해 멸망한 것이 아니고 실제는 임금과 신하가 서로 잘못을 바로잡지 못했기 때문입니다."

태종이 말했다.

"짐은 그대들과 더불어 그들이 남긴 폐단을 이었다. 오직 도를 넓히고 풍속을 바꾸어 만세에 거쳐 길이 이어가도록 만들어야 한다."

貞觀十一年 太宗幸洛陽宮 泛舟于積翠池 顧謂侍臣曰 此宮觀臺沼 並煬帝所爲 所謂驅役生人 窮此雕麗 復不能守此一都 以萬人爲慮 好行幸不息 人所不堪 昔詩人云[1] 何草不黃 何日不行 大東小東[2] 杼軸其空 正謂此也 遂使天下怨叛 身死國滅 今其宮苑盡爲我有 隋氏傾覆者 豈惟其君無道 亦由股肱無良 如宇文述 虞世基 裵蘊之徒 居高官 食厚祿 受人委任 惟行諂佞 蔽塞聰明 欲令其國無危 不可得也 司空長孫無忌奏言 隋氏之亡 其君則杜塞忠諫之言 臣則苟欲自全 左右有過 初不糾舉 寇盜滋蔓 亦不實陳 據此 卽不惟天道 實由君臣不相匡弼 太宗曰 朕與卿等承其餘弊 惟須弘道移風 使萬世永賴矣

1) 詩人云(시인운): '시경' 소아 하초불황(何草不黃)편의 문장.
2) 大東小東(대동소동): '시경' 소아 대동(大東)편의 문장.

3. 두번 세번 깊이 생각하여 좋은 것을 골라 쓰리라.

정관 13년에 태종이 위징 등에게 말했다.

"수나라 양제는 문제(文帝)가 남긴 유업을 계승했기 때문에 천하가 왕성했는데, 만약 양제가 항상 관중(關中)에만 있었다면 어찌 기울어져 패망했겠는가?

백성을 돌보지 않고 기약도 없이 순행하고 곧바로 강도(江都)까지 가서 동순(董純)이나 최상(崔象) 등이 간하는 말을 받아들이지 않아, 자신은 죽고 국가는 멸망하여 천하의 웃음거리가 되었다.

비록 제왕의 자리를 지키는 기간의 길고 짧음은 하늘에 맡겨져 있다지만 선한 것에 복 주고 음탕한 것에 재앙을 내리는 일은 사람들의 일에서 말미암는 것이다.

　　짐은 매일 생각하는데, 만일 임금과 신하가 오래도록 함께하고
자 한다면 나라에 위태로움이 없어야 하고 군주에게 과실이 있을
때 신하들이 지극히 간언해야 한다. 짐은 그대들의 바른 간언을
듣고 비록 당시에는 곧바로 따르지 않더라도 두번 세번 깊이 생
각한 후에 반드시 좋은 것을 선택하여 따르겠다.”

　　貞觀十三年 太宗謂魏徵等曰 隋煬帝承文帝餘業 海內殷阜[1] 若能常
處關中 豈有傾敗 遂不顧百姓 行幸無期 徑往江都 不納董純 崔象[2]等
諫諍 身戮國滅 爲天下笑 雖復帝祚長短 委以玄天 而福善禍淫 亦由人
事 朕每思之 若欲君臣長久 國無危敗 君有違失 臣須極言 朕聞卿等規
諫 縱不能當時卽從 再三思審 必擇善而用之

1) 殷阜(은부) : 무성하다. 번성하다.
2) 董純崔象(동순최상) : 동순과 최상은 수나라 신하인데 자세한 기록이 없다.

4. 매사를 간략하게 하십시오

　　정관 12년에 태종이 동쪽으로 제후의 나라를 순행하다가 장차
낙(洛)으로 들어가려 할 때 현인궁에서 유숙(留宿)했는데 궁궐
의 정원을 관리하는 관리들이 많은 질책과 처벌을 받았다.
　　시중 위징이 의견을 아뢰었다.
　　“폐하께서는 지금 낙주(洛州)를 순행하십니다. 여기는 옛날에
전쟁이 벌어졌던 곳인데 지금은 거의 안정되었으므로 지체 있는
노인들에게 은혜를 내리고자 하십니다.
　　성곽의 백성은 덕화와 은혜를 입지 못했는데 관리나 정원 담당
자들이 많이 죄를 받았습니다. 어떤 이는 바친 물건이 깨끗하지
않아서고 어떤 사람은 음식을 바치지 않아서 입니다.
　　만족을 생각하지 않고 마음이 사치스러움에 있기 때문에 내려
진 명령으로 이미 순행하는 기본 원칙을 어긋난 행동인데 어떻게
백성이 바라는 바에 부응할 수 있겠습니까?
　　수나라 임금은 먼저 음식을 많이 만들어 바치라고 명령을 내려

바치는 음식이 많지 않으면 엄중한 형벌을 내렸습니다. 윗사람에게 좋아하는 것이 있으면 아랫사람이 행하는 정도는 반드시 더욱 심해져 다투어 끝이 없어서 드디어는 멸망에 이르게 됩니다. 이런 사례는 서적에 실려 있어 듣는 일이 아니고 폐하께서 눈으로 직접 보신 사실입니다.

그가 무도했기 때문에 하늘이 폐하로서 대신하였습니다. 마땅히 조심하고 조심하여 매사를 간략하게 하십시오 앞선 군왕들과 나란히 하고 자손들을 밝게 가르쳐야 하는데 어찌하여 오늘은 다른 군왕들의 아래에 있고자 하십니까?

폐하께서 만약 만족해 하신다면 오늘만 만족하지 않을 것이며, 만약 부족하게 여기신다면 이보다 만 배를 더해도 또한 부족할 것입니다."

태종이 크게 놀라서 말했다.

"그대가 아니면 짐은 이러한 말을 들을 수 없다. 이제부터 이후로는 거의 이와 같은 일이 없을 것이다."

貞觀十二年 太宗東巡狩 將入洛 次於顯仁宮 宮苑官司多被責罰 侍中魏徵進言曰 陛下今幸洛州 爲是舊征行處 庶其安定 故欲加恩故老[1] 城郭之民未蒙德惠 官司苑監多及罪辜 或以供奉之物不精 又以不爲獻食 此則不思止足 志在奢靡 旣乖行幸本心 何以副百姓所望 隋主先命在下多作獻食 獻食不多 則有威罰 上之所好 下必有甚 競爲無限 遂至滅亡 此非載籍所聞 陛下目所親見 爲其無道 故天命陛下代之 當戰戰慄慄 每事省約 參蹤前列 昭訓子孫 奈何今日欲在人之下 陛下若以爲足 今日不啻足矣 若以爲不足 萬倍於此亦不足也 太宗大驚曰 非公 朕不聞此言 自今已後 庶幾無如此事

1) 故老(고로) : 덕이 있어 존경할 만한 늙은이.

제38편 사냥에 대해 논하다
(論畋獵第三十八 : 凡五章)

1. 맨손으로 하는 일은 아랫사람에게 맡기십시오

비서감 우세남이, 태종이 사냥을 좋아하자 상소하여 간했다.

"신은 듣기를 가을의 원숭이사냥과 겨울의 몰이사냥은 제왕의 일반적인 법도라 합니다. 사나운 새매를 쏘아 맞히고 새를 쫓는 사냥에는 앞 시대의 교훈들이 갖추어져 있습니다.

엎드려 생각건대 폐하께서는 듣고 보는 정무의 남은 시간에 하늘의 도리를 따라서 살벌(殺伐 : 사냥)하려 하십니다. 이곳 저곳에 이르러 손바닥이 닳게 친히 피헌(皮軒)을 몰고 맹수의 동굴 앞에 이르러 뛰어난 재주를 숲속에 다 바치고자 하는데, 그보다는 흉악한 이를 멸망시키고 포악한 자를 제거하여 백성을 보호하셔야 합니다.

가죽을 거두고 깃털을 뽑아 군기(軍器)를 채우며 깃발을 들어올리고 노획물을 조상에게 바쳐서 옛날의 법식을 따르십시오.

그러나 누런 비단으로 덮개를 한 수레 위의 존엄함이나 금으로 장식한 수레 안의 존귀함은 팔방에서 덕을 우러러보는 대상이며 모든 나라의 마음을 한 곳으로 모아지게 하는 일이니 깨끗한 길로 행하시어, 말의 재갈이 풀려 잘못되는 변을 경계하셔야 합니다. 이런 일은 조그마한 변고라도 방지하려는 신중함으로 국가 사직을 위한 일입니다.

이로써 사마상여가 한무제의 사냥을 앞에서 직간하고, 장소(張昭)가 낯빛을 바꾸어 손권(孫權)에게 간했던 것입니다. 신의 정성이 미약하지만 어찌 감히 이러한 의를 잊겠습니까? 활과 그물

로 쓰러뜨리는 금수가 매우 많아 잡은 새를 나누어 주고 얻은 짐
승을 하사하시어 큰 은혜가 또한 넓고 넓습니다.

엎드려 원하건대 때에 따라 사냥수레를 쉬게 하고 긴창도 감추
어 두십시오. 미천한 신의 청을 막지 말고 졸졸 흐르는 물줄기로
받아들여 주십시오. 윗옷을 벗고 맨손으로 후려치는 일은 아랫사
람들에게 맡기십시오. 이러한 일은 모든 제왕이 남긴 모범이며 길
이 만대를 빛낼 사항들입니다."

태종이 깊이 그의 말을 아름답게 여겼다.

秘書監虞世南 以太宗頗好畋獵 上疏諫曰 臣聞秋獮冬狩[1] 蓋惟恒典
射隼從禽[2] 備乎前誥 伏惟陛下因聽覽之餘辰 順天道以殺伐 將欲摧班
碎掌 親御皮軒[3] 窮猛獸之窟穴 盡逸材[4]之林藪 夷兒剪暴 以衛黎元[5] 收
革擢羽 用充軍器 擧旗效獲 式遵前古 然黃屋之尊[6] 金輿之貴 八方之
所仰德 萬國之所繫心 淸道而行 猶戒銜橛[7] 斯蓋重愼防微 爲社稷也 是
以馬卿直諫於前[8] 張昭變色於後[9] 臣誠細微 敢忘斯義 且天弧星畢 所
殪已多 頒禽賜獲 皇恩亦溥 伏願時息獵車 且韜長戟 不拒蒭蕘之請 降
納涓澮[10]之流 祖祔徒搏 任之群下 則貽範百王 永光萬代 太宗深嘉其言

1) 秋獮冬狩(추미동수) : 가을에는 원숭이를 잡으러 사냥을 나가고 겨울에는 짐
승을 잡으러 사냥을 나가다.

2) 射隼從禽(사준종금) : 사나운 새매를 쏘고 나는 새를 뒤따른다.

3) 皮軒(피헌) : 사냥할 때 타는 수레.

4) 逸材(일재) : 뛰어난 재주.

5) 黎元(여원) : 일반 백성을 뜻한다.

6) 黃屋之尊(황옥지존) : 천자의 귀함을 이르는 말. 누런 비단으로 짠 수레 덮
개의 수레를 탄 지존.

7) 銜橛(함궐) : 말이 날뛰어 재갈이 풀리고 수레가 부숴지는 사고

8) 馬卿直諫於前(마경직간어전) : 마경은 사마상여를 뜻한다. 사마상여가 한나
라 무제에게 사냥을 중지하라고 간하자 무제가 따른 일.

9) 張昭變色於後(장소변색어후) : 장소의 자는 자포(子布)이고 팽성 사람이다.
오(吳)나라 손권의 군사가 되었는데 손권이 말 타고 호랑이사냥을 즐기자 장

소가 낯빛을 바꾸어 간한 일.
10) 涓澮(연회) : 졸졸 흐르는 물.

2. 곡나율이 태종의 지나친 수렵을 간하다

곡나율(谷那律)이 간의대부가 되었다.

어느때 태종의 사냥길에 동반하게 되었는데 도중에 비를 만났다.

태종이 곡나율에게 물었다.

"유의(油衣 : 비옷)는 어떻게 만들어야 비가 새지 않겠는가."

곡나율이 대답했다.

"기와로 만들면 절대로 비가 새지 않을 것입니다."

곡나율의 뜻은 태종이 자주 사냥하지 못하게 하려 한 것이다.

태종은 곡나율의 말을 매우 기쁘게 받아들이고, 비단 50단을 하사하고, 아울러 황금 띠 한 개를 내렸다.

谷那律[1]爲諫議大夫 嘗從太宗出獵 在途遇雨 太宗問曰 油衣[2]若爲得
不漏 對曰 能以瓦爲之必不漏矣 意欲太宗弗數遊獵 大被嘉納 賜帛五
十段 加以金帶

1) 谷那律(곡나율) : 박학하여 저수량(褚遂良)에게 '9경고(九經庫)'라는 칭호
   를 받았다. 간의대부로 자주 등용되었고, 홍문관(弘文館) 학사를 겸하였다.
2) 油衣(유의) : 우장의 한 가지. 비단에 기름을 씌운 것. 기와로 비옷을 만든다
   는 것은 기와로 지붕을 이은 대궐 안에 있으면 비가 샐 것을 걱정할 필요가
   없다는 뜻이다.

3. 사람을 깨우치려면 마땅히 이와 같아야 한다

정관 11년에 태종이 주위 신하들에게 말했다.

"짐이 지난날 회주(懷州)에 갔을 때 봉사(封事 : 밀봉서)를 올리는 자가 있었는데 '무엇 때문에 항상 산동(山東)의 모든 장정을 선발해서 정원 안의 공사를 하십니까? 오늘날의 부역은 수나라 때

보다 더 심한 것 같습니다. 회주와 낙양의 동쪽에서는, 사람에게 잔
인하여 생명을 감당하기 힘들고 사냥은 오히려 자주 하여 교만하
고 안일한 군주라고 합니다.' 라고 말했다. 지금 다시 회주로 와서
사냥하는데 충직한 간언이 다시 낙양(洛陽)에서 이르지 않는다.

네 계절마다 수전(蒐田 : 봄사냥)하는 일은 제왕의 떳떳한 예절
이다. 오늘 회주에서 추호도 백성을 간섭하지 않겠다.

글을 올리고 바르게 간하는 일은 통상적인 법칙이 있으며 신하
의 귀함은 사(詞)에 있고 군주의 귀함은 고치는 데 있다. 이와 같
이 헐뜯는 말은 저주와 같다."

시중 위징이 아뢰었다.

"국가에 직접 말하는 길을 열어 밀봉서를 올리는 자가 더욱 많
습니다. 폐하께서 몸소 재조사하여 신하의 말에서 혹 취할 내용
이 있기를 바라시기 때문에 요행을 바라는 선비들이 그 추악함을
늘어놓는 것입니다.

신하가 군주에게 간할 때는 깊이 절충하여 조용하게 넌지시 일
깨워야 합니다.

한(漢)나라 원제(元帝) 때 주금주(酎金酒)로써 종묘에 제사
지내는데 편문(便門)에서 나가 누선(樓船 : 망루가 있는 배)을 운
전하게 했습니다. 어사대부 설광덕(薛廣德)이 수레에 타고 관도
쓰지 않은 상태에서 말하기를 '마땅히 다리로 가셔야 합니다. 폐
하께서 신의 말씀을 듣지 않으시면 신은 스스로 목을 베어서 수
레를 피로 물들일 것이니 폐하께서는 종묘에 들어가시지 못할 것
입니다.' 라고 하자 원제가 불쾌하게 여겼습니다.

광록경(光祿卿) 장맹(張猛)이 나아가서 아뢰기를 '신은 듣기
를 군주는 성스럽고 신하는 곧아야 한다고 합니다. 배를 타는 일
은 위험하고 다리로 나아가는 일은 편안합니다. 성스런 군주께서
는 위험에 올라 타지 않습니다. 설광덕의 말을 따를 만합니다.' 라
고 하자, 원제가 말하기를 '사람을 깨우칠 때는 마땅히 이와 같이
해야 하지 않겠는가?' 라고 하고는 다리로 건너갔습니다.

이러한 것으로 말하더라도 장맹은 곧은 신하로서 예의에 맞게

군주에게 간했다고 할 수 있습니다."
　태종이 크게 기뻐하였다.

　貞觀十一年 太宗謂侍臣曰 朕昨往懷州 有上封事者云 何爲恒差山東
衆丁於苑內營造 卽日徭役 似不下隋時 懷洛以東 殘人不堪其命 而田
獵猶數 驕逸之主也 今者復來懷州田獵 忠諫不復至洛陽矣 四時蒐田[1]
旣是帝王常禮 今日懷州 秋毫不干於百姓 凡上書諫正 自有常準 臣貴
有詞 主貴能改 如斯詆毁 有似呪詛
　侍中魏徵奏稱 國家開直言之路 所以上封事者尤多 陛下親自披閱 或
冀臣言可取 所以僥倖之士 得肆其醜 臣諫其君 甚須折衷 從容諷諫 漢
元帝[2]嘗以酎[3]祭宗廟 出便門 御樓船 御史大夫薛廣德[4]當乘輿免冠曰
宜從橋 陛下不聽臣言 臣自刎以頸 血汗車輪 陛下不入廟矣 元帝不悅
光祿卿張猛[5]進曰 臣聞主聖臣直 乘船危 就橋安 聖主不乘危 廣德言可
聽 元帝曰 曉人不當如是耶 乃從橋 以此而言 張猛可謂直臣諫君也
　太宗大悅

1) 蒐田(수전) : 봄사냥. 천자는 계절마다 사냥을 하는 법도가 있는데 봄은 수
　(蒐), 여름은 묘(苗), 가을은 미(獼), 겨울은 수(狩)라고 한다.
2) 元帝(원제) : 한나라 원제로 이름은 석(奭)이다. 전한 선제의 아들.
3) 酎(주) : 주금주(酎金酒). 한나라 때 햇곡식으로 빚은 순주(醇酒)를 종묘에
　올릴 때 제후가 모두 자격에 따라서 금(金)을 바치고 그 술을 마시던 일. 바
　친 금이 적거나 질이 나쁘면 영토를 깎았다.
4) 薛廣德(설광덕) : 자는 장경(長卿)이고 패군(沛郡) 사람이다.
5) 張猛(장맹) : 누구인지 자세한 기록이 없다.

4. 당태종이 몸소 맹수와 격투하다

　정관 14년에 태종이 동주(同州)의 사원(沙苑)으로 순행하여
몸소 맹수와 격투하였다. 다시 새벽에 나갔다 밤에 돌아왔다.
　특진관 위징이 아뢰었다.
　"신은 듣기를 '서경' 주서(周書) 무일(無逸)편에서 문왕을 찬

미했는데 '놀이와 사냥을 즐기지 않으셨다.'고 했으며, '춘추좌
전' 우(虞)나라 잠언에는 '동이(東夷)의 예(羿)가 활쏘기를 즐
겼다.'고 한 경계의 말이 기술되어 있다고 합니다.

옛날에 한(漢)나라 문제(文帝)가 높은 언덕에 올라서 밑으로
달리고자 하는데 원앙(袁盎)이 말고삐를 잡고 '성스런 군주는 위
험을 무릅쓰지 않고 요행을 바라지도 않습니다. 지금 폐하께서 여
섯 마리의 말이 끄는 수레를 이끌고 예측하지 못할 산을 달리고
자 하시는데 만약 말이 놀라고 수레가 부서지는 일이 있게 되면
폐하가 비록 자신을 가볍게 여긴다 하더라도 높은 종묘는 어찌하
시겠습니까?'라고 말했습니다.

한나라 효무제는 사나운 짐승과 격투하기를 좋아했는데 사마상
여가 나아가 간하기를 '힘은 오획(烏獲)을 일컫고 빠르기는 경기
(慶忌)를 말하는 사람들이 진실로 있다면 짐승도 또한 이와 같은
짐승이 있을 것입니다. 갑자기 힘이 센 짐승을 만나시면 놀라서 땅
에 존재하지 못할 것입니다. 이 때는 비록 오획이나 봉몽(逢蒙)의
재주를 지녔더라도 사용하지 못하고 말라 죽은 나무나 썩은 그루
터기도 다 어려움이 될 것입니다. 비록 모두가 온전하여 근심이 없
더라도 본래 천자가 행할 바는 아닙니다.'라고 했습니다.

한나라 효원제(孝元帝)는 태산(泰山)에서 천신에게 교제를
지내고 나서 머물러 사냥하려 하자 설광덕이 '개인적인 생각입
니다만 관동 지방이 매우 곤궁하고 백성은 재난을 당했습니다. 그
런데 오늘 망한 진나라의 종을 치고 정나라와 위나라의 사특한 음
악을 연주시키고 병사들은 포악함을 드러내고 따르는 관리는 피
곤에 지쳐 있습니다. 종묘 사직을 편안히 하고자 하시면서 무엇
때문에 맨몸으로 강을 건너고 맨손으로 호랑이를 잡으려 하십니
까? 그것들이 경계가 되지 못할 것입니다.'라고 말했습니다.

신이 간절하게 생각해보니, 이러한 여러 군주들의 마음이 어찌
나무나 돌같아서 홀로 사냥의 즐거움을 좋아하지 않았겠습니까?
정을 억제하고 자신을 낮추어 신하의 간언을 따르는 일은 그 뜻이
나라를 위하는 데 있고 자신을 위하는 데 있지 않기 때문입니다.

신은 엎드려 듣기를 제왕의 수레가 요사이 나아가는데 몸소 사나운 짐승과 격투를 벌이고 새벽에 나갔다 밤에 돌아온다고 합니다.

만승(萬乘)의 지존으로서 황량한 들에서 몰래 행동하고 깊은 숲속을 밟고 우거진 풀숲을 건너시는 일은, 만전(萬全)을 기하는 계책이 아닌 줄로 압니다.

원컨대 폐하께서는 사사로운 정의 즐거움을 버리고 짐승과 격투하는 낙을 없애고 위로는 종묘와 사직을 위하고 아래로는 모든 관료와 백성을 어루만지십시오."

태종이 말했다.

"어제의 일은 우연히 행한 잘못이며 고의로 한 행동이 아니다. 이제부터는 깊이 생각하여 경계로 삼겠다."

貞觀十四年 太宗幸同州沙苑 親格猛獸 復晨出夜還 特進魏徵奏言

臣聞書美文王 不敢盤于遊田[1] 傳述虞箴[2] 稱夷羿[3]以爲戒 昔漢文臨峻坂欲馳下 袁盎[4]攬轡曰 聖主不乘危 不徼幸 今陛下騁六飛 馳不測之山 如有馬驚車敗 陛下縱欲自輕 柰高廟何 孝武好格猛獸 相如進諫 力稱烏獲[5] 捷言慶忌[6] 人誠有之 獸亦宜然 猝遇逸材之獸 駭不存之地 雖烏獲逢蒙[7]之伎不得用 而枯木朽株 盡爲難矣 雖萬全而無患 然而本非天子所宜 孝元帝郊泰時[8] 因留射獵 薛廣德稱 竊見關東困極 百姓離災 今日撞亡秦之鍾 歌鄭衛之樂 士卒暴露 從官勞倦 欲安宗廟社稷 何憑河暴虎[9] 未之戒也

臣竊思此數帝 心豈木石 獨不好馳騁之樂 而割情屈己 從臣下之言者 志存爲國 不爲身也

臣伏聞車駕近出 親格猛獸 晨往夜還 以萬乘之尊 闇行荒野 踐深林 涉豐草 甚非萬全之計 願陛下割私情之娛 罷格獸之樂 上爲宗廟社稷 下慰群寮兆庶

太宗曰 昨日之事 偶屬塵昏 非故然也 自今深用爲誡

1) 不敢盤于遊田(불감반우유전) : 놀이와 사냥을 즐기지 않다. '서경' 주서 무일(無逸)편에 있는 문장.
2) 虞箴(우잠) : '좌전'에서 위강(魏絳)이 진후(晉侯)에게 고한 말.

3) 羿(예) : 옛날에 활을 잘 쏘았다는 사람.

4) 袁盎(원앙) : 초(楚)나라 사람. 한나라 문제 때의 중랑장(中郞將).

5) 烏獲(오획) : 춘추 시대 진(秦)나라 무왕(武王)의 역사(力士). 용문정(龍文
鼎)을 들어올렸다.

6) 慶忌(경기) : 오왕(吳王) 료(僚)의 아들인데 화살보다 빨랐다고 한다.

7) 逢蒙(봉몽) : 옛날에 활을 잘 쏘았다는 사람.

8) 時(치) : 교사(郊祀)를 지낼 때 단(壇)을 치라고 한다.

9) 憑河暴虎(빙하포호) : 맨몸으로 하수를 건너고 맨손으로 호랑이를 잡다.

5. 유인궤를 발탁하여 신안령(新安令)으로 삼다

정관 14년 10월달인 초겨울에 태종이 역양(櫟陽)으로 사냥 나
가려 했다.

현승(縣丞) 유인궤(劉仁軌)가

"아직 수확이 끝나지 않았습니다. 그러므로 군주께서 아직 움
직이는 시절이 아닙니다."

라고 태종이 머물고 있는 곳으로 나아가 표를 올려 간절하게 간
하였다.

태종이 드디어 사냥을 파하고 유인궤를 발탁하여 신안(新安)
의 영(令)으로 삼았다.

貞觀十四年 冬十月 太宗將幸櫟陽遊畋 縣丞劉仁軌[1]以收穫未畢 非
人君順動之時 詣行所上表切諫 太宗遂罷獵 擢拜仁軌新安[2]令

1) 劉仁軌(유인궤) : 자는 정측(正則)이고 변주(汴州) 사람이다.

2) 新安(신안) : 고을 이름. 하남(河南)에 예속되어 있다.

제39편 재앙과 상서로움을 논하다
(論災祥第三十九 : 凡四章)

1. 상서로운 징조를 다 아뢰지 말라

정관 6년에 태종이 주위 신하들에게 말했다.

"짐은 요사이 모든 의논이 상서롭다고 아름다운 일로 삼아서 경축할 만한 일이라고 자주 표(表)를 올리는 것을 본다.

짐이 바라는 바는 천하가 태평하고 집안이 넉넉하며 백성이 풍족한 일이다. 비록 상서로움이 없어도 이런 상태라면 요임금과 순임금의 덕에 비교될 것이다.

그러나 백성이 부족하고 오랑캐가 안으로 침략해 오면 비록 지초풀이 길거리에 두루 돋아나고 봉황이 정원이나 동산에 집을 짓는다 해도 걸주(桀紂)와 무엇이 다르겠는가.

일찍부터 듣기를 후조(後趙)의 석륵(石勒) 시절에는 군(郡)의 관리가 연리목(連理木)을 불사르고 흰꿩을 구워먹었다고 하는데 어찌 이것으로써 석륵이 밝은 군주라고 하겠는가?

수나라 문제 때에는 매우 상서로움을 사랑하여, 비서감 왕소(王劭)를 파견해서 의관을 입고 조당(朝堂 : 조회하는 마당)에서 아버지의 위패를 대하고 분향하면서 '황수감서경(皇隋感瑞經)'을 읽게 했다고 한다.

지난날 전설 같은 이러한 일을 보았는데 실상은 웃기는 일이다.

사람의 군주된 자는 마땅히 지극히 공정하게 천하를 다스려 모든 백성의 환심을 얻어야 한다.

요임금과 순임금이 위에 계실 때 백성은 공경하기를 하늘과 땅

같이 하고 사랑하기를 부모같이 하여 거동하고 사업을 일으켜도
백성이 다 즐거워했다. 호령을 발하고 명령을 시행하는 일에도 사
람들이 다 기뻐했다. 이것이 큰 상서로움이다.

　이후로는 모든 주(州)에서 상서로운 일이 있어도 다 기록하여
아뢰지 말라."

　貞觀六年 太宗謂侍臣曰 朕比見衆議以祥瑞爲美事 頻有表賀慶 如朕
本心 但使天下太平 家給人足 雖無祥瑞 亦可比德於堯舜 若百姓不足
夷狄內侵 縱有芝草[1] 徧街衢 鳳凰巢苑囿 亦何異於桀紂 嘗聞石勒時 有
郡史燃連理木[2] 煮白雉肉喫 豈得稱爲明主耶 又隋文帝深愛祥瑞 遣秘
書監王劭[3] 著衣冠在朝堂 對考使焚香讀 皇隋感瑞經[4] 舊嘗見傳說此事
實以爲可笑 夫爲人君 當須至公理天下 以得萬姓之懽心 若堯舜在上 百
姓敬之如天地 愛之如父母 動作興事 人皆樂之 發號施令 人皆悅之 此
是大祥瑞也 自此後 諸州所有祥瑞 並不用申奏

1) 芝草(지초) : 신령스런 풀로, 태평성세에 나타난다고 한다.
2) 連理木(연리목) : 뿌리가 다른 두 나무의 가지가 서로 얽혀 하나가 된 나무.
3) 王劭(왕소) : 수나라 때 신하인데 기록이 없다.
4) 皇隋感瑞經(황수감서경) : 수나라 때 왕소가 지었다는 상서로운 내용을 기
　　록한 30권의 책.

2. 한나라 영제 때 큰뱀이 조정 안으로 들어왔다

　정관 8년에 농우산(隴右山)이 붕괴되고 큰뱀이 자주 나타났으
며 산동 지방과 강회 지방에 홍수가 여러 차례 일어났다.
　태종이 이러한 일에 대해 질문하자 비서감 우세남이 대답했다.
　"춘추 시대에는 양산(梁山)이 붕괴되었습니다. 진(晉)나라 경
공(景公)이 대부인 백종(伯宗)을 불러 질문하니, 백종이 대답하
기를 '나라에서 산천(山川)은 주인입니다. 그러므로 산이 무너
지고 시냇물이 마르면 군주께서는 음악을 연주하지 않고 의복을
한 등급 내려 입고 장식 없는 수레를 타며 폐백을 드리고 예로써

비는 것입니다. 양산(梁山)은 진(晉)나라의 주인입니다.' 라고
하여 진나라 경공이 따랐으므로 해로움이 없었습니다.

또 한(漢)나라 문제 원년에 제나라와 초나라의 땅에 있는 29개
산이 같은 날에 무너지고 홍수가 발생하자 각 군국(郡國)에게 공
물을 바치지 않게 하고 천하에 은혜를 베풀었습니다. 먼 곳이나
가까이 있는 백성이 기뻐하고 흡족해 했으며 또한 재앙도 발생하
지 않았습니다.

후한(後漢)의 영제(靈帝) 때에도 푸른뱀이 어좌(御座)까지
나타났습니다. 진(晉)나라 혜제(惠帝) 때는 길이가 3백 보(步)
나 되는 큰뱀이 제(齊)나라 땅에 나타나서 시장을 경유하여 조정
으로 들어갔습니다.

살펴보면 뱀이란 초야(草野)에 있어야 마땅한데 시장이나 조
정으로 들어가면 괴이한 일이 됩니다.

지금 뱀들이 산이나 연못에 나타나는데, 대개 깊은 산이나 큰
연못에는 반드시 용이나 뱀이 있게 마련이고 또한 괴이한 일이 아
닙니다. 또 산동 지방에 내린 비는 비록 정상적이지는 않지만 음
기가 너무 오래도록 잠겨 있어 일어난 일로 억울한 옥살이가 있
을까 두렵습니다. 마땅히 갇혀 있는 죄수들을 살펴 판단하면 거
의 하늘의 뜻에 합당할 것입니다.

요사스러움은 덕을 이기지 못하고 덕을 닦으면 변괴를 녹일 수
있습니다."

태종이 그렇게 하기로 하고 사신을 파견하여 굶주리고 배고픈
자들을 구제하고 잘못된 옥사를 살펴서 다시 심리하여 죄를 용서
한 일들이 많았다.

貞觀八年 隴右山崩 大蛇屢見 山東及江淮多大水 太宗以問 侍臣秘
書監虞世南對曰 春秋時梁山崩 晉侯召伯宗[1]而問焉 對曰 國主山川 故
山崩川竭 君爲之不擧樂 降服乘縵[2] 祝幣以禮焉 梁山 晉所主也 晉侯
從之 故得無害 漢文帝元年 齊楚地二十九山同日崩 水大出 令郡國無
來獻 施惠於天下 遠近歡洽 亦不爲災 後漢靈帝時 靑蛇見御座 晉惠帝

時 大蛇長三百步 見齊地 經市入朝 按蛇宜在草野 而入市朝 所以爲怪
耳 今蛇見山澤 蓋深山大澤必有龍蛇 亦不足怪 又山東之雨 雖則其常
然陰潛過久 恐有冤獄 宜斷省繫囚 庶或當天意 且妖不勝德 修德可以
銷變 太宗以爲然 因遣使者賑恤飢餒 申理冤訟 多所原宥3)

1) 晉侯召伯宗(진후소백종) : 진후는 진(晉)나라 경공(景公)을 말하고 이름은
   유(孺)이다. 백종은 경공의 대부(大夫).

2) 降服乘縵(강복승만) : 옷을 한 등급 아래로 내려 입고 수레는 장식이 없는 검
   소한 수레를 탄다는 뜻.

3) 原宥(원유) : 죄를 용서해 주다.

3. 재난이 있어도 인정을 베풀면 소멸된다

정관 8년에 혜성(彗星)이 남쪽에 나타났는데 꼬리의 길이가 6장
(丈)이나 되었고 100일이나 지나서 소멸되었다.

태종이 주위 신하들에게 말했다.

"하늘에 혜성이 나타난 이유는 짐이 부덕하고 정치에 실책이
있기 때문이다. 이 무슨 요사스러운 일인가?"

우세남이 대답했다.

"옛날에 제나라 경공(景公) 때 혜성이 나타나자 경공이 안자
(晏子)에게 물었습니다. 안자가 대답하기를 '공(公)께서는 연못
을 파는 데 깊지 않음을 걱정했으며 대사(臺榭 : 망루)를 세우면
서 높지 않음을 걱정하고 형벌을 행하면서 무겁지 않음을 걱정했
습니다. 이로써 하늘이 혜성을 나타내어 공(公)에게 경계하게 한
것입니다.' 라고 했습니다.

경공이 두려워하고 덕을 닦은 16일이 지난 후에 혜성이 없어졌
습니다.

폐하께서 만일 덕정을 닦지 않으시면 비록 기린이나 봉황이 자
주 나타나도 마침내 무익합니다.

조정에서 잘못된 정치가 없으면 백성이 안락하여 비록 재앙이
나 재난이 있을지라도 무엇이 덕을 해칠 수 있겠습니까?

원컨대 폐하께서는 공로가 옛 사람보다 높다고 스스로 자랑하지 마십시오. 태평한 날이 오래 지속된다고 스스로 교만하지 마십시오. 만약 끝과 처음을 균일하게 하신다면 혜성이 나타났다 해도 근심거리가 되지 못할 것입니다."

태종이 말했다.

"짐은 나라를 다스리면서 진실로 제경공과 같은 과실이 없다고 자부한다. 짐은 나이 18세에 문득 왕업을 다스리면서 북쪽으로는 유무주(劉武周)를 잘라내고 서쪽으로는 설거(薛擧)를 평정하고 동쪽으로는 두건덕과 왕세충을 사로잡았다.

24세 때에는 천하가 안정되었고 29세 때에는 황제의 자리에 올랐는데 사방 오랑캐가 항복하고 천하가 다스려지고 안정되었다. 이로 인하여 예로부터 영웅이나 난리를 평정한 군주라 해도 나에게는 미치지 못한다고 자못 스스로 긍지를 가지고 있었는데 이것이 나의 과오였다.

하늘에서 변화를 보이는 이유는 진실로 교만 때문일 것이다. 진시황은 여섯 나라를 평정하고 수양제는 온 천하를 둔 부유함이 있었다. 그러나 교만하고 또 안일하여 하루 아침에 멸망했는데 내어찌 스스로 교만해지겠는가? 이러한 사실을 생각하면 두려움을 깨닫지 못한 일이 두려워 떨 뿐이다."

위징이 앞으로 나아가 말했다.

"신은 듣기를 옛날부터 재앙과 변고가 없었던 왕은 없었다고 합니다. 다만 덕을 닦아서 재앙과 변고가 스스로 소멸되었습니다.

폐하께서는 천재지변이 일어난 일 때문에 드디어 경계하고 두려워하며 반복해서 생각하고 깊이 자신을 책망하십니다. 비록 이러한 변고가 있을지라도 반드시 재앙이 되지 못할 것입니다."

貞觀八年 有彗星見于南方 長六丈 經百餘日乃滅 太宗謂侍臣曰 天見彗星 由朕之不德 政有虧失 是何妖也

虞世南對曰 昔齊景公[1]時 彗星見 公問晏子[2] 晏子對曰 公穿池沼 畏不深 起臺榭 畏不高 行刑罰 畏不重 是以天見彗星 爲公戒耳 景公懼而

修德 後十六日而星沒 陛下若德政不修 雖麟鳳數見 終是無益 但使朝
無闕政 百姓安樂 雖有災變 何損於德 願陛下勿以功高古人而自矜大 勿
以太平漸久而自驕逸 若能終始如一 彗見未足爲憂

　　太宗曰 吾之理國 良無景公之過 但朕年十八 便爲經綸王業 北剪劉
武周 西平薛擧 東擒竇建德王世充 二十四而天下定 二十九而居大位 四
夷降伏 海內乂安 自謂古來英雄撥亂之主無見及者 頗有自矜之意 此吾
之過也 上天見變 良爲是乎 秦始皇平六國 隋煬帝富有四海 旣驕且逸
一朝而敗 吾亦何得自驕也 言念於此 不覺惕焉震懼

　　魏徵進曰 臣聞自古帝王未有無災變者 但能修德 災變自銷 陛下因有
天變 遂能戒懼 反覆思量 深自剋責 雖有此變 必不爲災也

1) 齊景公(제경공) : 춘추 시대 제나라 경공이며 이름은 저구(杵臼)이다.
2) 晏子(안자) : 제나라 경공의 신하 안영(晏嬰)이다. 어진 대부였다.

4. 어진 인재를 등용하고 불초한 자를 물리쳐야 한다

　　정관 11년에 큰비가 내려 곡수(穀水)가 범람해서 낙성문(洛城
門)을 들이받고 낙양궁(洛陽宮)까지 들어왔다. 물의 높이가 평
지에서 다섯 자나 되었고 궁(宮)이나 관아가 19채가 훼손되었고
7백 여 가구가 떠다녔다.

　　태종이 주위 신하들에게 말했다.

　　"짐의 부덕으로 하늘이 재앙을 내렸다. 보고 듣는 일이 분명치
못하고 형벌이 법도를 잃어 음과 양이 서로 어그러져 비가 괴이
하게 내린 것이다.

　　사물을 불쌍히 여기고 자신의 죄로 돌려서 근심하고 두려워하
는 마음을 갖겠다. 짐이 어떤 정으로 홀로 맛있는 음식을 즐기겠
는가. 음식을 올릴 때는 육식을 끊고 채소반찬을 내오도록 하라.
문무백관은 각각 봉사(封事)를 올려서 득실을 다 말하라."

　　중서시랑 잠문본이 봉사를 올려서 말했다.

　　"신은 듣기를, 난리를 평정해서 창업하는 일을 성공시키기 어
렵고 이미 성공한 기틀을 지키는 일도 쉽지 않다고 합니다.

편안할 때 위태할 것을 생각하는 마음은 그 업적을 안정시키는 일이고, 처음도 있고 끝마침도 있는 것은 그 기틀을 높이는 일입니다.

지금은 비록 억조 백성이 다스려지고 편안하며 모든 변방이 안정되고 조용하지만, 상사(喪事)와 환란의 뒤를 이었고 또 시들고 패배한 나머지를 접한 시기이므로 가구수와 인구의 감소가 오히려 많으며 논과 밭의 개간은 상당히 적습니다.

덮어준 은혜가 나타나지만 그 상처는 회복되지 않았습니다. 덕으로 교화하는 바람은 미쳤으나 재산은 자주 비어 있습니다. 이로써 옛 사람들은 나무를 심는 데 비유하였습니다. 세월이 오래 되면 가지와 잎이 무성해집니다. 만약 심은 지 얼마 되지 않았다면 근본이 튼튼하지 못하여 비록 기름진 흙으로 북돋아 주고 봄볕으로 따뜻하게 해 주어도 한 사람이 잡아 흔들면 반드시 말라죽게 됩니다. 지금 백성들의 처지가 이와 같습니다.

항상 은혜를 품어서 기르면 날로 번성해집니다. 잠시라도 정벌에 동원하고 부역을 시키면 날이 갈수록 시들고 감소됩니다. 시들고 감소됨이 심하면 백성의 삶이 편안하지 않습니다. 백성의 삶이 편안하지 않으면 원망하는 기운이 가득 차게 됩니다. 원망하는 기운이 가득 차면 떠나가고 배반하는 마음이 생겨납니다.

그러므로 순임금은 말하기를 '사랑할 만한 대상은 임금이 아니겠는가. 두려워할 만한 대상은 백성이 아니겠느냐?' 라고 했습니다. 공안국(孔安國)이 말하기를 '백성은 군주를 천명(天命)으로 삼는다. 그러므로 가히 사랑하는 것이다. 군주가 도를 잃으면 백성이 배반한다. 그러므로 가히 두려운 것이다.' 라고 했습니다. 중니(仲尼 : 孔子)께서는 '군주는 배와 같고 백성은 물과 같다. 물은 배를 떠우기도 하고 또한 배를 전복시키기도 한다.' 고 했습니다.

이로써 옛날의 명철한 왕들은 자신의 허물이 비록 용서할 만한 것이라도 용서하지 않고 날마다 하루하루를 삼가했는데 진실로 이것을 위한 것입니다.

엎드려 생각건대 폐하께서는 옛날과 오늘의 일을 관찰하여 안전하고 위태한 기틀을 살펴 위로는 국가를 중요하게 생각하고 아래로는 억조 백성을 생각하고 계십니다.

많은 사람 가운데 인재를 선발하고, 상 내리고 벌 주는 일을 신중하게 처리하며, 어진 인재를 진출시키고 불초한 자를 퇴진시키셔야 합니다.

과오를 들으면 곧바로 고치고 간언 따르기를 물 흐르듯이 하셔야 합니다. 선을 행할 때는 의심하지 않아야 하고 명령을 내릴 때는 반드시 신의를 지키셔야 합니다.

정신을 수양하고 자신의 성품을 닦아 놀이나 사냥의 즐거움을 덮으시고, 사치를 버리고 검소함을 따라 기술자들의 부역 비용을 줄이셔야 합니다. 나라 안을 깨끗하게 하고 새로운 땅을 구하지 마십시오. 활과 화살을 창고에 넣어 두되 군비(軍備)를 잊지 않으셔야 합니다.

이상 여러 가지는 나라를 위하는 떳떳한 도리로 폐하께서 항상 행하셔야 할 일들입니다.

신의 어리석은 생각으로 오직 원하건대 폐하께서 깊이 생각하고 게으르지 않으신다면 지극한 도의 아름다움이 삼황(三皇)이나 오제(五帝)와 함께 할 것이며 수천년의 복된 나라를 하늘이나 땅과 함께 오래도록 지속시킬 수 있을 것입니다.

비록 뽕나무와 곡식이 얽혀 자라는 요사스러움이 있고 용이나 뱀들이 재앙을 만들고 꿩이 솥의 귀에서 울고 돌이 진나라 땅에서 말을 하더라도 오히려 전화위복(轉禍爲福)이 되어, 변고나 재앙이 도리어 상서로움이 될 것입니다.

하물며 홍수 같은 근심은 음과 양의 정상적인 이치인데 어찌 가히 하늘이 꾸짖어 성스런 폐하의 마음을 얽어맨다고 이를 수 있겠습니까?

신이 듣기로는, 옛 사람이 말하기를 '농부는 일하고 군자는 길러지며, 어리석은 자는 그대로 말하고 지혜로운 자는 선택해서 말한다.'고 했습니다. 갑자기 경솔한 의견을 진술하였으니 땅에 엎드려 처벌을 기대합니다."

태종이 깊이 그의 말을 받아들였다.

貞觀十一年 大雨 穀水溢 衝洛城門 入洛陽宮 平地五尺 毀宮寺十九
所漂七百餘家 太宗謂侍臣曰 朕之不德 皇天降災 將由視聽弗明 刑罰
失度 遂使陰陽舛謬 雨水乖常 矜物罪己 載懷憂惕 朕又何情獨甘滋味
可令尚食斷肉料 進蔬食 文武百官各上封事 極言得失

中書侍郎岑文本上封事曰 臣聞開撥亂之業 其功旣難 守已成之基 其
道不易 故居安思危 所以定其業也 有始有卒 所以崇其基也

今雖億兆乂安 方隅寧謐 旣承喪亂之後 又接凋弊之餘 戶口減損尙多
田疇墾闢猶少 覆燾之恩著矣 而瘡痍未復 德敎之風被矣 而資産屢空 是
以古人譬之種樹 年祀綿遠則枝葉扶疎[1] 若種之日淺 根本未固 雖壅之以
黑墳 暖之以春日 一人搖之 必致枯槁 今之百姓 頗類於此 常加含養 則日
就滋息 暫有征役 則隨日凋耗 凋耗旣甚 則人不聊生 人不聊生 則怨氣充
塞 怨氣充塞 則離叛之心生矣 故帝舜曰[2] 可愛非君 可畏非民 孔安國曰
人以君爲命 故可愛 君失道 人叛之 故可畏 仲尼曰 君猶舟也 人猶水也
水所以載舟 亦所以覆舟 是以古之哲王 雖休勿休 日愼一日者 良爲此也

伏惟陛下覽古今之事 察安危之機 上以社稷爲重 下以億兆在念 明選
擧 愼賞罰 進賢才 退不肖 聞過卽改 從諫如流 爲善在於不疑 出令期於
必信 頤神養性 省遊畋之娛 去奢從儉 減工役之費 務靜方內 而不求闢
土 載櫜弓矢 而不忘武備 凡此數者 雖爲國之恒道 陛下之所常行

臣之愚昧 惟願陛下思而不怠 則至道之美 與三五[3]比隆 億載之祚 與
天地長久 雖使桑穀爲妖[4] 龍蛇作孽[5] 雊雉於鼎耳[6] 石言於晉地[7] 猶當轉
禍爲福 變災爲祥 況雨水[8]之患 陰陽恒理 豈可謂天譴而繫聖心哉 臣聞
古人有言 農夫勞而君子養焉 愚者言而智者擇焉 輒陳狂瞽[9] 伏待斧鉞
太宗深納其言

1) 扶疎(부소) : 잎이 무성하다.

2) 舜曰(순왈) : '서경' 우서 대우모편에 있는 문장.

3) 三五(삼오) : 삼황오제(三皇五帝)의 뜻.

4) 桑穀爲妖(상곡위요) : '사기'에 "상박(商亳)에 상서가 되었다. 뽕나무와 곡
식이 함께 조정에 자랐는데 하루 아침에 서로 얽혀서 자랐다. 황제인 대무(大
戊)가 두려워하며 이척(伊陟)에게 묻자 '신은 들으니 요사스러움은 덕을 이
기지 못한다고 했는데 군주께서 정사를 잘못했습니까? 군주께서는 덕을 닦

으십시오.' 라고 말했다. 대무가 따르자 뽕나무가 말라 죽었다."고 했다.

5) 龍蛇作孼(용사작얼) : 용과 큰 뱀들이 재앙을 일으키다.

6) 雉雊於鼎耳(치구어정이) : '사기' 상(商)나라 기록에 "무정이 성탕에게 제
   사를 지내는데 다음날 꿩이 날아와 솥 귀에서 울자 무정이 두려워했다. 조기
   (祖己)가 말하기를 '왕께서는 근심하지 마십시오. 먼저 정사를 닦으십시오.'
   라고 하여 무정이 따르자 은나라가 다시 일어났다."고 했다.

7) 石言於晉地(석언어진지) : '좌전' 소공(昭公) 8년 봄에 '돌이 진나라에서
   말하다.' 라고 기록되어 있다.

8) 雨水(우수) : 어느 본에는 수한(水旱)으로 되어 있다.

9) 狂瞽(광고) : 경솔한 의견. 경솔한 눈먼 사람의 소견. 자신을 낮춰서 하는 말.

제40편 끝맺음 신중히 할 것을 논하다
(論愼終第四十 : 凡七章)

1. 태평할 때 어지러움을 생각해야 한다

정관 5년에 태종이 주위 신하들에게 말했다.

"옛날부터 제왕(帝王)이 교화하는 일에 항상 능하기만 하지 않았다. 가령 국내가 편안하면 반드시 밖으로 소란스러움이 있었다. 지금은 멀리 있는 오랑캐가 다 복종하고 모든 곡식이 풍성하게 여물었으며 도적들이 일어나지 않고 안팎이 편안하고 고요하다.

이러한 상황은 나 한 사람의 힘에 의해서가 아니고 그대들이 함께 바로잡아 주고 잘 보좌하여 이루어졌다. 그러나 편안하면 위태로움을 잊지 말고 다스려지면 어지러움을 잊지 말아야 한다.

비록 오늘날은 일이 없음을 알지라도 그 끝을 처음과 같이 할 것을 생각해야 한다. 항상 이와 같은 마음을 얻으면 비로소 귀해진다."

위징이 대답했다.

"옛부터 오늘날까지 천자와 중요한 신하를 완비한 시절은 없었습니다. 혹 당시 군주가 성군으로 일컬어져도 신하가 어질지 못하고 혹 현명한 신하를 만나도 성스런 군주를 만나지 못했습니다.

지금 폐하께서는 현명하여 다스림을 이루셨습니다. 지난날 어진 신하가 있었는데도 군주가 교화를 생각하지 않아서 나라에 보탬이 되지 못했습니다.

지금 천하가 태평한데 신들은 기쁨이 되지 못합니다. 원컨대 폐하께서는 편안할 때 위태로움을 생각하는 그 마음을 계속 이어나가는 일에 힘써서 게을리 하지 않으시기 바랍니다."

貞觀五年 太宗謂侍臣曰 自古帝王亦不能常化 假令內安 必有外擾 當
今遠夷率服 百穀豊稔 盜賊不作 內外寧靜 此非朕一人之力 實由公等共
相匡輔 然安不忘危 理不忘亂 雖知今日無事 亦須思其終始 常得如此 始
是可貴也 魏徵對曰 自古已來 元首¹⁾ 股肱不能備具 或時君稱聖 臣卽不賢
或遇賢臣 卽無聖主 今陛下明 所以致理 向若直有賢臣 而君不思化 亦無
所益 天下今雖太平 臣等猶未以爲喜 惟願陛下居安思危 孜孜不怠耳

1) 元首(원수) : 황제. 곧 군주를 일컫는다.

2. 한(漢)나라 고조(高祖)를 비난하다

정관 6년에 태종이 주위 신하들에게 말했다.

"예로부터 임금으로서 선을 행한 자 가운데 많은 임금이 그 일을
굳게 지키지 못했다. 한고조는 사상(泗上)의 한낱 정장이었을 뿐
이다. 처음에는 능히 위험을 구원하고, 포학한 정치를 행하던 진나
라를 멸망시켜 제업을 이루었다. 만약 그의 재위가 십 수 년을 연
장했다면 방종과 안일 때문에 패망하여 보전하지 못했을 것이다.

무엇으로 그것을 알 수 있는가 하면, 효혜(孝惠)는 적장자로서
후계자가 되어 온순하고 공손하며 어질고 효도했는데도 고조는 애
희의 아들에게 현혹되어 세자를 폐위하려 했다. 소하와 한신은 공
업이 매우 높았지만 소하는 망령되이 투옥되고, 한신은 죽음으로
내몰렸다. 나머지 공신 경포의 무리는 두려움 때문에 마음이 편치
못해 드디어 반역하였다. 군신이나 부자 사이에도 도리에 벗어남
이 이와 같았으니 어찌 보전하기 어려운 밝은 증거가 아니겠는가.

짐은 천하가 편안하더라도 의지하지 않고, 항상 위태로움과 멸망
을 생각하며 경계하고 두려워하여 종말을 보전하려 애쓸 것이다."

貞觀六年 太宗謂侍臣曰 自古人君爲善者 多不能堅守其事 漢高祖 泗
上一亭長¹⁾耳 初能拯危誅暴²⁾ 以成帝業 然更延十數年 縱逸之敗³⁾ 亦不
可保 何以知之 孝惠⁴⁾爲嫡嗣⁵⁾之重 溫恭仁孝 而高帝惑於愛姬之子⁶⁾ 欲
行廢立 蕭何韓信⁷⁾功業旣高 蕭旣妄繫⁸⁾ 韓亦濫黜⁹⁾ 自餘功臣黥布¹⁰⁾之

輩 懼而不安 至於反逆 君臣 父子之間悖謬如此 豈非難保之明驗也 朕
所以不敢恃天下之安 每思危亡以自戒懼 用保其終

1) 泗上一亭長(사상일정장) : 사수(泗水), 곧 강소성(江蘇省) 패현(沛縣)의 한
   정장(亭長). 진(秦)나라 때 백 리마다 한 정장을 두고, 도둑잡는 책임을 맡겼다.

2) 拯危誅暴(증위주폭) : 위험을 구원하고 포학한 무리를 베다. 곧 위험에 임박
   한 천하 만민을 구원하고, 포학한 진(秦)나라를 주멸(誅滅)한 일을 말한다.

3) 縱逸之敗(종일지패) : 방종하고 안일한 행위로 말미암아 패망하는 일.

4) 孝惠(효혜) : 한혜제(漢惠帝). 고조의 아들.

5) 嫡嗣(적사) : 본처 소생으로 후계자(後繼者)가 되는 아들.

6) 愛姬之子(애희지자) : 애희는 척부인(戚夫人). 아들은 조왕(趙王) 여의(如意).

7) 韓信(한신) : 한(漢)나라 초기 공신으로 회음(淮陰) 사람. 소하(蕭何) 장량
   (張良)과 함께 3걸(三傑)이다. 항우(項羽)를 격파한 공로로 초왕(楚王)에
   봉해지고 회음후(淮陰侯)가 되었으나 뒤에 참언(讒言)에 의해 피살되었다.

8) 蕭旣妄繫(소기망계) : 소하는 패(沛) 땅 사람. 소하가 백성을 위해 "장안의
   땅은 좁은데 금원(禁苑 : 대궐 안 동산)에는 공터가 많습니다. 원컨대 백성
   에게 불하(拂下)하여 농사짓게 해 주십시오"라고 말하니 고조(高祖)가 화
   냈다. 그가 뇌물을 받고 그렇게 한다는 참언을 듣고 투옥시켰다가 사면했다.

9) 韓亦濫黜(한역남출) : 한신은 초왕에 봉해졌는데 모반을 꾀한다는 고변이 있
   자 고조가 거짓꿈을 핑계로 한신을 낙양으로 불러 포박했다가 사면하여 회음
   후로 강등시켰다. 이로 말미암아 원망했다. 다시 모반한다는 말이 있자 입궐
   하게 해서 무사에게 한신을 잡게 하여 참수하고 삼족을 멸했다.

10) 黥布(경포) : 영포(英布). 얼굴에 글자를 새겨넣는 형벌을 받아 경포(黥布)
    라 불림. 한고조가 회남왕(淮南王)에 봉했는데 한신이나 팽월(彭越)이 반역
    으로 몰려 죽는 것을 보고 화가 미칠 것을 두려워하여 모반했다가 살해되었다.

3. 위대한 당(唐)나라는 그대들이 세운 것이다

정관 9년에 태종이 공경에게 말했다.

"짐은 팔짱 끼고 하는 일 없이 지냈는데 사방 오랑캐가 다 복종
했다. 어찌 짐 한 사람이 이룬 일이겠는가. 여러 공들의 힘에 의지

했을 뿐이다. 처음에 잘한 일을 끝까지 잘해서 영원히 홍업(鴻業)을 굳게 하고 자자손손 갈마들며 서로 보익(輔翼)하라.

그리하여 큰 공적을 세우고 이로움을 두텁게 하여 후세의 자손들에게 베풀어, 수백 년 뒤에 우리 국사를 읽는 이에게 큰공훈과 성대한 사업의 찬연함을 볼 수 있게 하라.

어찌 오직 성대했던 주(周)나라나 성대한 한(漢)나라의, 광무(光武)제가 다스리던 건무(建武) 연간이나 명제(明帝)가 다스리던 영평(永平) 연간대의 고사만을 칭찬하게 하겠는가."

방현령이 나아가 말했다.

"폐하께서는 겸손한 뜻으로 모든 공로를 신하에게 돌리십니다. 그러나 다스림을 이루고 평화를 이룬 일은 본래 성스런 폐하와 관련된 사업이요, 신하들이 무슨 힘이 있겠습니까? 오직 신들은 폐하께서 끝까지 천하가 영원히 편안해지도록 힘쓰시기를 바랍니다."

태종이 다시 말했다.

"짐이 지난날 난세를 다스린 군주들을 보니, 모두 40세가 넘어서 업을 이루었다. 오직 한(漢)나라 광무제(光武帝)만이 33세였다.

짐은 나이 18세에 문득 병사를 일으켜 드디어 24세에 천하를 평정하고 29세에 이르러 천자가 되었으니 곧 무(武)가 옛날의 제왕을 앞선 것이다.

젊어서는 전쟁에 종사하느라 책 읽을 겨를이 없었다. 그러나 정관(貞觀) 이래로 손에서 책을 놓지 않고 풍교(風敎)의 근본을 알고 정치의 근원을 보아서 이를 행하기 수 년인데 천하는 크게 다스려져 풍속이 달라졌다. 자식들은 효도하고 신하들은 충성하니, 또한 문(文)이 옛날의 제왕보다 앞선 것이다.

옛날 주(周)나라와 진(秦)나라 이래로 융적(戎狄) 같은 오랑캐가 중국의 내부로 침입하였다. 그러나 지금은 융적같은 오랑캐가 머리를 조아리고 모두 신하나 관리가 되었다. 이것 또한 멀리 회유하는 일이 옛날의 제왕보다 앞선 것이다.

이 3가지를 짐이 무슨 덕으로 감당하겠는가. 이미 이 공업을 두었으니 어찌 처음만 좋게 하고 끝을 삼가지 않을 수 있겠는가."

貞觀九年 太宗謂公卿曰 朕端拱無爲 四夷咸服 豈朕一人之所致 實
賴諸公之力耳 當思善始令終[1] 永固鴻業 子子孫孫 遞相輔翼 使豊功厚
利施於來葉[2] 令數百年後 讀我國史 鴻勳茂業 粲然可觀 豈惟稱隆周炎
漢 及建武永平[3]故事而已哉 房玄齡因進曰 陛下撝挹之志 推功群下 致
理昇平 本關聖德 臣下何力之有 惟願陛下有始有卒 則天下永賴 太宗
又曰 朕觀古先撥亂之主 皆年踰四十 惟光武年三十三[4] 但朕年十八便
擧兵 年二十四定天下 年二十九昇爲天子 此則武勝於古也 少從戎旅 不
暇讀書 貞觀以來 手不釋卷[5] 知風化之本 見政理之源 行之數年 天下
大理 而風移俗變 子孝臣忠 此又文過於古也 昔周秦已降 戎狄內侵 今
戎狄稽顙[6] 皆爲臣妾 此又懷遠勝古也 此三者 朕何德以堪之 旣有此功
業 何得不善始愼終耶

1) 令終(영종) : 유종의 미를 장식하다.
2) 來葉(내엽) : '후세(後世)'와 같다.
3) 建武永平(건무영평) : 건무는 후한(後漢) 광무제(光武帝)의 연호(年號).
   영평은 후한(後漢) 명제(明帝)의 연호(年號).
4) 年三十三(연삼십삼) : 나이 33세. '후한서(後漢書)'에 의하면 광무제(光武
   帝)가 천자가 된 나이가 31세로 되어 있다.
5) 手不釋卷(수불석권) : 손에서 책을 놓지 않다. 곧 언제나 독서한다는 뜻.
6) 稽顙(계상) : 이마를 땅에 대는 경례(敬禮).

4. 신하가 부귀해지면 관직만 보존하려 한다

정관 12년에 태종이 주위 신하들에게 말했다.

"짐은 글을 읽을 때 앞서 간 왕들의 좋은 일을 보면 다 힘써 행
하며 게을리 하지 않았다. 또 내가 임명한 경들은 여러 사람인데
다 진실로 어진이들이다. 그러나 다스림을 이룬 상황을 삼황오제
의 시대와 비교해 보면 오히려 미치지 못한다. 이유가 무엇인가?"

위징이 대답했다.

"지금 사방의 오랑캐들이 와서 복종하고 천하가 일 없이 태평
한 상황은 옛날에도 있지 않았습니다.

옛날부터 제왕이 처음 즉위했을 때는, 다 정성을 다하여 정사를 돌보며 공적을 요임금이나 순임금에게 비교합니다. 그러나 안락함에 이르게 되면 교만하고 사치하고 방종하고 안일해져서 능히 그 좋은 일을 끝까지 행하는 자가 없습니다.

신하로서 처음 임용되었을 때는 다 군주를 바로잡고 시대를 구제하여 요순 시대의 직(稷)이나 설(契)의 자취를 따르고자 합니다. 그러나 신하가 부귀해지면 관직을 보존하려는 생각만 하고 그의 충절을 다하지 않게 됩니다.

만약 군주와 신하가 항상 게으름이 없고 각각 그 끝을 잘 마무리하려 한다면 천하는 다스려지지 않음을 걱정하지 않아도 스스로 앞 시대를 뛰어넘을 것입니다."

태종이 "진실로 경의 말과 같도다."라고 말했다.

貞觀十二年 太宗謂侍臣曰 朕讀書 見前王善事 皆力行而不倦 其所任用 公輩數人 誠以爲賢 然致理比於三五之代 猶爲不逮 何也 魏徵對曰 今四夷賓服[1] 天下無事 誠曠古[2]所未有 然自古帝王初即位者 皆欲勵精爲政 比迹於堯舜 及其安樂也 則驕奢放逸 莫能終其善 人臣初見任用者 皆欲匡主濟時 追蹤於稷契[3] 及其富貴也 則思苟全官爵 莫能盡其忠節 若使君臣常無懈怠 各保其終 則天下無憂不理 自可超邁前古也 太宗曰 誠如卿言

1) 賓服(빈복) : 멀리서 복종하여 오다.
2) 曠古(광고) : 비교할 만한 것이 예전에 없다.
3) 稷契(직설) : 후직(后稷)과 설(契)로, 순(舜)임금의 신하들.

5. 유종의 미를 거두지 못할 원인 10가지를 지적하다

정관 13년에 위징이, 태종이 창업 당시 같은 검약을 지속하지 못하고 근년에는 매우 사치와 방일을 좋아하자 상소로써 간했다.

"신이 옛날의 제왕이 국가를 창업한 일을 관찰해보니 모두 그 국가를 만세에 전하고자 하고 자손을 위해 계획을 남겨 놓았습니다.

손을 단정히 하고 조정에 서서 천하를 다스렸는데 정치에 대하여
말할 때는 반드시 순박을 으뜸으로 쳐서 겉만 꾸며 화려한 것을 억
제했습니다. 인물을 논할 때는 반드시 충성되고 어진 사람을 존중
하고 사악하고 아부하는 자를 낮췄습니다. 제도를 말할 때는 사치
를 끊고 검약을 존중했습니다. 생산품을 말할 때는 곡식이나 천 같
은 필수품은 중히 여기고 진기한 보물 따위를 가볍게 여겼습니다.

천명을 받아 창업한 처음에는 모두 앞에서 말한 방침에 따라 다
스림을 이루었는데 얼마간 국가가 편안해진 뒤에는 이에 반하여
풍속을 파괴하는 일이 많았습니다. 그 이유는 무엇이겠습니까.

만승의 존귀한 천자 자리에 있으면서 온 천하의 부를 내것으로
보유하고, 말만 내면 거역하는 자가 없고, 행하는 일이 있으면 사
람이 반드시 순종하고, 공정한 도리가 사사로운 정에서 헤어나지
못하고, 예절이 욕망으로 인해서 결여되었기 때문이 아니겠습니까.

옛말에 '이것을 알기는 어렵지 않고, 이것을 행하기가 어렵다.
이것을 행하기는 어렵지 않고, 이것을 마치기가 어렵다.'고 했는
데, 이러한 말은 진실입니다.

삼가 엎드려 생각건대 폐하께서는 약관의 나이에 천하의 어지
러움을 평정하여 국내를 통일하고, 곧 제왕의 업을 열었습니다.

정관 초년에는 장년이었는데, 기호에 대한 욕망을 억제하여 스
스로 절검(節儉)을 행하고 나라 안팎이 지극히 편안하여 마침내
태평성세가 이루어졌습니다. 그 공적을 논하면 은나라 탕왕이나
주나라 무왕도 비교가 되지 않습니다. 그 덕을 말하면 요순 같은
성천자(聖天子)에 멀리 뒤져 있지 않습니다.

신이 발탁되어 폐하의 측근에서 섬기기 10여 년 동안, 언제나
조정에서 기밀에 대하여 의논하고 때때로 현명한 분부를 삼가 받
들었습니다. 폐하께서는 항상 인의의 도를 실천하고자 그것을 지
켜 변함이 없었으며, 검소하고자 하는 의지는 처음부터 끝까지 변
하지 않으셨습니다. '한 마디 말이 나라를 일으킨다.'고 한 '논
어'의 말은 바로 이러한 일을 이르는 것입니다.

당시 폐하의 훌륭하신 말씀은 지금도 생생하게 제 귀에 남아 있

으며 결코 잊을 수가 없을 것입니다. 그런데 근년에 와서는 얼마
간 지난날의 의지에 어긋나시어 순박한 정치가 차츰 유종의 미를
온전히 할 수 없을 것 같습니다.

삼가 아뢰오면 다음과 같은 것들입니다.

정관 초년에는 폐하께서 무위무욕(無爲無欲)하시어 청정한 덕
화가 멀리 변방 미개한 나라에까지 미쳤습니다. 이것을 오늘날 고
찰해 보면 그 풍조가 점차 쇠퇴해졌습니다.

말씀만 들으면 멀리 상고의 성인보다 앞서는 훌륭한 의견입니
다만 일을 논해 보면 역사상 평범한 군주에게도 앞서지 못하십니
다. 무슨 증거로 이런 말씀을 아뢰겠습니까?

한(漢)나라 문제나 진(晉)나라 무제는 상고의 성인에 비할 만
한 천자가 아닌데도, 한문제는 천리마의 헌상을 물리쳤고 진무제
는 꿩의 아름다운 깃으로 장식한 가죽옷을 불살라 버렸습니다.

지금 폐하께서는 준마(駿馬)를 만 리 머나먼 곳에서 구하고 진
기한 보물을 국외에서 사들이시어, 길 가는 사람들에게 이상하다
는 말을 듣고 이민족에게는 업신여김을 받습니다.

이것이 차츰 유종의 미를 온전히 하지 못할 첫번째 이유입니다.

옛날에 자공이 공자께 백성을 다스리는 도를 물었을 때, 공자께
서는 '썩은 줄로 여섯 마리의 말을 부리는 것과 같다.'고 하였습
니다. 자공이 말하기를 '어찌 그렇게 두려운 일입니까.'라고 하자,
공자께서 '도(道)로써 대우하지 않으면 나의 원수가 되는데 어찌
두려워하지 아니하랴.' 하였습니다. 그러므로 '서경'의 오자지가
편에 '백성은 나라의 근본이다. 근본이 굳어야 나라가 편안하다.'
고 했습니다. 백성의 임금이 되어서 어찌 공경하지 않겠습니까?

정관 초년에는 폐하께서 백성 보호하기를 상처 입은 사람을 보
듯 하고, 그들이 근로하는 모습을 가엾게 보고, 백성 사랑하기를
자식처럼 아끼고, 언제나 간략함을 위주로 하여 대규모의 건축물
을 짓는 일이 없으셨습니다.

근년에 와서는 사치하고 방일해져 갑자기 예전의 겸손하고 검약
하던 정신을 잃고 가볍게 백성을 노역으로 부리며 '백성은 할 일

이 없으면 교만하고 방자해지며, 수고롭게 일을 시키면 부리기가 쉽다.' 고 말씀하십니다. 옛부터 백성이 편안하고 즐거워져 나라가 기울고 패한 예는 없습니다. 그런데 어찌 미리 교만하고 방자해질 것을 두려워하여 일부러 노역으로 혹사시키려 하십니까. 그러한 말씀은 아마 국가를 융성하게 일으키는 정당한 말씀이 아닐 것입니다. 어찌 백성을 안정시키는 원대한 계획이라 하겠습니까.

이것이 차츰 유종의 미를 거두지 못할 두번째 이유입니다.

정관 초년에는 폐하께서 자신의 손해를 돌보지 않으면서 백성의 이익을 도모하셨습니다. 오늘날에는 자신의 욕망을 채우는 일에 봉사시키기 위해 백성을 괴롭히고, 겸손하고 검약하던 행동은 해가 갈수록 바뀌어 뽐내고 사치하려는 마음이 날로 늘어나십니다.

비록 입으로는 백성을 근심하는 말씀을 끊임없이 하지만 자신을 즐겁게 하는 일에 실로 열심이십니다. 혹 궁전이나 이궁(離宮)을 짓고 싶을 때는 신하가 간할 것을 생각하여 '이 일을 하지 않으면 내 몸이 편치 않다.' 라고 하십니다. 이렇게 되면 신하의 정리로서 어찌 제지하고 간할 수 있겠습니까. 다만 간하려는 사람의 입을 막기 위한 방책일뿐 어찌 선한 일을 가려서 행하는 것이라 하겠습니까.

이것이 점차 유종의 미를 거두지 못할 세번째 이유입니다.

사람이 몸을 세우는데 성공과 실패는, 어떻게 영향받고 감화받는가에 달려 있습니다. 난초나 지초 같은 향초 옆에 있으면 좋은 향기가 배고 포어(鮑魚) 같은 악취 옆에 오래 있으면 악취가 뱁니다. 가까이 교제하는 사람을 신중하게 생각하지 않을 수 없습니다.

정관 초년에는 폐하께서 명예와 절의를 중요하게 여기고 힘써, 사사롭게 편드는 일 없이 오직 선한 사람만 가까이하여 군자를 친애하고 소인을 멀리 하셨습니다. 지금은 그렇지 않고 가볍게 소인을 업신여기고 예로써 군자를 중요하게 여기십니다. 군자를 중요하게 여긴다지만 공경만 하고 멀리하며, 소인을 가볍게 여긴다지만 친하게 가까이하십니다.

가까이 지내면 그 결점이 보이지 않게 되고, 공경한다 해도 멀리하면 그 장점을 알 수 없습니다. 군자의 장점을 알지 못하면 이

간을 꾀하는 자가 없어도 저절로 소원해지고, 소인의 결점을 깨닫지 못하면 시간이 지남에 따라 저절로 친밀해집니다.

소인과 친밀해지는 일은 치세를 완성하는 방법이 아닙니다. 군자와 소원한 것이 어찌 국가를 융성하게 일으키는 길이겠습니까.

이것이 차츰 유종의 미를 거둘 수 없게 될 네번째 이유입니다.

'서경'에 이르기를 '도움이 되지 않는 일을 하되 도움이 되는 일을 해치지 않으면 공이 곧 이루어진다. 기이한 물건을 귀하게 여기되 늘 쓰는 물건을 천하게 여기지 않으면 백성은 곧 풍족해진다. 개나 말은 그 풍토에 맞는 품종이 아니면 기르지 말고 진기한 새나 이상한 짐승은 나라에서 기르지 말라.'고 했습니다.

정관 초년에 폐하께서는 행동이 모두 요임금과 순임금을 본보기로 하여 따라 황금이나 보옥(寶玉)을 돌아보지 않고, 순박하고 소박한 생활로 돌아가셨습니다.

근년에는 진기한 물품을 존중하여 얻기 어려운 물건이 아주 먼 데서라도 이르지 않음이 없고, 견줄 데 없는 정교한 기구 제작이 그칠 때가 없습니다. 임금이 사치를 좋아하면서 백성의 순박한 생활을 바란다면 실현될 수 없습니다. 상공업만 성하게 일으키면서 농작물의 풍성한 수확을 바란다면 있을 수 없는 일이 분명합니다.

이것이 점차 유종의 미를 거둘 수 없게 될 다섯번째 이유입니다.

정관 초년에는 어진이 구하는 일을 마치 목마른 자가 물을 찾듯이 하여, 선인이 천거하는 인물은 이를 믿어 임용하고, 그 장점을 취하는 일에 항상 미치지 못할 것을 걱정하셨습니다.

근자에 와서는 폐하의 마음에 드는가 안 드는가에 따라 사람을 쓰고, 혹은 많은 선인들이 천거한 사람을 쓰더라도 혹 한 사람이 헐뜯으면 그 사람을 버리십니다. 또 오랫 동안 임용하여 신뢰하다가도 한번 의심하면 그를 멀리 하십니다.

행동에는 평소의 행함이 있고, 일에는 성취한 사적(事跡)이 있습니다. 그러므로 다른 사람을 헐뜯는 사람이 반드시 천거된 사람보다 믿을 만하다고는 할 수 없습니다.

여러 해 동안 쌓은 선행을 하루 아침에 갑자기 잃어서는 안 됩니다. 군자의 마음은 인의 도덕을 실행하여 훌륭한 덕을 세상에 넓히고자 하는데, 소인의 성질은 남을 욕하기 좋아하고 개인의 이익만 생각합니다. 폐하께서는 상세하게 그 근원을 살피지 않고 경솔하게 겉에 드러난 모습으로 인물의 선악을 단정하십니다. 바른 도리를 지키는 사람은 날로 멀어지고, 능력 없이 지위만 바라는 자는 날로 진출하게 됩니다. 그러면 사람들은 다만 한 때의 위급을 면할 생각만 하고, 자기 능력을 충분히 발휘하려 하지 않게 됩니다.

이것이 점차 유종의 미를 거두지 못할 여섯번째 이유입니다.

폐하께서 처음으로 황제의 지위에 오르셨을 때는, 높은 지위에 있으면서도 깊이 민간의 일을 살피고 일은 청정을 으뜸으로 하고 마음은 기호의 욕심이 없으셨습니다.

안으로는 수렵 도구를 치우고 밖으로는 사냥을 끊었으나 몇 해가 지난 뒤에는 뜻을 굳게 지키지 못하셨습니다. 비록 백 일 동안이나 사냥 나간 채 돌아오지 않은 천자 정도는 아닙니다만, 옛날 탕임금이 한쪽만 막고 사냥했다는 제도에 넘치는 일이 있었습니다. 드디어 너무 빈번한 사냥을 백성이 비난하게 되었고, 사냥에 쓰는 매나 사냥개의 공물을 멀리 사방 이민족에게까지 바치게 하고 있습니다.

어떤 때는 사냥터까지 가는 길이 너무 멀어 아침이 밝기 전에 대궐을 나가 밤중에 돌아오십니다. 또는 달아나는 짐승을 쫓아 말을 달리는 즐거움에 빠져 뜻하지 않은 재난이 일어날 수 있다는 재해에 대해서는 전혀 마음을 두지 않으십니다. 재앙이란 예측할 수 없는 일입니다. 예측하지 못한 일들을 어떻게 구제하시겠습니까.

이것이 점차 유종의 미를 거두지 못할 일곱번째 이유입니다.

공자께서 '임금이 신하를 부리는 데는 예로써 하고, 신하가 임금을 섬기는 데는 충성으로써 한다.' 고 했습니다. 이 말에 근거하여 말씀드리면 군주가 신하를 대우하는 데 도의가 엷어서는 안 됩니다.

폐하께서 처음 천자의 지위에 올랐을 당시에는 공경하는 마음으로 신하를 대하셨고, 군주의 은혜가 신하에게 충분히 미쳤으며, 신하의 심정은 군주에게 잘 전달되었습니다. 신하들은 자기의 온 힘을 다하려 하였고 마음 속에 조금도 숨기는 일이 없었습니다.

근년에는 폐하께서 신하들을 대하는 태도가 많이 소홀해지고 거칠어지셨습니다. 어떤 경우에는 지방관이 임무를 띠고 지방을 다스리다가 상주할 일이 있어 입조하여 궁중에 입궐해서 임지의 사정을 아뢰고자 할 때, 지방관이 아뢰려면 존안을 뵐 수 없고, 청할 일이 있어 말씀드려도 받아들여지지 않으며, 갑자기 그 단점에 대해 작은 허물을 꾸짖으십니다. 이렇게 되면 아무리 현명하고 언변이 뛰어나고 재략 있는 신하라 해도 충의심을 펼칠 수 없습니다.

이런 상태인데 상하의 마음이 일치하고 군신이 함께 편안하기를 바란다면 어려운 일이 아니겠습니까.

이것이 점차 유종의 미를 거두지 못할 여덟번째 이유입니다.

'예기' 곡례편에 '오만한 마음을 길러서는 안 되며 욕심을 방종하게 해서는 안 되며 즐거움을 극에 이르도록 누려서는 안 되며 원하는 것을 끝까지 만족시키려고 해서는 안 된다.' 라고 했습니다. 이 4가지는 옛날의 제왕들이 그 몸에 행복을 가져 오게 한 까닭으로, 널리 사리에 통달한 현자가 깊이 경계한 일들입니다.

정관 초년에는 폐하께서 부지런히 노력하여 게으르지 않고, 자신의 생각을 굽혀 남의 의견에 따르고, 언제나 부족한 데가 있는 듯한 겸손한 태도셨습니다.

근자에는 약간 뽐내면서 방일한 행동을 하십니다. 공업의 위대함을 과시해 앞 시대의 제왕을 경멸하고, 뛰어난 현명함을 자부해 당대의 현자를 업신여기십니다. 이것은 오만한 마음이 자란 것입니다.

하고자 하는 일이 있으면 무엇이든 뜻대로 해치우십니다. 가령 일시적으로 감정을 억누르고 간하는 말에 따르는 경우가 있더라도 결국은 마음에 품은 일을 잊지 않으십니다. 이것은 욕망이 무제한으로 자란 까닭입니다.

즐겁게 노는 데에 뜻을 두어, 아무리 놀아도 싫어하거나 권태를 느끼지 않으십니다. 비록 현재 상태가 아직 정사에 방해가 되지는 않지만, 정치에 대해 관심이 없어졌으며 다스리는 도에 전력하지 않으십니다. 이것은 즐거움을 극도에 이르게 하려는 행동입니다.

나라 안 방방곡곡이 태평하고, 사방의 이민족도 진심으로 복종하고 있습니다. 그럼에도 불구하고 병사와 말을 괴롭히면서 까마득하게 먼 변방 끝 이민족의 무례함을 꾸짖기 위해 토벌하고자 하십니다. 이것은 뜻이 가득 찬 모습입니다.

폐하의 측근에서 친숙하게 지내는 자는 폐하의 뜻에 아부하느라 자신의 의견은 아뢰려 하지 않고, 소원한 자는 폐하의 위엄이 두려워 감히 간하지 못합니다. 이러한 상태가 쌓이고 쌓이면, 뛰어난 폐하의 덕망에 손상을 가져올 것입니다.

이것이 점차 유종의 미를 거두지 못하게 될 아홉번째 이유입니다.

옛날 요임금이나 순임금, 은나라 탕왕 같은 성천자(聖天子) 시대에도 재앙과 환란이 없었던 것은 아닙니다. 그들이 대단히 뛰어난 덕을 가진 제왕이었다고 일컬어지는 이유는, 시종일관 무위무욕하여 재앙을 만나면 걱정과 부지런함을 다하고 세상이 편안할 때도 자기의 욕망대로 교만하거나 방일한 일이 없었기 때문입니다.

정관 초년에는 해마다 계속해서 극심한 가뭄이 들어 도성 주위의 백성은 모두 먹을 것을 구하기 위해 관외의 땅으로 나갔는데 노인이나 유아를 등에 업거나 손을 잡아끌면서 오고간 자가 수천에 달했습니다. 그러나 한 집도 도망한 일이 없었고, 한 사람도 그 고통을 원망한 자가 없었습니다. 폐하께서 진실로 백성을 가련하게 여겨 양생하려는 마음을 품고 계시다는 것을 잘 알았기 때문이었습니다. 그런 까닭으로 굶주려 죽은 자는 있어도 두 마음을 가진 자는 없었던 것입니다.

근년에 이르러 백성은 공공적인 노역으로 지쳐 있는데, 도성 가까운 관중 땅 백성은 노역으로 인한 피폐가 가장 심합니다. 여러 기술자들은 쉬어야 할 날에도 머물러 노동해야 하고, 정규병들은 당번 날에도 근무 밖의 일에 부려집니다. 시장을 활성화 한다는 명목으로 농촌 마을까지 제외시키지 않으며, 물자 수송에 동원되는 인부는 도로를 이어 계속되고 있습니다. 만약 어떠한 폐해가 생긴다면, 약간의 트집거리로도 백성은 소동을 일으키기 쉽습니다.

가령 홍수나 가뭄 때문에 곡식을 수확하지 못한다면 아마도 백성은 예전처럼 편안하게 있을 것 같지 않습니다.

이것이 점차 유종의 미를 거두지 못하게 될 열번째 이유입니다.

신은 '화와 복은 들어오는 정해진 문이 없고, 오직 사람이 스스로 부르는 바에 의한다.' 라고 한 '좌전'의 말을 들었습니다. 사람에게 결점이 없으면 요사스러운 일은 망령되이 일어나지 않습니다.

삼가 생각건대, 폐하께서 천하를 통일하여 다스리신 지 13년입니다. 그동안 폐하의 덕은 국내에 고루 퍼져 있고, 위엄은 멀리 해외까지 미쳤으며, 해마다 곡식은 풍작이고, 학문과 교육은 왕성하게 일어나고, 백성은 모두 선량하고 재덕(才德)이 뛰어나 제후로 봉해도 손색이 없을 만하며, 양곡은 물이나 불 같이 풍부합니다.

그런데 금년에 이르러서는 하늘의 재앙이 성하게 일어나고, 찌는 듯한 더위가 가뭄으로 변하고, 그것이 먼 군국(郡國)에까지 피해를 입히고, 흉악한 자들이 사악한 짓을 하여 황도(皇都)가 가까운 데까지 흉악한 무리가 출몰하기에 이르렀습니다.

하늘이 어찌 말이 있겠습니까. 오직 하늘의 재앙과 땅의 이상한 변화 같은 현상을 드리워, 하늘을 대신하여 지상(地上)을 통치하는 천자에게 경계를 보이는 것입니다.

폐하께서는 지금의 여러 현상을 보아 하늘의 경계에 대해 공경하고 우려하고 근면해야 할 때입니다. 하늘의 경계에 대하여 두려워하고, 어진 인재를 가려 써서 경계에 따라야 합니다. 교만하고 방일한 마음을 버리고, 주나라 문왕이 세심하게 마음을 써서 깊이 삼가한 것과 같이 하고, 은나라 탕왕이 크게 가물었을 때 하늘에 기도하여 자기 죄를 반성한 일을 배우고, 전 시대의 제왕이 다스림을 이룬 원인과 방법을 노력하여 실행하십시오.

또 오늘날 도덕이 패퇴하게 된 원인을 잘 생각하고 그 잘못을 고치십시오. 백성과 함께 모든 방법을 갱신하여 사람의 이목을 새롭게 바꾼다면 천자의 지위는 무궁하게 전해지고, 천하만민은 매우 행복하게 될 것입니다. 어찌 재앙이나 파멸을 근심하겠습니까.

그렇게 생각하면 사직의 안위(安危)와 국가의 치란(治亂)은 천자 한 사람에게 달려 있는 것입니다.

현재 태평한 세상을 만들 기초는 이미 하늘을 찌를 듯이 높이 쌓아져 있습니다. 태평의 기초가 이미 하늘을 찌를 듯이 높고 90%의 공적이라도 한 삼태기의 흙을 더하지 않으면 무너질 수 있습니다.

지금은 천 년에 한 번 나타난다고 하는, 성천자가 계신 훌륭한 시기이고, 이러한 시기는 두 번 다시 얻을 수 없습니다.

현명한 군주가 실행할 능력이 있으면서도 실행하지 않으시니, 저 같은 미천한 신하는 가슴이 답답하여 한숨만 짓게 됩니다.

신은 어리석고 비천하여 모든 일의 기틀에 충분히 통달하지 못합니다만 대략 눈에 뜨인 점 IO가지를 들어, 성청(聖聽 : 밝은 지혜)에 상주합니다. 폐하께서는 신의 거칠고 어리석은 말을 채택하고, 민간의 의견도 참고하시기를 삼가 바랍니다. 어리석은 자의 천 가지 생각 중 한 가지라도 얻을 것이 있어 천자의 직책에 조금이나마 보탬이 된다면, 폐하의 노여움을 사더라도 죽는 날이 새로 태어나는 날이라 여기고, 사형에 처하신다 해도 달게 받겠습니다."

이 상소문이 상주되자 태종이 위징에게 말했다.

"신하가 되어 군주를 섬기면서 군주의 뜻에 순종하기는 매우 쉽지만 군주의 감정을 거슬리면서까지 간하는 일은 아주 어려운 일이다. 그대는 짐의 이목이나 수족이 되어 언제나 사려 깊은 의견을 헌납해 준다. 짐은 지금 그대에게서 허물을 들었으니 반드시 고쳐서 아무쪼록 유종의 미를 거두도록 할 것이다. 만약 이 말에 위반된다면 무슨 낯으로 그대를 만날 수 있겠는가.

그대의 상소 이외에 어떤 방법으로 천하를 다스릴 수 있겠는가.

그대의 상소를 얻어서 되풀이하여 충분히 연구하니, 그 말은 강하고 도리가 바르다는 것을 깊이 깨달았다. 그래서, 그것을 병풍으로 만들어 아침 저녁으로 우러러 보기로 하였다. 또 사관에게 명하여 기록하게 하였으니 아무쪼록 천년 뒤의 사람들이 이것에 의해 군신의 의를 알았으면 하고 바란다."

이에 포상으로 황금 IO근과 궁중 마굿간의 말 두 필을 하사했다.

貞觀十三年 魏徵恐太宗不能克終儉約 近歲頗好奢縱 上疏諫曰

臣觀自古帝王受圖定鼎 皆欲傳之萬代 貽厥孫謀 故其垂拱巖廊[1] 布

政天下 其語道也 必先淳朴而抑浮華 其論人也 必貴忠良而鄙邪佞 言制度也 則絶奢靡而崇儉約 談物産也 則重穀帛而賤珍奇 然受命之初 皆遵之以成治 稍安之後 多反之而敗俗 其故何哉 豈不以居萬乘之尊 有四海之富 出言而莫己逆 所爲而人必從 公道溺於私情 禮節虧於嗜欲故也 語曰 非知之難 行之惟難 非行之難 終之斯難 所言信矣

伏惟陛下 年甫弱冠 大拯横流 削平區宇 肇開帝業 貞觀之初 時方克壯 抑損嗜欲 躬行節儉 內外康寧 遂臻至治 論功 則湯武不足方 語德 則堯舜未爲遠 臣自擢居左右十有餘年 每侍帷幄 屢奉明旨 常許仁義之道 守之而不失 儉約之志 終始而不渝 一言興邦 斯之謂也 德音在耳 敢忘之乎 而頃年已來 稍乖曩志 敦朴之理 漸不克終 謹以所聞 列之如左

陛下貞觀之初 無爲無欲 清靜之化 遠被遐荒 考之於今 其風漸墜 聽言 則遠超於上聖 論事 則未諭於中主 何以言之 漢文 晉武 俱非上哲 漢文辭千里之馬[2] 晉武焚雉頭之裘[3] 今則求駿馬於萬里 市珍奇於域外 取怪於道路 見輕於戎狄 此其漸不克終一也

昔子貢問理人於孔子 孔子曰 懍乎若朽索之馭六馬 子貢曰 何其畏哉 子曰 不以道遵之 則吾讎也 若何其無畏 故書曰[4] 民惟邦本 本固邦寧 爲人上者 奈何不敬 陛下貞觀之始 視人如傷 恤其勤勞 愛民猶子 每存簡約 無所營爲 頃年已來 意在奢縱 忽忘卑儉 輕用人力 乃云 百姓無事則驕逸 勞役則易使 自古以來 未有由百姓逸樂而致傾敗者也 何有逆畏其驕逸 而故欲勞役者哉 恐非興邦之至言 豈安人之長算 此其漸不克終二也

陛下貞觀之初 損己以利物 至於今日 縱欲以勞人 卑儉之迹歲改 驕侈之情日異 雖憂人之言不絶於口 而樂身之事實切於心 或時欲有所營 慮人致諫 乃云 若不爲此 不便我身 人臣之情 何可復爭 此直意在杜諫者之口 豈曰擇善而行者乎 此其漸不克終三也

立身成敗 在於所染 蘭芷鮑魚 與之俱化 愼乎所習 不可不思 陛下貞觀之初 砥礪名節 不私於物 唯善是與 親愛君子 疎斥小人 今則不然 輕褻小人 禮重君子 重君子也 敬而遠之 輕小人也 狎而近之 近之則不見其非 遠之則莫知其是 莫知其是 則不間而自疎 不見其非 則有時而自昵 昵近小人 非致理之道 疎遠君子 豈興邦之義 此其漸不克終四也

書曰[5] 不作無益害有益 功乃成 不貴異物賤用物 人乃足 犬馬非其土

性不畜 珍禽奇獸弗育於國 陛下貞觀之初 動遵堯舜 捐金抵璧 反朴還
淳 頃年以來 好尙奇異 難得之貨無遠不臻 珍玩之作無時能止 上好奢
靡而望下敦朴 未之有也 末作滋興而求豊實 其不可得亦已明矣 此其漸
不克終五也

　貞觀之初 求賢如渴 善人所擧 信而任之 取其所長 恒恐不及 近歲已
來 由心好惡 或衆善擧而用之 或一人毁而棄之 或積年任而用之 或一
朝疑而遠之 夫行有素履 事有成跡 所毁之人 未必可信於所擧 積年之
行 不應頓失於一朝 君子之懷 蹈仁義而弘大德 小人之性 好讒佞以爲
身謀 陛下不審察其根源 而輕爲之臧否 是使守道者日疎 干求者日進 所
以人思苟免 莫能盡力 此其漸不克終六也

　陛下初登大位 高居深視 事惟淸靜 心無嗜慾 內除畢弋之物[6] 外絶畋獵
之源 數載之後 不能固志 雖無十旬之逸[7] 或過三驅之禮 遂使盤遊之娛見
譏於百姓 鷹犬之貢遠及於四夷 或時敎習之處 道路遙遠 侵晨而出 入夜
方還 以馳騁爲歡 莫慮不虞之變 事之不測 其可救乎 此其漸不克終七也

　孔子曰[8] 君使臣以禮 臣事君以忠 然則君之待臣 義不可薄 陛下初踐
大位 敬以接下 君恩下流 臣情上達 咸思竭力 心無所隱 頃年已來 多所
忽略 或外官充使 奏事入朝 思覩闕庭 將陳所見 欲言則顔色不接 欲請
又恩禮不加 間因所短 詰其細過 雖有聰辯之略 莫能申其忠款 而望上
下同心 君臣交泰 不亦難乎 此其漸不克終八也

　傲不可長 欲不可縱 樂不可極 志不可滿 四者前王所以致福 通賢以
爲深誡 陛下貞觀之初 孜孜不怠 屈己從人 恒若不足 頃年已來 微有矜
放 恃功業之大 意蔑前王 負聖智之明 心輕當代 此傲之長也 欲有所爲
皆取遂意 縱或抑情從諫 終是不能忘懷 此欲之縱也 志在嬉遊 情無厭
倦 雖未全妨政事 不復專心治道 此樂將極也 率土乂安 四夷款服 仍遠
勞士馬 問罪遐裔 此志將滿也 親狎者阿旨而不肯言 疎遠者畏威而莫敢
諫 積而不已 將虧聖德 此其漸不克終九也

　昔陶唐成湯之時 非無災患 而稱其聖德者 以其有始有終 無爲無欲 遇
災則極其憂勤 時安則不驕不逸故也 貞觀之初 頻年霜旱 畿內戶口 並
就關外 攜負老幼 來往數千 曾無一戶逃亡 一人怨苦 此誠由識陛下矜
育之懷 所以至死無攜貳 頃年已來 疲於徭役 關中之人 勞弊尤甚 雜匠

之徒 下日悉留和雇 正兵之輩 上番多別驅使 和市之物 不絶於鄕閭 遞
送之夫 相繼於道路 旣有所弊 易爲驚擾 脫因水旱 穀麥不收 恐百姓之
心 不能如前日之寧帖 此其漸不克終十也 臣聞禍福無門 唯人所召 人
無釁焉 妖不妄作

伏惟陛下 統天御寓 十有三年 道洽寰中 威加海外 年穀豊稔 禮敎丰
興 比屋諭於可封 菽粟同於水火 曁乎今歲 天災流行 炎氣致旱 乃遠被
於郡國 凶醜作孼 忽近起於轂下 夫天何言哉 垂象示誡 斯誠陛下驚懼
之辰 憂勤之日也 若見誡而懼 擇善而從 同周文之小心 追殷湯之罪己
前王所以致理者 勤而行之 今時所以敗德者 思而改之 與物更新 易人
視聽 則寶祚無疆 普天幸甚 何禍敗之有乎 然則社稷安危 國家理亂 在
於一人而已 當今太平之基 旣崇極天之峻 九仞之積 猶虧一簣之功[9] 千
載休期 時難再得 明主可爲而不爲 微臣所以鬱結而長歎者也

臣誠愚鄙 不達事機 略擧所見十條 輒以上聞聖聽 伏願陛下 採臣狂
瞽之言 參以芻蕘之議 冀千慮一得 裨職有補[10] 則死日生年 甘從斧鉞

疏奏 太宗謂徵曰 人臣事主 順旨甚易 忤情尤難 公作朕耳目 股肱 常
論思獻納 朕今聞過能改 庶幾克終善事 若違此言 更何顔與公相見 復
欲何方以理天下 自得公疏 反覆硏尋 深覺詞强理直 遂列爲屛障 朝夕
瞻仰 又錄付史司 冀千載之下識君臣之義 乃賜徵黃金十斤 廐馬二疋

1) 巖廊(엄랑): 궁전의 높은 낭하. 곧 조정.

2) 漢文辭千里之馬(한문사천리지마): 한나라 문제 때 천리마를 헌납하는 자가
   있었는데 조서를 내려서 그 말을 다시 돌려보냈다.

3) 晉武焚雉頭之裘(진무분치두지구): 진나라 무제 때 태의(太醫) 사마정이 꿩
   머리의 털로 만든 가죽옷을 헌납하자 무제가 이상한 물건이라고 여겨서 예법
   으로 금지하고 궁전 앞에서 불태웠다.

4) 書曰(서왈): '서경' 하서(夏書) 오자지가(五子之歌)편의 문장.

5) 書曰(서왈): '서경' 주서 여오(旅獒)편의 문장.

6) 畢弋之物(필익지물): 그물이나 주살의 물건. 사냥할 때 쓰는 물건.

7) 十旬之逸(십순지일): '서경' 하서(夏書) 오자지가편의 문장. 십순은 100일.

8) 孔子曰(공자왈): '논어'에서 공자가 정공(定公)에게 대답한 말.

9) 虧一簣之功(휴일궤지공): '서경'에 있는 말로 중도에서 그치면 앞에서 실

행한 일들이 모두 허사가 된다는 뜻.

10) 袞職有補(곤직유보) : 천자에게 보탬이 되다. '시경' 대아 증민(烝民)편.

6. 공적인 것을 생각하고 사사로운 것을 잊으라

정관 14년에 태종이 주위 신하들에게 말했다.

"천하를 평정했지만 짐은 그래도 일이 있다. 지키는데 다스림을 잃는다면 공업은 또한 보존하기 어려워진다.

진시황이 처음 여섯 나라를 평정하고 온 천하를 두었으나 말년에는 능히 잘 지키지 못했으니 이것을 교훈으로 삼아야 한다.

그대들이 공적인 것을 생각하고 사사로움을 잊는다면 영화로운 이름과 높은 지위가 이어져 그 아름다움이 끝까지 갈 것이다."

위징이 대답했다.

"신은 들었습니다. 전쟁에서 승리하기는 쉽고 승리를 지키기는 어렵다는 것을! 폐하께서는 깊이 살피고 멀리 생각하여 편안할 때에도 위태로움을 잊지 마십시오. 공업이 이미 빛나고 덕교는 두루 미쳤습니다. 폐하께서 항상 이러한 마음으로 정치를 하시면 국가는 기울어져 패망할 이유가 없을 것입니다."

貞觀十四年 太宗謂侍臣曰 平定天下 朕雖有其事 守之失圖[1] 功業亦復難保 秦始皇初亦平六國 據有四海 及末年 不能善守 實可爲誠 公等宜念公忘私 則榮名高位 可以克終其美 魏徵對曰 臣聞之 戰勝易 守勝難 陛下深思遠慮 安不忘危 功業旣彰 德敎復洽[2] 恒以此爲政 宗社無由傾敗矣

1) 失圖(실도) : 다스림을 잃다.

2) 復洽(복흡) : 겹쳐서 두루 미치다.

7. 국가를 장구히 보전할 방책을 묻다

정관 16년에 태종이 위징에게 물었다.

"가까운 앞 시대의 제왕을 관찰해 보니, 제왕의 자리를 전하는 일이 10대에 이르는 자가 있는가 하면, 불과 1대나 2대에 그치는 자가 있고, 제왕의 지위를 획득한 뒤에 바로 살해된 경우도 있었다.

짐은 이로써 늘 마음 속으로 걱정하고 두려워하는 바가 있다. 혹 백성을 어루만지고 부양하면서 올바른 방법에 어긋나고 있지 않나 걱정한다. 혹은 내 마음이 교만하고 방종해져서 기뻐하고 노여워하는 일이 정도를 넘어 상벌을 공정하게 하지 못하는 일이 생기지 않을까 걱정한다. 자신의 그러한 점은 스스로는 알 수가 없다.

경이 짐을 위하여 그러한 점을 진언해 주면 마땅히 그대의 말을 표준으로 삼겠다."

이에 대하여 위징이 답했다.

"사람의 기호(嗜好)와 욕심과 기뻐하고 성내는 감정은 현명한 자나 어리석은 자나 똑같습니다. 그러나 현명한 자는 욕망이나 감정을 잘 조절해 적당한 정도를 넘지 않고, 어리석은 자는 제대로 제어하지 못하고 마음대로 행동하여 실수하는 일이 많습니다.

폐하의 뛰어난 덕망은 헤아릴 수 없이 깊어, 태평한 세월을 지내면서도 항상 위험이 닥칠 수 있다는 것을 생각하고 계십니다.

엎드려 바라오니, 폐하께서는 끊임없이 스스로의 욕망이나 감정을 잘 제어하여 유종의 미를 거두시기 바랍니다. 그렇게 하신다면 후손들이 만대(萬代)를 길이 보전할 것입니다."

貞觀十六年 太宗問魏徵曰 觀近古[1]帝王 有傳位十代者 有一代兩代者 亦有身得身失者 朕所以常懷憂懼 或恐撫養生民 不得其所 或恐心生驕逸 喜怒過度 然不自知 卿可爲朕言之 當以爲楷則[2] 徵對曰 嗜慾喜怒之情 賢愚皆同 賢者能節之 不使過 愚者縱之 多至失所 陛下聖德玄遠[3] 居安思危 伏願陛下常能自制 以保克終之美 則萬代永賴

1) 近古(근고) : 가까운 옛날. 그리 오래 되지 않은 옛날.
2) 楷則(해칙) : 표본. 기준. 법식. 본보기.
3) 玄遠(현원) : 깊고 깊숙하여 헤아리기 어려움.

시간과 공간을 초월하여
영원한 고전으로 남아질 수 있는 —

자유문고의 책들

1. 정관정요
최형주 해역 ●620쪽/18,000원

당나라 이후 중국의 역대왕실이 모든 제왕의 통치철학으로 삼아 오던 이 저서는 일본으로 건너가 '도꾸가와 이에야스(德川家康)'가 일본 통일의 기틀을 마련하는데 큰 힘이 되었다. 〈완역〉

2. 식경
남상해 해역 ●325쪽/12,000원

어떤 음식을 어떻게 섭취하면 몸에 좋은가? 어떻게 하면 건강하게 무병장수 할 수 있는가 등등. 옛 중국인들의 음식물 조리와 저장방법 등 예방의학적 관점에서 그 해답을 얻을 수 있다. 〈완역〉

3. 십팔사략
증선지 지음 ●254쪽/6,000원

고대 중국의 3 황 5 제에서부터 송나라 말기까지 유구한 역사의 노정에서 격량에 휘말린 인물과 사건을 시대별로 나눈 5 천년 중국사를 한 눈에 볼 수 있는 역사서. 〈완역〉

4. 소학
조형남 해역 ●338쪽/7,000원

자녀들의 인격 완성을 위하여 성인이 되기 전 한번쯤 읽어야 하는 고전. 아름다운 말, 착한 행동, 교육의 기초 등, 인간이 지켜야 할 예절과 우리 선조들의 예의범절을 되돌아 볼 수 있다. 〈완역〉

5. 대학
정우영 해역 ●156쪽/5,000원

사회생활에서 지도자가 되거나 조직의 일원이 될 때 행동과 처세, 자신의 수양, 상하의 관계 등에 도움은 물론, 훌륭한 지도자로 성장할 수 있도록하는 조직관리의 길잡이이다. 〈완역〉

6. 중용
조강환 해역 ●192쪽/6,000원

인간의 성(性)·도(道)·교(教)의 구체적인 사항을 제시하였다. 도(道)와 중화(中和)는 항상 성(誠)을 가지고 살아가야 한다는 것과 귀신에 대한 문제 등이 심도있게 논의됐다. 〈완역〉

7. 신음어
여곤 지음 ●256쪽/6,000원

한 국가를 경영하는 요체로써 인간의 마음, 인간의 도리, 도를 논하는 방법, 국가공복의 의무, 세상의 운세 그리고 성인과 현인, 국가를 경영하는 요체 등을 주제로 한 공직자의 필독서이다.

8. 논어
김상배 해역 ●376쪽/10,000원

공자와 제자들의 사랑방 대화록. 공자(孔子)의 '배우고 때때로 익히면 즐겁지 아니한가.'로 시작되는 논어를 통해 공문 제자의 교육법을 알 수 있다. 〈완역〉

9. 맹자
전일환 해역 ●464쪽/10,000원

난세를 다스리는 정치철학. 백성이란 생활을 유지할 생업이 있어야 변함없는 마음을 가질 수 있고, 생업이 없으면 변함없는 마음을 가질 수 없다. 〈완역〉

10. 시경
이상진·황송문 역 ●576쪽/12,000원

공자는 시(詩) 3 백편을 한마디로 대변한다면 '사무사(思無邪)'라고 했다. 옛 성인들은 시경을 인간의 마음을 정화시키는 중요한 교육서로 삼았다. 각 시에 관련된 그림도 수록되어 있다. 〈완역〉

11. 서경
이상진·강명관 역 ●444쪽/6,000원

요순(堯舜) 시대부터 서주(西周) 시대까지의 정사(政事)에 관한 모든 문서(文書)를 공자(孔子)가 수집하여 편찬한 책이다. 유학의 정치에 치중한 경전의 하나. 〈완역〉

12. 주역
양학형·이준영 역 ●496쪽/12,000원

주역은 신성한 경전도 신비한 기서(奇書)도 아니다. 보는 자의 관점에 따라 판단을 내리도록 하는 것이 역의 기본이치이다. 주역은 하나의 암시로 그 암시를 통해 문제를 해결해 나가는 것이다. 〈완역〉

13. 노자도덕경
노재욱 해역 ●272쪽/7,000원

난세를 쉽게 사는 생존철학으로 인생은 속절없고 천지는 유구하다. 천지가 유구한 것은 무위 자연의 도를 수행하고 있기 때문이다. 제일 귀중한 것은 자기의 생명이다 라고 했다. 〈완역〉

14. 장자
노재욱 편저 ●260쪽/7,000원

바람따라 구름따라 정처없이 노닐며 온 천하의 그 무엇에도 속박되는 것 없이 절대 자유로운 삶을 영위하는 소요유에서부터 제물론, 응제왕편 등 장주(莊周)의 자유무애한 삶의 이야기이다.

15. 묵자
박문현·이준영 역 ●552쪽/15,000원

묵자(墨子)는 '사랑'을 주창한 철학자이며 실천가이다. 묵자의 이론은 단순하지만 그 이론을 지탱하는 무게는 끝없이 크다. 묵자의 '사랑'은 구체적이고 적극적이다. 〈완역〉

인지
생략

동양학총서[1]

정관정요(貞觀政要)

초판1쇄발행 2002년 8월 30일
초판2쇄발행 2003년 11월 20일

해역자 : 최형주
펴낸이 : 이준영

회장 · 유태전
사장 · 백상태
주간 · 김창완 / 편집 · 홍윤정 / 교정 · 강화진
조판 · 태광문화 / 인쇄 · 천광인쇄 / 제본 · 기성제책 / 유통 · 문화유통북스

펴낸곳 : 자유문고
서울 영등포구 문래동6가 56-1 미주프라자 B-102호
전화 · 2637 - 8988 · 2676 - 9759 / FAX · 2676 - 9759
홈페이지 : http://www.jayumungo.com
e-mail : jayumg@hanmail.net
등록 · 제2 - 93호(1979. 12. 31)

정가 18,000원

※잘못 만들어진 책은 구입하신 서점에서 바꿔드립니다.

ISBN 89 - 7030 - 052 - X 04150
ISBN 89 - 7030 - 000 - 7 (세트)